Ñamérica

Ñamérica

MARTÍN CAPARRÓS

Biblioteca Martín Caparrós

LITERATURA RANDOM HOUSE

Penguin
Random House
Grupo Editorial

Primera edición: septiembre de 2021

© 2021, Martín Caparrós
Casanovas & Lynch Literary Agency, S.L.
© 2021, Penguin Random House Grupo Editorial, S.A.U.
Travessera de Gràcia, 47-49. 08021 Barcelona

Printed in Spain – Impreso en España

ISBN: 978-84-397-3801-5
Depósito legal: B-8.992-2021

Compuesto en La Nueva Edimac, S.L.
Impreso en Egedsa
Sabadell (Barcelona)

R H 3 8 0 1 5

*Para Marta,
todos los días.*

Porque somos y no
somos la China
que esos barcos soñaron.

C. MONTANA

¿Cómo decir más que lo dicho?
¿Cómo perder los ojos donde importa?
¿Cómo escuchar del aire los silencios?
¿Cómo callarse sobre todo y
más que nada
cómo pensar sin tropezar con las ideas?

MACEDONIO

MÉXICO

México

CUBA La Habana

REP. DOMINICANA
PUERTO RICO

GUATEMALA HONDURAS
Guatemala Tegucigalpa
San Salvador NICARAGUA
EL SALVADOR Managua
San José Caracas
COSTA RICA Panamá
PANAMÁ VENEZUELA

COLOMBIA
ECUADOR Bogotá
Quito

PERÚ

Lima

La Paz

BOLIVIA

CHILE PARA-
GUAY
Asunción

ARGENTINA

Santiago de Chile
URUGUAY
Buenos Aires Montevideo

ÑAMÉRICA

Amanece. El mercado huele a cilantro y a cebolla, a carne fresca y a pescado seco, a pollo frito y flores, al maíz de las tortillas sobre todo, y resuenan las palmas de mujeres que las hacen a golpes. Los gritos, también, por todas partes:

—Le cura sus dolores, seño, dolor de su cabeza, su rodilla, cura nervios, le cura los nervios…

Grita un muchacho de camisa blanca muy lavada mientras agita una pomada y otro al lado grita que la suya cura callos, uña gruesa, uña encarnada, las cataratas de la vista. Hay otro más allá:

—… le crece el pelo, mama, le quita la caspa, le crece el pelo, vaya, caspa seca, caspa húmeda, caspa voladora…

Grita y después regrita todo en una lengua donde solo entiendo la palabra «caspa». Los muchachos son bajos y cobrizos y ofrecen soluciones, mujeres se las compran. Las mujeres —miles de mujeres— fueron llegando con el alba en esas camionetas desvencijadas donde caben —aunque no caben— quince o veinte. Son mujeres sólidas y bajas; según bajaban, se cargaban en la espalda esas bolsas de lanas de colores —si no tenían un bebé que cargar en la espalda—; también llevaban en las manos otras bolsas, blancas de arpillera, donde traían lo que traían para vender. Y se fueron desparramando por las calles de Chichi hasta que encontraron sus lugares, se sentaron en el suelo, desplegaron sus frutas o sus flores, esperaron.

—Yo quisiera ser rubia.

Me dice Manola y me sonríe, como para que apruebe. Manola tiene la piel oscura y el pelo oscuro y la sonrisa luminosa y un telefonito y me dice que querría tener el pelo claro. A menos que ser rubia no sea eso. Entonces su madre la regaña en quiché; a mí me habla en castellano:

—No le haga caso, señor. A nosotros nos gusta ser así como somos.

Yo le pregunto cómo son y ella calla y se señala con las manos y se encoge de hombros, como quien dice así como me ve. La señora debe tener 30 años, la cara seria de una madre; Manola tiene 14, chispitas en los ojos, y esta mañana las dos venden manzanas. Antes, Manola me dijo que se iba a casar pronto y no me contestó cuando le pregunté si estaba contenta.

—Claro que nos gusta ser así, señor, no me haga caso, era una broma lo de rubia.

Dice Manola y que su mama dice la verdad y que ella es chica y que por eso, que igual los rubios son gente muy rara. Las dos llevan sus blusas mayas bordadas coloridas y sus faldas a juego; las dos están sentadas en el suelo de piedras desparejas detrás de sus manzanas desparejas en su cesta de mimbre. Alrededor, miles de mujeres con vestidos parecidos venden cosas; alrededor, el mercado de Chichi explota de olores y colores; alrededor, me dicen, debe estar el espíritu.

Chichicastenango es una ciudad colonial entre montañas verdes, volcanes en silencio; es la más poblada del Quiché, la región más maya de Guatemala, y su fama viene de que, hace tres siglos, allí se transcribió por primera vez el Popol-Vuh —y, hoy, de su mercado.

Su mercado es el más tradicional y se forma dos veces por semana, jueves y domingos: entonces, tantos llegan. Hoy, jueves bien temprano, rebosa de personas. Son miles y miles comprándose y vendiéndose, cruzándose, relacionándose con la relación más habitual de los dos o tres mil últimos años —yo te doy algo, vos me das algo—, como en tantos lugares del planeta ahorita mismo. Solo que aquí lo que se vende se ha producido cerca y lo venden, en general, los que lo hicieron y, además, las vendedoras se visten diferente. El mercado de Chichicastenango es un refugio, un resto: de los mercados de antes de la unificación del made in China; de una cultura que el mundo se va tragando poco a poco.

Todo se estrecha y se retuerce: no es fácil andar por estas calles llenas de vendedores y vendedoras, puestos, perros, inundación de cuerpos.

—La que se pone en el suelo, si está sola, después no puede levantarse hasta el final. Se hace largo el final para la que está sola.

Me dice desde el suelo, detrás de una canasta con dos docenas de limones, una señora muy mayor. En el mercado hay clases, por supuesto: esas mujeres que llegaron y se buscaron un rincón vacío y pasarán el día mirando todo desde abajo y, más arriba, los que tienen sus puestos desplegados, con su lugar, su techo, sus montones de mercadería, sus banquitos. Pero también hay más abajo: hombres de carga. Aquí no hay espacio para carros, no hay carretillas, no hay carritos. Los hombres son sólidos y bajos: cuando los apalabran, se echan a la espalda un bulto que los dobla y se doblan para soportarlo y transportarlo. No precisan agarrarlo con las manos; lo sostienen con una cuerda que se pasan alrededor de la cabeza y aguantan con la frente, un trapo entre la cuerda y la piel para que no les hunda la cabeza y, así, las manos libres para llevar más carga.

(En Chichi y sus alrededores viven unas doscientas mil personas, casi todas quichés. El castellano se habla poco, raro.

—No, yo lo aprendí en la escuela y en la televisión, pero más en la tele…

Me dice Manola, y se sonríe. Lo habla muy bien, se lo digo, se sonríe de nuevo:

—Es un idioma muy difícil. Tantas palabras tiene, vaya a saber de dónde salen.

En la zona, me dicen, hay muy poca violencia, poquísimos asesinatos: la «justicia maya», que mata asesinos en linchamientos populares, ha ayudado mucho, me dicen, a terminar con ellos.)

Casi todas las mujeres llevan sus vestidos tradicionales, distintivos, torrentes de colores que llevaron sus abuelas, las abuelas de sus abuelas, más abuelas: rojos, negros, dorados, la elegancia. Los hombres, en cambio, van de pobres globales: un bluyín, una camiseta con dibujo o leyenda, zapatillas, su cachucha o capucha. La tradición, parece, reside en las mujeres: ellas son las que siguen portando su pasado sobre el cuerpo; o, dicho de otro modo: ellas son las que siguen atadas al pasado, distinguidas. Los hombres, que pueden decidir, deciden el presente, confundirse.

El espíritu se esconde
pero está.

Los pasillos entre puestos son oscuros y angostos; el suelo, piedras desparejas; de las viejas iglesias encaladas en las dos puntas del mercado bajan cantos, el olor a incienso. Pasa un hombre de carga con dos bolsas de granos de maíz: cien kilos de maíz sobre la espalda, la cuerda hundiéndole la frente; camina con los pasitos cortos y apretados de quien no sabe si va a llegar pero prefiere que sea rápido.

—¿Y usted, señor, de dónde es?
—No sé. Yo nací en la Argentina pero vivo en España.
—Ah, qué bueno, entonces puede hablar los dos idiomas. Yo estoy feliz de ser, de pronto, tan políglota.

En esta esquina en cambio docenas de mujeres tienen un gallo en brazos: lo venden por 50 o 60 quetzales, menos de 10 dólares, y el comercio funciona. Las discusiones en quiché; los números en castellano. A cada rato una señora se va con un gallo bajo el brazo y otra, la que se lo vendió, ya desplumada, se despide y se vuelve a alguna parte. Entre ellos se venden cosas del campo o para el campo: tomates, aguacates, hongos, lichas, ocotes, hierbas, frijoles, flores, chiles, carnes, animales varios, granos para esos animales, abonos y semillas de esas plantas. Y venden, también, tejidos —que buscan los turistas. Esos tejidos son su firma, su marca; probablemente nada los identifica más; probablemente, para el resto del mundo, nada más los identifica. Y, por supuesto, está la artesanía.

—A ver, amigo, qué le vendo, amigo. Artesanías, amigo, qué le vendo.

El sistema es así: en el mercado existe —subsiste— un núcleo duro de mujeres que venden, como siempre vendieron, sus flores y pollos y frutas y verduras y tejidos, sus hechuras, y se visten como siempre se vistieron y hablan como siempre hablaron. Entonces hay personas de otros sitios que, atraídas por ese fenómeno en vías de desaparición, vienen para verlo. Entonces hay personas que, atraídas por la presencia y el dinero de esas personas de otros sitios, vienen para venderles otras cosas, sobre todo esos productos que, hechos cada vez más en serie, se venden porque se ven hechos a mano —y solemos llamar artesanías.

La artesanía y el turismo: quedarse con algo que te recuerde que estuviste en otra parte, que no siempre fuiste este en este escritorio, en este banco.

Ana Mariana, veintipocos, vendedora en la panadería, me sirve mi café y se ríe nerviosa cuando le cuento mi charla con Manola, la muchacha que quería ser rubia:

—¿Será que le da vergüenza ser indígena?

Pregunta, más que dice. Y que ella al contrario, está orgullosa, y le gusta tanto usar el vestido quiché aunque para venir a trabajar deba ponerse pantalones.

—Ladina, querrá ser.

Dice, casi con desprecio. Yo le pregunto lo evidente y me dice que sí, que ladinos vendrían a ser las personas que no son indígenas.

—¿Yo, digamos?

—Claro, usted.

—Me gusta ser ladino.

—Bueno, si no sabía lo que era, ahora lo sabe.

En el mercado de Chichicastenango pululan esas personas de otros sitios, los turistas. Ellos sí que saben: vienen porque les dicen cómo son las cosas. Lo leí en una de sus guías: «Si quiere conocer el verdadero espíritu de América Latina vaya al mercado de Chichicastenango». En esos días yo buscaba, por supuesto, el espíritu de América Latina, y decidí venir a verlo. La idea de un espíritu de jueves y domingo era inquietante, pero estaba dispuesto a soportarla. Más me inquietó, en realidad, que fuera este: un mercado marcadamente indígena en el país con mayor proporción de indígenas de América, con mayor proporción de campesinos de América, con mayor proporción de desnutrición y mortalidad infantil de la América hispana, con la violencia desatada. La decisión tan clara de pensar América Latina como el cliché de siempre.

Esto, claro, debe ser lo latinoamericano: tenemos un espíritu.

(Así se percibe: como un espacio silvestre peligroso o, en el mejor de los casos, uno donde deberían preservarse ciertas cosas que el resto del mundo occidental está perdiendo. Un espacio donde lo importante es conservar.)

Y me inquieta, siempre, en general, esa tendencia a suponer que lo auténtico es lo que hacíamos «antes» —antes de algún cambio, antes de alguna mezcla— y que lo que hacemos ahora es impuro y bastardo y que se debe buscar lo que quede de aquello allí donde se encuentre. Sobre todo, claro, en esas sociedades más o menos «primitivas».

Si alguien quiere saber cómo es «Europa» no piensa en ir a ver pastores de renos en Laponia o chicas traficadas en Moldavia o desocupados napolitanos en sus bloques de viviendas sociales pero a muchos se les ocurre venir a Chichi o ir al Cuzco para saber de «América Latina». El reparto de roles en la película global está bastante claro: los que van a París van a la torre Eiffel, gran momento de la máquina moderna, y en Nueva York se amontonan ante las pantallas de Times Square, técnica de punta, o en los malls de brillitos; los que vienen aquí buscan restos del pasado folkie. Y no es solo el turismo; en general, para muchos millones, a lo lejos, aquí lo auténtico es lo que ya no es; en otros sitios no cargan ese lastre.

Pero los de aquí también tienen una idea de América Latina: a mí, que soy un poco blanco, un poco alto, me hablan en inglés; se ve que el español es cosa de otra gente. Un hombre bajo viejo me mira tomar notas y me pregunta en castellano que en qué idioma escribo. Le digo castellano y me dice que no, que es otro idioma. Me deja con la duda. La muchacha cobriza quiere verse rubia, los rubios quieren vernos co-brizos campesinos: el mundo, por suerte, es un sinfín de incomprensio-nes. Por eso hacemos libros todavía: por la ilusión –siempre fallida– de alguna vez entender algo.

(A media tarde en el mercado cae bruto chaparrón y todos corren; el espíritu sudaca se disuelve en el agua.)

Otra causa perdida: querría saber qué es Ñamérica más allá de folclo-res, artesanías y demás nostalgias. Tratar de saber qué y cómo es ahora, después de tanto cambio, más allá de los lugares más comunes, más allá de supuestos espíritus. Tratar de saberlo mirando más lo común, menos lo extraordinario. Huir de los clichés telúricos, marca fuerte de lo «lati-noamericano», para espiar las vidas, las relaciones, las ideas. Mirar, oír, pensar, recordar, contar: ojalá sorprenderme, imaginar que entendí algo.
Es, insisto, una búsqueda: tratar de saber qué significa Ñamérica, si existe, qué la constituye. Cuáles son los rasgos comunes que permiten hablar de una región –y las diferencias que la confunden y complican y completan. De eso van estas páginas. Llevo décadas recorriéndola, mi-rándola, tratando de contarla; ahora, por fin, querría saber.

Esto no es una pipa, escribió Magritte –y pasaron cien años.

EL CONTINENTE

Deberíamos serlo y no termina
de sucedernos: somos
nuestro fracaso de nosotros.

A menudo parece que ser latinoamericano es un deber ser que no
termina de ser: defrauda, no sucede.

Y lo deploramos —muchas veces lo deploramos— como si fuera un
error de alguien o de algo. Creemos en ese deber ser integrado y nos
sorprendemos ante el ser real desintegrado. Pensamos que somos un
fracaso permanente porque no somos lo que deberíamos, en lugar de
pensar que esto es lo que somos.

No pensamos por ejemplo, que llevamos dos siglos empeñados en un
persistente, testarudo trabajo de desintegración, del que estamos absolutamente orgullosos. Durante esos dos siglos la tarea más denodada de
nuestros estados, de nuestros letrados, de nuestras poblaciones y de nuestros verdugos consistió en buscar y/o crear las diferencias entre territorios y personas que no las tenían bien claras: deshacer América, dividir-
la en patrias.

Inventar patrias es, antes que nada, establecer diferencias entre tierras
que eran una y la misma. Convencernos de que un argentino correnti-
no que habla en guaraní es algo radicalmente distinto de un paraguayo
que habla en guaraní y vive del otro lado del río, y debía incluso ir a la
guerra contra él, cuando había guerras, o recordarlas y cantarlas cuando
no. Y que un peruano que habla quechua en una orilla del lago Titicaca
es enemigo de un boliviano que habla quechua en la otra. Y que un

colombiano que habla el mejor castellano en Cúcuta debe pelearse y rechazar a un venezolano que habla tan parecido cruzando el puente en San Antonio —y así de seguido en todo el continente. Las naciones: el gran mito moderno. Sus fronteras.

(Hubo tiempos, tantos, en que no existían las fronteras porque no existían los países. Los límites se borroneaban, los espacios se confundían, los territorios se mezclaban. La frontera es otra de esas cosas que nos vendieron como eternas, naturales: como si no pudiera haber un mundo sin fronteras. Es falso: así fue la mayor parte de la Tierra durante la mayor parte de la historia.

Lo mismo —algo muy parecido— pasa con los países. El sentido común pretende que son entidades inmutables —la patria es, antes que nada, después de todo, «eterna»— y sin embargo las nuestras hace dos siglos no existían y no hay ninguna garantía, absolutamente ninguna garantía, afortunadamente ninguna garantía, de que existan dentro de otros dos. Los países son unos pactos muy complejos, muy frágiles, que suelen hacerse y deshacerse y que, para existir mientras existen, necesitan convencerte de que siempre existieron, de que no están sino que son: que unos dioses o el destino o vaya a saber qué ente todopoderoso les ha insuflado una esencia inmortal.)

En América Latina durante tres siglos no hubo patrias, porque un par de patrias lejanas la ocuparon. Y antes que eso no existía América. Mal o bien que nos pese, América como concepto es un invento de esa invasión: la invención de América.

Para sus habitantes anteriores a la invasión europea, América no existía. Eran tiempos en que la mayoría de las personas del mundo conocía del mundo solo lo más inmediato: veinte o treinta kilómetros alrededor de sus casas, cien o doscientos como mucho. Poquísimos habían viajado más allá; los que sabían que había mundo más allá lo sabían porque alguien se lo había contado —y existían sociedades enteras en las que nadie lo contaba: no lo sabían o no les importaba.

Aquí era así. Cada quien conocía su entorno más cercano y unos pocos podían suponer su región: los Andes peruanos, la meseta mexicana o los valles colombianos, las selvas panameñas o amazónicas. La idea de que todo eso formaba una unidad empezó con esos iberos que se lo apoderaron todo junto. Es raro pero es cierto: lo que hoy llamamos América fue su invento. Un continente poblado por una mezcla de indios, blancos y negros donde se hablan sobre todo dos idiomas y se adora a un mismo dios en versiones levemente distintas.

España se eligió lo mejor. Solo tuvo que resignar una parte ante Portugal, pero ciertamente no ante Francia e Inglaterra: les dejó lo que no le interesaba. La América hispana es la mejor parte de América —o, por lo menos, la que lo parecía a principios del siglo XVI. España se quedó con las zonas donde había suficiente mano de obra y suficiente trabajo previo y suficiente oro o plata o piedras. Portugal tuvo que compensar lo agreste de su zona asegurándose el suministro de esclavos africanos —que los demás retomaron. Pero a los españoles no se les ocurrió ocupar las costas del Norte como no se les ocurrió ocupar las del Sur: ni Patagonia ni Manhattan. Por encima o por debajo de los 35 grados de latitud —norte o sur— no parecía haber nada que valiera la pena.

Lo cierto es que durante trescientos años la América Hispana fue parte del mismo estado, la misma religión, la misma cultura. Su territorio pasó más tiempo en aquella unidad que en esta dispersión de veinte países. Algo debe quedar de eso. Nos acostumbraron a pensar esa unidad como un corsé que nos aplicaron hasta que pudimos sacárnoslo de encima gracias a las independencias nacionales: es una construcción mítica como cualquier otra.

Para completarla, algunos estados hispanoamericanos usan los imperios indígenas previos: su historia les permite apuntar que los países actuales existían antes de los españoles. Pero no hay ninguna razón para pensar que el imperio maya y el imperio azteca y los totonacas y los chioles y los yaquis y los purépechas y los cientos de otros se sintieran, todos juntos, «mexicanos». Entre otras cosas, porque «mexicanos» no existía.

Y después vinieron las «independencias» y ahora las leemos como el principio de un proceso irreversible; entonces, para los dueños españoles, aquellas insurrecciones eran unos exabruptos pasajeros que se habían aprovechado de circunstancias externas —la invasión francesa— que, ya superadas, serían aplastadas y todo volvería a la normalidad de los tres siglos anteriores.

No sucedió. Con toda lógica, aquellos señores revolucionarios se rebelaron contra la tradición hispana. Y cada cual buscó la suya, digamos —o no buscó ninguna. Las independencias se hicieron contra ese principio unificador –el único que había– y así dieron inicio a la construcción de las diferencias.

Por antiespañolas las revoluciones americanas crearon tantos países. Lo español era la concentración de poder a manos de una burocracia centralizada; lo americano sería lo contrario. Quizá sin ese precedente, sin ese rencor, América se habría armado distinto. Y si mi abuela tuviera ruedas sin dudas sería una bicicleta de carrera.

(La construcción de las diferencias: no había países per se, ni reinos per se, ni nada per se. No había legitimidades previas, porque la independencia consistía en cargárselas; todo estaba por construirse. Por eso era tan importante crear países: crear diferencias con el resto del territorio, argumentos que justificaran el hecho de que hasta aquí somos nosotros, desde aquí ellos. Es un proceso tan original: la invención de las patrias en un lugar donde no tenían razones claras, donde la lengua era la misma, la religión era la misma, el gobierno no era.)

Sin entrar, por ahora, a discutir cómo se fueron armando esos países: la intervención, por ejemplo, de los imperialismos de su tiempo –inglés, americano– que favorecían las divisiones que, sin duda, les facilitarían la tarea.

A algunos les gusta que haya patrias. A otros nos gusta menos, pero ese no es el punto por ahora. Más allá de que nos guste o no, lo cierto es que existen. Y que cualquier idea de lo latinoamericano debe tomar en cuenta esa partición, las diferencias tan laboriosamente construidas. Nuestro mayor éxito consistió en convencernos de que son en sí, naturales, reales –cuando son, como casi todo, un hecho de discurso. Llevamos doscientos años intentando muy patrióticamente que no exista esa unidad latinoamericana, pero después deploramos que no existe.

Aunque precisamente este pasado común y la juventud de nuestros países autorizan a pensar lo latinoamericano como si existiera. No hay continente que siga viviendo como este los efectos de un pasado común: que tenga, todavía, tantos rasgos en común. Las regiones en que solemos dividir el mundo suelen armarse por proximidad física. Pensamos en Europa y juntamos en un mismo concepto Italia y Noruega, Rumania y Alemania, Rusia y Portugal. Los une el hecho de estar limitados por los mismos mares y, si acaso, variadas formas de la cruz; tanto más los separa. Pensamos en África negra y reunimos a Nigeria y Etiopía, Sudán y Sudáfrica. Los une, cuando los une, la geografía y el color de muchas pieles. Aquí, en cambio, hablamos de unidades que antes de armarse se formaron en la misma lengua, la misma religión, misma cultura, la misma población, historias semejantes.

Eso crea la ilusión de una unidad posible y, de tanto en tanto, la urgencia de entender qué somos si se nos piensa como uno. Lo cual no significa que Latinoamérica sea un deber ser para el futuro, en el estilo «el año 2000 nos encontrará unidos o dominados». Latinoamérica no es una consigna; es una realidad histórica que vale la pena desentrañar, entender.

(Pensemos la metáfora del coro: un coro es un conjunto de distintas voces que terminan por formar una voz.)

O sea, la pregunta: qué es Latinoamérica, qué es ser latinoamericano.

Parece una pregunta tonta, pero yo aprendí a respetar antes que nada las preguntas tontas. Creo que cuando uno llega a la pregunta tonta es que está empezando a abordar realmente la cuestión, está acercándose a algún núcleo. Y entonces esa pregunta, aparentemente tonta, resulta central.

Todo consiste, entonces, en saber qué sería ser latinoamericano, o sea: qué, más allá de las patrias —esas diferencias tan laboriosamente construidas—, nos asemeja, nos une, nos reúne.

Dicho sin vueltas: qué carajo tenemos en común.

*   *   *

Hay un espacio. O, mejor, una discusión sobre un espacio: qué es, cómo es, cómo se dice. La discusión, para empezar, es siempre una querella por el nombre. Sabemos, desde antes, que quien nombra define. Y sabemos que vivimos en un espacio que no sabe bien cómo se llama. O, mejor: que cambia al ritmo de sus nombres. Que sí se llama, en cualquier caso, en todos los casos, América —y algo más.

Puede ser Latinoamérica, Hispanoamérica, Iberoamérica —pero cada uno de esos nombres tiene unas peculiaridades complicadas y una suma de errores.

Si en las letras de rosa está la rosa y todo el Nilo en la palabra Nilo; si, como el griego afirma en el Cratilo, el nombre es arquetipo de la cosa, pensemos en el nombre, esa palabra. Creamos, por un momento, que la palabra importa. Primero, por una suma de equivocaciones, nos llamaron indios o indianos; después, por otra, americanos; después, por más, latinoamericanos.

Americanos, ya se sabe, fue una atribución falsa: el nombre de un pequeño buscavidas florentino atribuido por pereza a ese continente que un gran buscavidas genovés había encontrado por error. Américo Vespucio se quedó, sin más razones que un librito tramposo, con toda la gloria de la nominación: contar, vendría a decir Vespucio, siempre fue más rentable que hacer. Así, estas Indias fueron América y después fueron Américas y hubo peleas por el nombre y hubo que buscar las particularidades. Americanos, entonces, ya no; ahora, dicen, latinoamericanos.

Se cuenta que el primero que escribió América Latina fue un colombiano —más o menos— exiliado en París, José María Torres Caicedo, uno de esos abogados, poetas, diplomáticos, buscavidas que pululaban entonces por la supuesta capital de la cultura. En 1857 Torres cometió un poema que tituló *Las dos Américas* y decía, entre otras cosas, que «la raza de la América latina, / al frente tiene la sajona raza, / enemiga mortal que ya amenaza / su libertad destruir y su pendón». Son versos torpes que solo resuenan porque allí aparece por primera vez el nombre —y aparece por oposición a la otra América. «Existe una América española, una América francesa y una América portuguesa, y a este grupo se le aplica el adecuado nombre científico de "latina"», explicó después Torres Caicedo.

(Latinoamérica, entonces, se define contra la América triunfante, la sajona raza. Y fue un modo de diferenciarnos pero fue, también, aceptar la derrota: reconocer que la palabra América ya no nos alcanzaba, no era nuestra.

Y que los americanos del norte intentaban llevarla demasiado lejos: en esos años Estados Unidos ocupó por la fuerza un tercio del territorio mexicano y se quedó con él; en esos años un aventurero de Estados Unidos invadió Nicaragua con el apoyo de su gobierno y trató de quedarse con ella; en esos años el gobierno de Estados Unidos se compró Alaska como antes se había comprado la Florida y la Luisiana.)

El nuevo nombre funcionó: América Latina, l'Amérique Latine, Latin America, Latinoamérica. Lo enarboló el imperio francés de Napoleón III porque le permitía incluir sus territorios americanos en una entidad mayor que le diera cierta protección contra los Estados Unidos —el origen latino, civilizado, contra el origen bárbaro, teutón, anglosajón– y sostener sus pretensiones sobre ciertas zonas del continente. Lo adoptaron intelectuales hispanoamericanos porque acercaba su cultura a la francesa, tan dominante en esos tiempos entre los diversos progres. Y también porque, a algunos de ellos –Sarmiento, Alberdi, por ejemplo– les servía para dejar atrás esos nombres –América Hispana, Hispanoamérica, Iberoamérica– que recordaban demasiado al invasor derrotado, el origen desdeñado, la persistencia todavía de una cultura que les sonaba oscura: dioses, reyes, señores, todo lo peor.

Es curioso que hayan elegido llamarse latinos, y que así nos hayan llamado. Para subrayar lo que tienen en común, cuatro o cinco países europeos orgullosos de su soberanía reivindican con nostalgia y reverencia los tiempos en que una ciudad los dominaba. De la región donde yacía esa ciudad, el Lazio, sale el adjetivo latino: cuando nos tratan de latinos nos están ligando con el mayor imperio que en el mundo fue –esclavos y conquistas y poder absoluto. Y con su resultado más persistente, por supuesto: la iglesia que sigue mandando desde Roma.

Así, en la huella de esos europeos, América se empezó a llamar latina en una época en que, todavía, el latín era el idioma de la misa, la lengua de la cristiandad: en que todo sudamericano más o menos educado había oído hablarlo más de un domingo, más de un bautismo, más de una boda o un entierro. El idioma que establecía las diferencias entre unos y otros, los que lo conocían y los que no: desigualdad hecha palabras. Eran esos sudamericanos educados los que podían decidir cómo llamar al continente: llamarlo Latinoamérica era una forma de reafirmar su poder, su posesión.

Ese nombre borraba de un plumazo tantas presencias que no venían de Roma. Indios, negros, mestizos y mulatos desaparecidos en un golpe de palabra: era un buen golpe. Pero las palabras patinan. Irónico que, pasado el tiempo, ahora la palabra latino nos suene más a estos bastardos pura mezcla, esquina de barrio bajo neoyorquino, sus navajas y sus dientes de oro, que a los retoños de los bravos legionarios afincados en Sevilla, en Palermo, en Toulouse, sus águilas, sus leyes, sus cruces, sus latines.

* * *

Latinoamérica se volvió una palabra poderosa. Resume los dos tercios de un continente tan variado: toda la América del Sur, casi toda la Central, buena parte del Caribe y el sur de la América del Norte. Latinoamérica ocupa más de 20 millones de kilómetros cuadrados, un séptimo de las tierras de la Tierra. La habitan unos 640 millones de personas, una de cada doce habitantes del planeta. Dos de cada tres —unos 420 millones— hablan español, uno de cada tres —más de 210— habla portugués, unos pocos francés; la gran mayoría de los 40 millones que hablan un idioma vernáculo también usa una lengua latina.

Podríamos quedarnos en esta unidad de sentido —ya establecida, ya consagrada— y trabajar sobre ella, pero Brasil es tan distinto.

Brasil es un gigante: 8,5 millones de kilómetros cuadrados, 210 millones de personas. El país latinoamericano que lo sigue en extensión —Argentina— es tres veces menor y tiene un quinto de sus habitantes. El que lo sigue en población —México— tiene casi la mitad de personas y un cuarto de su superficie. Brasil está fuera de escala: un gigante entre medianos y chiquitos. Brasil no solo habla una lengua diferente; tiene, sobre todo, una historia muy distinta.

Brasil fue, hasta 1888, un reino esclavista portugués, algo radicalmente diverso de todos sus vecinos. Brasil no pasó por el proceso compartido de constitución de esos países, su rebelión, sus búsquedas, sus influencias, sus dificultades. Y es un gigante porque su fracaso fue su éxito: su fracaso histórico, su éxito actual.

Brasil, colonia portuguesa, fue, durante los tres siglos en que lo fue, un territorio inmenso salvaje, inútil y amenazador, que nadie se atrevió o se interesó por ocupar. Los colonos se quedaron cerca de la costa: allí fundaron sus ciudades, explotaron sus esclavos, recogieron su caña y su café, sus oros. El resto era un agujero negro, una *terra incognita*, un espacio demasiado difícil para su poder. No intentaron, entonces, establecer ciudades y dividir en unidades administrativas ese territorio selvático o desierto que no querían administrar porque tampoco sabían utilizar. Así que, cuando llegó su tardía independencia, el territorio no quedó partido —como el resto de la región— en esa docena y media de republiquetas que correspondían más o menos a las antiguas unidades administrativas, las áreas de influencia de las ciudades consolidadas. Brasil fue un solo país porque estaba casi todo sin usar. Eso lo hizo el gigante que es: prácticamente igual —en superficie y habitantes— a todo el resto de América del Sur.

Eso lo hizo un lugar tan diferente.

(Un mundo en sí mismo –un subcontinente como la India–, cuyas relaciones con el resto de la región pasan por la economía y la geopolítica pero no comparte cultura, lengua, historia; un mundo que se interesa poco por lo que pasa en el resto de la región, por el que la región no se interesa mucho: un mundo en sí.)

Brasil quedó tan fuera de escala que no entra en la misma línea de análisis. Según el FMI, el Producto Interno Bruto de toda América Latina son unos 5.300 millones de dólares; el de Brasil es 1.900 millones: bastante más que un tercio. Por eso, si Latinoamérica existiera serían dos: una hecha de un solo país, otra de veinte; una con cierto peso en el mundo, la otra menos; una que habla un portugués, la otra castellano.

Brasil, además, es tan desigual que es incluso más desigual que el resto de Latinoamérica, el continente más desigual. Allí, el famoso uno por ciento más rico concentra casi un tercio de su riqueza, lo que lo deja como subcampeón del mundo, solo superado por Qatar y por muy poco. Es solo un ejemplo. Más en general: sus números son tan grandes que terminan influyendo demasiado en los números generales de la región. Digo: los parámetros de ese agregado que solemos llamar Latinoamérica están demasiado marcados por los parámetros brasileños.

Brasil es decisiva para la región –como lo son los Estados Unidos. Pero, igual que Estados Unidos, no forma parte en un pie de igualdad. Creo que hay que tenerlos en cuenta como polos de gravedad que influyen, desde las dos puntas, con fuerzas obviamente desparejas, en todo lo que sucede allí.

Por eso no me sirve, ahora, América Latina como concepto. Podría decir Hispanoamérica: el nombre presta a España un lugar que ya no ocupa –en la práctica política, económica, social, cultural del continente. Sí ocupa un gran lugar: el de la cuna del idioma, tan determinante. Muerto Colón, sus reyes, sus rituales, sus fallidas multinacionales de servicios, Nebrija sobrevive. Si hay algo que hace que esta región sea distinta de todas las demás es el hecho de compartir –con sus diferencias regionales, por supuesto– un idioma. En Europa, con una superficie mucho menor, hay 23 idiomas nacionales –y otros 200 que intentan mantenerse. En la India, con una superficie semejante, la Constitución reconoce 22 idiomas –y hay casi 800 más. Aquí hay más de 400 millones de personas que hablan la misma lengua, y esa es la diferencia: lo que nos permite tratar de pensarnos como algo más o menos homogéneo o, por lo menos, muy relacionado.

Ya no somos hispanos. Pero sí somos —si algo somos— los que hablamos castellano.

Y el castellano se distingue, más que nada, por esa letra rara.

La eñe se iza, se saluda, se flamea: la eñe es grito y es bandera. La decimos, la escribimos, la enarbolamos como escudo de nobleza inesperada. Parece un chiste —debe ser un chiste— pero es cierto que la eñe se ha transformado en estandarte del idioma castellano: a nadie más se le ocurrió inventarse semejante letra.

La eñe es una extravagancia. El castellano tiene veintidós consonantes; veintiuna existen en las demás lenguas romances; solo una no está en ninguna otra. Veintidós consonantes: solo una exhibe un trazo brusco por encima; solo una es ese invento un poco torpe que consistió en dibujar un firulete sobre una letra ya existente para volverla otra, para advertir que debe pronunciarse de otro modo. Y todo por un sonido tan común.

El sonido eñe es habitual. Todas las lenguas romances, sin ir más lejos, lo dicen, pero el italiano y el francés lo escriben gn —como en gnocchi y champagne—, el portugués y el gallego nh —como en bolinha y en morrinha—, el catalán ny —como en Catalunya. Solo una lengua, esa que algunos llamamos castellano y ciertos españoles español, creyó que tenía que inventar una letra para representar ese sonido: solo a ella le importó tanto. La eñe es una extravagancia y es un gesto de orgullo: la letra que nadie más tiene, la que, solo con mostrarse, ya dice castellano.

Por eso quiero decir Ñamérica: la América que habla con esa letra, que con ella se escribe. Por eso quiero ser ñamericano: somos los que tenemos esa letra en nuestras vidas.

Ñamericanas, digo, ñamericanos, digo,
señoras y señores, niñas, niños:
la gente de Ñamérica.

ÑAMÉRICA

Y entonces definirla: llámase, quizá, Ñamérica a un arco de 12.000 kilómetros de largo que se extiende de sur a norte o norte a sur, desde Ushuaia hasta Tijuana y viceversa, con un ancho máximo de 2.000 kilómetros desde Valparaíso en Chile hasta el Chuy en Uruguay, y un mínimo de 60 en Panamá —más algunas islas del Caribe.

Así que si Ñamérica existiera —o incluso existiese— tendría 12 millones de kilómetros cuadrados y 420 millones de habitantes: poco más que el cinco por ciento de la población del mundo. Sus 19 países irían desde los 2.780.000 kilómetros de Argentina hasta los 21.000 de El Salvador, desde los 127 millones de personas de México hasta los 3,5 millones de Uruguay: las diferencias son enormes.

Si Ñamérica existiera o existiese tendría o habría tenido en 2019 un producto bruto interno común —prepandemia y según el Banco Mundial— de unos 3.800.000 millones de dólares. Es más o menos lo mismo que Alemania. Solo que Alemania tiene 83 millones de habitantes y Ñamérica unos 420 millones: cada alemán es, en promedio, cinco veces más rico que cada ñamericano.

Para empezar a verla se pueden armar zonas —caprichosas, opinables— donde, por supuesto, cada país tendrá sus características propias pero habrá, entre ellos, ciertos rasgos comunes:

—el Cono Sur —Chile, Uruguay y Argentina— es, como su nombre lo indica, el extremo meridional de la región. Son, en general, los países más ricos, con más salud y educación y menos religión; son, también, los que tienen mayor proporción de inmigrantes europeos recientes y menos densidad de población. Entre los tres tienen 3,7 millones de kilómetros cuadrados, 66 millones de habitantes y un PBI de 840.000 millones de dólares: casi 13.000 por cabeza.

—los andinos —Bolivia, Perú, Ecuador y medio Colombia— fueron, antes de la conquista, el imperio Inca; la población indígena es mayor que en otras zonas. Son más tradicionales, más conservadores y solían ser más pobres; en los últimos años sus economías se desarrollaron mucho. Sus 86 millones de habitantes ocupan unos 3,2 millones de kilómetros y su PBI llega a los 580.000 millones de dólares: unos 6.700 por persona.

—los caribeños —medio Colombia, Venezuela, Cuba, República Dominicana, digamos Puerto Rico— tienen la mayor cantidad de negros y todos los rasgos de la vida tropical. En ellos el monocultivo —la banana, la caña, el petróleo— es todavía más predominante. Tienen 1,7 millones de kilómetros cuadrados, 80 millones de habitantes y un PBI de 430 millones de dólares: alrededor de 5.400 per cápita.

—Centroamérica —Panamá, Costa Rica, Nicaragua, El Salvador, Honduras, Guatemala— es el producto de una división tardía: entre los seis países no tienen sino 520.000 kilómetros —la mitad que Colombia— y 50 millones de habitantes que se reparten un PBI de 320.000 millones de dólares: unos 6.400 para cada uno —pero panameños y costarricenses tienen tres veces más, de media, que sus vecinos más al norte. Con una población muy mezclada, ciudades chicas, pobreza persistente y su tradición de gobiernos inestables, su triángulo superior es, ahora, una de las zonas más violentas del mundo.

—México es México: el país más potente de la región, mezcla de docenas de etnias locales y la ciudad más grande de la lengua, una historia riquísima y la zozobra de 3.000 kilómetros de frontera con Estados Unidos. Tiene 1,9 millones de kilómetros, 127 millones de habitantes, 1.200 millones anuales de PBI: casi 10.000 por persona.

—y Paraguay es Paraguay: una anomalía en medio del sur, distinto de los otros, sin costas ni grandes riquezas minerales, se mantuvo siglos en una autarquía rara. En Paraguay el guaraní es lengua oficial y casi toda la población lo habla: son unos 7 millones en 400.000 kilómetros; su PBI es de 42.000 millones —6.000 por cabeza—: está entre los más pobres.

Las diferencias son extremas, pero están también las semejanzas; me gustaría encontrar qué los une. No en el sentido politiquero de qué «debería unirlos»; quiero saber qué tienen en común, qué realidades, qué mecanismos, qué problemas, qué deseos.

Te dicen que es la región más fugitiva: que en ninguna las migraciones determinaron tanto y en ninguna hubo, en los últimos años, tantos millones de migrantes.

Te dicen que es la región más silvestre: un auténtico revuelo de selvas y praderas y colores que produce más carne y soja y minerales.

Te dicen que es la región más desigual: que en ninguna los más ricos tienen tanto más que los más pobres.

Te dicen que es la región más violenta: que en ninguna las personas matan más.

Te dicen que es la región más católica: que en ninguna la cruz tiene tanta fuerza y tanto peso.

Te dicen que es la región más mágica: un auténtico revuelto de culturas, una mezcla como no se ha dado en ningún otro lugar.

Te dicen que es la región más agitada: la que siempre está a punto de empezar, de ser lo que debía; que se agita para ser lo que debía.

Te dicen y te dices y te decís y nos decimos.

Es el momento de escuchar un poco más allá.

Es raro, es difícil tratar de pensar una región, un agregado de países y trayectorias y situaciones diferentes como si fueran uno. El desafío es encontrar lo que los relaciona: qué rasgos comunes nos permiten pensar a Ñamérica como un conjunto que se puede pensar.

De eso se trata.

* * *

Como escribió hace tanto don Antonio y tantos adoptaron, desde entonces, para justificar sus coplas y copias y latrocinios leves:
«Ya todo está dicho pero
cuando habla un hombre sincero
dirá lo que otros dijeron
como si fuese el primero.
Como si el primero fuera:
como si por vez primera
esas cosas se dijeran
previas, preclaras, señeras...»
Y así de seguido.

Ñamérica siempre fue tierra de mitos. Lo fue, por lo menos, desde el principio de la llegada de la lengua, cuando Colón pensó que estaba en el Paraíso o en las Indias, y Ponce de León buscaba la fuente de la Eterna Juventud y Orellana veía amazonas entre los árboles del río y tantos marcharon y marcharon hacia los brillos de Eldorado. Después, en estos quinientos años que le conocemos, fue más mitos, tantos: desde las tierras donde la naturaleza seguía siendo lo que había sido en el principio hasta las sierras donde los hombres serían al fin libres. Mitos y más mitos; a veces parece que lo decisivo fuera saber cuál es el mito actual. Pero, también, las realidades.

Hace exactamente medio siglo se publicó un libro que intentó una síntesis del continente. *Las venas abiertas de América Latina*, de Eduardo Galeano, fue leído por millones de personas. Funcionaba –funcionaba muy bien– como un memorial de los agravios que habían sufrido Latinoamérica y los latinoamericanos desde la invasión de los españoles y el desembarco de los ingleses y el imperio de los norteamericanos. «La división internacional del trabajo consiste en que unos países se especializan en ganar y otros en perder. Nuestra comarca del mundo, que hoy llamamos América Latina, fue precoz: se especializó en perder desde los remotos tiempos en que los europeos del Renacimiento se abalanzaron a través del mar y le hundieron los dientes en la garganta», decía en su prólogo, para mostrar cómo los grandes poderes extranjeros se aprovecharon de las riquezas autóctonas para construir sus sociedades y debilitaron, así, la construcción de las nuestras. Para mostrar, también, que teníamos un destino manifiesto o algo así: especializados en perder.

De las venas abiertas de América Latina caía almíbar: ese almíbar amargo que te endulza la desgracia con el relato de injusticias que siempre fueron culpa de otros, ese almíbar amargo de sentirse víctimas.

En aquel libro, muy de acuerdo con la época, había malos macizamente malos y los buenos: los autóctonos que intentaban resistirse. La tentación de ese armado es grande: el expolio, en efecto, lo fue y lo sigue siendo. Pero esas visiones reductoras de la historia solo producen frases hechas y titanes de cartón y arrebatos sin futuro. Había, para empezar, algo injusto en pretender que todos los males del continente empezaron con la conquista, en obviar las calamidades de los regímenes anteriores: si es nativo, te decían, es bueno. Por supuesto que el poder español fue una catástrofe, como todos los poderes, cada cual con sus rasgos; no se puede decir que los aztecas con sus sacrificios humanos y sus guerras para hacer esclavos fueran mucho mejores. Ni los incas con sus monarcas medio dioses, sus castas absolutas, la explotación implacable de sus pobres.

A diferencia de los imperios autoritarios precolombinos, los expolios coloniales y neocoloniales servían para legitimar ciertas reacciones. En esos años *Las venas abiertas* funcionaba –funcionaba muy bien– como la justificación histórica de las reacciones que miles y miles de americanos intentaban: tras la Revolución Cubana había, en cada país del continente, grupos que, con métodos diversos y fuerzas diferentes, intentaban una sociedad más justa, más igual, digamos: socialista.

El silogismo era eficaz: si las patrias latinoamericanas se habían construido en la guerra contra el invasor español, era lícito intentar reconstruirlas en la guerra contra el invasor americano –y sus oligarquías dependientes. Alcanzaba con poder homologar aquella situación a la dictadura colonial: entonces, el recurso contemporáneo a la lucha –más o menos– armada estaba justificado por el recurso inicial a esas formas de lucha, las que habían sentado las bases de la patria, las que aprendíamos a reverenciar en las escuelas. Si para fundar nuestros países nuestros próceres habían peleado con las armas en la mano, era lógico que lo mismo se precisara para refundarlos: todo consistía en saber quiénes serían los nuevos San Martín, los Bolívar actuales. «Seguían a Artigas, lanza en mano, los patriotas. En su mayoría eran paisanos pobres, gauchos montaraces, indios que recuperaban en la lucha el sentido de la dignidad, esclavos que ganaban la libertad incorporándose al ejército de la independencia. La revolución de los jinetes pastores incendiaba la pradera…» Aquellos héroes justificaban a los contemporáneos y todos juntos armaban una imagen sólida, compacta, llena de certezas. Todo era, de algún modo, más fácil.

Desde entonces –ya lo veremos con detalles– la situación política cambió de cabo a rabo. Pero también cambió Ñamérica: hoy el continente es otro.

Está claro que somos otros.

Es obvio: nunca nadie es como lo ven, nunca nadie es como era. Pero hay grados, y es muy notorio que Ñamérica y sus habitantes hemos cambiado mucho en las últimas décadas, y ya no somos los que éramos: lo que muchos, distraídos, suponen que seguimos siendo.

Somos otros.

Para empezar, lo más central: las personas. En 1970 había unos 180 millones de ñamericanos: bastante menos de la mitad que ahora. De nuevo: por cada persona que vivía entonces en Ñamérica ahora hay más de dos.

(El crecimiento demográfico es nuestra mayor victoria como especie, el triunfo de la parte animal. Lo es en el mundo en general, lo es en América en particular: somos cada vez más —y no hay mayor cambio que ese.)

«América arboleda,
zarza salvaje entre los mares,
de polo a polo balanceabas,
tesoro verde, tu espesura…»
cantaba Ricardo Eliécer Neftalí Reyes Basoalto (a) Pablo Neruda entre los 15.000 versos de su *Canto general*: fue el mayor propagandista, prosopopéyico y pomposo, de esa región pensada como portento de la naturaleza, esa tierra omnipotente que no correspondía modificar ni hollar, esa América que pasó y no ha sido.
«Piedra en la piedra, el hombre, ¿dónde estuvo?
Aire en el aire, el hombre, ¿dónde estuvo?
Tiempo en el tiempo, el hombre, ¿dónde estuvo?»

El hombre estaba y cada vez está más. Ahora, queda dicho, la región es tanto más populosa que lo que nunca fue pero, sobre todo, sus ciudades lo son. Se suele pensar a Ñamérica como el reino de una naturaleza lujuriosa, avasallante, cuyos caprichos condicionan las vidas de sus habitantes y los sumen en una incertidumbre tururú. Y es cierto que allí siguen las selvas despiadadas, los picos sin final, el río más largo y caudaloso, los desiertos y costas, los salitres, mesetas, terremotos, volcanes, huracanes, las llanuras tan fértiles. Comparadas con continentes más serenos, las tierras ñamericanas pueden resultar avasallantes.

Pero pocas regiones han cambiado tanto en estos años. Ese mundo que siempre se supuso rural, campesino, silvestre, se ha vuelto un entramado de ciudades. En 1960 la mitad de los ñamericanos vivían en ciudades; ahora son más del 80 por ciento, cuatro de cada cinco.

En 1960 solo siete ciudades ñamericanas tenían más de un millón de habitantes: Buenos Aires, México, Santiago, Lima, La Habana, Montevideo y Caracas; en 2020 eran 53. En 1960 había unos 115 millones de urbanitas en Ñamérica; ahora hay unos 320 millones, casi tres veces más.

Para darse una idea: el 75 por ciento de los europeos vive en ciudades, suburbios o pueblos; menos que en Ñamérica. Y, en el mundo, es el 56 por ciento: mucho menos. Ñamérica, insisto, se ha vuelto una región particularmente urbanizada.

Aunque está claro que hay ciudades y ciudades.

Los países que tienen más urbanitas que la media son Uruguay, Argentina, Venezuela, Chile, México y Colombia: a mayor desarrollo, más gente en las ciudades. Nicaragua, Honduras, Guatemala tienen mucho menos que la media; aquí también, las diferencias son profundas.

(Urbanitas de ciudades desbordadas, sobrepasadas, fracasadas. Ciudades donde la palabra clave debe ser colapso: servicios colapsados, tráfico colapsado, infraestructuras colapsadas —vidas que tratan de esquivarlo.)

Que haya tantos urbanitas supone, también, que millones han llegado desde el campo y la montaña y la selva en estas décadas. Entonces, más que jactarse de la modernidad, importa recordar cómo y por qué se fueron y se van. La violencia en Colombia, por ejemplo, llevó a varios millones de personas a la periferia de sus ciudades grandes, donde se sentían más seguros; la maquila en México y Centroamérica también las llevó a la búsqueda de trabajos supuestamente más seguros; en Argentina los escasos campesinos que quedan se siguen yendo porque les sacaron las tierras y las máquinas hacen su trabajo; en todos los países la ciudad ofrece un espejismo de modernidad y —si acaso— de justicia, de una vida que no será tan dependiente de los caprichos de la naturaleza y de un patrón, de la ilusión de mejorar.

El campo se vació, entre otras cosas, porque cambió de sentido. Pasó de ser un espacio para vivir, el lugar de personas y culturas, a ser un espacio para la producción que sus dueños intentan adaptar al máximo a su nueva función, que precisa cada vez menos gente, donde la gente molesta más y más.

La empresa que arma una gran explotación de soja, de cobre, de palma, de petróleo, necesita cada vez menos personas trabajando y, así, los hombres y mujeres que estaban en la zona se convierten en desocupados conflictivos o, peor, en pedruscos que pueden, al tratar de mantener sus tierras, trabar el funcionamiento de la máquina. Deshacerse de ellos es, para los patrones, una forma de mejorar el rendimiento de esas tierras. Su migración es un beneficio económico para ellos.

Pero, para que esos pobladores migren, los patrones precisan, por supuesto, convencerlos de que les conviene: que en las ciudades vivirán mejor. Y los convencen con discursos de prosperidad o anuncios en la tele o amenazas o simplemente la violencia.

De ahí una de sus paradojas más notorias: los ñamericanos viven en las ciudades pero, en general, buena parte de las riquezas de las que viven —animales, vegetales, minerales— vienen de tierra adentro, de la naturaleza. Ñamérica vive de ella, y hay quienes pueden, por eso, pensar en nuestras ciudades como parásitos de esos dones naturales; la realidad, como siempre, es más compleja.

Pero sigue siendo cierto que vivimos de lo que crece o creció en la tierra, arriba, abajo.

«Para el Mahatma Gandhi el pueblo era el espacio puro, libre de los vicios que corrompen la ciudad. "La India no se encuentra en sus escasas ciudades sino en sus setecientos mil pueblos —decía a menudo—. Considero el crecimiento de las ciudades algo maligno, una desgracia para la humanidad y para el mundo…"», cita Suketu Mehta. En esa India que el Mahatma extrañaba, cientos de millones se morían de hambre.

Y hay variados mahatmas en Ñamérica: gente que, de un modo u otro, añora esos tiempos supuestamente idílicos bucólicos campestres, aquel mundo más o menos inmóvil donde nada cambiaba, donde los pobres eran muy pobres y se morían de enfermedades pobres, donde no había educación ni justicia ni cosas de esas.

Irse a las ciudades puede ser, por distintas razones, un fracaso, pero es un intento. Muchos se van porque no pueden quedarse y seguir viviendo como sus padres, sus abuelos —aunque quisieran, aunque querrían. Muchos se van porque realmente no querrían. En todo caso han armado —están armando— un continente nuevo, uno que no se encuentra pero se busca de una forma distinta. Y ahora las ciudades son la forma: el espacio donde se inventa, donde se cruza, donde se encuentran formas nuevas.

Ñamérica ya no es esa región rural, casi bucólica, austera y lujuriosa, que aprendimos. Ahora está hecha sobre todo de ciudades mal hechas, tan improvisadas, incapaces de seguir el ritmo de su propio crecimiento, insuficientes para albergar a los millones que se vuelcan en ellas –porque en esas zonas rurales productoras de riquezas no sobrevivían, no producían suficiente o, peor todavía, los mataban.

Ciudades, entonces, donde cinco millones de personas –cinco millones de personas, toda la población del Perú o de la Argentina en 1900– ni siquiera parecen tantas: Buenos Aires, Lima, Bogotá, Santiago, Caracas, Guadalajara, Guatemala, Monterrey, Medellín y, sobre todo México, la madre de todos los monstruos, tienen muchas más. Solo en la Ciudad de México viven unos 25 millones de personas: más que lo que había en toda Ñamérica en tiempos de la Independencia. No se puede entender esta región sin empezar por pensar esa explosión brutal: que donde había, hace dos siglos, una persona ahora hay treinta y donde había, hace cien años, una, ahora hay siete. Que sus ciudades se han convertido en estos monstruos inasibles, tan inquietos.

Y hay una que es, con mucho,
la madre de todas las ciudades.

MÉXICO

La ciudad desbocada

Intento entrar, no lo consigo. Es mediodía, el sol reluce, y en Tlatelolco, un corazón de México, cientos de personas salen en estampida por las puertas de vidrio de la torre. La torre es imponente, sus cien metros de alto: fue el Ministerio de Relaciones Exteriores y ahora es un centro cultural de la Universidad Nacional; aquí, a veces, los centros culturales tienen ese porte. Trato de preguntar qué pasa pero nadie se para; les han pateado el hormiguero, corren.

—¡Sexto piso, aquí a mi izquierda, por favor!

Grita un hombre en un megáfono, y poco a poco le hacen caso.

—¡Consejo de Médicos de Urgencia, cuarto piso, de este lado!

Grita más, y más corren, y por fin una mujer me explica que hubo un temblor y que por eso.

—¿Un temblor?

Digo, con ídem.

—Sí, pero nada, una cosa de nada. Lo que pasa es que la torre bailó un poco.

Dice, pero su cara no me tranquiliza. El del megáfono intenta calmarnos con información:

—No se preocupen, amigos, no fue nada. El epicentro del temblor estuvo lejos. No se preocupen, no va a pasar nada.

Es raro el miedo cuando llega tarde, demorado, cuando llega por algo que no fue: cuando es conciencia de lo que habría pasado.

—Hubiera visto cómo se movía. Yo rezaba, rezaba.

Me dice una mujer embarazada.

—¿Usted es extranjero, cierto? Usted no sabe lo que es vivir en una tierra que se mueve.

He estado veinte, treinta veces en la Ciudad de México; he trabajado aquí, he publicado aquí, he imaginado la posibilidad de vivir aquí, aquí viven algunos de mis mejores amigos; no conozco la Ciudad de México.

Conozco trocitos, algunos barrios, algunas sensaciones —y a veces me pregunto si hay otra forma de conocerlo. (¿O conocerla? ¿México es femenino o masculino? ¿Digo: México la ciudad es femenino o masculino?)

No la conozco ni lo conozco —ni creo que sea posible conocerlos. Pero lo intento, una y otra vez.

México es la ciudad más grande del hemisferio occidental. México es la ciudad más antigua de América. México es una de las diez ciudades más ricas del mundo. México tiene más habitantes que la mayoría de los países.

En México viven unos 23 millones de personas. O quizá 25 o quizá 21. Hay pocas cosas más difíciles, en estos tiempos de todo computado, que saber cuántos habitantes tiene una ciudad. El problema no son los habitantes, es la ciudad: hay tantas versiones sobre dónde empieza y termina cada una; sus límites administrativos no suelen coincidir con sus límites reales. Pero, aún en esa confusión, está claro que hay pocas más grandes.

México no es una ciudad. Es, quizá más que ninguna, lo que ahora son las ciudades desmedidas: una federación de pueblos grandes unidos por esas cosas que unen a esas federaciones. Antes era un dios, un rey, un límite geográfico; ahora es una bandera, un equipo de fútbol, una moneda, una ilusión —y siempre las variaciones de una alimentación y de un idioma. México es tan diversa, tan inabarcable. Sus barrios riquísimos, sus barrios pobres, sus barrios peligrosos; sus autopistas superpuestas intrincadas infinitas, sus calles arboladas, sus calles destrozadas, sus malls y sus mercados; sus monumentos, sus agujeros, sus rincones; su poder, su impotencia. El centro de México está construido sobre el fango de un lago; el sur, sobre la lava de un volcán; el oeste, sobre los gases de un basural gigante. En México todo cambia y nada cambia. Lo único seguro es que nada está seguro: aquí todo puede temblar, todo puede caer.

Todo es promesa, todo es amenaza.

Todo es sorpresa todo el tiempo.

* * *

Quiero, sé que no se puede, se me ocurren cositas. Mi compinche mexicano es el autobiógrafo oficial de la Ciudad de México, así que le propongo un juego: que me mande a los sitios que debo conocer de su ciudad para empezar a conocerla pero que no me diga por qué ni para qué, que me obligue a descubrirlo. Yo, a mi vez, ocultaré su identidad bajo un apodo inverosímil: Juanvilloro.

(Entonces Juanvilloro me manda a la estación de metro Chabacano y yo supongo que será por el nombre; de nuevo me equivoco.

La frase es cursi pero cierta: el metro de México es un mundo. Cada día lo usan cinco millones de personas, quizá siete. El metro es un mundo mal iluminado, mal oliente, pasablemente sucio, pasablemente vigilado, peligroso, rebosante de vendedores y mendigos, donde siempre sobra gente.

Gente y más gente, bajo su forma de personas. Un chingo de personas —que en Bogotá sería un jurgo de personas y en Buenos Aires una bocha de personas y en Madrid la hostia de personas, por ejemplo. Es fuerte tener que ver que existen tantas. Vivimos entre tantos, somos tan poco, nos pasamos la vida negando esa certeza. Pero hay momentos en que la multitud se hace evidente, y es brutal. El efecto masa, que las ciudades inventaron —miles de personas haciendo lo mismo al mismo tiempo— nunca es tan visible, nunca tan obsceno como en México. Una estación de metro mexicana en hora pico es un recuerdo de que somos una mota. Aquí caminar es moverse al compás, dejarse llevar por los pasos ajenos; aquí somos un flujo poderoso, constante: individuos confundidos, miles y miles, cuerpos que toca acomodar para llevarlos lejos. Y subir al vagón es catarata, una avalancha, cuerpos que se abalanzan a ver si ocupan un espacio donde no cabe un cuerpo.

Con diferencias, por supuesto. En la estación Chabacano, esta tarde, hora punta, la ciudad se bifurca en sus clases: unos pocos toman la dirección Tacubaya, hacia zonas burguesas; multitudes van hacia Pantitlán y sus barrios populares. Aquellos vagones van cómodos; estos explotan de personas apiñadas; creo que Juanvilloro me mandó aquí para que viera que incluso entre los más pobres, los que toman el metro, hay clases: que México es, como todas, como pocas tanto, una ciudad de clases.)

El hombre tenía unos 30 años, era alto, grueso, moreno, su diamante en la oreja, ropa nueva. Estaba por pasar el molinete de salida de la estación de Merced cuando dos policías se le echaron encima. El hombre se debatía, se agitaba, gritaba qué pasa qué pasa oficial no sea prepotente; tenía un parlante moderno en una mano y parecía que lo acusaban de robarlo pero él gritaba que no estaba haciendo nada, oficial, no estoy haciendo nada, dejenmé, por favor, por favor, no sea prepotente. Otros dos policías se sumaron, entre los cuatro lo fueron reduciendo: le tenían las manos a la espalda, la cabeza vencida, trataban de esposarlo. El hombre gritaba, pedía ayuda: gente, por favor, ayúdenme, gente, por favor, yo no hice nada, me quieren llevar y no hice nada. Los policías al fin lo esposaron, se lo fueron llevando; alrededor muchos mirábamos sin saber qué hacer. Yo tampoco supe; después, como un idiota, lo escribí.

Se lo llevaron. Quizá fuera un ladrón, o quizá no.

En el metro de México todos los carteles incluyen, junto al nombre de cada estación, un dibujito que la identifica. Transporte para analfabetos. Y la historia que cambia pero quedan los nombres: hay estaciones que se llaman Insurgentes, Revolución, Patriotismo, La Raza, Niños Héroes. México fue gobernada casi un siglo por un partido que se llamaba Revolucionario Institucional; los nombres, restos de las cosas.

(Pero hay una, también, que se llama Misterios.)

La ciudad de México es enorme: moverse en ella es desafío siempre listo. Pero hay, por supuesto, diferencias; hay, grosso modo, tres maneras. Millones y millones que viven en los barrios alejados y no tienen coche salen de sus casas cada mañana antes del alba para caminar hasta un bus que los acerque al metro y ese viaje amasados y después a veces otro bus; no suelen ser menos de dos horas de ida, dos de vuelta, o tres. Millones que viven en barrios más o menos alejados y tienen coche salen al alba para atravesar carreteras y trancones; suelen ser una o dos horas de ida, otras de vuelta, séntaditos, solos. Miles que viven en barrios elegantes y tienen coche y tienen un chofer salen cuando sea y despachan sus asuntos en sus coches, leen, hablan, resuelven en sus coches; el tiempo es largo pero pueden usarlo.

En la ciudad de México ya no hay trancones —o atascos o tacos o colas o embotellamientos. La noción de trancón es optimista: supone que se detiene algo que fluía. Aquí hace mucho que nadie espera que los coches / carros fluyan: se sabe que son tantos —más de diez millones—, que no caben; que, a las horas señaladas, se moverán a marcha de peatón. No hay acuerdo en los efectos de ese sistema sobre mentes y cuerpos. Está claro que durante todo ese tiempo —durante, digamos, un cuarto de su tiempo despierto— la mayoría de los chilangos, atrancada, piensa. O, mejor: no puede hacer mucho más que pensar, recordar, amodorrarse, escuchar distraído una radio o una música, temer que los asalten. Eso está claro; lo que se ignora son los efectos de tanta introspección sobre la vida de una comunidad. No hay demasiados ejemplos previos; estamos en territorio incógnito. Y hay quienes temen lo peor —aunque tampoco terminan de explicarte qué sería.

Queda dicho: días y días de trayectos en metro y no he visto ni uno de esos seres que aquí llaman, con más aprecio, con más desprecio, güeros —para no llamar blancos.

Pero la división en clases no es la única. En los metros y los metrobuses de México hay vagones o espacios reservados para las mujeres. Se instituyeron en 2000 y se presentan como la única forma de evitar tocamientos, acosos, los abusos; el sexo como guerra.

* * *

(Juanvilloro me manda a esos suburbios que rodean la ciudad como un recordatorio, una memoria triste del futuro, y yo obedezco: voy a Ecatepec.

Ecatepec es uno de tantos municipios que no forman parte administrativa de la Ciudad de México pero sí de su continuo urbano. Ecatepec se pobló en los ochentas, con las grandes migraciones internas. En sus calles hay pobreza pero no miseria: las casas son de material, suelen tener revoque, puertas y ventanas, alguna forma de agua y electricidad, y en una plaza sin árboles está varado un gran avión marchito; es un chiste y una biblioteca.

Ecatepec es el mayor de estos poblados suburbanos. Son casi dos millones de habitantes pobres: los que tienen trabajo suelen tenerlo en la ciudad, horas de viaje. En los supermercados del centro de México un kilo de mandarinas está entre 15 y 20 pesos, casi un euro; aquí, en el mercado populoso, colorido, cuesta cinco. En Ecatepec muchas casas están pintadas de colores: hay quienes dicen que el gobierno, en lugar de regalar pintura, podría cuidar más las vidas de sus ocupantes. En Ecatepec hay un teleférico que no trepa lomas ni salta cañadas, no salva obstáculos geográficos sino humanos: es la manera de avanzar a través del laberinto de casas y calles retorcidas. O fortificadas: en muchas calzadas hay topes altos, agresivos, que agregan los vecinos para parar los coches. La pelea es de todos contra todos y sobre todo contra las mujeres: Ecatepec es el distrito con más feminicidios del país. Quizás eso quería mostrarme Juanvilloro. O no, cómo saberlo.)

Todo empezó como empiezan esas cosas: con una extrañeza. Aquel día Lupita se extrañó de que su hija Arlet, tan cuidadosa, se hubiera dejado a su hijo en el kinder. Se preguntó si estaría mala, si se habría dormido, y fue a buscarla: en su pieza alquilada solo encontró a sus hijas de uno y tres años. Arlet vivía con sus chicos en un barrio de Ecatepec; semanas antes su marido había conseguido pasar la frontera de Estados Unidos. Le había dicho que era por un tiempo: lo que tardara en juntar la plata para comprarle por fin una casa, cosa de no vivir así toda la vida. Mientras, Arlet trabajaba en una estética. Pero ese día de abril no aparecía, y su madre la buscó por todas partes. La policía no le hacía caso; le decían que esperara.

—Dos meses después seguían sin decirme nada. No sabe la impotencia.

Lupita no descansaba: se juntó con otras madres, buscaron rastros, pruebas, empezaron a sospechar de un vecino. Ya desesperando, convencieron a un comisario de que lo indagara; meses después, cuando lo detuvieron, el fulano llevaba en un carrito de bebé unos trozos de mujer que iba a tirar a un basural. En un rato confesó más de veinte asesinatos.

Ahora lo llaman el Monstruo de Ecatepec. Juan Carlos tiene 33 años y operaba con la ayuda de Patricia, 38, madre de sus tres hijos; entre ambos violaban, mataban y se comían a sus víctimas. Pero la barbarie de sus acciones es la punta de un iceberg. Hace tres años Ecatepec declaró una «emergencia de género» por la cantidad de feminicidios registrados. El año pasado fueron unos cuarenta —las cuentas son confusas. Y se denunciaron más de 500 violaciones pero también más de 300 homicidios, más de 12.000 robos.

—¿Tantos meses después, usted todavía esperaba encontrarla viva?

—Sí. Yo pensaba que se la habían llevado para trata.

Me dice Lupita, voz muy baja. A muchas mujeres no las matan: las secuestran, las llevan a provincias, las obligan a prostituirse. Algunas aparecen años más tarde; muchas, nunca. Lupita, la sonrisa tan triste, dice que su esperanza era que su hija hubiera sufrido ese destino.

—Pero no, la mató, dice que la mató ese mismo día. Y dice que se comió partes, de todas ellas, y huesos de ellas los ha vendido a los santeros.

Lupita tiene cuarenta y tantos, la cara bellamente dibujada llena de granos y erupciones: el médico le dijo que era el stress. Hasta la desaparición de su hija trabajaba en una barbería pero tuvo que dejarlo para ocuparse de la búsqueda; espera volver pronto, porque la ayuda que le dan no le alcanza.

—Me robaron hasta las ganas de vivir, de sonreír pero tengo que seguir por los niños. A mí me preocupa su educación. Nunca sabemos en qué momento nos vamos a retirar de esta vida, y quiero dejarlos más asegurados, pobrecitos.

Lupita está dolida porque hace unos días fue con otras víctimas a la puerta del Palacio Nacional a pedirle justicia al presidente y el presidente no las atendió; cuando pasó, me dice, les echó el carro encima.

—El otro día me preguntaron por el MeToo, si aquí también estaba funcionando, y casi me río. Aquí nadie habla de eso porque en Ecatepec denunciar las agresiones significa exponerte de nuevo a la violencia, que te ataquen, que te maten. No se puede hablar porque hay violencia, impunidad, olvido.

Dice Manuel, un profesor de secundaria, sociólogo, agitador contra las injusticias de su zona.

—Aquí matar es muy fácil. ¿Y sabes cuál es la razón principal por la cual lo hacen?

No, le digo, para que lo diga.

—Porque pueden. Menos del diez por ciento de los homicidios se resuelven. Así, en la justicia no hay quien crea.

Aquí cerca, hace unos días, un hombre secuestró a una niña de 11, Giselle, la mató, lo detuvieron. La madre de la víctima dijo que esperaba que un juez lo encerrara para siempre aunque «el castigo más justo», dijo, «sería que lo quemaran vivo». El mes pasado los pasajeros de una buseta atraparon y mataron a golpes a un muchacho que trató de asaltarlos; pasa cada vez más, cada vez más suponen que está bien que pase.

—Y lo más horrible es que diario siguen desapareciendo las mujeres.

Lupita tiene tres hijos más; la más chica está acabando la escuela, quiere ir a la universidad, y su madre no la deja salir a la calle.

—Pobre, ella no tiene la culpa, pero yo no puedo dejarla que vaya por ahí. Ni yo ando por la calle, me da pavor. Y ya tampoco puedes estar afuera de tu casa, porque ahí mismo pasan y te asaltan. Mucha bandita se formó en este barrio. Ya es horrible vivir aquí. Y las autoridades ven que ese delito crece y crece y no hacen nada. Ya no somos libres, no podemos andar como antes. Ya no tenemos libertad.

Este sábado le entregan los restos de su hija: Lupita dice que su agonía es que no sabe qué serán, qué habrá quedado de ella, me dice, y nos callamos.

—Quiero saber pero no quiero.

Dice, como si no dijera.

*   *   *

(Juanvilloro me manda al Zócalo, y yo obedezco, porque el Zócalo es para obedecer.

El Zócalo es la vieja plaza mayor colonial, el espacio todavía de los viejos poderes, a su escala: enorme. Alrededor del Zócalo hay una catedral en vías de hundimiento, un Palacio —del gobierno— Nacional, lleno de estatuas y patios y salones y frescos y brocados, y un Palacio —del gobierno— del Ayuntamiento, ídem de ídem pero más pequeño y aún enorme; también hay hoteles y comercios y la dureza de la piedra, la tristeza de las ventanas ciegas. En el medio hay 50.000 metros cuadrados —o, para decirlo en lengua actual, unos siete campos de fútbol— de vacío que intenta rellenar la bandera más grande de un mundo lleno de banderas. La bandera, cada tanto, se despierta y ondea: es mexicana. Y la plaza, cada tanto, se despierta y se llena por algún sobresalto cívico o político o recreativo —un grito nacional, una huelga salvaje, una pista de patinaje sobre hielo— pero dicen que nunca hubo tanta gente como en aquel concierto de Juan Gabriel el primer día del siglo XXI. Todo alrededor se despliega el centro histórico de la ciudad, un barrio módicamente feo, mezcla de edificios de los tres últimos siglos, realzado por algunas construcciones majestuosas, viejos palacios, colegios, iglesias y conventos con esa austeridad y autoridad que España quiso imponer en estas tierras desalmadas. El centro fue durante décadas territorio comanche hasta que uno de los hombres más ricos decidió repararlo en su beneficio; ahora es un paseo de negocios para turistas y clase media, donde los más ricos solo vienen para citas oficiales en sus camionetas blindadas custodiadas. Y a un costado del Zócalo yacen las ruinas del Templo Mayor donde los mexicanos de hace seis siglos arrancaban corazones de personas y tiraban el resto escaleras abajo para dar gusto a dioses —y que los mexicanos de hace cinco enterraron con sus propios templos y sus propios dioses, y que los mexicanos de hace dos cubrieron con himnos y proclamas, y que los mexicanos de ahora van desenterrando poco a poco, como si no quisieran. Así que sospecho que Juanvilloro me mandó para que viera que los poderes pueden cambiar de palabras pero siguen siendo lo que son, y me sorprende que no supiera que yo ya lo sabía.)

—Sí, cada mañana, a las 7, sin falta.

Yo tenía mis reparos. Me parecía injusto caer en el lugar común de pensar a México como un lugar sobre todo violento, sobre todo mortal. Pero después descubrí que sus autoridades tenían la misma idea.

—Sí, aquí nos reunimos cada mañana. Yo empiezo antes, a las 6, recibiendo vecinos, escuchándolos. Pero después nos reunimos aquí con el gabinete de seguridad.

Me dice Claudia Sheinbaum; es domingo, ya son más de las ocho en el Palacio y el gabinete acaba su reunión alrededor de una gran mesa, en un salón pomposo que el anterior jefe de gobierno volvió su biblioteca. Sobre la mesa hay papeles y pocillos, alrededor siete hombres y mujeres; en la cabecera, con un termo de té, la doctora Sheinbaum lleva pocos meses como la primera jefa de gobierno electa de la Ciudad de México: es física, investigadora ambientalista, política con años en las huestes de López Obrador. Le digo que me impresiona que consideren la seguridad una cuestión tan decisiva como para merecer la primera reunión del día todos los días, y la doctora me dice que así responden a la demanda popular:

—En las encuestas el 75 por ciento de la gente dice que el mayor problema de la ciudad es la seguridad. Y además es cierto que en los últimos tres años ha aumentado mucho la violencia...

Dice, y que la culpa es sobre todo del gobierno anterior, «el más corrupto de la historia», y que recién ahora están descubriendo la catarata de gastos inflados injustificados, permisos y empleos vendidos al mejor postor, extorsiones de todos los colores. Y que entre su corrupción y su incapacidad todo se fue arruinando.

—No se ocupaban de la seguridad pública; abandonaron la gobernabilidad de la ciudad y lo sustituyeron por... pues por hacer negocios.

Dice la doctora, y me cuenta que están haciendo esfuerzos para recuperar la policía, que tiene menos efectivos y más corruptelas. La doctora anda por los 50: flaca, sus pantalones grises, su camisa azul, saquito gris, zapatos bajos, pelo atado, un maquillaje que si está no se nota. Discreción, sería la palabra, por ahora.

—Los mismos policías están hartos. Los ponían a sacar dinero en la calle pero no era para ellos, era para sus jefes...

Dice Jesús Orta, secretario de Seguridad de la ciudad, y la doctora asiente y me dice que por eso ella se fue a los 70 cuarteles de policía a visitarlos uno por uno y a escucharlos. Y que sí, que cada mañana aquí analizan lo que pasó el día anterior caso por caso, muerto por muerto, para afinar las estrategias, y que ayer hubo más homicidios que otros días y necesitan ver por qué, si son riñas, ejecuciones, crímenes pasionales. Una mujer entra con cara preocupada.

—¿Qué pasó?

Le pregunta la doctora, casi ansiosa.

—No, fue un accidente.

Le contesta la señora: anoche murió alguien conocido y temían que fuera un crimen pero no; es un alivio. La reunión sigue; se discuten tendencias, mecanismos, los casos, los puntos más calientes. Pregunto por los linchamientos, el apoyo que suele tener la «justicia por mano propia» y la doctora me dice que es por la impunidad, la corrupción de las fiscalías, las esperas infinitas para cualquier denuncia, que generan una gran desesperación ciudadana.

—La gente no denuncia, siente que no hay justicia, se siente abandonada, y eso provoca esta respuesta: que lo quemen vivo, que lo maten. Yo creo que cuando empiecen a atenderse esos problemas esa respuesta va a bajar.

Dice, y que la seguridad no se obtiene solo con policías y que, con lo que ahorrarán de la corrupción están armando programas de becas para que jóvenes empiecen a trabajar y un programa de construcción, en dos años, de 300 espacios comunitarios en las zonas más difíciles, que los llaman Pilares —Punto de Innovación, Libertad, Arte, Educación y Saberes— y que esta mañana va a inaugurar uno, que si voy. Yo voy, claro, y antes de levantarnos les pregunto si no los deprime empezar así cada día de sus vidas y todos dicen no no no, hasta que el secretario Orta dice sí:

—Mi esposa dice que estoy perdiendo la sensibilidad, que ya hablo de estas cosas como si fueran lo normal...

Si sigue así, le digo, se va a volver un periodista.

* * *

Sería bueno si tuviera un nombre. Si no te insistieran en que ahora se llama CDMX después de haberse llamado durante décadas DF o Distrito Federal y no te explicaran que CDMX significa Ciudad de México como si no pudiese llamarse México a secas, como si hubiera alguna duda de que es una ciudad –la mayor del idioma–, como si el peso y la osadía y el orgullo de haberle dado su nombre al millón de kilómetros que tiene alrededor, a los cien millones de personas que tiene alrededor, al país que tiene alrededor, la hubieran dejado sin su nombre: como si lo hubiera malgastado. México no tiene nombre, y es una pena y un incordio.

Sus habitantes, en cambio, sí tienen. Nadie sabe de dónde viene la palabra «chilango», el gentilicio que ahora aceptan. Sí sabemos que primero fue despectivo –como lo fue sudaca, como bostero, como tantos– y después, poco a poco, los despreciados se lo fueron apropiando, lo convirtieron en su nombre. Y también podría ser el de ella: Chilangópolis, la llama su autobiógrafo.

Las ciudades son el gran invento de la civilización: formas de conseguir que unos miles de personas vivan juntas, se ayuden, interactúen, consigan en esa comunión mucho más que lo que cada una podría conseguir por separado. Tanto, que conseguimos pensar que la ciudad era la «escala humana». Hasta que se dispararon y ahora superan cualquier espacio que pudiera abarcar una persona. Les sucede a todas las grandes; a ninguna tanto como a esta.

Y el azar: las ciudades no son entes pensados. Son la suma de millones de acasos y el esfuerzo porque no se note: los intentos de ordenar el desorden creado por millones de iniciativas autónomas. Aquí se nota: se ve que es amontonamiento.

Aunque hay un orden que la envuelve. México es lo que suele pensarse cuando se piensa en América Latina: un lugar donde las diferencias de clase son tajantes y se ven en las pieles, en las caras. O, dicho sin tanto miedo: una sociedad donde los blancos, los colonos, todavía son, en general, los ricos, y los indios y los negros, colonizados y esclavizados, los más pobres. No es teoría.

—Maaande.

Te dicen aquí cuando no entienden lo que dices: que los mandes.

Pero México es, también, una ciudad que siempre tuvo gobiernos y habitantes más «progresistas» que el resto del país: fue la primera en legalizar el aborto o el matrimonio gay, el uso medicinal de la marihuana o la muerte digna, entre otras de esas cosas que ahora marcan diferencias. Es, en estos tiempos, lo propio de las ciudades ser más abiertas y más tolerantes que los territorios más allá, más atrás.

Al otro día fui a mirar a su jefe al palacio de al lado. Andrés Manuel López Obrador, presidente de México, esperanza de muchos, irritación de tantos, es un señor más o menos bajo, traje gris, corbata roja, el pelo gris, la cara común donde solo destaca un gesto raro, como si sonriera cuando no corresponde, que está diciendo que los mexicanos no son, «como ahora dicen algunos, un pueblo violento»; que son los efectos del neoliberalismo.

—La inseguridad y la violencia son problemas que surgieron por el modelo neoliberal que se aplicó en beneficio de una minoría rapaz...

Todas las mañanas a las siete el señor presidente da una conferencia de prensa —televisada en directo— de una o dos horas en esta sala de 50 metros de largo, diez de alto, donde lo escuchan más de cien periodistas, docenas de cámaras, millones de personas. El señor presidente está subido a una tarima, fondo rojo rabioso, y ahora dice que nunca va a usar la violencia para resolver los problemas sociales y presenta a su subsecretario de Gobernación, Alejandro Encinas, que explica cómo el estado intentará encontrar a los 40.000 desaparecidos que, calculan, hubo en los últimos años.

—Todo México es una fosa común.

Dice, entre otras cosas. Después vuelve el presidente: va soltando las palabras de a una, despacito, como si fuera haciéndolas a mano. Parece banal, anodino; me pregunto si la falta de carisma clásico puede ser una forma de carisma en tiempos en que los políticos clásicamente carismáticos se han vuelto sospechosos.

El poder y sus formas: aquí, si miras a un empleado —a un «inferior»— el tiempo suficiente, te saludará con deferencia y voz domada:

—Buenas días, doctor, ¿cómo está usté?

Y ni siquiera esperará que le contestes.

Una ardilla de cola gorda y reluciente roba un papel plateado de un cubo de basura; alrededor un bosque viejo, mayoría de eucaliptos. La ardilla pega un salto: la asusta una voz de altavoz que dice que hay que darse prisa, que Los Pinos cierra en una hora. Los Pinos era la residencia presidencial mexicana; el señor presidente decidió convertirla en un museo y mudarse a otra parte. En el jardín, las estatuas de bronce de todos los inquilinos anteriores tamaño natural flanquean el camino; está hasta Enrique Peña Nieto, que hace unos meses todavía la ocupaba.

La casa principal es mármol y boato, salones, saloncitos, sillones y sillones, más sillones, mucha madera, arañas de docenas de luces, cortinados de docenas de lises; así, perdido el brillo del poder, todo parece la sala de un vendedor de muebles cursis o un burdel de lujo. Los quichicientos tomos del Espasa Calpe aparecen varias veces, en varias bibliotecas; son los mejores para tapar esos huecos que se solían llamar estantes. El comedor tiene una mesa larga para treinta personas, sus arañas. Si el nuevo presidente quiso poner en ridículo la casta de sus antecesores lo consiguió con creces. No se ve ninguna razón para que un hombre deba vivir en esto.

—Bueno, si esta casa es así, imagínate cómo será la de Slim.

Dice un señor muy corpulento; son los problemas de mostrar las cosas. En el piso alto, el cuarto presidencial no es mucho más grande que una casa grande; todo es enorme, todo tiene enchufes. De las partes más íntimas se han llevado los muebles; así, sin muebles, una casa no es una casa sino un mal recuerdo.

—Y pensar que por estar acá se pelearon tanto.

Dice una señora mayor, las trenzas canas. Es martes por la tarde y somos muchos. En los meses que lleva abierto, Los Pinos ha tenido más visitas que cualquiera de los ciento cincuenta museos de la ciudad.

—Bueno, sí que es raro estar aquí, que nos muestren todo esto, ¿no crees?

—Sí, yo no sé si será bueno o será malo.

«Abrir al pueblo» la casa de gobierno parece un gesto fuerte; como casi todo en la política últimamente, ya había sucedido. Lo hizo el presidente Lázaro Cárdenas en 1934, cuando decidió dejar el castillo de Chapultepec, aquí a la vuelta, que había levantado 80 años antes el emperador Maximiliano y habían ocupado todos los presidentes mexicanos desde entonces. Tras aquel gesto, Cárdenas decretó la nacionalización del petróleo y la reforma agraria —que sí cambiaron la vida mexicana.

* * *

(Pero ahora Juanvilloro quiere que mire el poder en serio y me manda a Santa Fe, y yo obedezco.

Hace diez años Santa Fe no existía: es el espacio más nuevo, más ajeno de una ciudad que se rehace todo el tiempo. Por Santa Fe no pasa nadie: está al final del camino y solo vas si trabajas ahí, vives ahí, tienes millones. Santa Fe es un barrio brilloso construido sobre un enorme basural: docenas de edificios novísimos carísimos y calles para coches, donde solo caminan los que limpian. En el medio hay un parque; en el parque, Paulina, 19, abrillanta un cartel con un trapo y se acalora. Paulina viene de un pueblo de Veracruz que se llama Triunfo, pero nunca nadie pudo saber por qué.

–Pobres, ahí somos muy pobres, en mis ranchos. No tenemos nada de lo que queremos. Sufrimos del agua, del hambre, las cositas.

En su pueblo, me dice, hay muy poca agua y los comerciantes se la cobran muy cara, pero su familia tiene un tanquecito que les dio el gobierno y juntan, y cuando alguien necesita le dan, porque entonces diosito los ayuda. Así que Paulina se vino para acá y trabaja por 1.100 pesos –50 euros– por quincena y se gasta mucho en el viaje desde el cuarto que alquila con su hermana. Paulina también tiene un hermano que está acá y otro que se fue al norte, dice, para decir Estados Unidos. Ese ya es rico, dice: el suegro tiene un carro y le está enseñando a manejar.

–Mi hermano que se quedó no es rico, no, qué va a ser, pobre.

El parque está impecable; hay, de tanto en tanto, una hoja en el suelo. Tiene un estanque, un auditorio en medio del estanque, senderos de tartán, bancos de diseño, césped hecho a mano, cafés que querrían estar en San Francisco. Alrededor, el edificio más bajo tiene veinte pisos y el más viejo diez años; es probable que ninguno cueste menos de un millón, pero no todos tienen helipuerto. Mujeres y hombres pasan al trote, en patines, en perros, y Paulina los mira; las zapatillas de ninguno valen menos que un mes de su sueldo. La mitad de los habitantes de la ciudad no llega a ganar 200 euros por mes, y muchos mucho menos.

–Antes yo limpiaba una casa. No sabe qué chiquita me sentía cuando iba.

Los edificios son claros, mucho vidrio, y ostentan formas caprichosas, porque los constructores aprendieron a prescindir de la vertical o el ángulo recto y quieren que se note. Son altos: durante décadas, México fue una ciudad temerosa de su altura, de los sismos, que construía bajito, pero ahora se lanzó. Paulina friega el cartel con ímpetu; yo le pregunto qué quiere de la vida y me dice que un muchacho que la quiera.

–Que un muchacho me diga te quiero vente a vivir conmigo, y entonces yo me quede aquí con él y tenga una familia, eso es lo que quiero.

Dice, y se ruboriza. Si yo supiera escribir la candidez de su sonrisa ya podría retirarme. Quizá para eso me mandó aquí Juanvilloro: para que entienda que no puedo o, si acaso, para que sepa qué querría.)

—No, no es una ciudad particularmente bonita. Podría serlo mucho más pero yo creo que los mexicanos en general tenemos muy mal gusto, aquí mismo ves muchas casas horrorosas. Y la idea es que de mi barda pa' fuera me vale madre. Aquí la gente tira la basura en cualquier parte, no les importa nada. ¿Sabes qué es lo único que funciona para que no te tiren basura? Pues si pones en la puerta una Virgen de Guadalupe; a la Virgen sí que la respetan.

Jaime habla incontenible, lo escucho interesado. Jaime es economista, estudió en escuelas y universidades privadas y extranjeras, y ahora produce proyectos de energía. Jaime vive en una casa llena de libros y de cuadros y me explica que sus vecinos no suelen tener libros, quizá cuadros. Sus vecinos tienen casas como la suya o mayores que la suya, cientos de metros, parque, muralla, rejas, alambradas eléctricas, custodios y en la puerta unos carteles que dicen «Yo sí pago por la seguridad de mi casa» —para que quede claro que en esas calles circulan las patrullas. Su barrio se llama Las Lomas de algo, no es lejos de Santa Fe y es rico: calles vacías, sinuosas, caserones, un espacio sin espacios públicos donde solo se llega si se conoce a alguien.

—Aquí los niños van todos a escuelas privadas, a nadie se le ocurre mandarlos a la escuela pública, no existe. Son escuelas que a veces son buenas, pero lo que importa es que allí conoces a la gente correcta, la que después te puede servir para hacer tus cosas, tus negocios... Por eso la forma más clara de ascenso social es poder mandar a sus hijos a una escuela privada, hay empleados que se desloman para conseguirlo.

Los ricos de la ciudad no necesitan la ciudad: la usan, si acaso, para llegar a su oficina o visitarse o ir a comer en sus coches blindados custodiados. Cualquiera de sus restoranes ofrece, en la puerta, el espectáculo de docenas de «guaruras» —escoltas— con sus auriculares y sus bultos. En México el negocio de la seguridad emplea a cientos de miles de personas; nadie sabe la cifra exacta porque cuatro de cada cinco empresas no están registradas.

—Algunos lo hacen para mostrar su status: como que si no tienes dos o tres guaruras no eres nadie. Quizá los necesitan, pero también les importa que se vean. El coche, la custodia, todo eso se han vuelto símbolos...

Me dice Jaime. Su asistenta es mayor; nos trae café y unos chocolates artesanales con coco y frutos secos, deliciosos.

Es difícil caminar por México. Las distancias suelen ser disuasorias, y te topas con autopistas o avenidas rápidas que te cortan el paso, o con una explosión demográfica súbita que te lo corta más aún. Y con los coches, el poder de los coches. Hace tanto supuse que la civilización eran las rayas blancas: esos signos pintados en el suelo que hacen que un animal poderoso se detenga ante uno débil solo porque la sociedad ha creado esa regla. Si se acepta esa vara, México no es más civilizado que la mayor parte de América Latina: no hay conductor que pare ante unas rayas. Y muchos, por suerte, me insultan cuando intento usarlas.

Polanco es el barrio rico nuevo ya más viejo, con restaurantes, negocios, oficinas, aceras, sus paseantes. En Polanco hay tiendas a la californiana, calles a la californiana con personas a la californiana; hay cajas de metal y vidrio mezcladas con casas falso mediterráneo, falso toscano, francés falso; hay parejas con bebés, hay coches alemanes, hay muchachos con camisetas de polo y muchachas con manoletinas y cruces en cadenas y algo perro; el sol calienta con cuidado. Peter tiene en Polanco su oficina: un caserón de grandes salones que hoy, feriado, se ven abandonados.

—Yo tengo muchos amigos extranjeros, y todos están felices aquí, sin excepción.

Me dice Peter. Cuando era chico, en Suiza, Peter —llamémoslo Peter— soñaba con vivir en América Latina: pensaba en Brasil, en música, en mulatas, pero descubrió México y se quedó. Hace más de treinta años llegó como representante de un banco; con el tiempo se independizó, se nacionalizó, y ahora dice que es un mexicano orgulloso. O, si acaso, que tiene el corazón mexicano y el alma suiza.

—Bueno, casi todos están casados con mexicanas. Las mexicanas son quizá más… accommodating que las europeas. Otra cosa es para hacer negocios. A veces son poco serios, hay muchos temas de corrupción que te complican todo. ¿Nunca escuchaste ese lema que tienen, que «el que transa, avanza»?

Pero que aquí los extranjeros son bienvenidos, que la gente les tiene más confianza y que el clima es magnífico, la comida excelente y barata, los teatros y museos y espectáculos variados y baratos, las casas grandes y muy cómodas y más baratas, y que puede tener empleados domésticos, «que en Europa nunca podría, y es fantástico para la calidad de vida».

Peter tiene varios, repartidos entre su casa de las Lomas, su rancho de Jalisco, su villa del Pacífico, su oficina.

—Yo soy una persona de buen nivel social, pero con ese nivel aquí puedo vivir como en un paraíso, como jamás podría vivir en Suiza.

Peter anda por los sesenta con su sonrisa abierta y los pelos revueltos, la ropa casual elegante de financista en día festivo. Tres de sus cinco hijos viven en Suiza: tienen hijos chicos y allí los pueden criar mucho mejor, dice:

—Aquí tienes que mandar a los niños a un colegio privado, toma horas llevarlos, y están siempre entre muros: en la casa, en el colegio, en los clubes, siempre encerrados.

Su casa está aquí cerca, veinte minutos caminando. Uno de los grandes privilegios de los ricos de México consiste en vivir en una zona reducida, su pueblito; en hacer toda —casi toda— su vida a unos pocos kilómetros a la redonda: frente al caos y la amenaza, las formas del repliegue.

—¿Vives preocupado?

—No, preocupado no. Es cierto que la situación está peor, pero no es invivible. Te cuidas un poco más, no vas por todas partes, eliges los horarios. Sí, hay violencia, hay atrocidades, pero eso no es todo el país, es solo una pequeña parte, y eso no se percibe desde el extranjero. Y lo mismo pasa con la pobreza: es mucho menos que lo que muchos piensan.

* · * · *

(Juanvilloro me dijo que comiera por la calle, que no hay nada más mexicano que comer por la calle, y yo obedezco.

Es fácil: la comida te ataca a cada paso. En un lugar —en todos los lugares— la señora se instala con un fuego y una cacerola, los platos de plástico y las servilletas de papel y enseguida le comen. Después, si le va bien, conseguirá su toldo, su mesa de trabajo, sus hornallas, quién sabe su sombrilla o un comal para hacer las tortillas, y su puesto pasará a ser —casi— permanente y ella a ser —casi— emprendedora. Aquí todo rebosa de comidas, sus olores, su tentación intensa.

—Hay tlacoyos, gorditas, huaraches, tacos, sopes, pásele, joven, usted, joven, pásele, tlacoyos, gorditas.

No hay forma —creo que no hay forma— del castellano más distinta de todas las demás que el mexicano: es el más rico de palabras propias, el más intervenido por sus cinco siglos de historias intensas y 130 millones de personas de docenas de culturas. Y en ningún asunto ese lenguaje propio es más propio que cuando habla —tanto— de comida. Te pueden ofrecer huarachas campechanas, tlacoyos de frijol, gorditas de chicharrón, tamal de huitlacoche, enchiladas, chilaquiles, cochinita pibil, pozole, nopalitos y tantos otros vocablos imposibles, platillos improbables. En México, las dos artes de la boca —la comida, el lenguaje— se complementan para extraviar al forastero.

—Una quesadilla con tinga, señora, por favor.

—¿La quesadilla la quiere con queso o sin queso?

—Bueno, es una quesadilla.

—Por eso.

No le entiendo, le digo que con queso, después me explica que ambas opciones son posibles, me sorprendo, nos reímos, le pido que me cobre.

—¿Es para comer aquí?

—Sí.

—Entonces primero coma y después le cobramos.

México es un espacio hecho para comer, para dar de comer. Aunque hay, como en todo, clases: los más pobres comen en esos puestos callejeros de tacos y de tortas; los medios, en esos restoranes de menú que, por 60 o 70 pesos —menos de 3 euros— sirven una sopa y un plato de carne; y los más ricos en los restaurantes presumidos, variados, tentadores —donde, sobre todo, inician o concluyen sus negocios. Pero el olor del maíz está por todas partes. En la ciudad de mil olores hay uno que es el suyo: el olor del maíz cocinado en tortillas. Ese es, si lo hay, el verdadero olor de México. Supongo que eso era lo que Juanvilloro quiso que supiera —que su ciudad tiene un olor— y le agradezco.)

Todo sea por hacer realidad el verso inmejorable. Nunca pensé que pudiera honrar así al maestro Quevedo. Siempre me divirtió saber que su poema más citado fuera una copia: «Nouveau venu qui cherches Rome en Rome / et Rome en Rome même tu ne trouves», había escrito Joachim du Bellay antes de que don Francisco escribiera, tanto mejor, «Buscas a Roma en Roma, oh peregrino, / y a Roma en Roma misma no la hallas». Era difícil pero lo logré: ya encontré aquí, en Roma —en la colonia Roma—, un cine donde poder ver *Roma*.

El Tonalá es, más que un cine, un espacio —o algo así. A la entrada hay una librería que vende libros «con experiencia» —dice, por no decirles viejos— y que se llama, faltaba más, «La tiendita de la Nostalgia». Adentro el Tonalá tiene mucha madera, sillones desparejos, una barra, botellas, sus afiches de películas viejas, sus sombras, sus vinilos, Louis Armstrong en los altavoces. El cine es variopinto: en estos días también pasan *Puta y amada*, *Suspiria*, *Las tetas de mi madre*; la entrada cuesta menos de tres euros, dos para los estudiantes, y un café uno y medio. Un cartel manuscrito pegado en la pared dice «Mamá: si necesitas amamantar a tu bebé, para y pide un té caliente GRATIS», pero está en un rincón interior, medio borrado. El público parece contratado para rodar la escena: sus barbas —ellos, en general—, sus lazos en el pelo —más bien ellas.

Roma es el triunfo global que la cultura mexicana llevaba esperando mucho tiempo, tan atacada por imágenes horribles. Y, aquí, más allá de sus pinturas espléndidas, de su nostalgia suave, sirvió para reconciliar a muchos mexicanos de su clase con el recuerdo de haber sido servidos —lo cual se te hace útil cuando quieres que te sigan sirviendo.

—Bueno, fue como una reparación sentimental, la posibilidad de creer que esa mujer explotada y relegada era alguien de la familia, digamos.

Me dice un amigo rencoroso, y yo le digo que siempre me impresionó la facilidad con que los mexicanos más o menos ricos dan órdenes y esperan ser obedecidos; la naturalidad con la que asumen que hay personas —domésticos, choferes, camareros, custodios— que están para servirlos.

A 200 metros del Tonalá, en la calle Tepeji —tan calma, tan callada, pajaritos—, la casa ya tiene su placa conmemorativa y dos parejas y una señora que le sacan fotos. O, mejor, que se sacan fotos con la casa: ahora las fotos sirven para eso. Cualquiera encuentra cualquier imagen en 0.82 segundos en la red; la diferencia está en meterse en esa imagen, decir yo estuve allí, yo tuve «la experiencia», yo construyo memorias —que nadie recordará en un par de años. La casa donde se rodó *Roma* es rosita, ventanas enrejadas, su cartel de una empresa de seguridad. Pienso tocar el timbre para preguntar a los moradores si no están hartos de que los molesten, pero se me hace una contradicción que ni siquiera el periodismo justifica.

Y, sobre todo: ¿a quién le importa?

Gracias a la película, la Roma se ha hecho, de pronto, famosa en el mundo. Aquí comparte ese lugar con la Condesa, la otra colonia —barrio— donde una clase media urbana intenta defenderse del caos de la ciudad. La Roma y la Condesa se (re)gentrificaron hace poco: habían sido casi abandonadas porque sufren mucho los temblores, pero última-mente hay muchos que decidieron arriesgarse. Y volvieron y la volvie-ron una pequeña ciudad europea, un dechado de cafecitos y de árboles, calles anchas serenas, espacios caminables, poca prisa, casas y edificios bajos, comida orgánica y drogas de recreo, bicicletas, saber vivir hipsté-rico. El hipsterismo fue, antes que nada, la primera gran moda post-feminista, una donde el look definitorio no lo encarnan las mujeres sino los hombres. O no; en cualquier caso, estoy harto de ver pelos cortos, barbas largas, pantalones del hermano pequeño, perros: las marcas de la Roma y la Condesa. Y todo con esa madera basta y ese papel madera y esos carteles en pizarras de madera que últimamente se ven tan naturales. Contra el yugo del plástico, que viva la madera –gritarían en la calle si gritaran. Pero nos queda esa quietud, la calma, el silencio que solo quie-bra algún pájaro, pocos coches, el chiflido del afilador, el altavoz del vendedor de tamales oaxaqueños, la sirena de la policía.

–Bueno, yo cada vez que salgo de aquí me da como una angustia. Esas calles tan secas, tan desnudas…

Me dice un hipster en la Roma; aquí también los árboles son un privilegio de clase. La ciudad pobre no tiene árboles, pobre.

–El Poniente de la ciudad tiene once metros cuadrados de área verde por habitante; el Oriente tiene menos de un metro cuadrado por habi-tante.

Me había dicho la jefa de gobierno. Puede que el tiempo sea dinero, pero el dinero sin dudas es espacio. Lo primero que compra el dinero es el espacio, y aquí se ve tan claro: hay aire. Y están, por supuesto, los foras-teros: aquí se oyen voces extranjeras, gente que habla en lenguas. Estas colonias son la meta de todos esos jóvenes americanos y europeos que persiguen el Mexican Dream: una ciudad mucho más barata que París o Nueva York, con mucho mejor clima, donde las cosas –creen– son reales, con una buena escena cultural, mucha comida con sabor y unas comodi-dades y unos privilegios y unas drogas que jamás encontrarían en sus lu-gares: helados con hash, chocohongos, gominolas con LSD. El teletrabajo y/o la cuenta de papá permiten eso y mucho más, y son casi felices.

En la Roma y la Condesa hay cines, bares, librerías, pero los grandes centros culturales –los museos increíbles, el Auditorio, los teatros, las universidades, las grandes bibliotecas– están en otra parte. O en todas partes: México es un caos y es, al mismo tiempo, la ciudad con la mayor oferta cultural del idioma.

* * *

(Juanvilloro me manda al estadio Azteca, alto lugar del fútbol mundial, y yo obedezco.

El partido de hoy es menor: el América —«ufa, el equipo de Televisa»—, de mitad de la tabla, juega contra el último, Querétaro, y es sábado a la tarde y hace sol. Así que llego sin entrada; en la puerta una chica de 20, gordita, los jeans muy ajustados, me vende una entrada de 280 pesos por 250, unos 11 euros.

—No es muy buen negocio, ¿no?

—No se crea. No sería si la pagáramos a ese precio.

Dice la revendedora y se ríe y me explica que tienen amigos adentro del estadio que se las venden más baratas.

—¿A cuánto?

—A 180.

Dice. Hay poca gente; la entrada es cómoda, los controles y cacheos puro compromiso. El Azteca es un estadio a la antigua: se le ven las nervaduras, el cemento, y los pasillos son largos, laboriosos. Hasta que salgo a la tribuna y veo el desierto: somos seis o siete mil personas en un estadio donde caben noventa. El césped está ralo, las tribunas vacías impresionan y el partido es puro tedio; lo animan, si acaso, vendedores: cervezas, refrescos, alitas de pollo, cocteles de fruta, gorros, banderas, pizza, totopos, palomitas, nubes de algodón. Pocos cantan y cantan poco; el ruido está a cargo de un par de bandas de tambores, y lo hacen. Pero es un ruido ajeno, un ruido que se pone, que se compra. Mientras, los jugadores hacen lo suyo casi bien; en ese casi está el abismo.

De pronto se me ocurre que, hasta hace poco, el fútbol era todo así, y que, ahora, ver por la tele a esos seleccionados del dinero que juegan en Europa nos ha hecho esperar otras cosas —que nunca existieron y que no pueden existir sin mil millones de euros al año. Pero esto es el estadio Azteca, así que me concentro en el lugar: aquí sucedieron los dos momentos más recordados de la historia del fútbol —sin mexicanos de por medio—: aquí jugó el que suele pensarse como mejor equipo, el Brasil del '70; aquí se hicieron los dos goles más famosos, Maradona contra Inglaterra en el '86. Me pregunto un rato largo en qué arco fue; al fin me decido por uno y lo miro y lo miro. Es raro ver en la realidad eso que has visto tantas veces en fotos, videos, reconstrucciones varias. Como quien llega a un lugar donde pasaron cosas importantes de su vida y nunca estuvo; como ese que conoce, un suponer, el lugar donde sus padres se encontraron. El año próximo en el estadio Azteca, deberían decir los fieles –aún– de Maradona, como dijimos durante siglos los judíos; esto es esa Jerusalén de donde fuimos expulsados, adonde nunca más volvimos. No sé si Juanvilloro quiere hablarme de esto –del pasado que no vuelve, de cómo México produce tanto mito– o de la microcorrupción que me permitió entrar y sentarme. De Timoteo, por ejemplo.)

Dicen que son los Timoteos los que hacen que todo siga funcionando. Timoteo –llamémoslo Timoteo– «es el que tiene el control de esta calle», me cuenta un amigo, dueño de una pequeña empresa. «Entonces nosotros le pagamos una cantidad para que nos reciba los coches y nos guarde lugares para aparcarlos. Él es el dueño de esos espacios, recibe pagos de distintas gentes, y luego la patrulla pasa y él le paga.»

–Timoteo es una persona, claro, pero también es un prototipo. Hay Timoteos de toda clase, en todos los niveles, personas que hacen sus trampas para que las cosas sucedan. Sin los Timoteos esta ciudad nunca funcionaría. Imagínate, en una ciudad donde la mitad de la economía es informal...

Me dice, y que cada espacio de la ciudad tiene su dueño. Que aquí Timoteo es el que aparta los sitios para que aparques y es el dueño de esos sitios –y si no le pagas «te raya el carro, te poncha las llantas»–, pero que eso se reproduce en todo: todo tiene sus dueños, los que te cobran su cuota para dejarte usar las cosas.

–Yo le pago 1.500 pesos al mes y él nos da el servicio de estacionamiento en las calles para cuatro o cinco coches, lo que se necesite.

Timoteo vive en esa calle, a veces duerme en esa calle, guarda el dinero en los zoquetes para que no le roben y tiene tres muchachos que se encargan de mantener el orden. Cuando pasa la patrulla le da 200 pesos y todo está en su sitio.

*   *   *

(Juanvilloro me manda a la plaza Garibaldi, y yo –que no creo que sea para escuchar mariachis– obedezco.

A la entrada de la plaza Garibaldi hay un hotel que ofrece «habitaciones con agua caliente, televisión, sábanas y toallas limpias» pero advierte en otro cartel que «toda persona que sea sorprendida traficando o consumiendo estupefacientes será consignada a las autoridades competentes». Después una Farmacia Vida y Salud propone, en otro cartel grande, «Viagra a 195 pesos». También hay muchos policías, patrulleros de a tres, y al fin la plaza, grande, desangelada, cacofónica, rodeada de cantinas donde los mejores parroquianos pagan descargas de electricidad para demostrar que son muy algo. En la plaza Garibaldi abundan los señores de pantalones chicos y chalecos cortos, todos negros o todos blancos, todos bien tachados, sus sombreros alones, sus moños mariposa, sus botas puntiagudas, que llevan décadas repitiendo las mismas canciones con guitarrón, violín, trompeta, acordeón y falsete, y esperan que les den, por sus cantos, monedas; unos pocos, incluso, lo esperan a caballo.

En la plaza las canciones se mezclan y se muerden y varias son la misma y hablan de un señor que no tiene nada pero sigue siendo el rey. Casi todas son quejosas; muchas las hizo un hombre que no sabía palabra de música y llenó los oídos de los suyos y se murió antes de los cincuenta de una cirrosis galopante. Y estos hombres de pantalones chicos que las cantan solían representar lo mexicano en su acepción más rancia: esa idea de que lo nacional es lo más viejo, lo que siempre fue, y que hay que preservarlo contra cualquier cambio. Eran, si acaso, una imagen de México en el mundo: machotes apenados en falsete. Pero ahora esa imagen tristemente cambió, y sospecho que por eso Juanvilloro me mandó a esta plaza. Aquí, hace unos meses, unos hombres vestidos de mariachis sacaron las ametralladoras de sus fundas de guitarra y mataron a varios en una de esas masacres narco que son, ahora, lo que más se escucha de México en el mundo. Aquí, esta noche, cada noche, los señores persisten, por supuesto. Pero saben, creo, que ya no son el símbolo sino un modo altisonante del olvido.)

Aquel día, los que tiraban eran sicarios de la Unión Tepito, que querían recuperar la plaza —gran lugar de la venta de drogas— que les había arrebatado la Fuerza Anti Unión, una banda contraria. La ciudad de México no había tenido, hasta entonces, esos episodios de ejecuciones en la plaza pública que abundaban en otras ciudades del país.

Héctor de Mauleón, gran relator de los horrores, me cuenta la historia de los amos de Tepito. Que todo empezó con el error garrafal del gobierno, que emprendió su «guerra contra el narco» descabezando a los carteles —o, en mexicano, cárteles— para debilitarlos; que, ya sin jefe, sus segundos y terceros y cuartos empezaron a pelearse por el poder, y la violencia creció desenfrenada. Y que ese fue el origen de esa espiral de inventiva que desconfió de la muerte: de pronto ya no alcanzaba con matar a un rival para desalentar a los demás; había que decapitarlos, explotarlos, colgarlos de los puentes, descuartizarlos y repartir los trozos por el barrio –para tratar de producir algún efecto. La muerte se volvió, en el imaginario de estos muchachos mexicanos, un espacio de búsqueda. Y hubo, en los últimos diez años, en todo el país, unos trescientos mil asesinatos –y el cambio radical de casi todo.

Aquí en Tepito, la central de distribución de drogas de la ciudad, cuando la Marina mató a un Arturo Beltrán Leyva, que controlaba la región, sus esbirros se lanzaron a ocupar parcelas. Entonces un tal La Barbie –rubio, guapo, ojos azules–, que había empezado de sicario, mató a los suficientes para hacerse con el poder y formó la «Unión Tepito». Su comando fue efímero: lo mataron pronto. Y los combates siguen y los jefes se siguen matando y su nivel bajando y sus edades y calificaciones: ahora no es jefe –siempre provisorio– el que organiza un sistema sino el que acaba de matar al anterior. La estupidez y la violencia están servidas.

–Y el crecimiento de estas bandas repercute en toda la ciudad, en todos los aspectos: aumentaron mucho los asaltos y robos y ya no hay delito que quede fuera de su jurisdicción. Y donde hay una tiendita de venta de drogas todo se complica alrededor. Esas tienditas están por todas partes. Puede ser la señora de las quesadillas, como por ejemplo la de aquí a la vuelta…

Me dice Mauleón, y que todo esto se agrava porque la policía perdió toda autoridad.

–Un jefe policial le decía a un amigo que sí, que quizás antes ellos también tenían un pie en el hampa, pero los respetaban: «Hace unos años, si yo iba a Tepito enseguida venían todos a decir mi comandante mi comandante qué pasó. A ver, cabrones, hubo un robo con violación en la colonia Roma, a ver qué hijo de la chingada fue. No, no, mi comandante, no se preocupe… y al rato me lo traían. Si yo me presentara hoy en Tepito ni siquiera salgo vivo», decía el jefe.

Pero Tepito es, sobre todo, un gran mercado.

Creo que no hay, fuera de Asia, mercados mayores que los mexicanos: esa mezcla de olores, de colores, de gritos y de ritos, de falsificaciones. Esos mercados son el mayor emporio de las marcas falsas: falsificarlas es el mayor homenaje –y, aunque lo he oído, no creo que de verdad algunas se falsifiquen a sí mismas para evitar la deshonra de que nadie las copie.

—¡Para esas chinches, para esas pulgas atrevidas que no lo dejan dormir, para que extermine a esos animales rastreros que le arruinan la vida, aquí les traigo Plaguifín!

Grita una mujer con altavoz. Hay puestos y más puestos y más puestos, kilómetros —literalmente kilómetros— de puestos donde, un pantalón dizque Levi's puede costar 130 pesos —seis euros—, unos lentes de contacto azules «ojos de muñeca» menos de cuatro euros, unas zapatillas dizque Nike casi siete, un DVD de *Roma* o porno o *Narcos* 50 céntimos, seis tacos de canasta otros 0,50, una tanga de colores casi 0,80, un Chanel bien logrado 15 euros, un frac completo con su chaleco verde loro 25, un cachorro de chihuahua apenas seis. Estos mercados son indispensables: permiten que más de la mitad de la población —los pobres— puedan vestirse, cuidarse, entretenerse: consumir.

La comida basura fue un globo de ensayo que funcionó: las personas no muy pobres de los países pobres aceptaron comer mierda levemente tuneada, rápida y refrita, prestigiada por nombres y relumbres. Les gustó comer mierda, y entonces otros adelantados decidieron dársela de otras maneras: la ropa basura es uno de los inventos más o menos recientes. Camisetas, pantalones, zapatillas decoradas por marcas y colores, fabricadas en países todavía más pobres en condiciones más que pobres por personas menos que pobres, mucho más que explotadas, que duran con suerte unos meses, si acaso un año o dos, y se deshacen —las ropas, digo, por supuesto. La civilización de lo efímero, de la obsolescencia programada para que el consumo nunca pare se manifiesta con la mayor eficacia en los dos ramos más indispensables: tragar y cubrirse —y definirte por lo que tragas, por cómo te cubres.

Aquí también se verifica la división habitual: los más ricos compran en los negocios exclusivos de Polanco o las Lomas; los medios, en las tiendas más comunes de varios barrios; la mayoría, en estos puestos. Donde también se encuentran, por supuesto, las armas y las drogas que cada quien precise. Y algunos dioses, claro.

—... el Niño de la Salud, el Niño del Sagrado Corazón de Jesús, el Niño de las Palomas, el Niño de San Judas Tadeo, el Niño de la Fortuna, el Santo Niño de Atocha, el Niño Rey de Reyes, entre otros. Les repito, son más de ciento cincuenta vestimentas diferentes que les vamos dando, le vamos vistiendo a su Niño Dios a los mejores precios, señora, ya no batalle más, ya no camine más, señora, porque somos su mejor opción para vestir a su Niño Dios bueno bonito y barato…

Dice, incansable, Raúl, el vendedor de niños dios, tan acostados, tan desnuditos, tan ojiclaros ellos.

—Pero no se crea, amigo, si se compra uno pero no lo lleva a bendecir a la iglesia no le sirve para nada.

Me dice, honesto. Un muchacho de pelos azules toca un tango de Gardel en el violín; su amiga —pelo verde— recoge las monedas dentro de una chaqueta negra tipo béisbol que dice «México es la verga». Yo avanzo esquivando muñecos, mochilas y braguitas que cuelgan a la altura de los ojos; el olor del maíz compite con el olor del chicharrón, el chancho frito, tantas personas, los perfumes malos; los ruidos se van mezclando —músicas, vendedores, regateos— y cambian con los pasos. Un poco más allá, en su puesto donde vende colchas, camisas, camisetas, reina la Reina del Albur.

En el puesto de magias, detrás de unas imágenes de santos y demonios, algún lobo, algún diablo, el aceite puro de alacrán, el murciélago seco, el pez globo inflado, un muchacho de 20, la mirada perdida, cara flaca, chupa con devoción una pipita. Y, más allá, la cara de susto vigilante con que dos hombres grandes musculosos, zapatillas y ropa deportiva, barbas cortas, sentados en un banco, miran a otros dos —gordos, ropas negras, cascos— que llegan en sus motos y los miran, no se bajan, los rondan.

La Reina supo llamarse Lourdes Ruiz, es nativa y habitante de Tepito y, desde niña, se interesó por esa forma rara del lenguaje que los mexicanos de estos barrios sabían llamar «albur». El albur consiste en darle a todo lo que se dice algún doble sentido, hablar diciendo mucho más.

—Si yo decía una mala palabra me lavaban la boca con jabón; tuve que aprender a hablar sin que me entendieran en mi casa.

El albur es casi una estrategia de supervivencia: una manera de decir lo que no debe decirse. El albur solía ser cosa de hombres: sus doblesentidos están llenos de alusiones sexuales, cantos verdes.

—La gente no se escucha. Cuando uno escucha lo que los otros dicen le encuentra unos sentidos increíbles… si supieran las pendejadas que hablan.

Me dice la Reina. Porque el albur, me explica, no es solo un habla; es, antes que nada, una manera de escuchar: de descubrirle a cada frase sus sentidos posibles. La Reina, su cara bien cobriza, sus manos muy curtidas, me muestra mecanismos, se divierte, dice que es pura gozadera y parece que de verdad lo goza.

—El albur es una gimnasia mental, nos hace funcionar los dos hemisferios del cerebro, todo el tiempo estás pensando las cosas ocultas que dices cuando hablas.

—¿Y no es agotador?

—No, es tan divertido. Lo que más me gusta es que nadie sabe qué digo pero sospechan, me escuchan de otro modo.

La Reina se ríe sin parar, me muestra el libro en el que explica su sistema, *Cada que te veo, palpito*, y me cuenta cuánto le costó imponerse en un mundo de hombres, cómo la combatieron, cómo —a golpes de albur— los derrotó.

—Había un alburero famoso que siempre quería que me callara. Y yo una vez delante de muchos le tuve que decir pero qué chingón, ¿tú nomás quieres penetrar y no ser penetrado? El albur no es para agredir, es para divertirse.

A cada rato llega alguien que le pide una foto con ella. La Reina es muy famosa, y muy celosa de su barrio: me dice que Tepito tiene muy mala fama, y que es injusto.

—Aquí es muy tranquilo si no te metes con nadie, si no vas a algunos lugares. A la noche no tienes nada que ir a hacer a la calle, así que te quedas en tu casa y listo. Ahora todo el mundo habla de Tepito, que aquí te matan mucho... No se dan cuenta de que ahora todo México, toda la república, se nos ha vuelto el Tepito del mundo.

(Meses más tarde Lourdes Ruiz, la Reina del Albur, se murió de un infarto a poco de haber cumplido 47 años.)

* * *

—¡Se ve, se siente, la Muerte está presente!

Gritan, saltan, miran: miran feo. Saltan más alto, gritan, amenazan:

—¡Se ve, se siente, la Muerte está presente!

Hay ojos torvos, hay caras muy difíciles. Caras bruscas, brutales, caras partidas por la vida; caras que meten miedo, caras hechas para meter miedo, caras que ya han tenido tanto miedo —pero no pueden decirlo porque el miedo no es cosa de hombres. Caras de odio, caras de tristeza, caras de esperanza y cuerpos rotos, cuerpos trabajados, cuerpos muy gastados, muy tatuados, desconchados, flacos, cuerpos que han pasado mucho más que lo que deberían pasar los cuerpos.

—¡Se ve, se siente…!

Y las bocas sin dientes, los travestis mal hechos, los maquillajes toscos, los olores prohibidos, las voces destempladas, las voces embriagadas, las voces destrozadas y una pierna que falta, dos brazos que tampoco, los que van de rodillas, los que lloran, y cada cual con su Santa en los brazos, con su Muerte en los brazos. La Santa Muerte es la patrona oficiosa de Tepito: aquí está el epicentro de su culto.

—¿Pero te puede ayudar para matar a alguien?

—La santa te puede ayudar para lo que le pidas.

Me dice un muchacho de mirada intensa. Cada cual lleva su Santa Muerte en brazos: un cadáver con la guadaña bien dispuesta, la calavera hosca, su ropón oscuro. Algunas miden veinte o treinta centímetros, otras dos metros; están hechas de yeso, hueso, de metales; todos las muestran orgullosos. Las han traído a bendecir: a presentarlas a la Santa original para que las bendiga. Así que hacemos cola hasta que nos toca pasar frente al altar, chiquito, atiborrado. Solía ser un culto muy secreto y ha salido a la calle; los bajos fondos crecen.

—Aváncele por favor, señora. Es entrar y salir, no se me queden.

El altar está detrás de un vidrio y muestra una mujer vestida como novia: a la Santa Muerte también la llaman «la Niña Blanca» o si acaso la Flaca. Pasamos rápido, salimos aliviados, bendecidos, y nos volvemos a la romería. Todo consiste en caminar con la Santa en los brazos y cruzarse con otros y mirarlos y comparar las santas y echarles a las otras, amistosos, unas gotas de licor o el humo de un cigarro o un aerosol que dice Ven Dinero, otro que Abre Camino o que Contra Enemigos. Desde el principio alguien nos sigue. El Ojón, nos dice que se llama, y que nos cuida. El Ojón es mayor que casi todos, tiene ropas mejores, la barba recortada, los tatuajes bien hechos, y nos dice que si alguno molesta lo llamamos —pero no queda claro si él es la protección o la amenaza.

—Yo no hice nada duro, solo la tengo para que me cuide y que no me deje caer otra vez en la droga. Está a la entrada de mi casa, ahí mero cuando entras, lo primero que ves la ves a ella, si alguien entra para hacerme un daño la ve y dice ah, este tiene más protección que yo, no voy a meterme.

Dice un muchacho con muy pocos dientes, el pelo duro, los ojos casi abiertos. Siguen los gritos y los saltos; después de bendecirlas, los fieles se instalan con sus santas en la calle; allí se quedan, las exhiben, les prenden velas, fuman, beben, les cubren el ropón con billetes de dólar. Un muchacho con un ojo roto me cuenta que estuvo en una cárcel demasiado tiempo, y que la Santa lo consolaba y al final lo sacó.

—¿Cómo que te sacó?

—Que me sacó, te digo, güey. No me preguntes.

No le pregunto, claro.

México es esa violencia y esos tacos y esa desigualdad y esa cultura y esas palabras y esa música y siete siglos y millones y millones de coches, de cuerpos y de ruidos, la capital más grande de la lengua. México es la ciudad por excelencia, y una ciudad es materia desbocada, energía en movimiento incontenible, multitudes que se mueven, máquinas que se mueven, dineros que se mueven, afanes, apetitos, espantos que se mueven para nada, para poder seguir moviéndose. Tanta energía para crear más energía para gastarla para crear más energía para gastarla para. Algunos lo llaman capitalismo; otros, la vida.

La ciudad nunca para; la tierra sí, a veces. Aquella tarde, al fin, pude entrar a la torre que bailoteaba en Tlatelolco. La torre tiene, en su primer piso, una muestra permanente que recuerda que allí mismo, en esa plaza que se ve por las ventanas, el 2 de octubre de 1968 el gobierno mexicano mató a cientos de estudiantes. La plaza se llama «de las Tres Culturas» y las muestra: un templo azteca espléndido, una iglesia cristiana ennegrecida, un conjunto habitacional del optimismo sesentista; falta la cuarta, la actual, la que no sale en los textos patrióticos. En la plaza hay recuerdos: el año pasado se cumplió medio siglo de esas muertes y alguien pintó en una pared una frase perfecta: «Ni un minuto de silencio».

Qué envidia, tanta síntesis.

EL CONTINENTE INQUIETO

Ñamérica se mueve: siempre se ha movido.

En un mundo que lleva siglos moviéndose y moviéndose, no hay región donde la historia y las personas hayan sido tan trastocadas por las idas y venidas, búsquedas y abandonos. Ñamérica es, como todas, un poco más que todas, una región que nunca se ha quedado quieta. Y así sigue, con movimientos que van y vienen, se cruzan, se contradicen, se compensan y se descompensan. Lo que no hacen es parar: siguen, el movimiento siempre.

Desde siempre, ñamericanos van y vienen: llegan, miles, para ocupar las tierras e ir haciéndolas suyas, y van armando todo esto. Se van, millones, del campo a las ciudades; se van, millones, a otros lugares donde creen que podrán vivir mejor: países que creen más amigables, más prósperos, vivibles.

Ñamérica son esos movimientos. Su historia es la historia de esos movimientos, su gente es el producto de esos movimientos. Como en pocos lugares del mundo, somos la mezcla que resultó de cuatro grandes olas migratorias, definidas, precisas.

Después vino la quinta.

Ñamérica empezó vacía: gentes fueron llegando, a lo largo de miles de años. Las cinco olas rearmaron —cada vez— la población ñamericana. La primera se estableció en aquellas tierras donde nadie vivía, las ocupó, formó las primeras culturas, las primeras caras. Lo que ahora algunos llaman «pueblos originarios», que es la forma actual de decir exactamente lo mismo que «indígena» y «aborigen» —desde el origen— sin que suene incorrecto. Y que es, en términos históricos, igualmente incorrecto.

Primera ola: llegaron esos hombres.
(la primera fue lenta y azarosa)

Es cierto que América fue, desde el principio, un nuevo mundo. O fue, por lo menos, el más nuevo de los mundos de los hombres, el último que los hombres invadieron.

Es raro, ahora, imaginarlo: tanto tiempo fue un continente sin personas. Los primeros hombres hombres —el *homo sapiens*— aparecieron en África hace unos trescientos mil años. Dicen que en esos tiempos todos nuestros ancestros no eran más que unos miles dispersos por aquellos peladales y que, seguramente inquietos, insatisfechos, asustados, empezaron a andar. Huían de algo o buscaban, sorprendentes, un futuro mejor.

Les fue bien. Se dispersaron por Europa y Asia, desalojaron a hombrecitos anteriores, ocuparon espacios, se instalaron, aprendieron a reunirse, defenderse, hablarse, organizarse, hacer cosas, creer cosas. Pero tardaron tanto en lanzarse a hacer la América: ya estaban, mucho antes, en todo el resto del planeta. No hace, dicen, mucho más de treinta mil años desde que unos pocos siberianos decidieron avanzar por el estrecho de Bering hacia lo que fuera que hubiese más allá.

Nadie sabía, por supuesto,
qué había del otro lado.
Caminar hacia quién sabe qué,
caminar sin saber siquiera
que iban del otro lado:
caminar.

Pudieron pasar porque ese estrecho, que ahora es agua, estaba cubierto de una capa de hielo —y, con tanta agua congelada, el nivel de los mares era más bajo y dejaba asomar lenguas de tierra. Pudieron pasar, en síntesis, porque el clima era distinto del actual.

(Porque los cambios climáticos producen, en efecto, cambios —que pueden ser anticlimáticos.)

Imagino esa larga procesión dispersa, separada por años, por estepas: personas —familias, grupos de unas docenas— avanzando kilómetro a kilómetro, generación tras generación, por esas tierras que ignoraban. Personas que no sabían dónde iban, que no sabían por supuesto que eso era un continente, que no sabían qué se encontrarían, que solo sabían esa tierra que tenían alrededor y los peligros y la esperanza de que quizás un poco más allá. Personas que, al principio, perseguían unos mamuts y se quedaban: abundaban los alces, camellos, osos raros, y eran fáciles, confiados. Abundaban las plantas, no había quien las cortara.

Así fueron poblando. Un grupo que decidía quedarse aquí, junto a este lago tan generoso en patos o salmones, otro que prefería seguir, unos hijos o tataranietos que se lanzaban al camino años después, siempre sin saber qué encontrarían y que se establecían y tenían hijos y nietos a su vez que a su vez se lanzaban al camino, encontraban otros ríos, otros lagos, una costa de mar; unos que llegaban a un lugar donde tiempo antes habían llegado otros y peleaban por el espacio o se mezclaban en ese mismo espacio o caminaban. Unos que descubrían el calor del desierto, otros el calor de la selva, otros esos bisontes que metían miedo pero ofrecían tanta grasa y tanto abrigo, los que aprendían a hacer anzuelos y pescar. Un avance tan lento; el tesón o el temor o la desesperanza esperanzada de esos que seguían y seguían, el trabajo increíble de llegar, por ejemplo, tras milenios, a las montañas del Perú o las costas del trópico atlántico. El azar de ir poblando lo desconocido sin saber, siquiera, que lo estaban poblando. Historias de buscarse la vida aquí o allá, donde tocara.

Hace unos diez mil años, dicen —pero todo esto se discute—, la vía de entrada se cerró, y América quedó otra vez aislada: sus habitantes eran los que ya habían llegado, y nadie más: no habría invasores nuevos. Poco después, dicen —pero todo esto se discute— los más caminadores alcanzaron la punta, se establecieron en la Patagonia, la Tierra del Fuego, esos lugares imposibles. Eran, en todo el continente, pocos: quizá doscientos o trescientos mil, la población actual del Cuzco, digamos, o de Riohacha, Riobamba, Bahía Blanca. Aquellos ancestros vivían, con suerte, hasta los veinte o veinticinco años, no tenían tiempo ni condiciones para reproducirse mucho. Habría, en ese mundo, tanto espacio.

Nadie sabría, entonces, ya
que venían de otra parte. Ese lugar
era su sitio: siempre
lo había sido.
Siempre es una palabra tan maleable.

La primera ola es la más pobre en número: se calcula que no llegaron sino unos cuantos miles. Pero fue decisiva porque se plantó en un continente vacío: fueron, durante la mayor parte de su historia, los únicos que hubo. De ese núcleo original, de esos pequeños grupos de migrantes fue creciendo todo: empezaron a construir las diferencias —pero todos eran hijos de los mismos; todos, al fin, se parecían.

(Todos somos migrantes: todos los hombres llegaron, en algún momento, de otro lado. Pero en ningún lugar está tan claro como aquí: hasta hace veinte o treinta mil años no había personas en todo el continente, y todas las que lo poblaron desde entonces hasta la llegada de los españoles fueron los descendientes de esos migrantes que vinieron de Asia.)

El cambio climático de entonces subió la temperatura, raleó la caza mayor, obligó a aquellos hombres a ocuparse de las plantas. Empezaron a observarlas, cuidarlas, cultivarlas, se apropiaron del maíz, el maní, el tomate, la papa, la yuca, el aguacate. El desarrollo de la agricultura permitió —o impuso— que las personas se fueran asentando, que se armaran poblados permanentes, que hubiera más, que hubiera jefes y estructuras y poderes. Fue lento: seguían viviendo poco y enfermándose mucho, comiendo cada vez más harina y menos carne.

Hace dos mil años había, dicen —pero todo esto se discute—, menos de un millón de personas en América; aparecían los primeros estados poderosos, como el Maya en el istmo central. En los siglos siguientes, en cambio, hubo una explosión: hacia el año 1500 América tenía dos grandes imperios —el Azteca, el Inca— con quizá diez o doce millones de vasallos cada uno. Eran reinos potentes, poderosos, que ejercían, de maneras distintas, un control férreo sobre sus poblaciones; los aztecas, de forma más violenta, más guerrera; los incas, de manera más rígida, más estructurada. Habría también otros tres o cuatro millones de personas sedentarias instaladas en el resto del continente, entre la costa este del Norte, el Caribe, Centroamérica, la costa norte del Sur. Y unos millones más, probablemente, de cazadores y recolectores recorriendo las estepas del oeste norteamericano, las grandes selvas amazónicas, las llanuras pampeanas, las mesetas australes.

Las cifras son confusas porque no había registros y se transformaron, como casi todo el resto de esa historia, en un campo de batalla: cuantas más personas se pongan o supongan en América antes de la llegada de los conquistadores españoles, mayor su genocidio. Suele pasar, pero pocas veces con tal amplitud: hay historiadores concienzudos que calculan para todo el continente en 1491 un total de diez millones de personas; otros, igualmente concienzudos, dicen que cien y, en el medio, todas las variantes. Presumamos –como Nicolás Sánchez Albornoz– que los ñamericanos eran, entonces, unos treinta millones: más o menos la mitad que los europeos.

Lo que es seguro es que ninguno de ellos se pensaba como «americano». Digo, más allá del nombre, que tardaría en llegar: nadie se pensaba como habitante de un continente que nadie conocía como totalidad. Su conciencia del espacio que ocupaban no ocupaba más que unos cuantos kilómetros a la redonda; los más privilegiados podrían llevarla hasta los límites de sus reinos, sus regiones. América, entonces, existía, por supuesto, pero nadie lo sabía.
Nadie es nadie: nadie lo sabía.

Nadie sabía, tampoco,
que había otras partes: es difícil
pensar que existe un mundo.
Mundo es casi tan maleable
como siempre.

Aquella primera ola se instaló, fue la primera población americana. Siglos, milenios, también fueron los únicos.

* * *

Esta mañana salimos con el alba. El que compuso la banda de sonido de la selva es un genio del mal: una especie de vibración continua aguda en un crescendo que nunca llega al clímax, obsesionante, al borde del desastre, entrecortada por gritos aullidos explosiones que suenan como ataques y después el silencio, que es peor. La oigo y espero que todo empiece, como en el cine de terror, a dar vueltas y vueltas y por fin explote –pero no.
(Puedo imaginar muchas formas de ver amanecer. Pero si tiene que ser apta para todo público, ninguna me parece mejor que esta: una canoa sobre el río en medio de la selva, la bruma que se levanta poco a poco, los gritos de los pájaros, los animales que bajan a la orilla, el mundo que

se arma como si nunca antes hubiera sido mundo. Hubo un momento en que lamenté no tener un porro; después pensé que no era necesario. Ruidos, colores, movimientos son un viaje más potente; la ignorancia, sospechar un espacio tan nuevo, es mucho más potente.)

Y alrededor hay cientos de árboles y después miles de árboles y después cientos de miles de árboles y después hay más árboles —y casi no hay personas y, sobre todo, nadie pone música. Aquí hay selva: más selva que en ningún otro lugar del mundo. Los americanos la llaman rainforest y la han convertido en uno de los mitos modernos: una especie de dinosaurio que habría que salvar a toda costa. Una obligación moral. Nosotros la llamamos la selva, que es el lugar por excelencia donde rige otra ley.

Así que caminamos seis, siete horas por la selva. Hilario va tranquilo, como quien reconoce; yo lo sigo. Hilario es un hombre de esta selva, mi guía achuar. Occidente siempre los llamó jíbaros, pero dentro de los jíbaros hay distintos grupos y a los achuar les gusta que los llamen achuar. Los achuar son los indígenas de esta región: unos cinco mil del lado ecuatoriano y otros tantos del lado peruano a lo largo del río Capahuari, en el fondo de la Amazonía.

En la selva hay de todo: pantanos con el barro a media pierna, árboles como ríos cortándote el camino, ríos que hay que cruzar en equilibrio sobre un tronco movedizo. Hasta que paramos bajo una ceiba enorme: son siglos de árbol, metros y metros de árbol, las raíces que salen de la tierra como muros de una catedral, diez, quince metros de alto y después el tronco interminable. Entonces Hilario se pone a hacer un umpac —una cabaña de hojas para que nos refugiemos a comer algo— y me cuenta cómo conoció a Arutam, el espíritu de la selva.

En algún momento de su juventud, todo achuar que se precie tiene que salir a buscar a Arutam, para que el dios le dé su fuerza y le cuente cómo va a ser su vida. El joven se interna solo en la selva, abre un claro con su machete, se construye un umpac y se toma un buen trago de huanto, su alucinógeno de flores de datura. Después espera hasta que llegue Arutam. Que puede presentarse como un combate entre un jaguar y un oso hormiguero —cuenta Hilario— o entre una anaconda y una boa gigante o entre dos guerreros o como un árbol gigante que grita y gesticula o ya quién sabe. Lo importante es que el candidato no se asuste y se atreva a tocar la aparición y le diga abuelito dame tu poder; entonces la aparición desaparece y el postulante se puede acostar en su umpac a dormir la mona. Allí, en su sueño, Arutam le dará su fuerza, le contará su vida.

—¿Y usted pudo verlo?

—Sí, lo vi.

—¿Y qué forma tenía?

—Era como un aparato de radio gigante, hacía una música muy tremenda, muy rara.

Dice Hilario, y sospecho que su Arutam tiene un costado negro del Bronx pero no digo nada porque Hilario me cuenta que el dios le dijo que iba a ser fuerte y tener una vida feliz y dos mujeres y muchos hijos. Así que Hilario casó con dos mujeres.

—¿Y no se pelean entre ellas?

—No, ellas saben cuál es su lugar. Además son hermanas.

—¿Y tiene muchos hijos?

—Muchos, sí, tengo, hijas. Siete mujeres me han tocado.

—¿O sea que Arutam se equivocó en algo?

Le digo y, por su cara, me doy cuenta de que hablé de más. Más tarde, Hilario me convida con la versión achuar de la fast food. Corta una rama de un árbol que llama limonero; la rama está plagada de hormigas muy chiquitas, e Hilario me dice que me las coma.

—Buenas para la sed, ya vas a ver.

Lengüeteo la rama. Las hormigas tienen gusto a limón e Hilario me explica que se les pega el sabor del árbol donde viven.

—A todos se nos pega, de ahí donde vivimos.

Dice Hilario, como quien dice llueve. Es cierto: llueve.

Hasta que llegaron los primeros misioneros, los achuar vivían desperdigados por la selva, cada familia una cabaña aislada y el mundo alrededor para cazar y pescar y desmontar y plantar su yuquita, sus bananos. Y no era que no tuvieran electricidad o alfabeto: no conocían siquiera los metales.

—Éramos muy guerreros.

Me dice ahora Gilberto, con el machete así de grande en una mano. Gilberto es un primo de Hilario, también un padre de familia, otro sobreviviente.

—Siempre estábamos en guerras, por una mujer, por la maldición de un shamán, por una ofensa, por el recuerdo de una ofensa, por la venganza de una ofensa, por la venganza de la venganza de una ofensa.

En Occidente —en mi infancia— los jíbaros tuvieron sus quince minutos de fama como reducidores de cabezas. Una noche le preguntaré a Cristóbal, un achuar de cara redonda y dulce como un oso de peluche, si era cierto que sus ancestros mataban mucha gente.

—Claro, somos achuar.

—¿Y eso de que cortaban cabezas?

Le pregunto, a ver si acabamos de una vez con ese mito.

—Cortábamos. Mi abuelo las cortaba. Era un guerrero poderoso, mi abuelo.

—¿Y qué hacía con las cabezas?

—Las guardaba. Las achicaba y las guardaba en su casa.

Me dice, como quien no entiende por qué tiene que explicar obviedades. Hasta que llegaron aquellos sacerdotes. Fue hace tan poco: los Beatles ya se habían separado cuando los achuar vieron su primer hombre blanco.

—Los misioneros traían la Biblia en una mano, la pelota en la otra y un chocolate en el bolsillo.

Me cuenta Gilberto, y que esa fue su sagrada Trinidad: las amenazas de un Dios que los mandaría al infierno si no eran pacíficos junto con las tentaciones del partido y el dulce. Ahora los achuar viven en comunidades de diez o doce familias organizadas alrededor de la canchita y la pista de aterrizaje de tierra donde llega, muy cada tanto, la avioneta que les trae remedios y otras mercaderías. Y han tenido que encontrar formas de organización política y elegir jefes, que antes no necesitaban, y preocuparse porque esos jefes se quedan con la plata de los subsidios y alegrarse porque se pueden curar las gripes que antes no tenían y alarmarse porque saben que las petroleras quieren su territorio y enorgullecerse porque tienen una tradición que mantener y molestarse porque no les alcanza la plata para comprar pilas y debatirse en un proceso fascinante: la integración de una de las últimas culturas que estaban fuera del mundo global. O, dicho de otra manera: la desaparición de una forma de vida.

Del Paraíso en más, cada cultura se inventa su pasado feliz: su Edad de Oro.

Para ciertos ñamericanos esa edad es la precolombina, y la violencia y la injusticia de la conquista católica son el pecado original que todavía pagamos: vinieron a arrasar aquellos tiempos de gracia y armonía. Es difícil relacionar esa visión con las imágenes de miles de asesinatos rituales —«sacrificios»— en un templo de la ciudad de México o con el trabajo servil de millones de súbditos del Inca.

«En este mes mataban muchos niños, sacrificábanlos en muchos lugares en las cumbres de los montes, sacándoles los corazones a honra de los dioses del agua para que les diesen abundante lluvia. A los niños que mataban componíanlos con muchos atavíos para llevarlos al sacrificio, y llevábanlos en unas literas sobre los hombros, estas literas iban adornadas con plumages y con flores: iban tañendo, cantando y bailando delante de ellos. Cuando llevaban los niños a matar, si lloraban y echaban muchas lágrimas alegrábanse los que los llevaban porque tomaban pronóstico de que habían de tener muchas aguas en aquel año. (…) En el postrero día del dicho mes, hacían una muy solemne fiesta á honra del dios llamado Xippetototec, y también á honra de Vitzilopuchtli. En esta fiesta mataban todos los cautivos, hombres, mugeres, y niños. Los dueños de los cautivos los entregaban á los sacerdotes abajo al pie del Cú, y ellos los llevaban por los cabellos cada uno al suyo por las gradas arriba, y si alguno no quería ir de su grado, llevábanle arrastrando hasta donde estaba el tajón de piedra donde le habían de matar, y en sacando á cada uno de ellos el corazón, y ofreciéndole como arriba se dijo, luego le echaban por las gradas abajo, donde estaban otros sacerdotes que los desollaban: esto se hacía en el Cú de Vitzilopuchtli. Todos los corazones despues de haberlos sacado y ofrecido, los echaban en una jícara de madera, y llamaban á los corazones quauhnoctli, y á los que morían despues de sacados los corazones los llamaban quauhteca. Después de desollados, los viejos que se llamaban quaquacuilli llevaban los cuerpos al calpulco donde el dueño del cautivo había hecho su voto ó prometimiento, allí le dividían y le enviaban á Mochtecuzoma un muslo para que comiese, y lo demás lo repartían por los otros principales ó parientes; íbanlo á comer a la casa del que cautivó al muerto: cocían aquella carne con maíz, y daban á cada uno un pedazo de ella en una escudilla ó cajete con su caldo, y su maíz cocida, y llamaban aquella comida tlacatlaolli…», escribió fray Bernardino de Sahagún, en su *Historia General de las cosas de la Nueva España*, entre muchos otros relatos semejantes.

Pero nada mejora tanto el pasado, la imagen de una persona o de una cultura como haber sido víctima —víctima es la palabra clave— de infamias espantosas, y los indios ñamericanos lo fueron sin las dudas: un genocidio espeluznante.

*   *   *

Segunda ola: llegaron esos barcos.
(la segunda fue violenta y creadora)

Llegaron esos barcos. Queda dicho: los primeros creyeron que habían encontrado sus Indias y se maravillaron de su feracidad y su inocencia. Colón, es fama, escribió que había alcanzado el paraíso.

Cuando descubrieron que no —ni Indias ni paraíso—, esas tierras extrañas se volvieron el obstáculo que les impedía llegar donde querían: el Oriente, sus riquezas famosas. Las recorrieron, al principio, en busca de ese paso para seguir su recorrido, y no había caso. El continente —el obstáculo— nunca dejaba de crecer. Navegaban hacia el sur y lo topaban; hacia el norte y también. Se bajaban de sus barcos, marchaban —peligros, peripecias— y esas tierras se extendían, cambiaban, se volvían gigantescas. Eso que no tenía nombre tampoco tenía forma. O, mejor: tenía una forma que cambiaba todo el tiempo —incluso más que el nombre. Tardaron unos años en resignarse a que eso era eso: que no debían tantear el paso más allá sino tratar de aclimatarse, buscarle las ventajas, ocuparlo. Conquistarlo, decían: conquistarlo.

Sacarle, pensaban, todo lo que tenía.

Fue, en el inicio,
una barrera: algo
para dejar atrás. Es
un destino.

Lo que había empezado como obstáculo se convirtió en la base del despegue europeo: sin sus riquezas, ese pequeño apéndice de Asia nunca habría conseguido el desarrollo que le permitió ocupar —por unos pocos siglos— un lugar tan desproporcionado.

La España que conquistó el Nuevo Mundo —explicaba un libro clásico de Rodolfo Puiggrós, 1947, titulado *La España que conquistó el Nuevo Mundo*— era una sociedad cruel, brutal, con reglas que ahora nos resultarían intolerables —y entonces eran la regla. España no era más feroz en su trato a los infieles que ese gran señor francés, por ejemplo, que quería hacer una limpieza religiosa y, cuando sus capitanes le dijeron que si mataban a todos esos que él ordenaba matarían a muchos inocentes, les contestó que no se preocuparan, que Dios reconocería a los suyos.

Era una sociedad donde los reyes —e incluso los nobles— tenían poder de vida o muerte sobre sus súbditos, y ninguno pensaba en cuestionar sus decisiones. Donde un dios mayor y toda una banda de dioses menores —vírgenes, santos, espíritus ídem— ocupaban tanto espacio que poco se podía hacer sin ellos. Donde las posibilidades de cambiar de vida —de cambiar de clase— eran tan reducidas. Donde se valoraba mucho más la sumisión y la disciplina que la iniciativa y la creatividad. Donde casi todos eran muy muy ignorantes y los que no lo eran serían, para nuestros cánones, unos ignorantes. Donde la muerte valía menos que lo que pesaba porque era la decisión de un dios y era, de todos modos, un camino hacia él. Donde lo que importaba realmente era el alma y ya se empezaba a creer que algunas mujeres también tenían una pero estaba claro que ni los negros ni los moros ni esos indios tenían. Donde se podía eludir cualquier responsabilidad porque todo era responsabilidad de ese dios; donde nada debía cambiar mucho porque si era como era era porque ese dios así lo había creado. Donde lo que hacían los siervos de ese dios era lo que ese dios había decidido que hicieran, la misión que les dio, la prueba del poder de Él y la obediencia de ellos.

«Dos maneras generales y principales han tenido los que allá han pasado que se llaman cristianos en extirpar y raer de la haz de la tierra a aquellas miserandas naciones. La una, por injustas, crueles, sangrientas y tiránicas guerras; la otra, después que han muerto todos los que podrían anhelar o sospirar o pensar en libertad o en salir de los tormentos que padecen, como son todos los señores naturales y los hombres varones (porque comúnmente no dejan en las guerras a vida sino los mozos y mujeres), oprimiéndolos con la más dura, horrible y áspera servidumbre en que jamás hombres ni bestias pudieron ser puestas. A estas dos maneras de tiranía infernal se reducen y se resuelven o subalternan como a géneros todas las otras diversas y varias de asolar aquellas gentes, que son infinitas. La causa porque han muerto y destruido tantas y tales y tan infinito número de ánimas los cristianos ha sido solamente por tener por su fin último el oro y henchirse de riquezas en muy breves días y subir a estados muy altos y sin proporción de sus personas, conviene a saber: por la insaciable cudicia y ambición que han tenido, que ha sido la mayor que en el mundo ser pudo, por ser aquellas tierras tan felices y tan ricas, y las gentes tan humildes, tan pacientes y tan fáciles a sujetarlas...»

Escribió, en su *Brevísima relación de la destruición de las Indias*, publicado en 1552, el dominico Bartolomé de las Casas.

Masacraron a millones para mostrarles quién mandaba; mataron a millones con las enfermedades nuevas –la viruela, la malaria, el sarampión, el tifus– que trajeron; mataron a más millones explotándolos sin ninguna piedad, sin paliativos; mataron a más aún despojándolos de toda esperanza: hay, a mediano plazo, pocas heridas tan mortales.

«Los cristianos entraban en los pueblos ni dejaban niños, ni viejos ni mujeres preñadas ni paridas que no desbarrigaban y hacían pedazos, como si dieran en unos corderos metidos en sus apriscos. Hacían apuestas sobre quién de una cuchillada abría el hombre por medio o le cortaba la cabeza de un piquete o le descubría las entrañas. Tomaban las criaturas de las tetas de las madres por las piernas y daban de cabeza con ellas en las peñas. Otros daban con ellas en ríos por las espaldas riendo y burlando, y cayendo en el agua decían: "¿Bullís, cuerpo de tal?". Otras criaturas metían a espada con las madres juntamente y todos cuantos delante de sí hallaban. Hacían unas horcas largas que juntasen casi los pies a la tierra, y de trece en trece, a honor y reverencia de nuestro Redentor y de los doce apóstoles, poniéndoles leña y fuego los quemaban vivos. Otros ataban o liaban todo el cuerpo de paja seca; pegándoles fuego así los quemaban. (…) Ya está dicho que tienen los españoles de las Indias enseñados y amaestrados perros bravísimos y ferocísimos para matar y despedazar los indios; sepan todos los que son verdaderos cristianos y aun los que no lo son si se oyó en el mundo tal obra: que para mantener los dichos perros traen muchos indios en cadenas por los caminos que andan, como si fuesen manadas de puercos, y matan dellos y tienen carnicería pública de carne humana, y dícense unos a otros: "Préstame un cuarto de un bellaco desos para dar de comer a mis perros hasta que yo mate otro", como si prestasen cuartos de puerco o de carnero…»

Contó Las Casas. Y advertía que «si Su Majestad con tiempo no lo manda remediar, según la matanza en los indios se hace solamente por sacalles el oro que no tienen, porque todo lo que tenían lo han dado, que se acabará en poco de tiempo que no haya indios ningunos para sustentar la tierra, y quedará toda yerma y despoblada».

Las campañas de invasión fueron mortales, pero más mortal fue cuando el reino consiguió instalarse en este mundo. En el siglo que siguió al desembarco de los españoles la población local pasó de –quizá– treinta millones a –quizá– tres o cuatro: nueve de cada diez ñamericanos murieron en esos años espantosos. México, por ejemplo, no volvería a tener su población del año 1500 hasta bien entrado el siglo xx. Voluntario o no, no hay muchos genocidios más brutales en la historia.

(Aunque la condena de esa violencia oscureció otras cosas: pocas invasiones fueron tan ambiciosas, tan audaces como las de ese puñado de campesinos brutos que se lanzaron a ocupar un territorio enorme, perfectamente desconocido, ricamente poblado —y se quedaron con él. Fue una combinación extraña de factores: su fe ridícula en que estaban cumpliendo su destino y su dios garantizaba su triunfo; su habilidad política para armar alianzas que les permitían dividir y reinar; sus caballos y sus mosquetes, claro, y sobre todo, imagino, su desesperación: en sus pueblos solo dejaban malos recuerdos, deudas, miedo.)

En cualquier caso, en cien años la población de la región había cambiado tanto. Se estableció una clase muy pequeña que concentró el poder: todo el poder, y eran tremendamente pocos. En el primer siglo de la ocupación llegaron a Ñamérica menos de doscientos cincuenta mil españoles, lo cual significa que en ningún momento hubo, en toda la región, más de cien mil. Nada, la población actual del barrio de Miraflores en Lima, Polanco en México, digamos —y los indios seguían siendo, pese a todo, treinta o cuarenta veces más. Aquellos españoles, tan escasos, se quedaron con todo: es, también, un misterio que no queremos ver.

Y produjeron una unificación como pocas regiones han tenido en la historia: mismo gobierno, misma religión, misma economía y trabajos y leyes, mismas armas y herramientas y cultivos, mismos estudios, mismas costumbres y tabúes, mismas comidas casi, las muertes mismas, misma lengua.

En un mundo mucho más dinámico que lo que nuestra pereza nos permite pensar, es sorprendente que el Imperio español en América haya durado tres siglos sin mayores cambios: trescientos años son, por el momento, mucho más que lo que han durado nuestras repúblicas que tan eternas nos parecen. Son esos trescientos años que no existen, que no nos enseñan en la escuela, que no produjeron historias ni músicas ni pinturas ni momentos que los ñamericanos recordemos particularmente.

Solemos desdeñar ese poder colonial —porque nuestros países se fundaron en ese desprecio y condena—, pero hay que reconocer que, por razones mezcladas, su eficacia fue muy extraordinaria. Era, es cierto, una forma de estado laxo, ocupación incompleta del territorio: solo se aseguraba los espacios que le resultaban productivos y dejaba enormes extensiones libradas a la buena de su dios. La Patagonia, por ejemplo, pero también el norte mexicano, el Amazonas peruano, ecuatoriano y colombiano, los pasos del Darién y tantos otros. Aquellos predadores no se interesaban por ningún espacio que no ofreciera beneficios inmediatos —y mano de obra para conseguirlos.

Se ha hablado mucho de aquella diferencia fundamental entre la colonización inglesa y la española: que los españoles se mestizaron allí donde los anglos siguieron siendo meticulosa, vanamente anglos. Algunos quisieron ver ahí menos racismo, más amplitud de miras. Es cierto que fue el principio de una cultura que antes no existía. Pero fue también el principio del racismo ñamericano: los españoles vinieron hombres casi solos, con tan pocas mujeres —que no considerarían capaces o merecedoras—, allí donde los ingleses llegaron en parejas. Y tomaron a las indias como su propiedad o, por decirlo de otro modo: a las mujeres indias como un caso particular de su dominio sobre los indios, y a las indias mujeres como un caso particular de su dominio sobre las mujeres. Aquellas mujeres con las que se cruzaban eran, entonces, doblemente siervas. Y así empezó la mezcla: no es casual que los mestizos, los hijos de esos señores y sus siervas, fueran discriminados. En una sociedad machista, eran el producto de un machismo doble. Y les prohibían ser curas o militares, montar y portar armas, operar los molinos.

Incluso un liberal como Simón Bolívar se espantaría, siglos después —y lo dejó escrito—, ante la amenaza de «la pardocracia»: el poder pardo, la participación en el poder de aquellos hombres de color mezclado.

Se estaba organizando una sociedad tan cuidadosamente dividida en castas, sus distintos grados de explotación y de maltrato: los españoles españoles, los criollos —hijos de españoles nacidos en Ñamérica—, los mestizos de español o criollo e india, y, más abajo, los indios puros que quedaron. Pronto se les agregarían en lo más bajo negros, mulatos, zambos, otras mezclas.

* * *

Ahora, cinco siglos después, es curiosa la relación de los biempensantes ñamericanos con sus indios. Los llaman, en esta etapa de la culpa, pueblos originarios, como si hubieran crecido en las ramas de una palma —o como si la historia no existiera. Como si, en vez de haber llegado y haber ocupado y haber peleado por un lugar o unos recursos con otros que habían llegado y ocupado —como sucede en todas partes, penosamente, siempre—, hubieran crecido en esas ramas.

Así, el discurso oficial biempensante arma un cuadro ahistórico, idílico, estático en que, alrededor del año 1500, había «pueblos originarios» casi felices y muy legítimos y consustanciados con sus territorios, y llegaron unos señores malos y pálidos que los corrieron a guantazos. Los señores los corrieron, en efecto, y eran malos; tan malos como habían sido otros señores nacidos allí mismo o no muy lejos —y, porque los conocían, sus víctimas cayeron en la trampa de ayudar a los desconocidos.

¿Será muy antipático decir que en los últimos quinientos años no hay constancia de ceremonias donde se sacrifiquen niños para ofrendarlos a unos dioses? ¿O habrá que pensar que si aquellos hombres lo hacían por algo lo hacían, que era su cultura y debemos respetarla?

Hace poco un equipo de arqueólogos de la Universidad Nacional de Trujillo, Perú, descubrió «el mayor sitio de sacrificios de niños del mundo». Está en Huanchaco, en la costa del norte peruano, donde desenterraron 227 chicos entre cuatro y catorce años, sacrificados hace más de mil por la cultura Chimú para pedir a algún dios que mejorara el clima. No es para nada el único; solo el más grande. Las víctimas de la terrible invasión católica habían sido victimarios tenaces, pero se ha inventado una imagen ingenua idílica inocente de esos buenos salvajes roussonianos. Y es cierto que había, bajo su yugo, millones de inocentes:

«Las terrazas y los acueductos de irrigación fueron posibles, en aquel imperio que no conocía la rueda, el caballo ni el hierro, merced a la prodigiosa organización y a la perfección técnica lograda a través de una sabia división del trabajo, pero también gracias a la fuerza religiosa que regía la relación del hombre con la tierra que era sagrada y estaba, por lo tanto, siempre viva», escribió Eduardo Galeano admirativo, para hablar del mismo tipo de teocracia autoritaria explotadora que, en manos de cualquier rey o cualquier papa, le habría parecido intolerable.

De ahí, supongo, la idea tan difundida de que la verdadera Ñamérica es la de sus indios, tan ligados, por supuesto, con su Naturaleza. Así, es fácil postular que la culpa de todos los males es de aquellos españoles que los sojuzgaron. Abundan los ejemplos. El presidente mexicano de ahora mismo, un señor López, nieto de españoles, le pidió en español al rey de España que pidiera perdón por lo que hicieron sus ancestros —los del rey, aparentemente— cuando invadieron estas tierras. El rey, como no es más que un rey, no pudo contestarle como Borges que los que invadieron estas tierras fueron los ancestros de los americanos actuales, no los de los españoles. Y menos puede decirle que lo que hicieron no fue peor que lo que hacían regularmente esos aztecas/mexicas que entonces eran verdugos despiadados y ahora sirven como víctimas. Ni que, si esos señores no hubieran sido violentos y autoritarios y caníbales, quinientos españoles jamás habrían podido vencerlos; que solo lo consiguieron con la ayuda de millones de vasallos hartos, ansiosos por sacudirse aquella dictadura, sin suponer que estaban por caer en otra.

(Me gustan esas situaciones en que la falacia nacionalista o étnica se disuelve: en que la esperanza de deshacerte de un amo brutal de tu mismo aspecto te lleva a ayudar a uno distinto, un forastero; en que esa urgencia se impone a las semejanzas reales o supuestas que proponen la patria o la raza.)

En general, las sociedades se arman cuando sus integrantes ocupan tierras que otros ocupaban. En México central en esos días el ciclo de invasiones ya llevaba milenios, y pocas más sangrientas que la de los mexicas, pero no es a ellos a quienes el presidente de México reclama que rueguen el perdón de los xochimilcos, otomís o tlaxcaltecas que esclavizaron y masacraron y comieron; se lo reclama a los españoles. Es el tipo de racismo en que se basa el indigenismo americano: hay invasores, siempre hubo invasores, pero condenamos a los que tenían la piel más clara y olvidamos a los que la tenían igual de oscura que sus víctimas. Y, así, nos inventamos una historia.

(Hay una escena, también mexicana, que las contiene casi todas: Miguel Hidalgo, un cura rural que se alzó en armas contra los españoles en 1810, llamando a los indios a luchar por su liberación:
—¿Queréis empeñaros en el esfuerzo de recuperar, de los odiados españoles, las tierras robadas a vuestros antepasados hace trescientos años?
Dijo, y levantó el confuso estandarte de la Virgen —morena— de Guadalupe y miles de hombres lo siguieron con armas de fortuna. En esa frase famosa, tan reproducida, «vuestros antepasados» eran los despojados: cualquiera que no tuviese sangre europea. Lo cierto es que entre los

antepasados de esos hombres había invasores e invadidos, opresores y oprimidos, pero todo eso se negaba en aras de esa pureza étnica de las víctimas.)

Así, entre otras cosas, podemos seguir echando la culpa del maltrato actual de los ñamericanos pobres a aquellos conquistadores, aunque nuestros países ya llevan dos siglos independientes de ellos, gobernándose solos. Como quien culpara del fracaso de las democracias contemporáneas en Europa a los déspotas ilustrados del siglo XVIII, un suponer.

*   *   *

«Pueblos originarios» es, con perdón, otro concepto perfectamente conservador: otra tentativa de congelar la historia en un punto preciso y convertir ese momento en esencia, lo inmutable.

Nadie es originario. Todos somos migrantes, todos llegamos del África, unos más tarde y otros menos. Lo único que sostendría la idea de humanidad es ser capaces de pensarnos en términos históricos. Todos venimos de la misma tribu; lo que define no es el origen sino la posición que ocupamos.

Todos somos pueblos
originarios de
ningún origen: todos
somos
el fin de algo, algún
principio.

Por momentos parece que no tuviera sentido hablar de indígenas: una gran mayoría de la población ñamericana tiene sangres y rasgos indígenas por mezcla. O, mejor: los ñamericanos no existiríamos sin el aporte decisivo de los que estaban aquí antes de que llegara la segunda y la tercera ola. Unos pocos no se mezclaron: darle a eso algún valor especial es como suponer que los franceses serían mejores si vivieran en la aldea de Astérix, los españoles si cabalgaran con el Cid.

Pero, en tiempos en que no sabemos bien qué nos define —las patrias se han desprestigiado, las clases confundido—, una identidad clara es un capital social y político que algunos han sabido cultivar. Ser mujer, negro, trans, indígena, son características autónomas, que no dependen de sus lugares sociales: indudables. Características que, en general, cargan con el dolor y el capital de siglos de malos tratos varios: la vergüenza y la culpa que esos siglos producen.

¿Cómo negarles nada a los que siempre negamos?

Así, la causa de los «pueblos originarios» se ha convertido en uno de esos lugares comunes que no aceptan debate. El indigenismo es la versión social de la vulgata ecologista: en una sociedad hecha de mezclas, que debe seguir mezclándose para reinventarse, progres claman por la tradición, la pureza, la «autenticidad» de los originarios. Es esa idea conservadora de detener la evolución en un punto pasado: esa idea que cierta izquierda comparte tan bien con la derecha, aunque la apliquen a objetos diferentes.

Siempre me sorprende que parezca de buen sentido progre humanitario conseguir que conserven: los indios solo son lo que deben ser si son como eran, exigen, exigentes —y los que lo exigen suelen ser los que están, supuestamente, por el cambio.

Recuerdo un amigo, en el Chaco argentino, que me decía que los tobas, unos indios locales, eran «unos truchos que no mantenían sus costumbres»:

—Se enganchan en cualquiera, escuchan cumbias, en cuanto pueden se compran celulares. Hacen todas cosas que no tienen nada que ver con sus tradiciones.

—¿Y vos vas a la iglesia todos los domingos y obedecés a algún marqués y te ponés polainas y galera y te cuenta las noticias un trovador errante y hablás calabrés como tu abuela y viajás a caballo como tu bisabuelo?

Le pregunté, sin gran curiosidad. ¿Por qué nos empeñamos en suponer que hay sociedades «tradicionales» que deberían conservar para siempre su forma de vida, y que lo «progresista» consiste en ayudarlos a que sigan viviendo como sus ancestros? ¿Porque nosotros seguimos usando miriñaques y bastones, casándonos con vírgenes o vírgenes, escribiendo palabras como estas con la pluma de un ganso, reverenciando a nuestro rey, iluminándonos con el quinqué que porta, temeroso, aquel negrito esclavo?

¿Estamos en contra de que se mezclen como se fueron mezclando nuestros propios ancestros? ¿Yo debería escribir todo esto en iddish para reivindicar la herencia amenazada —derrotada— de mi abuela Rosita, judía rusa? ¿O cribarlo de padrenuestros y amenes y mecagondiós como lo habría hecho, si acaso, mi abuela Sagrario, cristiana toledana?

¿No es mejor celebrar los frutos de la mezcla que me ofrecen una cultura distinta, mixturada, hecha de los jirones de esa judería y esa españolada y esos tanos y guaraníes y siriolibaneses y congoleños y quién sabe?

¿Por qué eso que en los demás se llama cambio –cuando no progreso– en los indios parece ser desastre?

A veces me parece una forma baja del paternalismo: ellos tienen que seguir viviendo como vivieron porque, de algún modo, suponemos que no están en condiciones de vivir como todos los demás –como nosotros. Entonces, en lugar de encontrar las formas de que se integren con justicia y ofrezcan sus aportes, proponemos mantenerlos protegidos en situaciones donde no se mezclen: donde sigan siendo para siempre los que no forman parte, no deciden, no viven con nosotros.

Parece, a menudo, una visión de blanquitos culposos: culpa de ser más ricos, más abiertos; de tener tantas más comodidades, tantas más opciones; de descender de los invasores opresores; de haber impuesto una cultura de la explotación. O una manera barata de canalizar el descontento con nuestras propias vidas: somos una mierda, los que sí saben vivir son ellos. En los sesentas, cuando la virtud estaba en la capacidad de revolucionar, se la atribuíamos: «Dale tu mano al indio, / dale que te hará bien, / y encontrarás el camino / como ayer yo lo encontré», cantaba el uruguayo Daniel Viglietti, y seguía: «Dale tu mano al indio /, dale que te hará bien, / te mojará el sudor santo / de la lucha y el deber. / La piel del indio te enseñará / todas las sendas que habrás de andar. / Manos de cobre te mostrarán / toda la sangre que has de dejar».

Ahora, cuando los restos de la virtud están en la condición de víctima, los describimos como tales. Los indios son las víctimas por excelencia de la violencia de la cruz, del capital, de la injusticia. Y lo son, pero no mucho más ni nada menos que tantos otros ñamericanos, mestizos, negros, blancos, espuma de colores.

No es fácil saber cuántos son –y tampoco importa tanto; insisto: somos en la mezcla. Cuando los organismos nacionales e internacionales cuentan «pueblos indígenas», «pueblos originarios», siempre se discute cómo definirlos. ¿Cómo, en países donde buena parte de la población se ha mestizado a lo largo de siglos? Los criterios varían, los números también. En estos últimos años crecieron porque cambiaron las formas de censarlos y, sobre todo, porque aumentaron los privilegios de declararse «originario»: en la mayoría de nuestros países, leyes los amparan más que lo que suelen amparar a los pobres que no pueden reclamar ese linaje. «La ley ofrece a los originarios lo que no ofrece a millones de compatriotas suyos, tan pobres como ellos. No digo que los "originarios" no tengan tanto derecho como cualquiera a una vida digna; sí digo que tienen tanto derecho como cualquiera a una vida digna —ni más ni menos que esos muchos millones de pobres sin pureza de sangre, mixturados, tan poco originales», escribí hace unos años. Me cuesta pensar que un pobre por ser mapuche o zapoteca o chibcha o guaraní tenga legitimidades o necesidades distintas que su vecino pobre de origen criollo o croata o cremonés. Y que la solución a los problemas de nuestras sociedades esté en el regreso de algunos de sus miembros a las formas en que vivían sus ancestros. Y que segregarse de los demás necesitados argumentando una identidad propia y diferente sea mejor.

(Comechingones, digamos: yo creo —es mi problema— que lo que importa no es que sean comechingones y quieran seguir siéndolo sino que son pobres y quieren dejar de serlo y, para eso, podrían reunirse con tantos otros pobres de tantos otros orígenes para tratar de conseguirlo. Mirar menos desde dónde vienen, mucho más dónde van.

La identidad, a veces, parece una forma reacondicionada de nacionalismo, ese chancro tan viejo.)

En cualquier caso, hay cierto consenso para decir que los «originarios» son, ahora, unos 40 millones. Y casi todos —nueve de cada diez— viven en cuatro países: Bolivia, Perú, México y Guatemala.

Pese al cliché, la mitad vive en ciudades —donde hablan cada vez más castellano. Su idioma propio más hablado es el quechua —en Perú y Bolivia, sobre todo—: unos diez millones lo usan habitualmente. Casi tantos como el guaraní, pero en Paraguay lo hablan muchos que no tienen «sangre indígena». Y hay tres o cuatro millones que hablan aymara —también en los altiplanos andinos— y otros dos que náhuatl en el centro de México y quizás un millón que habla maya en el sur mexicano y el norte de América Central.

Si acaso un diez por ciento de la población ñamericana habla alguna lengua indígena —y casi todos hablan también el castellano. En cualquier caso, son claramente una minoría. Pero vivimos una época que se ocupa muy especialmente de las minorías para disimular o justificar que se ocupa muy poco de las mayorías.

(Hace años me hizo gracia una tapa de *Babelia*, el suplemento de cultura de *El País* de España que, para hablar de la «crónica latinoamericana», usaba la foto de unas mujeres indígenas con bombín, las clásicas cholas. Ahora recibo un librito muy simpático publicado en Alemania con el título *Crónicas latinoamericanas* y la foto de tapa son otras tres cholas con bombín. No debe ser fácil caracterizar «lo latinoamericano» si hay que recurrir una y otra vez a esos clichés pequeños y parciales. Hay cholas en tres países –Bolivia, Perú y Ecuador– que reúnen, entre los tres, unos 60 millones de personas. En esos países la población registrada como indígena son poco más de diez millones. De esos diez, la mitad son mujeres: unos cinco millones. De esos cinco, un quinto son niñas. Quedan, entonces, si acaso, cuatro millones de señoras con bombín que consiguen, sin embargo, representar a una región de cien veces más personas que también mirarían a esas cholas como una curiosidad: son los milagros del lugar común.)

Y unas cifras extrañas: si comparamos etnias desdeñadas, podemos ver que hay muchos menos «originarios» en Ñamérica que inmigrantes tercermundistas en Europa. Los indios son, como mucho, uno de cada diez ñamericanos; los inmigrantes o hijos de inmigrantes africanos o asiáticos o ñamericanos son uno de cada cuatro europeos occidentales. Son, de algún modo, inversos simétricos: unos fueron atacados y explotados por estar antes, otros lo son por intentar llegar después. Pero si deploramos la pureza de sangre austríaca en Austria, ¿cómo la defendemos en Bolivia? Si sostenemos que haber vivido unos siglos más en Francia o Alemania no le da más derechos a un alemán bien ario que a un hijo de turcos, a un francofrancés que a un marroquí, ¿cómo hacemos para proclamar lo contrario en Ñamérica? ¿Porque unos son dominadores y otros dominados, explotadores y explotados? Quizá. Pero entonces el problema no es la legitimidad de haber llegado antes sino el lugar que cada quien ocupa en la pirámide social.

Y los indios ñamericanos, está claro, tienen más posibilidades que cualquier otro grupo de ser pobres: el doble, dicen los estudios, que sus conciudadanos de aluvión.

«Los pueblos indígenas representan el 8 por ciento de la población de América Latina, pero también constituyen aproximadamente el 14 por ciento de los pobres y el 17 por ciento de los extremadamente pobres de la región», dice un informe del Banco Mundial.

Eso es lo grave.

* * *

Tercera ola: llegaron en cadenas.
(la tercera fue siniestra, rentable)

Las almas bellas a veces producen esos efectos espantosos. Algunos españoles —sacerdotes españoles, sobre todo— se horrorizaron por el maltrato de los indios ñamericanos, protestaron, clamaron a los cielos y a su rey. Bartolomé de las Casas fue el más conocido, el más enérgico.

Las Casas era hijo de un comerciante sevillano más o menos noble y rico que se embarcó en el segundo viaje de Colón al Nuevo Mundo y le trajo de regalo un indio: Bartolomé tenía 15 años y quedó fascinado. Tres años después salió para las Indias con su padre.

Los Las Casas ocuparon tierras y recibieron encomiendas de cientos de indios para trabajarlas. Bartolomé viajó de vuelta a España, estudió en Salamanca, se hizo cura, volvió para explotar sus posesiones cubanas. Con el tiempo, el maltrato a los locales lo espantó y se dedicó a denunciarlo, a intentar que su rey lo moderara. En 1521 armó una expedición para ocupar pacíficamente doscientas leguas de costa venezolana: quería demostrar que los indios eran buenos, pero lo corrieron a flechazos. Su carrera fue larga, letrada, fecunda; escribió la primera *Historia de las Indias*, su *Brevísima relación*, fue obispo de Chiapas, Protector de Indios, polemista famoso. En la fogosa Controversia de Valladolid sostuvo incluso que los aborígenes americanos eran seres pensantes igual que los cristianos europeos —pero no pudo convencer a casi nadie.

Aún así, sensibilizó a las autoridades españolas: no podían seguir explotando a los indios hasta la muerte y, además, cada vez había menos: no soportaban el trabajo esclavo. La solución pareció providencial: traerían africanos para reemplazarlos. Los negros eran más resistentes, decían, y se podían comprar y vender sin tanta historia.

El comercio empezó a desarrollarse a fines del siglo xv y duraría más de trescientos años. El Atlántico Sur nunca estuvo tan integrado económicamente como en esos siglos en que salían de una costa los esclavos que trabajarían en la otra: la globalización antes de la palabra. Al principio los europeos intentaron cazar esclavos solos; pronto descubrieron que era más fácil comprárselos a los jefes locales. Para eso, empezaron por crearles necesidades nuevas: las mercaderías que les ofrecían a cambio solían ser fusiles, telas, cueros, cuchillos, aguardiente. El mercado creció de golpe: las guerras para conseguir cautivos se multiplicaron –fomentadas por la aparición de las armas de fuego europeas– y las cacerías humanas se volvieron plaga. Bandas de traficantes árabes o negros cazaban hombres y mujeres en la zona occidental de África –Malí, Nigeria, Angola, Congo– y los vendían a traficantes europeos que los embarcaban para traerlos a América.

Siglos después esa historia incómoda también se solucionaría con un relato simple en que la diferencia venía de la raza o la nacionalidad: los malvados imperialistas europeos abusando de los pobres africanos. Los malvados imperialistas europeos abusaban, por supuesto, de los africanos pobres, pero la diferencia fundamental, una vez más, era la clase: reyes y nobles y poderosos africanos –como el rey del Congo, Nzinga Mvemba– apoyaban y aprovechaban la caza y tráfico de personas para la exportación. O los reyes de Asante –ahora Ghana–, que se hicieron ricos con la captura y venta de negros para esclavos usando el mito de la Patria: los capturados eran extranjeros, decían, africanos de otros reinos. Faltaba mucho para que se inventara la negritud, la noción de que todos los africanos tenían en común la raza, el sufrimiento.

La caza de esclavos, sin embargo, también causó problemas a sus beneficiarios: con el tiempo, algún rey africano se quejaría de que le estaban despoblando las tierras, que si se seguían llevando a los más aptos quién cuernos trabajaría para él.

Cuando un barco negrero llegaba a la costa africana anunciaba su presencia con un par de cañonazos; entonces algún jefe local lo visitaba y acordaban la operación: empezaba la caza. Un cargamento normal solía comportar doscientas o trescientas personas; una vez atrapados, el comerciante negro los reunía en el «quibanga» –un corral de troncos muy custodiado–: allí los revisaba el comerciante blanco. Algunos estaban sueltos; los más rebeldes eran inmovilizados con una especie de cepo que les sujetaba los brazos y el cuello de forma que no podían intentar nada.

El negocio era turbio: el comerciante local rapaba a sus presas para que no se les vieran las canas y les untaba el cuerpo con aceite de palma para que parecieran más atléticos. Pero el «cirujano» del barco negrero les revisaba los dientes para saber la edad de cada cual y los hacía saltar y dar cabriolas. Los aprobados eran marcados con un hierro al rojo vivo: señores en la espalda, señoras en el culo. Allí se concluía la operación. Africanos y europeos no tenían una moneda común: los esclavos se pagaban en «piezas». Una pieza podía ser un sombrero o un fusil de chispa, nueve collares y unos metros de tela, un sable y doce cascabeles. Monsieur Jacques Savary des Brûlons, funcionario del rey de Francia y comerciante exitoso del siglo XVII, que escribió un tratado que incluía información preciosa sobre el negocio africano, explicaba por ejemplo que en Cabinda, un reino en lo que hoy es Angola, el rey local cobraba, por una partida de cincuenta negros, seiscientos barriles de pólvora o seiscientos fusiles o cuatrocientas piezas de tela de siete varas y que, vendido a la unidad, cada esclavo podía comprarse por doce varas de seda o cuatro barriles de aguardiente o cuatro libras de coral. El mercado, lo sabemos, sabe.

En cualquier caso, para algunos africanos y algunos europeos, el secuestro y venta de personas en cantidades industriales fue uno de los negocios principales de esos tiempos. Grandes hombres participaron —a través de su dinero—: Voltaire, por ejemplo, el intelectual decisivo de la Ilustración, ganó mucho con él. Y John Locke, el «Padre del Liberalismo», tenía acciones en la mayor compañía inglesa de tráfico. Y los grandes banqueros de Londres y buena parte de la familia real británica y tantos más: sin la esclavitud y las formas de explotación que permitió y el azúcar y el algodón y el oro y el café que producía y los textiles y los alimentos que se producían para ellos y las personas que se enriquecían con todo eso, el capitalismo nunca se habría desarrollado igual.

La Gorée es un islote frente a Dakar, la capital de Senegal, a unos pocos minutos de la costa. La Gorée es tan bonito: el sueño húmedo de cualquier fabricante de postales del trópico. La pequeña bahía, las calles arenosas, las casitas antiguas verdes rosas celestes, los chiquitos que juegan, los cabritos, los baobabs poderosos, las buganvilias desatadas —sus chorros de colores. La Gorée es, sobre todo, un despilfarro de colores, y el canto del muecín llamando a la plegaria que no calla a los pájaros, algún tambor, el gallo. La Gorée es tan coqueta porque fue, mucho tiempo, el asiento de un negocio próspero. Aquí, durante tres siglos, los comerciantes concentraron y embarcaron a varios millones de habitantes de toda la región capturados para venderlos como esclavos.

En La Gorée hay un museo: el caserón donde encerraban y vendían a sus presas antes de embarcarlas. Para darles salida tenían que pesar más de sesenta kilos; a los flacos los engordaban en una celda especial, el criadero. A los rebeldes los metían en un agujero hasta que se calmaban o se morían de hambre. Y cada raza tenía su cotización: los más caros eran los yorubas de Benín o Dahomey, que después, ya en América, solían reservarse para padrillos: se suponía que mejoraban el ganado —dice el señor Ndaye, conservador del Museo de la Esclavitud.

El señor Ndaye tiene 82 años y peleó para Francia en la segunda guerra mundial y no siempre lo lamenta; a veces sí. Al fondo de la casa hay una puerta angosta que da al mar: por ahí los embarcaban, dice el señor Ndaye, de uno en fondo, engrillados, con una bola de diez kilos atada a los tobillos. Algunos trataban de escaparse tirándose al agua; si no se hundían, si no los acribillaban los guardianes, se los comían los tiburones.

—Acá había muchos tiburones. A los muertos, a los enfermos incurables, a los más débiles, los patrones los hacían tirar al agua, así que los tiburones siempre estaban rondando, esperando.

Dice el señor Ndaye, y me muestra un dibujo de un barco negrero: treinta metros de largo por ocho de ancho y trescientos cincuenta esclavos sardinados a bordo. Como el viaje mataba a más de un tercio, dice, los llenaban. Aquellos barcos se llamaban, en portugués, «tumbeiros». Los nuevos esclavos, casi desnudos, engrillados de a dos, entraban a una bodega donde tenían apenas el espacio de acostarse: sin luz, sin agua, sin hamacas. Sus cuerpos se iban lastimando al roce con el suelo: muchos quedaban en carne viva, enfermos de mareo y de llagas, amontonados sobre sus vómitos y mierdas, apenas alimentados. No lo sabían, pero de a poco les iría quedando más espacio: cada dos o tres días alguno sucumbía a la enfermedad o ahorcaba por piedad a sus parientes o se dejaba morir de inanición. Las condiciones no eran alentadoras: el fantasma del motín amenazaba. Para conjurarlo, capataces repartían latigazos con el gato de nueve puntas —hecho de cuero de elefante o hipopótamo, por aquello de la nostalgia del país. El señor Ndaye me lo cuenta y le pregunto si no le parece curioso que esos barcos tuvieran el mismo tamaño que los cayucos en que, ahora, miles de sus compatriotas navegan hacia las Canarias para colarse en Europa: para conseguir trabajos mal pagados, semiesclavos.

—No, no lo había pensado.

Dice el señor Ndaye, y se calla un momento.

Es imposible tener cifras claras: en esos cuatro siglos los cazadores secuestraron a millones de personas. Eric Hobsbawm calculó que unos diez millones de esclavos africanos llegaron a América; se supone que cinco más murieron en la travesía. La gran mayoría fue a las colonias inglesas, portuguesas y francesas; a Ñamérica llegaron unos dos millones —y los solían llevar a las plantaciones de caña y tabaco de Cuba y Dominicana, al Caribe venezolano y mexicano y al Pacífico ecuatoriano y colombiano. En el resto de la región también hubo, pero menos: no había explotaciones agrícolas o mineras tan potentes como para justificar la inversión. Los esclavos, al fin y al cabo, salían caros: había que comprarlos, controlarlos, darles de comer, reprimirlos sin arruinarlos con los golpes; no siempre se reproducían como era de esperar, a veces se escapaban y, de los que trabajaban en las minas y las plantaciones, uno de cada diez se moría cada año por las enfermedades, los malos tratos, el desánimo. Al fin y al cabo podía ser más barato —más rentable— comprarse uno nuevo que cuidar a los que había.

Y entonces sí, por primera vez en la larga historia de la esclavitud, la condición de esclavo se asoció con una raza: el esclavismo transformado en —y sostenido por— el racismo. Si durante milenios se podía discutir quiénes debían ser esclavos y quiénes no —si la Biblia, por ejemplo, prevé que cualquiera puede serlo si deja de pagar sus deudas, si los romanos o los francos esclavizaban a los propios—, en Ñamérica y en el resto del continente la grieta de la raza se presentó como un criterio claro. Con gloriosas excepciones, por supuesto, por aquello de confirmar la regla.

Sus dueños vivían con el terror de que se rebelaran; en realidad, muchos no entendían que no se rebelaran. Unos pocos se escapaban; si los agarraban los mataban para ejemplo o los marcaban con hierros o los vendían a lugares aún peores; si no, algunos alcanzaban los palenques, esos pueblos perdidos en selvas o montañas donde los esclavos fugitivos armaban comunidades propias, escondidas, inalcanzables para la ley del hombre blanco. En ellas solía haber un jefe que se hacía llamar rey, tan autoritario como los demás jefes de entonces. No es fácil, en general, imaginar maneras nuevas.

Los dejaron sin voz, silenciados: no hay casi testimonios, escritos de esclavos negros en Ñamérica; supongo que la imposición de ese silencio fue parte de su condición. Entre lo muy poco, la *Autobiografía de un esclavo*, de Juan Francisco Manzano, cuenta la vida, en Cuba y ya en el siglo XIX, de un esclavo relativamente privilegiado, que sus dueños habían elegido, por su inteligencia, para formarlo como tutor, educador y, sin embargo, «por la más leve maldad de muchacho me encerraban por veinticuatro horas en una carbonera sin tablas y sin nada con que taparme. (...) Aquí, después de sufrir recios azotes, era encerrado con orden y pena de gran castigo al que me diese siquiera una gota de agua. Tanto se temía en esta casa a tal orden, que nadie, absolutamente nadie, se atrevía, aunque hubiera coyuntura, a darme ni un comino. Lo que en esa cárcel sufrí aquejado del hambre y la sed, y atormentado del miedo. Era un lugar tan soturno como apartado de la casa, en un traspatio junto a una caballeriza y junto a un apestoso y evaporante basurero, contiguo a un lugar común tan infestado como húmedo y siempre pestífero, separado de él solo por unas paredes, todas agujereadas, guarida de deformes ratas que sin cesar me pasaban por encima.

Yo daba tantos gritos pidiendo misericordia que se me sacaba, pero se me atormentaba de nuevo hasta más no poder y se me encerraba otra vez, guardando la llave en el cuarto mismo de la señora. En dos ocasiones se distinguió la piedad del señor don Nicolás y de sus hermanos; por la noche me introdujeron un poco de pan bizcocho por una rendija o abertura de la puerta, y con una cafetera de pico largo me dieron un poco de agua. Esta penitencia era tan frecuente que no pasaba una semana en que no sufriese de este género de castigo dos o tres veces. En el campo tenía siempre igual martirio. (...) Mis delitos comunes eran: no oír la primera vez que me llamasen y dejar de oír una palabra cuando se me daba un recado. Como llevaba una vida tan angustiada, sufriendo casi diariamente rompeduras de narices hasta echar por ambos conductos dos caños de sangre; rompedura sobre rompedura, en cuanto me llamaban me entraba un temblor tan grande que apenas podía tenerme sobre mis piernas. No pocas veces sufrí, por la mano de un negro, vigorosos azotes».

Pero no se conocen textos significativos que, a la manera de Las Casas, se preocuparan por las vidas y destinos de estos millones de africanos o descendientes de africanos en Ñamérica. Era tan natural.

(Si lo compras es tuyo, ya sabemos: de eso se trata todo —todavía.)

La esclavitud en Ñamérica empezó a terminarse con las guerras de la Independencia. Pero lo hicieron de a poco, no fuera cosa de perjudicarse. Así que, en muchos de nuestros países, aquellos próceres, los padres de las patrias, se inventaron la libertad de vientres.

Cuando alguien me pide que defina el reformismo pienso en la libertad de vientres: señores probos y elocuentes peroraban contra la esclavitud pero no querían atentar contra la sacrosanta propiedad privada para no perjudicar a los dueños de esclavos —ellos mismos. Entonces inventaron esa libertad: que los bebés que nacieran de esclava no serían esclavos pero todos los que ya lo fueran seguirían siéndolo —porque cambiarlo habría sido una incalificable violación del derecho a la propiedad.

Los primeros fueron los chilenos: en octubre de 1811, su Congreso independentista declaró que «aunque la esclavitud, por opuesta al espíritu cristiano, a la humanidad y a las buenas costumbres; por inútil y aun contraria al servicio doméstico, que ha sido el aparente motivo de su conservación, debería desaparecer en un suelo en que sus magistrados solo tratan de extinguir la infelicidad; con todo, conciliando estos sentimientos con la preocupación y el interés de los actuales dueños de esta clase de miserable propiedad, acordó el Congreso (…) que los que al presente se hallan en servidumbre permanezcan en esa condición, que les hará tolerable la habitud, la idea de la dificultad de encontrar repentinamente recursos de que subsistir sin gravamen de la sociedad, el buen trato que generalmente reciben de sus amos y, sobre todo, el consuelo de que sus hijos que nazcan desde hoy serán libres, como expresamente se establece por regla inalterable».

Después, poco a poco, empezaron a abolir la esclavitud en serio. Primero fue, otra vez, Chile, en 1823. Entre fines de 1840 y principios de 1850 la prohibieron México, Colombia, Ecuador, Uruguay. Venezuela, Perú y Argentina tardaron unos años más. Ninguno tanto como Brasil, el gran vecino, que tuvo esclavos hasta 1888.

Cuando dejaron de ser esclavos, los negros pasaron a ser —en general— los pobres más pobres, más discriminados de Ñamérica.

Ahora hay cinco países donde los «afrodescendientes» son más del 5 por ciento de la población: Cuba, donde son el 36 por ciento, Colombia el 10 por ciento, Panamá el 9 por ciento, Costa Rica el 8 por ciento, y Ecuador el 7 por ciento. Son cinco millones de colombianos, cuatro millones de cubanos, un millón largo de mexicanos y de ecuatorianos, medio de peruanos, unos trescientos mil panameños y costarricenses. Sumando las pequeñas comunidades de los demás países, son unos diecisiete millones de personas. Por supuesto, muy poco frente a los casi cien millones de negros brasileños, la mitad de su población.

O sea que uno de cada veinticinco ñamericanos se define como afrodescendiente. Hay muchos más, se diría, presentes en la mezcla. Y se diría que su presencia en la cultura, en el imaginario de la región es bastante más fuerte que su número. Su llegada, la más involuntaria, cambió muchos rasgos de Ñamérica: influiría en sus costumbres, sus comidas, sus músicas, las caras y los cuerpos.

Está tan claro en el caso de las músicas: buena parte de los ritmos que pensamos ñamericanos vienen de culturas africanas. Desde el tango a la salsa, de la cumbia al candombe, del fútbol al beisbol.

Pero, todavía, en promedio, según las estadísticas, un negro tiene el doble de posibilidades que los demás ñamericanos de ser pobre.

Un resultado de esas olas fue que la palabra ñamericano –latinoamericano– no define raza. Cuando se dice europeos se piensa en blancos más o menos caucásicos, se usa africanos para no decir negros, asiático puede ser amarillo o cobrizo; pero ñamericano puede ser un negro, un mestizo, un indio, un blanco: la denominación no marca raza, y eso es original y distinto. Se habla de un lugar hecho de mezclas desde el principio –por más que haya quienes quieran buscarle una idea de pureza, los verdaderos habitantes, los pueblos originarios o como quiera que los llamen.

Lo cual no quiere decir que no haya diferencias de clases basadas en la raza o la apariencia. Pero nadie niega que los negros o los indios sean tan ñamericanos como los blancos ricos; si acaso, algunos sostienen que lo son un poco más.

La América colonial organizó el sistema de matices raciales más complejo pero nunca postuló que algunos de sus niveles no fueran americanos. Los que no lo eran eran los dueños –españoles peninsulares– y contra ellos fueron las revoluciones.

El sistema colonial de castas era bruto. Porque prometieron desarmarlo, negros, indios y mulatos apoyaron a los revolucionarios.

Pero entonces los revoltosos tuvieron que reivindicar la cuna americana como el valor que los unía y, por lo tanto, contener a todos en ella. Por eso los revolucionarios mantuvieron cierto discurso de igualdad –aunque las castas se fueran transformando en clases casi tan rígidas como aquellas.

La ventaja del sistema de clases es que ofrece la ilusión del cambio posible —allí donde las castas no.

Las nuevas naciones ñamericanas incluyeron —formalmente— a todos los habitantes en sus constituciones. Después establecieron otras barreras —censitarias, en general, la sacrosanta propiedad— para que esas personas no pudieran ejercer sus derechos ciudadanos. Pero era la norma de la época: tampoco las mujeres podían votar.

Somos mezcla: se podría creer que la mezcla nos haría tolerantes, indiferentes a la variedad de pieles y colores. Al contrario: parece que la multiplicidad de gradaciones y posibilidades nos hizo especialmente sensibles a la diferencia, particularmente racistas.

No es lo mismo ser racista en blanco y negro —un inglés en la India, un belga en el Congo— que ser racista con tal despliegue de matices; se necesita mucha más atención, más mala leche, más interés en el asunto.

El racismo en Ñamérica, nuestro racismo, es sutil y brutal al mismo tiempo.

* * *

Y entonces imaginé que había entendido algo.

Me había preguntado muchas veces cómo se puede vivir siendo un esclavo o, mejor dicho: qué se cuenta alguien para poder vivir siendo un esclavo, cómo se explica su situación, qué espera: qué relato de su vida le serviría a un esclavo —y me preguntaba, accesorio, cómo será vivir sabiendo que tus ancestros lo fueron, que los trajeron aquí encadenados, que malvivieron sus vidas bajo el capricho de un señor o una señora que se decían sus dueños y actuaban como si fuera cierto en un mundo que decía que era cierto. Cómo será pensarlos, recordarlos, tratar de imaginar ese dolor. Cómo, dejarlo atrás.

Y, de pronto, creí que había entendido algo.

—Cuando se muere un niño es una alegría.
Me explicó don Héctor, maestro chocoano.

El Chocó son unos cincuenta mil kilómetros cuadrados, medio millón de personas, agua y más agua, selva sin caminos. El Chocó es una zona cortada del resto de Colombia por montañas y ríos, con apenas una carretera mala, con lluvias infinitas, con el Pacífico tan espléndido al lado y sin turistas —porque no hay forma de llegar hasta esas playas. El Chocó es el departamento con más pobreza del país, una zona que se define por dos cosas: sus metales, sus negros.

El Chocó es la región con mayor proporción de negros de Ñamérica: son, aquí, nueve de cada diez personas. Los primeros llegaron, hace siglos, de dos formas: o los traían como esclavos para sacar el oro de los ríos o llegaban huyendo de otras esclavitudes. Ya entonces, el Chocó era una tierra donde la vida nunca es fácil: un buen lugar para esconderse.

Pero lo mismo —la esclavitud, la fuga— sucedió en otros lugares de Ñamérica. Si aquí la proporción de afros sigue siendo tan alta es porque nadie les disputó el lugar: aquí no se arraigaron, después, ni españoles ni italianos ni turcos ni chinos y, entonces, la región siguió siendo tan mayormente negra, con algunos indígenas.

En el medio del Chocó está Andagoya, entre dos ríos, perdida de las selvas. Aquí se instaló, hace cien años, una de las empresas más ricas de aquel mundo; la llamaron The Chocó Pacífico Mining, la formaron para explotar metales. En pocos años ganó tanto que pagó el primer estadio de los Yankees de Nueva York, un monstruo populoso y triunfal que duró casi un siglo. Había, aquí, en estos ríos y estas selvas, oro y platino; el oro siempre fue codiciado; el platino se volvió en esos años uno de los metales más preciados —y esta franja olvidada de Colombia, su principal reserva. Lo sacaban con dragas que levantaban las tierras del lecho y las orillas de los ríos, los bordes de la selva.

—Cuando yo nací todavía estaban los gringos, era una vida muy buena. A ninguno de los trabajadores le faltaba nada, ellos te daban todo, la electricidad, el hielo, la escuela, las comidas que vendían en su tienda, todas importadas... La diversión también, habían hecho el teatro y te pasaban películas, había un club. Bueno, dos clubes: uno para los negros y otro para ellos. Y nosotros no podíamos pasar del lado de ellos porque había vigilantes, no nos dejaban ir.

Me cuenta don Héctor. Don Héctor es maestro de escuela: negro, sesentón, la voz bajita, una casa coqueta con sillones.

—No sufríamos de nada, no nos faltaba nada. Ellos lo hacían porque los trabajadores no nos fuéramos a rebelar, que no fuéramos a hacerles huelga. Aquí la mayoría de los trabajadores no sabía leer, y para los gringos era bueno que no supieran leer, a ellos lo que les daba miedo era que los trabajadores estuvieran preparados, que les hicieran lío. Pero lo bien que nos tenían...

Dice, y don Raskita, después, está de acuerdo:

—Con los gringos sí que funcionaba todo esto. Eran tan ordenados, te pagaban cada ocho días, no fallaban nunca. Eran muy correctos, pero te exigían que tú también fueras. Nada de eso de tomar el domingo y no ir a trabajar el lunes, como a nosotros nos gusta. No, con ellos nada de eso.

Don Raskita atiende un kiosco de madera con una heladera vieja pintada de amarillo y unos estantes con paquetes de harina, sal, arroz, azúcar; lo hace para entretenerse con algo, porque no puede estar sin trabajar, me dice, pero que él tiene su pensión y de eso vive. Don Raskita tiene 85 años, ni un solo diente y el recuerdo de su trabajo con los americanos: manejó muchos años la lancha del gerente.

—Si viera cómo la tenían de cuidada, perfecta. Y tenían esos aviones que aterrizaban en el agua para traer la carne, la leche, toda la comida. Todo se lo traían de América, los gringos.

«Muy pocos colombianos sabíamos entonces», escribió, en 1954, un periodista de *El Espectador* que se atrevió hasta allí, Gabriel García Márquez, «que en pleno corazón de la selva chocoana se levantaba una de las ciudades más modernas del país. Se llamaba Andagoya, en la esquina de los ríos San Juan y Condoto, y tenía un sistema telefónico perfecto, muelles para barcos y lanchas que pertenecían a la misma ciudad de hermosas avenidas arboladas.

Las casas, pequeñas y limpias, con grandes espacios alambrados y pintorescas escalinatas de madera en el portal, parecían sembradas en el césped. En el centro había un casino con cabaret-restaurante y un bar donde se consumían licores importados a menor precio que en el resto del país.

Era una ciudad habitada por hombres de todo el mundo, que habían olvidado la nostalgia y vivían allí mejor que en su tierra bajo la autoridad omnímoda del gerente local de la Chocó Pacífico. Pues Andagoya, en la vida real, era un país extranjero de propiedad privada, cuyas dragas saqueaban el oro y el platino de sus ríos prehistóricos y se los llevaban en un barco propio que salía al mundo entero sin control de nadie por las bocas del río San Juan», escribió entonces el cronista.

Andagoya, en tiempos de la Compañía, era dos pueblos: de un lado del río Condoto estaba el pueblo blanco, los talleres y galpones de la compañía, las casas de los americanos con su escuela y su hospital, siempre cuidado, siempre recién barrido por un pequeño batallón: el perfecto enclave colonial, seguro, próspero. Del otro lado del río estaba Andagoyita, el pueblo de los negros, con sus casas pequeñas y su iglesia grande y la selva siempre amenazando. El apartheid era tajante.

—Sí, es cierto, a los negros no nos dejaban entrar a su barrio, a Las Palmeras. Tenían razón, porque los negros somos muy desordenados. Usted sabe que el negro tiene un espíritu caliente, y a ellos les gustaba tener todo muy limpio, ordenadito. Por eso ellos tenían su club allá, apartado, que no dejaban entrar a ningún negro.

Dice, tan razonable, don Raskita.

Andagoya y Andagoyita vivían separadas por el río. Solo había, para cruzarlo, una balsa precaria. Una noche de fiesta, hace más de treinta años, la balsa se hundió, murieron docenas de personas y la comunidad decidió hacer un puente colgante, peatonal, primero de madera, ahora de metal, siempre pintado de amarillo, siempre bamboleante. El puente, ahora, es símbolo de algo.

En Andagoyita está esa iglesia, la cancha de fútbol, los ranchos de colores en la orilla sobre pilotes por si el río —y la selva detrás. En Andagoya está la única plaza con sus cuatro o cinco mototaxis y un cartel que ofrece wifi gratis; más atrás el teatro de madera que dejaron los gringos y esas calles de tierra y las casas de madera pintadas de verdes rojos amarillos y las casas de lata y las casas de aquel entonces arruinadas, la otra iglesia, las gallinas que reemplazan a las músicas, las plantas invadiendo, tantas flores.

Es ese espacio que solo el calor logra: que solo con calor puede desarrollarse al aire libre, a la vista de todos, sin paredes. El trópico es, antes que nada, la vida sin paredes. Y eso produce maneras de vivir y convivir bien diferentes, propias.

En las dos, Andagoyita y Andagoya, hay hombres que caminan con un machete en la mano y un paraguas en la otra, chicos que corren y se corren y se alcanzan, mujeres de carnes desbordadas y risas poderosas. Las personas se saludan por la calle, se cambian bromas, comentarios, se preguntan por un hijo nuevo o un abuelo enfermo o un negocio que no termina de arrancar —y casi siempre llueve.

Aquí llueve: el Chocó es uno de los tres lugares donde más llueve en todo el mundo, ocho mil milímetros al año. Los vientos que llegan desde el Pacífico chocan contra las montañas; es raro que en este cielo no haya nubes, que no llueva. Y entonces las plantas y las aguas y la selva: este es un mundo del exceso. Recuerdo a aquellos pastores de Níger o Malí, caminando días y días para dar a sus rebaños un poco de agua, algo de pasto. Pero también recuerdo, más acá, el barrio de El Limón, en Guatemala, y tantos barrios donde conseguir agua –y comida– es otra lucha diaria. Acá el agua y las frutas sobran. Sobran: los ríos que desbordan y se llevan todo por delante, la selva que ofrece tanto que vienen otros a apropiársela.

–Yo solo conocí a un gerente gringo, el último, que le decían Tres-en-uno porque era tan grande que cuando iba sentado en el bote parecía que iba parado. Ese hombre sí que metía miedo. Bueno, digámosle respeto.

Dice doña Cristina, sesenta y tantos, cocinera, poeta, animadora de la cultura de su pueblo. La Chocó Pacífico extrajo oro y platino más de sesenta años, se llevó fortunas y nunca le pagó un céntimo al estado colombiano. Después, el mineral se fue acabando.

En los setentas todavía quedaba algo, pero no en cantidades como para justificar tanto despliegue, así que «los gringos» decidieron irse. Para recuperar algún dinero y esquivar la carga de indemnizaciones y pensiones se consiguieron un comprador confuso: una sociedad Mineros de Antioquia se hizo cargo y en unos años completó el desastre. Algunos en Andagoya recuerdan todavía al joven abogado paisa que llegó al pueblo para liquidar la compañía; se llamaba Álvaro Uribe Vélez y después tuvo sus momentos. Fue entonces cuando el pueblo cayó en la miseria: sin la compañía no había economía, no había hospital, no había escuela ni, por supuesto, puestos de trabajo.

–Se fueron, no dejaron nada. O sí, nos dejaron una crisis muy dura, mucha gente aguantó mucha hambre.

Andagoya es un ejemplo de algo, síntesis de algo: Ñamérica como una tierra rica con habitantes pobres donde otros vienen a sacar riquezas que apetecen, se quedan mientras la cosa dure, se van cuando se acaba y olvidan esa tierra que ya no les sirve, esa tierra arrasada: personas arrasadas, olvidadas.

(Esclavas todavía de esos amos.)

Lo que técnicos llaman, tan serios, la economía de extracción. Extracción, sin duda, es la palabra.

En la iglesia hay misa por el reposo del alma de un difunto. Somos como doscientos y cada uno recibe una bolsita con un jugo y un dulce, un abanico para las damas y una toallita para los caballeros. El cura negro chocoano pronuncia la ce a la española: se ve que el cristianismo impone ciertas formas. Doña Fulvia me dice que conocía al difunto, que era buena persona, y que ella es muy creyente y que además puede vencer al mal de ojo.

—El Señor me ha dado esta virtud, y yo la uso.

Doña Fulvia dice que hay veces que a los niños los internan porque tienen vómitos y diarreras —diarreras, dice, tanto más bonito— y en los hospitales se les mueren porque no saben cómo curar el mal de ojo pero que ella ya lleva décadas curándolo, que los niños que ha curado ya le trajeron a sus hijos, que ha curado incluso sacerdotes. Y que el mal de ojo es como un accidente, que hay personas que tienen demasiado poder en los ojos, que si miran un coco la fruta se cae, tienen ese poder, y a veces ojean a un hombre o una mujer o un chico así, sin querer, y lo pueden matar, pero que ella sabe curarlo con friegas de unas plantas y su oración secreta:

—Las plantas y el secreto, con eso yo los curo, y su agüita bendita.

Me dice, y que pobres los que ojean, que hacen mal sin querer, que es su condena.

—Como tantas personas, hay tantos que les pasa, pobrecitos.

Hubo, me dicen, en esos días, mucha hambre.

—Cuando cerraron la empresa sí que hubo hambre. Hubo hambre pero nadie se murió del hambre, porque había muchas palmas de chontaduro y el árbol del pan...

Me dice doña Cristina. Andagoya tardó años en recuperarse y nunca fue lo mismo. Doña Fulvia —como muchas otras— se metió a minera; ahora ya no lo hace, pero me lleva al río a mostrarme cómo era: su azadita de hierro para remover y recoger la tierra húmeda en la orilla, su batea de madera para lavarla con movimientos rítmicos, elegantes, ir dejando en el fondo los trocitos ínfimos del oro. La paciencia de dar vueltas y vueltas a ese barro donde a menudo no habrá nada.

—¿Y usted cómo sabe dónde puede encontrarlo?

Doña Fulvia me mira con la cara de a estos blanquitos hay que explicarles todo:

—Si uno pudiera saber dónde está el oro, fuésemos todos ricos. Eso es buscando. Cuando había retros la gente se iba y buscando detrás de lo que ellos dejaban, ahí la gente cateaba...

Una retro es una retroexcavadora, esas máquinas gigantes que removían la tierra para sacarle hasta el último gramo.

—Pero el oro ya se acabó, ya nos lo hemos llevado. Ya no vale la pena, ahora como no se coge ya casi nadie lava. Antes sí, uno venía y le sacaba sus tres, sus cuatro granos, los días buenos. Y estaban esos días que encontrábamos más, que parecía que te ibas a hacer rica, no te ibas, seguía saliendo, querías que la noche no llegara...

Un grano es un gramo de oro y ahora para colmo está barato: lo pagan unos 18.000 pesos —6 dólares— en dos tiendas de Istmina, la ciudad más próxima.

—Antes había una señora que compraba acá, yo cada que sacaba iba y le vendía mis granitos, pero ella se murió y ya más nadie le retomó el negocio...

Doña Fulvia se mete en el río, maneja su batea, canturrea: ínfimos trozos de oro y de platino, más pesados que el resto, se quedan en el fondo. Hoy mismo, en el mercado colombiano, el gramo de oro más impuro se vende por 70.000 pesos —cuatro veces más que lo que doña Fulvia cobraría. Así, en general, era el negocio.

—¿Usted a veces piensa en que sus tataratatarabuelos fueron esclavos?

—Sí, a veces pienso.

Me dice doña Fulvia y me mira muy frío, la cara de eso es todo. Yo, faltaba más, me callo.

En los últimos años la minería se volvió salvaje: buscavidas antioqueños, caucanos, brasileños, delincuentes varios, bandas de paramilitares llegaban con sus retroexcavadoras y hacían lo que querían, destruían un pedazo de selva para sacarle el mineral, llenaban los ríos del mercurio que usaban para purificarlo, mataban a sus trabajadores si reclamaban paga, a sus competidores si se sentían amenazados. Esas máquinas, esos hombres, se iban comiendo la tierra palmo a palmo. La selva se arruinaba, los ríos se pudrían, se amontonaban muertes.

—Uno acá no conoce a esa gente ni puede hablar sobre ellos, porque no sabe quiénes son, y tampoco sabe quién es quién, tampoco sabe con quién está hablando. A mí me preguntan y yo no, yo no sé, yo llegué ayer, yo no conozco a nadie.

Me dice doña X, la prudencia. Pero muchos empezaron a reaccionar contra esa forma de la minería y el gobierno tuvo que tomar medidas. La destrucción del ecosistema fue un argumento fuerte.

—Acá hace unos años no quedaba ni un pescado.

Me dice don Raskita, y que ahora de a poco el río se está recuperando, que es una suerte por los ríos y por los pescadores pero entonces ahora no hay quien gaste. Despojada de sus viejas riquezas, Andagoya vive de algún comercio, los empleos públicos, los escasos servicios y, unos minutos selva adentro, los cultivos de coca.

—Hay, claro, hay muchos. ¿Qué quiere que hagan? Por ahí adentro andan, nosotros no queremos ni saberlo.

Me dice doña X., y que si no te quieres meter en esas cosas casi no hay trabajo y los muchachos se están yendo, todos, uno a uno:

—Y sí, se tienen que ir, aquí no hay fuentes de trabajo, trabajo había cuando la minería, pero ahora se tienen que ir a buscar qué trabajar. Aquí no queda nadies…

Y los ríos podridos y la selva
quebrada, y la violencia.

—Yo ni muerto me quedo en este pueblo. ¿Qué voy a hacer, hablar de lo bien que vivíamos cuando estaban los gringos?

Me dice Javier, un muchacho de 15, y que en dos años, cuando termine el bachillerato, se va, sea como sea: que en este pueblo no hay futuro, que te quedas enterrado en el pasado, que parece que todavía siguieran siendo esclavos.

—No se lo pueden sacar de la cabeza…

Javier, el muchacho de 15, quiere irse a vivir a Quibdó, me dice, o «quién sabe más lejos». Pero Quibdó, la capital del Chocó, es la primera opción, la más cercana, la más inmediata. Miles de migrantes, refugiados, fugitivos de diversas violencias la inundaron, estos últimos años —y se ha vuelto violenta, muy violenta.

El Chocó, queda dicho, es la región más negra de un continente que les debe tanto. Todos los hombres y mujeres con que hablo aquí son negros y se llaman a sí mismos negros con una naturalidad que desmiente las ñoñerías de la supuesta corrección política —y las bobadas tipo «afrodescendiente». Y muchos me hablan de su cultura como quien va descubriendo su tesoro: con orgullo entrañable. Por eso sus esfuerzos por recobrar sus tradiciones. Don Héctor, el maestro, me decía que para conservarlas es importante no perder sus ritos funerarios, sus bailes, sus canciones, las maneras de despedir al muerto. Él, con otros, las actúan, las guardan. Y me decía que sí, que es alegría.

–Sí, es alegría. Una alegría mezclada con tristeza, pero es una alegría.

Sí, me dijo: cuando se muere un niño es alegría –y yo creí que había entendido algo. El maestro me explicaba los ritos funerarios de los suyos y entonces me contó que, en su cultura, cuando se muere un niño sus padres, sus hermanos, sus primos, los amigos se sientan toda la noche en ronda con el cuerpito en el medio y que juegan con él, lo levantan, le cantan, le hacen monerías, se regocijan por su suerte.

–Es una despedida, pero llena de alegría.

El ritual se llama *gualí* o *chigualo* y nunca dejó de practicarse; don Héctor me explica su sentido:

–Cuando se muere un niño hay alegría porque antes los africanos cuando se les moría un hijo decían qué bueno que no va a ser esclavo, no va a tener esta vida que tenemos. Morirse para ellos era liberarse.

Me dice, serio, sentencioso, y que ahora, aunque ya no sean esclavos, para muchos la vida no es tan fácil –y que, además, para los padres es un privilegio que Dios elija a su hijo para llevárselo con él tan temprano y que...

Don Héctor sigue hablando pero su frase vuelve y vuelve y me retumba: que se te muera un hijo es alegría. Y creo –ahora, sin más dudas, creo– que todo lo que pueda decir sobre la esclavitud es redundante.

*   *   *

Cuarta ola: llegaron llenos de esperanza.
(la cuarta fue ilusionada y laboriosa)

Europa, entonces, expulsaba. Eran pobres: del sur de Europa sobre todo, pero también de su centro y sus estepas, de Medio Oriente, Japón, China llegaron, entre 1860 y 1930, millones de chicos y hombres y mujeres que ya no sabían sobrevivir en sus lugares y se habían convencido de que aquí todo sería mejor: de que estos países sí tenían futuro.

Era una idea común: los dueños de esos países los buscaban, con el noble propósito de «mejorar la raza», porque la autóctona les parecía insalvable. Lo decía Domingo Faustino Sarmiento en su *Facundo* (1845):

«Por lo demás, de la fusión de estas tres familias (española, indígena, africana) ha resultado un todo homogéneo que se distingue por su amor a la ociosidad e incapacidad industrial (…) Las razas americanas viven en la ociosidad y se muestran incapaces, aun por medio de la compulsión, para dedicarse a un trabajo duro y seguido. Esto sugirió la idea de introducir negros en América, que tan fatales resultados ha producido. Pero no se ha mostrado mejor dotada de acción la raza española, cuando se ha visto en los desiertos americanos abandonada a sus propios instintos».

Se precisaban, entonces, suponían, europeos que trabajaran y emprendieran, y fueron a buscarlos. Les presentaron, para traerlos, un continente tentador: uno que volvía a ser –a parecer– una tierra virgen que se podía explotar, pero ya no con el trabajo de otros sino, supuestamente, con el propio. La mayoría eran obreros, campesinos, pobres urbanos varios; también había activistas perseguidos en sus patrias y, como siempre, buscavidas diversos, personas que pensaban que en otro entorno podrían hacer lo que no podían en el suyo.

(Cada ola tuvo su relación particular con el poder: los que llegaron y ocuparon sin oposición; los que vinieron para arrasar y apoderarse; los que fueron arrastrados a la fuerza sin el menor poder. Esta, la penúltima, estuvo hecha de millones que vinieron para adaptarse a los poderes con la esperanza de terminar formando parte.)

La mayoría, sabemos, se fue a los Estados Unidos de América: unos treinta millones entre 1860 y 1920. En Ñamérica, Argentina fue la más numerosa con más de seis millones, gran mayoría de italianos y españoles pero también rusos, chinos, judíos centroeuropeos, alemanes, ingleses, sirios, franceses, portugueses, turcos –de todos los cuales se quedaron dos tercios.

(Otro mito habitual sobre la inmigración: que no tenía vuelta atrás. Y, en realidad, eran muchos los que no encontraban en sus nuevos lugares lo que buscaban y se volvían, derrotados o aliviados, a sus viejos.)

La Argentina, está claro, es el producto de esa migración: gracias a ella su economía creció exponencial hasta ser, en esos años, la octava del mundo –lo cual, a su vez, atraía a más migrantes. El fenómeno es curioso: la Argentina se hizo rica exportando granos y carnes a Europa. Los mandaba baratos, lo cual empobreció a los campesinos europeos que siempre los habían producido y que, privados de sustento, emigraron en masa a la Argentina. Nunca se sabe bien si un círculo es vicioso o virtuoso; en cualquier caso, poco en su cultura no es resultado de esa mezcla.

(Que, por supuesto, inquietó a los viejos dueños del país. Se habían pasado décadas pidiendo inmigrantes europeos para blanquear las pampas pero, cuando llegaron, se encontraron con que eran un poco brutos y un poco atrevidos y un poco revoltosos. Así que improvisaron tradiciones nacionales para mostrarles que no formaban parte. Inventaron a los gauchos, esos criollos que ellos habían perseguido, casi exterminado, como verdaderas raíces de la argentinidad —y les cantaron y les armaron historias y folclores— para oponerlos a estos extranjeros peligrosos, socialistas, anarquistas, vaya usté a saber. Así, en general, se hacen las patrias.)

A Uruguay llegó un millón; los uruguayos, entonces, no eran más que otro millón, así que fueron decisivos. Y unos cientos de miles a Chile; entre todos hicieron del Cono Sur la zona más blanca, más clasemedia, más desarrollada de Ñamérica: una zona que, durante décadas, se creyó que no era parte de ella.

Si Ñamérica es el territorio de las mezclas, la mezcla de aquella zona es peculiar: allí las distintas culturas europeas se mezclaron como nunca habrían podido mezclarse en sus lugares de origen y dieron origen a una cultura nueva: Borges, Boca Juniors, el rubio pobre, la milanesa a la napolitana y el franfruter y las once, la chantada.

(Yo, con perdón, soy eso: hijo de un español que llegó, jovencito, tras la Guerra Civil porque sus padres debieron exiliarse derrotados, y una argentina cuyos padres eran un judío polaco y la hija de un judío ruso recién llegados a esas playas. Ser argentino, está claro, es una forma de la mezcla más imprevisible. Durante décadas nos creímos, por venir de esos cruces, menos ñamericanos; no entendíamos que éramos justamente lo contrario: que éramos ñamericanos por mezclados, porque la mezcla es la marca decisiva de Ñamérica.)

Aquella migración, que pareció tanto menor que las tres anteriores, trajo, con diferencia, muchas más personas. Quizá llegaron, en esas décadas, diez millones de personas contra un cuarto en todo el siglo XVI: a veces la cantidad no es decisiva. Las proporciones de inmigrantes, aunque menores que en el Sur, también fueron altas en Venezuela, Cuba, Costa Rica. Y los hubo, por supuesto, en Colombia, Perú, México.

En ciertos casos la calidad fue lo importante. Así, el último gran episodio de la cuarta ola fue la llegada de exiliados republicanos españoles a México a principios de los cuarentas: no pasaron de treinta mil pero influyeron como pocos en la cultura y la ciencia del país.

Aquí, por suerte, no hay pureza.

En su gran mayoría, los habitantes del famoso Tercer Mundo son el resultado de muchas generaciones en un lugar, o casi. La mayoría de los chinos siempre fueron chinos, los indios indios, los indonesios indonesios, los nigerianos y etíopes y congoleses precisamente eso. Ñamérica es, dentro de las regiones pobres del mundo, la que más ha cambiado su paisaje humano y cultural en los últimos siglos. La única que es, claramente, el resultado de esos movimientos.

Y no para.

* * *

—¿Y si se tienen que volver?
—Yo no puedo volver.
—Bueno, si las cosas van mal…
—No, usted no me entendió.

Tecún Umán es un pueblo caliente y chato y feo, casas de un piso o dos, las calles anchas para que el sol entre sin vueltas, un mercado sombrío, una plaza cuidada, su iglesia verde, sus templos, sus farmacias, sus triciclos para llevar personas y un exceso de casas de cambio: Tecún está al final de Guatemala, acorralado contra un río.

Sobre ese río hay un puente y a cada punta del puente hay una aduana, una oficina de migraciones, policías diversos. En una punta, Guatemala; en la otra, México. El río se llama Suchiate y, a esa altura, diez kilómetros de su desembocadura en el Pacífico, tiene unos cien metros de ancho y una corriente fuerte. Muy pocos lo atraviesan por el puente: unos quinientos metros río arriba, a plena vista de policías y aduaneros, el tráfico de balsas de fortuna entre orilla y orilla nunca para.

—No me entendió. Lo que le digo es que no puedo volver: yo no tengo adónde volver. Atrás no tengo nada.

Vivimos en estados: hay estados. No hay estados mucho más presentes, mucho más pesados que el de ese país que basa su idea de sí mismo en no darle mucho espacio al estado, ese país que los tiene unidos a su nombre. Y no hay muchos lugares –las cárceles, quizás, un regimiento– donde la presencia, el poder de un estado se manifieste más que en la frontera.

La frontera es el lugar donde un estado empieza: donde te dice de aquí p'allá estoy yo, donde te dice no te creas; donde te dice mando. La frontera es la primera línea de defensa y ataque de un estado. La frontera es un modelo de estos tiempos: una de esas creaciones arbitrarias, fruto de los poderes, que se empeñan en vendernos como algo natural, eterno. Otro efecto de la publicidad: de este lado estamos nosotros y allí, a unos metros, están ellos –y ellos son otros, radicalmente otros porque están unos metros más allá. Es sorprendente que la patraña de las patrias –la patriaña– sea tan poderosa como para convencernos de esa farsa.

Tecún Umán –este trozo de río– es uno de los puntos fuertes de las migraciones ñamericanas. Por aquí pasaron, estos años, las caravanas de migrantes que la prensa hizo –módicamente– famosas: aquí cientos de miles cruzaron el río en busca de otras vidas. Aquellas caravanas convirtieron la movida más individual –la migración– en un movimiento colectivo, tan político. Con política, entonces, reaccionaron los gobiernos de Estados Unidos y de México: más policías, más exclusión, más represión en las fronteras. Aquí, pese a eso, muchos lo intentan todavía.

—Sí, por diez quetzales, jefe, diez.

El embarcadero son tres cuadras de costa sombreada de jacarandas, ficus, mangos, suelo de tierra y cachos de cemento, docenas y docenas de triciclos esperando, sus conductores esperando, dormitando, algunos puestos de comida; en los puestos las señoras cocinan, junto con las tortillas y el pollo frito, tallarines chinos. El calor es pegajoso, húmedo. Del otro lado del río, cien metros más allá, está México: más mangos, más cemento, más triciclos, más balsas. En el embarcadero todo se mueve todo el tiempo, entre sudor y gritos:

—¡Cámara, cámara!

Chillan los balseros para ofrecer el viaje, porque sus balsas son dos cámaras de ruedas de tractor unidas por unas tablas mal cuadradas: desechos industriales. En una balsa caben, de pie, unas quince personas, y el balsero la va llevando con una rama larga y dura que empuja contra el lecho del río, peleando la corriente. El tráfico es intenso. Hacia México salen mujeres con la bolsa de la compra, hombres recién bañados; de México llegan, sobre todo, pilas de cajas que amenazan con hundir las balsas: papel de baño, aceite, harina, huevos, coronitas, cereales, salchichas, pepsicolas —que allá están más baratas. También llegan, me dicen, otros productos menos inocentes. No hay, aquí, ni sombra de la policía.

—Sí, por diez lo llevo.

Diez quetzales es poco más de un dólar; el balsero es un muchacho de veinte años, flaco, descalzo, pantalones cortos, y le pregunto si puedo ir sin papeles; él me dice que está difícil, que la migra está dura.

—Ahí están, mire, ahí enfrente, entre los árboles.

Ahí están, del lado mexicano: unos soldados con uniforme de fajina verde claro. Los mandó hace unos meses el gobierno de la izquierda mexicana.

(Hay algo irreal, casi hilarante, en ver cien metros de agua y saber que esa tierra que hay del otro lado es otro mundo, que usan otra moneda, siguen a otros jefes, gritan otros goles, y que tantos que quieren, de este lado, no consiguen entrar: tan allí mismo, tan lejano.)

—¿Así que no hay manera?

—Sí que hay paso, cabal, un poco más arriba. Ahí arriba lo jalamos a donde usted quiera, fijo, sin problemas.

—¿Y eso cuánto me cuesta?

—Ciento cincuenta, vaya. Pero tiene que hablar con el jefe.

El jefe es un muchacho más robusto, su camiseta azul lavada, sus pies menos coriáceos. Tiene modos de jefe, imperativo; maneja varias balsas.

—¿Usted me puede pasar del otro lado?

—Cabal. Claro que puedo.

Me dice el jefe sin abrir la boca, sin mirarme. Le pregunto por cuánto y me dice que 250. Le digo que su balsero me dijo que eran 150. El jefe Huicho —me dice que se llama Huicho— lo silba desde lejos.

—¿Vos le dijiste ciento cincuenta?

El balsero hace sí con la cabeza; Huicho le lanza su mirada asesina.

—Llámeme cuando quiera y lo pasamos, patrón. Riesgo no hay ninguno.

—No, no sabemos cómo vamos a hacer. Qué vamos a saber, nosotros.

A él le faltan los dos dientes de adelante; ella tiene la cara redonda y puntiaguda al mismo tiempo; el bebé duerme y duerme, en su carrito, con el biberón en una mano y una pierna sobre los pasaportes de los tres, azules. Estamos sentados en sillas medio rotas en una especie de aula, paredes despintadas, unos santos y un Cristo en las paredes. Él —ahora, aquí— va a llamarse Jose y tiene 22 años; ella, Mari, 21; el bebe ya cumplió los diez meses. Jose tiene un bluyín todo rasgado, la camiseta que fue blanca; Mari, un pantalón corto negro y camiseta negra, las zapatillas a punto del desguace; el bebé, una pulsera en la muñeca izquierda para vencer el mal de ojo; los tres —padre, madre, hijo— son salvadoreños. Hasta hace poco él trabajaba en una fábrica de pan en un suburbio de San Salvador; como salía de madrugada, su patrón le había comprado una moto y se la iba descontando del sueldo; la moto, dice, llamó la atención de unos pandilleros de la Mara 18.

—Entonces un día me mandaron con un niño un teléfono, que querían hablar conmigo, y me empezaron a interrogar que de dónde había sacado la moto. Y yo por miedo les dije la verdad... Al final me dijeron que les tenía que dar 75 dólares americanos, quincenal.

Era la mitad de su sueldo, me dice, y no podía, pero le dijeron que si no les daba esa cantidad se iban «a encargar de lo que más te duele, tu hijo y tu esposa, tu mujer». Entonces empezó a pagarles; le mandaban niños a buscar el dinero, él entregaba.

—Pero después no soportamos más estar así. Y no podía decirles a los policías mire, tales me están extorsionando, porque los mismos policías se lo dicen a ellos, ellos les pagan para eso. Y había muchas balaceras, todo el tiempo había balaceras...

Jose suena intenso pero calmo, como quien ha pensado muchas veces sus palabras, como quien se ha contado su historia muchas veces. Entonces, dice, tomaron la decisión de emigrar, para darle a su hijo un futuro mejor, y se fueron a Belice, donde los dejaron entrar pero no trabajar, y tuvieron que volver a irse.

—No queríamos violar las leyes de ellos.

Dice Mari, que había estado callada. Y que cruzaron toda Guatemala hasta aquí pidiendo jalones y comida, dice Jose, y que ojalá puedan seguir:

—Yo lo que quiero ahora es llegar a México y estabilizarnos allá, conseguir un trabajo para poder sacar adelante a mi hijo, darle un buen futuro, que el día de mañana sea una buena persona en la vida, que no sea como nosotros, aquí, rodando… Y que no crezca en un lugar de violencia. Los niños son como una esponja, absorben todo…

—¿Y quieren seguir después para Estados Unidos?

Jose me mira y me sonríe, como quien dice quién no —pero se calla.

—Adonde Dios nos lleve, donde quiera llevarnos.

Dice su señora. Le pregunto dónde quieren ir en México y Jose me dice que no sabe, que no tiene idea:

—Sinceramente no sé nada. Vamos… a la nada, a lo que diga Dios, que nos prepare, sufrimiento, no sufrimiento, lo que Él quiera.

—¿Pero ahora van a tratar de cruzar?

Los dos bajan los ojos, como quien dice no hagas preguntas tontas. Yo les pregunto cómo piensan hacer, que el río no está fácil.

—No sabemos.

Dicen: no sabemos. Nos callamos. Jose mira el suelo:

—A veces uno se siente contra la espada y la pared. A veces uno llora porque no sabe cómo va a seguir, uno no sabe…

Dice, y que aquí están, sin saber cómo y dónde seguir, sin un centavo, sin un plan, en la Casa del Migrante de Tecún Umán.

La Casa del Migrante es un complejo de oficinas y bodegas pintadas de verde, patio de cemento, algunos árboles, un muro alto alrededor, en las afueras de Tecún. La empezó, hace más de 25 años, un cura brasileño, el padre Ademar, de una orden italiana, los scalabrinianos, dedicada a trabajar con los migrantes; entonces levantaron sus primeras instalaciones en un terreno que las autoridades les entregaron y que había sido, antes, el basurero del pueblo: hay personas que no tienen inconsciente. Desde entonces ayudan migrantes: ya pasaron por allí más de 200.000, en su viaje de ida esperanzado, en su viaje de vuelta rechazados. Aquí los reciben —máximo tres días—, les dan una cama, una ducha, un médico, un abogado, un psicólogo, una toalla, un consejo o un cepillo de dientes, según qué necesiten. No les dan, dicen, en cambio, servicios religiosos: aquí la forma de hablar de Dios es trabajar, ayudar a los otros, solía decir el cura fundador.

En la Casa —en todo espacio de migrantes— hay historias de pobreza, de más pobreza, de parientes lejanos, de violencia familiar, de violencia pandillera, de violencia estatal; lo que las une es que, en estos días, en estos países, la migración aparece como la primera o segunda respuesta a los problemas: una opción tentadora para sobreponerse a la desgracia.

O, peor: la única opción que se les ocurre para sobreponerse a la desgracia.

—Yo intenté, como todos, pero ya me he cansado.

Me dice, en el embarcadero, Julio, hondureño. Julio llegó hasta acá hace más de un año, cruzó a México, lo detuvieron, lo devolvieron de este lado. Sucede a menudo: nadie sabe exactamente cuántos llegan al destino; dicen que quizá sea la mitad; que la otra mitad se vuelve, rechazada. Por no hablar de los muertos, las violadas, los que se pierden para siempre. La migración es un camino hecho de dudas.

—Hay algunos que intentan varias veces, tres, cuatro veces, hasta que pasan o los matan o se cansan. Yo ya no quiero darle tantas vueltas.

Julio tiene 26 años, un bigote apenitas, el uniforme del embarcadero: el pantalón de fútbol, la camiseta sucia, la cachucha, las chanclas. Julio descarga cajas en la orilla, gana entre 50 y 100 quetzales cada día, sobrevive.

—Aquí no vivo mal, estoy tranquilo. Y veo a los que pasan, muertos de miedo, y más me quiero quedar de este lado.

Julio creció en San Pedro Sula. San Pedro supo ser la ciudad más violenta del mundo, pero él me dice que no vino por eso, que hay muchos que te dicen que es por eso y puede ser, pero que él no, él vino porque tenía su ambición.

—Yo salí para vivir mejor, pero no entendía qué era eso. Yo ahora aquí estoy bien, tengo un trabajo, voy pasando.

Me dice, y que la ambición es un pecado grave, pura vanidad: que si Dios te da lo que te da por algo será, que Él es el que sabe.

—¿Y hace mucho que estás acá?

—Sí, como tres meses.

Dice —no hay nada más variable que los tiempos— y después me dice que si estoy pensando en cruzar a México que vaya y hable con el Peto, ese muchacho de camiseta roja. El Peto también tiene veintitantos, su camiseta de los Bulls, la cara ancha, una sonrisa —pero me habla mirando de reojo a los costados, la voz baja:

—Mejor no vaya con el Huicho, que lo lleva para allá y después quién sabe.

El Peto tiene cara creíble, y hay advertencias que es mejor no ignorar.

—¿Entonces no voy a poder pasar?

—Sí, yo lo paso, pero por aquí mismo, sin problema.

—Pero si ahí enfrente está la migra.

—No se preocupe por la migra.

—¿Cómo que no me preocupe?

—Esos ya son cuates. Ya entendieron que nos tienen que dejar chambear. Si nos paran a todos los clientes, nosotros qué hacemos. Y ellos, también, qué hacen.

El Peto me explica que ya conoce a varios y arreglaron, que hoy hay uno de esos, que por 200 pesos vamos.

—Ni tenga pena, usted. Yo me adelanto, le doy sus pesitos y le digo a ese no, lo señalo, y usted pasa tranquilo.

Doscientos pesos mexicanos son diez dólares, poco más o menos.

La policía migratoria apareció en esta frontera a mediados de 2019, cuando el presidente Trump amenazó al presidente López Obrador con arancelar sus exportaciones si no lo hacía. El mexicano entendió todo. «Desde luego tenemos relaciones de hermandad con los pueblos de América Latina y El Caribe. Pero al mismo tiempo tenemos una relación económica, de cooperación y respeto mutuo con Estados Unidos y Canadá, y vamos a mantener esa relación por razones geopolíticas, económicas y también de amistad», dijo poco después en una de sus conferencias mañaneras, para que todo quedara más claro: hermandad con esos pueblos, sí, pero con esos otros países —que no pueblos— la relación es económica.

El mexicano, entonces, dedicó muchos miles de policías y militares a detener migrantes en las fronteras: en un país atravesado por la violencia resulta un despilfarro un poco bruto. Que la llamen la migra es casi un chiste cruel: durante décadas, la migra americana fue la pesadilla del migrante mexicano. Y, de todos modos, no está claro que esta migra sirva: el movimiento de la migración no se detiene. Si no tiene más remedio, cambia; como el agua, va buscando las rendijas donde podrá colarse. Ahora muchos no pasan por aquí, me dice el señor Mario, el administrador de la Casa del Migrante, pero siguen pasando:

—Si no los dejan pasar por aquí mismo, pasan más al norte, donde hay más delincuencia, o más al sur, donde los ríos son más peligrosos. De hecho, aquí, en la Casa, el 2018 atendimos a ocho mil migrantes y el 2019 van a ser más de doce. Esto no se detiene.

El problema es que ahora los migrantes tienen que buscar los pasos más apartados, más difíciles: los que usan los narcos para mover mercadería. Y los narcos no quieren intrusos que llamen la atención, así que los rechazan —o los matan.

Todavía en la Casa del Migrante, Jose, el salvadoreño, me cuenta que lo que le gusta más en la vida es ir en moto, que es su afición y su felicidad, que ojalá pueda. Y Mari, su esposa, me dice que ella llegó a noveno grado. Jose solo llegó hasta cuarto pero, dice, puede leer, escribir, sumar y multiplicar gracias a sus hermanos mayores que lo ayudaron en su casa —porque su padre murió cuando él tenía diez años y él tuvo que salir a vender cositas por la calle.

—Ahí tuve que empezar a ganarme mi vida...

Entonces le pregunto a Mari por su familia, y titubea. Por un momento se queda callada; después me dice que con su familia tiene muchos problemas, que su hermana anda con un pandillero y que ya no los veía, que a su familia no le gusta que esté con Jose —y sigue vacilando, palabras sueltas como si quemaran. Algo pasa pero no entiendo qué; entonces él se cruza, en voz muy baja:

—La vida de ella ha sido crítica. Ella ha sufrido mucho...

Les pregunto por qué; él la mira y le dice que me lo cuenten, ella duda. Dice que no, que sí, que bueno, que mejor no, que bueno, y se siguen mirando: los silencios espesos. Al final se decide:

—Los pandilleros abusaron de mí.

Dice, llorando, y me cuenta que esa tarde, a sus 18, había salido de estudiar y ellos la agarraron y se la llevaron a un lugar y la tuvieron encerrada quince días. Habla a golpes, él le agarra la mano, yo no sé qué decirle. Mari, más lágrimas, dice que eran del barrio, que eran cinco, que ella era virgen todavía, que la tuvieron todo ese tiempo en un lugar que llamaban su casa de distroyer, que la dopaban con pastillas para que no pudiera defenderse y se tomaban drogas y más drogas y le hacían todo lo que querían, quince días, señor, quince días.

—En verdad, por eso nos fuimos. Lo que pasa es que no podemos ir diciéndolo. A veces las personas piensan que nos vamos porque queremos buscar otra buena vida; a veces uno no quiere dejar su país, pero a la fuerza lo tiene que dejar.

Dice él, y ella, entre sollozos, que no podía quedarse ahí:

—Yo no podía quedarme ahí, mi familia, la vergüenza, ellos que me iban a estar siempre encima... Cuando nació mi hijo anduvieron diciendo que el niño era de ellos, que querían llevárselo. Ahí fue que le dije vamos, que no nos quiten lo mejor, la vida del chiquito... Y encima mi mamá...

Mari llora más y dice que su mamá dice que ella se entregó a ellos, que es una cualquiera.

—Por eso con mi familia, ahora...

Dice, y que en cambio cuando conoció a Jose, él entendió todo, la aceptó como era.

—Hay momentos en que ella dormida se mueve, sueña con eso, se despierta, son los momentos donde uno tiene que estar ahí...

Dice él, con toda la dulzura. Y que algún día van a mirar atrás y decirse que valió la pena sufrir todo esto, dice, y parece casi convencido.

Jose, Mari y el bebé —con otros nombres— siguieron su camino. Sé que al día siguiente cruzaron el río y entraron en México —pero no puedo decir cómo. No sé, en cambio, qué les pasó después. Quizá, ojalá, quién sabe, un día.

*   *   *

Quinta ola: primera de partir.
(la quinta es ahora mismo, así que no sabemos)

Nunca tantos ñamericanos se quisieron ir.

Nunca tantos buscaron en otros sitios lo que los suyos no les daban: el reflejo más brutal de la desesperanza. Se fueron deshilachando esos proyectos que te convencían de que tenías un futuro en tu lugar: desde las expectativas de ascenso individual —m'hijo el dotor era la aspiración de los inmigrantes de principios del xx— hasta los proyectos revolucionarios o la ilusión del progreso compartido. Millones se encontraron bloqueados, amenazados por la violencia y la miseria y la desesperanza. Sin perspectivas claras de salvación colectiva, más y más decidieron lanzarse a la salida individual por excelencia: buscarse otro lugar.

Migrar es, queda claro, la mayor renuncia a cualquier búsqueda común. Como no vamos a salvarnos todos juntos me voy solo, lejos, me deshago.

Se podría decir que la quinta ola tuvo dos vertientes: la búsqueda de las ciudades, la búsqueda de otros países. La mayoría de sus pasajeros, en cualquier caso, salió del campo hacia unas u otros. Y así fue como

Ñamérica pasó de tener la mitad de su gente en los campos a tener cuatro de cada cinco en las ciudades.

Durante décadas fuimos esa imagen ñoña de aquellos campesinos pegados en paisajes de postal, tan cerca de su tierra y de sus tradiciones, tan «auténticos»: tan fáciles de integrar a esas ideologías de la pureza que suponen que hay culturas sin mezcla y que la mezcla es un desdoro para cualquier cultura.

Es mucho más difícil, en cambio, hacer postales con los habitantes de estos barrios embarrados, desarmados, armados, sin historia. ¿Estos barrios no tienen historia? La están, si acaso, construyendo ahora; sus canciones, sus conductas, sus palabras, les parecen a los guardianes de la pureza tan abominables como debieron parecerles, al principio, a los guardianes de hace un par de siglos las canciones, las conductas, las palabras de aquellos pobres a los que después transformaron en custodios de los Verdaderos Valores de la Patria: el gaucho, el huaso, el charro, el arriero, el llanero, el guajiro.

Fueron, primero, al espejismo de la gran ciudad; después –o al mismo tiempo– muchos se fueron al espejismo más allá.

En 1990 había, dice la ONU, unos doce millones de ñamericanos viviendo fuera de sus países. Ahora son más de treinta millones: casi tres veces más en treinta años.

Lo cual significa, entre tantas otras cosas, que veinte millones de ñamericanos decidieron, en las tres últimas décadas, irse. Pocos movimientos colectivos han tenido tantos seguidores como este, que desdeña las soluciones colectivas.

En su último informe, Latinobarómetro constata que uno de cada cuatro ñamericanos ha pensado «la posibilidad concreta de irse a vivir a otro país». Y explica que si solo uno de cada diez de ellos lo hiciera serían más de diez millones de personas.

Vivimos en un continente que huye de sí mismo: que no hemos sabido construir para quedarse. Un migrante es alguien que se escapa: se desespera, se va a buscar sus esperanzas a otra parte. Nadie deja su lugar si su lugar lo satisface. No hay mejor evidencia del fracaso; no hay peor. No hay opinión más radical sobre una sociedad que buscar otra. La emigración son miles y miles diciendo que en sus lugares no hay lugar para ellos; su partida es la elección de la respuesta individual frente a la colectiva. La emigración es la forma más terminante de decir que no hay futuro: que en ese sitio no hay futuro. El emigrante, al irse, dice no lo puedo cambiar, no podemos cambiarlo, no logramos producir los movimientos que nos permitirían mejorar nuestros países y quedarnos; solo podemos irnos, solos, cada cual por su lado, a probar suerte en otro lado.

Y son los más emprendedores, los más entusiastas —los que tienen la visión y la energía suficientes para cambiar de vida—, los que aceptan que en sus lugares no hay lugar para su entusiasmo y es mejor partir. O, también: los que intentaron con tanto ahínco mejorar sus lugares que las fuerzas de reacción los forzaron, violentas, a dejarlos.

El perjuicio social es gigantesco.

«Estas personas, en la mayoría de los casos, huyen de situaciones extremas, que incluyen desde la violencia hasta los efectos del cambio climático en sus lugares de origen, por lo que no se puede calificar esta migración simplemente como económica», dice un artículo cualquiera, que podría ser tantos otros: la idea módicamente repugnante de que si una migración no es «simplemente económica», si está causada por desgracias homologadas como «laviolencia» y, ahora, el «cambioclimático», entonces sí se legitima. La idea de que está justificado jugarse la vida para cambiarla si esa vida está en riesgo, pero no si quieres mejorarla: si quieres vivir como esos otros que te muestran sin parar en las televisiones.

Hay veinticinco millones de ñamericanos en Estados Unidos y el resto en Europa. Doce millones de mexicanos viven —legales o ilegales— del otro lado del Río Grande; México es, tras la India —que tiene diez veces más habitantes— el país con más emigración del mundo. Y El Salvador, Colombia, Guatemala, Honduras, Cuba, Dominicana, Perú, Ecuador tienen más de un millón cada uno en Estados Unidos. Es un dato brutal sobre el fracaso —o no— de los países: un salvadoreño de cada cinco emigra al norte; en cambio, en Costa Rica, uno de cada treinta y cinco. Los mexicanos, uno de cada diez: en esas cantidades es enorme.

Quieren vivir mejor. Vivir mejor es un concepto amplio, ambiguo: propio de estos tiempos.

Hay también movimientos internos dentro de Ñamérica: unos dos millones de paraguayos y bolivianos en Argentina, por ejemplo, y esos millones de venezolanos que ahora lo intentan en Colombia, Perú, Chile y los demás. Uno de cada diez habitantes de Costa Rica, el oasis centroamericano, vino de un país vecino. Parece mucho; es muy poco comparado con la proporción de inmigrados que hay en cualquier país europeo. Ñamérica no es, ya, zona de inmigración sino de emigración.

También por eso la región debe ser, ahora mismo, de las menos multiculti del mundo. Ahora las regiones pobres son las menos mezcladas, porque no hay plata que atraiga a los inmigrantes; ahora la mezcla es privilegio y preocupación de sociedades ricas. Allí donde Europa, Estados Unidos, Australia, ciertas zonas de Asia atraen a millones de personas de docenas de lugares alrededor del globo, Ñamérica no.

Hubo tiempos en que las mayorías migraban a los lugares por hacer; ahora migran a los lugares hechos.

Con el 8 por ciento de población, los ñamericanos somos el 15 por ciento de los emigrados del mundo: migramos el doble que el promedio mundial.

Siempre hubo migrantes, pero la cultura contemporánea produce migra en grande: los transportes y las comunicaciones se han simplificado y difundido y, sobre todo: hasta hace poco, un habitante de un pueblito hondureño, mexicano o nigerino no podía imaginar siquiera la vida en Los Ángeles o Barcelona; ahora la ve en teléfonos y televisiones, la escucha, la avista como un futuro posible, tanto mejor que el que puede alcanzar en su casa. Por razones económicas o políticas, por hambre o represión, por la idea cada vez más común de que en algún otro sitio sí podrán, la migración avanza. El migrante es el héroe individual de estos tiempos: aquel que va a buscarse la vida a un lugar donde su vida no tenía por qué estar, a construirla desde casi cero.

Migrar es —queda dicho— la solución de unos tiempos que no ofrecen soluciones.

«Las migraciones masivas son el fenómeno humano que define el siglo XXI. Nunca antes hubo tanto movimiento humano. Y nunca antes hubo tanta resistencia organizada al movimiento humano. En todo el mundo los países construyen paredes y vallas contra este movimiento: en Hungría, en Israel, en India, en Estados Unidos. Están moviendo sus ejércitos y marinas hacia las fronteras para interceptar —y a veces atacar—

las caravanas desesperadas y las barcas de los hombres, mujeres y niños que intentan emigrar», escribió Suketu Mehta.

Pero esos que renunciaron a intentarlo en sus países y los abandonan mantienen sus vínculos de sangre y de cultura y, en muchos casos, la intención de alguna vez volver. Son, en general, migrantes que no van a empezar en otro mundo otra vida: van a pasar un tiempo y, mientras tanto, trabajan para los suyos que quedaron en casa. Nunca dejan del todo su lugar, como sí lo dejaron los millones de italianos o españoles o polacos que se fueron, digamos, a mi ciudad hace cien años, nos hicieron.

Ahora, en cambio, mantienen la idea de que no hay mejor lugar que el suyo, el que dejaron: «Nosotros sí que sabemos vivir, no como estos gringos», dicen, hagan o no la conexión entre ese arte de vivir y esa imposibilidad de ganarse la vida. Y cada vez más las sociedades ricas a las que emigran les permiten vivir «como en casa». No solo tienen comunicación más fácil y fluida con los suyos; es posible, también —y no muy caro— armarse un entorno virtual «nacional»: seguir los partidos de su equipo, las noticias de su país, las músicas y comidas y culebrones propios. Para mantener esos vínculos ya no es necesario, como antes, instalarse en guetos —un Little Italy, otro Barrio Chino— porque el espacio nacional-propio puede armarse allí donde estés. Aunque, a cambio, tengas que aceptar vivir sabiendo que tienes menos derechos que los demás —porque estás fuera de la ley, desprotegido por las leyes que quiebras al instalarte en ese sitio.

«América Latina no está completa en América Latina. Su imagen le llega de espejos diseminados en el archipiélago de las migraciones», escribió hace unos años Néstor García Canclini.

Pero, con esa comunicación más o menos constante, el emigrado mantiene una presencia fuerte en su casa, su lugar. Ya no es el fantasma de ese que se fue; es alguien que dialoga, que opina, y que tiene incluso el poder —discutido, negociado— que le da proveer.

Los migrantes mandan dinero a los suyos, a los que se quedaron: sus hijos, sus hermanos, sus padres, a sí mismos para comprarse una tierrita o una casa. Dinero que se gasta en sus países, en sus pueblos, del que se benefician sus compatriotas. Esa pérdida de fe en sus países redunda en gran beneficio de sus países: las remesas son fuentes decisivas de ingresos en muchas zonas de Ñamérica. Los emigrantes salvan a sus países renunciando a pelearla en ellos, a pelear por ellos.

Ñamérica, víctima otra vez
de sus aciertos, rescatada
otra vez
por sus errores.

En 2019 la región recibió, según el Banco Mundial, casi 90.000 millones de dólares en remesas de sus emigrantes. Los mexicanos mandaron unos 39.000 millones a su país: una vez y media el dinero que entró, por ejemplo, por las exportaciones de petróleo o el turismo; dos veces el que entró por las exportaciones agrarias. En El Salvador, los 5.600 millones de remesas son más de un quinto del producto bruto y las proporciones son parecidas en Guatemala —10.600 millones—, en Honduras —5.400 millones—: países cuya principal actividad económica es la exportación de personas, bajo su forma de mano de obra. Los pobres que no encontraron su lugar son, cada vez más, los salvadores de sus patrias.

Para eso viven —y muchas veces mueren— en sociedades tan satisfechas de sí mismas, tan desdeñosas, que deben aceptar que no están completas: que necesitan a otros que hagan ciertas cosas —los trabajos que ellos no quieren, la reproducción que ellos no quieren, la renovación cultural que ellos no pueden. La aceptación de que los necesitan les molesta: los reciben, los usan, los desprecian, los maltratan todo lo que pueden.

(Los encasillan, incluso, en papeles que son estereotipos y los convencen de que deben ser eso. Es el tipo de lectura que denuncia Karla Cornejo Villavicencio, la joven brillante remoderna hija de migrantes ecuatorianos en Nueva York que publicó el año pasado *Undocumented Americans*, una no ficción sobre los suyos que levantó ronchas: «No me gusta, por ejemplo, la académica chicana Gloria Anzaldúa. Es muy importante y la respeto, pero los jóvenes la citan mucho a pesar de que ella esencializó nuestras identidades como una gente de color marrón que está muy conectada con la tierra. Por mucho tiempo pensé que había algo mal en mí porque yo leía esas representaciones de las personas latinx y se decía que para poder rechazar el colonialismo o a los gringos tenemos que estar conectados con la tierra. Pero yo soy de Brooklyn y odio ir a caminatas».)

En todo caso, los Estados Unidos tienen ahora casi 60 millones de personas que sus censos definen como «hispanos» —y se lo creen. Hace unos meses el orgulloso diario *The New York Times* publicó una gran producción donde censaba a la gente «más poderosa de América»: allí revelaba que el 80 por ciento de ellos eran «blancos» y que el resto era «negros, hispanos, asiáticos, americanos nativos». Habían definido, con gran soltura, que ser hispano no era lo mismo que ser blanco. Fue lo mismo que pasó, meses después, cuando otros medios celebraron que le dieran por fin un Golden Globe a una «mujer de color» —porque se lo habían dado a Anya Taylor-Joy, la protagonista de *Gambito de dama*, que se suele presentar como argentina y es pálida como un fantasma pálido. El racismo es mucho más fácil que lo que parece.

En todo caso, más allá de definiciones, ÑUSA crece: esos 60 millones de personas son más que los habitantes de cualquier país ñamericano salvo México. Hace medio siglo los hispanos no eran el dos por ciento de los norteamericanos; ahora están cerca del veinte. Un tercio nació en Ñamérica; los demás son hijos y nietos de inmigrantes que nacieron en USA —y ya hay veinticinco millones con derecho a votar en sus elecciones. Casi dos tercios de los hispanos son mexicanos o descendientes de mexicanos; el resto viene de los demás países.

Muchos viven en California, Texas, Nuevo México, Illinois, Nueva York, Florida. En los Estados Unidos tres de cada cuatro trabajadoras domésticas —limpiar, lavar, cocinar, cuidar chicos y viejos— son ñamericanas. Suelen ser ilegales, como tantos albañiles, cosecheros, cuidanderos, basureros, cocineros, mano de obra variada y barata. Al «mercado» le conviene que una cantidad importante de inmigrantes siga siendo ilegal: les pueden pagar muchísimo menos —y se ahorran cargas sociales, vínculos contractuales, obligaciones que prefieren no tener. A cambio, los ilegales a menudo no pagan impuestos, viven al margen del estado; el estado más poderoso del mundo se hace el tonto, para beneficio de algunos de sus súbditos: los que se aprovechan de ese trabajo irregular. Es obvio que si quisieran los habrían regularizado —integrado o expulsado.

Lo tienen claro: en la última década Estados Unidos deportó a unos cuatro millones de «inmigrantes ilegales»; en esto Obama y Trump hicieron cosas parecidas mientras decían cosas muy distintas, aunque Obama consiguió echar mucho más que Trump. Y al mismo tiempo reciben cada año alrededor de un millón de inmigrantes temporales, mano de obra sin calificación, con visa estricta de unos meses: la mayoría, para que levanten las cosechas en los estados del sur de la Unión.

Esos migrantes sirven a la sociedad norteamericana para funciones bien distintas: para soportar esos trabajos desdeñados, por supuesto, pero también para encarnar el mal y ponerlo en un lugar ajeno, algo que —casi— todas las sociedades se empeñan en hacer. Los judíos —o negros o musulmanes o parias o rohinyás— son un insumo básico de cualquier país con ciertas ínfulas: un grupo a quien echarle culpas, un grupo que, por oposición, te permita sentir que estás del lado de los buenos.

Es esa paradoja brutal de necesitarlos y temerlos, y por temor atacarlos, y para poder atacarlos despreciarlos, y al final, despreciarse también por necesitarlos. La relación con el otro es complicada, pero impugnarlos es la mejor manera —la manera más fácil, más estúpida— de formar un nosotros. Y eso es lo que pasa en estos períodos: la formación del nosotros, tan desprovista de razones positivas, depende demasiado de las otras: de los otros.

Para eso, por supuesto, se explotan percepciones: un estudio reciente definió que los franceses creen que uno de cada tres habitantes de su país es musulmán; son uno de cada trece. El promedio de los estadounidenses cree que los extranjeros son el 37 por ciento de su población; son el 13 por ciento.

El miedo, la inquietud siempre funcionan; pocas veces tan descaradamente como lo hizo funcionar, en estos últimos años, un comandante en jefe norteamericano: el señor Trump le sacó al rechazo de los inmigrantes ñamericanos un rédito político extraordinario. La tontería de construir un muro que ya existe, por ejemplo, las amenazas de sanciones al socio mexicano, la idea de que América Great Again se deshará de sus «bad hombres» —en castellano en el original. Su sucesor habla más bonito pero, por ahora, sigue mandando tropas a reprimir en las fronteras.

Son millones, múltiples, tan diversos, pero la gran mayoría comparte un origen: ese momento más o menos dramático en que cruzaron una frontera que no estaban autorizados a cruzar. Algunos pudieron hacerlo en aeropuertos o aduanas carreteras; los más osados se lanzaron a un mar o a un desierto. El cruce de esa frontera entre México y Estados Unidos se ha transformado en uno de los lugares comunes más comunes, más míticos de la región ahora: cientos de muertos cada año, miles de deportados. Como casi todo, esto también se puede transformar en relato, en representación. Hace un tiempo lo vi y me sigue impresionando:

«Todo consiste en que seas otro. Todo, digo: lo mejor de la literatura, el teatro, el cine intentan ponerte en otra piel, hacerte ver las cosas como las ven otros, convertirte –por un momento– en otro. Aquí, ahora, entrás a un cuarto frío, puro cemento y luces de neón, vacío, regado de zapatos viejos rotos; unos carteles dicen que los han encontrado en el desierto; otros carteles te dicen que te saques los tuyos y los dejes en ese armario y esperes a escuchar la alarma. Los carteles están en italiano. Esperás, tenés frío, te impacientás; después la alarma suena.

Entonces abrís una puerta y entrás en un espacio de quince metros por quince, techo y paredes negros, muy oscuro, el suelo de piedritas que se te clavan en las plantas. Hace más frío; dos chicas abrigadas te ponen una mochila y unos anteojos y unos cascos de realidad virtual y te dicen que, pase lo que pase, no corras, por favor no corras. Y que si necesitás algo, ellas están allí para ayudarte –y que ya empieza.

Así que el mundo se te transforma en lo que ves, en lo que oís: estás en un desierto, la luz incierta, sucia, y ves unos arbustos en el viento y oís ruidos. Notás que son palabras; un grupo de desarrapados –ocho, diez desarrapados, hombres, mujeres, chicos– avanzan por lo oscuro. Te acercás: se están quejando, dudan, se preguntan si no estarán perdidos, dicen que deberían volver pero no saben dónde. Tenés ganas de decirles que no se preocupen, que es un sueño, pero no estás seguro. Todo parece real, tan real, aterrador. Y lo hace más aterrador –más realista– esa extrañeza de mirar hacia abajo, ver el suelo y no verte, no ver tus propios pies, tus propios pasos: estar en un mundo donde no estás es el horror más bruto, una preview optimista de la muerte.

De pronto suena un estruendo y estalla una luz: un helicóptero acaba de encontrarnos. Todos se quedan quietos, como paralizados; el corazón te late fuerte. Todavía deslumbrado y aterrado oís más gritos y ves que todos miran para allá y mirás vos también y hay dos camiones de la patrulla de fronteras y varios rangers que se bajan, gritan, nos están apuntando con fusiles. Ya sos uno más y obedecés las órdenes: te arrodillás, respirás apenas, tenés miedo. De pronto, mucho miedo».

Carne y arena era una instalación del cineasta mexicano Alejandro González Iñárritu. La presentó en el festival de Cannes; después se exhibió en el Museo de Arte de Los Ángeles y en la Fondazione Prada de Milán, donde la vi. González se pasó varios años preparándola: habló con migrantes ilegales centroamericanos que quisieron entrar o entraron a los Estados Unidos, preparó la secuencia, la rodó en el desierto. Y al fin la convirtió en una experiencia: en esa realidad que todavía llamamos virtual porque consiste en que seas otro, como casi todo.

(Maneras tan sofisticadas de contarles a los que podrían saber lo que quisieran lo que visiblemente no quieren saber.)

Durante décadas —y todavía— la influencia cultural de los Estados Unidos en Ñamérica fue decisiva. Las modas, los modos, las películas, las músicas, los coches, los comercios, las casas, los barrios: había muy poco que quedara fuera del modelo americano. Y sigue, por supuesto: si hay algo que todos los países de Ñamérica comparten es Estados Unidos. La novedad es que ahora hay un retorno: cada vez más de lo que imaginamos gringo tiene, en alguno de sus recovecos, sabor ñamericano.

Esta presencia cada vez mayor de Ñamérica en Estados Unidos llega cuando la presencia —política, económica, militar— de Estados Unidos en Ñamérica se mantiene en sus niveles más bajos desde hace un cuarto de siglo. El amo americano ya no necesita las materias primas de la región porque su poder económico se ha vuelto más técnico y financiero, y el tablero geopolítico donde cada país era un campo de batalla de la guerra fría, que lo llevaba a querer controlar a sus gobiernos, ya no existe.

Pero tampoco es que se haya retirado: sigue haciendo negocios en la región —menos que Europa, más que China. En general está de otras maneras. Panamá es un ejemplo de cómo cambiaron: en 1903 se la sacaron a Colombia para construir un canal porque necesitaban mejorar la navegación de sus productos —y, de paso, instalar una base en una zona donde sus muchachos intervendrían varias veces a lo largo del siglo. Pero en 1999 entregaron el canal y su zona, y ahora Panamá es un refugio financiero: de la necesidad de mandar mercadería y mantener soldados a regular el flujo de dineros por vías turbias. Es más barato, sin duda, y seguro que más rendidor.

En cualquier caso, la simbiosis avanza: si antes el movimiento era de una sola vía, ahora ya transita las dos. América fue para los americanos, como proclamaba el presidente Monroe, pero USA tiene momentos y sectores completamente ÑUSA.

Hay quienes dicen que habría que pensar esos sectores como parte de Ñamérica. Yo creo que no lo son, como los ocho o nueve millones de norafricanos de Francia no son parte del Magreb ni los cuatro o cinco millones de turcos de Alemania pertenecen al Asia Menor. Tienen otros problemas, otras expectativas, otras formas.

ÑUSA también es diferente: otra cultura híbrida, otra mezcla.

Y, por fin: si hay otra migración que ha marcado a la región en los últimos años es la venezolana. Pocos fenómenos han sido más masivos, más controvertidos, más callados y cantados, más sentidos y mentidos que el éxodo venezolano. Ahora mismo, ningún país del mundo expulsa a tanta gente como Venezuela:

ningún país del mundo.

La cresta triste de la quinta ola, las vueltas
de la historia.

(Una vez más, las trampas de la cantidad: hablar de emigrantes venezolanos es poner en la misma bolsa a la madre desnutrida que cruza con sus tres hijos a Colombia para ver si consigue alimentarlos y al empresario turbio que se aprovechó durante años del régimen y ahora prefiere vivir con sus millones en un chaletazo en Madrid o Miami. Y los ingenieros que ya no tienen trabajo y se van a manejar un uber en Buenos Aires o Quito y los enfermos que van a donde pueden para ver si consiguen sus remedios y las periodistas que no tienen libertad para escribir y atienden una cafetería en Lima o en Santiago y el abogado cuarentón que acaba de morirse en un accidente de tráfico en Madrid trabajando de repartidor en bicicleta y la médica que hace guardias nocturnas en una clínica de Antofagasta y los muchachos y muchachas que pululan en los semáforos de toda la región pidiendo unas monedas y el ex general de inteligencia que se hace el tonto en La Moraleja y así más, más, más.)

Aún así son cuatro, cinco millones de personas que creyeron que lo mejor que podían hacer era dejar su lugar, su país: ir a buscar sus vidas a algún otro, huir, querer, partirse.

Que es, al fin y al cabo, la razón de todas las olas.

EL ALTO

La ciudad inesperada

En El Alto abren malls
o shopping centers o incluso centros comerciales:
ya son tres y pronto serán cuatro, vanguardias,
retaguardias.

En este mall recién abierto, a medio abrir, en obras, el chico de ocho
o nueve grita desde lo alto de la escalera mecánica a su padre y su madre,
abajo todavía, los dos cuarentaytantos, ella una nena en brazos, los dos
ropas baratas y sus caras curtidas, mamá, papá, suban, no tengan miedo,
no tengan miedo, suban, y el padre tienta con un pie vacilante el escalón
moviéndose y da un saltito atrás y el hijo desde arriba no tengan miedo
papá mamá no tengan miedo pero papá y mamá, él cabizbajo, ella detrás,
los dos callados, caminan hasta que encuentran una escalera inmóvil y
empiezan a subirla.
Quizá con esto ya esté todo dicho; quizá, no todavía.
Quizá no, todavía.

El Alto se llama así porque está encima de La Paz, la capital de Bolivia, a cuatro mil metros de altura. El Alto es una de las ciudades más
nuevas del continente; en 1984 era una pampa desolada y sus casitas con
gallinas y ahora tiene un millón de habitantes y es la segunda de su país,
tras Santa Cruz. El Alto es una ciudad hecha de migrantes: ninguna representa mejor el movimiento del campo a las ciudades que cambió la
región en las últimas décadas. Y El Alto es una ciudad india, la más
grande de América: tres cuartos de sus habitantes son de cultura aymara
y unos cuantos, quechuas. El Alto es nueva, sintética, sincrética, simbó-
lica. El Alto es, además, un lugar donde vive mucha gente.

—Imagínese, joven, lo que era esto cuando yo llegaba. El viento, no-masito, el viento.

Don Jaime tiene 78 años; dice que ha trabajado mucho y que ya está retirado.

—Pero la hicimos, joven, acá está, la hicimos.

En 1985, un gobierno neoliberal cerró muchas minas, plata y estaño sobre todo: miles y miles de mineros se quedaron sin trabajo —y muchos migraron hacia El Alto.

—Mi papá es de la mina, él es minero, de la Caracoles. Nosotros naci-mos ahí, yo y mis seis hermanos, era el mejor momento del estaño. Yo crecí ahí, a cinco mil metros de altura, en medio de la nieve. Pero en esa época los mineros tenían muchas cosas, teníamos las mejores escuelas, buena sanidad...

Me dice Marco, activista aymara, periodista respetado. Su familia se instaló en El Alto; él extrañaba los páramos blancos de su infancia. Más tarde empezó a extrañar también la vida comunitaria del pueblo minero, sus escuelas, sus cuidados; en la ciudad, en cambio, cada cual se buscaba la vida por su cuenta.

—Esa violencia histórica creó El Alto. ¿Por qué vino la gente? Vino expulsada por el estado, los mineros por el cierre de las minas, los cam-pesinos porque vivían de vender sus productos a esos mineros y espera-ban trabajar en la mina alguna vez. Entonces vinieron a El Alto porque era lo que podían, pero también traían esas aspiraciones de modernidad, de ser parte de la gran ciudad. Yo siempre pienso en esa película donde sale un indiecito que mira la ciudad desde lejos, que su aspiración es vivir en esa ciudad. Pero la ciudad que había los rechazó, ¿no? Entonces se quedaron en este territorio y se construyeron una ciudad propia.

Son miles y miles de personas que dejaron la producción primaria —minerales, comida— para pasar, la mayoría, al comercio de todo, cual-quier cosa. O, si acaso, a servicios: choferes, albañiles, mecánicos, repara-dores varios. Gente que fue de la producción a la circulación: la marca de estos tiempos.

El cambio más decisivo de estos tiempos.

*   *   *

A fines del siglo xx El Alto era más que nada casitas de adobe y calles de barro, patios y animales pero crecía, insistía: ya empezaba a dejar de pensarse como un suburbio de La Paz y se creía ciudad, un lugar diferente y autónomo.

En septiembre de 2003 la ciudad, que acababa de cumplir 18 años, mostró su mayoría irrumpiendo en la escena nacional. Gobernaba Bolivia Gonzalo «Goni» Sánchez de Lozada, un señor que hablaba con acento inglés y ya había vendido casi todas las empresas públicas a capitales privados. En esos días don Goni anunció un plan para exportar torrentes de gas a Estados Unidos y México a través de Chile, baratísimo y privatizado, gran negocio para empresas extranjeras. El Movimiento Al Socialismo de Evo Morales, que acababa de entrar en el Congreso, y otras fuerzas indias y rurales se oponían: pedían que el gas se usara en el desarrollo interno de un país donde más de la mitad de las personas no tenían electricidad y nueve de cada diez campesinos eran pobres.

La oposición se jugó en calles y carreteras, y llegó al paroxismo aquel 12 de octubre, cuando un convoy de camiones cisterna trató de salir de la planta de hidrocarburos de Senkata, un barrio alejado de El Alto, para abastecer a La Paz, que se estaba quedando sin combustible. Miles de vecinos lo bloquearon; la policía y el ejército mataron a unos cincuenta manifestantes pero el bloqueo se mantuvo. Las peleas siguieron en las calles de El Alto y de La Paz; en cinco días don Goni tuvo que renunciar. Lo sucedió su vicepresidente, Carlos Mesa; dos años después las movilizaciones —sobre todo alteñas— por la nacionalización del gas lo echaron a su vez. Hubo elecciones y consagraron presidente, con el 54 por ciento de los votos, al indio Evo Morales. Y El Alto se consagró también como una fuerza política temible: el peso de los pobres, el poder de la calle.

—A mí me gustaba más cuando no era tan grande, caserito. Ahora uno se pierde, ya no conoce a nadies. Antes sí me compraban porque me conocían.

Doña Mercedes tiene setenta largos y vende frutas en la calle, arrugas como tajos, su sombrero, polleras desteñidas.

Ahora el color dominante es el ladrillo, las casas sin revoque; también hay casas pintadas de colores, y amarillas. Las que se intentan elegantes tienen vidrios espejados de colores intensos: el colmo de la modernidad en estos rumbos. Y hubo un cura alemán, Sebastián Obermaier, que la sembró de iglesias con sus torres para que se vieran de lejos, desde más alto todavía. Muchas iglesias, multitud de torres, trincheras contra el evangelismo.

—El Alto realmente es una articulación entre dinamita y kurawa, un resultado de las dos violencias unidas.

Dice Marco, los pelos revueltos, las canas que ya asoman, la voz precipitada. La dinamita es común en la mina, la kurawa es una honda que usan los campesinos; entre las dos armaron ese espíritu de lucha que prendió en El Alto, y su desconfianza, su ruptura con el estado boliviano.

—El Alto debe ser una de las ciudades alteradoras frente a las ciudades coloniales de Latinoamérica. Las ciudades coloniales siempre se constituyen a partir de un centro único, esa plaza donde está la catedral, el poder político, las familias privilegiadas... El Alto no tiene nada de eso. Por no tener, ni un centro tiene.

Los migrantes del campo solían instalarse en esos barrios de invasión alrededor de cada capital, donde siguen viviendo todavía, despreciados, temidos, marginales. El Alto es uno de los pocos casos —¿el único?— en que esos migrantes construyeron una ciudad que, poco a poco, dejó de ser un satélite para ser una ciudad autónoma, una ciudad en sí misma.

* * *

En El Alto hay poco oxígeno, calles asfaltadas, casas bajas, calles de tierra, edificios más altos, calles desiertas, calles atestadas; hay, alrededor por varios lados, unas montañas nevadas majestuosas como para decirte que existe aún más alto y, por otro lado, más abajo, ese agujero de techos rojos y algunos rascacielos al que llaman La Paz. Y hay tsunamis de cables en el aire y tsunamis de personas en el centro y hay trancaderas —o trancones o atascos o embotellamientos— en las avenidas pero no son coches particulares sino minibuses y otros transportes públicos. Y hay por todas partes vendedoras de todas las comidas, sus polleras, sus sombreros de copa, sus bebés a la espalda: aquí las llaman cholas. Y en el centro hay multitudes y en los barrios nadie. Y entre tanto ladrillo sin revoque, tanta casa inconclusa, tanta calle vacía, una plaza chiquita huele a miel. Es casi nada, un triángulo de diez por diez por diez con un monumento de lata de un marciano raro pero está llena de unas flores blanquitas que huelen a miel. La plaza no tiene bancos ni juegos, no hay lugar para estar: puras flores, puro despilfarro. Es raro caminar por aquí y, de pronto, la miel. Es fuerte construir, en un sitio al que le falta tanto, una plaza con olor a miel. Alguna vez alguien escribirá que el deseo es una plaza con olor a miel.

Ojalá, alguna vez, sea yo.

Aquí el tiempo cambia todo el tiempo. Nunca se sabe si realmente hay sol, si realmente llueve —y realmente no dura más de diez minutos. No sé si eso influye. Lo peculiar, lo raro de El Alto es que ahora, a treinta y cinco años de su fundación, se ha convertido en una sociedad con clases, muy distintas clases. Y, por supuesto, sus mitos de origen.

Roy tiene 28 años, su aspecto pulcro, tan correcto. Roy es un joven emprendedor aymara, hijo de una de esas familias que armaron clases en El Alto, y ahora me cuenta la historia de uno de ellos: un pariente jovencito que había llegado de su pueblo y quiso aprender costura pero nadie le daba la oportunidad, contaba, «y entonces he entrado de ayudante, limpiaba, recogía, dice, y en esas conocí a una cholita que vendía comida, dice, entonces me enamoré de esa cholita, dice, y me busqué otro taller donde sí me empezaron a enseñar a costurar y ya estaba con esa cholita y nos juntamos y entonces en las noches, dice, preparábamos la comida hasta las diez, once de la noche, nos dormíamos y a las cuatro o cinco ya nos íbamos y empezábamos a vender comida, calditos, y a las ocho de la mañana, siete, yo ya estaba de nuevo costurando, dice, y así hemos empezado a ahorrar dinero, dice, y ya me volví buen costurero, buen sastre, y he empezado a agarrar contratitos y después pude abrir mi tienda y ya necesitaba tener más personal, más máquinas, entonces les dije a mi gente del campo, a mis sobrinos los he traído y vivíamos todos en un cuarto, dice, de cuatro por cuatro, ahí vivíamos todos, dormíamos en colchonetas, asilados, y el taller era ahí mismo, al frente, ahí trabajábamos y vendíamos. Y así hemos empezado a mejorar y hemos ahorrado dinero, dice, y también nos prestamos dinero en el banco y pudimos viajar, dice, fuimos a la India y empezamos a traer tela para hacer nuestros trajes, salía mucho mejor, y después trajimos ya para distribuir, dice», dice Roy que decía su pariente, «y que poco a poco empezó a vestir a todos los hermanos de las fraternidades que bailan acá en El Alto y ya después puso una sastrería muy conocida, la Juventus, y ahora es un empresario grande, gana millones, y su mujer mientras tanto abrió su restaurante pero después ya no quería seguir con eso, se lo dejó a alguien y empezó a importar electrodomésticos, ya tienen tiendas en el centro, y después se construyeron su cholet», me cuenta Roy, y que una vez que fue a verlos muy temprano la mujer estaba limpiando la sala enorme del cholet porque había habido una fiesta y que su hijo menor, cinco o seis años, también estaba con ella, barriendo con una escobita casi de juguete, trabajando a las siete de la mañana, y que él le preguntó por qué estaba limpiando en lugar de pagarle a alguien que lo hiciera y que ella le dijo que qué tiene, que si hay que limpiar ella lo limpia, o no tenemos manos, nosotros, no tenemos pies, dice que le dijo. Y que estos emprendedores aymaras lo que nos han demostrado es que se trabaja las veinticuatro horas. Si quieres generar dinero tienes que trabajar tres veces más que una persona normal, esa es la fórmula. Sí, son gente que se explota a sí misma, pero lo hacen porque saben lo que quieren y saben que esa es la única manera, dice Roy: la única manera.

Y que así, quizá, tampoco lo consiga.

Los nuevos ricos del cholet desprecian la formación tradicional, y no quieren que sus hijos hagan esas cosas:
  —¿Qué va a hacer? ¿Va a estudiar economía o medicina o algo así y va a ser un empleado en un hospital, en un ministerio, en una empresa? ¿Con el sueldo de un empleado? Se va a morir de hambre…

Alguna vez algún sociólogo estudiará, en El Alto, cómo se pasa de una comunidad donde prima la solidaridad, el esfuerzo compartido, a una donde el modelo consiste en buscarse la vida para salvarse —solo. Y en conseguirte ciertos bienes que te darán la sensación de que hiciste lo que querías, que lo tienes; en lanzarte a ese camino de adquisiciones personales que el capitalismo señala como el gran camino. Ese día, ese sociólogo irá a la feria de la plaza La Paz a ver las alasitas.
  Las alasitas son una tradición aymara que la Unesco declaró, como casi todo, Patrimonio de la Humanidad hace unos años, y que consiste en comprar, bendecir y al fin quemar pequeñas cerámicas o tallas que representan lo que cada quien quiere —para conseguirlo. Verlas, entonces, en los kioscos que las venden, es ver un catálogo de los deseos alteños: cochecitos —muchos cochecitos—, casitas de colores, negocios —como la carnicería con el cartel «Carne de Chancho» o las farmacias o las licorerías—, pero también fajos descarnados de billetes de dólares, cofrecitos que rebosan oros y brillantes e incluso tesis de grado, diplomas de médico o de oficial del ejército, un mandamiento de libertad provisional o una sentencia de divorcio.

Se compran muy barato; lo difícil es creer y hacer bien el ritual. Roy, el atildado, me decía —frente a su mesa llena de cochecitos, camioncitos— que «las alasitas son como el contrario de Navidad, aquí en la cultura aymara, estaban mucho antes. A mí me nace comprar mis alasitas, galli-nitas, autitos, un ekekito, toritos, y hay que hacerlos bendecir, hacer toda la cosa… Porque te va naciendo, como que tu fe va cobrando vida. Y eso que yo no creo, pero tu fe va cobrando vida sin querer».

* * *

El cartel, primero, me causó indignación o sorpresa —que son formas distintas de lo mismo. El cartel, entre muchos, pegado en una cartelera de buscar empleados, vender casas y coches, decía que «se necesita cho-lita o señorita» para «ayudante de pensión»: le ofrecían 1.800 bolivianos por mes trabajando de lunes a viernes, sin horario claro; 1.800 bolivia-nos son unos 250 dólares. Después vi que «cholita o señorita» era una fórmula consagrada: se repetía en muchos carteles. Otra «cholita o seño-rita para ayudante de cocina» tendría un sueldo mensual de 1.200 —unos 170 dólares— y así de seguido. Y después me explicaron que la fórmula se usa sin más vueltas: que una cholita es una mujer joven vestida según la tradición, con sus polleras y ese bombín que llaman borsalino, y seño-rita una vestida como cualquier mujer de la ciudad.

En El Alto, en las calles de El Alto, muchas mujeres usan sus ropas clásicas, varias polleras y el sombrero, su ponchito. Aquí también son las mujeres las que cargan con el peso de mantener las tradiciones; sus hom-bres, más ligeros, se visten como cualquier hombre latinoamericano más o menos pobre.

Son cuatro kilómetros de altura. Los forasteros acostumbrados a res-pirar la pasan mal: no es un lugar donde cualquier persona —que no sea del Altiplano— pueda venir impunemente. La ciudad de inmigrantes solo recibe amable a ciertos inmigrantes.

Pero es difícil pensar El Alto sin el MAS, el aymara Evo Morales y su puesta en valor de esos pueblos desdeñados, los indígenas. Que un pre-sidente lo fuera fue un cambio radical. Una forma de enseñar a millones a decir que sí, soy indio, ¿y qué?

O, más brutal: Sí, soy indio, pero no soy tu indio.

—Es bueno vivir entre nosotros, no vivir en un lugar donde todo el tiempo te hacen sentir distinto, menos bueno. A mí eso me gusta de vivir acá.

Don Hipólito tiene más de sesenta, la nariz de aquel cóndor, una bolsa que carga con resoplos. Camina despacito, para, charla.

Aquí parece que todos vendieran algo —y debe ser cierto o casi cierto. Porque también hay algunos que son maestros o funcionarios o albañiles o médicos o abogados o policías o ladrones, pero se diría que todos ellos —y sus esposas— también venden. Desde los más humildes, más precarios —una señora de polleras sentada en el suelo con cinco trocitos de queso extendidos sobre una bolsa de plástico verde, una señora de polleras con una pila de diez higos apiñados— hasta los que triunfaron y despliegan sus negocios de electrodomésticos con nombres que recuerdan a su mamá, su pueblo o su triunfo.

Es el espíritu emprendedor que comparten el dueño de un cholet y la chola que vende ají de gallina en la puerta. El espíritu de El Alto, la idea de que se puede crecer con el esfuerzo comercial o empresarial, que hay que buscarlo por sí mismo, que si acaso el gobierno no te debe joder más de la cuenta —y si lo hace, de tanto en tanto hay que recordarle cuál es su lugar—, que lo importante en la vida es «progresar», entendido el progreso como el logro de mejoras materiales personales. El Alto es la reunión de centenares de miles de personas que coincidieron en buscarse la vida, en hacerse una vida distinta de la que ya tenían. Y buscarla cada uno por su cuenta aunque, de tanto en tanto, todos se junten para que los dejen seguir buscando por su cuenta: para que no les arruinen su posibilidad.

—Aquí todas las casas tienen machones, y el machón te está dando un mensaje: esto no para, vamos a seguir. Vienen los de afuera y dicen puta, estos pobres no terminan su casa. No es eso, no entienden: es la idea de que vamos a seguir adelante, que lo vamos a mejorar, siempre a mejorar.

Dice Marco. Que nunca nada es como es ahora: que siempre hay un futuro y que el futuro está hecho de ladrillos, algo sólido y propio. Machón, aquí, es cada uno de esos hierros erectos que sobresalen del techo de una casa, que permiten agregar otro piso: seguir, dice, adelante.

El Alto, entonces, podría ser el caso perfecto para alegrar a cualquier pesimista social: un grupo donde todos o casi todos, en su origen, eran migrantes parejamente pobres y que, en una o dos generaciones, consigue dividirse en clases bien marcadas, producir sus ricos, sus poderosos, desigualdades en colores.

Hay gritos, los anuncios son gritos y más gritos. Un cincuentón bajito con sombrero de cowboy, la cara hinchada, lentes oscuros, chaqueta y pantalón de cuero negro muy gastados, las botas con herrajes, grita el destino de un minibus con palabras que no llego a entender. Le pregunto.
—Es aymara, ¿qué quiso imaginarse?
Me contesta, casi belicoso, y se ajusta el sombrero:
—¿O dónde se cree que está, mi amigo?
Alrededor, el mercado son kilómetros y kilómetros de puestos que, me dicen, venden cualquier cosa: literalmente cualquier cosa. El mercado se llama 16 de Julio, se celebra jueves y domingos y los alteños dicen, insisten en decir, que es el segundo mayor del continente después de La Salada, en el Gran Buenos Aires. El mercado 16 de Julio es como la culminación de ese espíritu comerciante que domina El Alto: el lugar donde se lo celebra y reverencia, el lugar donde se lo pone en escena en un teatro enloquecido. Aquí mercado es casi todo, pero el Mercado 16 de Julio es la más alta expresión de esa actividad que —te repiten— hizo de El Alto lo que es.

—... y atención, para esa madre trabajadora, para esa señora que trabaja más que el hombre, nosotros le estamos ofreciendo los productos maravillosos a los que hemos puesto por nombre «Enfermedades de la mujer». Y esto es una maravilla, porque estos productos «Enfermedades de la mujer» son totalmente efectivos para las inflamaciones, infecciones a los ovarios, infecciones a la matriz, para esa madrecita que camina con ese problema del sexo blanco, el sexo amarillo, irritaciones, escozores. Muchas personas creen que esos problemas no pueden solucionarse y les crean muchas dificultades en sus matrimonios, en sus vidas, el marido les hace reproches, todo se vuelve más difícil, pero esos problemas pueden solucionarse con nuestros productos de medicina natural tradicional que aquí mismo...
Recita la voz grave de un altavoz en medio del mercado.

Aquí vender comida es cosa de mujeres. Ni un hombre —ni un solo hombre— en los cientos de puestos que venden todas las variedades conocidas de la papa y otras más, cualquier verdura, arroz, maíz, fideos, granos varios, huevos, uvas, uchuvas, tunas, chirimoyas, mangos, manzanas, duraznos, peras, higos, bananas muy maduras, truchas y otros pescados crudos y otros pescados fritos, carne de pollo y vaca y cerdo cruda y frita y seca, salchipapas, galletas, ajíes, sajtas, sopas, golosinas, hojas de coca, hierbas con y sin flores, pimientos, condimentos.

Son mujeres: solo mujeres en la entrada, la zona de nada más comida. Después todo se va mezclando: adentro del mercado puestos ya más mixtos venden —por estricto orden de aparición— guantes de moto, cascos de moto, futbolines de madera hechos a mano con camisetas pintadas de Bolívar y Strongest o del Real Madrid y el Barcelona, bolsos y bolsas, camisetas de fútbol, camisetas pantalones y remeras de marcas que no son, ruedas de bicicleta, ruedas de moto, dentífricos y cremas, jabones y papel higiénico, más papel higiénico, más papel higiénico, chips para celulares, choripanes, sopas, revoltijo de muñecas desnudas, criquets para cambiar ruedas pinchadas, herramientas diversas, clavos clavitos tuercas y tornillos, radios, televisores, plantillas de zapatos, lámparas y cables, partes nuevas de coche, partes de coche usadas, motores de coche, calcetines, guirnaldas para fiestas, montañas de ropa usada sucia para revolver, vírgenes de Copacabana y otras vírgenes cristos santos santas, perfumes truchos, relojes, toallas mantas sábanas, adornos chinos, bufandas que dicen «Tu envidia es mi bendición» y otros mensajes, anteojos negros, anteojos transparentes, gorras, pegatinas, tinturas para ropa, tinturas para pelo, protectores de pantalla para celulares, zapatillas —calles y calles llenas de zapatillas—, asientos para coches, dinosaurios de goma, anillos de latón, globos terráqueos, paraguas, llaves y candados, empanadas salteñas y pancitos, licuadoras, coches usados pero muy lavados con sus precios en dólares escritos en el vidrio, cuadernos agendas y marcadores de colores, grifos y lavabos, cinta para pegar billetes rotos, sacos usados, colección de barbis, abrigos usados de piel falsa, corbatas usadas, mantas y frazadas, chicharrón de llama, charquekán de Oruro, sartenes cacerolas pavas nuevas, aceite para máquina, cubos copia de rubik, cadenitas con dijes, pesas de gimnasio, cinturones de cuero, tatuajes en el acto, montañas de DVD piratas, pilas para relojes, polleras de chola, sombreros de chola, ponchitos de chola, sopa de maní, chaquetas de soldado camuflado, ponchos rojos, pelotas y pelotas, memorias con mil temas musicales, los diarios del día desplegados —veinte hombres alrededor leyéndolos—, mantas de colores, tuppers, billeteras, celulares robados, gomas de borrar —solamente gomas de borrar—, maniquíes decapitadas y mancas con bombachas negras, relojes usados, pañales descartables sin usar, un baño público a un peso boliviano el uso y muchos perros sucios. Y el camino se bifurca y trifurca y cuatrifurca y hay más calles y puestos y más puestos y todo reaparece y se repite, salvo los coches y los futbolines y las muñecas trastornadas, y nada tiene un precio fijo y todo se negocia, se discute, todo se discute, y de pronto la lluvia: una lluvia pesada, fría, encabronada, una lluvia que cae de demasiado cerca.

Todos vendiendo algo, comprándolo: los aymara, me dicen, siempre fueron grandes negociantes. Hace unos años, me contaba Marco, él hacía tours para personas que venían a conocerlo y le tocaron tres políticos republicanos norteamericanos y los trajo al mercado y se morían de envidia:

—Los gringos me decían puta, qué envidia, este es el modelo que Estados Unidos debería seguir. Porque ese es su sueño, un país donde no se pague impuestos, donde el mercado mande. Estaban entusiasmados, me acuerdo de uno que gritaba esto es lo que queremos, acá no hay impuestos, acá manda la plata.

El mercado es territorio liberado: sus mercaderes no reportan al estado. Algunos dicen que, además, hay mucho contrabando, mucha droga, y que ese es el origen de ciertas fortunas alteñas; quién lo sabe.

—El centro del poder de El Alto es la 16 de Julio. A El Alto si le quitas la 16 de Julio le quitas el alma, no le queda nada.

Dice Marco.

Aunque le queden —jactanciosos, enhiestos— sus cholets.

*   *   *

Llámase cholet a un edificio de cinco o seis pisos con tiendas varias en el piso a la calle y una sala de fiestas tremebunda descomunal en el primero. En los dos o tres siguientes hay departamentos para los hijos del dueño y, en el techo, la vivienda principal hecha chalet de un piso o dos, con sus patios y plantas, animales, como quien se da el gusto de vivir en las afueras bien adentro. Y todo eso con todos los colores, todos los dibujos, todos los vidrios azul eléctrico y rosado bombón y verde flúor y dorado dorado: todos los trucos para que nadie —nadie nadie— pueda nunca no verlo. El color como una forma de la cachetada, la bombita de agua en la cabeza: los colores te chorrean por la cara, cumplen con su objetivo manifiesto.

El nombre le viene de un sarcasmo de clase: era, para los huequeños de La Paz, el estúpido chalet de un cholo, de donde esa palabra: *cholet*. Que poco a poco fue perdiendo su carga despectiva y se fue haciendo el símbolo de El Alto y lo convirtió en la única ciudad ñamericana con un modelo arquitectónico tan propio, distintivo.

El cholet es arquitectura-reguetón: la exhibición de riquezas sin pudor, la exhibición de quien piensa que la riqueza es un premio de Dios —o de alguien parecido.

La paternidad de los cholets se discute. Los mamanistas dicen que es el invento de un portento local, Freddy Mamani, que ahora da vueltas por el mundo exhibiendo su arte; los antimamanistas dicen que es un invento colectivo, el resultado del cruce entre las viejas tradiciones aymaras y las fantasías de sus dueños y las destrezas y confusiones de sus albañiles. Y nunca se llegará a ningún acuerdo, así que el tema se debate con arrebato y animadversión y mucha plata de por medio. La propiedad de los cholets, en cambio, parece más o menos clara: son de los esforzados que la hicieron y ahora quieren que todos lo sepan.

—El cholet es una manifestación de acumulación del capital, una casa que vale entre medio millón y tres millones de dólares. El aymara burgués es un emprendedor, es alguien que ha hecho su dinero comerciando, es gente que trabaja full, y full no son ocho horas, es de las cuatro de la mañana a las once de la noche. Gente que ahora hace negocios grandes, con China, Chile, Estados Unidos...

Dice Marco, que los conoce bien, que trabaja con Freddy Mamani. Yo le digo que son, también, el signo de una confusión:

—Es curioso que el lugar que se ve desde lejos como la amenaza roja que cuelga sobre la capital, que de vez en cuando la pone en vereda, sea, si uno la mira desde más cerca, el lugar donde tiene más fuerza un modelo de acumulación capitalista clásica, bien individualista...

—El Alto se mueve con dos patas, por su condición de exclusión histórica, aymara, pobre, por todo lo que ha vivido. Eso se traduce en lo que fue 2003, su capacidad de movilización y de presión política al estado. Pero la otra pata, el motor de El Alto, es esta economía liberal, capitalismo puro. Y por las dos nos temen. Nos miran con respeto, con un poco de miedo por el tema político, pero también por el capital que es capaz de generar El Alto. Porque es un sector potente que por ahora no se mete en política, pero cuando sus negocios se vean afectados, ahí va a entrar. Y los políticos lo saben.

La amenaza se yergue, brillante de colores.

Hay, dicen, ahora en El Alto unos cien cholets completos —y quizás otras tantas imitaciones imperfectas. Se levantan orgullosos, definen la ciudad; muestran, además, que, a diferencia de muchos ricos ñamericanos, los aymaras no se llevan su plata a Miami o Panamá: la siguen invirtiendo en sus lugares. Muestra, también, que cuando se enriquecen no se van; se hacen una gran casa en el mismo lugar donde vivieron siempre, en medio de sus vecinos, sus parientes..

—Pero lo importante de los cholets no son sus colores, su imagen, sino sus prácticas culturales, las fiestas como espacio de encuentros, de intercambios. Se equivocan los que creen que esas fiestas largas, dos días, tres días, bodas, bautizos, que ahora se hacen en los cholets son solo para tomar; tomás, pero vas a una fiesta sobre todo a hacer negocios, a buscar quizás una esposa para un hijo, a concretar algo.

Me dice Roy. Roy es hijo de un hombre que, con su trabajo, pasó de la pobreza al cholet. Ahora se dedica a hacer negocios con lo que tiene su familia. Y me cuenta, también, ciertos detalles del proceso:

—Cada vez que terminas algo, un piso, un techo, lo que sea, haces una pequeña fiesta, una ch'alla, para celebrarlo. Una ch'alla es el agradecimiento a la Pachamama por lo que estás haciendo. Antes era matar a un cordero y derramar su sangre, por ejemplo, en los cimientos de la casa. Hoy es diferente; el otro día nosotros hemos ch'allado un terreno y hemos puesto una cabeza de chancho. Yo nunca había escuchado eso. Cuando vas a ch'allar te contratas un iatiri, que muchos le dicen brujo pero no, es un consejero espiritual, que después de hacer todo su ritual te da consejos… Entonces el iatiri tenía una mesa con cositas, dulces, formas, lanas, fetos de llama, y la cabeza de chancho, y después todo eso se quema, para que quede allí. Pero otra vez vi una llama: la han cortado, viva, y han empezado a esparcir su sangre. O cuando empiezan a construir también entierran algo, para que la casa tenga su firmeza; hay gente que dice que incluso entierran borrachitos ahí abajo, para que la casa no se mueva, que la Pachamama esté contenta…

—¿Cómo, borrachitos?

—Bueno, dicen que enterraban gente, que en las construcciones grandes entierran gente. Y dicen que vas viendo un borrachito, le vas charlando, le das de tomar, lo ponés a dormir, lo entierras ahí, y listo.

—¿Y será cierto eso?

—No se sabe si es cierto o es un mito urbano, nadie quiere hablar mucho de esas cosas. Son cuestiones bien íntimas…

Y del lado de atrás, que no se ve —del lado íntimo—, los cholets también terminan en paredes de ladrillos sin revoque.

* * *

Ya era de noche; entré porque me sorprendió la corriente sostenida de hombres más o menos jóvenes que entraba en un garaje a través de una puerta pequeña. Y, después, que detrás de la puerta se abriera un pasillo más ancho y a la izquierda hubiera un mingitorio abierto —cuatro urinarios contra la pared— y que las luces fueran rojas y sonara una cumbia chicha y los hombres siguieran avanzando y entonces, recién entonces, empecé a ver a las mujeres. Las mujeres eran del todo jóvenes y tenían si acaso una bombacha tipo nada y un corpiño a juego. Hacía frío; algunas esperaban de pie junto a estufitas que había, cada tanto, en la pared; la mayoría esperaba junto a puertas con números, y detrás de las puertas había una pieza chica con una cama de una plaza y una estufa. Había treinta o cuarenta de esas piezas, una al lado de otra en el pasillo que bordeaba un patio techado; en el segundo piso había un pasillo semejante, más piezas, sus mujeres. Ellas, pese al frío, sonreían, y la sonrisa no es un producto local; la mayoría, altas, piernas largas, arrubiadas o claramente negras, tampoco parecían. Unas pocas tenían polleras de chola y camisas de chola y trenzas de chola y eran gordas, anchas como una pachamama.

En el patio techado, junto a una barra que vendía cerveza muy barata, había un cartel enorme, cuatro metros de ancho. Su título era «Comunicado» y lo decoraba una rubia tetona piernas grasas. El Comunicado informaba a las trabajadoras —y clientes— que «A partir de la fecha se controlará los siguientes documentos para el ingreso y trabajo al local: 1. Carnet de identidad original. 2. Libreta de sanidad al día. Para las señoritas extranjeras: 1. Documento de radicatoria vigente. 2. Libreta de sanidad al día. Requisitos de higiene: —Un alcohol en gel. —Un alcohol medicinal. —Higiénico blanco. —6 toallas pequeñas. —Un ambientador en spray. —Un jaboncillo. —Un maletín o bolsa de mano».

Los hombres seguían circulando. El mecanismo estaba claro: entraban, se ponían en fila, caminaban por el pasillo y, si encontraban lo que buscaban, se quedaban. Si no, se iban un rato al patio, tomaban una cerveza, esperaban, volvían a caminar por el pasillo. Algunos conversaban, pocos se reían, el olor a desodorante era un mazazo. Muchas puertas estaban cerradas, pero busqué una abierta y me sentí una basura cuando le pregunté a esa mujer con mucha más pintura que vestido que cuánto cobraba y ella me dijo que sesenta miamor y yo le pregunté por cuánto y me dijo que por quince minutos. Sesenta, por decir, son ocho dólares. Después salí a la calle y vi que había más puertas como esa, sus corrientes de hombres más o menos jóvenes, sus búsquedas de viernes a la noche, la tristeza. A la calle no llegaban las músicas; en la calle el olor era una mezcla de meo y pollo frito, y llovía apenas.

En la calle, en la esquina, en la llovizna, un señor bajito mexicano —su campera de jean, su pantalón de jean, sus botas puntiagudas— peroraba ante veinte o treinta hombres que lo escuchaban con atención flotante:

—¿Y cómo se llama hacer eso, hacer el amor o hacer sexo? Si estás pagando es una cosa, pero si es tu mujer, tu novia, tu pareja es otra, ¿y eso cómo se llama? Sí, hacer el amor, gracias. Y eso no es cuestión de subir y bajar, hacer el amor es todo un arte y ese arte muy pocos hombres lo saben. Hay varones aquí parados que tienen cinco años de casados, tres hijos, y cuando tienen su relación sexual no saben ni qué hacen. Por eso hay tanto cachudo, tanta mujer insatisfecha. Porque a los hombres solo les gusta montar. ¿Y saben quién monta? El burro, el caballo, el toro. Y algunos se creen que es una cuestión de cantidad, y por eso les hago una pregunta básica: el sexo todos los días, ¿será bueno o será malo?

Y así siguió sin pausa media hora, revelando a su audiencia la verdad de la vida e imágenes de coitos en fotos de colores. Los concurrentes iban y venían. Al final, el señor quiso venderles ginseng para mejorar sus prestaciones. Dos le compraron; los demás se fueron arrastrando los pies, y el señor se quedó solo guardando sus fotos, su mercadería, refunfuñando en mexicano percutido.

—Pinches indios, no cachan una mierda.

—Si desde chiquita te han violentado y siempre fue normal, nunca nadie dijo nada, toda esa explotación sexual laboral te parece natural. Y en ciertas familias a las hijas mujeres se las ve como una fuente posible de ingresos: muchas veces son los padres y las madres que las comercializan, que las venden al hombre que las va a explotar.

Ximena Machicao es feminista, socióloga, paceña: ha trabajado años sobre la explotación sexual de las mujeres de su país.

—Yo he trabajado con dos organizaciones que rescatan chicas menores de edad del trabajo sexual de calle en El Alto. Hay muchas, demasiadas, y trabajan a la luz y paciencia de todo el mundo. Y casi todas están lastimadas, golpeadas, y son adictas a la clefa, esa goma de pegar que es la droga más barata, tan dañina. Muchas de ellas les dan plata a sus gigolós, que suelen ser pandilleros, muchachos jovencitos. Y cuando les preguntaba qué las había llevado allí me contaban sus historias de familias muy disfuncionales, con mucha violencia. La mayoría de las muchachas habían sido violadas de muy niñas por el padre, el hermano, el padrastro, un tío…

El Alto es, también, una de las ciudades más violentas de Bolivia —en reñida competición con Santa Cruz. Hay pandillas, hay alcoholes y drogas fuertes y baratos, hay lugares donde te dicen que no vayas de noche, hay asaltos, hay asesinatos. En muchas esquinas los vecinos pintan un mensaje repetido: «Auto sospechoso será quemado. Ladrón pillado será quemado». Algunos, más explicativos, agregan un muñeco tamaño hombre colgando de algún poste. Le pregunto a don Santiago, que vende ruedas de coche en esa esquina, y tiene, en medio de cada diente superior, un trocito de oro, si de verdad los queman.

—No, lo ponemos para que no vengan, no se vaya a creer.

—Pero ¿y si vienen?

—¿Cómo que si vienen?

—Sí, si viene alguno y lo descubren y lo agarran, ¿qué hacen?

—Ahí nomasito se lo damos a la policía.

—¿Siempre?

—Bueno, siempre…

Me dice, con esa cara de para qué vamos a hablar.

No hay datos confiables, dice Álex Ayala, cronista clásico hispanoboliviano, porque la policía no lleva un registro preciso, pero calcula que en El Alto hay entre uno y cuatro linchamientos de delincuentes cada mes —en nombre de una supuesta «justicia indígena», directa, expeditiva. Los cálculos, en este tema, son difíciles: muchos se ocultan, no se computan, se cuentan de otros modos. A nadie le interesa registrarlos.

—La violencia sexual en la familia es incesante, aquí en Bolivia cada día violan a cinco o seis niñas más. Y eso produce una naturalización de esa violencia. Sí, las nuevas generaciones han aprendido a romper el silencio, pero romperlo puede costarte la vida. El empoderamiento de esas nuevas generaciones, que en buena parte se debe al feminismo, puede ser fatal.

Me dice Ximena, y que ahí está la paradoja, que esta suerte de poder a medias hace que denunciar malos tratos pueda ser más que peligroso:

—De las diecisiete mujeres asesinadas en Bolivia este mes de enero, todas habían hecho denuncias por violencia, todas. Entonces ahí se plantea el problema del acceso a la justicia, del sistema policial, de toda una estructura podrida que nos deja sin defensa...

En ningún país de Sudamérica matan —en proporción— a más mujeres. Aquí un tercio de los crímenes que se denuncian son violencia de género.

* * *

La Ceja es una de esas zonas donde te dicen que no vayas de noche —ahí, te dicen, están los cogoteros, los que te ahorcan con una cuerda que ellos llaman pita— y es, al mismo tiempo, el centro de El Alto, si El Alto tiene un centro. La Ceja es un revoltijo de minibuses atrancados, negocios y negocitos y puestos y carritos, los gritos de vendedores que se cruzan y los olores peleándose en el aire, cables cortando el aire, personas y más personas y una persona más: en La Ceja siempre hay una persona más, siempre algo sobra.

—Bueno, acá uno viene porque tiene trabajo o porque viene a buscar algo. Si no, ¿para qué vas a venir acá?

La Ceja es la apoteosis de ese «comercio informal» del que vive la mayoría de los alteños. Aquí hay ají de papalisa, ají de panza, ají de lenteja, ají de fideo, sopa de maní, sopa de quinua, sopa de trigo, chairo, fricasé, sajta, charquekán. Pocas sonrisas hay, tampoco. En general, pocas sonrisas en El Alto. Y después, como suelo, me discuto: ¿será que solo sonríen cuando importa?

Y la quietud de los buses es desesperante. Cuando lleguen por fin realmente el desarrollo y el progreso llegarán los trancones de coches privados. Ese es el modelo, aspiramos a eso: han conseguido que aspiremos.

La Ceja es el centro pero está en el borde: en el final de la meseta, asomada al precipicio y, también, al lado del peaje que marca el límite de la ciudad. Aquí está la primera de las alcaldías quemadas de El Alto, la de 2003; la segunda, la de 2016, está en Villa Dolores, un barrio próspero. La actual espera que la quemen en el Centro de Convenciones, cerca de un mercado campesino; la tentativa de octubre 2019 no terminó de conseguirlo.

Pero si, dentro de la continuidad, algo cambió en El Alto, ese cambio quedó sancionado en 2015, cuando el MAS perdió las elecciones a manos de una joven de centro derecha, Soledad Chapetón, alcaldesa en sus treintas.

—Bueno, mi pueblo era más alto pero no había trabajo. Sí, quince años hace que me vine. Llegué con Evo, casi. Y a El Alto lo vi crecer, ganar en estos años. Y el Evo también, que siempre ha estado con nosotros, la clase pobre, ¿sabe?

Dice Benjamín, cuarenta apenas, zapatero remendón con puesto fijo.

Al lado de las llamitas muertas, de los pequeños cadáveres secos de los bebés de llama que venden en sus puestos las señoras, junto a hierbas y piedras y caracoles y pajaritos muertos, todo para la Pachamama, esas alcancías con cara de chancho que también venden, toscas, verdes, cobran de pronto un carácter siniestro, cadáveres de cerdo ellas también, recuerdos de la muerte por monedas —digo, para decir que todo cambia tanto según qué lo acompañe, dónde esté. Un poco más allá, los brujos o amautas o quién sabe magos: son cincuenta o sesenta en sus casillas de material seguidas, cada una con su fogón delante, y en cada una uno te ofrece arreglarte la vida, devolverte al amado, protegerte la casa, curar tus dolencias más extrañas, pagar tus deudas con la Pachamama, sacar la mala suerte de tus días.

Aunque después pasan las cosas: en una plazoleta un hombre mayor, moreno, los rasgos aindiados, la cara y la ropa muy usadas, tres folletos revolucionarios en la mano izquierda contra el pecho, arenga a unos veinte o treinta parecidos: les habla de la esclavitud del proletario, del origen de los sindicatos, de la violencia de los blancos. Cuando llego y me sumo a la ronda, empieza a hablarme a mí:

—Usted, que sabe pensar, sabrá que…

Me dice por ejemplo como si, de pronto, nadie más le interesara, y así sigue. Es molesto, y al final se lo digo. Pero es, sobre todo, revelador —de algo que uno preferiría ignorar.

Y un poco más allá, contradicción, una estación del teleférico. El teleférico empezó a funcionar en 2014 y sus burbujas atraviesan los cielos alteños y paceños, pura modernidad, pura elegancia. El teleférico es la ilusión de que otro mundo es posible: a unos cuantos metros sobre el nivel de la tierra —que ya está, recuerdo, a cuatro mil sobre el nivel del mar— todo es limpio, ordenado, transparente; todo funciona como debería, cada cual tiene el lugar que se le debe, todo es pura mirada. Aquí no se compra ni se vende, la autoridad está muy clara; aquí no hay, como allá abajo, olores, roces, ni siquiera apuros: el tiempo es otra potestad del teleférico, él lo regula, él lo maneja.

(Solo que dura unos minutos; después hay que bajarse al mundo verdadero y su caos, ahora, es tanto más notorio. El teleférico, al fin y al cabo, es cruel de una crueldad innecesaria.)

Y al mismo tiempo la zozobra de colgar en el aire, preso de una burbuja transparente.

* * *

El Alto, queda dicho, es una ciudad de inmigrantes, donde todos son inmigrantes o hijos de inmigrantes: una ciudad hecha de personas que no pudieron o quisieron quedarse en sus lugares. Las personas de más de cincuenta nacieron, casi todas, en algún otro sitio. Y después está la generación de sus hijos —y sus nietos— que nacieron aquí, que ya no son migrantes, que hablan sobre todo castellano: la tele, la escuela, internet los unifican en la lengua más globalizada. Algunos saben un poco de aymara o de quechua para hablar con la abuela o cantar el orgullo nacional pero, me dicen, lo usan poco.

Hablan, si acaso, aymarañol,
hermano.

Pero siguen llegando. Y, para la mayoría, los terrenos de los primeros barrios, los más establecidos, son demasiado caros, así que se van a donde pueden, lejos, más lejos. Senkata es la periferia de esta periferia: el barrio de los depósitos de gas, el barrio de los enfrentamientos, a unos diez kilómetros de La Ceja por la ruta de Oruro. En Senkata, como en otros bordes, siguen vendiendo lotes, cada vez más apartados, cada vez más desprovistos, que recuerdan —me dicen— lo que era todo El Alto hace treinta, treinta y cinco años. Aquí, ahora, te venden un terrenito por dos o tres mil dólares y algunos vendedores incluso te regalan mil ladrillos para que puedas empezar tu casa.

—La ciudad es así, se ha hecho a sí misma. Aquí el estado es casi inexistente, nunca nos dan nada; entonces la cosa es bueno, si no nos lo dan tendremos que hacerlo. Y lo hacemos.

Dice mi amigo Alexis Argüello, treinta y pocos, escritor, editor, librero alteño —y orgulloso.

Senkata es un desparramo de calles embarradas y edificios sin terminar, ladrillo y cables; algunos llegan hasta los cuatro y cinco pisos. A la entrada un mercado, dos cholets sin revoque, remolino de buses y minibuses y camiones, la carretera que corta en dos el pueblo.

—No, cinco años nada más, seis añitos hace que nos vinimos. Más allá vivíamos nosotros, pero acá nos pudimos comprar una tierrita para construir.

—¿Y ya pudieron?

—Sí, construindo estamos, nomasito.

Me dice don Favián —con ve, me dice— que tiene un taxi: un capital, un ingreso constante y el miedo constante de que el coche se le rompa y todo se derrumbe. Aquí una casa es un proceso largo, años y años de ir consiguiendo y agregando ladrillos, los caños, los cables y la luz, los suelos, las ventanas, el baño, la cocina. Un proceso donde cada metro es un triunfo, un paso más en el camino interminable. Ciudades a medio hacer hechas de casas a medio hacer o, mejor: vidas donde todo es un esfuerzo continuado, espera contra espera, logro sobre logro. Vidas como una expedición sin fin a conseguir eso que otros tenemos antes siquiera de pensarlo.

Y un esbozo de avenida principal y sus veredas de barro, yuyo y perros y pintadas por Evo y contra Evo, que en unos años va a estar hecha, va a ser una avenida principal. Y, al fondo, sobre la carretera, una docena de consultorios dentales y de peluquerías y tres o cuatro academias de música y materias escolares, y servicios de celulares y farmacias y abogados y tiendas de tortas de colores y cantidad de freidurías de pollo, por supuesto, y un par de bancos y un par de alojamientos y una papelería y una veterinaria y cuatro o cinco salones funerarios: muchos salones funerarios, que nadie vive para siempre.

Pero unas cuadras más allá los paredones de la planta de acopio de combustibles de Senkata están recién construidos, sin pintar; hace meses, miles de senkateños los tiraron abajo con las manos. Estaban tratando de impedir que salieran los camiones para La Paz, cuando Evo Morales era destituido y sus partidarios, para defenderlo, intentaron dejarla sin gas ni gasolina. La policía intervino; en unas horas mató a diez manifestantes —y sus familias, ahora, reclaman justicia.

Reclaman; el estado —como suele— se hace el tonto.

Ellos —como sus muertos— salen a la calle.

El Alto es eso y es lo otro; es,
como todos los sitios,
mucho más, vanguardia,
retaguardia.

Quizá con esto ya esté todo dicho; quizá, no todavía.
Quizá no, todavía.
Hay lugares donde siempre es nunca —y no hay otros lugares.

EL CONTINENTE PARTIDO

Te dicen que es la región más desigual. Que no es la más pobre –para eso está África– pero sí la más desigual: donde las diferencias entre ricos y pobres son más brutas. Para entenderlo –para tratar de entenderlo– es necesario saber de qué vive, cuáles son sus riquezas, quién se las queda y cómo: sus recursos, la lucha, sus pobrezas.

Todo empezó cuando llegaron esos hombres, la segunda ola.

Desde su desembarco, los hombres que se apoderaron de la región la usaron para extraer esas materias primas que se necesitaban en alguna otra parte: que se vendían mejor en alguna otra parte. Aquellos invasores buscaban oro y encontraron oros y sobre todo plata: el mineral de Potosí fue la primera gran inyección de metal en el mercado europeo, el cemento de un mercado global que empezaba a organizarse.

«La Edad Moderna se inició con la acumulación de capital que empezó en el siglo XVI (…) como resultado del tesoro de oro y plata que España trajo del Nuevo Mundo al Viejo», escribió, en 1930, John Maynard Keynes. Fue, sin duda, el mayor impacto de Ñamérica en la historia del mundo. Es triste –o no– pero es verdad que nunca, ni antes ni después, importamos tanto.

Esa riqueza se usó –inaugurando una tendencia que dura todavía– para solventar los gastos de un estado siempre deficitario. Fue ese estado, la corona española, el que lanzó la mayor operación de pillaje de la historia hasta entonces. Era un estado débil, así que concesionó la tarea: le dio a dos docenas de buscavidas la opción de quedarse con una parte del botín a cambio de organizar bandas armadas para llevar adelante la invasión y el saqueo. Pocas empresas tuvieron tal desproporción entre sus recursos y sus resultados: manadas de unos cientos conseguían derrotar imperios de millones.

No lo consiguieron porque sus armas fueran más brutas ni porque sus dioses fueran mejores –que quizá lo eran, lo uno y lo otro– sino porque hicieron política: estudiaron la situación, imaginaron planes, convencieron a partes, armaron alianzas y, en general, aprovecharon la fuerza ajena para el beneficio propio. Y así consiguieron, también, mano de obra barata: millones de personas que lograron dominar para que extrajeran esas riquezas y se las entregaran.

El resultado fue que pocas regiones del mundo vieron un reemplazo tan veloz, tan absoluto de su clase dominante como Ñamérica en el siglo XVI. Fue una revolución como nunca antes ni después vivió el continente: un verdadero *pachakuti* –escribió Walter Mignolo–, de esa palabra quechua y aymara que nombra ese momento en que todo –de los estados a las comidas, de los animales a los dioses, de las lenguas a los miedos, de las vidas a las muertes– se sacude y cambia de forma radical, definitiva.

En unos pocos años unos pocos españoles se quedaron con todas las riquezas: campos, minas, la fuerza de trabajo. De pronto se volvió tan claro que solo tenían poder político y económico los que pertenecían a esa clase, esa raza: los invasores blancos.

La desigualdad es constitutiva: Ñamérica se arma cuando llega un grupo de pobladores cuya única legitimidad consiste en ser diferentes de los pobladores anteriores. Estaba claro, entonces, que esos distintos tenían y mantenían el poder –por ser distintos.

(Porque un dios, decían, que era suyo, se lo había entregado.)

Después tuvieron tres siglos para asentar su dominio –y lo asentaron. Definían sus explotaciones por las necesidades e intereses de la metrópolis: por algo se llamaban colonias. El «mercado interno» era menor: la mayoría de los trabajadores eran esclavos o indios –semiesclavos–, así que no se los pensaba como eventuales consumidores: apenas había que proveerles el mínimo que garantizara la reproducción de su fuerza de trabajo, su supervivencia.

Este tipo de negocios –grandes minas, grandes plantaciones– que requerían mano de obra india barata o esclava sentó las bases de la desigualdad extrema: concentración de la riqueza, trabajadores sin derechos, diferencia tan radical, tan sin fisuras.

(Por eso, ese dato inquietante: que, en general, los países ñamericanos mejor desarrollados son los que no tenían, en tiempos coloniales, una cultura india importante, una base de población organizada para la explotación que los españoles pudieran explotar. Lugares donde, sin estructuras ni mano de obra, los escasos ocupantes tuvieron que buscarse la vida y trabajar; donde no pudieron armar esas sociedades radicalmente desiguales, llenas de servidumbre que, para muchos, definen la región. Digo Uruguay, Argentina, Chile, Costa Rica: los países con mejores índices de desarrollo humano, los países donde, pese a todo, es más fácil vivir.)

Con el tiempo las materias se fueron diversificando: el café, la caña de azúcar, el cacao, los cueros, las tinturas todavía durante la colonia y, después, también el trigo y la carne y la lana rioplatenses, el cobre chileno, el guano peruano, el tabaco caribeño, la banana tropical, el caucho, los nitratos, el oro, por supuesto, la plata y, por fin, el petróleo —que apareció en México y Venezuela y siguió apareciendo.

Pero los ricos y poderosos han sido siempre ellos, los otros. Se instalaron, mandaron y explotaron a una población que se veía distinta. Con lo cual el orden era claro: en Ñamérica hay diferencias sociales y raciales evidentes entre los ricos y los pobres. Ser blanco es formar parte, a priori, de los privilegiados —aunque haya, entre ellos, variaciones importantes. Pero la división principal siempre fue esa. Y fueron apareciendo mezclas: mestizos, mulatos y otros mixtos —que quedaban del lado de los pobres.

(Durante siglos la diferencia entre un país central y un país colonial fue que en los coloniales la clase se veía en la piel: los dueños eran de otra raza. En los países centrales, ricos y pobres tenían rasgos parecidos; en las colonias, no.

Más tarde, cuando los colonos europeos abandonaron sus posesiones africanas y asiáticas, los reemplazaron en el poder jefes locales de la misma raza que los pobres: un potentado africano es tan negro como sus obreros o sirvientes. En Ñamérica no: las diferencias raciales se quedaron.

No hay muchos lugares donde las diferencias sociales y económicas siempre se vieron tan claras en la piel. Ahora empieza a suceder en los países ricos por la migración de hombres y mujeres desde los países pobres. Es el proceso inverso: los que llegaron a Ñamérica a partir del siglo XVI ocuparon los lugares de poder; los que llegaron últimamente a Francia o Alemania o Estados Unidos o —incluso, ahora— España son confinados en lo más bajo de la escala social.)

En Ñamérica en el siglo XIX, cuando se armaron los países, fueron los mismos blancos los que se sacudieron la corona española para seguir mandando. Les sirvió, para eso, como siempre, el viejo truco de la Patria: revolearon banderas, inventaron himnos y leyendas, mandaron muchachos a matarse y consiguieron gobernar sin necesidad de rendir cuentas a un virrey demasiado presente, un rey demasiado lejano.

Aquellas revoluciones se hicieron en nombre de unos nacionalismos incipientes: que los habitantes de tal región no tenían por qué seguir obedeciendo a autoridades muy distantes. Pero esos habitantes no tenían con aquellas autoridades diferencias culturales, religiosas, raciales importantes. A la mayoría de los ñamericanos el cambio de gobierno de las capitales —el nacimiento de las patrias— no les cambió gran cosa: sus vidas siguieron siendo parecidas. Los patrones blancos, en cambio, sí lo aprovecharon. Si la primera gran oleada de apropiación fue la conquista, cuando se armaron latifundios, explotaciones varias, la segunda empezó cuando aquellos ricos liberados se lanzaron a ocupar las tierras reales de sus países nominales, a hacer palpable lo que decían los mapas.

El resultado de tantos siglos fue que, hasta hace muy poco, ser blanco era condición necesaria —aunque no suficiente— para ser rico en Ñamérica. Empieza a desarmarse, muy de a poco.

Pero, en general, el truco original todavía funciona: los conquistadores podían hacer con sus conquistados lo que querían porque creían —de verdad creían— que no eran personas, no estaba claro que tuvieran alma, eran poco menos que animales; sus herederos lo siguen pensando. Solo que ya pasaron casi quinientos años; entonces, ahora, les dan, de tanto en tanto, un par de kilos de comida o cuatro rebencazos.

Sabemos —¿sabíamos?— que las formas de la economía cambian las formas en que una sociedad se organiza, y viceversa. En las sociedades donde el capitalismo funcionó según sus reglas —donde se armaron las reglas del capitalismo—, ciertos sectores consiguieron poder político porque habían ido acumulando poder económico. Inventaban unas máquinas o una forma de usarlas, tenían o conseguían un capital, instalaban una fábrica, iniciaban un comercio, se enriquecían y entonces peleaban por una cuota de poder político que reflejara su peso económico.

Cuando una sociedad vive de la explotación de sus riquezas naturales sus individuos no inventan formas de producir sino maneras de apoderarse de ellas, de controlarlas y venderlas. En esa sociedad el poder político define, por lo menos en su origen, el poder económico: los que mandan se quedan con las fuentes de riqueza. Se hacen con las tierras, aprovechan su fuerza para quedarse una mina o un pozo. Es lo que sucedió casi siempre en Ñamérica.

La imagen de Ñamérica como una región basada en su naturaleza tiene que ver con que el poder estuvo, durante tanto tiempo, basado en su naturaleza: en la posesión de esa naturaleza. Y viceversa: son sociedades donde el poder da, sobre todo, derecho de rapiña. Sociedades donde la clase dominante dura. Donde el poder económico está mucho más concentrado y se mantiene. Se lo guardan los que manejan el poder político —y solo los cambios políticos pueden producir cambios importantes en el control de esas riquezas naturales.

Por eso, también, en general, los campesinos son mucho más pobres que los urbanitas; por eso, claro, siguen yéndose.

La rapiña,
la raza.

*   *   *

A mediados del siglo XX algunos países ñamericanos intentaron —más tímidos o más decididos— la creación de industrias propias. Algunas funcionaron; muchas se arruinaron cuando el contraataque liberal del Consenso de Washington, en los noventas, abrió los mercados, facilitó las importaciones de productos americanos, europeos —al fin chinos— y se cargó las fábricas locales. Ahora la mayor parte de Ñamérica volvió a vivir de sus materias primas. Las llaman *commodities*: según el *Cambridge Dictionnary*, una *commodity* es «una sustancia o producto que puede ser comerciado, comprado o vendido».

(Esa «comodificación» de los países ñamericanos se dio distinta en cada uno pero, en general, fueron grandes decisiones que no tomó la democracia. Me perdonarán un ejemplo cercano: la Argentina sufrió un cambio radical a partir de 1976, cuando volvió a convertirse en un país básicamente agroexportador, lo que había sido hasta 1920 o 1930, cuando un sector de la famosa «burguesía nacional» decidió intentar convertirlo en un país industrial. Sus problemas son largos de exponer; lo cierto es que el golpe militar del '76 decidió la vuelta atrás, que continuaron los gobiernos democráticos siguientes, y ahora la Argentina se dedica a producir y exportar grano. Esa transformación, la más importante que sufrió el país en muchas décadas, no fue decidida por sus ciudadanos. No hubo en ningún momento una consulta democrática, no hubo siquiera una discusión pública de ese cambio radical. Una vez más, la democracia no intervino en el debate más importante. Y, después, algunos se sorprenden de que tantos descrean de ella.)

A principios de este siglo la economía de Ñamérica creció un poco. Fueron unos años extraordinarios –en sentido estricto–: los precios de las materias primas en que la mayoría de los países de la región basan sus economías aumentaron y aumentaron. En el año 2000 la tonelada de cobre valía unos 1.800 dólares; en 2012 llegó a 8000. La tonelada de soja valía unos 200 dólares en 2000; en el 2012, 595. El petróleo, en 2000 unos 28 dólares cada barril Brent; en 2012, 110. La tonelada de maíz, 88 y 280; de trigo, 97 y 295; de estaño, 5.400 y 21.100; de plomo, 448 y 2.050. El kilo de carne pasó de 1,90 a 4,20 y el de café, de 0,90 a 2,30.

O sea: en esa década, los productores y los estados ñamericanos triplicaron o cuadruplicaron sus ingresos por exportaciones de sus materias primas. Va de nuevo: por producir lo mismo, ingresaron el triple, el cuádruple. El dinero afluía: lo que cada cual hizo con eso marca diferencias radicales. La economía condiciona pero no define, y las mismas causas produjeron el estatismo populista venezolano, el capitalismo privatista chileno, la inclusión indigenista boliviana –por citar solo tres países que viven básicamente de sus minerales.

Y la humillación de comprobar que, cuando parecía que por fin habíamos tomado la iniciativa y empezábamos el famoso despegue solo estábamos aprovechando –por un rato– lo que pasaba más allá, en esos lugares donde se decide cuánto valen las cosas. Está claro: la razón principal de la mejora ñamericana en la primera década del siglo fue el desarrollo explosivo de China, que crecía diez por ciento por año y aumentaba la demanda y por lo tanto los precios de todas esas materias primas que cada vez necesitaban más.

Como las compraban había más dinero, como había más dinero empezaba a haber más consumo, como había más consumo venía más dinero que quería aprovechar ese consumo, venderle más y más. Commodities y capitales, ventas e inversiones.

Fue bonito: por unos años bajaron los niveles de pobreza y –menos– de desigualdad, porque esos superávits permitían –o imponían– algo más de distribución. Pero no duró mucho; China se desaceleró, Estados Unidos se puso alerta, los precios volvieron a bajar y crecieron los problemas que esos aumentos habían disimulado; es lo que pasa cuando uno depende de otros, del famoso mercado global.

(Solo México es distinto, menos comodificado: por los tratados del Nafta se instalaron allí cientos de fábricas americanas que aprovecharon la mano de obra barata y manejable, las ventajas fiscales. Las llamaron *maquilas* porque no fabrican realmente: arman las piezas que reciben, maquillan el origen. Y son una de las grandes razones del éxodo de campesinos mexicanos hacia sus ciudades, su crecimiento desmadrado. A Ciudad Juárez, por ejemplo, en la frontera norte, en la década de los noventas llegaban cien mil hombres y mujeres cada año para trabajar en esas fábricas que les pagaban tres veces menos que a sus colegas del otro lado del río Bravo –pero tanto más que sus patrones rurales o sus trocitos de tierra difícil. Dejaban, además, sus milpas porque esos mismos tratados que permitían la instalación de las *maquilas* permitían importar sin tasas el maíz de Estados Unidos, tan subvencionado, tan barato que los campesinos locales no podían competir con esos precios. Les quedaban dos opciones: migrar a las fábricas, cultivar amapola.

Empezaron las muertes)

Más allá o más acá de México, las materias primas sin procesar o levemente procesadas son, en promedio, el 82 por ciento de las exportaciones de los países ñamericanos. Hay diferencias, por supuesto, entre el 71 por ciento cerealero de Argentina y el 98 por ciento petrolero de Venezuela, pero la base es la misma: exportamos nuestra naturaleza para que otros la usen.

* * *

Aquí no es fácil conseguir una banana.

Esta finca, en la provincia ecuatoriana de Los Ríos, produce cada mes cuatro millones de superbananas que exporta a los mejores mercados de

América y Europa, pero cuando les pido una para probar les cunde el paniquito: no la encuentran. Poco a poco entenderé por qué.

—No termino de saber cómo le dicen: banano, banana, guineo, plátano...

—Lo que quiera, patrón. De cualquier forma que le diga va a estar bien.

Ecuador es el primer exportador de bananas del mundo: un tercio de las que se venden por ahí salen de aquí. Y aquí la banana es la segunda fuente de ingresos, detrás del petróleo. El negocio de la banana ocupa a doscientos mil trabajadores en las fincas y, dicen, casi diez veces más en las actividades relacionadas. Ecuador tiene, en total, ocho millones de habitantes «económicamente activos». O sea que un cuarto de los trabajadores ecuatorianos vive del banano: ese es el peso. Una maqueta de lo que somos, en general, los países ñamericanos.

—Esa mata ya está parida.

Me dice el ingeniero Edson, y me muestra un bulto en el tronco de un banano.

—Nueve meses le cuesta, pobre, terminar de parir su racimo.

Las plantaciones de bananos hacen bosque: en una hectárea se amontonan mil quinientos. Entonces sus hojas se mezclan y crean un techo caprichoso verde húmedo y el suelo rebosa de sus restos —otras hojas, trozos de troncos, la podredumbre que todos ellos van haciendo—, y el aire de mosquitos. Hay fango, canales encharcados con puentes de dos cañas, los zumbidos, el techo vegetal: un mundo chiquitito, una versión del mundo. El paisaje bananero es pletórico, ubérrimo, espléndido: es un paisaje esdrújulo, lleno de verde y hojas poderosas que dan gritos de fertilidad, de trópico encendido, lugar común Ñamérica.

Podría haber sido el cobre en Chile o en Perú, el petróleo en Colombia o Venezuela, la soja en Argentina o Paraguay, el azúcar en Cuba o en Dominicana, el café en El Salvador o Guatemala, la carne en Uruguay, el gas en Bolivia, la banana también en Costa Rica o Panamá: esos productos principales que definen la economía de cada uno de nuestros países, que nutren su balanza de pagos, que condicionan las vidas de millones. Elegí la banana porque hay pocas imágenes tan ñamericanas como esa comba regordeta amarilla con sus puntas oscuras. La banana está presente en el imaginario que define a nuestros países —algunos más, otros cada vez más– como «republiquetas bananeras»; está presente en las historias de la United Fruit como la quintaesencia de la empresa gringa manejando gobiernos y naciones; está presente incluso en la masacre –corregida y aumentada– de campesinos que cierra la novela más leída.

Lo tiene todo: la banana, de puro ñamericana, también es una mezcla. Viene de Asia pero la trajeron portugueses que la encontraron en África. Migración, mestizaje, adaptación, desarrollo
y al fin ícono, símbolo, dibujo.

Pero un banano –cada banano– es la mejor metáfora del tiempo. Cada banano son tres tallos distintos, juntos y diferentes. En el medio, el tronco de la planta presente, de donde salen las hojas y ese único racimo que debe producir para justificarse. A un lado, muerto, trunco, el tronco pasado, el que produjo ese racimo hace unos meses y alguien taló para dejarle su lugar al actual. A otro lado, incipiente, el tronquito futuro, apenas una hoja que, dentro de unos meses, cuando cosechen y talen el tronco principal, va a ocupar su lugar. Tres unidades, pasado, presente y futuro en una sola planta: el tiempo, la crueldad del tiempo en cada una.

Cada banano visible es el descendiente de un banano que empezó en ese mismo sitio hace quién sabe veinte, cuarenta años, y que fue muriendo –al que fueron matando– para que su hijo, primero, su nieto después, su bisnieto, ocuparan su lugar. Cada generación tiene un solo cometido: producir su racimo, dejar su hijo, desaparecer.
Cuando talan a su madre padre el hijo crece en serio. Crece y crece, saca hojas y más hojas y, al cabo de seis meses hace esa flor que será el racimo: lo llaman parir. La flor cuelga hacia abajo, se va abriendo, deshaciéndose de sus grandes pétalos y, al fin, surge el racimo: las bananas que justifican todo. Cuando sale, lo enfundan con un plástico que lo cubre entero.
–Si el enfundador no llega a tiempo la avispa, la abeja, el murciélago dañan el racimo y cuando lo coseches te va a quedar muy poco.
También le ponen una cinta de color que marca en qué semana apareció: es su partida de nacimiento. Y algunos ponen incluso unos discos de espuma entre fila y fila de bananas para que las flores de una no rayen las pieles de otras. Y, durante el proceso, la van desmanando: sacando los racimitos –las manos– que sobran, que no son los mejores e impiden que los mejores prosperen como deben. Darwin se regodea.

—Cuando yo empecé a trabajar, en el año '91, no le poníamos nada a los racimos. Pero el europeo, el gringo, no comen con la boca, comen con los ojos. La fruta tiene que estar impecable, como si nunca hubiera estado en la naturaleza.

Me dice el ingeniero Edson y sacude la cabeza pero después se ríe. El ingeniero Edson tiene cincuenta y tantos, el cuerpo flaco, la cabeza despojada, la sonrisa dispuesta, muchas ganas de contar historias de bananos. El ingeniero lleva treinta años trabajando en esto.

(La vida en el banano: es fuerte pensar cuántos, cuánto, y todo para producir esos tallos amarillos que miramos de reojo, que se amontonan en un cajón al fondo del supermercado.)

*　　*　　*

La Clementina es la mayor finca bananera del país: dos mil setecientas hectáreas de bananos, tres millones de bananas cada día. Durante décadas fue propiedad de los Noboa; el actual, Álvaro, se postuló para presidente cinco veces y perdió las cinco. Hace unos años el gobierno de Correa le confiscó la finca so pretexto de unas deudas fiscales y la entregó, junto con deudas de decenas de millones, a una dizque cooperativa de trabajadores. Ahora los mil ochocientos operarios de La Clementina son los dueños pero cobran, además de las promesas abundantes y algún bono menor, el mismo salario escaso que cobraron siempre.

Son numerosos, tienen sus cometidos: está el deshojador que va sacando las hojas que se secan o rompen o agonizan —hojas de dos, tres metros, flor de hojas— y el deschantador que limpia el suelo alrededor y los fumigadores con sus tanques a la espalda y el selector que decidirá cuál de los retoños dejará para que sea el hijo que sobreviva y crezca y cortará los otros porque está claro que debe haber solo uno, y los cosechadores con sus racimos a la espalda: mucho machete, mucho hombre, soledad, silencio.

—Todo está en conseguir que la planta tenga la raíz suficiente para sacar del suelo todo lo que necesita. Una planta con raíces pobres siempre va a ser pobre.

Me dice el ingeniero Edson, y creo que no quiere hacer metáforas. A las diez semanas el encargado empieza a medir el grueso de los dedos del racimo —cada banana— y cuando llega al grueso esperado lo cosechan.

Al mismo tiempo cortan el árbol que lo ha dado: despejan el espacio para el hijo siguiente.

De pronto pasan treinta o cuarenta racimos de banana volando a media altura. García Márquez triunfa a medias: las señoritas por ahora no levitan pero sí las bananas. Son esos trencitos aéreos, cables tendidos que van encaminando los racimos hacia la zona del empaque. Y un poco más allá hay un cementerio, sus tumbas de colores; el ingeniero Edson me dice que fue una conquista laboral de los trabajadores.

—¿Que los enterraran aquí mismo, en su lugar de trabajo?

Él me dice que claro; yo, que nunca podría pensar un suplicio más brutal y más largo: algo así como hacer horas extras para la eternidad. Durante décadas los hombres trabajaron y vivieron aquí, aquí morían.

El cultivo de banana tiene algo que lo diferencia de la mayoría de las grandes producciones de materia prima: todavía no se encontró la forma de hacerlo sin personas. Mientras que el petróleo se saca por computadora, la soja expulsa campesinos, el cobre precisa cada vez menos mineros, el banano se mantiene irreductible. Necesita, hoy, la misma cantidad de trabajadores que hace cincuenta años porque nadie inventó —parece muy difícil inventar— máquinas que puedan reemplazar a los hombres en ese bosque enmarañado, ante esas plantas caprichosas: hombres y sus machetes.

(Para equilibrar, los patrones producen una economía donde las personas necesitan cosechar bananas: donde las opciones de trabajar en otras cosas son escasas y, entonces, la mayoría tiene que aceptar las condiciones que les imponen —o emigrar.)

—Sí, toda la vida trabajé en esto. Es duro, pero me gusta cuando tiene que venir uno de esos ingenieros a preguntarme cosas que ellos no saben...

Hombres: entre bananos no hay mujeres. Aparecerán después, en el empaque, en el etiquetado. Y cobran, me dicen, menos de un setenta por ciento de lo que cobran los varones.

Hace unos años la policía rodeó un avión que acababa de aterrizar en la pista de La Clementina; lo piloteaban dos mexicanos y lo esperaban varios colombianos y ecuatorianos y un camión con cuatrocientos kilos de cocaína. Nunca terminó de saberse quién les daba acceso; tenía que ser alguien con cierto poder dentro de la finca. No fue un caso aislado: las fincas son muy grandes y suelen tener, para los aviones de fumigar, pistas en un rincón perdido. Dicen que mucha cocaína colombiana aprovecha la frontera fácil y estos campos para volar a sus destinos.

—Sí, el sueldo siempre ha sido bajo. Me costaba mantener a la familia. Yo tenía hijos y tenía a mi mujer, que ya no tengo porque ella fracasó...
—¿Cómo que fracasó?
—Sí, eso, ¿cómo se dice? Falleció, mi señora, se murió hace unos años.
Wilian hizo de todo en la banana —«menos manejar tractores, que nunca me gustó»— y lo que más lo hostigaba era ir a la empacadora, con esa bulla que metía. En el campo solo le preocupaban las culebras pero se tranquilizaba, me dice, porque «ella nunca te va a morder si no te toca».
—¿Y usted cómo puede saber si le toca o no le toca?
Wilian la piensa; no quiere contestar a la ligera. Willian es enjuto, poca grasa, pocas arrugas para sus setenta y tantos.
—Ese es el problema, mi amigo. ¿Cómo puede saberlo?
Cuando su ex patrón hacía sus campañas políticas se llevaba trabajadores de la finca como fuerza electoral que, a veces, se volvía de choque. Tenían que hacer pintadas, pegar carteles, cuidar los actos, echar revoltosos; lo bueno, dice ahora Wilian, era que en esos pueblos siempre había fiestas, bailes, se pasaba bien, me dice, cómplice, los ojitos entornados del recuerdo. Pero que él nunca fue muy lejos, dice, fue a estas ciudades de acá cerca, para qué llegar más lejos si al fin y al cabo todo es igual, el mundo es todo igual.
—Todo, yo lo conozco todo, no necesito ir a ninguna parte para conocerlo todo.

La Clementina factura, por sus bananas, unos 42 millones de dólares al año. Y paga, en salarios, menos de 12 millones. Hay, ahí, 30 millones que no van a quienes los producen.
Ya nadie quiere llamarlo plusvalía.

—Nuestra pelea principal es para que los trabajadores del banano ganen por lo menos el salario básico de 400 dólares, que hay muchos que no llegan. Y que les den la afiliación al seguro social, que la mitad no lo tiene. Y que se mejoren las condiciones de salud, que con las fumigaciones y la falta de cuidados muchos trabajadores se enferman, se mueren.

Jorge Acosta es el coordinador de ASTAC, la Asociación Sindical de Trabajadores Agrícolas, Campesinos y Bananeros. Jorge Acosta primero fue piloto militar; cuando salió —«no me gustaban las injusticias que veía ahí adentro»— se hizo piloto de aviones de carga y, muy pronto, se pasó a la fumigación: los pilotos fumigadores ganan miles de dólares al mes. Allí empezó a hablar con sus compañeros sobre los daños que, pese a toda la protección que usaban, les causaban los plaguicidas que tiraban. Al fin presentó una queja que, en lugar de cambiar las condiciones de trabajo de los pilotos, les consiguió aumentos de sueldo. Acosta no estuvo de acuerdo y, además, se sintió intoxicado por esos pesticidas; en esos días había estado tirando uno que los Estados Unidos acababan de prohibir y se mareaba, veía borroso, tenía náuseas. Poco después empezó a hablar con otros trabajadores del sector para tratar de formar el sindicato. Fue en 2014 y ahora el sindicato existe, da la lata. Pero sigue habiendo muchos trabajadores que no pueden o quieren afiliarse. Y el gobierno, pese a varias intervenciones de la OIT, no los reconoce.

—En 2010 había unos diez mil pequeños productores de banano; en el 2017 ya quedaban solo tres mil y pico. Cada vez más el banano es un negocio de grandes empresas. Es que los chiquitos no pueden cumplir con las exigencias de los compradores europeos y norteamericanos. Para eso se necesitan unas formas y un volumen de producción que ellos no pueden alcanzar…

* * *

—Sí, aquí estuve siempre, dónde quiere que esté.

Don Enrique tiene 80 años, la mirada despierta, pelo negro y tupido que cuida con orgullo, que acomoda en su sitio todo el tiempo. Don Enrique nació aquí mismo, en este trozo de tierra con árboles de mango y aguacate, de guanábana y ciruelas y naranjas de este pueblo disperso, calles de tierra, Costa Azul. Don Enrique siempre vivió en una casa de cañas sobre pilotes; una casa con un porche abierto y dos habitaciones y cocina, una casa muy bien construida que ahora usa como depósito porque, hace unos años, aprovechó un plan del gobierno para hacerse una de material. Las casitas del gobierno debían tener cincuenta metros; don Enrique le dio un dinero al constructor para que se la hiciera un poco más grande, nada, dice, veinte o treinta metros. Don Enrique, me cuenta, siempre vivió de la tierra. Hace como cincuenta años pudo comprarse una hectárea no muy lejos y después heredó dos o tres más; durante muchos años sembró café, la variedad robusto.

—Con el café les estudié a mis hijos y mis hijas, siete fueron y todos estudiaron, gracias al café.

Pero después vino una enfermedad que se llamaba la broca, dice, la broca china, o algo así, y todas esas plantas se murieron y don Enrique se pasó al cacao y al plátano —ese que aquí llaman «verde», para cocinar. Y ahora lo sigue cultivando, con la ayuda de Oneide.

Cuando cumplió 20 años, Oneide se fue a vivir a Quito; allí se casó, tuvo hijos, trabajó en un par de empresas que fabricaban carteles de publicidad. Pero hace cuatro años, cuando murió su madre, sus hermanos lo convencieron de que volviera a acompañar a su padre, a trabajar con él, vivir con él.

—Sí, ¿vio qué raro? Todos se van del campo a la ciudad y yo me vine de la ciudad al campo.

—¿Y tuvo que aprender el trabajo del campo a los cincuenta?

—Bueno, yo había trabajado de chico; desde los diez mi papá me traía y yo lo ayudaba, aprendía. Y cuando volví me acordaba de todo, es como andar en bicicleta; ahí rapidito empecé a trabajar. No está mal. Hay días que no me gusta, tanto machete, tanto esfuerzo, pero en verdad trabajo menos horas que en la ciudad, no tengo jefe, estoy más tranquilo.

Perros se aburren y alguno corre una gallina; las otras picotean el pasto entre la casa del padre y la casa del hijo; Oneide me cuenta que hay una que siempre se va a poner los huevos a otras casas, una rebelde, y que le da ganas de matarla y comérsela de una buena vez.

—Mi papá dice que no, que una cosa es matarla para comerla y otra matarla por odio, que eso no debemos. Así que la gallinita de la verga le sigue dando huevos al vecino.

El trabajo no para. Cada dos semanas cortan las vainas de cacao y los racimos de plátanos que ya maduraron, pero los demás días siempre hay algo que hacer: deshojar, limpiar, cuidar las plantas para que estén contentas. Así que cada mañana Oneide se lleva a don Enrique hasta su tierrita, diez minutos de moto. Las motos —la invasión de motos chinas baratas— cambió tanto los campos y las ciudades de Ñamérica. Permitió que muchos pobres o casi pobres tuvieran su propio medio de transporte, les permitió buscar trabajos más lejos de sus casas, les dio una autonomía que durante siglos no tuvieron.

—Que haiga calorón, que haiga aguacero, todos los días hay que trabajar. Nosotros bien nos maltratamos, bien nos maltratamos.

Dice don Enrique, y Oneide dice que es así, que aquí el que no trabaja no gana y que todos los días hay que cuidar que el monte no desborde, a puro machete nomás, y don Enrique dice que él también, que no me crea, que él sigue macheteando.

—Mientras el cuerpo aguante… Pero el trabajo ha cambiado bastante. Antes no había esos químicos que les ponen ahora, ese olorcito que lo va enfermando a uno. Yo a mis plantas no les pongo nada. Si me he pasado toda la vida sin ponerles, y aquí estoy… Mire, joven; yo no soy muy religioso, pero creo que si Dios hizo la Tierra y las plantas y las cosas como las hizo, ¿quiénes somos nosotros para andar poniéndoles esas porquerías?

Su tierra se ve desordenada, el suelo lleno de restos desparejos, y los racimos están en sus árboles sin funda, desnudos, casi obscenos. Don Enrique y Oneide venden su producción a compradores que pasan, intermediarios que les pagan lo menos posible y se llevan su mercadería a las ciudades; vienen cada quince días y se llevan unos ochenta, cien racimos a dos dólares cada uno, solo que como no son tan grandes muchas veces les pagan dos por uno, así que terminan sacando poco más de cien dólares cada dos semanas —y otro tanto por el cacao.

—Los precios están bajando demasiado, hay demasiada gente produciendo plátanos y los precios bajan, antes llegaron a pagarnos cinco por racimo, vea la diferencia. Así no hay quien trabaje. Yo no sé qué va a pasar, imagínese, yo ya estoy viejo, no lo voy a ver, pero lo único que espero es que mi hijo pueda seguir con esto. Y, la verdad, no creo…

*　*　*

A mí también me sucedió: mea culpa, mea maxima culpa. Yo también, ignorante, distraído, pensé durante todos estos años que el olor a mierda era uno solo; esto, rotundo, me enseña que estaba equivocado. Esto es un muestrario de todas las variaciones posibles de eso que llamamos, con cierto descuido, olor a mierda. Esto es un gran galpón abierto en una colina desbordante de verde sobre un embalse de aguas mansas; en el galpón hay tres filas de veinte tanques de cinco mil litros cada uno, gordos, negros, plásticos; el sol brilla, los pajaritos cantan y los olores a mierda refulgen en el aire. Casi todos los tanques sirven para ir pudriendo cosas muy naturales —desde el jengibre hasta el cuerno de vaca— que, podridos, huelen a lo que huelen. Son insecticidas, plaguicidas, fungicidas, vitaminas, nutrientes varios para el suelo y la planta, maneras de hacer crecer una banana usando todos los recursos que la naturaleza ofrece y sin usar ninguno de los que ofrece la agroquímica, ganándose todas las cocardas de ecobiocorrectísimo perfecto. Limber Martínez es el jefe de la biofábrica de la finca superecololó Paula Nicole:

—Y lo mejor es que con esto asumimos nuestra responsabilidad social y ambiental y contribuimos a mejorar el planeta, y también las vidas de nuestros colaboradores, las personas que trabajan acá, que acá sí los cuidamos como...

Dice Limber Martínez y me pasea, abre algunos tanques: dice que este, por ejemplo, está hecho de ají pero lo que me muestra son cientos, miles de larvas pululando, enroscándose, buscándose la vida, y me explica casi todo sobre el intercambio catiónico y el suelo compensado y las fitoalexinas y la sigatoca y el bocashi que es un compost que hace con caca de gallina, yogur, levadura, cascarilla de arroz, tierra y miel, y los huesos de vaca que usa para obtener fosfitos y el estiércol de vaca y los lirios del río para darle nitrógeno y una hierba cola de caballo para hacer silicio y las bananas que no califican por una manchita o un milímetro de menos o de más y le sirven para agregar potasio y todo eso. Limber Martínez es casi bajo, pelo oscuro, su camisa con un bordado que dice Limber Martínez.

—¡Esto huele a vida!

—¿Así huele la vida?

—Claro, así es la vida.

—¿La vida es una mierda, dice usted?

Limber Martínez sabe qué hace cada hierba, cada insecto, cada hongo, cada pajarito, cada nutriente, y me lo cuenta con vehemencia. Habla y habla y habla y creo que podría hablar semanas de su plantación o, mejor dicho, de esta plantación donde trabaja. Me dice que esto es su pasión: que cuando empezó a dirigir esta biofábrica, hace dos o tres años, su vida cambió porque se enamoró de su trabajo.

—Yo antes no sabía, trabajaba porque se necesitaba, pero ahora hacerlo me da una satisfacción que nunca había tenido. Nosotros mantenemos a la planta llena de salud y la planta lo sabe y nos lo devuelve con sus mejores frutos. Mucha gente cree que siendo orgánicos vamos a producir menos, y nosotros les demostramos lo contrario.

En esta finca el rendimiento por hectárea es casi el doble que en La Candelaria. Y, encima, la caja de bananas certificadas orgánicas superchachi FairTrade se paga un cuarto más. Más dinero, digamos: mucho más.

—Yo soy un citadino que se hizo campesino.

El dueño de Paula Nicole es un señor Byron Ledesma, economista de la capital, presidente de la Asociación de Productores de Banano del Ecuador, un cincuentón de cara franca y buena verba que, hace un cuarto de siglo, se enteró de que había una finca bananera que se vendía barata y pensó que quizá podía comprarla y emprender.

—La mayoría de los agricultores bananeros tienen varias generaciones por detrás; pocos somos de primera generación.

Hace unos años Ledesma se lanzó a la banana orgánica y le va cada vez mejor. Y a la tarea sindical, defensa de los patrones del banano:

—Nosotros somos los que alimentamos al globo, los que alimentamos a las ciudades; el estado tiene que hacerse cargo de que somos necesarios y producir políticas públicas que faciliten el trabajo de nuestro sector. Parece que por ser campesinos somos ciudadanos de tercera o cuarta categoría, ¿no? Y no se dan cuenta de que si no les ponemos la comida en la mesa...

Es cierto que, en nuestras sociedades, en general, los productores de alimentos no tienen ningún prestigio, muy poco reconocimiento. Que cualquiera que invente una aplicación cualquiera es un prócer, y en cambio los que crean comida son viejos picapiedras. Aunque ganen, a menudo, mucha plata —gracias, a menudo, al trabajo de otros.

—Ahora para mí se terminó. Es difícil, no sabe lo difícil que es. Y los patrones que no quieren pagar...

Ángel López llevaba más de cuarenta años —desde sus doce— trabajando en fincas bananeras cuando quiso cruzar aquel puente de cañas sobre un canal entre bananos y el puente estaba podrido y se quebró y él se clavó un trozo de esa madera en un riñón; no tenía seguro de salud y la empresa nunca le pagó nada: lo despidieron y se desentendieron. Ahora, tres años y dos operaciones después, tiene una cicatriz mal dibujada y muchos problemas para trabajar. Con la ayuda del sindicato, Ángel los llevó a juicio; todavía no ha conseguido nada.

—Yo no soy estudiado, no tengo estudios porque mi padre era pobre, nosotros éramos diez hermanos. Pero en cambio yo tuve cuatro hijos y con mi trabajo los pude mandar al colegio, que estudien, eso es lo mejor de este trabajo.

Estamos en la plaza de Baba, un pueblo grande o ciudad chica en la provincia de Los Ríos. Ángel es flaco, la cara afilada, los dientes desparejos; se abre la camisa para mostrarme sus heridas —y algunos nos miran.

—Este trabajo ha sido mi vida, así que tuve que aguantarlo, por ley tuve que aguantarlo porque eso nada más es lo que hay. No es como antes que había otras cosas; ahora todo lo vendieron, pura bananera es lo que hay, solamente bananos, eso es lo que tenemos para pagar la vida. Pero a mí, ahora, ya no me queda ni eso...

En Baba casi todos viven del banano. Son mil o dos mil hombres que, cada mañana, salen al campo con el sol y vuelven a esta hora, cuando cae, a tomarse si pueden una cerveza con amigos, mirar un partido, visitar a alguien, antes de irse a su casa a ver qué les hizo de comer su mujer, qué quejas tiene, cómo están los hijos. En la calle principal se enredan los camiones, las motos, las bicicletas de pasajeros, las gallinas, algún hombre a caballo, las risas de los chicos, las alarmas, un reguetón gritón; cada tanto pasa un avión fumigador, chiquito, simpático, haciendo piruetas y echando su humo blanco sobre una plantación aquí a la vuelta y no lo miran: son parte del paisaje.

En Paula Nicole los racimos llegan a la zona de empaque colgados de esos cables que los transforman en trencito volador. La empacadora es pura profilaxis, higiene a rajatabla; para entrar debo ponerme —yo también— guantes, gorro, un barbijo, cara de qué limpito. Y aquí aparecen, por fin, las mujeres: ellas desfloran, lavan, etiquetan, a veces empaquetan. Aquí, entonces, señores y señoras con muchos gorros y barbijos y guantes y aspavientos manejan las bananas como si fueran uranio enriquecido. Aquí el calificador —el que decide qué bananas se pueden exportar y cuáles no, un personaje importante en la cadena, siempre un hombre—: las mide con micrómetros, las tienta, las palpa pulsa manipula y descarta todas las que no son ese fruto inverosímil, ese vegetal nuevo que han inventado las fantasías paranoicas de los consumidores europeos o norteamericanos: la banana como ser inmaculado perfectito, sin manchas ni tachas ni rayados, sin mellas ni chichones, sin la menor marca de vida. Entonces los productores tiran miles de frutas cada día porque no están a la altura de esos sueños húmedos y la mayoría se pierde o si acaso, aquí, se convierte en abono.

Después, las que han superado toda prueba —aunque se ven muy verdes— caen en una especie de piletón de agua impoluta para lavarse a fondo y más señoras y señores vestidos de astronautas las seleccionan según tamaño, grande, supergrande, jumbo y esas cosas, y unas señoras con equipo les ponen de a una las etiquetas de rigor y unos señores con equipo las colocan en las cajas según un orden peculiar que importa respetar como la Biblia de Mahoma. Están, entonces, casi listas para salir de viaje.

—Acuérdese de mí. Yo he probado todo tipo de bananas, por supuesto. Y le digo que la diferencia se nota. Cuando coma costa rica, por ejemplo, va a sentir que la pulpa es terrosa, como la manzana. En cambio si prueba ecuador la siente esponjosa, la suavidad, la dulzura, ese sabor...

Me dice Limber Martínez, transportado, y yo le digo que le creo pero que, como le dije antes, me encantaría probar una.

—Ah, sí, claro, deme un momento, por favor.

Dice, y le dice a su ayudante oye, ¿y el guineo que te había pedido?

La higiene de laboratorio es parte del negocio: las certificadoras americanas y europeas se lo exigen. Las certificadoras son un fenómeno curioso: se supone que sus etiquetas —«fair-trade», «orgánico», «rain-forest»— mejoran las posibilidades de venta de un producto y le aumentan el precio. A cambio cobran un dinero e imponen reglas de producción y criterios sobre el producto: la banana que quiera tal etiqueta debe ser así y asá, producida de tal y cual manera.

Entonces la forma en que se trabaja y el producto que se busca son definidos por unas empresas extranjeras que consiguieron el peso suficiente como para imponer sus criterios a los productores locales. Los productores necesitan —o creen que necesitan— esos sellos y, a cambio, hacen —o dicen que hacen— lo que les dicen unos señores lejanos que han convencido a millones de señores y señoras lejanos de que su etiqueta implica calidad. Pero también es cierto que la certificadora se lleva un pequeño porcentaje por cada kilo exportado, así que no le conviene retirar su certificación a las empresas grandes por más que estas empresas incumplan ciertas normas o maltraten a sus trabajadores.

Veo docenas y docenas, cientos, miles de bananas. Hay cajas de bananas impecables intachables con sus sellos bio-organic fair-trade qualitá-superiore, porque las están empacando para Italia. Y otras con la marca Chiquita, también impecables intachables, para Alemania. Chiquita es el nombre actual de la bananera más famosa de la historia, la United Fruit, que sacó y puso presidentes centroamericanos, mató a cientos de trabajadores colombianos en aquella masacre y en los sesentas llegó a controlar unos trescientos millones de hectáreas de cultivo en Ñamérica y el noventa por ciento del mercado norteamericano de la banana. Después empezó a declinar y en 1975 su presidente, Eli Black, se tiró del piso 44 de un edificio neoyorquino porque estaban por detenerlo por sobornar a un político hondureño. La empresa que la reemplazó en el liderazgo de la banana se llamaba Standard Fruit y ahora se llama Dole. Entre otros esfuerzos, Dole abrió un centro de investigaciones en Honduras para tratar de producir, por manipulación genética, la banana perfecta —que reemplazaría a la cavendish. Tras casi cuarenta años de intentos fracasados el ingeniero a cargo, el americano Phil Rowe, se colgó de un banano.

Y yo quería solo una y no la conseguía. Más allá hay unas cajas de segunda: bananas que no cumplen con los tamaños requeridos o se pasaron unos días de más en su banano; alguna tiene, incluso, media mancha.
—Bueno, estas van para Chile y Argentina.
Me dice el encargado. Y la banana de Limber —la mía— no aparece.

Ya entendí: entre bananas, rodeado de bananas, sepultado casi por el aluvión incontenible de bananas, no puedo probar una banana porque todo el sistema consiste en cosecharlas cuando están radicalmente verdes, para que puedan soportar las cuatro o cinco semanas del viaje en barco a sus mercados. Aunque podrían viajar más: las bananas —como, ahora, casi todas las frutas— se transportan verdes y se guardan en cámaras frías que detienen su maduración: son como proyectos de banana, la posibilidad de una banana que no se realizará si el comprador no lo desea.
La fruta, entonces, llega a Rotterdam o New Orleans verde de toda verdura y así la guardarán en esas cámaras hasta que un comprador más o menos minorista pida, digamos, cien cajas, unos mil ochocientos kilos de bananas. Entonces esas cajas pasarán a otra cámara donde las ahogarán en gas etileno —que es, te dicen, el gas que en la naturaleza hace que las frutas maduren. Entre 24 y 48 horas de gas alcanzan para que cada banana se vuelva madura, brillante y amarilla: para que parezca —para que esté— en su punto perfecto.

Yo no sabía que comíamos bananas gaseadas.
Que casi todas las frutas y verduras que comemos son gaseadas.

Gaseadas, son gaseadas:
imágenes tan turbias.

Así son los mercados globales: cuando se trabaja para afuera, afuera decide muchas cosas. Quien produce materia prima para la exportación depende —acepta depender— de los mercados a los que se dirige. Y hay, también, otra desigualdad brutal. Ese kilo de bananas que aquí se vende entre 25 céntimos de dolar —las inorgánicas— y 45 —las orgánicas—, lo venderá el importador francés o canadiense al minorista en 1,20 o 1,40 dólares el kilo, para que él, al fin, lo venda alrededor de dos. Si se divide el valor de la banana en seis partes iguales, el productor se lleva una, el transportista y el importador tres, el minorista dos —aproximadamente. Lo curioso de la producción de materias primas es que los intermediarios ganan mucho más que los productores de esa materia prima. Por no hablar de los verdaderos productores: los trabajadores.

Son maneras de defender el planeta y esas cosas: trabajadores pobres, sus frutos gaseados.

Ñamérica produce materia prima, y una de sus ventajas es que produce más barato. Sucede en todos los rubros; en el caso de las explotaciones agrarias, por ejemplo, está muy claro. Su ventaja no es solo que sus tierras y climas sean favorables; es, también, que sus costos de producción —el precio de la mano de obra, más que nada— la hacen «competitiva» en el mercado global. O sea: que hacer bananas en Ecuador es mucho más barato que hacerlas en Canarias, territorio español, donde los costos laborales son mayores, donde hay leyes, inspecciones y seguros, conquistas laborales, subsidios europeos.

(Me consiguen, por fin, una banana ya madura. Es dulce, rica, llena. Gran banana.)

Y, por supuesto, ser productor de materias primas para la exportación produce, en general, muchos efectos. El primero es que, como los compradores de tus productos están lejos, en otros países, el mercado interno importa menos o no importa —y, por lo tanto, no es muy grave que la mayoría de tus compatriotas no los pueda comprar. Como decía el otro aquella vez: Ñamérica es desigual por muchas razones pero, sobre todo, porque puede. Hay sociedades donde los más ricos necesitan que los más pobres sean menos pobres porque precisan que consuman la merca que producen —la que los enriquece. Hay otras donde no lo necesitan: donde no les importa.

(Donde el mercado interno es, a fin de cuentas, un engorro.)

Es, digamos, la teoría de la dependencia bananera, Ñamérica en su salsa.

* * *

Algunos ñamericanos lamentan que nuestros países no hayan tenido el tipo de desarrollo industrial que sí se dio en Asia, por ejemplo. Hasta el último tercio del siglo pasado algunas economías ñamericanas eran más fuertes que la mayoría de las asiáticas, salvo Japón. Entonces empezaron los despegues chino, indio, indochino y demás; en cambio, los países más prósperos de Ñamérica no siguieron ese camino y se refugiaron, en general, en la producción de materias primas con poco procesamiento, poco valor agregado.

Entonces, «especialistas» se preguntan por qué Ñamérica fracasó. Para empezar, habría que estar seguros de que no ser como la Vietnam o la India o Bangladesh es un fracaso: en los países más prósperos de Ñamérica —Argentina, Chile, Uruguay— los sueldos no eran tan espantosamente bajos como en Asia y, sobre todo, el control social no era tan fiable y los obreros podían molestar. Sí se podría lamentar que no hayamos sabido —por ahora, al menos— intentar el camino de la tecnología contemporánea, la industria más rentable y atractiva de estos tiempos.

¿Alguien se reirá de que, de las «diez marcas más valiosas de América Latina» según BrandZTM, cuatro sean cervezas —y otras dos bancos, dos comunicaciones, dos supermercados y ninguna, como las diez más valiosas en el ranking mundial, tecnología e industria?

Hay, entre los índices que elabora el Banco Mundial, uno que se diría menor: la cantidad de personas dedicadas a Investigación y Desarrollo por cada millón de habitantes. Lo encabezan Israel, Dinamarca, Suecia y Corea, con unas 7.000. Después vienen más de 30 países hasta que aparece el primer ñamericano, Argentina, con 1.200 investigadores por cada millón de personas, a la altura de Georgia, Tailandia y Turquía. Y el siguiente es Uruguay, con menos de 700, y después Costa Rica y Chile con unos 500. México tiene 244 por millón, cerca de Omán, Kenia y Venezuela; Colombia, 88, parecido a Nepal, Indonesia y Nicaragua.

En el Global Innovation Ranking de 2019 no hay ningún ñamericano entre los 50 primeros países; 51 destella Chile, justo entre Rumania y Mongolia, y después vienen Costa Rica, Uruguay, Argentina. El informe también identifica las cien ciudades del mundo donde más patentes se han producido; ni una —ni una sola— está en Ñamérica. En 2019 Corea del Sur registró más de 17.000 patentes ante la Organización Mundial de la Propiedad Intelectual; todos los países ñamericanos juntos registraron menos de 500. En una economía que avanza a golpes de novedades y de inventos, esto es una gran receta para el fracaso económico.

Y es lógico que suceda en unos países que suelen ocupar los últimos lugares en las pruebas internacionales de eficiencia educativa. En las famosas pruebas PISA, que con todas sus salvedades intenta medir los resultados de la educación de muchos países del mundo, Ñamérica siempre queda mal. En el concurso de 2018 el mejor ñamericano entre los sesenta y cinco países participantes fue Chile: puesto 46 en ciencias, 51 en matemáticas —entre Bulgaria, Serbia, Tailandia y Kazajistán. Y los demás países ñamericanos estuvieron muy consistentemente entre los últimos.

Digo: si Ñamérica tiene algún peso en la cultura global no es gracias a sus sistemas educativos sino a pesar de ellos. Esos sistemas educativos la ponen muy por debajo de la mitad. Aunque, en las últimas décadas, uno de los grandes éxitos de la región fue universalizar la educación: ahora, en casi todos sus países, la gran mayoría de los chicos cursan entre siete y doce años de escuela, y muchos millones la universidad. Solo que la calidad de esa enseñanza —salvo para unos pocos privilegiados— no está a la altura de su difusión.

«Siempre uso el ejemplo de una taza de café colombiano o costarricense. ¿Cuánto del precio que uno paga por una taza de café en un Starbucks de Estados Unidos o en Europa vuelve al productor latinoamericano? Un uno por ciento. El 99 por ciento del valor va a todo lo que tiene que ver con la economía del conocimiento», escribió últimamente el periodista Andrés Oppenheimer, perfectamente insospechado de tercermundismo.

Para que quede claro: en promedio, cuatro de cada cinco dólares que entran en cada país ñamericano corresponden a la venta de carnes, cereales, minerales, fósiles: commodities. Cuatro de cada cinco nos llegan de la explotación de la naturaleza: de la desaparición, más o menos lenta pero inevitable, de los recursos no renovables de cada país. Solo uno de cada cinco dólares viene de alguna industria –o las remesas o el turismo. Y, en general, cada país vende uno, dos, tres productos. Lo cual, por supuesto, aumenta la dependencia de los caprichos del mercado. Y aumenta también la pobreza de sus habitantes. Queda dicho: la extracción necesita cada vez menos mano de obra. El campo se ha tecnificado, la minería también, y los que solían vivir de eso se quedan sin trabajo, buscan, desesperan, terminan emigrando a las ciudades para ver si consiguen alguna changa en los sectores que sí crecen –aunque poco–: la construcción y, sobre todo, la economía informal, la venta callejera, los diversos cuentapropismos, los empleos superprovisorios, los servicios domésticos.

Y a veces ni siquiera: a veces nada, a veces la violencia.

*   *   *

–Follow the money!

Dicen, en las series baratas –y no tan baratas– los periodistas y los detectives. Cuando se habla de desigualdad, las primeras imágenes, las primeras cifras que aparecen son esas: una banda de señores –y dos o tres señoras– tremendamente ricos, que simbolizan y sintetizan la forma en que unos pocos se quedan con tanto. Son esos que, según creen tres de cada cuatro ñamericanos –en una encuesta de Latinobarómetro–, «gobiernan nuestros países para su propio beneficio».

Es obvio que tener mucho –mucho, realmente mucho– dinero es la mejor forma de ganar mucho –mucho, realmente mucho– dinero. No solo por la obvia disponibilidad de capital para intentar nuevos negocios; los billonarios manejan mercados en su beneficio y, sobre todo, manejan gobiernos en su beneficio. Con armas que ni siquiera tienen que ser ilegales, sino que se presentan como instrumentos de sentido común: el ejemplo más clásico es aquel argumento americano de que sus bancos son «too big to fail» –demasiado grandes para quebrar–, que sus quiebras causarían terribles daños económicos a toda la sociedad y que, entonces, su gobierno les dio las fortunas que precisaban para seguir currando. O también, a menudo, con formas de presión mucho más discretas, pero igualmente eficaces.

Es muy difícil saber realmente cuánto ganan, cuánto tienen los que más ganan y más tienen. Los censos y otras inquisiciones no los afectan demasiado; los impuestos, en general, tampoco —y sus fortunas reales son solo materia de especulación.

En 2015 un estudio de Oxfam calculaba que la región tiene unos 10.800 «multimillonarios» —personas con más de 30 millones de dólares— que reúnen 1.400.000 millones de dólares. Y su riqueza no ha parado de crecer en los últimos años, es decir: cada día poseen una parte mayor de la riqueza común.

La mayoría de ellos vienen de familias con dinero pero no tanto: no eran los más ricos de sus lugares hace dos o tres generaciones. O, incluso: no vivían en esos lugares hace dos o tres generaciones. Los súper ricos ñamericanos también se han renovado mucho en las últimas décadas. Parte del cambio del continente es esa. Hasta hace unas décadas, los más ricos eran los dueños de las tierras que producían las materias primas de exportación de las que vivían sus países. Muchos de esos países siguen viviendo de la exportación de esas materias primas, pero sus más ricos ya no suelen ser esos. Aquellos ricos terratenientes eran como una oligarquía con ciertas tradiciones, que gustaba de pensarse aristocrática, custodia y pilota de la grandeza de sus respectivas patrias. Estos no; les alcanza con ser los dueños.

Ahora los grandes ricos ñamericanos se dedican sobre todo a servicios, bancos, comercio, industrias no muy sofisticadas. Algunos contribuyen a su fortuna con tierras y pozos y minas, pero esa no suele ser la base de su poder.

El hombre más rico de la región nació en México en 1940, hijo de un inmigrante libanés católico que había prosperado con negocios variados. Carlos Slim ganó mucho dinero desde muy jovencito con inversiones financieras y empresarias, pero terminó de construir su imperio en los noventas, cuando compró la compañía telefónica estatal Telmex. La política de privatizaciones de esos años —la complicidad del poder político— fue la culminación de su fortuna. Ahora tiene más de 50.000 millones de dólares. Hace unos años fue brevemente el rico más rico del mundo; en 2020 era el duodécimo.

Es una excepción: el segundo más rico de Ñamérica también es mexicano pero tiene cuatro veces menos, alrededor de 12.000 millones, y no está siquiera entre los cien más ricos del planeta: un pordiosero. Se llama Ricardo Salinas Pliego: heredó una cadena de electrodomésticos y la convirtió en un banco para la clase media; también tiene un canal de televisión, fábricas de coches y varios ramos más; con 65 años es el más joven de la lista y es un socio importante del presidente López Obrador.

El tercero, con poco menos, es otro mexicano: Germán Larrea Mota es el dueño de la mayor minera de México, la tercera productora mundial de cobre: la buena vieja explotación de las riquezas de la tierra. La cuarta es la primera mujer: Iris Fontbona es una empresaria chilena que heredó de su marido, Andrónico Luksic, hijo de otro inmigrante, un croata que hizo plata con los nitratos en el norte de Chile y después compró minas y bosques, y últimamente perdió un tercio de su fortuna y se quedó en pálidos 10.000 millones. El quinto es colombiano: Luis Carlos Sarmiento viene de la clase alta bogotana. También perdió bastante, y ahora se calcula que tiene unos 9.000 millones que empezó a reunir con constructoras, aumentó comprando bancos y usó para quedarse con el diario más importante de su país, *El Tiempo*.

Los cinco que completan la lista de los diez más ricos de Ñamérica son mexicanos: tienen cadenas de comercios, seguros, bancos, minas, embotelladoras de gaseosas y cerveza; el último es el rey del tequila. Todos ellos son blancos y bastante viejos, todos vienen de familias con dinero. Sus fortunas crecieron alrededor de 20 por ciento anual entre 2002 y 2015; seis veces lo que creció la economía de la región.

(A fines de la colonia, por ejemplo, México proveía a la corona española dos tercios de sus rentas americanas. Sigue siendo la mayor economía, pero ahora la diferencia es menos impactante. El producto bruto de México es el triple que el argentino, el colombiano o el chileno y, sin embargo, ocho de las diez personas más ricas de Ñamérica son mexicanas. Parece claro que no solo es la economía más potente: es, también, la más concentrada. Se podría pensar que México es, de algún modo, el país más injusto de un continente injusto.)

En toda la región hay 44 milmillonarios —17 de ellos en México—; en Brasil solo hay más. Y en Estados Unidos son más de seiscientos. Entre los diez ñamericanos más ricos —ocho señores y dos viudas— reúnen unos 120.000 millones de dólares: no llegan a juntar dos tercios del dinero que tiene Jeff Bezos, el más rico del mundo. Y, por otro lado: de los diez norteamericanos más ricos —todos hombres—, dos hicieron sus fortunas con inversiones financieras, ocho con compañías tecnológicas que inventaron algo. Los ñamericanos, en cambio, las ganaron sacando minerales o construyendo edificios o vendiendo cocacola. Lo mismo se ve cuando se miran las listas de los más ricos de cada país: en eso, toda Ñamérica parece parecida.

Todo según la revista *Forbes*, que nunca incluyó en sus listas a un político, un vendedor de armas, un narco mexicano, un mafioso ruso o siciliano. ¿Serán tan pobres?

Pero esos súper ricos no son más —ni menos— que las cabezas visibles, las puntas del iceberg de una región donde cuatro millones de personas —el 1 por ciento más rico— se queda con el 41 por ciento de la riqueza.

O sea, por decirlo de un modo más gráfico: este libro tiene 680 páginas. Si sus palabras se repartieran como la riqueza en Ñamérica, debería dedicar 278 páginas a esos cuatro millones de privilegiados y 402 al resto, unos 420 millones. Cada millón de ricos se quedaría con 69 páginas; cada millón de pobres no llegaría a tener una. En cambio, si se respetara la demografía, a todos esos ricos les tocarían unas siete páginas, a los demás todas las demás.

*   *   *

No conozco casas de ñamericanos hiper ricos. Los verdaderos millonarios gastan fortunas —una parte menor de las suyas— en mantenerse dizque seguros, apartados, lejos de cualquier mirada que no hayan convocado. Pocas cosas son más caras y exclusivas —y excluyentes— que ese grado de privacidad: quién más, quién menos, casi todos vivimos en espacios donde pueden mirarnos —y nos miran, cada vez más nos miran. Espacios donde vecinos, cámaras, policías y bandas de algoritmos nos registran más y más. Los riquísimos tienen, entre otros, el privilegio de vivir fuera de las miradas; se muestran —algunos se muestran— pero es obvio que muestran lo que quieren y ocultan todo el resto.

(Hubo tiempos en que no era así. Los más ricos debían, para consolidar su lugar, exhibir su riqueza: sus palacios, sus trajes, sus carrozas, sus guardias con penachos eran maneras de confirmar dónde estaba el poder, a quiénes se debía respeto y obediencia. Entonces, los ricos lo eran por causas políticas: porque sus mayores habían conseguido —en general, con las armas en la mano— títulos y tierras que los enriquecían y, para mantenerlas, debían mantener esos poderes puramente políticos: convencer a todos de que debían obedecerlos. Ahora, en cambio, los más ricos hacen sus millones a través de compañías que ofrecen algo que supuestamente queremos y/o necesitamos; sus dueños no necesitan mostrarse para asegurarse la sumisión de los demás; necesitan, si acaso, para que el sistema siga funcionando, mostrar sus productos —y eso sí que lo hacen.)

Mansiones y oficinas perfectamente aisladas, coches blindados con chofer y guaruras que los dejan exactamente ahí, aviones y helicópteros propios que también, su gimnasio en casa, su cine en casa, su chef en casa, sus mundos en casa; sus usos del espacio público son escasos, escogidos, controlados. Se podría armar una escala, un Gini bobo: cuanto más pobre eres, más vives en el espacio público urbano; cuanto más rico, menos. Un pobre se las arregla en una casilla de un barrio de casillas donde todos saben y ven todo de todos, donde hasta lo más cotidiano —ir a buscar el agua, conseguir comida, odiar a tu marido— se comparte, donde todo se sabe y se oye y se calla. La clase media vive en edificios con vecinos atentos en calles donde caminan, compran, toman transportes, ven jugar a sus hijos, temen. La clase media alta intenta vivir en barrios cerrados donde todo el espacio se hace privado, donde guardias les garantizan que no se rozarán con nadie que no quieran, nadie ajeno. Y los más ricos, por supuesto, se organizan su propia privacidad extrema: el súper lujo de esconderse.

(Por algo *privacy* se ha vuelto una palabra de los tiempos.)

Todo esto para decir que la única casa de riquísimo en la que entré en mi vida fue la de un multimillonario inglés que la tenía en un rincón de los Andes patagónicos. Joe Lewis era un financista con residencia en las Bahamas, mansiones en Londres y en Florida, un club propio llamado Tottenham Hotspur, mil millones en arte, un yacht siempre listo navegando alrededor del mundo y la casa más lujosa de la Patagonia. Para llegar a la casa primero había que haber sido invitado, por supuesto; después había que salirse de la ruta, identificarse con un guardia en un puesto de guardia, esperar órdenes:

—Tiene que seguir este camino, sin desviarse, hasta la casa.

El camino privado avanzaba 25 kilómetros entre bosques de Bambi, ríos de calendario, una cascada que caía cien metros y ninguna persona. El paisaje del noroeste patagónico era una combinación de lagos suizos con montañas himalayas y arboledas canadienses: la Argentina. Todo muy salvaje hasta que aparecía, de pronto, una llanura de césped cortado a mano que iba a morir al lago y, majestuosa, al fondo, una mansión beverly hills. En el césped remoloneaban ñandúes, guanacos, teros, llamas y variopintos patos; las truchas, obedientes, en el agua. Todo, hasta las hojas secas del otoño austral, pertenecía a Joe Lewis. Y sobre todo la mansión: la mansión era una construcción baja desmesurada, ni linda ni fea sino todo lo contrario pero enorme. Aquel día de principios de siglo la mansión no había cumplido tres años pero ya estaba en obras.

—¿Tuvieron que refaccionar?

—No, estamos ampliando.

—¿No alcanzaba?

—Acá nunca alcanza.

La mansión tenía 2.500 metros cuadrados cubiertos —y seis camas. En esos días le estaban construyendo una piscina cubierta con motores para nadar contracorriente, un simulador de golf y algunos gadgets más. Los que trabajaban para Lewis decían que su frase favorita tenía una palabra sola:

—Sorpréndanme.

Les decía cada vez que se iba, y ellos hacían lo posible, aunque no era fácil. En la casa principal ya había alfombras como colchones persas, sillones versallescos, ventanas al edén y varios cuadros que parecían picassos, freuds, matisses; por lo menos uno, leería después, era un Picasso de cien millones que se llama *El sueño*. Y en la propiedad ya había canchas de fútbol, hockey, voley, un hipódromo chico, establos para cien caballos, cien caballos, setenta empleados y los alerces más antiguos al sur del ecuador.

—Atención, atención, en el camino del lago hay dos faisanes… difuntos. Atención, fallecieron dos faisanes, fallecieron dos faisanes.

Comunicó mi guía por su radio: en la mansión de Lewis los faisanes fallecen. El lago, allí abajo, fue la piedra de la discordia: en la Argentina los cursos de agua son públicos y, teóricamente, cualquiera puede acceder a ellos. Pero las tierras que rodean al lago Escondido se habían vuelto completamente Lewis, que tenía derecho a que nadie se las caminara: un huevo duro del que sería lícito comerse la yema, solo que sin tocar la clara. Al fin, con el tiempo, Lewis aceptó abrir un caminito estrecho, peligroso; alrededor le quedaban, todavía, unas 13.000 hectáreas de tierras sin usar. Cuando le pregunté si las explotaban de alguna manera, el administrador, un ex campeón argentino de ski, me miró alarmado:

—No, acá la única explotación es el placer… del dueño.

Que llegaba, un par de veces al año, en su jet privado con sus dos chefs privados y su secretaria privada y algún hijo o nieto privados hasta el aeropuerto público de Bariloche, cien kilómetros al norte, y se tomaba su helicóptero privado hasta su hogar por unos días. Años después Lewis se hizo amigo y anfitrión del presidente Macri, según denunció entonces mi amigo y anfitrión Pino Solanas, y lo invitó a su residencia. En su conferencia de prensa siguiente, nobleza obliga, el presidente dijo que Lewis había hecho el camino y cumplido con la ley; la justicia dijo lo contrario. Joe Lewis y sus amigos y su lago Escondido eran el emblema de la Patagonia Fashion: Benetton, Ted Turner y Jane Fonda, los cristaleros Swarowski, los reyes de Holanda, el matrimonio Macri y tantos otros se compraron tierras por allí, para hacerse esas casas en uno de los lugares más privados del planeta.

—Sí, ellos conservan la flora y la fauna, son muy ecologistas.

Me dijo entonces un ex gobernador de la región que me pidió que callara su nombre.

—El problema es el mismo que suelen plantear los movimientos ecológicos: pareciera que para preservar ciertos ecosistemas hay que excluir de ellos a los hombres. Y eso sería imposible en los países ricos, donde la tierra vale demasiado. Entonces, al final, nosotros funcionamos como reserva natural al precio de nuestro propio desarrollo. Acá la naturaleza se conserva, pero los hombres no.

Pero es fácil suponer que los ricos son siempre ajenos, señores gringos, señores tan ausentes; los ricos más ricos son los propios, los que en serio manejan, los que definen con sus miles de millones las vidas de millones.

*　*　*

Te dicen que es la región más desigual: Ñamérica es la zona del mundo donde las diferencias entre ricos y pobres son más brutas, más visibles, más flagrantes.

Es uno de sus rasgos principales.

Una marca.

La desigualdad es la medida más extrema de esa diferencia que algunos creemos injusticia. Hay sociedades más pobres: casi todos los países africanos —y algunos asiáticos— son mucho más pobres que la mayoría de los ñamericanos. Pero en esos países hay menos ricos, menos miembros de una clase acomodada —la mía, supongo— que vive muy bien mientras el resto vive tanto peor. La desigualdad mide, sobre todo, la capacidad de unos pocos de quedarse con lo que podría ser de muchos más.

El poder de unos pocos,
la impotencia de la mayoría.

(Y es curioso preguntarse qué tipo de desigualdad tolera cada sociedad. Para muchas era natural pensar que un hombre era más que una mujer, que un blanco podía ser dueño de un negro o un cobrizo —todo lo cual nos parece aberrante. Ahora, si dos personas son visiblemente humanas, no soportamos que sus demás rasgos visibles —sus géneros o sus idiomas o sus colores corporales— les den valores diferentes: nos parece intolerable y lo condenamos con toda la firmeza. En cambio, no nos molesta que ciertos rasgos invisibles los distingan: sus cuentas bancarias, digamos, su educación, sus posibilidades en la vida.

O, dicho más brutal: ¿por qué no toleramos la desigualdad por géneros o razas pero sí por riqueza?)

En Ñamérica el diez por ciento más rico se queda con —promedio— el 37 por ciento de la renta de su país: los extremos son el 29 por ciento de Uruguay y el 41 por ciento de México. Es mucho más que en España, Francia o Alemania, donde se quedan con el 23 o 24 por ciento. En Estados Unidos, mientras, el 10 por ciento más rico consigue el 32 por ciento de la renta: en las últimas décadas la rapiña ha crecido tanto que sus ricos se han vuelto casi ñamericanos.

Thomas Piketty consigna en su último libro un dato muy elocuente: en 1980, en las mayores economías del mundo —Estados Unidos, Europa, Rusia, China, India—, el diez por ciento más rico concentraba entre el 26 y el 34 de la renta de sus países; en 2018 juntan entre el 37 y el 56 por ciento.

No es para jactarse mucho, pero hemos sido precursores. Últimamente el mundo se ñamericanizó: la desigualdad que han alcanzado en los últimos años los países más ricos, donde funcionaban esos contratos sociales de relativa igualdad establecidos después de la Segunda Guerra, son dignos de cualquier república sudaca. A partir de los ochentas esos países decidieron dejar de limitar la concentración de la riqueza y cierta distribución dentro de un orden, y abolieron casi todos los frenos y permitieron esta concentración desmesurada. Más allá de mitos y mindurrias y otros rubios teñidos, Thatcher y Reagan son los personajes históricos más relevantes —más dañinos— de los últimos cincuenta años.

En Estados Unidos, por ejemplo, el famoso uno por ciento duplicó su porción de la torta; en 1970 un director de empresa americano ganaba 20 veces más que un empleado mediano; ahora gana 350 veces más. Y en estos días 26 billonarios —*billonarios* es la palabra nueva porque *millonarios* ya no alcanza— tienen el mismo dinero que la mitad de la humanidad, y el diez por ciento más rico de los trabajadores cobra la mitad de todos los sueldos del mundo, y el veinte por ciento más pobre solo cobra una centésima parte de esos sueldos: el verdadero uno por ciento.

Y se les va desarmando ese mito que servía para justificar las diferencias: la leyenda de la movilidad social, la base del contrato. Todavía quedan esos pocos ejemplos que lo justifican —Gates, Bezos, Zuckerberg— pero, en general, cada vez más estudios demuestran que los hijos de los pobres, incluso en los países ricos, seguirán siendo pobres.

Así que ahora todos hablan de desigualdad: la exhiben, la deploran, la condenan, se preocupan. Incluso los economistas más liberales, que solían alabarla como un modo de fomentar la competencia y la productividad, se preocupan. Para empezar, porque pueden perder plata: «La desigualdad conlleva grandes costos de eficiencia porque condiciona el acceso desigual de los agentes económicos a capacidades y oportunidades, y modela reglas del juego e incentivos que se pueden convertir en obstáculo para su participación plena», dice el documento de una organización internacional muy autorizada, que dedica grandes esfuerzos a medirla.

«Así, la igualdad es una condición necesaria para la eficiencia dinámica del sistema económico, al crear un ambiente institucional, de políticas y esfuerzos para la construcción de capacidades, facilitando el aumento de la velocidad de la innovación, de absorción de innovaciones generadas en otras partes del mundo y por tanto de reducción de las brechas tecnológicas (…) La igualdad no solo favorece la eficiencia de la oferta, sino que genera efectos positivos sobre la demanda efectiva: una mejor distribución del ingreso facilita la expansión de la demanda e impulsa una estructura productiva cada vez más diversificada y competitiva», sigue diciendo —burocratés profundo— y yo, como sin querer, recuerdo esos tiempos en que buscábamos la igualdad porque la desigualdad nos parecía inmoral, intolerable.

Pero se preocupan, también, porque tanta desigualdad sin mito salvador podría ser peligrosa: poner en crisis esas sociedades donde se nota demasiado. Las sociedades –llamadas– democráticas se mantienen porque hay un pacto que supone que todos sus integrantes encuentran en ella algún lugar; para eso, el lugar de cada cual debe ser lo suficientemente apetecible como para que cada cual lo acepte. Cuando eso no se cumple –cuando existen diferencias demasiado brutales, demasiado visibles– el pacto queda amenazado. Para consolidarlo se inventan ciertos relatos: la legitimidad de la riqueza, la culpa de algún pasado más o menos mítico, la inquietud ante ese estado de cosas y la promesa de un mañana mejor –que podría incluso llegar alguna vez. Cuando las diferencias son tan brutas, tan visibles, cuando se presentan tan consolidadas, los relatos están en problemas.

Pero el discurso contra la desigualdad también puede ser extrañamente útil para los que pretenden mantenerla. El ejemplo norteamericano es elocuente. Al repudiar al famoso uno por ciento legitimaban al 99 por ciento restante. La diferencia no era cualitativa; era cuantitativa. «No correspondía al lugar que cada quien ocupa en la sociedad, en la producción, en las distintas instancias de un país. En ese esquema, un patrón de una fabriquita de solo doscientos obreros –el explotador del trabajo de doscientos obreros– podía estar en la misma bolsa que cualquiera de sus doscientos obreros: uno y otros formaban parte de ese 99 por ciento que no tenía cientos de millones.

Es el mismo mecanismo que tanto sirve a la mascarada nacionalista. El nacionalismo consigue convertir al patrón y al obrero, al abogado y a la mucama, a la estanciera y al peoncito en parte de lo mismo: la Nación, la Patria que los une y reúne –contra las demás. Los grupos necesitan un enemigo para creer que existen: el enemigo de las naciones son las demás naciones –algunas más que otras–; el enemigo de esa nueva cohesión inverosímil entre ricos y pobres, marginales e integradísimos, represores y reprimidos que este slogan del 99 por ciento propone es ese uno, los desmesurados. Son tan brutos, tan excesivos que se puede postular que todos los demás tienen algo en común: que no son ellos», escribió un autor casi contemporáneo.

Y seguía: «El slogan del 99 por ciento pone en discusión el tema de la riqueza extrema –pero no el tema de la riqueza, de la propiedad, de las formas de apropiación de la riqueza.

(Parece como si últimamente todos los debates se pararan en la puerta de la propiedad privada: es el nec plus ultra de estos tiempos, el umbral que no se puede atravesar. *Lasciate ogni speranza voi ch'entrate.*

Básicamente, supongo, porque no hay ninguna idea alternativa que ofrecer. Aparecieron formas distintas de propiedad para la producción cultural: desde siempre, el que quería compartir un sándwich debía resignar la mitad de ese sándwich, si un libro debía entregar el libro. Ahora se puede compartir una canción, una película, un libro electrónico, un coche eléctrico o una bicicleta en ciertas ciudades cool sin perder nada de ellos: es un cambio radical pero pequeño todavía, una ventana a formas de propiedad distintas. Pero cuando volvemos a la torpe materialidad del sándwich todo sigue igual: tan disputado como siempre.

Y más: se presenta como lo ineludible, lo "natural". El capitalismo y su concepto de la propiedad privada se presentan como la forma natural. Y, por lo tanto, aceptarlo es "realista". Hay respuestas y son, por supuesto, políticas: asumir que aceptarlo es una elección. No aceptarlo es otra, contraria: no garantiza que vaya a cambiar; solo que uno querría que cambiara.

En el discurso hegemónico actual lo contrario de la desigualdad no es la igualdad. Lo que buscan los que critican esa "desigualdad" no es la igualdad sino la mesura. Que no haya extremos. Lo que les molesta no es que haya un mecanismo por el cual algunos se apropian de lo que otros producen, sino que se apropien demasiado.

De dónde 99 y 1: ellos son los que se quedan con demasiado; nosotros somos los que nos quedamos con un poco. Porque el capitalismo está bien pero no hay que exagerar. Como dice una declaración contra la desigualdad de Oxfam, una de las oenegés más comprometidas en su pelea por erradicar la miseria: "La desigualdad ha sido vinculada a diferentes problemas sociales, incluyendo la violencia, la enfermedad mental, el crimen y la obesidad. Es más: se ha mostrado que la desigualdad no solo es mala para los pobres sino también para los ricos. Las personas más ricas viven más saludables y más felices si viven en sociedades más igualitarias".

En realidad, nadie sabe bien de qué habla cuando habla de igualdad. La *égalité* que impuso la Revolución Francesa era la igualdad jurídica en tiempos en que no existía: en que haber nacido en tal o cual cuna cambiaba todos tus derechos. Ahora, cuando se supone que la mayoría de los países ofrece esa igualdad jurídica, la igualdad se ha convertido, para muchos, en "igualdad de oportunidades": la idea de que la vida es una carrera de obstáculos y que lo que hay que asegurar es que todos puedan llegar a la largada y empezar a correr —y después, en la pista, los más fuertes se quedarán con los triunfos y el resto habrá perdido su oportunidad. Otros, por fin, estarán hablando de cierta igualdad material. Pero también es probable que, de nuevo, quiera decir "cierta mesura en la desigualdad": que no haya diferencias caricaturescas, que los que menos tienen tengan suficiente, que los que más no humillen al resto. Porque no sobreviven, actualmente, muchas doctrinas que planteen la igualdad material como un fin. ¿O sí?», se preguntaba ese autor, en un libro que se llamaba *El Hambre*.

En síntesis: que todos dicen que están en contra de la desigualdad pero casi nadie dice que lo contrario sea la igualdad. Que pocos quieren la igualdad. Que definir lo contrario de la tan denostada desigualdad sería definir el proyecto —político, económico, social— de cada sector. Sería empezar a aclarar ciertas cosas, a ponerse en camino. Que eso parezca tan lejano es, casi, un signo de los tiempos.
En Ñamérica también.

* * *

Hay tantas hipótesis sobre por qué Ñamérica es la región más desigual del mundo. Es cierto que nuestra desigualdad empieza cuando aquellos conquistadores se quedan con todo porque son distintos: que su título para mantener el poder era esa diferencia, esa desigualdad. Pero ya pasaron cinco siglos. Ahora las explicaciones socioeconómicas son ricas y variadas y, además, cambian según cada país. Algunas son comunes a todos. Algunas manchan estas páginas. Pero hay un rasgo compartido que va más allá del hecho de que algunos tienen mucho más que otros: la naturalidad con que muchos consiguen vivirlo día tras día. Tantas generaciones de poder les permiten dejarse servir sin preguntarse nada.

La desigualdad son siglos de aprenderla.

«Quizás en ningún sitio la desigualdad resulta más chocante. La arquitectura de los edificios públicos y privados, los vestidos elegantes de las mujeres, la atmósfera de la alta sociedad muestran un refinamiento social extremo en extraordinario contraste con la desnudez, ignorancia y vulgaridad de la población», escribió Alexander von Humboldt cuando pasó por México, hace dos siglos; Galeano lo citó hace medio –y nunca dejó de ser verdad.

La desigualdad son siglos de practicarla.

La desigualdad es esa manera tan absolutamente natural en que una empresaria colombiana, un profesor mexicano, un hacendado salvadoreño dicen María sírvenos el café.

(Y esa manera tan absolutamente natural en que María, más oscura, más bajita, le contesta sí señor, sí señora.)

La desigualdad son siglos de alentarla.

Y después está esa palabra colombiana extraordinaria: cuando dicen «igualado» para descalificar a alguien que quiere meterse en un ámbito social que supuestamente no le corresponde, uno mejor que el suyo: que quiere alternar con gente más distinguida o más rica o más algo. Un igualado: uno que pelea contra su desigualdad personal. Un igualado: uno que intenta conquistar cierta igualdad.

Otra vez: Ñamérica es desigual por muchas razones pero, sobre todo, porque puede. Hay sociedades donde los más ricos necesitan que los más pobres sean menos pobres, donde los precisan para crear o consumir las riquezas que los enriquecen. Nuestras economías, basadas en la extracción y exportación de materias primas, pueden funcionar más allá de esos millones de personas que no son necesarias ni para producir ni para consumir. Solo se necesita contenerlas: que no hagan demasiado lío.

Hay sociedades donde los ricos tienen razones utilitarias, mercantiles para moderar desigualdades, aminorar la pobreza. En Ñamérica, la única razón que habitualmente tienen es el miedo:
lo que podría pasar si no.
Y muchas veces son valientes.

(Los millonarios ñamericanos tampoco se dedican demasiado a la filantropía, las fundaciones, esas formas en que los norteamericanos y europeos se cagan en los estados que los albergan y fomentan. Tiene lógica: esas fundaciones y esas donaciones son un modo de no pagar –de evadir– impuestos y, en Ñamérica, las formas de no pagar impuestos son mucho más simples y más directas: alcanza con usar el poder del dinero y/o comprar funcionarios. Con lo cual no funciona en la región esta privatización de la asistencia a los más necesitados que han desarrollado, en las últimas décadas, fundaciones como la de los Gates. El mecanismo es curioso: ya no son los estados –y sus dirigentes elegidos por sus ciudadanos– los que deciden qué hacer con los impuestos de los ricos; son ellos mismos los que no pagan esos impuestos so pretexto de que usarán ese dinero para ayudas y donaciones y, entonces, deciden por sí mismos en qué usarlo. Definen el uso del dinero público con el simple recurso de mantenerlo privado: en sus manos, como de costumbre.

Esas fundaciones y esas donaciones son, también, un modo de congraciarse con los pobres –o, por lo menos, con los menos ricos–, pero eso tampoco parece interesar a nuestros millonarios. Se diría que en Ñamérica con ser muy rico alcanza: no es necesario simular.)

La desigualdad extrema tiene muchos orígenes pero, en el presente, una de sus causas principales es la incapacidad de los estados ñamericanos para redistribuir ingresos. En la mayoría de los países de la región los estados se manejan con dos esquemas posibles: o pretenden achicarse y no intervenir para dejar que las famosas fuerzas del mercado se apoderen de todo, o pretenden usar su capacidad de intervención para beneficiar al sector político que lo controla y que, gracias al asistencialismo, se asegura el vasallaje clientelar de los más pobres. En ambos casos los ricos pagan, en proporción, muchos menos impuestos que los pobres.

Nuestros estados «perdonan» a sus ricos la mayoría de los impuestos: se calcula que la evasión fiscal priva a los gobiernos ñamericanos del seis por ciento del producto bruto de cada país: unos 200.000 millones de dólares al año. Los estados cobran mejor, en general, los impuestos más injustos: los que se retienen a todos más allá de su capacidad económica. La mitad de la recaudación fiscal viene de impuestos al consumo, que gravan igual al rico que al pobre, o sea: gravan mucho más al pobre que al rico, porque pagar 50 centavos de impuesto en una gaseosa afecta al pobre pero al rico no. El poder de los que lo tienen, en Ñamérica, también consiste en pagar tan pocos impuestos.

En la mayoría de los países europeos los impuestos y demás transferencias de recursos de los más ricos a los menos bajan entre quince y veinte puntos la desigualdad según el índice de Gini. Es un papel fundamental de esos estados. En Ñamérica, en cambio, esa reducción suele estar alrededor de los tres puntos: casi nada.

Los estados ñamericanos tampoco sirven para eso.

(Sabemos que la mayoría de los estados ñamericanos no ofrece servicios de salud dignos de ese nombre, y los pobres se mueren más fácil. Que la mayoría de los estados ñamericanos no ofrece una educación digna de ese nombre, y los ricos de los colegios privados empiezan con una ventaja decisiva. Que la mayoría de los estados ñamericanos no ofrece una seguridad digna de ese nombre ni una infraestructura de servicios digna de ese nombre ni casi ninguna de las cosas que harían digno su nombre. Que la mayoría de los estados ñamericanos permite que la mitad de los empleos esté en negro, que muchos salarios no alcancen a cubrir las necesidades básicas, que muchos millones deban hacer trabajos «informales» para sobrevivir apenas.

Que tenemos tantas formas, tan variadas, tan imaginativas, de cagarnos en los pobres.)

Creemos más «virtuosos» aquellos países donde los impuestos benefician sobre todo a una clase media extendida: les entregan los servicios por los cuales pagan. Y que en los otros –los nuestros– favorecen a las dos puntas del espectro: a los empresarios ricos que los evaden y los políticos ricos que los roban; a los pobres que consiguen subsidios y empleos falsos.

Es cierto que en España o Alemania o Francia las clases medias y altas que pagan la mayoría de los impuestos reciben a cambio salud, educación, seguridad, vialidad; en Ñamérica, en cambio, esas clases no usan los servicios que sus impuestos deberían asegurarles. Y entonces se preguntan, en voz muy alta, para qué cuernos los pagan si el estado no les da nada, si además tienen que pagar la escuela privada de sus hijos, sus seguros médicos, su peaje en la autopista, su seguridad en el edificio o el barrio privado. La respuesta que evitan es muy obvia: pagan impuestos para poder seguir usando esa escuela, ese seguro, esa autopista, ese edificio. Para que el estado contenga a los que, sin él, se rebelarían y les sacarían todo eso. Los que pagan por seguridad a una empresa privada le pagan –bastante más– por lo mismo al estado.

Ese es, en general, el papel de los estados en Ñamérica.

Se podría postular, entonces, que hay básicamente dos tipos de estado. El que ofrece a cambio de la delegación de poder y el dinero de los impuestos ciertos servicios que todos sus ciudadanos necesitan y que usan. Es, en general, lo que solemos llamar estado de —cierto— bienestar o estado a secas.

Y después están los estados que no ofrecen a sus sostenedores y contribuyentes principales nada de eso, porque se supone que su oferta de servicios es lo suficientemente mala como para que esos sostenedores/contribuyentes se los compren a empresas privadas. En cambio, a cambio de su sostén y sus contribuciones, ese estado les ofrece la contención de los pobres. Contención es, como casi todas, una palabra muy plural: estos estados ofrecen la contención consistente en ayudarlos a sobrevivir con subsidios y servicios mínimos, y la contención consistente en contener por todos los medios necesarios sus tentativas de romper este orden de cosas. En síntesis: limosna y represión.

Los gobiernos ñamericanos «de izquierda» de los primeros años de este siglo fueron intentos de optimizar el funcionamiento de estos Estados Contenedores: de darles, dentro de lo posible, una música más presentable, una épica menor.

El estado contenedor a veces usa —con perdón— otros cubiertos.

*   *   *

La desigualdad tiene tantas maneras; la forma en que la contamos se basa en la expansión de la estadística: intenta sustentar con números lo que cualquiera que quisiera puede ver. Y esas estadísticas son algo —relativamente— reciente: un daño colateral del orden democrático.

Cuando aparecieron los estados más o menos modernos de Europa y Norteamérica, segunda mitad del XIX, descubrieron que, para poder cumplir sus cometidos —cobrar impuestos según las posibilidades de cada quien, usarlos para formar ejércitos y policías, mantener el orden y la producción, asegurar los transportes y comunicaciones, educar, controlar, perpetuarse—, necesitaban más información. Así que empezaron a reunir una cantidad de datos sobre sus súbditos que nunca antes habían tenido;

así empezó, también, una idea de la «ciencia social»: la posibilidad y la obsesión de convertirlo todo en cifras, medirlo todo, clasificarlo todo.

Las estadísticas son tan gauchitas: se les puede hacer decir casi cualquier cosa. Ya sabemos: la estadística es esa ciencia que consigue, decía Umberto Eco, que si hay dos personas y una se come dos pollos, cada una habrá comido un pollo. El ser humano promedio tiene una teta y un testículo, explicó el matemático Ian Stewart. Aun así, hay cantidad de cifras que muestran la desigualdad. Se pueden multiplicar, escrutar, revisitar. Pero sería un error pensar la desigualdad como una cuestión meramente económica —aunque la plata, faltaba más, determina todo el resto de las cuestiones que la forman.

Y está claro: el décimo más rico de los ñamericanos gana más de 30 veces más que el más pobre; en España, por ejemplo, la proporción ronda el 10 a 1. En 2018 ese décimo más rico poseía el 71 por ciento de la riqueza de la región. Todos los demás, nueve de cada diez, se repartían ese 29 por ciento que quedaba: a muchos, por supuesto, no les tocaba nada.

(Pero también aquí hablar de la región en general es una solución de facilidad. Aunque sus países comparten muchos rasgos, no se puede igualar un país cuyo producto bruto por persona ronda los 17.000 dólares como Chile y Uruguay con uno donde apenas supera los 2.000, como Nicaragua y Honduras.

Hay grandes desigualdades nacionales; hay, por supuesto, grandes desigualdades dentro de cada país, de cada sociedad.)

Hay un número que los especialistas usan más que cualquier otro para «medir la desigualdad»: el índice de Gini. El índice de Gini es el baremo más citado de la sociología contemporánea y el más explicado. Se lo cita sin parar, pero nadie cree que nadie lo conozca: el 84,7 por ciento de los autores que lo usan lo explican. Así que, para no faltar a la tradición, digamos: el índice o coeficiente de Gini mide la desigualdad de un país en una escala de 0 a 1. Su principio es simple: si toda la riqueza de ese país estuviera en manos de una sola persona, ese país tendría un coeficiente igual a 1; si toda la riqueza del país estuviera repartida en partes iguales, el coeficiente daría 0. La realidad siempre aparece, tímida, oportunista, en algún lugar entre uno y otro, entre uno y cero. Pero, en síntesis: cuanto más alto es el coeficiente, más alto el nivel de concentración de la riqueza —el nivel de injusticia económica— de una sociedad.

(Corrado Gini fue un campesino véneto, matemático de la Universidad de Bolonia, petiso e irritable, convencido de su valor y ansioso porque todos lo notaran, superior implacable, inferior obsequioso que, en 1926, recibió de Benito Mussolini la dirección del Instituto Nacional de Estadística italiano. Gini la aceptó alborozado: entre otras cosas, le permitiría desarrollar su obsesión por la eugenesia, su lucha para mantener la hegemonía de la raza blanca y sana. Gini era un fascista intenso; después de la guerra, derrotado, se recicló en el Partido Unionista, que proponía la anexión de Italia a los Estados Unidos. Y consiguió, tras todo eso, que su nombre se volviera necesario para hablar de injusticias sociales.)

Ñamérica tiene, en conjunto, el índice de Gini más alto del planeta. Ahora el promedio de todos sus países —salvados todos los problemas técnicos y estadísticos— es de unos 46 puntos. Para comparar: la media de los países europeos está alrededor de 30 puntos —encabezados por España con 36.2. En Norteamérica, Canadá tiene 34, Estados Unidos 41,5, México 48,3. Cientistas sociales definieron que cualquier Gini por encima de 40 supera el «nivel de alerta».

El Gini de Ñamérica bajó 6 puntos entre 2000 y 2017. La bajada fue fuerte al principio del período y se estancó después —o incluso remontó. Y no bajó menos en los países con gobiernos «de izquierda» que en otros con gobiernos de derecha. En Venezuela, por ejemplo, bajó 4 puntos en todo el período y en Nicaragua 7, pero en Guatemala o El Salvador más de 12, y 10 en Perú, 8 en Paraguay.

O, dicho de otra manera: países con gobiernos de discurso progresista-estatista y países con gobiernos de discurso liberal-privatista. Todos ellos, en la etapa «post-neoliberal» —la primera década del siglo—, redujeron más o menos la desigualdad; todos ellos lo hicieron, sobre todo, con distintos planes de subsidios a los más pobres.

Esas políticas asistenciales moderaron las exclusiones más brutas —y mejoraron las vidas de muchos millones— pero no hubo, mientras tanto, ningún intento de cambiar seriamente las estructuras económicas y sociales que producen esa exclusión. Por eso los gobiernos con discurso progresista no tuvieron resultados muy distintos de los gobiernos con discurso liberal. Más que redistribución lo que hay es ayuda, limosna.

Volveremos.

* * *

La desigualdad no es solo plata —o es, en realidad, todo eso que la plata puede conseguir—: la desigualdad es un conjunto de privilegios, vidas tan distintas. La desigualdad son nuestras grandes ciudades, los centros y barrios elegantes cuidadísimos custodiados bien servidos rodeados de miseria. La desigualdad son esas calles donde duermen personas, esa conciencia de que muy cerca de nuestro lujo hay hambre; la desigualdad es, sobre todo, nuestra capacidad para vivir con eso —en todas sus maneras:

Desigualdad de raza: las élites, queda dicho, son blancas, los pobres tienen más colores; ya hubo un presidente indígena y dos o tres mulatos; nunca hubo un presidente negro.

Desigualdad de alimentación: el hambre, por supuesto, pero también las diferencias de estilo y calidad de las comidas según las clases, las costumbres, las posibilidades.

Desigualdad de habitación: un ranchito de un solo cuarto para todos, sin agua corriente, sin cloacas, define muchas cosas.

Desigualdad de salud: la diferencia entre la medicina privada y la medicina pública son muchos años de vida y, en el mejor de los casos, una distancia extrema en la manera de vivirlas.

Desigualdad de educación: los colegios y universidades privadas, caras y excluyentes, preparan para los mejores puestos, mantienen la exclusión.

Desigualdad de género: el machismo es tristemente igualitario, se encuentra en todos los sectores, una lacra constante.

Desigualdad de derechos: los juicios son caros, los abogados más, los jueces suelen ser blancos y ricos, la idea misma de recurrir a la justicia no está asentada entre los más pobres —porque, en general, no les sirve.

Desigualdad de participación: los más ricos tienen muchas más posibilidades de lograr representación política, por su dinero, por su influencia, por su información, por su atención.

Desigualdad de violencia: los más ricos gastan fortunas en protegerse de la violencia callejera que, a veces, aparece como una opción para los más pobres.

Desigualdad de futuros, sobre todo: muchos de los más pobres no ven ninguna opción de cambio, de mejora significativa: sus vidas están signadas de antemano, y eso pesa.

Es, en síntesis, todo eso que podríamos llamar desigualdad de clase.

En la mitad más pobre de la población ñamericana, nueve de cada diez chicos van a escuelas públicas. En el 10 por ciento más rico, siete de cada diez van a escuelas privadas.

Un tercio de las viviendas ñamericanas tiene algún déficit —o varios—: materiales deficientes, falta de saneamiento, agua potable o electricidad, tenencia provisoria. En México, por ejemplo, la mitad de la población no tiene casa propia, pero el 1,5 por ciento tiene casas que valen más de 100.000 dólares, que concentran dos tercios del valor de todas las viviendas del país.

La tasa de muertes maternas en todo Ñamérica es de 70 por cada cien mil; en la ciudad de Buenos Aires es casi cinco veces menos, 15 por cada cien mil, y en Venezuela y Paraguay es casi el doble: 130. Y eso que ha bajado mucho —según países— en los últimos años.

Pero pocas cifras muestran la desigualdad con más crueldad que la esperanza de vida. No hay riqueza mayor que estar vivo; la media ñamericana subió mucho en las últimas décadas —gracias, sobre todo, a la disminución de la mortalidad infantil, a los pesticidas y los antibióticos—: en 1940 el promedio en la región era 38 años y ahora es el doble, alrededor de los 75. Nuestras sociedades no han conseguido muchos triunfos más extraordinarios. Pero, al mirar el detalle, las diferencias brotan: se supone que una argentina debe vivir hasta sus 81 años, un boliviano hasta sus 69. Digo: en principio, en promedio, una argentina debería vivir doce años más que un boliviano. Y los promedios son así, falaces. Si miramos más de cerca, vemos que mis vecinas de Buenos Aires deberían vivir hasta sus 83 años, mientras que mis compatriotas del Chaco, una provincia pobre del norte, no pasarían de sus 68: quince años menos. O que en Santiago de Chile las mujeres del decil más rico esperan vivir diecisiete años más que las del más pobre —y así de seguido: la diferencia se repite en todos lados.

Desigualdad es, al fin y al cabo, una forma de no decir pobreza. Y, quizá, lo más decisivo —para las vidas de muchos millones— que pasó en Ñamérica en los últimos veinticinco años fue la disminución de la pobreza: de la cantidad de personas pobres. Aun cuando no esté tan claro qué es «un pobre».

Hay demasiadas formas de medir «la pobreza»: los que viven con menos de tantos dólares por día, los que viven con menos de cuantos dólares por día, los que viven con menos de cuales dólares por día, los que viven con menos de tantos o cuantos o cuales dólares ajustados según el poder de compra de esa cantidad en cada país, y así de seguido. Son, por supuesto, convenciones: no tiene sentido que alguien que dispone de 3,99 dólares por día esté en una categoría diferente de alguien que consigue 4,01 −pero lo está. Y son, también, construcciones que varían según los países y las ideologías: no es fácil ponerse de acuerdo en cuánto es el mínimo indispensable, qué debería poder pagar una persona para no ser considerada pobre.

Y estas son solo las calificaciones monetarias; hay formas mucho más sofisticadas −y efectivas, supongo− que incluyen el acceso a agua corriente, salud, educación, tantas cosas. Y, en medio de todo eso, intervienen los errores estadísticos, los engaños estatales, los usos politiqueros, la pereza y la incapacidad.

Creo que podríamos, sin ánimo de medir y clasificar, considerar pobre a alguien que tiene un trabajo muy mal pagado o no tiene ninguno, que no tiene una casa digna de ese nombre, que no come lo que querría sino lo que puede, que no consigue curarse sus enfermedades, que no tiene ninguna seguridad sobre lo que vendrá, que no se siente parte. Y que las clasificaciones sirven para hacerse una idea de cuántos son, sabiendo que son órdenes de grandeza, no cantidades precisas.

La CEPAL −la Comisión Económica para América Latina y el Caribe de Naciones Unidas, gran fuente de información sobre el continente− divide la sociedad en tres estratos: alto, medio y bajo.

El bajo está integrado por los «extremadamente pobres», los «pobres» y los «bajos no pobres» −que otros llaman vulnerables. En su clasificación son «extremadamente pobres» los que viven en hogares cuyos miembros no ganan lo suficiente para garantizar las comidas necesarias −grosso modo, unos dos dólares por día y por persona−; son «pobres» los que viven con menos de 4 dólares por día y por persona; y son «bajos no pobres» −o vulnerables− los que viven con menos de 7 dólares por día y por persona.

Los pobres extremos serían −prepandemia− más del 10 por ciento, uno de cada diez ñamericanos; los pobres no extremos, el 20 por ciento, otros dos de cada diez; los bajos no pobres, el 25 por ciento, más de dos de cada diez. Y el «estrato bajo» que forman todos ellos pasó del 71 por ciento de la población ñamericana en 2002 al 56 por ciento en 2019.

Los estratos medios −entre 7 y 40 dólares diarios− también se dividen en tres subconjuntos, y pasaron en ese lapso del 27 al 41 por ciento.

Y el estrato superior, los que ganan más de 40 dólares al día, se mantiene alrededor del 3 por ciento. El gran cambio, en síntesis, es que un 15 por ciento de los ñamericanos pasaron del estrato más bajo al estrato medio: que se volvieron algo parecido a clase media. Son unos 60 millones de personas cuyas vidas cambiaron.

En síntesis, en estas dos últimas décadas, los pobres y vulnerables ñamericanos pasaron de ser dos tercios de la población a ser más de la mitad: es un cambio importante y totalmente insuficiente. Todavía hay más de 200 millones de personas que viven con menos de siete dólares al día. Y, entre ellos, más de 120 millones, casi uno de cada tres ñamericanos, viven con menos de cuatro: la pobreza completa.

Y uno de cada diez ñamericanos vive con menos de dos dólares diarios. Es la base que no ha cambiado en las últimas décadas, y es lo que los mismos organismos llaman «pobreza extrema» o «indigencia»: la gente que «no dispone de los recursos que permitan satisfacer al menos las necesidades básicas de alimentación». O sea: que no podría pagarse una canasta básica de alimentos aunque destinara todo lo que gana a tratar de comprarla.

Uno de cada diez ñamericanos no come suficiente.

* * *

Es la forma final de la desigualdad, el punto en que esa diferencia se hace violencia sostenida: el hambre.

En las últimas décadas, entre la prosperidad efímera de las commodities y los esfuerzos de algunos gobiernos, Ñamérica mejoró su situación –aunque menos que Brasil con su plan Hambre Cero. Si en el año 2000 había unos 40 millones de personas que pasaban hambre, en 2019 eran alrededor de 42 millones. Parecen más, son más –pero son también menos: hace veinte años esos hambrientos eran uno de cada ocho ñamericanos y ahora son uno de cada diez. Fue un avance escaso para esa década y media de bonanza y, sobre todo: la mejora fue notoria hasta 2015 y, desde entonces, empezó a empeorar hasta llegar a estas cantidades –sin contar todavía los desastres de la pandemia.

Y el Informe Latinobarómetro dice que la cantidad de personas que declaran no comer suficiente creció desde el 22 por ciento en 2015 al 27 por ciento en 2018. «Un 62 por ciento de los venezolanos declaran no tener suficiente comida, en Guatemala es 42 por ciento y Nicaragua

38 por ciento, República Dominicana 36 por ciento y Honduras 34 por ciento. Aquí es donde vemos el verdadero problema de fondo de los países de Centroamérica. Se trata de una población donde un tercio o más no tiene suficiente comida para alimentarse.»

Hace unos años, preparando mi libro sobre el hambre, pasé unos días en un suburbio de Buenos Aires donde miles de personas se han establecido alrededor de los grandes basurales y viven de lo que encuentran en ellos. En un país que se dedica a producir alimentos, que podría dar de comer a 400 millones de personas, esos hombres y mujeres eran un insulto. Y eran, más acá de la emoción, una puesta en escena demasiado clara de que la causa principal del hambre actual nunca es la falta de comida —sino su mal reparto o, dicho de otro modo: no tener plata para comprarla.

El sol ataca. En el camino de tierra, el descampado, olor a rayos, mil personas esperan a la entrada del puente. Están atentos, se amontonan a todo lo ancho, esperando la señal de largada. El sol insiste. Delante un policía los mira, los mata con la indiferencia. De pronto levanta los brazos, revolea los brazos: es la señal que esperan. Mil personas avanzan, en un rumor sin gritos, camino a la Montaña.
—El que gana se lleva lo mejor.
Me grita un pibe, camiseta de Boca hecha de agujeros.

Cuando el policía da la señal hay que correr: es necesario llegar antes que todos, es necesario aprovechar los tres cuartos de hora en que está abierta la Montaña. Hay que correr: un kilómetro de carrera abierta, en subida, empujones, caídas, gritos, algún chiste. Corren, corren, pedalean: por el camino de tierra y pozos corren, entre montes de basura y matorrales y estanques de agua estancada corren: todos corren, para ver quién llega antes a zambullirse primero en la basura, a quedarse con los mejores restos. Corren: la mayoría son hombres pero hay mujeres, chicos; mil hombres y chicos y mujeres corriendo con denuedo para llegar primero a la basura. Es la lucha por la supervivencia puesta en escena por un director sin el menor talento.
—Yo voy con la bici, si te caés te pasan por arriba. O te chocan, porque es un kilombo, y te caés, y si te caés te pasan por arriba. Es como una maratón, el que se cae, pierde. Todos quieren llegar primero. Viste cómo es el hambre: el que llega primero agarra y el que no, no. Así que hay que correr.

El Laucha lleva diez años subiendo a la Montaña; antes trabajaba de techista, de ayudante de albañil, pero no es fácil que encuentre, dice: que cada vez hay menos.

—O por lo menos para mí no hay. Por eso subo.

Me dirá, más tarde, ya en bajada.

Algunos llevan carros de mano —prohibidos los caballos— pero van lento, demasiado lento: solo les sirve si trabajan con otro que se puede adelantar en bici. Las bicicletas son viejas, destartaladas: a los tumbos en ese terreno irregular, peligroso, de obstáculos y filos y podredumbre varia.

—¿Lo viste? Es como una largada de esas de los caballos, que nos tienen a todos ahí y hay que salir corriendo, y el que pasa pasa, te empujan, se te tiran encima. Yo una vuelta me quebré el hombro y la cadera, por suerte unos muchachos me sacaron a la rastra, no sabés cómo me dolía...

Van vestidos de mugre: pantalones cortos sucios, camisetas sucias, un gorro sucio y zapatillas sucias; todo un equipo de suciedad para ensuciarse peleando por la mejor basura.

—Pero acá nadie te va a ayudar, te tenés que salvar solo.

El olor, el hedor, los muchos bichos: infinidad de bichos, las pocas plantas que crecen obstinadas, montañas en el llano. En uno de los paisajes más chatos del mundo, en plena pampa, cinco o seis montañitas como esta, que la basura fue formando. Desde acá arriba se ve lejos. Primero las prisiones: tres unidades penitenciarias, una al lado de la otra. Más allá las villas: muchas, interminables. Alguien me dijo que esto es un parque temático de la pobreza, que no le falta nada: basura, cárceles, ranchitos. Citaba: alguien, alguna vez, puso a la entrada un cartel que decía Bienvenidos a Quemaikén, Parque Temático de la Pobreza.

—Si vos querés subir hacé de cuenta que es como una cárcel. Es así, como vivir en el penal. Estás esperando que te maten o podés matar a alguno. Es peligroso, te digo, es peligroso. Pero no es con vos, no te creas. Cuando van pibes nuevos, si son de otra villa también los cagan a palos, los rompen todos y les sacan la bici, la gorra, les cortan la cara, es un desastre. Es una cosa de locos, como que hay que ganarse el lugar. El otro día a un pibito lo desmayaron, un pibe de ocho, diez, uno que había venido nuevo. Y estaba la madre, una señora grande agarró la cadena de la bici y los corrió a estos pibes porque le desmayaron a su hijo.

—¿Vos vas con miedo?
—Yo soy un tipo grande, tengo años.

Van llegando: en tropel, en malón, llegan arriba. Arriba es una especie de meseta donde estacionan sus jeeps y motos los policías vestidos de comandos metralletas, donde van y vienen excavadoras amarillas, donde cruzan el suelo kilómetros de caños que sacan los gases enterrados: donde, por fin, la cumbre de la Montaña, la cima de la Montaña es esta montaña interminable de basura.

—No, hay muchos más hombres que mujeres. Los hombres tienen más fuerza. Entonces las mujeres tenemos que buscar comida, no podemos cargar maderas o bidones. Una empieza a saber cómo rebuscárselas. Se te hace el instinto, se te hace.

Me dirá, después, la Flaca.

—Igual las mujeres no son muchas. Porque es muy peligroso. Te chocan, te pegan. Pero hay también. Algunas van con criaturas. Pero eso les puede hacer mal. El olor, la mugre, todo eso.

La Flaca tiene un marido que lleva tiempo sin conseguir trabajo; la Flaca y su marido cobran un subsidio por uno de los chicos, que tiene su apellido porque nació cuando estaba separada. Pero los otros cuatro no, porque tienen el apellido de su marido y su marido una vez tuvo un trabajo en blanco y entonces no le daban. Ahora tiene que ir a hacer los papeles para que se los den.

—¿Y a ustedes no les hace mal?

_¿Qué cosa me hace mal?

—La mugre, digo, la contaminación.

—A mí gracias a Dios todavía no. Estoy acostumbrada. Yo prefiero ser sencilla y no ricachona. Por ahí con lo que yo no tengo estoy mejor que ellos que tienen más.

—¿Por qué vos estás mejor?

—Porque si vos sos humilde, más cosas te van a dar. Si vos no sos humilde, no te van a dar nada. La pobreza saca más que la grandeza.

—¿Qué es lo que más levantan?

—Comida, amigo, la comida.

Me dice un señor Tato, cincuenta y tantos años —o quizá 32. En la basura, trepados a la montaña de basura, cientos se disputan las mercaderías más buscadas. Yogures, salchichas, patys, paquetes de fideos, galletas, papas fritas, latas de conserva, botellas de gaseosa, pañales, telas, remedios, sobres de sopa, comida para perros, bidones de plástico, pallets rotos de madera, papel, un mueble, algún hallazgo extraordinario. Hay mitos: que fulano se encontró un celular que valía no sé cuánto, que mengano un reloj de los buenos, que zutano una billetera con un fajo de guita.

—¿Y qué es lo que más buscan?

—Oro.

Dice el tipo, suelta la carcajada.

—¿Y encontraste alguna vez?

—Qué voy a encontrar…

Ellos huelen con ese olor de la basura. Algunos policías tienen un dedo en el gatillo de sus escopetas recortadas. Ellos revuelven, se hunden, encuentran lo que buscan —o algo.

—Hasta criaturas aparecen a veces. Criaturas, seres humanos. Cuando van los ganchos de tres dientes, que enganchan la basura así para destrozarla, más de una vez ha aparecido un cuerpo. No una vez, no una vez, eh, mucho más. A mí no me tocó, pero muchos lo vieron. Cajones de muertos también tiran. Si te ponés a buscar, te encontrás el equipo completo. Si te querés morir, te morís fácil.

Me dice un hombre gordo, la panza que le asoma por debajo de la camiseta corta, el pantalón a media pierna, las zapatillas en jirones.

—¿Alguna vez pensaste cómo serán las casas de los que tiran todo esto?

—Pa' qué vas a pensar. Mejor no pensar, jefe.

En la montaña de basura las personas, cientos de personas enchastradas, chapoteando, hurgando, hundiéndose en basura. Los policías, sus escopetas listas. Pájaros, los pájaros más sucios que he visto en mi vida.

—Esto es el mundo al revés, amigo. En cambio de dárselo a la gente lo tirán acá al basural, para que no les bajen los precios. Si serán hijos de puta.

Tiran —acá mismo tiran— diez toneladas de basura por día: el equivalente a 200 vagones de tren repletos de basura cada día.

—Yo saco carne, a veces saco papas fritas. Cada día hay distintas cosas. Comidas para perros, bolsas sanas, de quince, veinte kilos. Camión de salchichas, de yogur. Carne picada.

—¿Y qué hacen con lo que sacan?

—Te lo comés, qué vas a hacer. Y si te sobra algo vas y lo vendés en el barrio. Acá a la salida hay unos compradores que te quieren comprar, pero te lo quieren sacar por moneditas. Yo igual vendo barato.

Me dice un pibe con camiseta de Chacarita Juniors, el cuadro de la zona. La camiseta es un catálogo de manchas, el pibe está lleno de mugre y acomoda en el manillar de su bici una bolsa de plástico con veinte o treinta kilos de carne muy sangrienta. El pibe Chacarita se va temprano, contento: hoy me hice el día. De acá comemos, vendemos, me hice el día. Hay veces que parece que Diosito te cuida, dice, y se ríe a carcajadas.

—¿Por qué hay gente que tiene tanto y otros que no tienen casi nada?

—Los que tienen más sufren más que el que tiene menos, es la única explicación. Yo soy más feliz teniendo poco que el vecino que tiene más. Los que tienen mucho son muy infeliz.

—¿Por qué lo decís?

—Porque a mí todos me envidian en el barrio: tiene menos pero está bien con sus hijos, dicen, me envidian.

—¿Y no te dan ganas de tener más?

—No.

—¿De tener siempre para comer?

—Me gusta tener siempre al día, al día, es mejor que tener mucha comida y no tener cariño y el amor de tus hijos.

—¿Y las dos cosas?

—Nunca tenés las dos cosas juntas. Cuando tenés más, tenés más problemas de salud, otros problemas.

Una nena de ocho o nueve años se corta un pie con algo —una lata, un vidrio, un hierro retorcido. Hay gritos, sangra, dos o tres corren, se la llevan en un carrito cuesta abajo. Es un trabajo individual: cada cual por su lado.

O, mejor: es competencia pura.

Eso también es un aprendizaje, un curso sobre la sociedad contemporánea.

—¿Hace mucho que subís acá?

—Qué se yo desde cuándo. Cuando era chiquito empecé a venir acá. Todo el tiempo digo que no voy a venir más. Pero qué querés que haga. Hay que morfar.

Dice uno que hace mucho que dejó de ser chiquito.

—Hay muchos pelotudos que nos miran mal a nosotros por hacer esto. ¿Qué quieren, que salgamos a robar? La verdad, deberían agradecer: por cada ciruja, un chorro menos.

Un hombre y una mujer muy viejos van bajando con las bolsas vacías.

−Ya llevo como veinte años viniendo acá. La vida me he dejado acá.

Dice el hombre y le pregunto si muchas veces se va así, sin nada. Él me guiña un ojo: entre arrugas tan brutas lo arruga un poquitito:

−Yo ya es difícil que pueda agarrar nada, mi mujer tampoco. Pero venimos de siempre, nos conocen; siempre hay algún muchacho que nos da alguna cosa.

Un gordo de mucha autoridad, torso desnudo, la panza restallante, le dice tomá pa y le alarga un paquete. Los cientos van saliendo, las ropas enchastradas de un barro gris que no existe en la naturaleza. La cara, las manos enchastradas de ese barro. Algunos tiran de sus carritos a tracción humana, ricshas de la basura. Otros caminan con sus bicicletas, la bolsa con el botín atravesada en el manubrio. Acá también hay clases, o algo así. Los que se llevan una bolsita con alguna comida, los que cargan una torre de bidones o un hato de maderas en una carretilla.

−Es una lotería. Hay días que sacás, hay días que no te llevás nada.

La policía, de atrás, los viene arreando. Ya se pasaron sus tres cuartos de hora.

−Hoy no había ni mierda.

Dice uno, la cara muy tiznada.

−No, ni mierda.

Le contesta un gordo con los pelos parados y, cuando se va: este no sabe, nunca supo buscar este boludo, dice, la bolsa llena de salchichas.

−Acá en este país el que pasa hambre es porque quiere.

Antes de la pandemia había unos 42 millones de ñamericanos que pasaban hambre; ahora ni se sabe. Además hay 80 o 90 millones más que sufren lo que los organismos internacionales llaman «inseguridad alimentaria moderada»: son personas que «padecen incertidumbre en cuanto a su capacidad para obtener alimentos y se han visto obligadas a aceptar menos calidad o cantidad en los alimentos que consumen».

En síntesis: unos 120 o 130 millones de ñamericanos comen menos que lo que querrían. Son casi un tercio de la población y son, es obvio, el núcleo más duro de nuestra pobreza.

Va de nuevo: uno de cada tres ñamericanos no come lo que necesita.

La pobreza es, entonces, vivir brutalmente al día, sin saber qué va a pasar mañana, sin saber qué vas a comer mañana; es vivir en una construcción precaria, hecha de maderas o de latas, quizá sin agua, seguramente sin cloacas; es vivir de trabajos eventuales, buscándote la vida sin ninguna garantía; es vivir en el temor de que cualquier enfermedad puede ser fatal por la falta de medios para curarla; es vivir con la sensación sostenida de que todo debería ser distinto —y no lo es.

Y los desocupados son legión pero los trabajadores también pueden ser pobres: más del 40 por ciento de los trabajadores ñamericanos no llega a ganar el salario mínimo establecido en su país. Y la proporción aumenta si se trata de jóvenes, de viejos o de mujeres: la mitad de las mujeres trabajadoras no gana el salario mínimo.

La pobreza, está claro, no es una condición homogénea. Para empezar, la pobreza ñamericana se divide en tres grupos de países. El primero, donde están solo Chile y Uruguay, tiene niveles de pobreza de menos del 10 por ciento, pobreza extrema de menos del dos. En el segundo, Costa Rica, Ecuador, Panamá, Perú, República Dominicana y El Salvador rondan un 20 por ciento de pobreza, cinco por ciento de pobreza extrema. Y, por fin, Bolivia, Argentina, Colombia, México, Nicaragua, Guatemala, Honduras tienen más de 30 por ciento de pobres, más de 10 por ciento de pobreza extrema.

Y, sobre todo: no es lo mismo ser pobre en el campo o la ciudad, no es lo mismo ser pobre con un empleo o sin él, no es lo mismo ser un hombre pobre o una mujer pobre o un chico pobre, no es lo mismo ser pobre en el frío de la montaña o en el calor del trópico, no es lo mismo haberse vuelto pobre o haberlo sido siempre. Y, por supuesto, no es lo mismo ser pobre en Guatemala que en Chile, en Cuba que en Uruguay —ni hablar de Miami o de Madrid. Por eso, claro, miles y miles migran: dispuestos a ser pobres en un lugar que lo sea menos.

(En el campo ñamericano hay, en proporción, más del doble de pobres que en las ciudades.)

Lo cual no invalida la cuestión central. Va de nuevo: los «estratos bajos» ya no incluyen a dos tercios de los ñamericanos sino a poco más que la mitad. Y la pobreza, estrictamente hablando, ya no afecta a la mitad sino a un tercio de todos nosotros. Es un cambio que ha producido muchos cambios.

La razón principal, queda dicho, fue el aumento de los precios de las materias primas en los mercados mundiales: había más plata para repartir. Pero había, también, de distintas maneras, la presión social suficiente como para que esa plata se repartiera. Los más ricos, siempre dispuestos a entregar lo menos posible, debieron entregar algo: los pobres presionan, piden, a veces incluso exigen. En la primera década del siglo la pobreza y la desigualdad disminuyeron porque los gobiernos de Ñamérica —sus muy diversos gobiernos— decidieron o aceptaron que no todo debía ir a los bolsillos de siempre.

Lo curioso fue, justamente, que esa presión no solo actuó, como se podría pensar, en los países que tenían gobiernos «de izquierda». En los últimos cinco años prepandemia, los que más redujeron su pobreza fueron países con gobiernos tan distintos como Chile, Dominicana, Uruguay, El Salvador, Panamá y Perú; los únicos que la aumentaron fueron países con gobiernos tan distintos como Colombia, Argentina y Ecuador.

Es cierto que Bolivia fue el país donde más disminuyó la pobreza en lo que va del siglo —del 60 al 35 por ciento, dicen, durante los gobiernos de Morales, pero también es cierto que era el país donde era peor, donde había más espacio para esa recuperación, y que ese gobierno trabajó mucho para conseguirlo. Y es cierto también que Perú, por ejemplo, nada progre, la redujo, en proporción, bastante más: del 43 al 15 por ciento.

En síntesis: la mayoría de los gobiernos dizque de izquierda no redujo más la pobreza que la mayoría de los gobiernos liberales. Hay pocos argumentos más sólidos para cuestionar el supuesto progresismo de los supuestamente progresistas —o, por lo menos, sus proyectos reales. La realidad de millones de personas son los datos más concluyentes para saber a favor de quién gobernó tal o cual, más allá de sus palabras y banderas: no hay evidencias más concretas, más alejadas del «relato», la retórica vacía.

*   *   *

Es difícil imaginar la realidad de la pobreza desde las calles de una ciudad rica. Creo que recién lo entendí hace unos años, cuando fui a un campamento del Movimento Sem Terra brasileño, en medio del Amazonas. Los ocupas rurales me alojaron en la choza de una mujer de 30 años que no estaba allí; se llamaba Gorette. Aquella noche, imperdonable, espié sus posesiones: en su choza había una cocina de barro, un machete, 4 platos de lata, 3 vasos, 5 cucharas, 2 cacerolas de latón, 2 hamacas de red, las paredes de palos, el techo de palma, un tacho con agua, 3 latas de leche en polvo con azúcar, sal y leche en polvo, una lata de aceite con aceite, 2 latas de aceite vacías, 3 toallitas, una caja de cartón con 10 prendas de ropa, 2 almanaques de propaganda con paisajes, un pedazo de espejo, 2 cepillos de dientes, un cucharón de palo, media bolsa de arroz, una radio que no captaba casi nada, 2 diarios del Movimiento, el cuaderno de la escuela, un candil de kerosén, un balde de plástico para traer agua del pozo, una palangana de plástico para lavar los platos y una muñeca de trapo morochona, con vestido rojo y rara cofia. Eso era todo lo que Gorette tenía en el mundo –y digo todo: exactamente todo y nada más. Vivimos en un mundo que rebosa de objetos; aquella noche empecé a entender qué era la pobreza.

O lo supuse.

Porque después me pareció que la palabra pobreza no servía para describir esa parte de nuestras sociedades. Pobreza es una palabra demasiado amplia: describe, suponemos, la condición de los que tienen casi nada. Gorette, por ejemplo: su austeridad extrema era la norma en aquel campamento de campesinos que habían decidido ir a buscar sus vidas al medio de la selva; ninguno de sus vecinos y compañeros tenía mucho más. Pero es un caso cada vez menos frecuente: en Ñamérica, ahora, la mayoría de los pobres vive en asentamientos precarios alrededor o dentro de las grandes ciudades, o sea: enfrentados al martilleo constante de que otros sí tienen todo lo que ellos no. Lo cual, a falta de mejor palabra, querría llamar miseria.

No es lo que dice la Academia: en su diccionario, miseria figura como «estrechez, falta de lo necesario para el sustento o para otra cosa, pobreza extremada». Lo que llamo miseria es la diferencia bruta, concentrada en un mismo territorio, y sus efectos de enchastre y de violencia: la humillación constante. La pobreza ñamericana no suele aparecer en un contexto de carencia, de imposibilidad: no es un desierto sudanés, no un pantano bengalí. Son villeros o pobladores o callamperos o invasores junto al barrio caro pomposo custodiado: pobreza con escándalo de despilfarro cerca. La pobreza común es dura pero crea vínculos, redes, tejidos sociales; la miseria de la desigualdad los rompe, deshace cualquier intento de construcción compartida.

Digo: miseria. Sociedades que producen el triple de los alimentos que precisan –donde uno de cada seis chicos sigue malnutrido. Mucho más que la pobreza, esa miseria: la diferencia obscena.

Queda dicho: pese a las mejoras de las dos últimas décadas, uno de cada tres ñamericanos sigue bajo la línea de pobreza. Y uno de cada diez sigue en la pobreza más extrema. La capa superior de los pobres «salió de la pobreza»; los demás siguieron ahí.

Aunque, en general, los pobres ñamericanos ya no son lo que eran.

En las últimas décadas los pobres ñamericanos cambiaron mucho. Subsisten algunos pobres clásicos, los que salían en las estampas: el campesino colombiano con sombrero de paja y su machete, la chola peruana con su bombín y faldas varias, el indio mexicano con huaraches y túnica raída, la negra caribeña con su pañuelo de colores —cada uno en su hábitat, difícil pero verde o luminoso o natural o así. La mayoría de los ñamericanos pobres ya no son esos: son, ahora, habitantes de esos barrios o pueblos de invasión que se fueron armando, estos años, en las orillas de las grandes ciudades.

Las migraciones en masa se aceleraron en los últimos cincuenta años. Los campos seguían tan hostiles como siempre, más que siempre: los patrones puro abuso, el trabajo sin mengua, las máquinas que los marginaban, las violencias estatales y privadas. Con el aumento de las grandes empresas extractivas —agricultura, minería— que acaparan los recursos y usan técnicas cada vez más sofisticadas, los campesinos tenían —tienen— cada vez menos empleos. Y las ciudades atraían: allí parecía más fácil encontrar un trabajo, comer todos los días, conseguir atención médica, soñar con hijos que se educan y progresan y parecía —sobre todo— posible vivir como viven los otros, los que tienen.

(Allí, además, muchos llegaron seducidos por el viejo truco del migrante: quien abandona su lugar y emigra simula, cuando vuelve de visita, que todo le está yendo espléndido —y trata de llevar unos regalos o unas ropas que lo muestren. Lo hacen para justificar su decisión pero, casi sin querer, convencen a los que se quedaron de que se puede, de que deben. No es solo ilusión: en 2013, por ejemplo, dos de cada cinco campesinos eran pobres confirmados, y solo uno de cada cinco urbanitas. Sí se agregan a la ecuación los que viven «en situación de vulnerabilidad económica», las proporciones se disparan: son tres de cada cinco en las ciudades, cuatro de cada cinco en el campo.)

Así se fueron vaciando los campos, llenando las ciudades —o sus alrededores, sus agujeros más negros. Los burócratos que nunca faltan los llamaron «asentamientos provisorios» porque, al principio, muchos supusieron que lo eran: un punto de llegada que duraría un tiempito, hasta que pudieran instalarse como soñaban, en una casa sólida en una calle sólida, hasta que fueran por fin como los otros.

Sucede poco.

«Las ciudades del futuro, en lugar de estar construidas con vidrio y acero como las imaginaban las viejas generaciones de urbanistas, están hechas de ladrillo crudo, paja, plástico reciclado, bloques de cemento y aglomerado de madera. En lugar de ciudades de luz creciendo hacia el cielo, buena parte del mundo urbano del siglo XXI se hunde en la mugre, rodeado de polución, excremento y decadencia. Los mil millones de ciudadanos que habitan los arrabales posmodernos pueden mirar con envidia las ruinas de las toscas casas de barro de Catal Hüyük en Anatolia, construidas en el principio de las ciudades, hace más de nueve mil años», dice Mike Davis en un libro imprescindible, *Planet of Slums*.

Son —muy a menudo— barrios sin estado: donde la presencia del estado es limitada. Barrios sin servicios, donde la luz es colgarse de unos cables, el gas y el agua maneras del azar, la cloaca un pozo; donde la policía no se atreve ni entran las ambulancias ni llegan los transportes. Donde —a veces— la violencia campea sin control. Donde se arman estructuras y jerarquías que pueden venir de la organización de los vecinos o del poder de alguna banda —o ambas. Donde más y más personas se construyen sus casitas en terrenos que nadie pensó todavía en ocupar —por lejanos, por peligrosos, por inundables o inundados, por polvorientos o escarpados, por precarios— y que ellos ocupan —a veces por la fuerza, a veces guiados por el estado, a veces alentados por funcionarios corruptos que les «venden» derechos que no tienen.

Fue —sigue siendo— un ejemplo de funcionamiento alegal, alejado de cualquier norma: grupos, familias, personas que encuentran una tierra vacía, desdeñada por lejana o inclemente o peligrosa y la ocupan, de pronto o de a poco, y empiezan a levantar un techo, unas paredes con lo que pueden conseguir. Es pura iniciativa privada; privada, también, de recursos, de cualquier garantía. Son terrenos fuera de la legalidad, siempre provisorios, que permiten que los punteros del lugar mantengan a los vecinos agarrados de los huevos: dependientes.

—Fue muy espontánea la toma. Cuando vos tomás la tierra es así, un gran kilombo, todo lleno de pedazos de cable para marcar los lotes, y yo estaba sentada arriba de una piedra cuidando un pedazo de tierra. Había un vecino que se llamaba Coqui, y él siempre me cargaba: ¿vos te acordás de esos años, cuando eras bien blanquita?

Me contó, hace unos años, en una villa miseria de los alrededores de Buenos Aires, Lorena, una uruguaya gorda inteligente decidida.

—Ahora soy colorada, la piel se te curte, se te quema, los bracitos negros… ¿Vos te acordás de cuando eras bien pálida, Lore, y estabas sentada ahí en esa piedra? Yo lo que me acuerdo es que tenía un miedo…

Esa tarde cada cual ocupaba lo que podía. Lorena lo recuerda con cariño. La gente se ayudaba: vení por acá, metete en este lugar, dale, qué necesitás. Al principio cada uno se quedó con un lote de 30 por 30; pronto vieron que así no alcanzaba para todos y decidieron cortarlos por la mitad: 30 por 15, y entonces sí. Empezaron a dibujar las calles, el espacio donde alguna vez estarían las veredas: semanas de trabajos, de entusiasmo. Y de conflictos: había algunos que ocupaban para venderles a los que llegaran más tarde, pero los vecinos trataban de impedirlo.

—Cuando me enteraba de que alguno estaba para hacer negocio llamaba a mis compañeros, les decía vamos para allá y nos poníamos nosotros en el lote hasta que metíamos una familia, no dejábamos que se venda hasta que metíamos una familia. Todos teníamos tolderías, vivimos casi seis meses así. Para sobrevivir ahí teníamos que organizarnos en grupos de los que ya estábamos viviendo, para poder cocinar y hacer un fuego porque la policía no nos dejaba entrar con madera, no nos dejaba entrar chapas. Tampoco teníamos agua, el agua que había estaba repodrida, hubo mucha hepatitis. Organizamos la olla popular, empezamos a ver cómo podíamos traer agua; es muy duro el asentamiento al principio. Ahí empecé también a ver que yo podía hacer algunas cosas.

En los meses siguientes llegaron muchos miles más: todas las tierras baldías —los basurales, los pantanos— de los alrededores se fueron transformando en barrios.

Y prima la ilusión de que esos sitios no están hechos para durar. La ilusión de que son una etapa. La invención de unos lugares que no se piensan como lugar sino como camino, donde no funciona la lógica de la construcción, de la acumulación porque todo se piensa provisorio; donde no hay voluntad de fundación. Donde no hay voluntad de permanencia sino esa permanencia que se va haciendo a sí misma, más allá de cualquier voluntad. Son barrios que cristalizan sin querer: donde aquellos que suponían que se instalaban por un tiempo se van quedando, van teniendo hijos que se van quedando, van conformando una sociedad al costado de la sociedad. Van adquiriendo formas propias, una cultura diferente, ardides y necesidades y recursos peculiares.

Es –relativamente– nuevo.

Ahora parece que la tendencia es aceptar, adaptar. Los estados ya no suponen que podrán ofrecer otros espacios, otras viviendas, y tratan de organizar estos: «Aceptar la ciudad informal como un rasgo inevitable de la condición urbana, y no como una ciudad-transitoria, es la lección clave que esta generación de arquitectos latinoamericanos puede ofrecerle al mundo. El desafío que enfrentan ahora ya no es solo cómo rehabilitar esas barriadas proveyéndolas de los servicios necesarios y mejorando la calidad de vida, sino también cómo integrarlos en la ciudad, creando las conexiones y los flujos, los puntos de comunicación y de inclusión que disolverán las líneas de exclusión y colisión», dice, en su libro *Radical Cities*, Justin McGuirk. Es optimista.

Lima es un ejemplo entre tantos: en 1957 uno de cada diez limeños vivía en esos asentamientos «provisorios»; tres décadas después, a principios de los noventas, uno de cada tres. En esos días visité uno de los más grandes: Villa El Salvador ya tenía 300.000 habitantes y estaba despidiendo a su figura tutelar. María Elena Moyano, la Madre Coraje, una negra de 33 años, acababa de ser asesinada por un comando terrorista que, por si acaso, había dinamitado su cuerpo.

–María Elena ya ha pasado a ser inmortal.

Decía un funcionario en modo discurso; lo rodeaban cholas cargadas de cestas sobre la arena del desierto, el viento que desarmaba las ofrendas florales, el miedo todo el tiempo. El cielo era casi tan gris como esa tierra. Los fotógrafos se trepaban a tumbas fabricadas con piedras y cartones. El funcionario decía que «con gran alegría María Elena nos estará mirando con orgullo».

–María Elena, te hemos elevado a símbolo.

Dijo, después, en un discurso, su hermana. Más tarde, ya entre nos, fue más concreta:

–La suba de precios es una forma de contribuir a la violencia. Hay una gran responsabilidad del gobierno en todo esto.

Al otro día fuimos a un comedor, una de las bases de la organización popular –y femenina– de las barriadas limeñas. La casilla de ladrillos a medio construir no tenía agua ni luz y detrás había un pequeño descampado donde potreaban quince chicos en calzones; cuatro mujeres sin dientes con ojotas cocinaban en dos ollas muy grandes sobre una bombona de gas.

–Gracias a Dios y a María Elena llegamos hasta acá, ayudas que hemos conseguido, la donación de la cocina y la olla grande le debemos a ella.

Me dijo una mujer con acento de la sierra. En el comedor se juntaban unas veinte que, cada día, ponían 80 céntimos para dar de comer a sus hijos. El comedor iba de casa en casa –tres meses en cada una– y cada día de la semana tres mujeres se encargaban de la compra y la cocina. La mayoría había llegado del interior en los últimos años. Sus maridos trabajaban cuando podían: albañiles, vendedores ambulantes, changarines; algunos meses conseguían el sueldo mínimo.

–Acá por lo menos comen.

Me dijo una mujer muy flaca:

–A la tarde a mis hijas les dan el vaso de leche con su pan, y así vamos.

Me dijo, y que por lo menos así se dormían con su barriga llena.

–Lo único es sobrevivir para nuestros hijos, porque ¿qué vamos a hacer pues?

Preguntó una grandota. Lima sufría bruto brote de cólera y la comida era el vector de todos los miedos. Yo había ido hasta allí para ver y contar cómo era una epidemia, algo tan vergonzosamente antiguo, la evidencia de que el continente estaba cada vez peor –yo, entonces, claro, no sabía. En esos días uno de cada cuatro limeños tomaba agua sin purificar. Ellas trataban de que sus hijos no lo hicieran.

–Pero cuando salimos para trabajar los críos se descuidan y se toman el agua cruda –dijo la flacucha– y les da el cólera pues. La mamá estando es otra cosa, pero no estando les da el cólera.

Después, Martha Moyano, la hermana de la mártir, me contaría que los vecinos habían construido la escuela pero no siempre tenían maestros, que habían instalado cañerías pero no les llegaba agua ni luz.

–El estado acá es más bien un estorbo.

Y que, cuando había estorbos que evitar o decisiones que tomar, los dirigentes comunales tocaban el pito para llamar a los vecinos a la asamblea. Entonces Martha Moyano tenía 29, el pelo mota, un jean gastado y una camiseta. Yo le pregunté si, entre el ejército y la policía por un lado, los terroristas por el otro, no tenía miedo de lo que pudiera pasar.

—En eso está la valentía, en tener miedo y aguantarlo.
Me dijo, tan chiquita, el aspecto tan frágil.
—¿Eres valiente?
—Eso espero.

Los ocupantes de esas tierras periféricas también cumplen con una
tarea para el sistema económico: fraccionar y privatizar tierras que, antes
de ellos, eran públicas, estatales, comunales, desocupadas de distintas formas. Así, curiosamente, las incluyen en el mercado, donde no estaban.
Crean valor: algo que no tenía un precio porque no era vendible pasa a
tenerlo. Al hacerlo, excluyen a todos los que no pueden pagar ese precio.
Ellos mismos, a veces, obligados a dejarlas.

Ahora, tres décadas después, hay un metro elevado que llega hasta la
Villa El Salvador. En el metro las pieles son más oscuras y las pantallas de
los teléfonos están más astilladas; los vagones son nuevos y limpitos: los
asientos están marcados para cuatro personas cada uno pero en todos hay
cinco. El uso contra la norma; contra el orden, la necesidad.
Ahora, tres décadas, Martha Moyano es una dirigente de la derecha
fujimorista y la Villa tiene medio millón de habitantes; donde antes había arenales y casillas ahora hay calles y ladrillos. Ahora, tres décadas, la
Villa es uno de esos barrios de asfalto a medias, arbolitos ralos, mucho
cable negro enroscado en el aire, casas de un piso o dos de bloques sin
revoque, techos sin terminar y tanta reja, sus temores, que son la cara más
habitual, menos mostrada de Ñamérica: todo con ese soplo provisorio
de lo que nunca va a estar realmente terminado.
Ahora en el centro de Villa El Salvador hay lycras apretadas y gorras
al revés, bancos, tuktuks, casas de cambio, ruido de bocinas, comidas
rápidas, casas de empeño, clínicas dentales, un tsunami de ópticas. En
una sola cuadra de la avenida principal hay más de veinte: en todos,
grandes dibujos de rubias muy maquilladas con anteojos. Se ve que,
aquí, muchos creen que no ven suficiente —y que las mujeres locales no
son lo que deben. Un cartel embarrado trata de poner orden: «Ya los
tenemos identificados a los choros y motocar y corren las consecuencias de ser capturados y se irán presos con todo el peso de la ley», amenaza, y, más abajo: «Todos somos unidos por la seguridad y la tranquilidad de los vecinos de la Av. Revolución», dice, sobre fondo verde y
amarillo.

Yo creí que me lo iba encontrar y no lo encuentro. Pregunto; tres o cuatro personas me dicen que no saben. Al fin una mujer mayor me dice que está allá, a ocho o nueve cuadras, casi donde se acaba la avenida.

Allá, tan cerca del final, el monumento es una pirámide de cemento pintada de azul francia, descascarada en las esquinas, en medio de un bulevar casi desierto, arena y matorrales; encima, tamaño natural, una muchacha negra de pelo corto, camisa suelta y falda, morral al hombro, hecha de bronce, se envuelve en una bandera que la convierte en prócer. Pegada en la base de cemento una placa de mármol negro dice que es «María Elena Moyano Delgado, Heroína Nacional», y la cita: «La revolución es afirmación a la vida, a la dignidad individual y colectiva; es ética nueva. La revolución no es muerte ni imposición ni sometimiento ni fanatismo. La revolución es vida nueva, es convencer y luchar por una sociedad justa, digna, solidaria, al lado de las organizaciones creadas por nuestro pueblo, respetando la democracia interna y gestando los nuevos gérmenes de poder del nuevo Perú. Seguiré al lado de mi pueblo, de las mujeres, jóvenes y niños; seguiré luchando por la paz con justicia social», dice, y enseguida las fechas: 23 de noviembre de 1958, 15 de febrero de 1992. Alrededor del monumento hay más arena, arbustos ralos y más casas bajas, un puesto de frutas y verduras, un local de la Federación de Mujeres de la Villa, un banco muy enrejado muy modesto, un lubricentro. Se oyen sobre todo los tuktuks: motores, sus bocinas. Un chico de diez recién salido de la escuela, su chandal rojo y blanco, me contesta que sí, que la escuchó nombrar, que era una señora buena de antes, de la historia.

—¿Pero sabes qué hizo?

—Sí, claro, se murió.

Me dice, orondo. Más allá, sentados en un banco, una nena y un nene de 14 juegan un juego en el teléfono de él, gritan, se ríen a los gritos. Al lado, en una cesta, duerme arropado su bebé muy nuevito, gorro de lana blanca. Debe ser eso que llaman inocencia: haber nacido y dormir tan tranquilo y no saber que tus padres son un nene y una nena.

Pero Luis, cuarentón retaco, voz ronca aguardentosa, me dice que a él le gustaría vivir como los ricos, que cada cual vive en su casa y no se ven, no se cruzan, que si alguien quiere comer o tomar una cerveza, come o toma en su casa o en un bar, tranquilo, cómodo. Y que en cambio acá en el barrio el que quiere comer o tomar tiene que salir a la puerta y todos lo ven y todos lo escuchan y ahí se arma el lío: que uno pone una música muy fuerte o una música que a otro no le gusta, o que uno come parrilla para mostrar que ganó plata y otro se enoja porque le da la envidia y que entonces ahí empieza la pelea, por lo que sea empieza la pelea y la gente se jode o se mata, la envidia, siempre la maldita envidia, dice Luis, y que los ricos viven mejor, sin tanta muerte, sin tanta envidia, que ojalá él pudiera.

Me impresiona la fuerza que tienen que tener la ideología, las religiones, el estado para mantener a todas esas personas en sus barrios pobres, en sus vidas pobres, tan cerca de esos barrios ricos, esas vidas ricas –que, al mismo tiempo, les presentan como lo más deseable.

Son lugares que no tienen una lógica previa, un lugar claro, creados por personas que tampoco lo tienen. Quizás el mayor cambio de estos años es la constitución, lenta pero segura, de una clase que no está en ningún manual: los llaman marginales, los llaman pobres, los llaman lo menos posible pero están.
Y a veces amenazan.

(Es el efecto paradójico: la invasión de los que querrían vivir más parecido a los más ricos hace crecer las diferencias, porque los más ricos, ante la invasión, se inventan formas de refugio: los barrios privados, los centros comerciales, las avenidas y sus coches; se arman una ciudad para ellos y abandonan el resto a los invasores. La enorme mayoría de los ricos y medio ricos mexicanos no baja nunca al Zócalo, los bogotanos con posibles no han pisado San Victorino en décadas, los porteños que pueden no se toman un tren ni en pesadillas. Así que no se encuentran. Las ciudades, esos lugares de cruce, se han convertido en lugares de separación. No hay espacios de contacto, salvo cuando el pobre sirve al rico, y las relaciones se componen de prejuicios y temores: la desconfianza y el miedo por un lado, la desconfianza y la envidia por el otro.)

Amenazan o parece
que amenazan.
Amenazan.

*   *   *

Se hartaron. Hacía varias semanas que los caños no traían ni gota de agua; los pobladores de El Limón reclamaban y las autoridades les decían que sí, que ya, que no se impacientaran. Hasta que aquella tarde, tarde, cientos salieron a la avenida y la cortaron. El corte no duró mucho: lo suficiente para crear el caos en esta parte de una ciudad acostumbrada al caos; en menos de una hora llegaron los antimotines, los gasearon, los corrieron. Los vecinos tuvieron que escapar, los medios les hicieron poco caso pero, unos días después, había vuelto a haber agua.

Algo de agua.

El Limón, en la zona 18 de la ciudad de Guatemala, es uno de los barrios considerados «zona roja»: la de mayor peligro. El Limón tiene un centro –la Colonia– y 14 asentamientos más precarios todo alrededor, con sus nombres de santos y esperanzas –del Cristo de Esquipulas a la Virgen de la Candelaria, de La Joyita a Holanda. La Colonia está en lo alto de una loma y es un barrio legal desde el principio y sus casitas son más sólidas, más firmes; los asentamientos fueron colgando en las laderas sus ranchitos precarios, pasillos duros, escaleras brutales. En El Limón, entre unas y otras cosas, viven unas 80.000 personas; en El Limón todos son más o menos pobres y algunos pasan hambre. En El Limón el agua también es un problema.

–Aquí no hemos tenido agua, un montón de tiempo sin agua, nosotros, aquí. Y sin ese líquido, verdad, no podemos vivir. Nos ha pasado mucho que se vaya la luz, con eso sobrevivimos, pero sin agua no podemos, ¿verdad?

La señora Ana llegó a El Limón hace más de veinticinco años, con su marido y ya dos hijos. Venían de una provincia montañosa; creían que aquí, en la capital, podrían vivir mejor.

–Allá cultivábamos mucha verdura, allá sí que hay agua, todos tienen su chorro, están muy bendecidos. Y es lindo de vivir…

–¿Vivían mejor que acá?

–Por una parte, sí. Aquí al principio fue muy duro. Pero, por otra parte, los patojos se desarrollan mejor aquí que allá, tienen su carrera, Dios mediante…

Me dice doña Ana, retorciendo un rosario con su cruz, y que una hija ya es perita mercantil y otra también está graduada y que son seis y a cada uno le pudo dar su educación y allá en Palencia nunca habría podido y que además allá la gente se moría un poco fácil, que las mujeres si el parto no les venía bien dado se morían, los patojos a menudo se morían, dice, porque no hay doctores. Los patojos, en Guatemala, son los chicos.

—Allá si se puede dar a luz normal, vivir normal, qué bueno, y si se complicó, ahí se quedan.

Su marido trabaja de albañil; ella hizo y vendió tortillas muchos años pero la espalda ya no aguanta. Así que acaba de poner en la salita de su casa un kiosco donde vende bebidas y algunos comestibles, y me dice que con eso va a poder terminar de educar a los hijos que le faltan:

—Gracias a Dios hemos podido darles sus estudios, que con eso se pueden defender. A mí no me dieron estudios, yo no sé leer, y les digo a ellos ustedes tienen que estar en la gloria que saben todo eso... Qué hubiera dado yo por saber más cosas, tal vez no habría trabajado tanto...

Dice doña Ana, robusta, risueña, campechana: la imagen del migrante que sí lo consiguió: sacrificó su vida por los suyos pero, a fuerza de esfuerzos, les ha dado unas vidas mejores y lo cuenta orgullosa. Cuando nos despedimos le pregunto qué es ese tatuaje que tiene, medio borroso, en la muñeca derecha.

—No, nada, un sello, ayer fui al Preventivo a ver a mi hijo que tengo allá.

El Preventivo es una cárcel; de a poco, reticente, doña Ana me dice que dos de sus seis hijos están presos. La de 23 ya lleva cuatro años; el de 26 ya lleva siete. Ahora habla más bajo: que a la patojita le pidieron que fuera a llevar una bolsa y la paró la policía y adentro había una bomba; que el patojo justo estaba en Jalapa con unos amigos un día en que se armó una balacera y mataron como a veinte.

—Diosito ya me los va a sacar, hay que orar, pedirle al Señor que me los traiga.

Dice, pero su historia se le deshace entre los dedos, su voz se va perdiendo: habla, ahora, como quien quiere que las palabras callen.

La historia original siempre es la misma: el día lejano —pueden ser veinte, treinta años, nueve— en que llegaron con su nailon y sus tres o cuatro bártulos a ocupar un trocito de terreno, barro y esperanza, para hacerlo su casa: para hacerse con una. La historia de justo antes puede variar un poco: algunos llegaron de sus montañas después de un terremoto, otros del campo después de un huracán, otros corridos por el hambre o las matanzas del ejército. La historia de la llegada es siempre igual: dificultades, mucho esfuerzo. Y la historia de después tampoco varía tanto: suele haber un matrimonio complicado o roto, varios hijos, algún chispazo de violencia, vidas difíciles, un dios con o sin curas, su punta de optimismo, algún final que la desmiente.

Pero siempre recuerdan aquel primer momento, cuando estaban llegando y vivían en los nailons, cuando podían hacerlo —te dicen, con nostalgia— porque no había tantos bandidos y se podía ser así, sin paredes ni puertas, sin cuidados. Entonces, por supuesto, no había caños de agua; los ocupantes caminaban cientos de metros con sus baldes. Después, poco a poco, consiguieron que la municipalidad pusiera algunas tuberías, y ahora la mayoría de las casas tienen una canilla o grifo o chorro —que a menudo se secan.

—Es muy difícil asegurar el agua en los asentamientos, porque uno presta un servicio para determinada cantidad de gente, se compromete a darle agua a esa cantidad de gente y de pronto hay unos que llegaron a invadir y como invadieron se sienten dueños del lugar y quieren agua y luz. Entonces llaman a la prensa, a las noticias diciendo que ellos tienen derechos, no sé qué. Pero están invadiendo, nosotros no nos comprometimos a brindar ese servicio; ellos tienen derecho al agua pero nosotros no podemos brindarles el servicio.

Dice Francisco Ruiz, el encargado de distribución de la Regencia Norte de Empagua, la empresa municipal de aguas. Hace meses hubo un derrumbe y se rompió una tubería de Empagua, la empresa municipal de aguas; hace semanas se rompió el motor de un pozo y la reparación fue complicada y tardó más de un mes. Entre uno y otro, casi no había agua en todo el barrio. De dónde la manifestación, esas protestas.

—¿Y entonces?

—Bueno, en general lo que hacen es conectarse ilícitamente porque necesitan agua, ¿verdad? Pero si están en un lugar que estaba previsto para tanta cantidad de agua y de pronto necesitan tres o cuatro veces más, ¿cómo quieren que hagamos?

A nosotros lectores, clase media de los países ricos, clase más alta de los pobres, el agua es una de esas cosas que nos resultan «naturales»: abrimos la canilla o grifo o pluma o chorro y sale, mana. No hay que pensar en ella; alcanza con tornar ese tornillo. No pensamos, siquiera, en el cambio que eso implica: en los miles de años en que el agua fue laboriosamente conseguida y acarreada para ponerla, escasa, tan apreciada, en mesas y cocinas y pilones; en los miles de millones que la acarrean todavía. El agua, entre nosotros, ha logrado que no la pensemos.

Que el agua es una bendición, me dice doña Gloria, y que las bendiciones uno nunca sabe, que a veces hay, que a veces no. Y que el agua es así, que hoy hay, que mañana quién sabe, me dice, pero que no es solo el agua, que todo es así siempre, dice, con suspiro.

Doña Gloria vive unos cuantos escalones más arriba que doña Ana, y me cuenta que todas esas escaleras las hizo su marido, que era albañil, y que las hicieron gracias al padre Pedro, que Diosito lo cuide y lo proteja, y que tendría que haber visto el barrio entonces, que entonces sí que era difícil, puro barro, tierra, que para subir hasta aquí arriba se caían demasiado, y más si venían trayendo agua; que ahora no siempre hay pero es más fácil: que el agua llega un día sí y un día no y que entonces cuando hay guardan para cuando no, que ahí tienen sus botes y sus cosas.

—Estos otros días gracias a Dios llovió, entonces ponemos una manguera en el canal del techo y bajamos el agua de la lluvia para bañarnos, para lavar los platos. Hay que organizarse, ¿sabe?, organizarse. Nos lavamos las manos, guardamos el agua; lavamos los trastes en dos botes, para no gastarla, y esa agua de lavar las manos y los trastes la usamos en el baño, cada dos o tres patojos que hacen su pipí tiramos un poquito, una mitad del botecito, y así estamos, nos cuidamos, tenemos que pensarlo mucho.

La riqueza es descuido; la pobreza, digamos, lo contrario.

—Antes íbamos hasta la bomba, allá en la Juana de Arco, a traernos un bote de agua, tal vez tenía que hacer tres viajes al día.

La Juana de Arco está lejos: quince, veinte minutos caminando. Doña Gloria me vuelve a hablar de la escalera y las veredas que su marido construyó y yo —la voz queda, como de circunstancias— le pregunto cuándo fue que murió; ella me mira raro, después casi se ríe:

—No, qué se va a morir ese, no se murió, se fue. Hace como diecisiete años se fue para los Estados Unidos y estuvo por allá, se consiguió otra señora; después volvió, pero conmigo ya no vuelve. Yo aquí siempre estoy, donde él me dejó.

En la casa viven también dos hijas, varios nietos. La hija mayor es enfermera pero sale, ahora, con dos bolsas grandes de basura llenas de latas aplastadas: por cada libra de latas le pagan tres quetzales, menos de medio dólar, y en una bolsa caben siete u ocho libras: son casi cuatro dólares, pero la enfermera me dice que no me crea, que ni sé el tiempo que se tarda en juntarlas.

—Pero si no hacemos estas cosas qué nos queda.
Me pregunta, y tampoco sé qué contestarle.

El agua es cosa de mujeres: son las mujeres de la casa las que usan el agua, las que limpian, las que cocinan, las que lavan los platos y las ollas, las que lavan la ropa y bañan a los chicos, las esclavas del agua. El agua —la falta de agua, los caprichos del agua— va ritmando sus tiempos: cuando hay que ir a buscarla, cuando hay que esperarla, cuando empieza la desesperación. El agua —en general y salvo honrosas excepciones— es territorio de mujeres, obligación de las mujeres, dolor de las mujeres.

(Para esos hombres que se creen muy hombres el agua es la vergüenza: lo que no es aguardiente, lo que no es cerveza, lo que no es de machos.)

—Yo soy evangélica pero no tengo nada en contra de ustedes, porque Dios es amor, y Él nos ama a todos, como un padre que ama a todos sus hijos. Todos fuimos hechos por el Hacedor de la Vida.

Me dice antes que nada doña Vero, porque me vio llegar con dos misioneras dominicas, y repite, a los gritos:

—¡El Hacedor de la Vida, el único Hacedor, nuestro Señor!

Doña Vero es chiquita y curvada, muchos años, tantas arrugas pero la voz muy viva: dice que gracias a Dios por aquí estos días sí que cae el agua, un rato cada día, que en ese rato lavan y llenan y que está todo bien y que si no cae, entonces a veces viene la cisterna que les vende un tonel a 12 quetzales, pero muchos no compran porque no tienen su dinero, vea, me dice, y que de todos modos, cuando ni cae el agua ni hay dinero ella tiene su fórmula:

—Sí, yo pongo mi manita así en la manguera, así, mis cuatro deditos en la punta de la manguera y empiezo a orar, empiezo a orar y le digo Señor ilumina al señor de la bomba para que nos dé el agua porque la necesitamos, y entonces yo veo que el agua al momento empieza a hacer su bulla, y yo le digo gracias Señor, derramo mis lágrimas de gratitud por mi agradecimiento a Dios, y si no cuando estamos rogando y llorando y rogando Él envía la lluvia, como ayer…

Doña Vero puede hablar horas de su relación con su dios con esas palabras arcaicas, envaradas que les oye al pastor o a su radio: allí hay un idioma, y donde hay un idioma hay un esquema, y donde hay un esquema el mundo es un detalle secundario.

—El Señor nos la manda y nosotros recogemos, nosotros recogemos. Al que hay que pedirle es a Él. Si vamos a hacer una manifestación no es bueno, hay golpeados, hay heridos, causamos mal a nuestro prójimo. En cambio, mi Señor es puro bien, Él es el camino.

Insiste doña Vero, clara y convencida. Yo, humilde, compungido, le pregunto qué pasa que el Señor a veces no le manda su agua, que por qué:

—Es por la mucha rebeldía de la humanidad. En nuestra humanidad hay más gente rebelde que buena. Se rebelan contra Dios, no cumplen con sus mandamientos, roban, matan, pecan. Toman, fuman, mujerean, no siguen las órdenes de Dios que les dice no gasten su dinero en lo que no sea pan. Imagínese que yo me gaste mi dinero en un vestido de 200, unos zapatos de 300 quetzales, eso al Señor no le podría gustar y me lo haría pagar, ¿no le parece? Por eso Él a veces no nos manda la comida, el agua, así nosotros aprendemos.

Las teologías tienen respuesta para todo.

Pero después me dirán que el padre Pedro Notta, italiano, partidario de la Teología de la Liberación, el que todos recuerdan por su trabajo y por sus construcciones, se tuvo que ir del barrio, hace unos años, de un día para el otro porque lo amenazó de muerte una pandilla. Les pasó a varios más. Los líderes comunitarios que intentaban organizar a los vecinos reclamaban, entre otras cosas, más seguridad —y, así, los pandilleros se sintieron picados y los declararon enemigos. Llegaron a asesinar a algunos; otros decidieron escaparse; los más afortunados pudieron quedarse, alejados de cualquier actividad.

En cualquier caso, los que intentaban organizarse se desorganizaron. Así, en un barrio como este, es difícil conseguir casi nada. Ni agua, dicen.

Su rancho son las paredes de madera y lata, piso de tierra muy lunar, tres camas grandes una al lado de la otra donde duermen una abuela, una madre, dos hijas y tres nietos, la ropa amontonada, la ropa colgando de las sogas, dos bombillas colgando también, el piletón afuera con sus tarros de plástico, los montones de restos: envases viejos, zapatos viejos, dos neumáticos viejos, un microondas de antes de la guerra.

—No, pobrecita, Vivian está allá al fondo, porque ella está postrada.

Vivian, me dice su hermana mayor, está postrada: Vivian está en una de las camas y junto a ella hay una tele chica y un chico de 5, su hijo Kenny; su hijo mira dibujitos. Ella —su camiseta blanca, sus pantalones cortos, sus pantorrillas brutalmente flacas— mira al techo. Le pregunto qué tiene, si está enferma, y me dice una bala.

—Una bala, me tiraron una bala.

—¿Dónde te dio?

—Aquí me dio, en el pecho. Y me salió aquí por la espalda.

—¿Por qué, qué pasó?

—Me confundieron con otra, una que también se había pintado el pelo de canche.

Canche es rubio y Vivian me explica que estaba en un descampado ahí abajo, con su hijo, charlando con amigos, y que de pronto llegó uno y le metió la bala:

—A tres metros nada más estaba, aquí al ladito.

—¿Te diste cuenta del balazo?

—Sí, vi al que venía, levantó la pistola.

—¿Y no lo conocías?

—No, nunca lo había visto.

Fue hace un año, me dice Vivian, y que el miedo le dura todavía y que a la verdadera le metieron tres balas, un mes después, pero tampoco la mataron.

—Entonces ella se fue del barrio, nunca más se supo.

—¿Y ustedes no pensaron en irse?

—Y sí, pensamos, pero no tenemos el dinero. ¿Adónde quiere que vayamos?

Aquella tarde la llevaron a un hospital y la operaron; Vivian nunca volvió a mover las piernas. Ahora se pasa la vida en esta cama; a veces la sacan a la puerta para que tome el aire pero no es fácil, todos tienen sus cosas, dice, y se acomoda la bolsita de la orina y me explica que es cara, y que tiene que mantenerla limpia.

—Y sobre todo los médicos me dicen que tengo que tomar agua, mucha agua, la suficiente agua para que no se tape ni me den infecciones. A veces no tenemos tanta agua…

Me dice Vivian y me cuenta que, antes, cuando caminaba, buscó mucho un trabajo, porque a menudo cuando decía dónde vivía no la tomaban.

—Ah, sí, señorita, claro, ya vamos a llamarla.

Le decían y, por supuesto, nunca. Pero que estuvo a punto de conseguir un puesto de colocadora en un supermercado: que había llenado su solicitud y a los dos días de entrar al hospital la llamaron para decirle que la habían aceptado.

—Me aburro. No sabe cuánto me aburro en esta cama.

—¿Qué te divierte?

—Nada, no sé. Ni yo sé.

Me dice Vivian y que le dan dolores, hormigueos, malestares, y la tristeza sobre todo, el calor bajo el techo de lata, la horrible idea de que nunca, la tentación de que se acabe.

—Ellos me dijeron que no voy a volver a caminar. Nunca, dicen, nunca. Bueno, dicen que quizá con esos aparatos puede ser, no tan seguro, pero igual esos aparatos son muy caros, yo no puedo comprarlos.

—¿Cuánto cuestan?

—Unos 8.000, dijeron.

Ocho mil quetzales son mil dólares.

Hubo, me dicen, épocas peores: hasta hace cinco o seis años las muertes eran más frecuentes, más tremendas. Aquí en El Limón un gobierno mandó, como prueba piloto, unos destacamentos militares que lo pacificaron —relativamente—: las extorsiones siguen funcionando, las muertes también, pero algo menos.

La extorsión es la actividad principal de las bandas del barrio: amenazar a las personas para sacarles plata. La mafia original solía llamarlo protección: pagarles para que te protejan de ellos mismos. Aquí hacen eso: el que tiene un pequeño negocio debe pagar por sus ganancias, el que mejora su casa o se compra una moto debe pagar por su progreso, cualquiera que parezca tener algo de plata, paga —o se escapa o lo matan. La extorsión es un capítulo importante de la historia de las peleas de pobres contra pobres: pobres que les roban a los pobres, ricos que se indignan a lo lejos.

—¿Y supongo que de vez en cuando necesitan matar a alguien para mostrar que cuando te amenazan están hablando en serio?

Le pregunto a Mike, un animador social que nació aquí y aquí trabaja.

—Bueno, necesitar no necesitan. Aquí todos sabemos que hablan muy en serio. No te preocupes, les tenemos confianza.

Hace unos días mataron, por ejemplo, a un herrero que, dijeron en el barrio, había hablado, había entregado armas. Pero te explican que ahora domina la Mara 18; que antes había varias pero la 18 ganó y se quedó con todo y que desde entonces, por supuesto, la vida es un poco más tranquila: hay menos balaceras, menos muertos. Son las ventajas del poder establecido.

—De aquí para arriba, en esta parte, no nos cae casi nada. A veces nos pasamos meses sin agua; ahorita ya tenemos cinco o seis días que no cae ni gota.

—¿Y por qué?

—Bueno, dicen que está escasa el agua. El otro día hicieron esa manifestación, que a mí eso no me gusta, porque los dañados son esos que vienen de trabajar y no pueden llegar, y les tiran las bombas, todos se ahogan, mi hijo se me ahogaba…

Su hijo ya tiene como 30 años; ella, más de 60, el cuerpo desbordante. Doña Odi tiene un puesto de comida en la calle principal, a cien metros de la avenida; sin agua no puede preparar la comida que vende, lavar sus utensilios y cubiertos.

—Imagínese, los días que no tenemos es muy difícil trabajar. Y no sabemos qué hacer, imagínese. La verdad es que no lo sabemos.

Sin embargo, doña Odi tampoco está de acuerdo con la manifestación del otro día; dice que hicieron avería, que tiraban piedras, que así no se puede.

—¿Quiénes eran?

—No sé, de aquí eran, porque no había agua en todo el barrio, en todo no había nada.

—¿Y después sí hubo?

—Después a los dos días, tres días ya cayó un chorrito. Poco, pero algo.

—¿O sea que la manifestación sirvió para que hubiera agua?

—Bueno, ellos nos dicen que no hay agua pero entonces cuando viene la manifestación resulta que sí hay agua, entonces sí que había.

—¿Y por qué lo hacen? Si la tienen, ¿por qué no la quieren dar?

—No sé. Eso es lo que nosotros no sabemos.

Doña Odi me cuenta que al principio no la pagaban, la robaban, pero que ella no invadió, que le compró el pedacito a uno que había ocupado y se había peleado con la esposa y quería irse, y que ella lo hizo sola, un día que su esposo no estaba se gastó la plata que tenían en comprar este trozo porque así de repente le avisaron y allí se fue con sus siete hijos de entonces y que cuando él llegó estaba tan enojado —«su carácter de él es mero difícil, sabe»— y le dijo que se iba y ella le dijo andate, yo no nací acompañada, yo nací sola y aquí me quedo con mis hijos, que uno lo que lucha es por los hijos, y que al final él se quedó pero era pura tierra, corrían los aguajales por abajo de las camas:

—Ahí sí que teníamos toda el agua que queríamos. Para tomar y lavar, nada; para embarrarnos, toda.

Ahora su casa es sólida y casi subterránea, con solo un ventanuco muy alto que más que luz trae sombras. Doña Odi tuvo diez hijos; tres se le murieron chicos, siete viven. Ahora tiene nietos y discute con una de sus hijas sobre la cantidad: negocian, al final, en diecinueve nietos y cuatro bisnietos –pero no están muy convencidas.

–Ahorita tenemos como cinco días que no llega agua, la tubería está seca.

–¿Y entonces ahora de dónde la saca?

–Todavía me queda. Yo cuando viene el agua lleno todo, mis toneles, mis botes, docenas de botellitas tengo ahí llenas de agua, que a pesar de que son botellitas agarran bastante agua, así que me dilata como quince días… Y al terminar el agua tenemos que comprar agua y jalarla hasta aquí, vaya a saber. Y cuando hay, hay que velarla.

–¿Hay que velar el agua?

–Claro, velarla, mire, cada noche. Que hay que estarse levantando a la noche cada ratito de la cama, no sea que venga el agua y se vaya sin que uno pueda lograrla…

Don Francisco, el funcionario de la compañía de aguas, dice que es muy difícil:

–Es un proceso muy difícil. Hay varias colonias de esta zona que se surten de un agua captada en la presa del Atlántico, y nos han dicho que en esa presa una fábrica está tirando tintes, y un criadero grande tira gallinaza, que es el popó de las gallinas, o la lluvia que a veces la revuelve demasiado, y entonces es un lío para tratarla con sus químicos y después hay tuberías que son muy viejas y pueden soltar óxido, entonces todo tarda más, se le hace más difícil…

Don Francisco debe estar al principio de sus treintas: es uno de esos hombres jóvenes que se agregan una barbita para no ser tan jóvenes. Es amable, locuaz y trata de explicar cada detalle, pero al fin dice que el problema principal es que en Guatemala no hay una ley de aguas y que por eso cada quien puede abrir un pozo y sacar el agua que quiere donde quiere.

–Una ley tendría que regularlo, porque quizá la compañía tiene un pozo aquí con el que proveemos a tal o cual barrio y viene cualquiera y te hace alrededor tres pozos y se lleva el agua para su casa o para su colonia o para venderla con camiones, y a nosotros nos queda mucho menos. Y esa ley tendría que regular mejor qué agua se puede tomar y cuál no, porque últimamente las aguas tienen mucho metal pesado, cosas raras.

Pero, sobre todo, esa ley tendría que conseguir que el agua no estuviera a merced de cualquiera que quisiera sacarla: definirla como un bien común, un bien necesario que el estado debe distribuir con alguna justicia —o algo así.

No solo en El Limón. En tantos sitios el agua implica desigualdades brutas. Los que la tienen en la punta de los dedos, los que deben conseguirla con el esfuerzo de sus brazos, los que no la consiguen. Pero hay —y es casi peor— desigualdades delicadas en el deseo de agua: los que la quieren sin cesar para —digamos— bañarse cada día, los que apenas se les ocurre hacerlo cada tanto y la quieren, si acaso, para beber y cocinar pero no mucho.

Y, por supuesto, más allá, los que la usan como «insumo»: los dueños de las tierras, los dueños de las fábricas —que consumen infinitamente más que cualquier persona, que la arruinan infinitamente más, que tienen infinitamente más poder para hacerse con ella.

(O, incluso, para convencernos de que lo bueno es que ellos la concentren porque ellos la hacen producir. Entonces, el agua ya no es agua sino la materia prima indispensable que se encuentra en el trigo y la palma y el plátano y la soja —bajo forma de riego—, en la carne de cerdo o de gallina —bajo forma de alimentación—, en el petróleo o el oro —bajo forma de herramienta. La pelea por el agua no es entre personas; es entre empresas y personas, con la obviedad de que una empresa consume despiadadamente más que cualquiera. No hay muchos otros casos de un elemento tan indispensable para la vida humana que sea, al mismo tiempo, indispensable para la mayor parte de las producciones; que los cuerpos tengan que disputar al capital.)

En todo Guatemala, por ejemplo, el uso personal del agua —para que las personas coman y beban y se limpien— es el dos por ciento del empleo total.

Y entonces me pregunto qué diría la Greta famosa sobre la naturalidad con que estos chicos, cinco, siete, ocho años, tras trabajar horas y horas trayendo tierra para rellenar el suelo de su rancho, van tirando en la calle las cáscaras de las naranjas que alguien les regaló: ese atentado contra el medio ambiente. Los hijos de Caterín no entienden que hay que cuidar el medio ambiente.

—Mamá, yo también quiero una naranja.

—Sí, claro, pero no tengo más.

Caterín tiene 25 años, un marido, seis hijos, su ranchito al borde del barranco. El ranchito es pura lata mal clavada, suelo de tierra despareja, dos camas anchas con frazadas y una cocina tan pequeña y la zozobra de vivir en el borde, con la tierra que se escapa bajo sus pies en cuanto llueve. Caterín necesita el agua para lavar a sus críos, cocinar, lavar la ropa —como todos— y a menudo la va a buscar a un chorro a cuatrocientos o quinientos metros, pero más necesita que no llueva tanto: con cada chaparrón el rancho se le inunda y el agua va llevándose la tierra; cualquier día su casa se irá por el barranco. Caterín lleva años intentando que la Muni construya un muro para parar la tierra —y no lo logra. Por eso, esta mañana, los chicos están trayendo de aquí enfrente cubos con tierra que reemplaza la que el agua se llevó. La tiran en el suelo, la apisonan con los pies embarrados.

—Qué bueno que te ayuden. ¿Te gusta tener tantos chicos?

Caterín resopla, intenta una sonrisa, mira al techo.

—Pues… Fue que Dios me los dio. Vinieron, Dios me los mandó.

Dice, y se ríe incómoda porque a su lado está Gerardina, la misionera dominica. Que, después, me dirá que es cierto pero que las mujeres deberían tener en cuenta sus contextos, parar, cuidarse, planificar un poco:

—Si no, esta mujer con 30 años va a tener doce hijos, si sigue así, y estos niños no comen suficiente, ya están desnutridos.

—¿Y ustedes como católicas no tienen problemas con la idea de planificar?

—Ah, no, para nada. Te dicen no, los hijos que Dios quiera y esas teologías, pero hay que ver las condiciones en que vive la gente…

Dice la hermana Gerardina y, después, que El Limón es duro:

—Nosotras en verdad habíamos soñado hacer otras cosas pero aquí ahora no se puede; o estás aquí viva, haciendo poquito, o puedes hacer algo más grande a costa de la vida de la gente y la tuya, por la extorsión. Nosotras soñábamos con hacer emprendimientos para que las mujeres se autosostuvieran, cooperativas, todo eso, pero aquí cualquiera que está vendiendo cualquier cosita ya le aparece la extorsión, aunque vendas unas florecitas, con las bandas no se puede…

En las esquinas hay muchachos aburridos. Muchachos que te miran, te registran e informan: se llaman «banderitas» y son la red de base, los que avisan a sus jefes lo que pasa en las calles del barrio, los que permiten que nada escape a su control.

—Los jefes ya saben que ustedes hoy están aquí, pero como andan con nosotras no van a tener problemas. Ya deben haber dado la orden de que nadie se meta con ustedes.

Me dice la hermana Gerardina. La hermana tiene unos rizos cortos negros que brillan y se enredan, la mirada pícara: la hermana lleva muchos años dedicada a los pobres; viviendo, por supuesto, como pobre, viviendo todo el tiempo con los pobres.

Hace unos días, los habitantes del Limón se hartaron y salieron a la calle. Por eso o por azar, el agua volvió al barrio. Y el silencio, también, por supuesto: nadie sabe quién fue –nadie dice quién fue o quiénes fueron. Todos saben que la policía anduvo preguntando y todos prefieren –por complicidad, por culpa, por si acaso– callarse la boca. Nadie nos dirá, en esas calles, quiénes cortaron la avenida: le temen a la policía pero también a esas pandillas que desarmaron cualquier intento porque unos pocos reclamaron más tranquilidad pero, también, porque quieren ser los únicos que tengan, aquí, una organización. Una que no sirve para que haya agua.

* * *

Estos barrios son extensos, populosos, parte importante de cada ciudad; estos barrios son la parte de cada ciudad en la que nadie piensa cuando piensa en esa ciudad. Piensas México y piensas el Zócalo, su Roma y su Condesa, su Coyoacán, su Xochimilco, no en Iztapalapa; pensás en Buenos Aires y pensás su Plaza de Mayo, su Obelisco, su Puerto Madero y su Palermo, no en José León Suárez.

Pero una de cada seis personas en Ñamérica vive en estos barrios provisorios. Por supuesto, como siempre, las diferencias: son uno de cada diez en Argentina pero uno de cada doce en Chile pero uno de cada cuatro en Nicaragua o en Bolivia. Son unos 70 millones de ñamericanos: 70 millones de personas que habitan casas miserables en barrios de invasión, moradas falsamente provisorias.

No tienen títulos de propiedad, no los ampara ninguna ley, ocupan. No siempre tienen documentos ni acceso a educación, salud, seguridad. No siempre tienen trabajos; algunos consiguen empleos en servicios domésticos o construcción o venta ambulante u otras ocupaciones irregulares; algunos trabajan en la ilegalidad. Son presa fácil para el clientelismo de gobiernos y organizaciones sociales, religiosas, políticas: viven, muchas veces, de lo que otros quieren darles –o de lo que ellos, con sus movilizaciones, su presión, los obligan a darles.

(Domesticar la naturaleza siempre fue el fin de la cultura, pero hay pocas puestas en escena tan obvias, tan burdas como la que se ha ido armando, estas últimas décadas, en nuestras ciudades partidas. En los barrios más ricos la naturaleza es privilegio, el escenario más deseado: vivimos conectados a esas máquinas que nos colocan en el espacio global, deslocalizados, ubicuos, que nos permiten incluso trabajar sin ir a trabajar, pero podemos sumarles el verde de los pastos y los árboles, el azul del agua de piscina, la fragancia multicolor de flores y más flores, las piruetas y mohínes de animales caros. En los barrios más pobres la naturaleza es engorro y amenaza: tierras duras que resisten, aguas que barren, barros que atrapan, animales que apestan, humos que enferman, mierdas que se quedan, tierras blandas que ceden y destrozan.)

Sus lugares están muy cerca pero no adentro: en los márgenes. Dependen de la ciudad para sobrevivir pero no alcanzan, en general, a estar en la ciudad: se quedan en la puerta. Lugares desde donde los que pueden viajan a la ciudad para hacer sus trabajos: servicios domésticos, seguridad privada, venta ambulante. Los más pobres tienen que viajar dos o tres horas cada trayecto cada día. Muchos de ellos se pasan cuatro, cinco, seis horas por día llegando a sus trabajos, un tiempo que nadie compensa —y que puede ocupar un cuarto de sus vidas.

Mientras, hablamos de desigualdad: algunos gobiernos, preocupados por esta situación, gastan mucho dinero en construir sistemas de transporte público —estilo TransMilenio bogotano— que mejoran esos traslados diarios. Es un gran ejemplo de política actual, la bondad de los buenos: suena bien que se hagan mejores transportes para los pobres. Mucho mejor, digamos, que usar ese dinero para hacer autopistas para ricos. Si esos sistemas de transporte público funcionan, los habitantes de los barrios «provisorios» más alejados pueden llegar a los barrios mejores para trabajar como mucamas o como guaruras; los habitantes de esos barrios mejores puedan seguir disponiendo de esa mano de obra barata para seguir disfrutando del privilegio de hacerse servir. Facilitar la explotación, consolidar las diferencias tiene, a menudo, buena prensa.

Y los ciudadanos regulares los acusan de casi todas las violencias. Porque, en general, los estados no quieren o no pueden controlar esos lugares. Las dictaduras militares de los setentas y ochentas y el neoliberalismo de los noventas consiguieron reemplazar la violencia más o menos orgánica de los militantes por la amenaza de la «violencia inorgánica marginal». Los poderosos combatieron la primera pero creyeron, quién sabe por qué, que la pauperización y urbanización de nuestros países no fomentaría la segunda, individual, desmarañada, drogona y pistolera. Creadora de una moral distinta –que algunos confunden con amoralidad.

Y los estados se mantienen prescindentes: no controlan. ¿Qué pasaría si en un barrio de clase media de Panamá o de Quito no hubiera policías? ¿Cómo manejarían los honestos ciudadanos sus honestos automóviles si no los vigilaran? ¿Cuántos muertos harían?

No hay guardianes ni hay, muchas veces, ese sucedáneo o superación de los guardianes que se llama promesa. Todo sistema tiene un sistema de metas ilusorias que le permite funcionar. Si, durante siglos, Occidente se basó en la oferta de otra vida maravillosa para los que aceptaran vivir esta según reglas estrictas, para los que aceptaran reyes y patrones y morales brutas, hace uno o dos siglos que la promesa se hizo más terrenal: si te esfuerzas, hijo mío, y cumples con las reglas y las leyes, tendrás lo que querías –una casa agradable, pocos sobresaltos, ciertos placeres materiales, afectos previsibles. La pobreza –y la marginalidad que supone– es un experimento de vida sin promesa: aquí estás, aquí te quedas, no hay salida. ¿Cómo se hace para vivir así? Entonces aparecen, inevitables, otras: si quieres algo, la única forma de conseguirlo es romper reglas y apropiártelo como puedas.

Y, todo el tiempo, eso que podrían querer está exhibido: en los carteles, en las televisiones, en la vida que pasa alrededor. Los que lo venden se lo muestran mientras les dicen que no lo tendrán. Me imagino una iglesia todavía más perversa que las habituales que mostrase en directo con una webcam el Paraíso y nos anunciara que jamás podremos alcanzarlo porque nacimos con cinco dedos en la mano izquierda.

O algo así.

Los pobres contemporáneos son pobres sin misión, sin justificación. Estábamos acostumbrados a que la tuvieran: grandes ideologías pobristas dominaron nuestras culturas por milenios y en ellas los pobres eran la verdad, lo auténtico, los destinatarios de la gran promesa. La iglesia católica, que siempre se ocupó de contenerlos por cuenta de los que causan su pobreza, les ofrecía algún reparo en este mundo y grandes esperanzas en el otro. Y, ya más cerca, los partidos y movimientos de izquierda los respetaban y adulaban como portadores sanos de la esperanza revolucionaria.

Hace más de 50 años, en un discurso famoso, Ernesto Guevara anunció que «ahora sí la historia tendrá que contar con los pobres de América» —y Quilapayún, un portavoz chileno, lo musicalizó y muchos lo redundamos más.

(Qué bueno cuando algunas palabras eran nuevas, cuando no habían sido repetidas tanto, traicionadas tanto; qué bueno cuando todavía significaban lo que habían querido en sus principios.)

La historia, siempre tan caprichosa, no contó con ellos como Guevara y cuántos más imaginábamos: no se rindió ante ellos, no los hizo su foco y su sujeto. Intentó, más bien, hacerlos desaparecer: volverlos otra cosa. Lo consiguió solo en parte: ahora, en Ñamérica, quedan muchos millones que siguen siendo pobres y nadie canta que la historia tendrá que contar con ellos: ya no se los piensa como portadores de una misión, de un futuro venturoso y redentor que nos salvará a todos. Se los mira, si acaso, como un inconveniente que hay que solucionar, eliminar, un error de la historia.

Pero existen, e influyen de otras formas: meten miedo a algunos, mala conciencia a otros, presión a otros más, y entonces algunos dicen, como mucho, que hay que convertirlos en clase media baja —y quizá sea legítimo. Los pobres ya no son la esperanza; tienen, si acaso, la esperanza lejana de dejar de serlo.

Por ahora no sucede. Y la promesa se desdibujó y solo insisten en ella ciertas iglesias y los partidos populistas más obtusos, los que los necesitan para sostener sus sistemas clientelares —y, para eso, necesitan que sigan siendo pobres, que sigan necesitando sus limosnas. En 2018 más de 80 millones de ñamericanos recibían dinero de algún programa de ayuda estatal: uno de cada cinco. En general, las asistencias iban a familias con chicos e implicaban compromisos de llevar a esos chicos a la escuela y a revisiones médicas. Eran 32 millones en México, 11 en Colombia, ocho en Argentina, cuatro en Perú y Ecuador, y así de seguido. Y el dinero que les daban era casi un chiste: alrededor del 0,3 por ciento del PBI de cada país. Con eso, cada estado los mantenía —un poco más— tranquilos, y los partidos al frente de esos estados se aseguraban —¿se aseguraban?— su apoyo o algo así.

Es el Estado Contenedor en toda su potencia: con cuchillo, con cuchara, con servilleta incluso.

(Después, durante la pandemia, uno de cada dos ñamericanos recibió algún tipo de ayuda estatal: dinero, comida, servicios más baratos, exenciones impositivas.)

Los pobres, entonces, ya no son esperanza sino herramienta, palanca para diversos usos. Pero supongo que –de una u otra manera– su destino definirá el destino de Ñamérica.

Durante décadas, cuando la mayoría de los pobres ñamericanos no sabía aspirar a esa módica mejora individual –a convertirse en «clase media»–, la única solución parecía colectiva: que los pobres, todos los pobres, dejaran de serlo gracias a un cambio radical, el que eliminaría la pobreza –las clases– para siempre. Ahora la opción –más o menos real según los casos– del ascenso personal ofrece otro camino, cambia las perspectivas y el tablero social, las propuestas políticas.

Caben dudas. La primera es si este sistema capitalista de mercado realmente quiere sacarlos de esa situación y llevarlos a esa pobreza más limpita, más organizada, menos humillante, menos clientelar –menos utilizable. La segunda es si, queriendo, están dispuestos a tomar las medidas que esto requeriría –y a lesionar, eventualmente, intereses propios.

Y la tercera, cuarta y quinta es qué harían entonces esos millones de ñamericanos medianamente rescatados: ¿aceptarían que ya que no son tan tan tan pobres tienen que estar contentos y contentarse y agradecer que dejaron lo más profundo del agujero? ¿O aprovecharían que ya salieron de las peores urgencias para reclamar más, tratar de conseguir un lugar realmente digno y desahogado, acabar con las brutas diferencias?

Esto es, más bien, lo que parece estar pasando.

* * *

El avance de ciertos sectores, su salida de la pobreza urgente, convierte un drama material en un drama moral –que es donde todo se complica.

Digo: es fácil clamar contra el hambre. Es fácil reclamar –aunque nadie te hace caso– que todas las personas coman todos los días. O que tengan cloacas para no infectarse o que puedan ponerse una vacuna. Ahora, muchos más lo hacen –lo reciben.

Y, aunque quedan demasiados que no, empiezan a aparecer reclamos más «sutiles». Son cuestiones que ya no son de inmediata vida o muerte, pero también importa discutir si es justo que alguien trabaje diez horas por día en algo que no le importa nada para poder comprar esa comida y pagar ese televisor en cuotas mientras a otros nos pagan por hacer lo que nos gusta y, con ese dinero, aprendemos viajamos disfrutamos de variados placeres elegimos —y encima solemos vivir más.

Si se compara la forma en que viven ahora millones de ñamericanos —con comida, con agua, con alguna escuela más o menos mala, con algún hospital claramente peor— con la forma en que vivían hace cincuenta años habría que agradecer al capitalismo; si se compara cuánto creció la diferencia entre esas vidas y las de los más privilegiados, habría que detestarlo.

Es la diferencia entre la meta material y la meta moral: la meta material ha sido aceptada por casi todos. Que no la cumplan es una cosa; suponen —dicen— que deberían cumplirla, porque tienen miedo de la desigualdad demasiado notoria y porque chicos muriéndose son un problema. Entonces las fundaciones, las iglesias, los gobiernos se dedican —un poco— a eso. En cambio la meta moral es un campo de batalla; se discute, se pelea, se rechaza. Allí se juegan esas cosas tan raras que solemos llamar justicia, igualdad, otras pamplinas.

Allí se juegan las ideas del mundo, la política.

Mientras tanto, en la imagen globalizada de Ñamérica, los pobres ocupan buena parte del cuadro. Cuando se habla de la región se habla de la desigualdad, de cómo viven los más pobres; se habla de una violencia que los más pobres, se supone, protagonizan; se habla de la supervivencia de los que no se mezclaron —que suelen ser pobres; se habla de ciertos relatos, ciertas músicas, que no vienen de las academias sino de la calle y cuentan historias marginales de millonarios ex pobres; se habla incluso de futbolistas que, en general, nacieron en los barrios pobres. El cliché ñamericano está hecho de pobres más que nada.

(Allí donde el cliché norteamericano, por ejemplo, incluye multimillonarios y detectives y negros con sus oros y científicos y estrellas de Hollywood.)

En cambio, las clases medias ñamericanas están vacías de mito —porque existían muy poco.

También eso era la desigualdad ñamericana: muchos muy flacos en un extremo, muy pocos muy gordos en el otro, un colchón fino entre los dos.

Solo los países del Cono Sur ñamericano tenían una clase media más sólida y cuantiosa; en el resto era escasa. Existía, sin embargo, y solía integrarla el personal más o menos jerárquico de empresas privadas e instituciones del estado, comerciantes y pequeños industriales y finqueros y profesionales liberales y académicos y técnicos diversos. Y solían tener alguna propiedad, cierta educación, y los unía, en general, su interés en la estabilidad, la moderación, el trabajo, el ahorro, el progreso individual, cierta pacatería, el gusto por un orden que garantizase que sus esfuerzos no serían inútiles. En conjunto, más allá de exabruptos personales, se los suponía seguidores de ciertos partidos políticos de centro −derecha o izquierda− que postulaban el respeto de las libertades cívicas sin exagerar, un estado poco interventor, el rechazo de excesos y aventuras −pero, cuando se asustaban, apoyaban a regímenes fuertes para recuperar el orden.

Ahora te dicen que la ampliación de la clase media es uno de los fenómenos distintivos de estos años. Ser de clase media suena bien, se consolida como una aspiración: política, de gobiernos que exhiben como una cocarda el «crecimiento de la clase media» en sus países; individual, de millones de personas que viven su supuesta integración en esa clase como un logro.

(Alguna vez habría que preguntarse cómo fue que esa región que había creado tantas expectativas de un futuro igualitario, justo, se convirtió en esta bola de resignación que festeja que unos cuantos millones de personas arañan el suelo de la clase media.)

Es una promesa que, como casi todas, suena atractiva cuando se la mira desde afuera, desde la desolación de una casa sin agua y un trabajo sin papeles y un hijo sin futuro. Pero que, una vez dentro, puede llegar a verse muy distinta.

Ahora, dicen los medidores de estas cosas, cuatro de cada diez ñamericanos son parte de ella. Se habla de clase media para nombrar a esos millones que han escapado del segmento que los grandes organismos internacionales consideran «estratos bajos»; son los que ganan más de 8 y menos de 40 dólares diarios por persona. Pero muchos de ellos suelen estar en situaciones muy precarias, que se deterioran en cuanto la economía de su país tiene algún problema: cuando las materias primas que su país exporta caen en los mercados internacionales, por ejemplo. Y que pueden derrumbarse en cualquier momento si algún miembro de la familia pierde su trabajo o se enferma o se muere, que no tienen la salud o la educación o la vivienda o la red social que les permitiría sostenerse más allá de los vaivenes de una economía.

O, por supuesto, cuando cae la peste.

Hay diferencias nacionales, pero la tendencia es general. Son unos 160 millones: que todos ellos puedan gastar hasta 40 dólares por día y por persona es solo la forma más fácil, más directa de relacionarlos. Pero decir clase media también es un abuso de lenguaje: iguala, por ejemplo, a un maestro soltero que gana 300 dólares al mes con un médico casado con dos hijos que se lleva 5.000. O a un empleado de banco con el gerente de la sucursal o al dueño de un kiosco con un ingeniero industrial bien empleado.

Lo propio de las clases medias, sabemos, es mezclar en sus rangos las gentes, las ideas más variadas; por eso teóricos discutieron que fueran, en realidad, una «clase». El problema es que si son demasiado diversos no tiene sentido considerarlos como un conjunto.

«En el contexto del importante proceso de reducción de la pobreza y de la desigualdad de ingresos, gana fuerza la visión de que la tendencia de la gran mayoría de los países de América Latina sería la de pasar a ser países –o sociedades– de clase media. Lo que predomina en esa visión es una definición de clase media apresurada, resultado automático de la superación de los umbrales de pobreza monetaria definidos en cada país», dice un informe reciente de la CEPAL. «En la actualidad existe un escaso conocimiento e información estadística sobre los sectores medios latinoamericanos, su composición ocupacional, sus perfiles de ingreso y educación y sus orientaciones culturales y sociopolíticas, pese a que en forma constante se hace mención a estos. La clase media es una especie de zona gris de la estructura social de la región, a la que constantemente se hace referencia sin que se logre avanzar en la determinación de sus rasgos constitutivos.»

Se diría que llamar a muchos de ellos «clase media» es un gran eufemismo, un slogan publicitario para ocultar la realidad. Se basa en definir como «clase media» a quienquiera tiene un trabajo formal y puede pagarse —provisoriamente— una vivienda con la infraestructura necesaria y alimentarse sin dudas excesivas y mandar a sus hijos a la escuela y lanzarse —a base de deudas— a una escala de consumo que lo confirme en su autopercepción. Mientras la clase media tradicional tenía cierta sensación de solidez, basada en el ahorro, la propiedad, esas cosas, esta clase a medias se siente —¿está?— siempre al borde del precipicio, tironeada por las deudas y la precariedad de sus fuentes de ingresos y el deber del consumo.

El consumo se hace necesario como sanción, validación. Es lo más rentable de esta noción de clase media: para que lo seas me tienes que comprar lo que te vendo para que lo seas.

«Sentirse de clase media tiene una importancia clave en términos individuales, supone estar cubierto en la satisfacción de ciertas necesidades básicas de alimentación y vivienda, tener acceso a bienes de consumo que conectan con el resto del mundo, como un teléfono móvil, o bienes que permiten desplazarse en menos tiempo por la ciudad. Ser de clase media libera del estigma de pobre y otorga una identidad que adquiere conciencia de ciertos derechos por los que demandar política y socialmente. Supone soñar con la movilidad social, albergar esperanzas de futuro para los hijos, imaginar que la desigualdad podría dejar de heredarse. El pobre y excluido que siempre se ha sentido fuera, a partir de autocalificarse como de clase media, tiene la ilusión de ser parte del presente y del futuro», escribieron hace poco Cecilia Güemes y Ludolfo Paramio.

Yo suelo creer que muchos de ellos son, en términos de clase, otra cosa.

El problema es que hay, en las descripciones actuales, una clase que falta: la famosa clase trabajadora. La clase trabajadora es el gran desaparecido de esta última euforia.

En las descripciones de la sociología contemporánea, de los organismos internacionales y demás prescriptores no se habla de aquella clase trabajadora clásica, la que estaba en la base de cualquier sociedad capitalista. Quizá porque los sectores más pobres de las nuestras no tienen trabajos fijos, no consiguen enmarcarse en ningún sector de la producción.

Entonces aparece en nuestros países, en la base de la pirámide, una clase nueva compuesta por todos esas personas sin una inserción clara en el sistema: todas esas personas que el sistema no sabe cómo usar. Es lo que los clásicos llamaban lumpen y que ahora, por obra y gracia del desarrollo capitalista versión subdesarrollo, son numerosísimos en los suburbios de nuestras ciudades. Nuestras clasificaciones actuales los llaman «pobres» y «pobres extremos»: en general, marginales con trabajos menos que informales, recursos bamboleantes para hacerse con un plato de comida, zozobra sostenida.

Y después aparecen, justo encima, los que sí tienen un trabajo más o menos fijo, más o menos legal, y consiguen ganar un sueldo más o menos razonable: ellos son los que integran, en las clasificaciones actuales, la zona baja de lo que llaman «clase media». Son, sin duda, lo que cualquier sociología clásica habría llamado trabajadores, clase trabajadora: personas con empleos más o menos registrados en actividades más o menos estructuradas de producción o de servicios, o sea: trabajadores asalariados clásicos.

Son, supongo, los problemas de dejar de pensar los sectores sociales según su relación con la producción y hacerlo, en cambio, según sus posibilidades de consumo.

Así que ahora se llama, en buena parte, clase media a lo que siempre se llamó clase trabajadora. Les sirve a casi todos: a los gobiernos y organismos internacionales les conviene decir que son clase media porque da la impresión de que sus ciudadanos viven mejor; a muchos trabajadores les gusta y enorgullece y tranquiliza pensar que ya no son lo que eran sino algo superior. Si en el nombre de la rosa está la rosa, decía el otro.

O, por fin: se habla tanto de esa clase media porque ya no se habla de clase trabajadora. Se perdió: ahora están los marginales —los «pobres»— y después está la «clase media» que no es tal.

Y está, por supuesto, la que empieza a serlo.

*   *   *

(Aquí tenía prevista una crónica sobre esa clase media nueva. Iba a hacerla en Santiago de Chile, una de las ciudades donde más ha crecido en las últimas décadas, con sus reclamos, sus logros, sus zozobras. Debía llegar allí el martes 17 de marzo de 2020 pero, por razones conocidas, no llegué. Y durante todo el largo año siguiente imaginé que pronto podría hacerlo, hasta que tuve que aceptar que no. Lo siento. Quedará, espero, para una próxima edición.)

* * *

Más allá de falacias y fanfarrias, es cierto que la clase media creció. Y en los distintos países muchos de sus integrantes muestran, pese a todo, ciertos rasgos comunes: viven más en las ciudades que en el campo, tienen menos hijos y todos van a la escuela, suelen tener educación secundaria e incluso universitaria, tienen puestos formales en el sector de servicios –salud, educación, comercio, banca, administración–, las mujeres tienen más empleos. La clase media ñamericana –imitando a sus ricos– paga pocos impuestos y recibe pocas prestaciones del estado. O, mejor dicho, toman pocas: como los estados no dan buenos servicios de salud, educación, seguridad, transportes, los que pueden usan servicios privados: seguros de salud, colegios pagos, seguridad privada, transportes propios. Lo cual les permite, en general, desentenderse de las prestaciones estatales –que les dejan a los pobres. Lo cual, a su vez, por supuesto, mantiene la desigualdad fundamental de la región.

Hay estudios que dicen que sus condiciones materiales se parecen en los distintos países –que una persona de clase media en Colombia vive más parecido a una de clase media en México que a una pobre en Colombia– pero que sus ideas y valores son más semejantes a las de los pobres de su propio país que a los clasemedieros de algún otro.

Y se discute tanto sobre su papel: que si funcionan como el cemento que mantiene unidos los opuestos –ricos y pobres–, que si reproducen esa ilusión de que el progreso social es posible. Que si sirven para aminorar los choques, para ofrecer el espejismo de una meta, la expectativa de cierta igualación. Que si se identifican con los ricos porque aspiran a ser alguna vez como ellos y desprecian con temor a los pobres, que si suelen ser conservadores, temerosos de perder sus menguados privilegios y que, por eso, apoyan a los partidos de diversas derechas. Que si lo que esperan de la política y los políticos es que «no jodan»: que lo que quieren es un espacio para «progresar» tranquilos por la suya en un «país normal». Que si suelen, al contrario, tener menos prejuicios y más voluntad de cambio y que por eso apoyan a los partidos «progresistas», y que están en el origen de las peleas actuales por la identidad.

La idea de clase media está cargada de valoraciones. Hay quienes la ven como la depositaria de las virtudes de la democracia, la moderación, el equilibrio, la masa centrada que hace que una sociedad funcione pese a sus extremos. O, más taimadamente, el espejismo que hace que millones de pobres no jodan porque están tratando de integrarse en ella.

Pero es indudable que produce —cierta— estabilidad: la clase media es, en principio, un sector convencido de que es bueno mantener este modelo, que defiende este modelo —y sale incluso a la calle para pedir que se mejore.

Es, a mediano plazo, la forma más segura y eficaz y astuta de defender el sistema presente: conseguir que toda esa energía social se dedique a buscarle mejoras —o sea, a conservarlo.

Y se supone que el aumento de esas clases medias sirve para «dinamizar la economía», o sea: para aumentar el consumo. Muchos consumen más, claro, y muchos, muchas veces, se endeudan para eso a niveles extraordinarios. Los mexicanos lo dicen brutales: endeudarse es «endrogarse» —y la región, últimamente, se llenó de drogones.

(La expansión económica, el avance de la clase media se sintetiza en el tsunami de autos: no hay mejor signo de afirmación para el que entra en el circuito de consumo que poder comprarse un coche o carro y, así, privatizarse: extraerse del espacio público, encerrarse en el propio, el automóvil. Y, de allí, todo un conjunto de signos nuevos: qué marca tengo, cómo lo manejo, cómo me impongo en este caos. En las últimas décadas millones de ñamericanos que no lo tenían accedieron al carro o coche propio, en ciudades que no estaban preparadas para eso: ciudades con sistemas viales que —como tantas cosas en el mundo actual— solo funcionaban si los usaban pocos.

Con lo cual el atasco embotellamiento trancón taco se ha convertido en uno de nuestros símbolos, uno de nuestros temas recurrentes, un campo de competencia despiadada. Si antes en cualquier reunión de distintos ñamericanos aparecía siempre la disputa por la corrupción y la inseguridad, en la línea qué me van a contar si en mi país eso es mucho peor, ahora los ñamericanos se pelean también por sus trancones. No, tú porque no has visto mi ciudad. Vamos, de qué me hablás, peor que la mía no hay ninguna. Aunque a menudo se traicionan: el punto de comparación suele ser México. No, imaginate cómo está esto que ahora los trancones acá en Guatemala son peores que los del DF.

México, digo, sigue siendo el summum.)

Es un problema central de la clase media y sus intentos: siempre hay más, siempre te falta algo, siempre hay alguien que tiene lo que tú no tienes. La base de la sociedad de consumo está en que nunca falte algo más que consumir: el estado de insatisfacción sostenido, de incompletud constante. Es difícil vivir así: ligeramente insoportable.

Y esta es una sociedad organizada, en todos sus estamentos, en todos sus terrenos, para producirnos esa sensación: siempre hay un puesto que deberíamos alcanzar y no alcanzamos, siempre hay un placer que podríamos lograr y no logramos, siempre hay algo que querríamos adquirir y no adquirimos, siempre hay un hombre más exitoso y una mujer más bella —esos son los valores. Siempre hay una razón para sentirse insatisfecho.

En el «aumento de la clase media» esa insatisfacción es básica. Les vendieron el progreso —por la vía de los hechos—: así como ellos viven mejor que sus padres, sus hijos deben vivir mejor que ellos. Los convencieron de que para eso servía todo esto, y ahora lo reclaman.

«Las clases medias de la región parecen compartir un rasgo común: la insatisfacción. Se sienten inseguras por su fragilidad financiera y temerosas de perder su reciente bienestar. (...) Paradójicamente, estas nuevas clases medias son uno de los retoños más exitosos de los gobiernos postneoliberales, pero también uno de sus críticos más intensos», escribieron Gabriela Benza y Gabriel Kessler.

Ahora, en Ñamérica, la aspiración de los que quieren ser clase media es separarse: vivir en un barrio sin pobres, mandar a sus hijos a escuelas privadas donde no se mezclen con los pobres, recurrir a sanatorios privados donde esos pobres no estén, comprar en malls donde los pobres no pueden entrar. Nuestras sociedades no tienen espacios comunes, lugares donde los más pobres y los más ricos se crucen, se mezclen —como pudo ser, por ejemplo, la escuela pública argentina. Y la aspiración de las nuevas clases medias no es armarlos sino cambiar de espacio, «llegar» a los ansiados: «progresar».

Hacerse vidas que se parezcan un poco más a sus deseos: las diferencias, si acaso, están en las maneras de buscarlo. Aceptar, reclamar. La paciencia que te piden, la impaciencia que te da. El primer problema del mito es que los modelos económicos actuales no promueven la movilidad social. Estudios muestran que en este momento, en Ñamérica, los integrantes de la dizque clase media tienen muchas más chances de volverse pobres que de hacerse ricos: es lo que está pasando.

Por eso estas «nuevas clases medias» —las reales, las aspirantes— y, más que nada, sus jóvenes, se han convertido en una de las fuerzas políticas más activas de la región. Son ellos los que, estos años, están saliendo a las calles de Santiago, Lima, Bogotá y tantas otras ciudades ñamericanas. Salen, en principio, para pedir lo que les prometieron y no les están dando. Pero la calle, el movimiento, cambian muchas cosas.
Volveremos.

BOGOTÁ

La ciudad rescatada

En el cielo de Bogotá siempre hay alguna nube: sol y unas nubes, lluvia y todo nubes, tormenta y nubarrones, una luna y sus nubes, plateadas, grises, blancas, siempre alguna, nunca un cielo completamente despejado. Quizás eso lo explique todo —o casi todo.

Ahora llueve y don Mario me sonríe como debe sonreír a sus clientes; yo le digo que por suerte todavía no soy y él quiere saber de dónde vengo; se lo digo, le pregunto si él es de acá y me dice que sí: de acá, del barrio, pero que todo esto cambió tanto. Le pregunto si cambió para bien, si le llegan cada vez más viejos, y él me dice que no, que últimamente le llegan muchos jóvenes: que sí, que ahora por cualquier cosa se dan cuchillo o plomo y que eso no era así en sus tiempos, que en sus tiempos se agarraban a puños pero que ahora no, que ahora terminan acá, me dice, y extiende un brazo como quien enseña.

—Yo no me quejo, es mi negocio. Pero qué bobada.

Alrededor, más allá de su brazo, relumbran ataúdes de diferentes formas y ambiciones. Don Mario me explica que los más chiquitos son para los que no supieron ni nacer, me dice, y esos un poco más allá son para los que sí nacieron y se murieron al día siguiente, a los dos días, ahí en el hospital. Y al fondo los más grandes, sus herrajes de bronce o de latón, según los precios.

—Nada muy caro, acá no somos pretenciosos. Hay algunos que parece que en lugar de morirse se fueran a casar. Como si todavía quisieran impresionar a alguien.

Don Mario tiene setenta y tantos años; su Casa Funerales Gámez ofrece los cajones y tres salas para los velorios. Está en un barrio duro del Sur de Bogotá: mucho vago, mucha droga, me dice, pero dice que tampoco importa, y que él de todas formas ya no le tiene miedo a nada. Yo le digo que quizá miedo no, pero si no le gustaría más haber hecho otra cosa.

—No, para mí está bien pasarse la vida entre los muertos, joden menos. Yo siempre viví así, mi padre lo fundó y yo acá siempre. Son menos malos los muertos que los vivos.

Me dice —lo debe haber dicho tantas veces— y me sonríe con sus pocos dientes. Don Mario es atildado: camisa blanca con el cuello abierto, mejillas afeitadas, el pelo bien cortado; se ve que sus clientes le exigen ciertos modos. Lo complican los dientes: pronuncia raro, habla escupiendo.

—¿Y no le da como tristeza?

—No, hay gente que no le gusta cuando hay que abrir al muerto, pero uno se costumbra a todo. Somos tan costumbrados, las personas. Y al final el hígado, el corazón, todo eso, es como los marranos: carne, nada muy especial. No hay que contarse historias.

—¿Y de verdad le parece que antes se mataban menos?

Don Mario piensa, espanta moscas con la mano izquierda.

—La verdad que no sé. Antes también se mataban bastante, ¿no? ¿Usted qué cree?

Siempre hay gente que dice que todo tiempo pasado fue mejor. En Bogotá, sin embargo, son los menos.

* * *

Cuando la conocí, hace casi treinta años, esta ciudad se llamaba Santafé de Bogotá; desde entonces perdió la Santafé y ganó tanto. Cuando la conocí la poblaban cinco millones de personas; ahora son más de nueve. Cuando la conocí sus habitantes la querían muy poco, la sufrían.

En esos días los bogotanos competían para ver quién denostaba a su ciudad con más sabor, más amargura. Tenían, incluso, autoridades; podían citar, faltaba más, a Gabriel García Márquez: «Bogotá era entonces una ciudad remota y lúgubre donde estaba cayendo una llovizna insomne desde principios del siglo XVI», escribió en los cuarentas. Y que entonces, cuando llegó, los hombres iban de negro y las mujeres no se veían y en los orinales públicos había un letrero triste: «Si no le temes a Dios, témele a la sífilis».

Cuando la conocí la sensación se mantenía. Sus habitantes no la querían: vivir en Bogotá les sonaba a condena. Era, decían entonces, una ciudad fallida: sucia, violenta, fea, rancia, incómoda, fría. Es cierto que sus tasas de homicidios eran de un país en guerra, los huecos de sus calles sus trincheras, sus edificios ruinas, y bombas la entrampaban. La calle era una selva sin ley, robos, peleas, basura, destrucción y el desprecio y el soborno como prácticas comunes. Bogotá era, entonces, una ciudad aterrada. Una ciudad aterrada no tiene nada de eso que damos por supuesto. En Bogotá, entonces, no había casi restoranes, parques públicos, espectáculos, mezcla.

Pocos años después de conocerla fui a dar un taller para unos quince periodistas latinoamericanos; por supuesto, también escribí: «Anoche fui a un bar moderno y me palparon de armas para entrar. Esta mañana explotó un coche-bomba a treinta cuadras de mi hotel. La paranoia está por todas partes, la policía está por todas partes. Los periodistas de mi taller salen a filmar en la ciudad: de doce, ocho son interpelados por la policía y un boliviano termina detenido. Aparecen historias espantosas: maneras de la muerte casi tan imponentes como la muerte misma. Una nota en el diario cuenta la historia de un cura de barrio marginal que dice que una vez una madre le confesó que rezaba para que mataran a su hijo, y que terminó contratando al asesino:

—Así por lo menos no va a seguir haciendo el mal.

Dice el cura que le dijo la madre, exhausta de llorar. Y un reportaje de una integrante del taller muestra a un chico de dieciséis que fue paramilitar y cuenta cómo le dieron la orden de matar a su amigo "porque tomaba mucha droga y para que me hiciera hombre, pues". Y cómo lo mató y cómo después por ocho días no pudo dormir porque su amigo le reclamaba su vida en cada sueño.

—Hasta que me acostumbré, pues, y ya pude dormir otra vez más tranquilo.

Son solo historias: momentos que pasaron, que vuelven a pasar. El viajero se sorprende: cómo la ciudad empieza a parecerse a sus descripciones más brutales. Lo tranquilizan con argumentos viejos:

—Pero no te creas, de verdad se puede vivir. Tú estás aquí y no piensas en el peligro. Solo a veces, cuando pasa algo fuerte, algo cercano, piensas que cualquier día te puede tocar. Es cierto que te puede tocar, pero no puedes vivir todo el tiempo con esa idea en la cabeza. Así que aprendes a vivir también con eso.

Eso, seguramente, es lo peor: todo se aprende».

Era desesperante. Hasta que vino el huracán y la dio vuelta.

—Yo crecí con la convicción de que Bogotá no era de nadie. Los ricos se sentían arrinconados, los pobres marginados, la clase media incómoda por no encontrar su lugar: era una ciudad de todos contra todos.

Me dice, ahora, Erna von der Walde, bogotana de entonces. En esa ciudad no había espacio público. En los países pobres los ricos —y sus estados— no suelen ocuparse de los espacios públicos; tienen los suyos, bien privados, bien custodiados, propios.

El huracán se llamó Antanas Mockus y tenía una cátedra de matemáticas, su barba cuáquera, modales muy curiosos. Como rector de la Universidad Nacional se hizo famoso un día de 1993: una asamblea de estudiantes no le estaba haciendo mucho caso y él decidió, de pronto, arriar sus pantalones. (Eduardo Arias me diría después que Mockus es tan racional que si lo hizo fue porque consideró que, según la ética de Spinoza y la estética hegeliana vistas a través de los postulados del teorema de Gödel, correspondía.) En la sala había un alumno con video, que lo grabó y sus nalgas, fláccidas, adornaron esa noche todos los noticieros. Un artista contemporáneo exhibiría después una imagen de aquellas posaderas con una leyenda: «Aquí empezó el cambio de Bogotá», me cuenta ahora, en su despacho del Senado, Mockus.

—¿Y usted lo cree?

—Es… inmodesto decir que sí.

—Pero lo cree.

—Sí, creo que sí.

Porque al año siguiente una coalición de no-políticos le ofreció presentarse como independiente a la alcaldía de Bogotá. Mockus basó su campaña en la necesidad de la educación ciudadana para mejorar la convivencia y el uso de la urbe. Contra todo pronóstico, y gracias al desprestigio de los partidos tradicionales, el outsider ganó las elecciones y empezó su guerra: su famosa pelea por cambiar la cultura ciudadana.

—¿Cómo es tener poder?

—Es como tener un lienzo limpio para dibujar en él lo que uno quiera, siempre que sea pertinente, sorprendente, que haga pensar. Cuando me lo propusieron, pensé: si llego a ser alcalde seré como un maestro con un aula gigantesca. ¡Bocatto di cardinale!

Era el momento. Colombia siempre había sido un país muy polarizado, muy latinoamericano: ricos y pobres y muy poco en el medio. Pero en esos años se estaba constituyendo una nueva clase media —producto del desarrollo económico general y, también, del dinero que traía el narcotráfico. Necesitaban una ciudad vivible.

Antanas quería convencer a sus paisanos de que quisieran a su ciudad y se quisieran, que aprendieran a vivir en ella y convivir, y lo hizo con mimos en las calles y eslóganes astutos, campañas de educación y chantajes morales. Distribuyó, por ejemplo, a los automovilistas unas tarjetas rojas para que, en lugar de pelearse, se mostraran su reprobación mostrándoselas. Codificó, creó conductas, limitó otras. Parecía ingenuo; lo raro fue que funcionó: Bogotá se volvió mucho más vivible.

—El poder también es un vicio… Debo confesar que cuando se presentaba una crisis yo gozaba mucho. Sobre todo cuando la íbamos superando, claro.

Dice Mockus. Su sucesor, Enrique Peñalosa, aprovechó la bonanza económica para mejorar los espacios —calles, árboles, luces, plazas— y el transporte: el celebrado TransMilenio, un bus que va por carril propio y abrevió tanto los desplazamientos de los más pobres. Y ambos entendieron que la mejora de la convivencia ciudadana no debía venir del miedo a la autoridad sino de un sentido de propiedad, de apropiación: que todos sientan que la ciudad también es suya.

Unos años más tarde los bogotanos estaban eufóricos, convencidos de que vivían en el mejor lugar del mundo. Después, con el tiempo, fueron encontrando un equilibrio.

*   *   *

Alguien supuso, alguna vez, que Bogotá era una ciudad tropical, y se le rieron en la cara. Bogotá está a 2.600 metros sobre el nivel del mar: aislada, con ese aire tacaño de la altura. Con el frío de la altura, la lluvia de la altura.

Así que llueve, porque aquí siempre llueve o como sí, y en el barrio de San Victorino, viejo centro, se humedecen los edificios setenteros despintados, las sombrillas de agujeros y colores, la mezcla de reguetón y gritos, los carros de vender, los cuerpos de vender, los puestos y más puestos y más puestos, las vendedoras de libros pirateados que ofrecen el último de Pablo, los vendedores de paraguas que ofrecen aguaceros, los vendedores de teléfonos robados que no ofrecen nada, las chicas con capucha, los chicos con capucha, esas miradas turbias, esas miradas torvas, los pelos de colores, tatuajes, sonrisitas, el restorán El Paraíso, la droguería La Rebaja, la Lechonería Emanuel y sus Ricuras, un inmenso mural de Macondo, el humo de los buses y los fuegos, ese aire oscuro y mugre que llaman Tercer Mundo. Y hay bares y en los bares hay mesas y en las mesas botellas de cerveza: muchas botellas de cerveza. En Bogotá —en Colombia— las botellas de cerveza se acumulan delante de los hombres, sobre las mesas de los bares populares; cuantas más botellas, más hombre es el hombre.

El Tercer Mundo es cables en el aire: sociedades que ya llegaron a la electricidad, que todavía no pueden esconderla.

—Yo lo que nunca sé es qué va a ser mañana.

Me dice Calo y me sonríe. Y que mire que él ya tiene como cuarenta años y que siempre le terminó por caer algo, que mire vea, que está vivo, pero que si pudiera elegir, si pudiera ser otro, lo que querría es ser uno que sabe.

—Un poco nada más, no digo mucho. Digo como esos que se van a acostar y saben que al otro día cuando se levanten se van a ir a su trabajo, van a tener un trabajo, una familia, ¿sabe?

Calo se llama, me dice, en verdad Carlos y es flaco y bajo, la tez oscura, la nariz aguileña, el bigotito ralo, una gorra de béisbol al revés y su ramo de paragüitas chinos. Hoy Calo vende paragüitas chinos, de tres mil pesos —o cuatro mil, si puede, un euro— cada uno, y tiene quince y ya ha vendido dos, me dice, pero con eso no le alcanza, apenas para comer alguna cosa, y que estos se los dieron muy baratos pero no siempre los consigue y a veces vende otras cosas o hace otras cosas, me dice, y que a veces tiene suerte y otras no, muchas no, me dice, muchas no, y que antes tenía un carro de esos con su sombrilla y vendía sus fruticas, que era bueno pero que lo perdió, me dice, y una nube se le enreda en la cara.

—¿Y cómo lo perdió?

—No sé, no me acuerdo.

Me dice, y fuga la mirada. Se calla, se sonríe: solo, se sonríe, como pensando en aquel carro, y se pasa las manos por la cara y mira a una mujer gorda y baja embutida en una lycra roja y dice que ahora es duro pero que él sabe cómo es esto, que siempre vivió así y todavía está vivo: que lo que le molesta es no saber, que por lo menos si supiera.

—No sé, algo, lo que le digo: qué voy a ser mañana.

Y alrededor hay docenas o cientos como él que venden zapatillas, zoquetes, café recalentado, camisetas, cosméticos, carteras, cables del móvil, monitos de peluche, sartenes, globos rojos, minutos de llamadas, cigarrillos de a uno, vestiditos, gorros de lana con pompón, ponchitos, espejos cuerpo entero, calzoncillos, pipitas para crack, uniformes de súperman, caballitos de palo, patacones, chicharrones, cinturones, perfumes falsos, olores verdaderos. El Primer Mundo es voluntad de orden: que cada cosa tenga su lugar, que ese lugar tenga una razón, que esa razón tenga un sentido en un plan general, y que ese orden, esa razón, ese sentido aseguren una vida reparada. El Tercer Mundo, en cambio, es el recurso al caos: un espacio de confusión y mezcla donde la posibilidad de conseguir lo que se busca no depende de seguir ese orden sino de no seguirlo: de buscarse la vida.

Calo vocea sus paragüitas chinos.

El orden como conquista, como lujo: tras siglos de un caos parecido, ahora las sociedades ricas viven en espacios donde todo parece estar en su lugar: donde todo parece tener uno. El Primer Mundo es, además, un gran mecanismo de ocultación de todo lo que podría resultar incómodo, inquietante, fastidioso; en el Tercero se ve todo. Esa mezcla de buscas, putas, vendedores, ladrones, clientes de muy poco, buscadores de algo, aburridos, desahuciados de la vida y otros residuos que ocupan las calles que les dejan, las que los ricos abandonan. Las ciudades sudacas siempre tienen esos espacios que sus ricos han dejado atrás.

Y por fin la tormenta y todos corren.
O casi todos: Calo vocea, se va quedando solo.

*   *   *

Te cuentan que sus fundadores se dieron por vencidos: que llevaban meses caminando y vieron esos cerros boscosos por delante y esas nubes y decidieron que no escalaban más; que allí se quedarían y que Dios —tenían un dios— los cogiera confesados. Aquellos españoles testarudos armaron un pueblito andino recostado en el monte y allí quedó durante siglos, al costado del tiempo. Pero a principios del siglo xx Bogotá se puso en marcha y empezó a huir de sí misma, y esas montañas que la cierran por el oeste fueron su límite y su guía. Así, su fuga se ordenó: los ricos hacia el norte, los pobres hacia el sur.

Las ciudades terminan de armarse cuando encuentran su símbolo. Es difícil imaginar a París antes de 1889 y su torre de hierro, a Río sin su Cristo, a Nueva York sin su antorcha entorchada, a Madrid sin su Puerta que no cierra ni abre. Bogotá no tiene imagen: no hay ninguna que se le reconozca. No es fácil ser una ciudad que no se sintetiza.

Hay que esforzarse; Bogotá se esfuerza. Y la Candelaria es lo más parecido a una identidad para mostrar, aunque no sea un ícono concreto sino un barrio, un espacio, un estado de ánimo. La Candelaria es el sitio donde todo empezó: un pueblito de calles empedradas, casas históricas, casitas historiadas, bibliotecas, librerías, teatros, comederos, facultades, iglesias y demás negocios; oficinistas, estudiantes, vendedores, pobladores varios. Y ahora se va llenando poco a poco de hostels y cafés y restoranes hipster y turistas de mochila, y algunos hasta se atreven a caminarla por la noche.

Fue, durante todos esos siglos, el núcleo, la ciudad, pero a fines del XIX los señores de La Candelaria empezaron a escaparse; primero se fueron un poco más al norte, después mucho más al norte y, en cada migración, iban abandonando vastas zonas. Los diez kilómetros de barrios que separan La Candelaria de «El Norte» actual parecen, salvo islotes, una ciudad bombardeada con artillería en mal estado. Muchas calles deben haber sido graciosas, con sus casas falso tudor o sus edificios racionalistas, y sus parques cruzados por desagües cantarines. Pero alguien decidió olvidarlas, y parecen de verdad olvidadas.

Es raro contar una ciudad. El que lo intenta busca eso que la distingue, sus rarezas, pero no encuentra mucho. Las ciudades actuales mueren por parecerse; solo guardan algún rincón de diferencia para mostrar a las visitas.

Hace unos años no había turismo en Bogotá. En uno de los países más atractivos del continente la guerra repelía; en una de las ciudades menos glamorosas venían pocos. Pero ahora empiezan a llegar y los locales que quieren aprovecharlo deben recuperar cositas que habían desdeñado —la comida, esas calles, esas casas viejas, esas artesanías— para poder ofrecerles algo típico. No hay mayor creador de identidad cultural que el turismo. Te convence, además, de que tienes cosas que valen la pena —si hay quienes vienen de tan lejos para verlas, comérselas, comprárselas.

O, por lo menos, te lleva a armar una imagen: siempre es interesante descubrir qué muestra una ciudad a los extranjeros que la visitan: qué creen sus naturales que les puede interesar, atraer, satisfacer.

—Yo empiezo mi tour preguntándoles quién es el personaje que más conocen de Colombia.

Me dice Matilde, estudiante, guía, sonriente.

—Y todos siempre me dicen Pablo Escobar.

También por eso su recorrido por el centro de la ciudad es una vuelta por historias de violencia. Aquellos narcos, por supuesto, sus caricias obscenas con la riqueza y con la muerte, pero también la guerrilla que tomó el Palacio de Justicia en 1985 o el estado que mató a Jorge Eliécer Gaitán y provocó el Bogotazo, caos y miles de muertos en 1948. Para muchos extranjeros venir a Bogotá es un paseo por el lado salvaje.

*　*　*

Hay armas. En las calles se ven armas, personas armadas. Hay soldados públicos y privados, camuflados de follaje o verde oliva, con perros o sin perros, con rayban o sin rayban: se ve que los que tienen algo que cuidar no quieren descuidarse.

Hay puertas cerradas. Todos los edificios del Norte tienen un hombre de uniforme que te para en la entrada —y algunos tienen más y tienen armas, perros, rayban.

Los bogotanos lo llaman el undécimo mandamiento y su enunciado es simple: «No dar papaya». Hay muchas formas de dar papaya —desde decir algo que provoque una burla hasta contar plata en la calle y provocar un asalto, por ejemplo— pero todas implican lo mismo: confiarse. No dar papaya es no confiarse, no confiar, suponer que todo puede ser un problema y resguardarse.

Vivir en guardia, vivir por si acaso.

—Bueno, ahora debe haber menos robos. ¿Cuánto hace que no escuchó que linchan a un ladrón?

—No es que no haya, es que ahora no se puede lincharlos, dicen que los protegen unas leyes. Se pusieron a acusar a los que los linchaban y ya está, de malas.

La ciudad cambió pero los ricos —o, incluso, la clase media— siguen refugiados: en sus edificios solo los guardias de seguridad abren la puerta a quienes entran o salen; en sus casas son de rigor los muros y las rejas con puntas y cuchillas.

Bogotá vive a puertas cerradas.

* * *

En un teatro nuevo, hercúleo, que uno de los grandes patrones del país —un rey de la cerveza— legó a la ciudad, una empresa de seguros entrega premios nacionales de periodismo y Jaime Abello me invita a acompañarlo. En el anfiteatro hay más de mil señoras y señores; los señores usan corbatas; las señoras, tacos y dijes y brillitos. La ceremonia empieza cuando, en el escenario, cinco muchachos trajeados soplan en tubas y trompetas el himno colombiano: oh gloria inmarcesible oh júbilo inmortal, corean los invitados. Después empiezan los discursos: todos hacen discursos. Los bogotanos se jactan de hablar el mejor castellano de América; son, sin duda, los que más lo hablan. Y ahora la locutora dice que el señor presidente Duque lamenta no poder venir por encontrarse fuera del país y que una ministra va a leer su mensaje. La ministra lo lee, torpe; la aplauden con mesura. Después se entregan galardones, alabanzas; poco antes del final, la locutora se disculpa: fue un error, el presidente sí que está en Bogotá, solo que está ocupado, qué pena con ustedes.

Son tan amables, tan despiadadamente amables: en sus conversaciones siempre florece gran despliegue de por favor muchas gracias buenas tardes. Y no te piden que les des sino que les regales el tintico y que qué pena. Y el policía que te para te saluda cómo está hermano y te estrecha la mano y te ordena que le muestres tus papeles.

—¿Adónde estaba yendo, amigo?

Dice, tajante, porque ya ha cumplido con las formalidades. Y el extranjero nunca termina de saber si es cariño o pura vaselina.

Toda ciudad es muchas ciudades, la suma de esas ciudades o su interacción o su pelea. Sería bueno poder creer que hay algo que se forma en ese cruce: lo que define a esa ciudad. Ahora, sobre todo, sería bueno.

Entonces te dicen que ahora sí que Bogotá es una ciudad de clase media: que, gracias a los aumentos de los últimos años, la mitad de los pobladores pertenecen a ella. Y te explican —la Secretaría de Desarrollo Económico te explica— que se considera clase media a los que ganan entre 120 y 700 euros por mes y que solo la mitad posee un coche o una casa. Y al fin te dicen que el 45 por ciento de la población vive con menos de cuatro euros al día.

La ciudad tiene tales diferencias que decidieron institucionalizarlas y hace unos años la dividieron en zonas según la riqueza de sus habitantes: las llaman estratos y son seis, muy definidos. El sistema tiene su dosis de justicia: los que viven en los dos estratos más bajos pagan servicios más baratos gracias a que los dos estratos más altos los pagan más caros, para subsidiarlos —y los dos estratos del medio los pagan cerca de su valor real. El sistema tiene su dosis de violencia: los bogotanos son estrato uno o estrato seis o el estrato que sean; los estratos los reparten en castas, maleables pero intensas. Es una forma de redistribución que, al mismo tiempo, fija las diferencias.

(El sistema también fomenta la micro-corrupción: si consigues que tu edificio sea calificado como un estrato inferior te ahorras mucho dinero —aunque pierdas consideración social. Y las cifras son claras: los dos estratos más bajos reúnen al 51 por ciento de la población; los dos más altos, menos del cinco.)

Las direcciones de Bogotá son las más perfectas, cartesianismo a tope. La ciudad está cuadriculada en calles y carreras; las carreras corren paralelas a los cerros, las calles, perpendiculares. Una dirección típica es, por ejemplo, calle 45 #11-25, lo cual viene a situar ese edificio en la calle 45 a 25 metros de su esquina con la carrera 11.

La racionalidad del sistema tiene, por supuesto, sus lapsus tropicales: alguna diagonal o alguna confusión que destruye toda geometría. Pero lo más raro es que cada dirección existe dos veces: una al norte del centro viejo, la otra al sur. Cuando es en el norte nadie lo dice, va de suyo: allí está el dinero, el poder, las universidades, los restoranes elegantes, los edificios de retantos pisos. En el sur, sí: es donde están los pobres, los refugiados, los crímenes, lo que los otros tratan de olvidar.

Bogotá es dos ciudades con las mismas direcciones y tan distinta gente; Bogotá es una y su espejo empañado.

* * *

Enrique Santos Calderón tiene 73 años pero sigue fumando y disfrutando su cerveza de las once. Famoso seductor, famoso rumbero, famoso ex izquierdista de buena familia que intentó, hace casi medio siglo, una revista contestataria con Gabriel García Márquez, después dirigió durante años el diario más institucional del país, *El Tiempo*, que antes habían dirigido su padre y su tío y, antes aún, fundó un su tío bisabuelo que también fue presidente de Colombia.

—Una de las grandes ironías de mi vida es que siempre luché por mantener al periódico libre de ataduras palaciegas, de compromisos con los partidos políticos. Y cuando por fin llego a la dirección tengo a mi hermano de ministro de Defensa y a mi primo hermano de vicepresidente.

En 2009 los Santos vendieron *El Tiempo* y Enrique lo dejó. Poco después su hermano Juan Manuel se volvió presidente de Colombia y le pidió que participara en las primeras negociaciones de paz con las Farc. Enrique ni siquiera lo había votado en la primera vuelta, pero esa paz era una de sus más viejas aspiraciones, y aceptó. Durante meses viajó en secreto y en viejos aviones militares a La Habana para esas charlas clandestinas, discusiones feroces. Al cabo de seis meses los negociadores consiguieron el acuerdo que serviría de base para cinco años más de discusiones. Enrique Santos no siguió: se dedicó, entre otras cosas, a escribir unas memorias que ahora llevan semanas como libro más vendido.

—Yo soy totalmente bogotano, he vivido aquí casi toda mi vida y no la cambiaría por nada. Este clima, por ejemplo, me fascina.

Le digo que no conozco mayor muestra de amor por Bogotá que hablar bien de su clima; nos reímos. Enrique Santos se alisa los pantalones rojos.

—Bueno, yo sé que es fría, lluviosa, el aguacero permanente. Pero a mí me gusta. Bogotá siempre fue una ciudad muy pacata, austera, provinciana, conservadora, hasta… hasta que empezó a abrirse al mundo y se volvió una ciudad mucho más cosmopolita. Bueno, mucho más que Lima o que Quito, por ejemplo.

Dice, con una sonrisita socarrona, como si no terminara de creerse nada de lo que dice: un gesto aristocrático. Creer es cosa de patanes y simplotes.

Hablamos en el Norte. Alrededor, sus edificios de ladrillo visto, sus árboles enfáticos, sus guardias tan presentes: aquí las calles son más anchas y más limpias, las casas más nuevas y más altas, las tiendas más pretenciosas y más caras, las personas –con perdón– más blancas. El Norte –a partir de la calle 60 o 70– es una isla de menos de diez kilómetros de largo y uno o dos de ancho recostada contra los cerros y rodeada por miles de manzanas de ciudad más pobre.

Todas las familias felices se parecen, escribió felizmente León Tolstoi. Y casi todos los espacios ricos de los países no tan ricos se parecen también. Reproducen con muy pequeñas variaciones el modelo americano soleado: avenidas más o menos rápidas cuidadas saturadas, edificios altos en enclaves enrejados, casas bajas en enclaves más enrejados aún, y el sacrosanto mall o shopping o centro comercial: el modo de encerrar todo aquello que antes sucedía en la calle –con los peligros y asechanzas de la calle– en un espacio cerrado y controlado. Son lugares que convierten a cualquier ciudad en socia de ese club; lugares que consiguen que cualquier lugar parezca todos, y todos cualquiera; lugares con las mismas marcas, mismas caras, mismas cosas; lugares donde se puede manejar quién entra y quién no entra; lugares donde, sobre todo, no hay sorpresas. Las sorpresas solo son cool en los lugares donde suelen ser buenas.

–Sí, una de las características del bogotano tradicional es su sentido del humor, una ironía, una forma de descalificar a los que no son como él. Y están orgullosos de su cultura, se tomaron en serio aquello de la Atenas sudamericana; siempre han tenido ese culto a las letras, al bien hablar, la poesía. Hace treinta o cuarenta años aquí terminábamos las parrandas declamando; ya con el alcohol necesario había que ver quién recitaba mejor a Neruda, a Silva.

Me dice Santos, su cerveza.

–¿Y ese mito que pretende que hablan el mejor castellano del continente?

–Yo creo que se habla bien. Lo comparas con lo que oyes en… Caracas, en La Habana, en…

–En Buenos Aires, dilo.

–… en Buenos Aires, con esa mezcla italiana, y esto es mejor. Debe venir del aislamiento, esta ciudad perdida entre montañas, lejos del mar, lejos de todo, que se encerró en sí misma. Con su idioma supuestamente puro se arrogaban algún poder sobre el resto del país, podían pordebajar a los provincianos: decir miren cómo hablan esos campesinos, cómo maltratan el idioma esos antioqueños, esos costeños.

«Pordebajear» es un gran verbo colombiano: ponerte en tu lugar, recordarte que no estás a la altura. Es de la estirpe de «igualado», ese trepa que quiere igualarse a quienes no debiera; son recursos de una lengua de clase.

—A los extranjeros nos impresiona que aquí ciertas familias, ciertos apellidos sigan teniendo tanta fuerza. El tuyo entre ellos, obviamente.

—Sí, claro, los rolos, los bogotanos tradicionales. Y eso que los Santos solo llevan unas generaciones. Por parte de mi mamá sí, son bogotanos desde siempre.

—¿Por qué crees que esas familias se han mantenido así?

—Muchos de esos apellidos están vinculados a la tierra, son hacendados de la sabana de Bogotá, muy ricos, que se han metido inteligentemente en la política: no de frente, porque eso es de mal gusto, pero sin dejar de influir. No ha sido una clase que se aisló; son una aristocracia activa, que intenta mantener su poder. Es lo que uno ve en el Country Club de Bogotá, que es un gran centro del rolismo, todo ese sentido de los apellidos, y quién es lobo o no lobo, bien o no bien, según esos apellidos.

* * *

Lo llaman trancón, y es una clave de sus vidas. Se quejan de que las pasan esperando algo: que se mueva el coche de adelante, por ejemplo. O que se construya el famoso metro que, a lo largo de décadas, ha sido anunciado tantas veces como ángel salvador.

El trancón es el fracaso de una idea de la ciudad, una idea del transporte, una idea de la economía, una idea de la convivencia: la impotencia de los que quieren moverse y no lo logran. Y es, también, un efecto de la desigualdad: si todos esos que viajan en sus coches tomaran el transporte público seguramente no sucedería.

Para eso, claro, tendría que haber mucho más transporte público. Y menos desigualdad. Y más empleos cercanos.

Y esta tarde la avenida rebosa más aún. Hay autobuses atestados, lluvia, miles de personas, paraguas, bocinazos, motos, bicis, gritos, vendedores, policías superados, coches atrancados, radios, altavoces, un trueno, más bocinas, más coches atrancados, más personas, la noche casi, las luces reflejándose en la lluvia, el agua en todas partes. Hay mundos hechos para que no quepa nada más. Hay mundos hechos para negarnos algo.

Me cuentan que la avenida Caracas está así porque allá arriba, a unos kilómetros de aquí, una marcha de estudiantes la cortó. Los estudiantes protestan contra el gobierno de Duque en general y, más en particular, contra las restricciones del acceso a las universidades. Los estudiantes, me dicen, se están peleando con la policía y cortan calles y una señora le echó el coche encima a uno, lo dejó malherido.

Las bicicletas, en cambio, no se paran.

Tenemos —sabemos— un idioma común que nos separa: aquí pena significa vergüenza; aburrir, molestar; bastante, mucho; tinto, café; devolverse, volver; un sapo, un delator, y un chino, un chico. Domicilio es otra palabra que cambia de sentido. En muchos sitios domicilio significa casa; aquí es la posibilidad de no salir de casa. «Voy a pedir un domicilio», dice cualquiera y llama y encarga un pollo rostizado, cigarros, una pizza, una botella de aguardiente, dos tiras de aspirinas. El domicilio es una tradición local —de los tiempos del miedo— que se ha vuelto, últimamente, plaga urbana: los ciclistas de Rappi.

Los ciclistas están por todos lados. Pasan y pasan con sus jorobas de tela anaranjada, sus cubos bamboleantes en la espalda: la caja lleva el dibujo de un bigote cercano y dice «Rappi». La ciudad está surcada —ciertas zonas de la ciudad están surcadas— por esos porteadores: Rappi es el orgullo empresarial colombiano. La crearon hace unos años tres amigos y ahora es su primera empresa tecno que vale más de mil millones de dólares, que se ha vuelto unicornio, que se ha exportado a otros países, que triunfó. La prueba de su triunfo son los enjambres de muchachos con la caja a la espalda, la explotación de la tracción a hombre para usar la ciudad de otra manera. Porque Rappi es una nueva idea de la vida urbana: «Ya no tienes que salir de tu casa u oficina para disfrutar lo mejor de tu ciudad», explica su folleto. Ya no tienes que ir a buscar lo que quieres —podría decir—; deja que tu dinero te lo traiga, deja que los necesitados te lo traigan. El orgullo moderno de haber eliminado la tracción a sangre duró poco. Pero antes eran caballos, ahora son personas. Ahora reapareció, mezcla de ecololó y explotación —que a menudo vienen muy mezclados. Cada «rappitendero» gana, dicen, entre ocho y diez dólares por su jornada de diez a doce horas —y sus patrones explican que no son empleados: que son usuarios libres que se conectan cuando quieren, así que no hay que pagarles salarios mínimos, prestaciones sociales, esas cosas.

Otro triunfo del capitalismo de vanguardia.

Pero el ciclismo va más allá de Rappi: Colombia produce los mejores ciclistas y entonces –triunfalismo obliga– millones de colombianos pedalean. Camilo Rozo, fotógrafo y amigo, me lleva a un cerro bogotano para mostrármelos: son cientos que penan sobre sus máquinas para subir una cuesta empinada pero larga. Es un paseo perfecto para sádicos: pasar lento en el coche mirando cada detalle de esas caras descompuestas, bocas buscando bocanadas, manos crispadas sobre los manillares.

–No es casual que este sea nuestro deporte nacional.

Me dice Camilo y me habla del placer del desafío, el dolor en las piernas, la tentación de abandonar y la fuerza de seguir adelante, la satisfacción de imponerse a sí mismo. La idea de que sufrir vale la pena –y no es una vergüenza.

Más tarde, en la puerta del hospital materno-infantil de La Victoria, Sonia se queja porque no la dejan entrar con su bebé. Sonia es baja, ancha, su pantalón de todos los colores muy pegado, treinta y tantos. Las paredes descascarilladas, una puerta chiquita con sus rejas y detrás de las rejas un muchacho armado, su ropa verde oliva, que controla. El muchacho, su candado en la mano, le dice que no puede entrar con el bebé; será que adentro sobran. Sonia le dice que no tiene con quién dejarlo y que su hija está adentro y ya le han dado la salida y ella tiene que ayudarla; el muchacho le dice que espere. La hija tuvo un niño, me dice, y le pregunto si la nena del carrito también es de su hija.

–No, esta es mía.

Me dice, la sonrisa ancha.

–O sea que su nieto va a tener una tía muy jovencita.

–Sí, jovencita va a ser su tía.

Me dice, pícara, y que su hija tenía 16 años y que más joven era ella cuando la tuvo y que ella no quiso tenerla y su hija ahora tampoco quería pero que cuando una se hace madre se olvida de esas cosas, apechuga.

–Estas por lo menos son de acá.

Me dice un muchacho con uniforme de médico o enfermero, y le pregunto qué me quiere decir.

–Eso, que por lo menos son de acá.

Le digo que no le entiendo y me mira como si fuera tonto. Debo ser; después se resigna a explicarme: que él está terminando medicina, que hace sus prácticas en el hospital y que hace unos meses que la mayoría de las mujeres que atiende son venezolanas.

—Son como una plaga…

Es otro caso de la psicosis dominante aquí en estos días: la invasión veneca. Durante décadas millones de colombianos migraron a Venezuela por trabajos, por algo que comer y que vivir; ahora es lo contrario. Colombia nunca tuvo inmigrantes extranjeros y el año pasado recibió más de un millón que huye de Venezuela. Se los ve, están por todas partes, se van convirtiendo en la nueva bestia negra: se habla de asaltos venezolanos, asesinatos venezolanos, invasión venezolana; ahora los males son bolivarianos.

—Más de dos tercios de las pacientes que tenemos ahora mismo son venezolanas.

Me dice el practicante, y me explica que los hospitales públicos bogotanos tienen la obligación de atender urgencias y emergencias y que un parto es obviamente urgente así que lo atienden pero que les está colapsando el sistema. Y que, además, muchas de esas mujeres llegan desnutridas, tuberculosas, sifilíticas, HIV positivas.

—Está grave, muy grave. Pero qué se le va hacer, de malas. Toca atenderlas, ¿no? Para eso estamos.

Sonia tampoco es bogotana. Llegó hace más de diez años, desplazada por alguna violencia y desde entonces se las arregla limpiando casas en el Norte. Después la veo, todavía en la puerta, esperando a su hija y su nieto:

—No, no me dejaron. Me dicen que está todo lleno, pero es por las venezolanas. Y entonces no me dejan entrar a mí, que soy de acá, soy colombiana.

*   *   *

—Sí, el miércoles me vuelo a Berlín.

Me dice Cristian. Dicho aquí, en Cazucá, en una calle que es cuesta y es trinchera, la frase suena extraña. Cazucá está en la frontera de Bogotá pero es tan lejos. Si Bogotá está lejos, Berlín es otro mundo.

—Voy a participar en un encuentro mundial de fútbol callejero. Y después voy a pasar unos días en París.

Cristian tiene 23 años, sus rizos negros, una sonrisa ancha; Cazucá es una gran villa miseria de casitas colgadas de los cerros, mucha lata y madera sobre tierras empinadas, inestables. Cazucá se fundó a fines de los sesentas y creció con la llegada de familias que huían de la violencia –o que dejaban de ejercerla o que seguían ejerciéndola. Había ex guerrilleros, ex paramilitares, guerrilleros, paramilitares, sus víctimas: miles de personas que buscaban en la ciudad un trabajo o, por lo menos, una vida.

Cada cual ocupaba la tierra que podía: algunos a las bravas, otros pagando a desarrolladores piratas que solían engañarlos con papeles falsos. Así se armaron espacios sin planificación, sin servicios, sin seguridad, sin trabajo, donde solo se puede vivir de la economía informal, más o menos legal, o de empleos que precisan horas de viaje diario en transportes fatales.

En veinte años Cazucá se convirtió en este amasijo donde viven más de cien mil personas. Aquí –y en las comunas vecinas, como Ciudad Bolívar– la violencia siempre fue implacable. Cuando guerrilleros y paramilitares fueron menguando quedaron jóvenes acostumbrados a las armas, sin gran aprecio por la vida, sin salidas.

En Colombia, en los últimos años, se empezó a producir mucha más coca, los precios bajaron, aumentaron los controles para la exportación: productores rebosantes de mercadería intentaron ampliar el mercado interno –que hasta entonces era muy menor. Entonces empezó lo que ahora llaman «microtráfico», para distinguirlo del gran narcotráfico. El comercio urbano de drogas pasó a ser una de las pocas actividades posibles para un joven de un barrio de invasión: su manera de conseguir unos pesos, un par de zapatillas, una chica, una moto, algún respeto.

–Cuando te dicen que acá la vida no vale nada es casi cierto. Mejor dicho: vale muy poco. Acá por 100 o 150 mil pesos te conseguís un chico que mate al que le digas. A menos que sea difícil, entonces puede ser un poquito más caro.

Me dice Willi, el local que me guía, un maestro que conoce estas calles de memoria y lleva muchos años trabajando con la Fundación Tiempo de Juego. Ciento cincuenta mil pesos son unos 40 dólares y aquí mismo, ahora mismo, pasa un muchacho de campera de jean y cuatro o cinco se le tiran encima: hay una riña breve, el solitario se escapa sin dejar de insultarlos.

–Ya va a volver con un combo y se va a armar. Esto no va a quedar así.

Dice Willi, y me explica que pelean por el control del territorio: que los traficantes usan a los muchachos para asegurarse de que ningún rival circule por el espacio que definen como propio: unas manzanas, una quebrada, una entrada del barrio. Y me cuenta que Cazucá es sobre todo una vía de llegada de drogas desde el campo al centro de la ciudad y que los muchachos trabajan de mulas, las van llevando en sus bolsitos. Y que el trabajo de la fundación ha hecho mucho pero queda, claro, tanto por hacer. Pero que no me equivoque: que lo que Wiesner ha hecho por estos chicos no lo hizo nadie.

Andrés Wiesner es periodista, unos cuarenta años, la barba rala, la sonrisa siempre; hace doce llegó a Cazucá para hacer una nota sobre jóvenes y muertos. A diferencia de lo que solemos hacer los periodistas, no lo olvidó cuando se fue.

—No podía dejar de pensar en esos muchachos, en esa violencia. Y claro, lo que se me ocurrió fue lo del fútbol.

Días después volvió y les propuso organizar un partidito: una forma de darles una opción, de tratar de sacarlos de la calle. El primer fin de semana había unos veinte chicos; el segundo, cuarenta; el tercero, setenta u ochenta. Con choques, con dificultades, la propuesta siguió creciendo; con el tiempo se convirtió en la Fundación Tiempo de Juego y empezó a practicar el Fútbol por la Paz.

El Fútbol por la Paz es un invento colombiano: en el Mundial '94, Andrés Escobar, un defensor de la selección, se metió un gol en contra que eliminó a su equipo. Días después, de vuelta en Medellín, lo mataron a tiros a la salida de una discoteca. Un grupo de paisanos creó, en su homenaje, una forma de jugar que fomentara la comprensión, la paz: son partidos entre equipos de siete que deben incluir por lo menos dos mujeres, donde los goles no deciden: al final de cada partido los jugadores debaten con el coordinador quién merece ganarlo. El Fútbol por la Paz se ha difundido por el mundo; la Fundación Barça, por ejemplo, lo usa en docenas de países bajo el nombre de FútbolNet. Aquí, en Cazucá, dos mil chicos lo juegan. La fundación ya armó partidos por la paz en otras zonas del país, y aquí tiene más iniciativas; entre ellas, Labzuca, una productora de video que funciona en el sótano de una panadería de Cazucá. Allí acaba de terminar un documental, *Antes de tiempo*, sobre el embarazo adolescente y la vida en Cazucá, que cuenta, entre otras, las historias de Dilan.

Dilan tiene 19 años y acaba de salir de un instituto de menores donde se ha pasado los últimos cinco porque un día acompañó —dice— a un amigo a asaltar una buseta y vio con sorpresa —dice— cómo él le voló la cabeza al chofer. Andrés la había filmado años antes, cuando Dilan era una niña de cara redondita y sonrisa pícara que se llamaba Carol, y vivía con su hermana Astrid, su madre y su abuela en una casucha de Cazucá. Entonces Astrid se había quedado embarazada y Carol, nerviosa, esperaba la llegada de su primer sobrino. Sebastián nacía, su madre lo descuidaba, su abuela iba presa por robos, su bisabuela se hacía cargo; después su abuela salía libre y su bisabuela iba presa por venta de drogas; después, ya con Carol en el reformatorio, un primo le avisaba que su madre y su hermana habían sido asesinadas en una venganza de bandas. Entonces su abuela se ocupaba del niñito hasta que la mataban en otro tiroteo. Ya libre, Dilan —que había decidido cambiar de sexo y nombre en su prisión— busca a ese chico tres veces huérfano para ocuparse de él, para criarlo.

Después Wiesner me cuenta la historia del Paisa, uno de sus primeros entrevistados. El Paisa salió, tras cinco años de cárcel, dos meses atrás; venía con el encargo de su jefe, que seguía adentro, de coordinar el trabajo en el barrio. Pero quiso quedarse con todo y lo proclamaba en las esquinas; hace unos días lo cosieron a tiros. El Paisa andaba en moto, tenía plata, chicas, poder; hubo tiempos en que el Paisa era el modelo —y para muchos todavía lo es. Para otros, el destino de Cristian empieza a resultar más atractivo: estudiar, trabajar, hacer cosas, viajar; tener alternativas.

De eso se trata: de ofrecerles otras opciones, otras formas, me explica Wiesner —que pensó que escribir sus historias no alcanzaba. Y yo, después, me preguntaré si el periodismo es un modo de no hacer lo que importa. Por suerte, no tengo la respuesta.

*   *   *

En la avenida fina cerrada por domingo, junto a un parque majestuoso exuberante, cientos de personas siguen los movimientos de una chica subida a una tarima. De cómo ciertas modas reconfiguran las ciudades: esta locura de la salud, digamos, que les ha dado a los que creen que la tienen. Aquí parece como si miles y más miles hubieran descubierto de pronto la importancia del ejercicio físico y se empeñaran en practicarlo a toda costa. Así que los domingos muchas avenidas de la ciudad cierran para convertirse en ciclovías y espacios de gimnasias, bailes, ejercicios varios. Aquí, ahora, suena un vallenato y ella lleva pantalones muy breves, camiseta musculosa, su gorra y zapatillas y mueve el cuerpo sin piedad.

Delante, los cientos imitan sus movimientos, siguen sus consignas: un brazo, los dos brazos, una pierna, las dos, las rodillas, el pecho, la cabeza, la pelvis, palmas, pasos al costado. Los bailarines siguen cada indicación y no son todos jóvenes ni todos flacos ni todos gráciles; hay de todo. A unos metros, en una fuente del parque, una pareja joven de moradores de la calle baña a su perro con denuedo y me explica cómo le han curado la sarna que tenía cuando lo encontraron; el perro se deja dócil, encantado. Más allá tres grupitos de venezolanos piden limosna con carteles escritos sobre un cartón a mano que dicen que son venezolanos y están pasando hambre.

Te dicen —me lo han dicho, en estos días, docenas de veces— que por fin Bogotá se ha convertido en una capital de la música y de la escena gastronómica —varios dirán «escena gastronómica»—, y les da su orgullo. También que hay buen teatro, gran crecimiento de la plástica, y todo eso implica quizás a un diez, quince por ciento de la población —igual que en muchas otras ciudades. Entonces, para contar una ciudad, ¿cuál es su peso?

Colombia siempre fue un país radicalmente musical y bailón con una capital que no bailaba. Ahora los bogotanos, que siempre fueron para costeños y caleños y paisas lo más cercano a un poste, se han levantado y bailan. Es un gesto de valor e independencia, y esta tarde, mientras cae la noche, miles van llegando al parque Bolívar para un festival de salsa que organiza la alcaldía. A la entrada hay señoras con un oficio peculiar: te ofrecen guardarte el cinturón —y te dan un número y te cobran mil pesos— porque la policía no los deja pasar para que no se vuelvan látigos. Caminamos de a muchos; hay gritos, risas, olor a marihuana, formas amables del desorden. Los tacos son altos, las ropas apretadas; hay cierta idea de que las formas deben exhibirse. Y que deben, mejor aún, ser rimbombantes: rimbombar todo lo que puedan. Que haya carne y que se vea: las ropas prietas para que nadie se quede con la duda. Una estética, digamos, que rechaza la duda.

Un poco más allá, la corriente se detiene frente a los controles: los asistentes se dividen en muchachas y muchachos —hay rastas, pelos de colores, capuchas, gorras varias— y pasan por desfiladeros estrechitos y terminan palpados por docenas de policías aburridos. Yo avanzo mirando al frente y no me palpan: soy viejo, soy blanco, no parezco pobre y las clases, en Colombia, siguen siendo importantes.

Aquí en el Country sí que hay orden: seiscientos empleados para anticiparse a las necesidades de los mil quinientos socios del club más exclusivo del país. Es jueves, mediodía, y los grandes salones están casi vacíos; unas pocas señoras conversan en sillones de terciopelo rojo, unos pocos señores beben lo que beban. Un cartel muy discreto anuncia que «Por su seguridad usted está siendo grabado y monitoreado por un circuito cerrado de televisión». Detrás de los inmensos ventanales hay un prado de golf —«el mejor de Colombia»—, un lago con sus patos y sus chorros, árboles como torres, jugadores; de este lado, multitud de sillones impolutos, salones y salones, jarrones, más sillones, mesas, sillas, cuadros, escudos, trofeos, flores, arañas, más sillones, ese sosiego que solo da el dinero. Pasa lenta una señora joven rubia; detrás, sus dos hijos rubios muy chiquitos con su nana mulata vestida de enfermera.

—Es una regla: las nanas tienen que ir de blanco, así no se confunden.

Me dice Israel, encargado de eventos, y yo prefiero no decirle que no hay riesgo. En el salón vacío enorme del comedor formal un joven negro de riguroso blanco plancha las arruguitas blancas de los manteles blancos con una plancha blanca y roja. En la sede hay otros restoranes y bares y terrazas, una piscina espléndida, una bolera con futbolines y billares para los hijos de los socios, toboganes y hamacas para los hijos más chiquitos de los socios, una sala de bridge para las madres de los socios, una biblioteca «donde los socios van trayendo libros» —hay muy pocos—, unos vestuarios con saunas y peluquería y manicura y todos los asistentes y asistentas que se pueda desear.

—El socio podría pasarse toda la vida acá. Y la pasaría chévere.

Dice Israel, y que el club es su segundo hogar:

—Bueno, el primero.

Dice, y que está aquí más horas que en su casa y que a los empleados se los trata muy bien, se les dan cursos para que puedan atender mejor a los socios, se los cuida.

—Acá somos una gran familia. Y si algún socio se propasa con un empleado hay un comité que le llama la atención.

Pero pertenecer tiene sus dificultades. No hay lugar para nuevos; si alguno de los viejos quiere vender su «acción» puede pedir unos 100.000 dólares. Y el dinero no alcanza; un comité debe aprobar al comprador.

—Hay varias condiciones. Una de ellas es que lo conozcan y lo respalden por lo menos diecinueve socios.

Si lo aprueban, si entra, pagará cada mes unos 500 o 600 dólares, pero los servicios compensan y los contactos y negocios más aún. Y, sobre todo, será socio del Country.

—Ellos tienen algo genético, no sé, innato.

Me dice una empleada mientras me muestra un niño jinete —tres, cuatro años— que trota sobre un potro alrededor del picadero. Hace unos años la ciudad les sacó el campo de polo para hacer un parque, pero el club conserva estas pistas y unos establos cinco estrellas, donde ahora dos peones duchan a un animal lleno de músculos.

—Míreme a ese niñito, cómo maneja al animal. Tan chiquitos ellos ya saben lo que son. El otro día paré a una niñita así, de cuatro o cinco, que iba a entrar a un lugar donde no podía y ella me dijo mírame, yo soy socia. Como si fuera una persona grande.

—Grande y un poco antipática.

—Bueno, por favor. Antipática no; propietaria.

* * *

Leonor Espinosa es la chef y patrona de Leo, el mejor restorán de Colombia y uno de los cincuenta mejores del mundo según el *World's Best*. Leo es una cartagenera que estudió economía y bellas artes y al fin se decidió por la cocina hace décadas, cuando los colombianos de su clase no lo hacían. Leo es el origen de esa explosión gastronómica de la que todos —todos mis amigos del Norte— me hablan cuando les pregunto por la ciudad actual.

—Es raro cuando sabes que has inventado o encontrado algo y que tu recompensa es que aparecen muchos que te copian, que hacen lo tuyo como si fuera suyo: la inquietud de ver que otros usan tu descubrimiento, el orgullo de ver que otros usan tu descubrimiento.

Dice, risas y ron, la cocinera. Hace tiempo empezó a utilizar técnicas sofisticadas para revisitar la comida tradicional colombiana; en sus platos se suceden los productos más recónditos de un país lleno de recónditos: hay babilla —yacaré—, chigüiro —un roedor desmesurado—, vaca, cerdo, pato, otros pescados y todo tipo de verduras, hierbas, flores, frutos tan secretos; hay viandas de los Andes, el Pacífico, el Caribe, la Amazonia, la selva, la costa, la montaña, la sabana. Leo ha trabajado mucho para proteger esa diversidad, uno de los grandes tesoros colombianos. Y ahora me dice —risas y ron— que de algún modo su cocina es un reflejo de lo que pasa con Bogotá: que Bogotá ya no es —como sí Buenos Aires, como sí

Nueva York– un cuerpo extraño, distinto en la nación; que se ha vuelto una síntesis de ese país tan diverso que es Colombia.

–Esta es una ciudad hecha por toda Colombia, una mezcla de toda Colombia.

Me dice Yesid Lancheros, director del Canal Ciudad, la televisión local –que, por supuesto, no nació en Bogotá.

–Esta ciudad en Navidad queda vacía, todos se van a sus lugares. La mayoría de la gente que vive en Bogotá no es de Bogotá: eso marca mucho la vida de la ciudad.

Durante siglo y medio Bogotá debió gobernar un país que no podía controlar: su geografía quebrada, complicada, le hacía imposible ejercer ese poder. Así que el estado colombiano no llegaba a buena parte de su territorio; mientras tanto, su capital se armó una imagen de sí misma basada en su supuesta civilización: era el lugar donde se hablaba y se pensaba, donde el frío –opuesto al calor de la «tierra caliente»– permitía una vida ordenada, casi europea, de traje y sombrero y maneras comedidas, por oposición a un país de camisa, hamaca y calenturas. Y después fue cambiando:

–Ahora ya es un producto del país que gobierna, la suma de todas las ciudades del país: todo lo que está en el país está de algún modo acá. Entonces acá hay una multitud de miradas, de ideas sobre las cosas, que la enriquece, que la hace cada vez más interesante.

Dice Yesid, entusiasmado.

Olor de la cebolla, el mango, la guayaba, el sudor, la naranja, el querosén, la podredumbre, el frito, la curuba, la granada, la granadilla, la papaya, papayuela, maracuyá, corozo, auyama, piña, uchuva, el tomate de árbol: Colombia es explosión de frutas y de frutos y casi todos pasan por acá. Vivimos cada vez más alejados del proceso por el cual una guanábana se materializa en tu plato; de aquí, de estos hangares enormes repletos de puestos sale todo lo que comen millones de personas. Y, dicen, también, algo de lo que toman para pasarla bien.

–Imagínese: en un camión con quinientas bolsas de cebolla es fácil pasar dos o tres bolsas de otras cosas.

Dice Miguel, que ya dejó de trabajar allí. Ahora lleva un taxi y nos llevó, a Camilo, sus cámaras y yo, al mercado de Abastos de Bogotá; después se bajó y dejó la llave adentro y ahora no puede abrirlo. Miguel se desespera, resopla, grita algo; en un instante se arma una asamblea de distinguidos ciudadanos que, pertrechados de machetes, alambres, trapos y martillos se dan a la tarea de abrir el auto como sea. Intentan sus maneras, las debaten: que si deben romper la ventanilla, que si se puede meter el machete dentro de la puerta, que si conviene atacar el maletero. Juanpe los mira a la distancia con una sorna suave, hasta que se decide a intervenir: Juanpe es un señor de unos cincuenta, la cara muy surcada, dedos finos, la ropa hecha jirones, que mete con elegancia sus alambres entre ventana y puerta, la abre en segundos —y se lleva de premio unos billetes. Es tan bonito cuando el mal trabaja para el bien. O, mejor: cuando el bien y el mal se enredan y confunden.

*   *   *

En Bogotá la vida se termina temprano. Y no solo por miedo; otra razón es que las clases empiezan con el alba. Los colegios suelen estar lejos para que sus terrenos no sean tan caros; si los chicos quisieran entrar a las ocho los trancones se lo impedirían. Entonces se levantan a las cuatro y media y salen de sus casas a las cinco, cinco y media, para llegar antes del caos. Los padres y madres de familia se recogen temprano. No todos lo son, por supuesto.

—Para nosotros el peor día del año es el Día de la Madre.

Dice Édison y se ríe con una risa franca, contagiosa. Alrededor hay saltos y músicas y gritos: en el patio central —la Plaza Rosa— de Theatron un grupo de mujeres lesbianas, Las Milagrosas, toca covers locales. Esto sí que es un antro de perdición: hay cientos de muchachas y muchachos que tratan de perderse entre pasillos, escaleras, patios, baños, rinconcitos y esas catorce salas que compiten entre sí, cada una con su ambiente y su decoración y su música y su diyei: la sala de salsa, la de merengue, la de reguetón, rock pesado, clásicos románticos.

—Sí, la gente gay es muy apegada a su mamá, así que ese día acá no viene casi nadie.

Édison tiene 50, el aspecto atildado, cuidadoso, y es uno de los dueños de la disco más grande de Bogotá, el lugar donde se consumen más Coronas y Budweisser de toda Colombia. Después, en su oficina detrás de un escenario, me contará el momento en que entendió, hace años: estaba bajo una escalera de un bar gay de mala muerte esperando para entrar al baño —y ya llevaba un rato.

—Como en esa época todo era tan clandestino hacían cualquier antro y la gente se conformaba porque no había más, y nadie quería meterse a invertir en ese negocio porque no era bien visto. Yo ese día esperaba y había mucha cola porque el local era chiquito y el baño era peor, había solamente un orinal, y ahí pensé hombre, si esto lo hiciéramos mejor...

Corría 1995: la Constitución del '91 había consagrado los derechos de la comunidad LGTB, y Édison pensó que era el momento. Se asoció con un amigo y lanzaron su primera disco, Zona Franca. Ahí empezaron sus problemas: la policía les caía a menudo, las marcas no querían acercarse, los medios los negaban.

—Las leyes pueden cambiar, pero para que cambien las mentalidades se necesita tiempo.

De a poco se corrió la voz de que la Zona era una buena rumba; más y más gente quiso ir, las marcas se acercaron.

—Lo que importa es que nos acepten: por las razones que sea, pero que nos acepten. El fin justifica los medios. Yo siento que a veces cuando uno es activista, así, súper mamerto...

Dice Édison: mamerto, en colombiano, viene a significar «progre folclórico».

—... cuando eres muy mamerto y quieres que las cosas cambien a la brava no es tan eficiente como si lo haces por medio del negocio, cuando las marcas empiezan a notar que tienes un nicho interesante, que el mercado gay les conviene, que hay dinero. Ahí sí que te aceptan.

En 2002 Édison y su socio oyeron que un gran cine de los sesentas estaba abandonado; fueron a verlo, le vieron las posibilidades. Unos meses después abrieron Theatron, este edificio lleno de vericuetos donde caben varios miles de personas, la rumba mayor de la ciudad.

—Los dos primeros años fue solo para gays. Pero se corrió la voz, todos querían venir, y pensamos que ya no había razón para encerrarse.

Al principio la vieja guardia gay se quejaba de que hubiera héteros porque los molestaban, los podían descubrir; al final lo aceptaron. Ahora queda solo una sala solo para hombres y otra para mujeres —con strippers y dancers de ese sexo— pero las otras doce son mezcladas: *open mind*, lo llaman.

—Ya no es tiempo de andar separándose, metiéndose en diferencias que no tienen sentido.

Así que ahora, aquí, medianoche de viernes, hay parejas de hombres con hombres, mujeres con mujeres, mujeres con hombres, varios con varios y así de seguido; hay cientos circulando y bailando y encontrándose y perdiéndose en los vericuetos; hay músicas para tocarse, músicas para recordar, músicas para olvidarse, para gritar o susurrarse, para saltar o saltar en mil pedazos; hay muchachos con estropajos que repasan el suelo sin parar; hay looks trabajadísimos y looks descuidadísimos y es difícil decir cuáles requieren más trabajo o más descuido; hay una chica bajita que se ha tatuado su cara en su muslo derecho, selfi baja, para mostrar que siempre habrá formas nuevas de perder la cabeza, o de encontrarla en los sitios menos esperados.

Bogotá, digamos.

EL CONTINENTE VIOLENTO

Ñamérica es la región más pacífica del mundo.

En todo el siglo xx sus países apenas se pelearon. Entre 1932 y 1935 Bolivia y Paraguay se enfrentaron en la guerra del Chaco, la única seria, con casi 100.000 muertos; Perú y Ecuador sostuvieron dos o tres escaramuzas por territorios fronterizos, una en 1941, otra en 1995; en América Central también hubo guerritas como la del fútbol, entre El Salvador y Honduras en 1969, que duró cuatro días; y la Argentina se lanzó a la invasión patética de unas islas disputadas con Gran Bretaña en el Atlántico Sur en el otoño de 1982. Ni Colombia ni Venezuela ni Chile ni Uruguay ni Cuba ni México se trenzaron en ninguna.

En ese lapso en Europa, foco de toda razón y civilización, solo entre la Primera y Segunda Guerras Mundiales, la Revolución Rusa, las purgas soviéticas y el Holocausto nazi murieron unos 85 millones de personas. En Asia las víctimas de las guerras civiles chinas, invasiones japonesas, masacres turcas, independencias indias, guerras indochinas y diversas hambrunas fueron casi 100 millones. En África, desde la descolonización, las guerras de Argelia, Rodesia, Biafra, Burundi, Etiopía, Sudán, Ruanda, Mozambique, Angola, Liberia, Sierra Leona, el Congo hicieron por lo menos 15 millones de muertos.

Mientras que en Ñamérica la Revolución Mexicana, la guerra del Chaco, las masacres centroamericanas, la violencia en Colombia, la guerrilla peruana y las dictaduras del Cono Sur mataron a unos dos millones de personas. Es demasiado; es tanto, tanto menos que el resto del mundo en ese tiempo.

Ñamérica es, en esos términos, la región más pacífica del mundo. O, si acaso, la menos mortífera. Y sin embargo nos suele parecer la más violenta. Lo curioso es que también lo es. No hay violencia entre estados: hay, en general, violencia de un estado hacia sus ciudadanos o, muchas veces, entre esos ciudadanos.

Los estados ñamericanos no pelean entre ellos: si acaso, de tanto en tanto, matan a sus ciudadanos. O no pueden o no quieren impedir que ellos se maten entre ellos.

Uno de los dos o tres cambios decisivos de Ñamérica en las últimas décadas es la privatización de la violencia: el paso de la violencia política a la violencia empresarial. Entre, digamos, 1950 y 1980, la mayor cuota de violencia tuvo que ver con la esfera de lo público. Fueron los tiempos de las guerrillas en muchos países: tiempos en que grupos políticos supusieron que la lucha armada, urbana o rural, era la única forma de establecer esas sociedades igualitarias que —en principio— buscábamos. Y fueron, después, los tiempos en que juntas militares aprovecharon esa idea para producir, a fuerza de asesinatos, los cambios políticos que necesitaban para consolidar las sociedades desiguales que —claramente— buscaban. En esos años Ñamérica se afirmó, en la mente de tantos, como un continente de violencias. Y, sin embargo, lo era mucho menos que lo que estaba por venir.

Desde las dictaduras asesinas a los narcos asesinos hay una continuidad. La constante es la violencia: que antes fuera violencia de estado y ahora violencia privada es un detalle que quizá podemos adjudicar al consenso de Washington.

Ahora las cifras son brutales. Alrededor de 100.000 personas son asesinadas todos los años en Ñamérica. En Venezuela la tasa de homicidios llega a 50 cada 100.000 habitantes; en Honduras son 41, 25 en México y Colombia, 5 en Argentina, 2 en Chile. Para entender estos números se puede recordar que la tasa en un país violento como Estados Unidos es de 5 por 100.000; en Bulgaria o Rumania es 1,6; en España no llega a uno.

Como casi siempre, esos números son una orientación que sirve y que no sirve. Dan una idea general, borronean los problemas particulares. En México y Colombia, por ejemplo, la tasa de homicidios es casi la misma. Y, sin embargo, los 35.000 asesinados del 2020 en México son un aumento radical frente a los 10.000 que había en el año 2000 —en un país que ya entonces era bastante violento. Mientras que los 11.000 asesinados ese año en Colombia son una reducción enorme frente a los

26.000 colombianos que se mataron en 2000. En Venezuela casi la mitad de los homicidios son episodios inscriptos como «resistencia a la autoridad»: ejecuciones extrajudiciales de las diversas policías. En el Triángulo Brutal de Centroamérica, mientras tanto, El Salvador pasó de 105 homicidios cada 100.000 personas en 2015 a menos de 40 en 2019: se supone que la razón principal fue un pacto entre las dos grandes bandas para disminuir el gasto en sangre humana. En cambio en Argentina, donde muchos tienen la impresión de vivir en el borde, los homicidios no pasan de cinco cada 100.000, igual que en Estados Unidos, la mitad que en Uruguay o Costa Rica, países tan serenos. Y así de seguido.

Decir que Ñamérica es, en conjunto, una región violenta es, una vez más, un abuso de la estadística. Su gran violencia está concentrada en esa franja que va de Colombia a México, pasando por Venezuela y América Central. En el resto, las medias de homicidios están en los alrededores de la media mundial, seis muertes por cada 100.000 personas cada año.

Pero es cierto que, al fin de cuentas, en Ñamérica se mata más que en ninguna otra región que no esté en guerra. Uno de cada cuatro homicidios que se cometen en el mundo es obra de ñamericanos —solo el cinco por ciento de la población mundial. En Ñamérica se asesina cinco veces más que en el resto del mundo.

En los últimos veinte años, ñamericanos asesinaron a unos dos millones de ñamericanos: dos millones de veces uno de ellos apretó el gatillo o blandió la cuchilla para borrar a otro. Dos millones de veces alguien supo que podía hacerlo —y lo hizo. Dos millones de muertos son más que todos los muertos por las guerras y violencias políticas en la región en todo el siglo xx.

Y la situación sigue empeorando: de las siete ciudades más violentas del mundo —del mundo— en 2020 seis estaban en México y la otra es Caracas. Las tres primeras fueron Tijuana, Ciudad Juárez, Uruapán, con tasas de homicidios por encima de los 100 muertos cada 100.000 personas. O sea: que cada uno de sus habitantes tiene una posibilidad en mil de que lo maten este año.

Y, para redondear los números, dos más. La mitad de los asesinados tiene entre 15 y 29 años: en Ñamérica la muerte violenta es cosa de jóvenes. Y las muertes violentas de muy jóvenes son cosa de Ñamérica: casi la mitad de las 100.000 personas entre 10 y 19 años asesinados cada año en el mundo vivieron aquí.

Una víctima de cada diez es mujer: con ser terrible, el feminicidio va muy por detrás del homicidio. Aunque lo hace particularmente odioso el hecho de que, en la mayoría de los casos, los asesinos son parientes o conocidos de las víctimas: son muertes íntimas.

*   *   *

El aumento brutal de la violencia privada en Ñamérica empezó cuando dos o tres grupos de empresarios colombianos despiadados decidieron hacerse con el monopolio de la producción y exportación de un preparado que la Organización Mundial de la Salud llama benzoilmetilecgonina y el resto del mundo cocaína —o simplemente coca, blanca, perico, farlopa, frula, nieve, merca. A mediados de los ochentas lo lograron, a fuerza de ser muy oportunos con su producto y muy generosos con la muerte.

Hasta entonces, las drogas más vendidas eran legales y, en general, llegaban desde los países ricos: medicamentos contra la ansiedad y la depresión y, sobre todo, alcohol y cigarrillos. Los cigarrillos fueron un aporte americano; nada personal, negocios —y muy deliberados. Hace ya más de medio siglo las grandes tabacaleras americanas supieron que sus usuarios locales podrían rebelarse y decidieron apostar por el Tercer Mundo. En 1964, el director de Liggett & Myers —una de las compañías más importantes— explicaba su política: «El mercado del cigarrillo en los Estados Unidos está casi saturado. En el resto del mundo, en cambio, se consumen, término medio, cuatro veces menos cigarrillos que en América. Así que tenemos que expandirnos en ese mercado. Es un mercado ávido de productos norteamericanos: la prueba está en que todas nuestras marcas multiplican sus negocios en el exterior a un ritmo acelerado, a pesar de que sus precios son, por lo general, superiores a los de las marcas nacionales». Tras el auge de la droga legal norteamericana, lo que empezó en los ochentas fue la era de las drogas ilegales —y esas sí fueron ñamericanas.

«Ladroga» —llamémosla ladroga— sigue el modelo ñamericano por excelencia: producto de la tierra, materia prima apenas modificada producida por trabajadores muy mal tratados para su exportación a los mercados más ricos. Lo mismo que se hizo durante siglos con el oro, la plata, el azúcar, el café, la carne, el cobre, el guano, el caucho, el trigo, ahora se hace también con la cocaína y la heroína, alguna marihuana. Y los poderes estatales que antaño le aseguraban a un pequeño sector de cada país el monopolio del recurso nacional se transformaron en poder privado, ejércitos de sicarios sin límites en el lugar de los ejércitos nacionales —a menudo tolerados o apoyados, faltaba más, por los poderes públicos.

Al principio, los nuevos empresarios gozaban de ventajas importantes: la planta de la coca es originaria de Ñamérica y aquí crece entusiasta; los estados de los países que la producen no podían —o querían— impedir sus grandes plantaciones y laboratorios no tan clandestinos; y, sobre todo, tenían muy cerca al gran mercado, los Estados Unidos.

El poder americano no tuvo en las últimas décadas expresión más fuerte. En ese lapso los Estados Unidos abandonaron buena parte de su presencia política en la región; su influencia más decisiva fue como receptor de esa producción que solo existe porque existe su mercado. Y, por ella, la región cambió tanto.

Es tonto pero simple pero cierto: sin el consumo drogón americano Ñamérica sería, ahora, otra cosa.

Es curioso cómo ciertos azares se transforman en destino. ¿Qué habría pasado si el espíritu bucólico místico planeador de los sesentas y setentas no hubiera dejado paso, en los países ricos, al individualismo desenfrenado y ambicioso de los ochentas y noventas? ¿Qué, si Ronald Wilson Reagan no hubiera ganado las elecciones de 1980? ¿Qué, si un empeñoso investigador de una gran farmacéutica suiza, por ejemplo, hubiera descubierto una droga sintética perfecta para darte la sensación de poder y agudeza que esa época pedía? ¿Qué, si un señor particularmente emprendedor no hubiera imaginado que se podía hacer en gran escala lo que otros hacían en pequeña y no hubiera lanzado sus productos tan naturales tan orgánicos al gran mercado norteamericano? Y así, una sucesión de qués pequeños: cantidad de azares que podrían tan bien no haber sucedido —sin los cuales el destino de la región habría sido distinto.

Quién sabe si mejor o peor, pero distinto. Ahora es difícil pensar en Ñamérica y no pensar en drogas ilegales, bandas violentas, jóvenes sicarios, esos dineros, ese miedo. No es fácil creer en las grandes determinaciones de la historia cuando todo se revela tan aleatorio, tan oportunista.

(Si aquel meteorito, hace decenas de millones de años, hubiera pasado por aquí al lado, mil o dos mil kilómetros —y los grandes reptiles, entonces, siguieran dominando.)

Pero, entre tanto azar, no es casual que todo esto sea un efecto secundario de la cocaína: una droga que no se toma, como otras, para cambiar de mundo, escaparse, modificar la percepción, entender cosas o entenderse; una droga que se toma para hacer mejor las cosas que ya hacés, entendiendo por mejor más rápido o más largo. Trabajar mejor, beber mejor, bailar mejor: una droga que no cuestiona nada de las sociedades contemporáneas sino que, al contrario, te ofrece la posibilidad de acomodarte más; un esfuerzo de hiperadaptación, de hacer lo que se espera que hagas. Una droga que funciona según el sistema tan capitalista del crédito y la deuda: te comprás y te gastás ahora una energía que no tenés —y después deberás pagar con tu fatiga, con tu quiebre.

Una droga que no pone en cuestión la idea de rendimiento, de productividad sino que, al contrario, te permite cumplirlas con creces.

(Una droga que, además, no sufre una condena social importante. Miles y miles de personas despreciarían a quien usara un tapado de piel, porque esos pobres animales. En cambio, meterse un pase de coca es casi cool, audaz, canchero, aunque su producción y distribución implique la violencia, la corrupción, la degradación, tantos miles de muertes.

«Vivimos tiempos maravillosos. Son tiempos en los que, por abrir el grifo, por comprar bolsas de plástico o por tener un coche de más de diez años eres culpable tú solo de la degradación del planeta Tierra entero. Es así según todas las noticias dadas en los últimos veinticuatro meses, y además te lo crees y ahora cierras más el grifo. Y con el heteropatriarcado pasa lo mismo: todos los hombres somos culpables de la violencia ejercida contra las mujeres por una minoría de varones, aunque tú en concreto no hayas pisado siquiera el pie ni por error a una señora en el metro en toda tu vida. Pero nos sentimos corresponsables y corregimos nuestro comportamiento hasta alcanzar los alrededores de la más luminosa santidad. Sin embargo, le dices a cualquier cocainómano que consumir cocaína contribuye al asesinato de decenas de miles de personas por todo el mundo y te mira como si estuvieras loco», escribió Alberto Olmos. «Si nadie consumiera cocaína, el mundo sería un lugar mejor, los malos acumularían menos poder y mucha gente aún tendría la cabeza pegada al cuerpo. No habría hombres y mujeres colgados de los puentes ni periodistas degollados por escribir una noticia o cantantes asesinados por hacer una canción. Consumir cocaína es dar un poder absoluto a gente muy peligrosa, lo mires como lo mires. Pero entiendo que sentirse culpable por consumir cocaína no es lo que más os apetece en este momento. Ya es mucho pedir.»)

*   *   *

Siempre me sorprendió la desproporción de la causa y sus efectos. Es casi inexplicable que tan pocos influyan tanto sobre tantos. En los Estados Unidos, el mercado principal de las drogas ñamericanas, menos de dos millones de personas la usan con cierta regularidad. Y en todo el mundo, según la ONU, en 2018 hubo 19 millones de personas que se metieron por lo menos un pase. Diecinueve millones de personas es el 0,25 por ciento de la población mundial, una minucia estadística. Y, sin embargo, pocas cosas han tenido más influencia en nuestra realidad.

Y la sigue teniendo. Si ahora México reemplazó a Colombia como el gran país productor de droga —como el gran país violento— no es solo porque se especializaron en transportar la cocaína sudamericana a Estados Unidos; fue, también, porque algunos ricos y seudorricos americanos descubrieron que se podían morir y empezaron a preocuparse por su salud antes que nada y dejaron la carne y el tabaco y el mercedes y la cocaína —algunos. Entonces creció el mercado de los drogones clásicos, muchachos y muchachas perdidos que solo quieren estar lo más lejos posible de sí mismos —y empezaron a usar, entonces, en lugar de coca sudaca, heroína mexica. México ingresa unos 25.000 millones de dólares al año por exportaciones de droga a Estados Unidos. O sea: sin el dinero de Estados Unidos el negocio mexicano de las drogas no sería negocio. Es la última de las desgracias de estar tan lejos de dios.

Es sorprendente que la voluntad de unos cuantos hombres y mujeres de modificar su percepción de tanto en tanto cambie así la vida de millones y millones. El negocio de ladroga implica —como mucho— al uno por ciento, productores y vendedores y consumidores sumados, y sin embargo su influencia. Sabemos que ladroga es dura: su mayor poder está en cómo sacudió nuestros países, nuestras sociedades.

Cómo las cambió: «El mito cuenta —como cuentan los mitos, con detalles diversos, contradicciones, coincidencias— que, hace ocho o diez años, una lancha cargada de cocaína se dio vuelta en el mar, cerca de aquí. Y que unos pescadores del Islote la avistaron, avisaron a todos los demás y salieron a buscarla. El mito cuenta que la recuperaron, que su legítimo dueño les pagó un rescate más que millonario, que los isloteros repartieron la plata entre todos: que algunos se la bebieron con tozudez y buena entraña, que otros aprovecharon para hacerse sus casas. El mito cuenta —como cuentan los mitos— que esa lancha fue fundamental en el destino del Islote: que fue entonces cuando el pueblo dejó de ser casillas de madera y palma, que fue entonces cuando se construyó la mayoría de las casas de material —algunas de dos pisos—, que fue entonces cuando se compraron muchas lanchas. Que fue un gran momento común, y que fue emotivo cómo todos compartieron el dinero que les trajo el mar. Y que, después, todos juraron olvidarlo», escribí hace unos años, cuando visité el Islote, esa media hectárea de casitas amontonadas en medio del Caribe colombiano. Era un ejemplo: casi simpático, casi ingenuo, una muestra de lo que pasó con un país.

Fue un cambio radical: conocemos sus resultados económicos y sociales; quizá no hemos sabido medir, todavía, su influencia en la cultura ñamericana, en nuestra idea de nosotros mismos. En la idea, sobre todo, que el mundo se hace de nosotros.

Hace cincuenta años Ñamérica se veía desde lejos como una tierra de salvajería difícil pero casi feliz, selvas, ríos, montes, mares, naturaleza desbordante atravesada por lo sobrenatural, generales y patrones opresores ya cayendo, campesinos oprimidos pero rebeldes, Guevara y García Márquez, formas de la esperanza.

Ahora, en cambio, en los medios globales, en series y diarios y películas, la imagen más habitual del continente es un hijo de puta que trafica con drogas y asesina por placer o por negocio.

Ladroga no fue solo el motor esencial de la privatización de la violencia. Fue, sobre todo, el debut de un actor nuevo: El Narco. El Narco es, a la vez, un sustantivo colectivo —el conjunto de las personas y estructuras y relaciones ligadas a la producción y venta de ciertas drogas— y un sustantivo individual —el macho despiadado que consigue, gracias a su violencia, un poder y un dinero inverosímiles—: un personaje que se quedó con la imaginación global contemporánea. Si hay un ñamericano conocido en el mundo es el señor Pablo Emilio Escobar Gaviria (a) Pabloescobar, El Narco por antonomasia. Y, últimamente, su competidor más directo, el señor Joaquín Archivaldo Guzmán Loera (a) El Chapo.

No hay muchos más famosos —o, por lo menos, si no patean pelotas. Están, por supuesto, Messi, Neymar, Maradona, Shakira, Bad Bunny, Guevara todavía; ya los veremos. Pero es probable que no haya ninguno, en estos días, tan mirado como Pablo Escobar: series, libros, películas, la imagen de un berraco.

(Colombia, siempre Colombia, la gran productora de mitos ñamericanos: si hace medio siglo le dio formas al continente lujurioso desdichado mágico después se la dio al continente narco despiadado y, ahora, al continente reguetón caliente. Argentina produce personajes, México realidades, Colombia conceptos: gran usina de clichés, de realidades paralelas y de muletas para verlas, caldito de Ñamérica.)

Su vida es conocida, tan contada: el fulano que muy joven inventó un negocio, lo controló durante años, se dio todos los gustos, armó un ejército, se lanzó a la política, dio casas y cosas a los pobres, trajo dinero a carros, empleó a miles, mató a miles, vivió a balazo limpio, murió a balazo limpio. La violencia estallaba a su alrededor: en esos años uno de cada cien muchachos de su ciudad, Medellín, moría a los tiros. Pero a su entierro llegó una multitud. Hay quienes dicen que sigue vivo, que sigue dando vueltas; otros dicen que no pero compran o venden sus retratos, los cuelgan en sus casas. Hace poco la alcaldía de Medellín dinamitó su casa, el edificio Mónaco, porque se había vuelto un lugar de peregrinación o de turismo, que a veces es lo mismo.

El Narco —el Narco por excelencia, el Gran Narco— se había constituido en un héroe social, el ideal del hombre con un par de huevos que gracias a esos huevos había llegado donde tantos querrían. El mito de Robin Hood se mezcló con el Zorro y Batman y el Guasón y la Madre Teresa; en un mundo tan plagado de límites «fue un tipo que hizo lo que quiso».

El Narco es un modelo de ascenso social y logro de poder para quienes siempre vieron tan limitadas sus posibilidades de ascenso y de poder. Un modelo individual: para ascender no sirve tratar de subir el plano que todos ocupamos; para ascender hay que usar como escalera las cabezas de tus semejantes. Pero, aun así, no te olvidas de tus semejantes.

La idea capitalista de la ley de la selva —que el triunfo individual es posible y deseable y que lo va a conseguir el más mejor— tenía el problema de sus límites: estaba fuera del alcance de millones. La figura de El

Narco lo democratizó: cualquiera podía —venían a decirte— si tenía los cojones y la crueldad y la astucia necesarias. Si un chico de un barrio pobre de Cali o San Pedro Sula o Culiacán quería salir de su destino triste lo que debía buscar era ser rico y temido y deseado y la forma de lograrlo era meterse en alguno de los negocios ligados al comercio de ciertas drogas. Y, nada más empezar, ya tenías una moto y buena ropa y una chica apetecible: lo importante.

Siempre había habido delincuencia, por supuesto, pero era otra cosa. Los delincuentes clásicos vivían escondidos, modestos; los Narcos se transformaron en figuras públicas, temidas, reverenciadas, envidiadas, que proponían una forma de vida, una cultura. Podían usar y usaban los mejores lujos —casas, coches, aviones, fincas, mujeres, hipopótamos—; consolidaban con su estilo el sistema de consumo. Vivían por el consumo, vivían para el consumo: todo era materia de consumo. Todo podía comprarlo quien podía: una mujer, un político, un avión, una muerte, un escaño. Lo decisivo era ganar mucha plata. Tener mucha plata. Usar mucha plata. El objeto de todos sus esfuerzos era la plata, negro sobre blanca.

(Toda actividad comercial produce sus by-products. Si una empresa usa muchas vacas para hacer leche aprovecha lo que le queda para fabricar crema, manteca, chocolatadas o cueros o cuernos. Si una empresa usa mucha gente armada empieza a descubrir las numerosas utilidades que esos señores pueden ofrecer —y las usa con denuedo y entusiasmo—: secuestros, extorsiones, redes de trata, control de circuitos, servicios varios a terceros.

Y hubo incluso soldados que pensaron que los productores y exportadores de sustancias no precisaban mantener sus propios cuerpos armados, y formaron otros para ofrecerles sus servicios. La tercerización de la violencia terminó, casi siempre, en una expansión brutal de esa violencia: en algún momento, esos terceros decidían que el negocio era demasiado bueno como para dejárselo a los primeros, y peleaban por sacárselo: masacres, más masacres.)

Sus vidas funcionan como funciona cualquiera que se tome unas rayas de coca: conseguís aquí y ahora una intensidad que después se paga de algún modo. Concentrás aquí y ahora, despilfarrás aquí y ahora eso que deberías haber gastado en un futuro largo. Solo que, en general, elegís esto porque creés que no podés elegir: no tenés chance de vivir ningún futuro, te lo cerraron, entonces apurás el presente aunque te cueste la cárcel o la muerte —ya que, de todas formas. Meterse en el narco tiene sentido cuando no hay más alternativas, cuando es mejor vivir poco pero sabroso que ir deshaciéndose, languidecer sin esperanzas.

Así, sin las dudas, se conforma un modelo de vida.
La vida Narco es una opción para muchos que quieren tener una: un presente, al menos, si futuro no queda.
La vida Narco es un modo de decir aquí estoy yo, yo puedo.

Decir yo pertenezco, yo formo parte de un grupo de elegidos: los que hacemos lo que muchos querrían, lo que pocos se atreven.

Por mis santos cojones.

Y Ñamérica es, ahora,
la región más violenta.

* * *

Era domingo al mediodía y estábamos llegando al cementerio. Hacía sol: un sol casi perfecto. El taxi iba tranquilo, la avenida vacía del domingo, y paró en un semáforo. Yo miraba la calle, porque algo hay que mirar, cuando lo vi: dos coches adelante, a la derecha, un chico como de nueve o diez forcejeaba por la ventanilla con el chofer de un taxi. Parecía que el chico trataba de robarle.
—Carajo otra vez esos jueputas.
Dijo mi chofer, y yo seguía mirando. Los otros llegaron desde ninguna parte y eran dos: al principio eran dos. Los dos tenían pantalón corto, una remera así nomás, menos de treinta años y se tiraron sobre el chico ladrón como dos perros. El chico corrió un par de metros, hacia nosotros, con una cara rara: la boca muy abierta. Lo agarraron, empezaron a pegarle. El chico solo trataba de cubrirse, y llegó otro atacante. Le pegaban trompadas y patadas; lo tiraron al suelo. El chico estaba en el suelo, tratando de cubrirse con los brazos demasiadas partes. En el suelo, acurrucado, justo delante de mi taxi, lo pateaban: ahora eran cuatro y se turnaban para patearlo con esmero y tesón, orden, el odio. No sé cuánto tiempo lo patearon: hay veces en que el tiempo se mueve diferente. Sé que lo patearon, lo patearon: llevando el pie hacia atrás, tomando impulso lo patearon, en las costillas, el culo, la espalda, el pecho, las bolas, la

cabeza lo patearon. Yo sé que lo patearon, que yo me quedé quieto: lo patearon. El chico tampoco se movía, tirado en el asfalto. Lo pateaban: debe haber algo en ese ejercicio de patear al caído, de disfrutar que lo que suele ser caro sale gratis, que se puede romper y no pagar, pegar y no pagar: que se puede romper, hundir patadas en un cuerpo verdadero, escuchar esos ruidos. Debe haber algo que no termino de saber —pero las caras de los cuatro.

—Le están dando duro, pues. Pobre güevón.

Dijo mi chofer. La cara del chico tenía sangre: solo un hilo. Los defensores del orden lo miraron un momento, se dieron media vuelta para irse y uno, el que llegó tercero, volvió, se afirmó sobre su pierna izquierda, tomó impulso y le voleó la cara. La cara del chico se movió, el ruido fue más fuerte. Después los cuatro se volvieron a manejar sus taxis y el mío arrancó, pero tuvo que desviarse medio metro para esquivar al chico. El chico quedó tirado en el asfalto. No se movía: los coches, para pasar, tenían que hacer una maniobra.

El chofer de mi taxi dijo que qué pesar pero que fue buscado.

—¿Cómo?

—Sí, lo del pelao, fue buscado. Estos pelaos no tienen padres, viven en la calle, se la pasan soplando boxer. Le iba a robar al compañero, usté vio que le iba a robar la menuda.

Después el chofer me dijo que por eso no hay que tener armas: que si uno tiene un arma, en un asunto así la saca y dispara y se busca un problema:

—El arma lo envalentona a uno, hombre.

Dijo el chofer, cincuentón muy amable, y que eso ahí adelante era la puerta principal del cementerio de San Pedro.

Alguien me había convencido de que Medellín es una ciudad vecina de la muerte —y que para ver Medellín tenía que ver su cementerio: San Pedro es el más tradicional, monumento, patrimonio, herencia, orgullo y esas cosas que les dicen a los edificios que se mueren. Lo fundaron treinta ricos hace siglo y medio o sea que es, también, histórico. Aunque un cementerio solo puede ser histórico: todo, en un cementerio, es solo historia.

La idea de que la muerte iguala es muy antigua. Si es así también iguala a una ciudad como Medellín, con sus mitos de mafiosos y traquetos, con tantas otras con mitos diferentes. Cuando me hablaron de San Pedro yo esperaba un cementerio con neones y cumbia a todo dar; este no era. O, si era, no lo muestra de entrada. En la entrada una monja vende ron. Vasito chico, sí, y con el vuelto me dice que Dios me bendiga. En el cementerio de San Pedro hay cipreses pero también palmas y palos de mango y jacarandas: una síntesis de la síntesis, Europa y este trópico. El cementerio de San Pedro está, como todo el resto, dividido por clases. A la entrada hay un barrio tradicional con sus mansiones: los mausoleos marmóreos, estentóreos, egregios, rimbombantes. Alrededor, apartamentos finos: una gran columnata circular llena de bóvedas. Más allá, en la periferia, varios pisos de bóvedas amontonadas en propiedad horizontal: el suburbio. La ciudad de los muertos funciona como las ciudades: crecen hacia arriba cuando ya no pueden seguir creciendo hacia los lados. Y así nos amontonan. A veces me impresiona pensar que mientras yo me ducho hay un señor un metro y medio por debajo que defeca pensando en estrategias para quitarle el puesto al jefe y una pareja, dos metros por encima, que se pelea como cada mañana —para poder coger después. Otras me impresiona pensar que cuatro metros más abajo hay alguien que piensa que cuatro metros más arriba hay alguien que piensa que él, cuatro metros más abajo, piensa que hay alguien que. Me impresiona quizás incluso más que saber que cuando me muera voy a tener muertos arriba, abajo, a todos los costados.

—Recordemos ante todo que estamos celebrando la victoria de Jesús Cristo sobre el pecado y sobre la muerte.

Un cura viejo de casulla verde dice la misa del domingo en la capilla del cementerio: habla en medio de los que ya le ganaron a la muerte, los que han dejado de temerla: los muertitos. A los demás nos pone un poco nerviosos todavía:

—La gente le tiene es miedo a la muerte. Para mí personalmente la muerte no es muerte, es el comienzo de una nueva vida, que nadie sabe bien adónde vamos, pero es una nueva vida. Estos para mí no están muertos, están vivos, empezando una nueva vida. Entonces la gente tiene que venir aquí al cementerio para verle otra cara a la muerte, que no le tengan ese pánico que le tienen.

Me dice Miriam, que lleva ocho años barriendo el cementerio y veinte o treinta visitándolo:

—A mí siempre me ha gustado el cementerio, he vivido toda la vida por acá, este era mi refugio cuando estaba joven: si me pasaba algo, si estaba triste, si tenía que estudiar. Me atraía el silencio, la paz... Y ahora para trabajar me siento bien. Yo nunca le he temido a la muerte. No sé si porque no la he visto a las puertas mías, pero no le temo... Vamos a ver qué digo cuando me toque verla cara a cara

Dice y se ríe: con un poco de nervio. Frente a una bóveda, un hijo adolescente abraza a su madre con estrechez de amante y le murmura palabras al oído. La madre llora. Otro hijo le acaricia la cabeza mal teñida. Los dos hijos están llenos de gel. El tercero está en un ataúd ahí adelante.

—Huber nunca tuvo suerte.

Dice su madre, como quien dice yo sabía.

Y hay un olor muy fuerte, que debe ser a muerto.

Pero lo peor son las bóvedas de arriendo: el purgatorio. Muchos de los muertitos de San Pedro están en tránsito: sus vivos les arrendaron por cuatro años una bóveda hasta saber qué hacer —o conseguir la plata para hacerlo. Los muertitos de la zona de arriendo siempre esperan algo: que los muden, que el señor juez que se aburre con su causa diga que ya no los precisa y que pueden quemarlos, que los echen. Pero muchas veces los olvidan y se quedan de ocupantes ilegales. Entonces las autoridades del cementerio les ponen en la lápida un papel lleno de mala ortografía que dice que tienen que desalojar so pena de terminar en el osario —o incluso en el hosario. Y si en un año o dos no se hacen cargo la autoridad mete sus huesos en unas bolsas numeradas que apelotona en un altillo; a partir de ese momento pasan a ser «quedados». No es bueno ser quedado pero tampoco dura tanto: si en cuatro o cinco años nadie los reclama los queman todos juntos y revueltos:

—Ahí, debajo de estas losas están las cenizas de los que nadie quería.

Me dice un señor y me señala la piedra bajo mi pie derecho.

—¿No ve que se mueve? Es para poder abrirla y meter más muertos.

Camino sobre muertos. Como siempre, solo que en general no lo pensamos. Y estos, además, son muertos despechados.

El moreno golpea la piedra que dice Rosa Uribe:

—Rosa, ya llegamos.

Le dice, como si fuera a regañarla porque no tiene lista la comida. El moreno no parece más de 25 y lleva una chiquita de la mano y le dice Rosita salude a su mamá:

—Hola mamita yo te quiero y te extraño mucho.

Dice Rosita todo de corrido, casi ocho años, vestidito rosado con puntillas, muy juiciosa:

—Pero igual me va muy bien en la escuela, mamita, y mi papá me quiere como a vos.

Las lápidas de San Pedro son escuetas, y esconden una información central: la fecha de nacimiento del muertito. La única fecha inscrita en esas piedras es la última. Es cierto que un cementerio es el triunfo de la muerte pero, en muchos otros, esa información permite pensar a sus muertitos como vivos, armarles al menos las fechas de un trayecto por el mundo con aire.

En San Pedro, en cambio, no; la clave del secreto es que demasiadas placas están firmadas por las madres: «Hijo, desde antes de nacer te quise y en vida te adoré mucho más. Goza en el cielo al lado de Dios. Tu mamita María que nunca te olvidará», dice una, por ejemplo. O si no: «Te dimos en vida todo lo que pudimos. Nunca pensamos que te perderíamos tan rápido. Perdónanos por lo malo. Te queremos siempre, tus papás», dice otra —que introduce la idea de la culpa.

El muchacho y la novia tienen menos de 20 y pasean entre las bóvedas mirando las fotitos, descubriendo:

—Oy, aquí está el Fredi.

—Mirá, la Luz también está acá.

—Sí, pues. ¿Te acordás de Alex?

El muchacho y la novia van saludando gente como quien entra al bar de la esquina después de un par de meses o como quien, en aquellas películas de Hollywood, recorre el álbum de graduados.

—Será que nos meten bala pa' no darnos la cédula.

Me dice el muchacho con una sonrisa que no termina de decidir nada. Yo les pregunto si tienen muchos amigos en el cementerio y me dicen que muchos, demasiados: que tienen casi más acá adentro que en el barrio.

El cementerio de San Pedro pone en escena la subversión más bruta. Subversión es eso: dar vuelta el orden de las cosas que sí tienen un orden. Casi ninguna lo tiene, siempre son inventos, pero hay un par que sí: que los padres se mueren antes que los hijos, por ejemplo. Aquí hay demasiados hijos enterrados por sus padres. Hijos enterrados por sus padres.

Digo: hijos enterrados por sus padres.

Tiempos eran aquellos en que el mausoleo de los hermanos Mosquera sí tenía música 24 por 24, 7 sobre 7: música sin parar, para alegrarles el descanso. Esos sí, me dice un muchacho, que eran tiempos.

Los hermanos Mosquera eran muchos y trabajaban para ese Pablo que acá todos llaman Pablo. Algunos se hicieron famosos, como Tyson y La Quica. La Quica es uno de los sicarios con más muertos en su debe, y vive en la prisión más segura de Estados Unidos —en una celda del tamaño de esta tumba. Él también fue sentenciado a pasarse allí toda su vida y nueve vidas más: lo acusan de todos los crímenes colombianos, desde el secuestro y muerte de Simón Bolívar hasta el penal que falló el América este sábado. La Quica es el sobreviviente; los demás hermanos caían a menudo. Lidia, su madre, les construyó uno de los mausoleos más grandes, con dos cuerpos: uno para cuerpos de mujeres y otro para cuerpos de hombres. Los hombres acá son siete hermanos que, como dice cada bóveda, fueron sacrificados. El mausoleo pide «Paz en la tumba de mis hijos», pero hasta hace poco la música no se callaba nunca: rock, cumbia, vallenato, y por las noches clásica —porque esto, después de todo, no deja de ser un cementerio.

—Esto en esa época se volvió superpeligroso, había muchos atracos. Estaba todo lleno de mafiosos, un día en un entierro se armó la balacera y se murieron tres, acá mismo, en medio de las tumbas. Se ahorraron una plata, los berracos.

Me dice un guardia y recuerdo un chiste de gallegos, el titular de un diario: «Cae avioneta en el cementerio de Vigo. Encuentran 4.528 cadáveres».

—Acá había música, llamaba la atención. Yo venía a visitar familia y amigos y me llamaba la atención la música que ponían, como romántica, así.

Me dice el muchacho muy pasado: gesto trabado, pelo con gel, la barba dibujada en el salón del barrio.

—¿Era música en castellano?

—No, en español. Era muy buena aquella música.

Pero hace un par de años la prohibieron y ahora todo son recuerdos de aquellos tiempos de esplendor. El mausoleo ya no brilla y dicen que la madre, indignada, dejó la religión católica: se volvió evangelista.

Wilson Patiño debió ser un auténtico berraco. Su tumba tiene flores, angelitos, dibujos, varios poemas de Melinda que lo ama como el primer día, una cruz, una calcomanía del DIM y el mensaje de un amigo: «Parcero: haz emprendido un viaje del cual no regresarás y la verdad nos estás haciendo falta. Cuántas locuras compartimos; cuántas noches de licor y de desvelo, la cuadra perdió ambiente. Por la amistad que te brindamos un día, ahora ilumínanos el camino». Hay gente que ni muerta la dejan descansar.

Debe ser duro, se me ocurre, amar a alguien siempre como el primer día —con amor tan nuevito, como a tientas. Pero ese no es el tema: acá se trata de los últimos. El cenizario es marmolado y pulcro, tipo baño de un hotel de Las Vegas. El cenizario es nuevo y subterráneo y se llama Sagrado Reposo: una opción muy moderna. Muchas cenizas se esconden tras placas de mosaicos marmolados; muchas otras se muestran en sus cajitas de madera tras un cristal muy limpio. Por alguna razón los muertos de cenizas en cajita cuentan más historias: algunos sí tienen fechas de nacimiento y muerte. Estela Vélez Vélez campea orgullosa entre siete u ocho muertos jovencitos; Estela nació en 1928 y murió en 2003: «Solo muere aquel que no deja huella en la vida. Tú como madre, abuela, hermana, dejas huellas en nuestro corazón», dice su plaquita. En la caja de al lado el muerto se llama Iván Vélez y no llegó a los 20 y es probable que sus huellas sean muy leves.
—¿Cómo estás, m'hijito?
Lo saluda una señora gorda sudorosa. Las cajas son coquetas: parecen humidores caros, pero adentro ya no quedan puros. Están, si acaso, las cenizas de historias tremebundas. Me imagino el estruendo del balazo de esta chica que murió a los 16, la última imagen de ese mal viaje torbellino de este chico que se pasó a los 15, el último día de zozobra, cuando sabía que ya no se escapaba, de este chico de 19 años. Pero son solo inventos; las cajitas, los cristales, las florcitas de plástico o papel están acá para deshacer todas esas historias, para dar a sus muertes el brillo que sus vidas no tuvieron.

Sigue haciendo calor: mediodía de domingo, sol perfecto. Un vigilante privado hace rondas con su rifle en la mano, el dedo en el gatillo; le pregunto qué cuida. Me dice no se vaya a creer que porque los mataron ya no son peligrosos. Yo le sonrío pero él no.

* * *

El modelo colombiano es el más conocido, el más tradicional. Colombia fue el pionero: un país recorrido por la violencia desde siempre y, más particularmente, desde los cincuentas, cuando el enfrentamiento político derivó en eso que ellos llamaron, antonomásicos, «la Violencia». Y que se desarrolló en los setentas y ochentas con la irrupción de aquellos empresarios despiadados.

Las muertes tuvieron un pico espeluznante hacia 1990: en esos días los ejércitos narcos se mataban entre sí pero también, para obtener dineros y ventajas políticas, a tantos otros. Sus asaltos y secuestros operaban sobre los que podían esperarlo; sus bombas y balaceras afectaban −literalmente terroristas− a cualquiera. Y, por supuesto, tanto dinero suelto y clandestino facilitó mucho los mecanismos de la corrupción −pero también la irrupción de la clase media, que encontró en esos dineros la posibilidad de romper con la polarización extrema de la sociedad colombiana. El modelo del Islote se reprodujo por todos los rincones; pocos procesos cambiaron tanto esa sociedad −también para bien− como ese negocio inverosímil.

El modelo impactó en muchos sitios: durante años, cada vez que una sociedad ñamericana caía en picos de violencia y descontrol se hablaba de «colombianización». Ahora quedó desfasado: tras la caída, hace más de veinte años, de los grandes carteles de la coca, el negocio −que sigue tan próspero como siempre− se dividió entre grupos más chicos manejados por señores más cuidadosos, mejor preparados, que no quieren mostrar sus triunfos sino seguir teniéndolos, discretos. No dejan de aprovecharse, como siempre, de un estado débil: un estado que no consigue controlar todo su territorio y, por eso, no puede impedir que sus tierras se usen para cultivar esas plantas. O no quiere, quién sabe.

Otra de sus originalidades es la implicación de sus guerrillas: durante décadas protegieron y controlaron plantaciones, se financiaron con esos dineros. Ahora, tras el desarme de las Farc, la situación es más confusa. Pero la producción de drogas no ha perdido nada; al contrario. La cantidad de hectáreas cultivadas en Colombia pasó de unas 80.000 en 2010 a 212.000 en 2019, casi el triple, que produjeron unas mil toneladas: dicen que el rendimiento de cada hectárea crece sin cesar. Lo mismo sucede, calculan, en Perú y Bolivia: 300.000 hectáreas en los tres principales productores mundiales. Son, en todos los casos, territorios donde los estados nunca consiguieron −o intentaron− ejercer su poder: comarcas sin estado.

Y los cultivos, en Colombia, se diversificaron: ahora, para seguir el ritmo de los tiempos, también producen heroína. En cualquier caso, los ingresos de ladroga siguen siendo cuantiosos: se calculan más de 15.000 millones de dólares al año, casi el 5 por ciento del producto bruto colombiano, que siguen siendo un gran dinamizador —un elemento democratizador— para la economía del país.

Ahora prima el modelo mexicano. Dicen que sus primeros capos empezaron a sembrar amapola durante la Segunda Guerra Mundial para responder a la demanda de morfina de los médicos militares norteamericanos —y que, cuando la guerra terminó y el estado americano dejó de comprarles, decidieron seguir con el negocio. Se mantuvieron, durante décadas, en un segundo plano: servían, sobre todo, para introducir en Estados Unidos marihuana y cocaína colombianas. Con la caída de los grandes carteles de Medellín y Cali, en los noventas, dieron un paso al frente. Y hacia los costados: la competencia interna fue terrible.

Fue entonces cuando empezaron a pelear por el mercado a muerte limpia, a disponer de fortunas para comprar policías y otras autoridades, a pertrecharse con las mejores armas —que conseguían en Estados Unidos a cambio de sus drogas. El éxito les permitió ampliar el negocio: además de producir y canalizar la materia que venía del sur, se dedicaron cada vez más a aquellas amapolas, de donde sale la heroína, y a preparados de laboratorio. Y entonces, en una de las decisiones más imbéciles de un presidente en un continente de presidentes imbéciles, en 2006 el señor Felipe Calderón declaró la «guerra al narcotráfico»

Ahora México, con unas 16.000 hectáreas cultivadas, con miles de campesinos que viven del cultivo, le disputa a Afganistán el primer lugar de productor mundial de drogas ilegales —y está mucho más cerca de Estados Unidos. Y, mientras tanto, la famosa guerra ya produjo casi 300.000 asesinatos. Pocos países han cambiado tanto en tan poco tiempo: México era, a fines del siglo XX, una nación cribada de injusticias que había encontrado formas de coexistir más o menos tolerables; las guerras del narco la convirtieron en un campo de batalla.

Y sus soldados reinventaron la muerte: le dieron más sentidos. La genialidad de estos mexicanos consistió en entender que el asesinato no alcanzaba: que ya no impresionaba a nadie. Matar era demasiado fácil; había que construir escenas que fueran peores que la muerte —o que pudieran, por extrañas razones, parecerlo. Lo hicieron y, entonces, matar ya no fue solo eliminar al enemigo: cada asesinato se convirtió en un mensaje de espanto. Aparecieron «enemigos» y/o «traidores» colgados de los puentes, cortados en pedazos, adornados con carteles aleccionadores: en la guerra mexicana, la muerte recuperó ese poder de discurso público que la modernidad —decía Foucault— le había limado. Distintas crueldades significaron mensajes distintos, castigos diferentes: los grandes narcos mexicanos inventaron una gramática de la muerte, uno de los lenguajes más siniestros que se habló nunca en la región.

(Y sucede, faltaba más, en el país ñamericano mejor relacionado con la muerte. El país donde el Día de Muertos se festeja con comidas y bebidas y canciones en cada cementerio, donde los disfraces de cadáver son corrientes, la muerte se volvió tan expresiva. Y, al mismo tiempo, por desbordante, tan banal. Aquel camión con 273 cadáveres que las autoridades del Instituto Forense de Guadalajara abandonaron en un barrio marginal porque no les cabían en sus instalaciones. El estado produciendo, por impotencia, por desidia, la desaparición de esas personas.)

La muerte empezó a desbordar hacia todos los sectores —pero el estado nunca terminó de hacerse cargo. Eileen Truax, que conoce bien la historia, cuenta uno de sus aspectos en *El muro que ya existe*: «Cuando entre 2008 y 2010 fueron asesinadas más de siete mil personas tan solo en Juárez y la ciudad se convirtió en la más violenta de México, se presentaron indicios contra presuntos sospechosos en menos de doscientos casos. De acuerdo con la descripción de Sandra, el único trabajo consignado es el que realizan los peritos: la hora en que fue localizada la víctima, la forma en que cayó al suelo, descripciones, datos sobre la necropsia, entrada y salida de las balas, detallado registro de cada herida. Pero eso es todo. En la inmensa mayoría de los casos no se buscan más pistas o testigos del asesinato. No se interroga más que a los familiares, y casi siempre para conocer un solo dato: ¿a qué se dedicaba la víctima? Si hay indicios para suponer que en algún momento de su vida tuvo contacto directo o indirecto con alguno de los muchos eslabones de la cadena del narcotráfico, la investigación intentará, tal vez, establecer el grupo criminal que podría estar implicado en el asunto; entonces es finiquitado. El 97 por ciento de los casos queda ahí, sin más explicación que una guerra entre narcotraficantes, con un estado que bajo ese argumento evade su obligación de procurar justicia».

Es fácil —más cómodo— retomar el discurso oficial que pretende que todas las muertes son «internas»: peleas entre bandas, guerras de narcos.

La excusa es útil: el estado se alegra —«un malo menos»— y esquiva su obligación de administrar justicia. Los honestos ciudadanos también se desentienden —o lo intentan: que se jodan, se matan entre ellos.

Tantas veces no es cierto.

En Colombia, el desarrollo de los grandes narcos se asentó en un estado débil, incapaz de pararlos; en México en un estado corrupto, que prefiere no hacerlo. Es la eterna discusión del huevo y la gallina: ¿la abundancia y facilidad del dinero de ladroga produjeron corrupción o la corrupción del estado produjo las condiciones para ladroga? En cualquier caso, está claro que sin esos estados débiles —y sin el más fuerte de todos, Estados Unidos, a la vuelta de la esquina— el negocio no habría funcionado.

(Ese 17 de octubre pasó algo. Dos días antes, en Guerrero, soldados habían confusamente matado a quince narcos; tres días antes, en Michoacán, narcos habían emboscado a una patrulla y matado a trece soldados; pero aquel día en Culiacán, la capital de Sinaloa, el estado del Chapo Guzmán, la Guardia Nacional había decidido detener a uno de sus hijos —y, decían, heredero de la empresa familiar— para extraditarlo a Estados Unidos. A mediodía rodearon la casa donde estaba, lo apresaron, le hicieron fotos para que el mundo lo supiera. En minutos, docenas de camionetas con hombres armados cortaron las salidas de la ciudad y ocuparon sus calles a los tiros; otros fueron a la prisión local y liberaron a cincuenta presos que convirtieron en refuerzos militares. La batalla duró horas; se oían tiros por todas partes, las columnas de humo se veían a kilómetros. Al caer la tarde, la Guardia dejó trascender que había soltado a su prisionero y se había retirado «para no poner en peligro la seguridad de los ciudadanos» —y que había una decena de muertos. A la mañana siguiente, el presidente López Obrador lo confirmó en su ronda mañanera. El estado, por boca de su jefe, anunció que los delincuentes le habían ganado la pelea, que era incapaz de retener a un ciudadano, que no controlaba el territorio.)

En México, ante tanta desprotección, la muerte se despliega. Ya no hay sector que quede indemne. La muerte se impone y espanta: cada año huyen de sus lugares más de un millón de personas amenazadas, asustadas, expulsadas. México se ha convertido, en estos años, en uno de los dos o tres países más violentos del mundo y la violencia desborda sobre todos, condiciona las vidas de todos, aunque muchos hayan aprendido a convivir con lo inimaginable. No hace mucho Javier Lafuente contaba en *El País* la historia del Güero. Isidoro García, El Güero, tiene hace más de veinte años un carrito de venta de hamburguesas bajo un puente vial de Uruapán, una de las ciudades más violentas del mundo. Una noche de agosto de 2019 alguien colgó en ese puente una docena de cadáveres y tiró algunos más en los alrededores. El Güero estaba allí: dijo que escuchó «un ruido de buenas a primeras. Cayó como si lo hubieran atropellado y no más volteé vi que había un colgadero», dijo, pero que ni por esas quiso dejar el carro, así que miró para otro lado. Cuando Lafuente le preguntó cómo hizo para soportar la visión de esos cuerpos colgando, El Güero se lo explicó: «Yo me enfoco en mis cosas y que ruede el mundo».

El problema es que a menudo no se puede. Hace unos meses un lustrador de zapatos en Coyoacán me contaba —mientras hacía con mis zapatillas un trabajo notable— los problemas que tenía para venir cada mañana hasta su puesto: la frecuencia con que su bus era asaltado, el odio que le daba que le robaran sus cositas —un reloj, me dijo, que había usado su padre, la plata que precisaba para comprarse unos remedios— y cómo había aplaudido, días atrás, a un señor que, cuando subieron dos ladrones, los reventó a balazos.

—Estaba preparado, señor, los estaba esperando. Lo que necesitamos son hombres como ese.

Me dijo, decidido, y que por suerte cada vez aparecían más: más hombres que no estaban dispuestos a dejarse avasallar. Que él por desgracia no sabía manejar un revólver, pero que pronto aprendería.

—Si nadie te defiende tienes que defenderte, amigo. Y a esos pinches cabrones hay que matarlos, es lo único que entienden.

Me dijo, sentencioso, seguro, mientras me ataba los cordones, me daba por lustrado.

Es difícil remediar la violencia en países donde la policía no es parte de la solución sino la clave del problema: se dejan sobornar, hacen la vista obesa, se corrompen, roban, están mezclados en tanto asunto sucio. Los gobiernos, en general, no saben qué hacer con sus «fuerzas del orden»: les prometen, los amenazan, sufren sus amenazas y chantajes —«es muy fácil, si nos joden ponemos menos gente en la calle y en dos días esto es el caos»—, se resignan, toleran, aprovechan. Incluso si realmente pretendieran imponerse no tendrían, en general, los medios: «¿Cómo hacés para pelearte con tu policía, para ponerlos en vereda, si son los cuerpos armados más poderosos del país? A menos que te recuestes en el ejército, pero eso es como abrir la caja de Pandora», me dijo, hace ya treinta años, en una cena bien regada, el ex presidente Raúl Alfonsín, un hombre sabio que no supo gobernar la Argentina.

Ante una justicia que no funciona y una policía que funciona de aquella manera, ante la sensación creciente de que su estado no los defiende, cada vez más ñamericanos deciden tomarse esa justicia por su propia mano. En México hubo, en 2019, unos 200 linchamientos. Y en otros países las proporciones se mantienen.

Los linchamientos sudacas se desarrollan según dos modelos básicos —y sus variantes—: están los delincuentes sorprendidos in fraganti, por un lado, y, por otro, los «sospechosos». Los sospechosos suelen ser forasteros o «personas raras» que, de pronto, sufren el rumor de que se dedican, por ejemplo, a «robar niños». La acusación es todo un dato: personas pobres, que no tienen mucho para robar, suponen que su riqueza apetecible son sus hijos. Marx los llamaba «proletarios»: los que no tienen nada más que su prole. A veces esos pobres se retoban y atacan a esos sospechosos. Alguna vez la sospecha está fundada; muchas, nada.

En cualquier caso, son pobres asustados que temen a otros pobres. Los linchamientos suelen ser explosiones, estallidos de furia donde unos y otros se dan ánimos para hacer lo que nunca. En las zonas andinas de Bolivia y Perú, en cambio, hay muchos linchamientos serenos, preparados, que se basan en esas leyes locales que dicen que la comunidad debe castigar físicamente a quienes cometen lo que ellos consideran un delito —que puede incluir, por ejemplo, el adulterio.

En todos los casos, los linchamientos recuperan una función de la justicia premoderna: el espectáculo, terror y disuasión. Durante milenios los castigos se hicieron en público para que ese público, asustado, registrara que si robabas te cortaban la mano. Ahora los castigos estatales deberían ser invisibles: consisten en encerrar al transgresor, sacarlo de la vista. Su función disuasoria es más sutil: es algo que te cuentan, no algo que ves. Pero de pronto, en la línea del narco mexicano, millones de teléfonos se irritan con las imágenes de un muchacho pateado hasta la muerte o de esos hombres quemados por la multitud.

Son escenas caóticas, de algún modo gozosas: son personas que de pronto pueden decidir, desahogarse, golpear, quebrar, matar. Y sentirse en un colectivo que, por una vez, consigue resultados: nosotros lo buscamos, lo encontramos, lo acabamos. Nosotros hemos hecho lo que esos hijos de puta de policías y jueces y políticos no consiguen hacer: descubrir al delincuente y castigarlo, neutralizarlo en serio. Los que lo hacen son bastantes; los que lo justifican, los que lo aplauden, son muchísimos. Millones que no creen que la ley y las instituciones se ocupen de ellos: que buscan, por lo tanto, sus propias soluciones. Disfrutan, si acaso, de ese placer primario de la manada que ejerce su poder, que hace gratis lo que suele ser caro: que se siente, por un momento, algo más que sí misma.

* * *

Una mara era, al principio, en El Salvador, un grupo de amigos, la banda de la esquina. Algunos dicen que venía de marabunta; otros, que ni siquiera. Después la palabra se fue buscando otros caminos; ahora las maras son las grandes organizaciones criminales que han convertido los países del norte de Centroamérica en un polvorín triste.

El modelo marero ha desbordado las fronteras. En el Triángulo Norte –El Salvador, Honduras, Guatemala– su origen es una lección de geopolítica. En los setentas y ochentas, cientos de miles de salvadoreños emigraron ilegales a los Estados Unidos: huían de la guerra o del hambre de la guerra o del hambre habitual. La mayoría se instaló en Los Ángeles. En esa ciudad desconocida, sus hijos no encontraban un espacio propio –y, muchas veces, sufrían la violencia de pandillas locales. Algunos fueron entrando en ellas; con el tiempo, salvadoreños integraron dos que serían poderosas: la Mara Salvatrucha-13 y la Calle 18.

Las maras eran un modo de armar una sociedad propia, alternativa a esa sociedad que los rechazaba o desdeñaba. Frente a la incertidumbre de lo nuevo y hostil, las maras eran una reivindicación del origen y eran, también, la posibilidad de una respuesta colectiva, organizada: de mantener alguna identidad común. Las maras prosperaron: las autoridades locales se preocuparon, y empezaron las deportaciones. Los pandilleros llevaron a su país cultura americana. En San Salvador ya había pequeñas bandas barriales, pero sus enfrentamientos empezaban con el break dance y terminaban, si acaso, a cuchilladas. Los deportados de la MS y la 18 introdujeron las armas de fuego, los pantalones baggy, las cabezas rapadas, los tatuajes, mucha más crueldad –y ciertos criterios «empresariales» que fueron convirtiendo a las pandillas en grandes unidades de negocios: robar, matar, comerciar drogas varias y, sobre todo, vender protección –contra ellos mismos, como toda mafia que se precie.

Nunca se podrá reconocer y homenajear suficientemente la influencia de Estados Unidos en este proceso. La producción y exportación de drogas fue una respuesta a su demanda –y no habría existido sin ella. Y en el caso de las maras la cadena es más clara todavía: no hubo importación de un producto sino exportación, pura y dura, de un modelo. Pero, como suele pasar: eso que en un país consolidado, con un estado fuerte, resulta un mal marginal, en países más débiles se volvió un poder decisivo.

Con 21.000 kilómetros cuadrados, El Salvador es el país más pequeño y denso de Ñamérica: Nicaragua, por ejemplo, con seis veces más superficie, tiene la misma población. Allí, frente a la debilidad o complicidad de su estado, las maras se hicieron más y más poderosas, se extendieron a los países vecinos, se volvieron un elemento decisivo. Están basadas en una idea identitaria: eso es lo que eres. La mara a la que perteneces es tu vida, se la debes, y cualquier traición se paga con la muerte.

–Ellos eran mi familia, la gente que te quiere, que te cuida, que se va a jugar la vida por vos. Y me enseñaron cosas buenas y malas: a respetar, a ser unido, solidario. Y también a robar, a matar, a usar drogas, a venderlas.

Me dijo aquella vez, hace más de diez años, Freddy M., pandillero o ex pandillero de San Salvador. Y que en su banda, la Mara Salvatrucha, lo llamaban Kruger y que la primera vez que tuvo que clavar un cuchillo en un cuerpo, dudó: habían emboscado a uno de la 18 porque tenían que vengar algo –siempre había alguna venganza que cobrarse– y un amigo le dijo que lo pinchara. Freddy se acordó de esas películas donde parecía tan fácil, pero no pudo hacerlo. Uno de sus homies le empujó el brazo hacia la carne ajena –y después volvieron a tratarlo de cobarde y maricón. La vez siguiente ya no lo pensó. Del pegamento y la marihuana pasó al crack y la cocaína, perdió la compasión y la piedad, se tatuó el cuerpo con los emblemas de su «barrio».

–Los tatuajes son para decir que voy a estar ahí para siempre, que no voy a traicionar. Y que yo no niego a mis amigos, no me niego a mí mismo: si un enemigo me para por la calle, yo no puedo decir que no soy MS, porque lo tengo escrito ahí.

Las pandillas maras no tienen jefes, pero hay un «palabrero»: alguien que, por respeto, se ha ganado el derecho de hablar al grupo y, de algún modo, conducirlo. Y hay un tesorero, que recauda la plata conseguida en común y la usa para comprar drogas y armas. La mara es una entidad territorial que basa su identidad en el enfrentamiento contra la mara enemiga: debe mantener el control de su barrio —echar o matar a cualquier enemigo que aparezca— por orgullo y para poder seguir usándolo para sus negocios de extorsión y venta de drogas. Para los homies, salir del territorio es un peligro, una verdadera operación militar: los enemigos pueden aparecer en cualquier momento. Y sus códigos están hechos de violencia: para ganar «respeto», cada cual debe demostrar su valor —o su «locura»: Freddy hablará todavía, con respeto, de un homie que quemó viva a su cuñada.

—¿Tenías miedo de que te mataran?

—No, yo pensaba más en mi pandilla que en mi vida. No tenía hijos, no tenía nada, lo único que me importaba era joder y mostrarle a mis homies que era malo en serio, que me podían confiar. Yo nunca pensé que iba a vivir, sabía que me podían matar en cualquier momento y nunca pensé qué iba a hacer más adelante. Nunca pensé llegar a esta edad. Nada más pensaba qué voy a hacer dentro de diez minutos, ya se me está acabando la marihuana, tengo que ir a buscar.

Freddy parecía mucho mayor que sus 26 años: tenía la sensación de haber vivido siglos pero creía que quizás ahora sí llegara «a viejo, a los cuarenta, a los cincuenta». Aquellos años de su vida estaban llenos de historias silenciadas —y puntuados por amigos muertos.

—Yo no me siento orgulloso, pero tampoco me arrepiento.

Freddy pasó temporadas en prisión, salió, quizás haya matado gente. Y todavía pensaba que lo mejor que había hecho en esos años fue salvar a un camarada:

—Íbamos sentados en un bus con un homeboy y había uno de la 18 ahí parado, que nosotros no lo habíamos visto, y le tiró un cuchillazo al cuello, pero yo pude desviarlo con la mano, me cortó pero le salvé la vida a un hombre. Eso debe ser lo mejor que he hecho.

—¿Y cómo terminó?

—Le sacamos el cuchillo y le dimos al chamaco ese. Si se murió o no se murió no sé, nunca le pregunté.

—¿Y lo peor?

—Lo que más lamento es algo que solo le he contado a una persona: que violé a una chamaca. Es lo único que aún me arrepiento, todavía sigo oyendo sus gemidos, como si hubiera sido ayer. Me maldigo, sé que fui un estúpido; si esa mujer quisiera cualquier cosa para su venganza yo se la daría, ella tiene derecho. Agarrar a una mujer así no es de hombres, yo no soy digno de llamarme hombre después de haber hecho esa pendejada.

Freddy pasó años completamente adicto al crack: años oscuros, en que solo pedía y robaba para comprarse piedras. Un día un homeboy muy querido lo buscó para que lo acompañara a una pelea; Freddy no fue porque estaba pasado de droga y su amigo se murió desangrado: la policía, cuando lo detuvo, no quiso llevarlo al hospital. Esa noche —esa noche tan larga— Freddy dejó el crack: pensó que era una forma de conseguir que la muerte de su amigo sirviera para algo.

Las maras actúan sobre todo en los barrios populares, allí dominan y explotan: les cobran su «extorsión» a cada cual, a la señora que vende el pan, al señor que reparte el agua, a la familia que alquila una pieza en su rancho, a Jose que trata de comprarse una moto para ir a trabajar. El gran invento de las maras, su aporte metodológico, consiste en robarles a los pobres: extraerles, con todo tipo de amenazas, dinero a sus vecinos. Aprovechan, así, el fallo decisivo del estado: como no es capaz de proveer seguridad, solo la tienen los que pueden comprarla. Los pobres no, así que quedan a merced de esas bandas: indefensos.

De los seis o siete millones de salvadoreños, se calcula que 70.000 son miembros de pandillas, y cuatro veces más colaboran o dependen de sus actividades. En Guatemala y en Honduras su peso es parecido —y no hay duda de que sería mucho menor si esos jóvenes tuvieran más opciones que las presentes: un trabajo inseguro y mal pagado, ningún trabajo, la emigración, la mara.

En la región hubo, durante décadas, violencia política: personas que usaban armas para dar curso a sus reclamos. En estas últimas décadas, la mayoría pasó de la violencia idealista a la violencia capitalista; del proyecto colectivo al proyecto individual; de querer cambiar el mundo a conseguirse un lugar mejor en este.

Lugar mejor es una forma de llamarlo.

* * *

El Narco, la imagen actual por excelencia, también sirve para ocultar las vidas de los millones que viven de la coca como antes vivieron del café o el banano o el maíz o alguna servidumbre: explotados.

Porque ladroga, es obvio, es un negocio, y no hay negocio donde se agregue más valor —o más precio.

«No hay mercado en el mundo que rinda más que el de la cocaína. No hay inversión financiera en el mundo que rente como invertir en cocaína. Ni siquiera las subidas de acciones récord pueden compararse con los "intereses" que da la coca. En 2012, el año en que salieron el iPhone 5 y el iPad Mini, Apple se convirtió en la empresa más capitalizada que se ha visto nunca en una lista de cotizaciones. Sus acciones experimentaron una subida en bolsa del 67 por ciento en solo un año. Un alza notable para las cifras de las finanzas. Si hubieras invertido 1.000 euros en acciones de Apple a principios de 2012, ahora tendrías 1.670. No está mal. Pero si hubieras invertido 1.000 euros en coca a principios de 2012, ahora tendrías 182.000: ¡cien veces más que invirtiendo en el título bursátil récord del año!», escribió Roberto Saviano en *CeroCero-Cero*.

«El verdadero dinero se hace con la venta, la reventa y la gestión de los precios. Porque si es verdad que un kilo de cocaína se vende en Colombia a 1.500 dólares, en México entre 12.000 y 16.000, en Estados Unidos a 27.000, en España a 46.000, en Holanda a 47.000, en Italia a 57.000 y en el Reino Unido a 77.000; si es verdad que el precio por gramo varía desde los 61 dólares de Portugal hasta los 166 de Luxemburgo, pasando por los 80 de Francia, los 87 de Alemania, los 96 de Suiza y los 97 de Irlanda; si es verdad que de un kilo de cocaína pura con el corte se sacan de media tres kilos que se venderán en dosis de un gramo; si es verdad todo esto, no lo es menos que quien manda sobre toda la cadena es uno de los hombres más ricos del mundo.»

Pero en el medio muchos chupan de esa teta. Y, más modestamente, para muchos campesinos es la única opción. La mata de coca es una planta sufrida, que crece sin cuidados especiales y produce cuatro o cinco cosechas al año: no es fácil encontrar otra tan rendidora, tan gauchita. Pero, sobre todo, no hay otra que tenga su demanda: no hay otra que los compradores vayan a buscar a donde sea, que se disputen, que paguen a un precio que podría, incluso, parecer casi justo.

Los gobiernos americanos y ñamericanos, tan firmes defensores del mercado, se estrellan contra él. Suelen hacer planes oficiales para convencer a los campesinos de que reemplacen sus cultivos de coca por otros más inocuos; el problema es que, cuando lo hacen, nadie viene a comprarles su banana o su café y, cuando sí, les pagan por su trabajo tres, cuatro veces menos. Entonces, cada tanto, gasean y «erradican» los cultivos y unos meses, unos años después, se dan por enterados de que han vuelto.

Otro triunfo de la economía de mercado.

«Entré al Chapare acechando el ataque del mosquito asesino. El Aedes aegypti sigue ocupándose de que la fiebre amarilla sea epidemia en el valle, y la fiebre amarilla no se cura. Aunque, bien mirado, no estaba muy claro que los zancudos fueran más peligrosos que los hombres. Yo tenía dos salvoconductos, uno para los líderes campesinos de la zona roja, otro para el coronel a cargo de los Leopardos, pero no sabía cuánto valdrían los papeles en la selva de la coca.

El Chapare es un valle tropical y bajo, muy lluvioso, escondido a 150 kilómetros de la ciudad de Cochabamba, en el centro de Bolivia. Aquí se cosechan cada año unas 150.000 toneladas de hojas de coca, el 40 por ciento de la producción mundial. Por alguna razón, en Bolivia nadie dice "ir al Chapare": el Chapare es un lugar al que se "entra".

A fines de los sesenta, en el Chapare vivían apenas cuarenta o cincuenta mil personas que cultivaban para la subsistencia yuca, arroz, bananas. Desde entonces, otros trescientos mil fueron llegando. Eran campesinos pobres del altiplano, mineros del estaño con socavón cerrado, jornaleros de las tierras bajas de Santa Cruz que se establecieron en el valle para cultivar la planta de los tiempos: el viejo arbusto de la coca.

Ahora la coca ha remplazado al estaño como principal fuente de ingresos de Bolivia. Cada año, la producción cocalera supone unos 1.400 millones de dólares —un cuarto del PBI boliviano— de los cuales 600 quedan en el país», escribí aquella primera vez, hace ya casi treinta años.

«San Francisco está al cabo del camino, cerca del fin del mundo. Clemente Aguilera es el corregidor de San Francisco, el encargado de administrar la justicia comunal. Clemente Aguilera tiene un bigotito muy cuidado, la camiseta casi eterna y un perro pelón que le lame los pies como si fueran caramelo. Aguilera perdió su chaco cuando su mujer se enfermó y tuvo que pagar remedios y curaciones y el entierro, y ahora es el corregidor porque es un buen albañil y está construyendo la casita municipal. Mientras tanto juzga los delitos menores: las peleas por alcohol o por crack o mujeres, las deudas sempiternas. Las multas que cobra, su única fuente de ingresos, van tres partes para comprar ladrillos y una para su paga.

—Pero no quiero las deudas por droga, yo. Hasta quinientos pesos te ofrecen para que las haga cobrar, pero no quiero, yo, después terminás patas arriba.

Dice, y dice que a la coca no la saca nadies. "El campesino agarra una carga de coca, la lleva a vender y le dan cien, ciento cincuenta bolivianos. En cambio por cien naranjas le dan un boliviano. Quince mil naranjas, tendría que vender. No puede cargar el campesino sus mil quinientos kilos de naranjas sobre el lomo, señor, nunca", dice, con lógica serena.

En San Francisco el camino muere en un río, ancho, sin nombre, que impide cualquier paso. Al río llegan canoas a remo hechas de troncos vaciados, cargadas de papaya, yuca, bananas, coca, para mandarlas en camiones a Cochabamba. Pero no es rentable. Junto al río hay montañas de naranjas, que se pudren porque es más caro transportarlas. Por el río bajan también las lanchas a motor hasta las pistas de aterrizaje clandestinas, adentro de la selva y, de tarde en tarde, algún cuerpo sin manos.

Hace veinte años San Francisco no existía, y ahora tiene treinta chozas de madera y un par de cobertizos grandes, sin paredes, que hacen de bares, y uno exhibe un generador que le da luz y alimenta un video. Es mediodía, el sol no tiene madre y en las mesas maltrechas los hombres toman cervezas en silencio bajo carteles oxidados de Cerveza Paceña o cocacola, como si el tiempo todavía no hubiese llegado. Hay sombreros, camisetas sucias, gorras con visera rota, ojotas de goma, piolines cinturones y ojos amenazantes, alguna mano en el machete. Están sentados, esperando la noche.

—En la noche, a cualquiera que lo ven lo ahujerean.

Dice José. Ahora está oscureciendo y hay una luna inmensa y amarilla, sucia, sudorosa, sobre Villa Tunari. El chiringuito es una choza de troncos en medio del verde, con dos mesitas de manteles de hule y en la pared, como en todas todas partes, hay afiches de cerveza Paceña mostrando en tecnicolor las curvas y las tetas de una rubia como nunca se vio en cientos de leguas. Esa mujer es un emblema patrio. Don Jorge, el dueño, es corto y patizambo, viejo de tal vez cincuenta, y parece como si se fuera a desmoronar a cada paso. Embebido en su propia medicina, apenas articula las palabras con que me recomienda su licor de pasta: un líquido espeso, oscuro, servido en un vasito como un dedal, que te explota en el cuerpo con la fuerza de cien grados y el flash de la blanca. Su hijo pisa coca en una fosa disimulada selva adentro, entre los bananos, y él se dedica a esta artesanía.

En la otra mesa, una mujer de once o doce con un short verde y musculosa escasa está sentada sobre la falda de un hombre que no es su padre ni le está inculcando fundamentos de moral cristiana. Ella tiene casi todos sus dientes y la sonrisa estúpida de quien cree que ya sabe jugar todos los juegos. Después, don Jorge me explicará que es muda y muy brava, «brava como la lluvia», dirá, y que no acepta plata. La muda casi no se mueve: ahora es una escultura que el hombre está terminando de amasar. Después, después de un rato, la obra y el creador se van al baile.

En el baile venden chicha en grandes baldes de plástico chillón y cerveza a tres por cinco. Las luces del galpón cascabelean y también la música, al ritmo de los caprichos del generador: la música, a toda pastilla, son cumbias mezcladas con disco duro, que los más bailan con displicencia, como ausentes, pero sin respiro. La muda se revolea para quedarse con todas las miradas. Alguna chola agita sus trenzas y sus faldas con un rap, sin perder el sombrero, y nadie se da vuelta cuando alguien cae al costado de su banco o vomita o, al fin, brilla un machete en la trifulca sin palabras. Dos o tres me clavan con miradas difíciles, alguien me grita gringo, la muda me sonríe con amenazas más serias que el machete.

Por la noche, la selva se anima como por encanto. Es la hora en que los pisacocas empiezan su trabajo: en una hoya de un metro de diámetro, recubierta de plástico, pisan las hojas con sulfúrico y querosén –o ahora, porque es más barato, lavandina y gasoil– para convertirla en pasta base. Después harán unos bollos que secarán con ingentes cantidades de papel higiénico; esos bollos son los que vienen a buscar los traficantes, también por la noche, en sus avionetas, para refinar el clorhidrato en laboratorios escondidos en la selva amazónica del Beni, en Santa Cruz, en Brasil o en Colombia. Y últimamente en la Argentina.

Hasta hace dos o tres años, los campesinos se limitaban al cultivo de la hoja. Pero cuando bajó el precio de la coca muchos tuvieron que ponerse a pisar para mantener sus mínimos ingresos. Lo cual los pone fuera de la ley y da letra al gobierno para entrar eventualmente en el Chapare. Por supuesto, casi todos niegan que pisan; de todas formas, la mayor cantidad de pasta la producen los intermediarios, los chakas, que contratan a los campesinos más pobres, sin tierras, para la labor, y les pagan, muchas veces, en "pitillos" –cigarrillos de crack.

A la mañana siguiente, al llegar a Eterasama, me saluda a los gritos un loro viejo, venerable, que masca desganado hojas de coca. El olor a coca ocupa todo el aire: un olor amargo, húmedo, pastoso, como de trópico en blanco y negro. Eterasama está en el centro de lo que llaman la zona roja del Chapare.

A la entrada, en el templo evangelista pintado de celeste, un pastor look Ceferino dice que son los gringos los que han pervertido la santa hoja de coca; a pocos metros, en un arroyo lento, mujeres semidesnudas lavan y se lavan y charlan de sus cosas. Hay basura, calor, perros y chicharrones de chancho que luchan contra el olor a coca. Más adentro, el pueblo es un mercado de casas miserables donde se venden carnes grises, jabones, frutas, verduras, un cachorro de onza y un bebé de tres meses. Un pasacalle anuncia el Gran Festival de Lucha Libre en un pueblo vecino, con cinco titanes cinco a un boliviano por cabeza. En el medio de todo está el mercado de coca.

El mercado primario de coca es un galpón bastante nuevo, de material, techado, que depende de la Federación, donde los campesinos con licencia van a vender sus bolsas. Dos bolsas son una carga —45 kilos—: allí las compran los chakas y la hoja desaparece en el agujero blanco. Con cien kilos de hojas se hacen cuatro de pasta y, después, dos de clorhidrato. Allí, cuentan, van a menudo los Umopares a vender sus rescates.

Para los campesinos, los Umopares son la pesadilla. Más tarde, en un pueblo cercano, uno me contará cómo le entraron en su casa, dos días atrás y, so pretexto de interrogarlo sobre unos traficantes, le pegaron y le robaron el poco dinero que tenía. Y otros, después, contarán historias semejantes. Y lo mismo dirá, en Cochabamba, el padre Federico Aguiló, jesuita y presidente de la APDH local, y alguno me explicará cómo es la "cobertura", que los leopardos, supuestamente, combinan con los narcos: "Nosotros te avisamos que hacemos un operativo acá, que estamos ocupados, y vos mientras tanto te vas a negociar a otro lado", sería el arreglo, dinero mediante.

A la entrada del cuartel Umopar de Chimoré, el lema de la agrupación campea orgulloso: "Solo merece vivir / quien por un noble ideal / está dispuesto a morir", dice, sobre el escudo de dos fusiles cruzados y una calavera con gorrita verde oliva. El cuartel es el más importante del Chapare y es muy grande, rodeado de alambradas altas como dos hombres.

Adentro, los soldaditos de pantalones camuflados y remeras con cabeza de leopardo cuelgan de sus cuerpos retacos cantimploras, una linterna, cargadores, esposas de plástico, un cuchillo, alguna granada y el bruto M–16: son un árbol de navidad casi completo. En el cuartel hay tres helicópteros Huey sobre plataformas de cemento y una serie de barracas pintadas de blanco; en el canchón, un par de pelotones hace ejercicios a las órdenes de un teniente que les recuerda a los gritos la moral del leopardo.

—¿Cómo es el leopardo?

Grita el oficial.

—¡Violento!

Aúllan a una los felinos. Desde el calabozo de grandes ventanas enrejadas los miran cuatro o cinco prisioneros y algún americano de la DEA cruza el fondo del cuadro, sigiloso. Los de la DEA no quieren dejarse ver pero participan de las operaciones importantes, tienen su propia red de informantes que pagan en dólares y, como dice el padre Aguiló, "no está demostrado que entren en la corrupción y los abusos, pero están siempre ahí, y sería difícil pensar que no se enteran de nada. No deben ser tan tontos".

El Umopar es una fuerza especial de la policía, 580 hombres pagados a 30 dólares por el gobierno boliviano y a 50 por los americanos. El coronel, me dicen, no podrá recibirme porque está descansando tras feroz operativo. Después sabré que, por la mañana, dirigió una incursión de lo más joligudiana contra una fosa de pasta base abandonada, en exclusivo beneficio de un equipo de la televisión americana. Los leopardos, dicen, también están preocupados por la militarización, que podría arruinarles el estofado. Pasado un rato aparece un oficial y le pregunto por las denuncias de corrupción y malos tratos.

—Son todas argucias de los narcotraficantes —dirá el oficial, y no habrá más palabras.»

En la economía del narco, Bolivia y Perú hicieron de Ñamérica: países productores de la materia prima que procesaban y aprovechaban plenamente los centros industriales y comerciales, primero Colombia y después México, algún Brasil.

(Pero también es cierto que, quizá gracias a eso, se mantuvieron al margen de la peor violencia; una poca, sí, pero nada al lado de las buenas.)

Había, también, otros intentos. El gobierno boliviano de entonces mezclaba operaciones militares con subsidios para la erradicación de los cultivos, pero los cocaleros, organizados, se oponían. Eso fue lo que me contó –entonces, 1991– un asesor presidencial tan liberal, tan distinguido, Samuel Doria, con brillo de gemelos:

–Se nota mucho dinero en algunos dirigentes de los sindicatos campesinos: hay un señor Evo Morales que aparece mucho en la prensa, más de lo que debiera. Yo no sé si está haciendo una carrera política o es que hay narcotráfico de por medio, pero parece claro que hay infiltración de los narcotraficantes en los sindicatos de campesinos cocaleros.

Me dijo entonces, y yo pensé en tratar de entrevistarlo:

«La sede central de la Federación Especial de Trabajadores Campesinos del Trópico de Cochabamba, que agrupa a 280 sindicatos cocaleros, es una habitación de cuatro por cuatro en el segundo piso de una casa ruinosa. En el cuartito destartalado hay una vieja máquina de escribir, un teléfono, tres mesitas, una docena de sillas variopintas, un megáfono de antes de la guerra y muchos carteles en las paredes. Junto a una bandera boliviana, el Che Guevara deja flotar sus mechas al viento de la historia; hay posters de encuentros campesinos, un almanaque y un cartel que dice "A 500 años de opresión / la hoja sagrada / de coca vive". Después me contarán que también tenían un mapa, grande, del Chapare, pero que lo devolvieron porque no podían pagar las cuotas.

Evo Morales tiene 31 años y es de Oruro, en el altiplano. Su padre era papalero con tierras –"harta papa producía"– hasta que una helada le llevó todos los tubérculos. Corría 1973 y el señor Morales vendió su tierra dura y compró un chaco –una parcela– en el Chapare. Cuando Evo terminó el secundario y descubrió que no podría seguir estudiando, su padre le compró otro chaco y empezó a cultivar sus hojas de coca. El cultivo de la coca es legal en Bolivia, porque su consumo es tradicional. Pero de las 160.000 toneladas que se producen por año, apenas 20.000 van al acullico: el resto, al agujero blanco.

–Nosotros producimos nuestra coca, la llevamos a los mercados primarios, la vendemos y ahí termina nuestra responsabilidad –dice Morales–. Sabemos que nuestra coca va al problema ilegal, pero estamos obligados a sobrevivir, y no tenemos otras fuentes.

Dice, y no dice, pero insinúa, que tampoco le importa mucho si los americanos quieren drogarse con ella. Se podría pensar, incluso, que la cocaína es algo así como la venganza de Atahualpa.

–Acá la droga aparece por la pobreza y si queremos acabar con el narcotráfico primero hay que acabar con la pobreza. Pero acabando con la coca acá no van a acabar con la droga en los Estados Unidos: ese es un problema social de ellos, que tienen que arreglar ellos.

Morales habla como un militante, con ese lenguaje un poco cristalizado, trufado de clichés pese al acento de la Puna. Morales es alto en una tierra de bajitos, con el pelo crinudo que le inunda los ojos y una sonrisa pícara, un poco socarrona, en la cara aindiada. Morales es el único dirigente rentado de la Federación: los demás pasan dos semanas en funciones y otras dos en el valle, cultivando su coca.

—Nuestra posición es antiimperialista, antiyanqui sobre todo, frente a los abusos de la DEA en el Chapare y a la presión de la deuda externa, que obliga al gobierno a aceptar intervenciones militares. Además, para dar una respuesta política al gobierno, el último congreso de la Confederación Sindical Única de Campesinos, a la que pertenecemos, ha decidido crear un partido, un instrumento político propio de las mayorías nacionales, que somos nosotros.

—Juan de la Cruz Vilca, el líder de la Confederación, habló de la creación de un ejército de los campesinos...

—Nuestros gobiernos siempre se someten a la imposición de un gobierno ajeno, rifan nuestros recursos naturales, aprueban el ingreso de tropas americanas en nuestro país. Antes, con el pretexto de que eran comunistas, atacaban a los mineros inocentes. Ahora, con el pretexto de los narcotraficantes, van a atacar a nuestros campesinos. Nosotros somos el pueblo, pero las Fuerzas Armadas no responden a su pueblo. Entonces, para contrarrestarlos, para que haya poder del pueblo, estamos obligados a pensar en formar nuestro propio ejército, que responda al pueblo y no a intereses ajenos. Y esa es una fuerza que está creándose en las bases.

Me dijo Evo Morales. Al otro día, en una plaza, sus campesinos se manifestaban: eran varias cuadras de hombres y mujeres muy pegaditos los unos a los otros, como si temieran, marchando bajo el sol de la tarde despacio y en silencio hasta que el grito de un voceador los despertó:

—¡Que viva la Central Obrera Boliviana!

—¡Que viva!

—¡Que se mueran los yanquis americanizadores!

—¡Que se mueran!

—¡Que viva la revolución campesina!

—¡Que viva!

—¡Que viva la coca!

—¡Que viva!»

Los campesinos, sobre todo, pero también tantos otros. Son los pequeños oficios de ladroga: se puede vender un par de gramos, se puede alquilar un rincón del rancho para guardar un par de kilos, se puede poner el cuerpo para llevar unos paquetes a Canadá o a Francia, se puede matar por encargo, coger por encargo. Ladroga no solo les sirve a los que la fabrican y la venden; también ofrece a muchos más una cantidad de opciones ocasionales para hacer ese dinero tan difícil de alcanzar de otra manera. Ese es su gran éxito, su tentación suprema: que rompe con las proporciones habituales. Si una mula puede hacer en un viaje de dos días lo que no podría hacer trabajando dos años, ¿cómo no preguntarse si valdrá la pena?

* * *

Mientras tanto, son muy pocos los que plantean la solución más obvia: la legalización de las drogas, su puesta bajo control estatal —como cualquier otra mercadería, como el tabaco y el alcohol y los remedios. Parece lógico pensar que la base del negocio de ladroga es su carácter ilegal. Si se cultivara y fabricara y distribuyera en condiciones razonables, controladas por el estado, no produciría las toneladas de dinero negro que ahora produce, y que hacen que muchos crean que vale la pena matar y morir por ellas. El ejemplo de cómo —en los Estados Unidos hace un siglo— la prohibición de alcohol llevó al triunfo de la mafia y cómo la abolición de aquella ley acabó con su negocio se usa poco.

Las lecturas más paranoicas suponen que tanto dinero consigue comprar suficientes voluntades cercanas al poder como para mantener la situación actual. Yo creo que, además, los distintos gobernantes saben que la amenaza de ladroga justifica sus intentos de control social, y que les sirve mantenerla para ejercer una violencia que, eventualmente, pueden usar para otros fines. Y que ladroga y sus trapicheos ilegales mantienen ocupados a algunos de los sectores más postergados y legitiman que se los demonice y se los reprima —y sirven como explicación de tantos males, otra forma de no tener que pensar más allá.

La mano dura contra el narcotráfico es un argumento que siempre sirvió a los candidatos de derecha para ganar votos. Para lo cual necesitan que haya narcotráfico, claro.

Así, ni los argumentos prácticos —la derrota de los estados que supuestamente lanzaron guerras contra el Narco— ni los argumentos más asquerosamente mercantiles, los que agitan los espejitos de las grandes sumas que ingresarían los tesoros nacionales por impuestos a la circulación de esos productos, consiguen conmoverlos. Y, a esta altura, en países como México y Colombia, es difícil sostener que la legalización podría tener peores efectos sobre la salud pública que la ilegalidad actual.

—Yo estoy convencido de que a los Estados Unidos no les interesa acabar con el narcotráfico, y no les interesará sino en el momento en que les empiece a costar en vez de producirles ganancias. Porque por ahora les cuesta en una gente que no les importa a ellos, les cuesta en la degradación de ciertos marginales. Pero no afecta para nada la economía de los Estados Unidos salvo en el sentido de que le da mucho dinero. Es un negocio gigantesco, y el 90 por ciento de las ganancias del negocio se quedan en los Estados Unidos. Yo creo que el narcotráfico es una guerra que se han inventado los Estados Unidos, por varias razones: una, por razones moralistas, para conquistar el voto de las mamás americanas, y otra porque es un instrumento muy útil para el control de los gobiernos extranjeros. En Colombia todavía quedan las guerrillas comunistas, pero ya nadie las llama comunistas: las llaman narcoguerrillas. Entonces, el narco se ha convertido en el enemigo que los Estados Unidos necesitan para controlar a los gobiernos amigos.

Me dijo, hace más de veinte años, el gran intelectual bogotano Antonio Caballero.

—Es muy distinto ser un fumador y poder comprar cigarrillos sin sentirse perseguido por el estado y por la policía, sin saber además qué es lo que le van a vender a uno. Y, además, muchos adictos se convierten en criminales porque necesitan mucha plata para pagarse sus drogas, caras por ilegales. Ese es uno de los problemas. Pero el problema principal es que eso generó unas organizaciones criminales inmensamente ricas, necesariamente criminales porque la droga está prohibida. Entonces el negocio de la droga, en vez de estar en manos de gente común y corriente, está en manos de unos criminales, cuyo verdadero crimen, en mi opinión, no es el de exportar droga para que la fume la gente que la quiere fumar, sino en el río de sangre que han desencadenado en Colombia y en el exterior. Por eso este país se ha convertido en una narcocracia donde el 75 por ciento de los cargos de elección popular son pagados por los narcos, que tienen comprada a la mitad de la policía, comprados o amedrentados o asesinados a todos los jueces. En Colombia, la cantidad de jueces que han sido asesinados en los últimos 15 años por no haberse dejado comprar es admirable, de verdad admirable. La cantidad de jefes de la policía, que también se han hecho asesinar, de periodistas, de políticos, es admirable. A mí no me asombra tanto que haya tanta gente corrupta en Colombia, sino que tantos hayan muerto por incorruptibles.

Lo mismo podría, ahora, decirse sobre México; un cuarto de siglo después todo sigue demasiado parecido.

Aparecen, sí, de vez en cuando comités de notables que proponen «la legalización». Pero tampoco los que abogan por ella –o los que la han llevado adelante, como el ex presidente uruguayo José Mujica– van al nudo del problema. Plantean que se legalice la marihuana, y todos sabemos que las drogas que realmente dan dinero y producen la violencia que asola la región son la cocaína, la heroína, los nuevos trucos de laboratorio. (En México, por ejemplo, la marihuana es menos del diez por ciento del negocio.)

Pero ni siquiera esa legalización light forma parte importante del debate público. Es, así, otra de esas cuestiones que quedan relegadas –mientras que algunas, por la razón que sea, consiguen ocupar todo el espacio.

(Los poderes necesitan mantener las amenazas que los justifican. En 2018, en todo el mundo, el famoso terrorismo global –por el cual pasamos horas frente a controles de rayos y policías sin control, por el cual los gobiernos gastan fortunas públicas– mató a 15.952 personas, menos de la mitad que la violencia mexicana. Y, con perdón, la mitad de esas muertes sucedieron en Afganistán y el resto en Irak, Nigeria, Somalía, Siria, Pakistán, Yemen, Congo. Entre Estados Unidos y Europa –casi 800 millones de señoras y señores– los ataques «terroristas» –perturbaditos de extrema derecha, casi todos– mataron a 49 personas. O la policía global es extremadamente eficaz o es perfectamente innecesaria.)

El Narco, queda dicho, es tan útil para explicar ese tsunami de violencia en casi todos los países de Ñamérica. El Narco como cultura, como manera de vivir y de matar. Pero no está claro qué es causa y qué es efecto. Y está el ejemplo o contraejemplo de esos dos países levemente excéntricos: entre Bolivia y Perú producen un tercio de la coca que se consume en el mundo y, sin embargo, sus niveles de violencia son mucho más bajos.

Y está claro, también, que hay formas de violencia que no dependen de ladroga.

* * *

Hace años, en un momento en que se discutía mucho el aumento de la delincuencia en Buenos Aires, conseguí encontrarme con dos ladrones, profesionales serios, que querían convencerme de que no tenían nada que ver con las drogas: que, por el contrario, su difusión les complicaba la vida. Me pidieron que no dijera sus nombres, así que los llamé Uno y Dos. Fue una charla larga, chispeante, aterradora:

—Acá lo que pasa es que ya no hay más respeto, papá. Esto está lleno de pendejos que se endrogan y salen a matar a cualquiera, a una viejita, a una nena, a lo que se les cruza. Los pibes de 14, 15 años quieren ir rápido, se llenan de pastillas rohipnol...

Dijo Uno, y Dos lo retomó al vuelo; Uno y Dos se completaban, se pisaban, se daban manija el uno al otro:

—¡Sí, esas pastillas están arruinando al planeta! Los pendejos están como locos, van y te matan a uno para tener fama. Así nos vamos a ir al carajo, andá a saber lo que puede pasar...

—¿Y a ustedes qué es lo que les preocupa?

—Y, papá, te joden la calle, te la llenan de yuta, te la hacen más difícil. Nosotros no estamos en eso, no vamos a ir a matar a alguien por cien pesos, por diez pesos, por un papel de droga, ¿me entendés? Nosotros hacemos otras cosas, hacemos cosas grandes. No vamos a ir a meternos con los laburantes, a entrar en una casa por doscientos mangos. Nosotros no estamos para esta pavada, papá.

Dijo Uno, orgulloso. Uno, Dos y yo estábamos en un lugar que, por un rato, sería ningún lugar. Se podría pensar que era un rancho de una villa del Gran Buenos Aires: quizá lo fuera. Puestos a suponer, también se podría pensar en un despacho oficial o una oficina elegante. Ahora, por un rato, este lugar sería otro lugar, y tampoco importaba: a veces, para contar la verdad, hay que mentir. Falsear algo en alguna descripción, ocultar una vía de acceso, disimular ciertas sorpresas: los blanquitos biempensantes clasemedia porteños solemos creer que hay una distancia social enorme entre nosotros y, por ejemplo, dos ladrones pesados. Falso: nada que no pueda sortearse con un par de llamadas bien puestas. ¿Usted sabe a qué se dedica su vecino del 9.° B?

—Nosotros estamos para los laburos serios, ¿me entendés? Estos se meten con todos, no les importa nada. Fijate lo del otro día, que mataron a la nenita esa de cinco años. Nosotros si hay una criatura la tratamos bien, con cariño, señora corrasé para ahí, quedesé tranquila: es muy distinto, ¿me entendés?

Dijo Dos, casi enternecedor.

—¿Sabés qué pasa, papá? Nosotros cuando tiramos es porque no tenemos más remedio. Cuando nosotros salimos a laburar si hay muertos es porque la cosa se puso jodida, un tipo se arrancó y...

—¿Cómo es cuando matás a un tipo?

—Y... es el laburo. Vos no vas a tirar, lo vas a apretar bien. Pero si ahí el tipo se te retoba, te amaga con sacar un fierro, lo tenés que matar vos porque si no te mata él.

Dijo Dos, tranquilo, parejito.

—¿Les pasó alguna vez que mataron a alguien y al día siguiente leen en el diario que el tipo era así y asá, que tenía una mujer, hijos...?

—Sí, sí.

Dijo Uno, y les pregunté qué pensaban entonces.

—Qué suerte que zafamos.

Dijo Dos, impertérrito.

—Qué suerte que estoy acá sentado, leyendo el diario.

Dijo Uno, y soltó la carcajada tremebunda:

—¡Vaya a saber lo que hizo ese varón para que muera!

Dijo, y Dos matizó de nuevo:

—Pobrecito el que murió, digo. Pero peor sería si salgo yo en el diario, ¿me entendés?

—¿Y alguna vez piensan si lo que hacen está bien o mal?

Uno y Dos se miraron, despistados primero, después risueños, y me dijeron que sí:

—Sí, jefe, lo pensamos.

—¿Y qué se dicen?

—Que queremos plata.

Dijo Dos, y Uno completó:

—Que queremos plata y que la tenemos que seguir haciendo. ¿Qué otra cosa vamos a pensar, nosotros? Si estamos en esta, vivimos en esta. Si nos dan un laburo nos morimos. No somos aptos a la sociedad, nosotros. Si yo voy a pedir un laburo no me lo van a dar nunca, con los papeles que yo tengo. Yo nací en esto, viví de esto toda mi vida, crie a mi familia de esto... ¿A mí quién me va a tomar para laburar, papá? Nadie. Si soy un analfabeto cualquiera. No tengo oficio, no tengo nada. ¿Quién me va a tomar para laburar? Agarrá un par de nueves, un par de cuatro y medio, un par de metras y a la calle. Es la única que nos queda, papá, la única. Y además nos gusta con locura, papá, pa' qué te voy a mentir.

Dijo Uno, su sonrisa ladeada. Tenía casi 40 años: muy morocho, ojos chiquitos, pelo corto, chaleco y camisa bordada de cantante bailantero con un par de contratos por delante; en la cara llevaba las marcas del que pasó por todas las que hay en la lista y tres más que inventaron para él. Dos andaba por los 30: bastante morocho, ojos atentos, pelo corto, una remera de colores y un bluyín: el pibe más bueno de la cuadra, el empleado de la farmacia que quizá llegue a encargado, con el tiempo.

Al principio Uno y Dos estaban reticentes, desconfiados. Pero se fueron soltando y, por momentos, empezó a gustarles lo que contaban de sí mismos: sus personajes les resultaban atractivos, excitantes, y los jugaban cada vez más intenso. Dos me contó que su viejo estuvo muchos años preso, que él empezó a los 12 tirando unos tiritos con una .22, que después se robó una bicicleta, un estéreo, que su hermano mayor era chorro y lo mataron:

—Y vos, viste, cuando sos chico querés ser como tu hermano, le seguís los pasos...

—Porque nosotros nos criamos en villa, no nos criamos en departamento. Nos criamos en una villa miseria que teníamos una casita de chapa, y robábamos, nos metíamos ahí adentro y no nos sacaba nadie. Pero nadie tampoco iba a robar a la casa de un vecino. No es como ahora, ¿me entendés?

Dijo Uno, y que había estado preso trece años: tenía los brazos llenos de tatuajes, recuerdos del penal de Sierra Chica:

—Cómo nos hemos divertido en Sierra... En Sierra una vuelta que hicimos un motín, jugamos a la pelota con la cabeza de los presos...

—¡¿Cómo?!

La pregunta me salió un poco destemplada, bruta. Por un momento me pareció que había entendido mal, pero no:

—Claro, ahí estaban esos presos viejos, veinte, treinta años adentro, que ya no tenían nadie afuera, entonces los tipos se hacían ortibas, te batían, papá, te daban la cana. Y esa vuelta cuando hicimos el motín les cortamos la cabeza a dos o tres y jugamos al fulbo.

Yo seguí creyendo que no lo había entendido. Pero sí.

—Entonces uno decía pasámela a mí, pasásela a aquel, y venía la cabeza con los ojos abiertos y otro gritaba pateale en el ojo, pateale en el ojo, así cierra el ojo...

Dijo Uno, y enseguida la carcajada estrepitosa.

Ñamérica prospera en cárceles, en presos. Hay más violencias, hay más crímenes, hay más reclamos ciudadanos, hay condenas más largas: elementos se mezclan para llenar prisiones. Pocas cosas crecieron tanto en la región en las últimas décadas. En estos días un millón de ñamericanos están presos: en promedio, unos 240 cada 100.000 habitantes. Es la misma proporción que se cumple en Colombia, Perú y Chile, bastante más que en Argentina o Guatemala, mucho menos que en El Salvador —que es más del doble— y muchísimo menos, faltaba más, que la tasa de encarcelados de Estados Unidos, el país con mayor proporción de presos en el mundo. Aunque es cierto que son números confusos: no se sabe si dicen que en tal o cual país hay más o menos crimen o más o menos capacidad de reprimirlo. No muestran, en cualquier caso, mucha eficacia de la justicia: más de la mitad de los reclusos está con preventiva, sin condena.

En todo caso, las cárceles ñamericanas son edificios rotos, insuficientes, atestados, que suelen dar ejemplo de organización: en casi todas ellas mafias muy bien montadas —una mara, una pandilla, un partido, otra iglesia— rigen la vida del lugar, proveen consumos, deciden las actividades, zanjan los problemas. Lo hacen sin piedad ni problemas morales, con tasas de asesinatos mucho mayores que las de sus países, con cantidad de oportunidades para que su personal se haga una plata: esa extraña situación en que un señor —un guardiacárcel— tiene poder sobre otro —un preso— que tiene infinitamente más dinero. Así, en esas cárceles casi todo se compra: comodidades, protección, visitas, teléfonos, mujeres, una salida si es preciso.

Las cárceles son el último lugar: con la excusa de que se lo merecen, muy pocos se preocupan por cómo viven los que viven ahí. Solo creen, a veces, que convendría repararlas un poco para que dejen de ser «escuelas del delito». Ahora, en todo caso, la parte de reeducación no parece brillante: un tercio de los presos vuelve a caer en pocos años; un tercio, se calcula, sigue en lo suyo pero no lo detienen; un tercio, se supone, decide abandonar el crimen.

Uno y Dos tenían su propio reglamento: jugaban a un juego muy duro pero aceptaban sus normas, se las bancaban como señoritos. El problema es que un día cualquiera, de sopetón, sin el menor aviso, te hacen jugar a vos, a cualquiera, con sus reglas.

—Es un vicio, loco, es nuestro vicio. ¡Estamos relocos, nosotros!

—¿Pero qué les gusta de eso, qué es lo lindo?

—Lo lindo es cuando vas al juego, viste. Vas a jugarte la vida, ahí tenés la emoción.

—¿Y cuando vas a salir estás muy nervioso?

—Y, en la calle, cuando vas, esperás de cualquiera, viste. No sabés de dónde puede venir la mano. Y si hay que tirar, tirás, y si ves que alguno se mueve feo lo volás, papá, no lo vas a dejar que te vuele él a vos.

Dijo Uno, tirando tiros con el dedo como quien juega al Llanero Solitario.

—Medio jodido, es… Los primeros sí, estás un poquito nervioso, pero después, ahora… Es muy lindo robar, ¿eh?

Dijo Dos con la mirada pícara; le pregunté por qué. Pero Uno contestó primero:

—Y, porque no tenés que transpirar mucho. Es un rato nomás. O te sale bien, o no transpirás más.

Dijo, y soltó otra vez la carcajada.

—¿Qué les gusta mucho en la vida? Digo, cuando quieren pasarla bien, ¿qué hacen?

Uno y Dos me miraron: no se la esperaban. Uno lo intentó:

—Y, según. A mí me gusta sacar a pasear a la familia, ir a comer, ir a la costa, tengo la piletita en el fondo de casa…

—Sí, nosotros vamos y hacemos nuestro trabajo, pero después queremos tener la vida más normal de la Tierra. A mí lo que me gusta es cargar a la familia en el coche y me voy a pasear al Tigre, una lanchita, lo más normal…

—Porque además tienen mucho tiempo libre…

—Y sí, las 24 horas del día.

Dijo Uno, y se quedó callado, como quien recuerda. Esta vez consiguieron sorprenderme: los ladrones como perfectos burgueses familiares, señores de su casa. Hasta que Uno soltó la carcajada torva, bochinchera:

—Bueno, y después está el Tucán.

—¿El qué?

—El hotel Tucán, ahí en la ruta… Ahí nomás, mujeres, joda, andá a la concha de tu madre.

—Ah, bueno, ya me estaban convenciendo de que eran Papá Noel.

Uno y Dos se reían, gritaban, manoteaban:

—¡No, no, qué te creíste! ¡Tanto lío peleando los trabajos, también nos tenemos que mandar una jugada! ¡No, mandamos para la ruta, y meta música, meta putas! ¡No, no te vayás a confundir!

Dijeron, a los gritos, hasta que Dos hizo una pausa, y otra vez serio, solemne:

—No, nosotros tenemos en la mente siempre presente que hoy estamos y mañana no estamos. Podemos estar presos como podemos estar muertos. Entonces vamos a disfrutar la vida bien. La normal, pero también hacemos nuestras cosas, ¿me entendés?

Dijo Dos, sentencioso.

—¿Y eso de que hoy estás y mañana no estás no les da miedo, a veces?

—No, ese es el trabajo de nosotros: hoy estamos, mañana no estamos.

—¿Y de acá a diez años cómo serán, qué se imaginan?

—De acá a diez años nosotros no vamos a estar más, papá. ¿Querés que te diga la verdad? A nosotros nos gusta esto, para qué te voy a mentir. Tenemos que robar, jugarnos, mientras podemos lo tenemos que aprovechar, cualquier día te vuelan la cabeza.

Me impresionó la muerte tan presente y me pregunté cómo harían para bancárselo: pensé en los trucos habituales:

—¿Ustedes creen en Dios?

—Yo creo.

Dijo Uno, y le pregunté si se va a ir al infierno.

—No. No, porque mi mente no es para que se vaya al infierno. Mi mente es una mente buena, porque yo podría hacer maldades grandes, pero no hago.

—Si matás gente, cómo que no hacés maldades grandes…

Le Dijo Dos, cachador, y se rio. Uno trató de contestarle:

—Yo mato porque se da la situación para matar la gente, si no yo no mataría a nadie. Por ejemplo, mirá, si salgo a laburar yo sé que tengo que matar, pero si no estoy haciendo nada no tengo maldad para…

—La otra vuelta tuvimos un laburo, y el viejo no se quiso entregar. Sacó una .357 y lo apunta a este, ahí, en la frente, y yo le pego el grito guarda el golpe y el viejo medio que me miró a mí y este sacó la .9 y le metió tres tiros pum pum pum en la cabeza.

—¡Claro, estamos relocos nosotros, qué vamos a creer en Dios! Este va a creer que estamos locos. No, yo creo en Dios, viste, pero no podemos creer tanto, viste… ¡Somos delincuentes, cómo vamos a creer en Dios, nosotros, papá!

Uno y Dos ya se estaban poniendo nerviosos: hablaban menos, se movían, miraban el reloj. Les dije que una última y se iban: quería saber qué les pasa cuando ven a alguien con quien podrían identificarse, un vecino, por ejemplo, que sale a trabajar temprano, con el bolsito, para ganar trescientos o cuatrocientos pesos. Uno y Dos se miraron, pensaron un momento. La respuesta, por supuesto, fue de Dos:

—¿Sabés qué? Que él va a tener la libertad para vivir, y nosotros no vamos a tener la libertad para vivir. Él capaz que se va a cagar de hambre, pero tiene la libertad. Nosotros tenemos plata en diez minutos pero podemos perder la libertad en diez minutos, podemos perder la vida en diez minutos. Él en cambio siempre va a tener su libertad. Esa es la diferencia, ¿me entendés?

* * *

La palabra violencia es engañosa: suele pensarse como un estallido, un exabrupto: palos que quiebran, fuego que traga, balas que destrozan. Es la más fácil de contar y tienta a tantos. Hay otras formas de contar, sospecho, la violencia. Ahora es cuando empiezan los problemas: si acordamos en que no hay nada más violento que un estado —digamos, un estado— que lleva a sus ciudadanos a pasar hambre, morirse antes de tiempo o, por lo menos, no esperar casi nada de la vida, ¿qué oponerle?

En términos de violencia cotidiana —desigualdad, digamos, injusticias—, el mundo se ha vuelto mucho más violento desde que la primera gran violencia descubrió que no se le enfrentaba una violencia equivalente: desde la caída del dique de Berlín.

Lo cual nos lleva a un axioma barato: lo que llamamos civilización es una cristalización del nivel de violencia en el punto en que la violencia deja de ser percibida como tal.

Hasta que, porque sigue creciendo, porque la cristalización es ilusoria, esa violencia vuelve a ser percibida como tal, y entonces se producen —a veces— cambios de civilización.

Pero, mientras tanto, tratamos de entender por qué tanta violencia de estallido, tantas muertes.

La pobreza, sin duda, la marginalidad: ese tercio de la población que no tiene lugar en nuestras sociedades. Que está compuesto de un exceso de jóvenes, que se apiña en esos barrios alrededor de las ciudades con tan poca presencia del estado, tal sensación de desamparo y piedra libre. Y que es cada vez más difícil de contentar con las migajas: si algo cambió en los últimos veinte o treinta años es que ya no hay misterios, todos tienen acceso —a través de las televisiones, los teléfonos, las diversas pantallas— a cierta idea de cómo viven los que viven bien y, entonces, es difícil resignarse a no tenerlo. Pero es cierto que en África todo eso es todavía peor y sin embargo se matan mucho menos.

Las armas, claro, la proliferación de armas, lo fácil que es conseguirlas y tenerlas. La mayoría viene de Estados Unidos, muchas en trueque por ladroga; son armas sin registro. Pero es cierto que en Estados Unidos también hay cantidad —quizás incluso más— y se matan pero nunca tanto.

Quizá la razón más decisiva para el tsunami de violencia es que matar es gratis. O, por lo menos, muy barato.

Sus actores, sus víctimas, que lo saben sin saberlo, sin estadísticas, sin tablas, a pura vida y a pura desdicha, deciden actuar y se cubren de mierda. Los autores de *Narcoamérica*, Alejandra Sánchez Inzunza y José Luis Pardo, mexicana y español, lo explican claro: en toda la región se resuelve entre el uno y el dos por ciento de los asesinatos. Otra vez: se resuelve con suerte uno de cada cincuenta asesinatos. En todos los demás —en casi todos— no hay condena. Ya sea porque no hay denuncia o porque la policía o la justicia no consiguen o no quieren resolverlo, no hay condena. Para la inmensa mayoría, entonces, matar no cuesta nada.

Se mata, entonces, sobre todo, porque no hay castigo.
La conclusión es dura:
no matamos si es caro;
matamos cuando es gratis.

(La civilización, decíamos, son las rayas blancas: el signo de un pacto colectivo por el cual mil kilos de metal motorizado se detienen ante setenta kilos de carne y le dan paso; el signo de un entendimiento. Que se basa, supuestamente, en la aceptación de cierto bien común: si yo no ataco es mejor para todos, si yo no ataco no me van a atacar. Esta violencia impune lo niega: los mil kilos de metal solo se detienen si creen que serán castigados por no hacerlo; si creen que no, aceleran. No hay pacto —o, por lo menos, no un pacto en el que las vidas ajenas deban ser respetadas.)

En síntesis: que solo la coerción funciona. La coerción de un estado, por supuesto, pero también la coerción de un jefe. Si se impone el orden legal hay menos muertes, pero también si se mantiene el orden ilegal: la mayor cantidad de muertes tienen que ver con jefaturas que se rompen, peleas por ocuparlas. La violencia aumenta cuando no hay una banda dominante: cuando varias se disputan un territorio para producir o distribuir. Son las ventajas de que haya una sola banda grande y hegemónica. A veces se la llama estado.

La violencia, en el mundo de ladroga, no es un capricho o una perversión: es, si acaso, el regreso de un sistema que parecía olvidado. Las culturas humanas se han pasado milenios inventando formas alternativas: nuestras sociedades son esas formas alternativas. Codificaron las guerras entre los estados, reglamentaron las relaciones entre los individuos para evitar un despilfarro excesivo de vidas —y el ciclo interminable de violencias que eso crea. La amenaza de la violencia —del estado, en general, contra sus ciudadanos o de un estado contra otro— sirve para que esa violencia no se ejerza.

El mundo de la droga es un buen esbozo de cómo era —de cómo puede ser— un mundo sin mediaciones, sin leyes: en él los conflictos no pueden resolverse por las vías —que consideramos— habituales, el estado y sus regulaciones, sus tribunales, sus cuerpos de control y de justicia, así que se encaran por la vía más directa. ¿Alguien quiere quitarte tu parte del mercado? La solución es matarlo. O, por lo menos, matar a algunos de sus hombres o amigos o parientes, como para que entienda el precio de hacer lo que pretende. En el mundo de ladroga la muerte —de los otros— sigue siendo el único instrumento válido para mantener, exhibir y consolidar tu poder. Es lo que lo hace tan brutal y, de algún modo, tan apasionante: lo que hace que millones miren series donde personas actúan sus pulsiones sin tapujos. Lo que hace que los periodistas los miremos con apetitos raros. Lo que hace que se hayan convertido en extraños héroes de estos tiempos y que, para tantos, los ñamericanos seamos eso.

Pero se diría que aquí sí funciona la famosa teoría del derrame: si los ciudadanos ven que hay quienes solucionan sus problemas a fuerza de pistola y no son castigados, se tientan con solucionar sus problemas a fuerza de pistola, lo consideran un camino posible. Y, así, solo una parte de las muertes son esas peleas.

En Colombia, por ejemplo, el día más mortal es el Día de la Madre, cuando muchos se emborrachan mucho; entonces las víctimas son amigos o parientes. Porque el clima de muerte solo produce muertes: se difunde el ejemplo, las armas como cosa habitual, el homicidio como posibilidad.

Son testimonios de la triste necesidad del estado: cuando no hay —ojalá nunca hubiera—, los que dominan son los más violentos, los más brutos, los más ávidos. La anarquía, lamentablemente, necesita un estadío superior de nuestras sociedades: de nosotros.

* * *

Solemos horrorizarnos con la cantidad de asesinados que hay en un país en un lapso dado; no solemos siquiera saber cuántas personas mueren, en ese mismo lapso, por los accidentes de tránsito que son la otra causa importante de muerte inesperada, aún más inesperada.

Esa violencia más larvada, más tolerada, no suele contarse ni contarse: en toda la región, los accidentes de auto matan alrededor de 20 personas cada 100.000 cada año, tres veces más que los asesinatos en la Argentina, por ejemplo.

La muerte por accidente de tránsito o tráfico es moderna: lo es por razones obvias —no existía hace cien años— y por razones más obvias —a medida que los países se «modernizan» aumentan su parque automotor y, con él, las posibilidades de accidente. Un país en vías de cochización es el escenario perfecto para una explosión de accidentes: más autos, más autos mal cuidados, personas que no saben manejarlos, carreteras precarias, infraestructura sanitaria más infra que estructura. Pero la muerte en accidente de tránsito o tráfico también es moderna en su desigualdad. En Ñamérica, cuatro de cada cinco víctimas no viajaban en coche: son peatones, ciclistas, motoristas, «los colectivos vulnerables», la clase baja de la carretera. En los Estados Unidos, por ejemplo, son muchos menos: dos de cada cinco —y los demás se matan en su auto, con cinturón y un buen seguro.

La cantidad de muertes en accidente de tránsito o tráfico no solo es una medida del desarrollo de un país; también es —suele ser— una medida de la estupidez de un pueblo: la mayoría tiene que ver con personas que no consiguen pensar con precisión sobre sí mismas y conducen cuando no deberían —cansados, bebidos, drogados— o como no deberían —más rápido, más temerario, más idiota. La cantidad de muertes en accidente suele seguir una curva en joroba: empieza a subir cuando un país se enriquece y cochiza, se mantiene alta un período, y su propia altura produce alarma y campañas y declina —demostrando, más aún, que era puro efecto de la necedad.

Pero, aún en su tontería, esas muertes sin intención son lo contrario de las muertes más intencionadas, los asesinatos. Por eso me interesó producir una tasa denominada Coeficiente de Muerte Moderna, que viene de dividir la cantidad de muertos tradicionales en homicidios por la cantidad de muertos modernos en accidentes de tránsito o tráfico. Por eso, la M.M. o MuerMo también podría presentarse como un coeficiente de maldad sobre estupidez —donde la maldad es mayor según aumenta el número resultante y la estupidez, mayor según disminuye. Sería un modo de medir el grado de violencia y modernidad y tontería de cada país.

Los resultados confirman lo que se podría imaginar. En Ñamérica, en 2018, los dos países con menor MuerMo fueron Chile y Argentina, que coincidieron en 0,32 —para comparación, España, un modelo de serena convivencia, tuvo un MuerMo de 0,15 y Estados Unidos, 0,44. De vuelta en Ñamérica, Ecuador, Perú y Uruguay siguieron por debajo de 1. Pero Colombia llegó a 1,85, El Salvador a 2,63, Venezuela a 3,28 y México, en su orgía ejecutora, alcanzó un coeficiente de Muerte Moderna increíble de 8,5. De la bobada del extremo sur a la maldad del extremo norte, Ñamérica despliega todos sus matices.

Queda por decidir si es preferible ser malos o ser bobos.

(Si la tasa de MuerMo se impusiera como una de esas cifras que los gobiernos tratan de mejorar a toda costa, las opciones que abriría serían interesantes. En el caso casi desesperado de México, por ejemplo, donde 35.964 homicidios la llevan a ese coeficiente extraordinario de 8,5, la solución más lógica sería, por supuesto, bajar radicalmente la cantidad de asesinatos. Pero, si eso siguiera sin funcionar, la otra opción para llevar el MuerMo a un baremo razonable —el 1,85 colombiano, digamos— sería aumentar los accidentes de tránsito o tráfico para que murieran en ellos unas 19.900 personas. Sería, sin duda, laborioso, y no muy popular.)

* * *

Ñamérica es, para la mirada global, la región más violenta. Un espacio donde la violencia reina, donde rige los días y las noches.

Es cierto y no es cierto, y alguna vez habrá que evaluar también la parte de los periodistas: cómo contribuimos a alimentar ese discurso dándole a la violencia –absolutamente real– un espacio mayor que el que su proporción debería adjudicarle. Hace poco, en un premio prestigioso del que –sin embargo– fui jurado, nueve de los diez textos finalistas contaban hechos de violencia. Son más fáciles de narrar, son impactantes, se adaptan bien al nuevo mito latinoamericano. Entonces contamos esas cosas y otra vez nos ponemos en un lugar previsible, comprensible: fortalecemos lo que supuestamente combatimos.

En Ñamérica la cantidad de asesinatos es brutal, y aun así «solo» se matan, en promedio, 25 de cada 100.000 personas cada año. Así visto –horriblemente visto– no son tantos. La pregunta es qué efectos tiene esa violencia sobre las vidas de los 99.975 que no van a ser asesinados en esos doce meses.

Cómo cambian nuestras vidas, qué hacemos o no hacemos, qué tememos y qué sufrimos, qué decidimos. La violencia es una de las causas principales de migración, sobre todo en México y Centroamérica: millones que se van o intentan irse al Norte para escapar de ella. Un informe de Naciones Unidas dice que uno de cada diez habitantes de Ñamérica se ha cambiado de ciudad o de país por esa causa: son más de 40 millones, es enorme. A veces es cierto, a veces no: si alguien quiere irse a un lugar donde cree que podrá vivir mejor, ganar más plata, qué mejor que poder decir –a sus autoridades, a sus nuevos vecinos– que no tuvo más remedio, que lo empujó algo horrible. Lo cual no significa, en absoluto, que no exista.

Y los que se quedan viven como en un campo de batalla, prevención y resquemores permanentes, asustados: nos hemos acostumbrado al miedo, a usar nuestras ciudades con temor, como si fueran tierras enemigas. Recuerdo hace unos años, cuando volví a España, lo que tardé en acostumbrarme a caminar las noches por las calles sin mirar hacia atrás, a los costados: a saber que la ciudad no era un peligro.

El miedo, ahora, está del otro lado. Durante siglos los poderes establecidos controlaron el miedo y lo usaron para mantener su control: miedo a los castigos del estado, miedo a las reacciones de un patrón, miedo a la condena del señor cura, miedo al hambre. Ahora los que meten más miedo son los marginados y los que lo tienen son los centrales, que actúan en consecuencia: por su miedo –a asaltos y secuestros, a irrupciones violentas– cambian sus vidas, se encierran y protegen, intentan imponer miedo a su vez. Lo que se suele describir como sociedades desquiciadas son estas sociedades donde el miedo quedó del otro lado. O suponemos que alguna vez habrá sociedades sin miedo —¿cómo, con qué reemplazo?— o suponemos que la situación se ordenará, se normalizará, y los poderes recuperarán el control de su instrumento clásico.

(Mientras tanto, el miedo se instaló en un territorio «neutro»: la que más nos asusta, en estos días de pandemia, es la Naturaleza: contra ella, todos nuestros esfuerzos, todos nuestros renuncios. Es un desliz curioso —y habrá que ver en qué resulta.)

Pero, más allá o más acá de pestes, los estallidos de racismo y de clasismo que el miedo provoca: los peligrosos siempre son los otros. Y la reacción paradojal de comprar o conseguir más y más armas y producir, así, más y más muertes. Y el negocio de la seguridad tan creciente y la organización de ejércitos privados que, so pretexto de cuidarte, te extorsionan.

Entre tantas privatizaciones de estas últimas décadas, pocas cosas se han privatizado tanto como la seguridad: en nuestros países, los ricos viven cada vez más en barrios cerrados, custodiados por empresas especializadas, rodeados de guardaespaldas o guaruras o guachimanes cuya conducta nada garantiza: hombres con armas, cada vez más hombres con armas —que no responden a ninguna instancia ni reglamento del estado, solo al dinero de quienes les pagan. Que lo hacen para tranquilizarse, porque saben que no pueden confiar en policías corruptas, relacionadas con organizaciones criminales, ocupadas en sus propios negocios. Esos hombres armados desarman más todavía los estados; confirman, con sus armas, la desigualdad siempre creciente, la ventaja de los que pueden pagar por la violencia —so pretexto de que hay demasiada.

Y los reclamos de mano dura y el apoyo masivo a políticas cada vez más represivas que, para muchos, resultan la única salida. Y el uso que muchos políticos hacen de esos reclamos: ofrecen más policía, más control social. Y ofrecen, sobre todo, un enemigo: si la vida se ha vuelto más difícil es por esos hijos de puta que se aprovechan de nosotros, los honestos ciudadanos, los que cumplimos con la ley y pagamos nuestros impuestos.
La delincuencia es como el sida: existe, pero si no existiera a muchos les habría convenido tratar de inventarla. Por eso, tantas veces, se magni-

fica su existencia. A veces a propósito; otras, incluso, por azar. Hace unos años, en Argentina, hubo un sobresalto de inseguridad. Miles y miles de personas se manifestaron en las plazas pidiendo más policía, penas más duras, juicio a los menores. Estudios mostraron que no había habido, en esos meses, ese año, más delitos que en los diez años anteriores −pero millones de personas estaban convencidas de que sí. Fue entonces cuando un amigo editor me contó que su diario, uno de los principales, preocupado porque bajaba sus ventas, decidió disputar la audiencia de sus competidores «populares» incluyendo, como idea de marketing, todos los días en su tapa −eran tiempos de prensa impresa todavía− algún crimen. Fue una política editorial: cada día en la tapa algo violento. El público, por supuesto, cayó en la trampa −involuntaria, puro comercio− y se desesperó por el aumento de la inseguridad, salió a la calle.

En síntesis simplificada: la pauperización aumenta la criminalidad, la criminalidad aumenta un poco la inseguridad, los medios aumentan mucho la sensación de inseguridad y los honestos ciudadanos piden la mano dura del hombre fuerte. O sea: más violencia del estado.

Mientras tanto, en cualquier caso −en todos los casos−, se establece un clima donde matar se vuelve muy común, donde policía y fuerzas armadas y autoridades civiles si no están involucradas están sobrepasadas. Hay países donde eso significa no poder participar de la vida pública: no poder ser alcalde o abogado o periodista o militante porque alguien te va a matar por eso.

Y entonces revolotea aquella idea esencialista de que los ñamericanos matamos más por alguna cualidad intrínseca, porque somos así, por nuestra historia o nuestra cultura o alguna de esas cosas. Y se hace fácil subirse al banquito y poner cara profunda y perorar de pulsiones de muerte, de la tradición violenta de nuestras sociedades, de los cultos al machito armado, al asesino como héroe, esos discursos. Se hace fácil hablar de esencias de ocasión, retomar situaciones reales para llegar a conclusiones falsas. En Alemania, digamos, por ejemplo, no hace mucho que la muerte fue la solución más empleada y mataron a decenas de millones −y ahora la tasa de homicidios es treinta veces menor que en México, cincuenta veces menor que en Venezuela. Pero el mito de la esencia está bien asentado en algunos de los mejores de estas tierras:
«... me endiosa el pecho inexplicable
un júbilo secreto: al fin me encuentro

con mi destino sudamericano»,

escribió Borges en su mejor poema. Describía los últimos momentos de un letrado argentino del siglo XIX: encontrarse con su destino sudamericano significaba, en su relato, que

«... oigo los cascos
de mi caliente muerte que me busca
con jinetes, con belfos y con lanzas.
Yo que anhelé ser otro, ser un hombre
de sentencias, de libros, de dictámenes
a cielo abierto yaceré entre ciénagas».

Don Francisco Narciso de Laprida se encuentra con su condición sudaca cuando una partida de gauchos lo persigue y lo lancea en un triste peladal: el íntimo cuchillo en la garganta. Y los ejemplos podrían multiplicarse: desde Borges a Blades, de Laprida a Pedro Navaja, el difunto padre del reguetón a quien la vida le da la sorpresa más esperada. Pero terminan por constituir, todos, una versión más compleja de la famosa definición ontológica del Sócrates de Villa Fiorito: «Estamos como estamos porque somos como somos» —en la cual no hay manera de dejar de estar como estamos porque nadie puede dejar de ser como es.

Y son pamplinas,
violencia de palabras.

CARACAS

La ciudad herida

—Avísame que llegas.

Se dicen el uno al otro al despedirse —jueves, diez de la noche— cinco periodistas veinteañeros. Con la cena de arepas y cervezas me habían contado historias de sus asaltos y secuestros y amigos muertos y parientes huidos, así que les pregunto si se quedaron paranoicos por la conversación pero me dicen que no, que aquí todos se despiden así.

—Avísame que llegas.

Y que, faltaba más, lo hacen cuando llegan.

—Descuida, yo te aviso.

«En cuanto a la heroica y desdichada Venezuela, sus acontecimientos han sido tan rápidos y sus devastaciones tales, que casi la han reducido a una absoluta indigencia y a una soledad espantosa, no obstante que era uno de los más bellos países de cuantos hacían el orgullo de la América», escribió, fugitivo en Jamaica, 1815, con prosa tremebunda, el señor Simón Bolívar, al que ahora llaman su libertador.

—Pero acuérdate, avísame, que si no, no me duermo.

Me había dicho que bajara a las ocho en punto y la esperara del lado de adentro de las rejas, que ni se me ocurriera esperarla en la calle, y que ella iba a llegar en un carro chiquito y que se iba a parar justo enfrente de mi puerta y que cuando pusiera la intermitente —dijo la intermitente— recién entonces abriera la reja, saliera, subiera de un salto. No preparábamos una operación ultrasecreta: me pasaba a buscar para ir a comer algo.

(Yo llevaba menos de una hora en la ciudad; consiguió impresionarme. Después le pregunté si no estaba un poco paranoica y me dijo paranoica tu abuela. Entonces le pregunté si no habría que decir, más bien, paranoica tu ciudad; me miró triste.)

El periodismo siempre —se— engaña cuando cuenta un lugar, porque cuenta del lugar lo extraordinario. No sabe —no sabríamos— contar los millones de vidas, de cruces, de gestos menores que arman cualquier espacio. Pensamos Caracas y pensamos —con razón— en hambre, oscuridad, partidas, la violencia. Pero no pensamos en Usleidi, que hoy se enteró de que no se había quedado embarazada, ni en Alber, que consiguió trabajo en un kiosco, ni en doña Paca, que volvió a ver a su hijo después de tanto tiempo.

Nos quedamos con la imagen gruesa —la confusión, la lucha— porque es cierta y, sobre todo, porque conviene a todos. A los periodistas porque nos deja historias atractivas; a los políticos porque les sirve decir que lo que pasa en Venezuela es socialismo. Le sirve al jefecito local porque justifica su desastre —«nos bloquean por socialistas»—, y a las varias derechas del mundo porque les arma su espantajo —«la izquierda nos va a llevar a Venezuela». No es, pero a nadie le importa.

Así que así: Venezuela es el terror contemporáneo, nos lo machacan como tal. Yo, siempre impresionable, esperaba Berlín '45, Beirut '82, Bagdad '03 y me encontré Caracas, que tampoco es eso.

El restorán estaba muy vacío; eran las nueve y cerraba a las diez porque más tarde los empleados no tenían transporte para volver a casa. Las calles, después, también vacías, muy oscuras. Son las diez y cuarto de la noche; cualquier sombra que se mueve nos asusta.

—Avísame que llegas.

La civilización es descuidarse. Hay quienes dicen que todo empezó cuando una mujer y un hombre se sintieron protegidos por el grupo, por la cueva, por todo ese calor alrededor y se atrevieron a fornicarse cara a cara: a dejar atrás esa postura atenta que les permitía vigilar si venía algo, alguien, el ataque que fuera. Cuando se permitieron olvidarse del mundo alrededor, encerrarse en su placer y su deseo: dejar la paranoia, descuidarse.

—Descuida, yo te aviso.

A veces no se puede.

Entonces muchos empiezan a hacerse preguntas. O, mejor: la misma pregunta, repetida, urgente.

* * *

—¡Nos fajamos, nos fajamos! ¡Vamos, síguelo, síguelo, vamo' ahí, bien, bien, bien, síguelo, no lo sueltes!

Los gritos del entrenador ponen el ritmo, y veinte niñas, niños, muchachitos ensayan puñetazos. Tuncho tiene seis años pero la cara tan resuelta: los ojos fijos, los labios en trompita, el resoplo que acompaña cada golpe a la bolsa. Mavi, en cambio, nueve, le pega como si la quisiera, la acaricia. Y alrededor tres bolsas más y el ring en un costado y la pared descascarada y el resto de los chicos. Se reparten pocos pares de guantes; los que no tienen hacen sombra, cuerda, abdominales.

—¡Vamos, síguelo, síguelo, vamo' ahí, bien, bien, bien, síguelo!

La Escuela de Box Jairo Ruza es un cuarto de diez por cinco en uno de los lugares más violentos de una de las ciudades más violentas. En Caracas matan a una de cada mil personas cada año —más que en cualquier otro lugar del mundo, unas doscientas veces más que en Madrid, unas veinte más que en Buenos Aires— y la escuela está en un barrio de invasión que cuelga de unos cerros: escaleras angostas y sinuosas entre casas mal terminadas de ladrillos mezclados, techos de lata, rejas oxidadas, cables, la basura: por todas partes la basura y el miedo, también, por todas partes. Al subir nos cruzamos a un hombre flaco que arrastraba a los tumbos un sofá escalones abajo.

—¿Qué, te botaron de la casa?

Le dijo Danilo, y el hombre sonrió por compromiso. Danilo tiene cuarenta y tantos, el cuerpo sólido, la barba entrecana; no parece que se ría a menudo.

—Quién sabe si no lo está robando. Este barrio es candela.

Danilo solía manejar una camioneta de pasajeros; ahora es el chofer de un empresario que se pasó tres años preso bajo Chávez y es, entre otras cosas, el sponsor de la escuela de boxeo. La escuela está en la mitad de la ladera: miles de ranchos más arriba, miles más abajo. Danilo me cuenta que ahí enfrente levantó su casa y crio a sus hijos. Le pregunto cuántos tiene y me dice que varios. Le insisto:

—¿Cuántos?

—Como seis.

Me dice y otra vez me río: ¿qué, no está muy claro? Imagino descuidos caribeños pero Danilo sigue serio y me dice que sí, que tiene seis ahorita, que tenía siete pero ahora tiene seis.

—A Luis me lo mataron. Lo confundieron con un primo que también se llamaba Luis, que lo andaban buscando. Así, en la calle, esos malandros lo vieron a mi hijo y lo llamaron, Luis, Luis, y él se dio vuelta, así me lo mataron.

Luis tenía 19 años; poco antes le había dicho a su papá que quería irse de ese barrio porque sus primos andaban en problemas. Ya había peleado 52 combates; su entrenador decía que tenía un futuro.

—Cuando me dieron esa noticia a mí prácticamente como que me arrancaron el alma de adentro.

—Y no pensó en vengarse...

—Pensé, sí. Claro que pensé. Pero entendí que no hay que hacer eso, que así se arma esta cadena de que uno mata a otro y entonces lo matan y otro va y lo mata al que lo mató y por eso ahorita estamos como estamos. Hay que dejarle todo a la ley y a la mano de Dios.

—¿Y funciona?

Danilo me mira sin palabras.

Poco después la policía mató al primo. Al otro año Danilo y su familia intentaron impedir que una banda impusiera sus reglas en el «barrio»; en caraqueño, barrio significa eso que cada castellano dice a su manera: villa miseria, población, callampa, cantegril, chabola. El Barrio José Félix Ribas —el José Félix— es, dicen, además, el más denso del continente: más de cien mil personas amontonadas en un kilómetro cuadrado de montaña. Danilo y los suyos emprendieron sin armas esa pelea desigual; varias veces les balearon la casa.

—Ahí me mataron a mi papá. Eran unos muchachos que se criaron con nosotros. Ellos querían ser dueños de la zona y nosotros, la familia mía, tratamos de pararlos y nos mataron al papá. Ahora dos están muertos, los demás están presos; no quedó más ninguno.

El problema es que siempre hay otros, me dice Danilo, y que utilizan para sus cosas a los niños.

—Por ejemplo le dicen llévame este paquete a lo de Iris y el niño no sabe que en el paquete hay droga y se lo lleva. Por eso queremos que no estén en la calle. Lo que pasa es que la calle es como un vicio, como el alcohol, así: usted quiere dejarlo pero vuelve. Magínese la tentación: con lo difícil que está ganarse unos reales, y en la calle se hacen fácil, parece fácil. Por eso mejor si les enseñamos de niñitos...

En la escuela los chicos van terminando la lección: reconcentrados, serios, cada salto es un compromiso, cada golpe. En el piso de abajo dos mujeres preparan los almuerzos. Hay arepas, salchichas, unas papas: muchos van por el box, todos por la comida.

—Ahorita estamos más tranquilos. Desde que pusimos la escuela acá nadie jode porque están los chicos. Pero además ahora el pran declaró zona de paz, así que estos meses estamos bien, en calma.

Me explica Danilo. «Pran» es una palabra casi nueva: dicen que viene de las cárceles, donde el pran es el jefe de los presos. Y ahora muchas zonas, barrios, pueblos tienen su pran: el que impone su ley, el capomafia.

—¿Cómo hace alguien para volverse pran?

—Bueno, es una persona que haya matado gente, que haya estado en la cárcel, que todos lo sigan. Y entonces mandan en su zona, y al que hace cosas, que roba, que mata sin su orden, van y lo castigan.

Aquí el pran local es un jovencito despiadado que llaman Wileisi, y la declaración de zona de paz es un arreglo con la policía: yo les mantengo el barrio en calma, ustedes no me joden los negocios.

—El pran comanda a mucha gente que anda por ahí poniendo orden. Pongamos que haya un problema en la cola del gas; entonces llegan ellos con sus pistolas, qué pasa, se acabó la broma.

Son formas nuevas del poder popular. Hay otras: ella se llama algo así como Wisneidi pero le dicen Güigüi; tiene siete años, una llave de plástico colgada del cuello y un par de ideas muy claras:

—A las mujeres también nos gusta el deporte. A veces por ahí por la calle alguno me dice que por qué estoy metida en esto del boxeo, que es para varones. Y yo le digo que esto no es pa' marimachos sino también pa' las hembras, que aprendan a defenderse.

—Qué bueno. ¿Y de dónde sacaste esas ideas?

—De la mente.

Me dice Güigüi como si no entendiera qué es lo que no entiendo. La sesión se acaba y el entrenador les dice que ya pueden irse:

—¡Rompan filas!

Les grita Pedri. Pedri tiene 17 años, trabaja seis horas por día en una panadería y le pagan 50 millones de bolívares fuertes —500 soberanos, dólar y medio— por semana.

—¡De frente al futuro!
Le contestan a coro veinte chicos.

* * *

Caracas fue, varias veces, la ciudad más rica de Sudamérica: una donde el dinero brotaba tan fácil del subsuelo que era fácil gastarlo a manos llenas en grandes rascacielos comerciales, en grandes construcciones sociales, según los tiempos y los vientos. Caracas sigue siendo la mayor exposición sudaca de arquitectura brutalista de los sesentas y setentas: mucho cemento crudo, mucho ángulo recto y perfiles feroces. Y después, compitiendo con ellos por el espacio ciudadano, las torres obvias ñoñas de metal y cristal de los ochentas y noventas. Y todo alrededor montañas verdes.

No hay capital en el mundo —creo que no hay capital en el mundo— que tenga tanto verde. La belleza de un valle entre montañas tropicales: el cielo como un rayo, los árboles sin mengua, el viento suave. Pero esos edificios y parques y autopistas de los años prósperos que se fueron gastando, comidos por el calor y las tormentas.

En Caracas casi nada funciona: las luces de las calles, por ejemplo. Aquí las noches son noches de otros tiempos, cuando el sol caía y cada calle era una trampa oscura. Después las ciudades trataron de simular que el sol nunca se pone, que la luz no depende de esas tonterías. Aquí, ahora, la noche es otra vez la noche.

Y la cuenta fundamental es simple: en 2013 Venezuela producía tres millones de barriles por día a 100 dólares el barril; ahora produce poco más de un millón a menos de 60. Cuando se murió Chávez ingresaba unos 300 millones de petrodólares diarios; ahora, cinco veces menos. Y el país no tiene muchos más ingresos: son las delicias del monocultivo.

Noches calladas, quietas de Caracas. Fantasmas en la calle, los silencios: la mezcla de escasez y miedo es imbatible. Caracas ha cambiado tanto y, en los últimos años, ha cambiado tanto las vidas de sus habitantes. Caracas, por momentos, se diría una ciudad en guerra —solo que no hay guerra. Algunos lo escriben Carakistán, otros Caraquistán, otros incluso Caracastán, pero la idea no cambia: un sitio que se ha vuelto extraño, una manera del derrumbe.

El sol se esfuerza y no lo necesita; gritos de vendedores, calor, olor de fritos, personas que se encuentran: van llegando de a poco, saludan, se acomodan. El partido está por empezar y un músico famoso toca en su saxo el himno nacional. El micrófono falla, el himno se oye a trozos. Un ayudante se acerca, lo trata de arreglar, no consigue gran cosa. El público aplaude como si.

—Nosotros somos el ejemplo de esa gente que no pierde la esperanza.

Me dice Enrique, un señor sesentón con su cara atildada. El partido es un clásico: los Leones de Caracas contra los Tiburones de La Guaira, vecinos y enemigos. En las tribunas hay hombres y mujeres: ellos con las camisas de su equipo, ellas con cualquier cosa que se les pegue al cuerpo, todos con sus cachuchas partisanas. Allá abajo el partido empieza lento; aquí arriba no parecen tan interesados, discuten con pereza tropical y toman sus cervezas: cantidades industriales de cerveza. De pronto, una vez cada tanto, algo sucede y se distraen, miran el campo, ven correr a un muchacho, lo corean.

—Mire, llevamos años sin ganar un campeonato. Treinta y tres años, desde antes de todo. Aquella vez se lo ganamos a estos mismos caraqueños, acá mismo, y acá estábamos, este y yo, sentados tomando unas cervezas, disfrutando. Y desde entonces.

—¿Siguen disfrutando?

—Bueno, cómo decirle.

El béisbol es un deporte curioso donde el protagonista es un muchacho corpulento con pijama, uno que se ha levantado un poco tarde: el anti-Cristiano, el auténtico atleta sin alardes. Un deporte inverso a los demás: aquí el trabajo de los jugadores no consiste en tener la pelota y hacer algo con ella sino en alejarla a palazos y correr mientras no está. A veces puede ser emocionante; muchas, no. En las tribunas las vendedoras de cerveza saben servir tres botellas en tres vasos con una sola mano al mismo tiempo.

—Esto es un oasis. Acá hay gente de todas las clases, de todas las ideas, y no pasa nada.

—¿Y por qué ahí afuera no es así?

—Bueno, vaya a saber.

Los jugadores juegan, los fans beben y bailan, las tribunas están llenas a medias: antes, me dicen, un partido como este era un lleno completo. Aquí, en toda conversación, siempre hay un antes. Ahora la banda de la

Guaira —«la Samba»— redobla los tambores y el locutor pide entusiasmo:

—¡¿Y adónde están los Tiburones?!

Algunos le contestan a los gritos pero esto es una fiesta, tan lejos de ese drama que es el fútbol —o la vida. Es, parece, una buena excusa para saltar, gritar, reírse un rato. Lógicamente, el juego va ganando en intensidad a medida que avanza: no es lo mismo verlo con dos o tres cervezas que con siete —y además a veces pasan cosas. Entonces, cuando los Tiburones consiguen su corrida, mis vecinos de silla se chocan las manos y los puños: lo llaman «un puñito» y es la manera de decir lo conseguimos, broder, lo conseguimos juntos. Más tarde, cuando los Leones consigan seis o siete y su equipo se arruine, me dirán la frase acostumbrada:

—Sí, otra vez, qué quiere. Hoy los Tiburones jugaron como nunca y perdieron como siempre.

Yo quería invitarlos a cervezas pero no tengo plata. O, mejor: tengo pero no puedo usarla. En estos días en Venezuela no hay billetes: el nuevo bolívar, lanzado hace unos meses para sacarle cinco ceros a la moneda anterior —un «bolívar soberano» equivale a 100.000 «bolívares fuertes»—, ya quedó débil, y su mayor billete es de 500, que hoy es poco más de un euro. Con una inflación del tres por ciento diaria, dos millones por ciento anual, no hay billete que aguante: en meses pasan a valer nada. Así que casi no hay efectivo y no puedo cambiar mis dólares por moneda local; tampoco puedo pagar con mi tarjeta forastera. La única opción sería usar lo que usan todos los que pueden: una tarjeta bancaria para pagar por transferencia cualquier compra, una cerveza, medio kilo de pan, la comida de la semana, un par de calcetines. Pero, por supuesto, no tengo una tarjeta bancaria venezolana así que no tengo plata ni forma de tenerla: si quiero tomar un café o un transporte tengo que conseguir alguien que me lo pague. He vuelto a ser un niño, y es extraño.

La llaman, por ejemplo, la hipersupermegainflación —y andan buscando más prefijos. Por suerte tampoco hay mucho que comprar. El muchacho del supermercado es grasiosito:

—¿Mantequilla? Eso no lo vas a ver ni en propagandas.

—¿Y huevos?

—¿Huevos? ¿Qué quiere decir huevos?

Hay momentos en que el humor es la mejor manera; hay otros en que no.

Deben tener 60, quizá 65; se los ve bien vestidos, bien mantenidos, casi prósperos. Él en su chomba con un logo, ella en sus uñas manicuras y su peinado de peluquería; quizá se quieren todavía, quizá no se soportan; lo cierto es que ahora se miran con fastidio, se susurran para no gritar, discuten bajo para que no se note. La cajera del supermercado espera y él resopla, ella le dice que para no pasarse de 5.000 soberanos tienen que dejar esa botella de vodka y él que no, que dejen esas papas y ese jabón y esas cebollas que para qué las quieren y ella que quiere decirle cosas que no quiere decirle y él que bufa; al final ella le dice que un momento, rebusca en su cartera, encuentra 300 soberanos en billetes y le dice que menos mal aparecieron, que se lleven el vodka y el jabón y dejen la verdura, que ya verán qué hacen con la cena y él le dice que bueno, que al fin entró en razones y ella lo mira sin saber qué decir; después me mira a mí, alza las cejas, la vergüenza. Al cambio de hoy, 300 soberanos no llegan a un euro.

(Pero eso fue a principios de diciembre, cuando estuve allí. A mediados de enero un euro cuesta más de mil soberanos. Es muy difícil dar equivalencias; tanto más, vivir con esos números cambiantes, fugitivos. Ahora, muchos meses después, a quién le importa.)

Hace un par de años el problema de la comida era que no había. Ahora hay, para los que pueden pagarla a precios dólar; para los otros hay muy poca. El año pasado seis de cada diez venezolanos perdieron un promedio de diez kilos de su cuerpo por falta de recursos.

Amanece: huelo a través de mi ventana que alguien fríe unos huevos y me hago todas las preguntas. Qué fácil llegan la envidia, la sospecha.

* * *

—Sí, por desgracia sigo así. Nunca puedo comer todo lo que quiero.

El señor Tomás tiene esos dedos como ramas que se les van haciendo a los más viejos; tiene los ojos a punto de nublados, un temblor en las manos. Hace unos meses el señor se hizo famoso, con esa fama breve de los medios. En las pantallas aparecía lloroso, la voz rota:

—A veces como una vez al día, a veces me acuesto sin comer...

Dijo, y lloraba, y que en los días que le quedaran de vida esperaba no morirse de hambre. La nota de NTN24 sobre las pensiones insuficientes se volvió viral: el señor Tomás llegó mucho más lejos que lo que había previsto.

—Empecé a recibir llamadas de todas partes del mundo, gente que me quería ayudar, o por lo menos felicitarme o saludarme, y hay varios que me siguen llamando, me mandan cosas, comida, mis remedios. Yo estaba muy decaído y ellos me levantaron el espíritu y el alma.

El señor Tomás tiene 86 años y lo repite con orgullo; también tiene un apartamento luminoso con un salón chiquito, sus muebles de madera y tela de otros tiempos y las paredes llenas de pinturas: flores, paisajes, santas, una negra con su tina en la cabeza. En el salón repleto también hay un tocadiscos que fue muy bueno hace cuarenta años, un ordenador que hace veinte, dos arañas, un florero con flores. Y más allá la cocinita y dos habitaciones: el señor Tomás las comparte con su hermana la soltera. En su cuarto, el señor me muestra innumerables vírgenes, santos, biblias, crucecitas y en la pared, sobre su cama estrecha, su juventud, me dice:

—Esta es mi juventud. Todas estas placas me las dieron por aquellas cosas.

Las placas reconocen al bailarín eximio, al jugador de béisbol, al organizador de fiestas: el señor me sonríe con ojitos pícaros.

—Yo he sabido disfrutar de la vida. Lástima que se haya terminado.

El señor Tomás nació en un pueblito del estado Miranda pero llegó a Caracas a sus 18 años, en 1950, y su primer trabajo fue en un bar: allí empezó a conocer esa ciudad sin límites. En 1960, ya casado, manejaba un camión para una empresa ferretera; años después montó con un hermano su propia empresa de materiales para la construcción, pusieron un local; en esos días se construía mucho y prosperaron. El señor Tomás tenía un negocio, sus camiones, su casa en un buen barrio, cuatro hijos.

—Yo viví una vida bastante positiva. Muy buena, muy buena; hice dinero, trabajé, atendí a mi familia. Lo que todos queremos, yo lo hice. Después no sé qué nos pasó.

Su mujer murió joven, sus hijos se esparcieron, su hermano también se fue, la economía venezolana patinaba: a sus 65 empezó a sobrevivir, y desde entonces.

—Ahora todos los días cuando me levanto me pregunto qué voy a hacer, dónde voy a conseguir la comida, que ojalá no tenga que ver a ningún médico. Yo ya no tengo fuerza. Yo no quiero terminar así mi vida.

El señor Tomás cobra una pensión mensual igual al sueldo mínimo: son 1.800 bolívares soberanos, y un pollo, me dice, está a 600 el kilo y los huevos —«la comida del pobre»— a 800 el cartón de 30.

—Y para cobrar esa pensión de miseria tengo que tener un carnet de la patria. Eso no lo puedo permitir yo, como venezolano. Señor Maduro, usted no me está regalando nada; mi pensión me la gané yo con mi trabajo, mis impuestos. Tampoco quiero que me den sus cajas CLAP, sus limosnas para que no me muera de hambre.

La caja CLAP —Comité Local de Abastecimiento y Producción— es un paquete de comida que el gobierno entrega a los necesitados. Una que vi tenía harina y leche en polvo importados de México, frijoles y aceite de Argentina, arroz de Brasil, ketchup del Perú y fideos de algún lugar indescifrable: la caja CLAP es un canto a la unidad latinoamericana o un testimonio bruto de la incapacidad de Venezuela para producir sus propios alimentos, el castigo de un país que creyó que le alcanzaba con cosechar petróleo. El testimonio de un fracaso o de un fraude: dicen que hay amigos del gobierno que han hecho fortunas con las importaciones de esas comidas de socorro.

—A mí esas dádivas me ofenden. Yo trabajé toda mi vida; no quiero vivir así, a merced del estado. Y ese carnet es otro abuso. Te dicen o estás conmigo o te mueres. Yo no quiero ninguna de las dos.

El carnet de la patria es una tarjeta de identidad —su foto, sus datos, su código QR— que lanzó el gobierno en 2017 y que sirve, en principio, para acceder a los repartos oficiales: cajas CLAP, remedios, las pensiones.

—No señor, no los quiero. Pero lo peor es que todos se van. Todos, los mejores. La juventud nuestra se nos va, en cuanto pueden se nos van. Así no va a quedar más nada.

Meses atrás su vida era un infierno, dice: que de verdad desesperaba. Todas las noches se despertaba a las dos, se lavaba la cara si había agua, desayunaba si había algo, se sentaba a rezarle a sus vírgenes durante tres o cuatro horas. Hasta que la Santa Madre de Dios, me explica, oyó sus ruegos:

—Esa entrevista que me hizo ese canal no vino sola; vino por la ayuda de ella, que nunca deja de cuidarme. Viendo las condiciones críticas que yo tenía me dio esta luz para que siga viviendo. Y yo le doy las gracias, y si ustedes están aquí ahora es por su santa intercesión.

Me dice y se persigna. Yo nunca, hasta ahora, había sido un milagro: intento disfrutarlo, no sé si lo consigo.

—Todos los días le pido a la Virgen que se vayan estos directores, que se vaya Maduro, que se vaya Cabello, y no me cansaré de pedírselo, ya tienen que llegar. Dios no nos puede fallar a los venezolanos. ¿O será que tanto lo ofendimos?

*   *   *

Somos privilegiados: abrir un grifo y tener agua, apretar un botón y tener luz, entrar a una farmacia y obtener un remedio, salir a la calle y llegar a algún sitio. La humanidad tardó milenios en lograrlo —y ahora, tan breves de memoria, nos parece la vida natural.

(Vivo, estos días, en un apartamento de un barrio acomodado del Este de Caracas así que tengo, en el lavadero, un tanque de agua. O sea que durante la media hora al día en que mi edificio debería recibir agua mi tanque la recoge —si llega— y yo puedo usarla cuando quiero. Es un privilegio: muchos, sin tanque, deben organizar sus vidas alrededor de los horarios —siempre inciertos— del agua. Yo tengo; entonces para lavarme las manos debo subir al lavadero, encender la bomba del tanque, esperar que cargue, bajar al baño, abrir el grifo, esperar que llegue el agua, lavarme, cerrarlo, subir al lavadero, apagar la bomba: una operación de unos cinco minutos para hacer eso que, en nuestras casas, tarda medio.)

El lujo más antiguo es manejar tu tiempo —y lo olvidamos. Siempre fue: durante milenios los que podían pagaban o poseían personas que lo hacían por ellos. Después construimos infraestructuras y máquinas que lo hacen por nosotros: desde una conducción de agua que nos evita ir hasta el pozo hasta una conexión rápida a internet que nos evita pasarnos un minuto esperando que baje una foto. En los países pobres, en los países en crisis, esos esfuerzos y esas esperas vuelven, y recuerdas que tu vida es puro lujo.

(Pero ya conseguí tener plata. La solución fue casi simple, retorcida: le di dólares a una amiga —llamémosla Valeria Zapata— y ella se los dio a su dealer y su dealer le transfirió bolívares a su cuenta de banco y ella, entonces, me prestó su tarjeta de débito cargada con los bolívares provenientes de mis dólares. Así que podré pagar mis propios cafés, mis taxis, mis comidas, siempre que nadie quiera saber por qué me llamo Valeria.

No lo harán, por supuesto: no pregunte, no cuente, no deje que le cuenten —decían los cubanos en sus tiempos.)

*   *   *

Elisabeth tiene 54 años, un marido, seis hijos, varios nietos. Aquella noche, hace ya tanto, se despertó sobresaltada. En la calle había ruidos, voces, pasos; miró, con miedo: vio soldados con la cara pintada, las armas en la mano. Salió al zaguán; uno de ellos le dijo que estaban peleando por el pueblo y ella les preparó café. Las dos tazas pasaron de mano en mano hasta llegar al muchachón que los mandaba; él las probó antes de dejar que ellos las tomaran, por si acaso. Más tarde, por la tele, la señora sabría que se llamaba Chávez, que era teniente coronel, que su motín había fallado. Pero ella no lo olvidaría, dice: que esa noche le cambió la vida para siempre.

—Yo ahí comencé a seguir sus campañas, todo lo que hacía. Yo tengo la dicha de tener un nieto que nació el 28 de julio…

La miro, no entiendo, me explica que es el día del cumpleaños del comandante y que Abrancito nació con problemas pero que Chávez le mandó todo lo que necesitaba: operaciones, remedios, leches, fórmulas.

—Entonces ¿cómo olvidar a ese gigante, a ese hombre tan hermoso, tan dado con su pueblo como fue mi comandante Hugo Chávez?

Dice, y se emociona y llora. Elisabeth tiene una camiseta de colores, un bluyín muy lavado un poco roto, algunos dientes. A su alrededor, la Capilla Santo Hugo Chávez del 23 es un kiosco de cemento pintado de azul, techo de chapa, con su nombre en el frente; adentro, retratos del comandante y muchas vírgenes, cristos, angelitos diversos. Elisabeth es sargento segundo de la milicia «por honores y méritos, por haber estado con mi comandante ese 4 de febrero», y cuando sale con sus milicianos prueba primero cualquier bebida o comida que ellos tomen, como lo hacía el comandante: el primer deber de un superior, me explica, es proteger a sus soldados; así, sus soldados van a quererlo y respetarlo más que a nadie.

—Y yo trato de ser como mi comandante, por eso es que me eligieron para ser guardiana y custodia de esta capilla, que se creó mientras él estaba acá al lado, en la capilla ardiente, para que el pueblo le pueda traer sus ofrendas, sus plantas, su cafecito a la mañana.

Elisabeth se seca los sudores; pasa un chico y la saluda y le pide su bendición: su bendición, por favor, Abuela Golda.

—¿Y ustedes le pueden pedir cosas?

—Sí, uno habla con mi comandante y le pide, porque podemos estar cien por ciento seguros que él se encuentra a la diestra de Dios Padre. Uno por ejemplo le pide que ayude a alguien, como a esta muchacha…

Dice, y me cuenta la historia de una enfermera que tuvo un accidente de tránsito y le dijeron que no volvería a caminar y le rezó mucho y le decía Chávez ayúdame yo quiero caminar yo cómo hago esta revolución desde la cama, y que ella se aferró tanto al comandante que un día se levantó y empezó a caminar y después se lo agradeció con una placa en la capilla, me dice Elisabeth. Después me muestra la imagen del Cristo de la Grieta: es el Cristo al que Chávez en sus últimos días le pidió unos días más: «Dame tu corona Cristo, dámela, que yo sangro, dame tu cruz, cien cruces, pero dame vida, porque todavía me quedan cosas por hacer por este pueblo y por esta patria, no me lleves todavía…», dijo Chávez entonces, llorando, conmovido, y ahora Elisabeth llora al recordarlo, retoma la plegaria, dice que ahora son ellos los que deben cumplir con su legado.

—¿Qué es lo mejor que hizo Chávez por su pueblo?

—Dar su vida. Dar su vida por su pueblo. Esa vez que él se inmoló, que salió a mojarse, que todos lo querían tapar pero él dijo que no, que si el pueblo se estaba mojando él también se iba a mojar y ahí él dio su vida, porque era un hombre muy del pueblo, demasiado humilde era… pasarán más de mil años, muchos más, para que tengamos otra vez otro Chávez.

La foto es muy famosa: durante su última campaña, debilitado por el cáncer que lo mataría meses después, Chávez sale a la tarima bajo una lluvia que lo llena de drama.

—Mi comandante nos dejó la salud. Antes nosotros no teníamos cómo conseguir un médico, porque era dinero que no teníamos. Y nos dejó alimentación, ahora nos traen la comida a la casa, viene un camión y nos trae las cajas de comida, lo único que falta es que nos la cocinen.

—¿Y por qué hay todos esos problemas con la escasez y la inflación y todo eso?

—Bueno, miamor, esa es la guerra económica que nos están haciendo, que por eso están las cajas CLAP para combatirla. Ahorita desgraciadamente no estamos recibiendo ni carne ni pollo, pero sí recibimos los sustitutos, que son los granos, los enlatados…

—¿Quién está haciendo la guerra económica?

—Los grandes empresarios, que les importa más llenar su bolsillo que el estómago del pueblo. Lamentablemente ahora hay muchas personas del pueblo que se dejan convencer por personalidades de la oposición, que no quieren entender que es una guerra económica. Los convencen con el estómago, les dan comida y los convencen y se están dejando cambiar por el estómago.

Dice, abolerada, y me da un gajito de una planta de incienso del santuario. Cien metros más allá está el Cuartel de la Montaña, donde lo enterraron.

—Cuando el comandante parte físicamente le construyeron este monumento en unos días, aunque todavía estamos trabajando en su reposo.

Me explica una mujer con uniforme, guía del cuartel. Los restos de Hugo Chávez están en ese patio cuartelero recubierto de mármol; alrededor de su catafalco hay cuatro soldados vestidos de soldados de Bolívar, inmóviles, marmóreos, y más alrededor hay banderas y escudos, caras de próceres, vírgenes y santos; más allá, la ciudad y los cerros. La guía habla de su partida, de su cuerpo sembrado, de su sacrificio inolvidable por su pueblo; en media hora de cháchara no conjuga la palabra muerte.

Lo que no se puede decir, dijo el vienés, hay que callarlo.

* * *

—¿Ves que aquí es fácil ser feliz?

Me dice Andrea Hernández, la fotógrafa, porque acabo de pagar, por primera vez, un café con mi tarjeta de débito y me siento todopoderoso.

—Uno aprende a disfrutar de esos pequeños triunfos. O, por lo menos, a darles importancia.

Caracas me sume en una especie de austeridad ecololó monástica: recuperar la noción del valor de las cosas. Usar, digamos, menos papel higiénico porque cada hojita importa y quién sabe cuándo voy a tener más; usar, por supuesto, menos agua porque hay tan poca agua; usar, faltaba más, de otra manera el tiempo. Entender que realmente despilfarramos tanto; entender que no lo precisamos; entender que muchos otros sí, desesperadamente.

No te preguntan cuánto vas a poner; a nadie se le ocurriría contestar 10 litros, 20, 30. Te llenan el tanque sin decirte nada, porque un litro de gasolina cuesta un bolívar fuerte, o sea: 50 litros cuestan 50 bolívares fuertes, o sea: 0,00005 bolívares soberanos. Es decir que con un soberano se podrían llenar 2.000 tanques; con un dólar —que hoy, aquí, vale 400 soberanos— se podrían llenar 800.000 tanques. Va de nuevo: con un dólar se podrían colmar de gasolina 800.000 coches.

El problema es pagarlo. Ahora Andrea le da al bombero —el empleado de la gasolinera— tres soberanos: son el equivalente de 300.000 bolívares fuertes para pagar un gasto de 50. La propina sería generosa si no fuera otra entelequia: esos tres soberanos tampoco sirven para nada.

—Yo ayer cuando cargué en lugar de pagarle con dinero le di un bolígrafo. El bombero estaba contento, me lo agradeció.

Me contó después un amigo.

—Bueno, yo cuando lleno la moto a veces le doy un cigarro, dos.

Me explicó otro. Como quien dice que las cosas no tienen valor, solo tienen un precio.

Son las lecciones de Caracas. Y que los grandes servicios públicos a los que estamos acostumbrados en nuestros lugares tienen, entre otros, un efecto igualador: casi todos accedemos a esos insumos básicos. O, mejor: la penuria es injusta —y aquí se ve muy claro. No hay agua, pero los ricos pueden instalar un tanque en sus casas y recogerla cuando llega y usarla cuando quieren; no hay luz, pero los ricos pueden comprar y alimentar grupos electrógenos; no hay comida a los precios controlados, pero los ricos pueden comprarla en los supermercados donde se vende a cualquier precio. O, incluso, en otros sitios.

*   *   *

La señora Marisol no compra casi nada en Venezuela; todo lo que no sea fresco lo encarga por internet en Estados Unidos: leche, azúcar, harina, mermeladas, arroz, fideos, lámparas, detergentes, mangueras, clavos, trapos. Y para el resto usa su huerto, sus gallinas y sus bachaqueros —o proveedores informales. En el medio de su jardín hay una casita, modelo a escala de la principal:

—Era una casa de muñecas que les hicimos a las niñas, se pasaban las horas y las horas jugando ahí adentro.

—¿Y ahora?

—No, ahora la usamos para almacenar comida.

La señora Marisol está a punto de cumplir 80 años y se mueve con soltura y elegancia, la sonrisa en los labios muy de rojo; desde las grandes galerías de su casa en lo alto se ve todo Caracas, casi todo su cielo. La señora viene de una familia que viene, a su vez, de la Colonia. Su padre fue ministro y tuvo que irse de Venezuela varias veces, vaivén de los gobiernos: la familia pasó unos años en Los Ángeles, otros en Madrid.

—Nos llevábamos los carros en el barco, los perros, los equipajes… Antes todo era como cómodo.

Antes la señora viajó mucho, y todavía: en los salones de su casa hay muebles chinos, indios, coreanos, españoles, keniatas, japoneses.

—Yo conozco el mundo entero. Antes lo hacíamos con mi marido, ahora lo sigo haciendo con mis hijos. Ahora nos vamos a Corea y Japón a celebrar mis 80 años…

—¿Su vida cotidiana cambió, estos últimos años?

—Sí. Yo soy una viuda de las de antes, yo no brinco. Pero igual me habría gustado seguir yendo al club, al cine, y no salgo porque me da miedo. Yo no tengo chofer. Tengo un carro blindado pero… mientras esté adentro. Una vez yo salía del Sebin, que había ido a visitar a un preso, y siento que el carro va como ladeado.

La señora va, cada tanto, a visitar a esos policías que quedaron presos en 2002, cuando el golpe anti-Chávez, por custodiar a los manifestantes que salieron a celebrar su caída. Tiene, dice, una deuda de gratitud con ellos, no puede abandonarlos. Pero esa vez se llevó un susto:

—El coche iba ladeado, un caucho roto, y en eso me veo a dos motorizados a mi lado, la cara así, con dos revólveres. Qué haré, qué debo hacer. Entonces llamo por teléfono a un sobrino, porque mis hijas estaban de viaje. No te pares, me dice, sigue a ver si aparece algún policía. Tardó, no sabes lo que tardó. Ahora blindé también los cauchos. Pero igual me da miedo salir, yo ya no salgo. Voy a las casas de mis hijas, que están aquí mismo, en la urbanización.

Su otra hija está en Nueva York; de sus nueve nietos, siete viven en Estados Unidos, y el octavo está a punto de irse. Le quedará, por algún tiempo, uno.

—Casi todos tienen pasaporte americano. Para irte bien tienes que tener otra nacionalidad; si no, vas a tener que ir para Sudamérica, donde vas a estar como un paria. Si quieres ir a Estados Unidos, a Europa, necesitas tener un pasaporte.

La señora, además, convirtió su piscina en un tanque de agua: lo han hecho en muchas casas ricas. Y ahora varios de sus vecinos son miembros enriquecidos del gobierno o sus parientes o sus socios.

—Mientras ellos sigan gobernando no se va a arreglar nada. Algunos dicen que hay que castigarlos; yo digo que no. Yo me ofrezco a llevarlos con mi carro al aeropuerto, les hacemos una despedida, los mandamos en primera y que se lleven todos sus reales, pero que se vayan. Así podemos arrancar a componer este país.

Las guacamayas van llegando con el atardecer, se anuncian a los gritos, se instalan en el jardín exuberante. El sol se pone sobre las montañas y la belleza es despiadada.

*   *   *

—Mientras peor está, más te provoca quedarte, porque te sientes responsable; sientes que lo que puedas hacer, por poco que sea, se hace más necesario todavía.

Me dice Verónica. Caminamos por un pasillo tenebroso; Verónica tiene 22 años, está terminando medicina en la Universidad Central de Venezuela y hace prácticas en su Hospital Clínico, uno de los más prestigiosos del país. Sus pasillos no tienen luz, sus servicios no tienen agua, sus médicos y sus pacientes no tienen algodón, vendas, agujas, medicinas.

—Y ni siquiera te dejan traerlos. El año pasado una amiga mía que vive en España me mandó muchas cosas. Yo tenía miedo de que si las traía me iban a parar a la entrada y me iban a acusar de vaya a saber qué, así que las repartí entre los compañeros y las fuimos entrando de contrabando.

El hospital es un edificio espléndido, obra del mejor arquitecto venezolano del siglo pasado, Carlos Villanueva. Supo tener más de mil camas ocupadas y ahora no; hay muchas salas grandes luminosas, vacías, con viejas camas destartaladas arrumbadas, vacías. Y los pasillos oscuros y en los pasillos muchas puertas cerradas despintadas y sobre algunas puertas un cartel escrito a mano: «Ojo, Contaminado». Lo que está lleno son las escaleras: los ascensores no funcionan y los pacientes no tienen más remedio que subir a pie: obstetricia, digamos, piso 10. En las pocas camas ocupadas las pacientes usan sus propias mantas, sus jeringas y gasas, su comida. Las cifras son confusas —aquí todas las cifras son confusas— pero datos del Ministerio de Salud dicen que la mortalidad materna e infantil se multiplicó varias veces en los últimos años.

Una Encuesta Nacional de Hospitales —noviembre de 2018— informó que el 43 por ciento de los laboratorios hospitalarios está fuera de servicio, igual que un tercio de los equipos de rayos y de ecografías y de las camas de internación. Y todos saben que conseguir medicinas es una lucha a muerte.

Más allá, los demás edificios de la universidad emergen de su bosque: el conjunto —también de Villanueva— fue declarado Patrimonio de la Humanidad. Audacia moderna de los cincuentas entre árboles de todos los tiempos, esculturas, murales, docenas de miles de estudiantes, docentes que migran porque ya no les pagan. O, mejor: cobran sueldos que son un chiste o una burla. Ahora anunciaron que el salario mensual de un profesor subiría a 5.000 soberanos: unos diez euros. Según las carreras, entre el 40 y el 80 por ciento de los docentes dejaron sus puestos en los tres últimos años.

En el hall de la facultad de Ciencias Económicas hay muchachos y muchachas que comen su vianda, charlan, leen, usan sus «canaimitas»: es el ordenador que repartía el gobierno. Son pequeñas, blancas, nada sofisticadas, pero permitieron que miles y miles accedieran a la máquina por primera vez. En un costado hay una puerta con un cartel de plástico que dice «Caballeros» y, encima, otro de papel: «Favor no utilizar el baño. No hay agua». Al lado, en una cartelera, hay un dibujo impreso: «¿Qué siente al ser considerado uno de los investigadores más importantes del país?», le pregunta, micro en mano, un periodista a un señor de bata blanca, que le contesta: «Hambre».

* * *

—Sí, no te voy a mentir. Aquí también tenemos tres comedores populares, para los niños que las mamás no tienen… Ahorita atendemos a setenta chamos de aquí del urbanismo, que tú ves que si desayunan no almuerzan, o si almuerzan no cenan… Son muchachitos de pobreza extrema, con su cuadro de desnutrición, flaquitos flaquitos.

Dice Francisco, y la voz se le quiebra.

—Hace dos años tenía once comedores, porque les dábamos a todos los niños hasta los 13 años, que ninguno se quedara sin comer. Ahora, como todo se reduce, solamente podemos atender a los más vulnerables.

Francisco es fornido, moreno, cincuentón, el pelo cano muy al ras, y es el «vocero» —el jefe político— de los dieciocho conjuntos de viviendas populares de la parroquia El Paraíso, en el oeste de Caracas. Son unas cuatro mil familias que ocupan los edificios construidos por la Misión Vivienda del gobierno chavista: cada conjunto se llama, en su lengua de batalla, un «urbanismo».

—Y no te imaginas, compañero, los líos que se pueden formar entre tantas personas. Solo para convencerlos de que limpien la basura es una lucha. Con lo sabroso que es tenerlo limpio…

La Misión Vivienda es una movida fuerte de estos años: solo en Caracas hay ciento veinte conjuntos —y todos ostentan en el frente la enorme firma de Hugo Chávez, diez, quince metros de alto. Son edificios entre cuatro y doce pisos; los más viejos todavía parecen soviéticos, los más nuevos ya parecen chinos. Están por toda la ciudad, incluso en las zonas de grandes oficinas de las grandes avenidas: hay quienes dicen que el gobierno lo hizo para cambiar la relación de fuerza electoral en esas zonas; lo cierto es que muchos miles de personas consiguieron un techo.

Francisco vive aquí, en el urbanismo La Fuente, nueve edificios bajos, las azoteas ocupadas por pequeñas plantaciones. La «agricultura urbana» intenta remediar la falta de alimentos frescos: son bandejas de madera donde crecen, modestas, remolachas, cebollas, pimientos, fresas, tomates, rábanos. Francisco me cuenta que le costó mucho recuperar esos espacios, que al principio los muchachos del urbanismo los usaban para hacer sus cosas:

—Era una bulla imposible, aquí no se podía vivir. Los venezolanos son muy bochincheros, muy rumberos, y la cosa se fue para otro lado, había mucha droga, mucha broma, prostitución, los chamos con pistolas, hubo que pararlos.

Y que se resistieron y lo amenazaron con sus armas pero él les dijo que también venía de un barrio y que si tenemos que matarnos vamos a echarle pichón, dice que dijo, y que echarle pichón significa cruzarse a balazos.

—Acá el presidente Chávez nos dio una vivienda digna para vivir viviendo, no para vivir muriendo.

Dice Francisco.

En su vida anterior, Francisco pintaba y montaba carteles de publicidad: vivía casi tranquilo en El Valle, un suburbio de Caracas, hasta aquella noche de tormenta en que todo cayó: en 2010 la montaña se tragó miles de casas, y la suya. Tres años pasó Francisco de refugiado en un cuartel con su esposa y tres hijos. No fue fácil, dice: compartían el cuarto con otras cincuenta o sesenta personas y las colas en el baño, las peleas, las normas militares, el toque de queda al caer la tarde.

—Estaba jodida la vida ahí, compañero. Pero el hombre se acostumbra a cualquier cosa.

Poco a poco los urbanismos, proyectados para sacar a la gente de los barrios más pobres, se fueron llenando con las víctimas del desastre natural.

—Y también hubo algunos que aprovecharon la oportunidad y se colearon. Y hay gente que tenía la necesidad y todavía está esperando.

Francisco trabaja con los ministerios para distribuir en toda la parroquia, donde viven veinte mil familias, las cajas CLAP, los huevos, el queso, un tratamiento médico, una silla de ruedas, los remedios escasos.

—Acá tenemos gente de oposición, contrarrevolucionarios, pero yo también tengo que atenderlos, es mi trabajo. Ellos también son venezolanos, son seres humanos.

—¿Pero si viene un chavista lo atienden mejor, o no?

—Bueno, claro, claro. Pero tenemos que atender a todos, sus medicinas, su comida, que ahora está difícil por la guerra económica. A todos los atendemos, porque la revolución es así.

Su móvil suena mucho: Francisco tiene un bluyín gastado, las zapatillas blancas, piernas y brazos cortos, la panza poderosa. Me dice que cobra un sueldo por su trabajo político pero que no es mucho; lo bueno, dice, es que «en el estado mayor nosotros tenemos nuestros beneficios, una cajita CLAP, un combo de las verduras que van llegando, el pescado, el queso». Y los fines de semana lo completa preparando las cremas para una heladería de la zona. Francisco no descansa: se pasa todas las horas trabajando, dice, por la revolución, y recuerda todos los comités y reuniones y gestiones y encuentros y al fin me dice que también tienen las UPDI, Unidades Populares de Defensa Integral:

—Sí, son unos cuerpos de milicia, jóvenes y mujeres preparados para la hora de un ataque, a ver cómo podemos combatirlo. Acá tenemos un batallón de cuarenta personas que se están preparando, como en cada urbanismo, en prácticas de tiro, en la salud, en la logística, por si llega un ataque.

Francisco me explica que los tienen bloqueados, que por eso faltan medicinas y comida, pero que Venezuela es un país muy noble y que están preparados para lo que sea.

—La cosa no está fácil. Yo tengo fe que esto va a mejorar, que vamos a salir de esto, que vamos a tener un buen proceso revolucionario si Dios quiere.

Dice, y que ahora están haciendo un trabajo de convencimiento, porque hay gente que está confundida, que la oposición les lavó el cerebro.

—Te dicen que eran chavistas pero no son maduristas. O te dicen que ahora no son ni chavistas ni opositores. Aquí tengo personas que han vendido sus viviendas. ¿Cómo tú vas a vender una vivienda que te han dado porque la tuya se había caído en la tragedia, compañero? Pero ya tenemos como veinte familias que se han ido del país y algunos han dejado sus viviendas cerradas, guardadas, y mientras hay gente que las necesita, chavistas comprometidos que darían la vida por una vivienda.

Veinte familias sobre ciento cincuenta es más que el diez por ciento de migrantes que se calcula en el total del país en los cuatro últimos años.

—Y todavía hay muchos temas que tenemos que resolver, claro. Tenemos el tema de la basura, que nos está comiendo, y el tema del alumbrado, el tema del agua, de la alimentación, de los asaltos, que ahí enfrente los otros días unos malandros en una moto mataron a un muchacho del urbanismo, aquí, como en la puerta. Ese es el problema que tenemos en Venezuela, acá se mata demasiado. Para sacarte un teléfono, una platica, van y te matan. No sé, será porque somos así, que no nos gusta trabajar, que queremos conseguir todo más rápido, más fácil.

* * *

Son dos ciudades, una ciudad partida. En 2017, cuando las protestas y peleas que duraron semanas, buena parte del trabajo de la policía y los «colectivos» chavistas consistió en cuidar la frontera: cerrar el paso a los manifestantes para que no pudieran llegar al centro, confinarlos en su zona rica, impedirles contaminar el resto.

Y la división se mantiene en los tiempos de paz: el Este es «sifrino» —pijo, gomelo, fresa, cheto— y el Oeste es popular o, por lo menos, ese es el esquema. Una ciudad partida en dos, tan dividida.

—Buenas noches, miamor. ¿Qué te apetece?

Aquí todos dicen miamor todo el tiempo, pero supongo que no es nada distintivo: a veces sospecho que en Caracas todos dicen miamor todo el tiempo. Aquí hay palmeras, sillas de diseño, esa música de la que solo se oye el bumbumbum, inundación de rubias, monitores con un juego de béisbol y platos a 15 o 20 euros, la burrada.

—¿Qué te traigo, miamor? ¿Un whiskicito?

Hubo tiempos en que Caracas era la capital mundial del whisky: el lugar del mundo donde más whisky se bebía. Ya no es pero quedan, por supuesto, los reductos. Este restaurante-bar-baile para ricos en el corazón de Altamira intenta conseguir lo que suelen buscar estos lugares: simular que no están donde están, borrar rastros locales, llevarte al otro mundo. Aquí hay jovencitos que muestran a los gritos que a papá le fue bien, jóvenes que muestran que a ellos mismos. Aquí hay dinero más o menos viejo y hay, también, ese dinero nuevo que algunos fueron haciendo en estos años: son los «enchufaos», que se dividen en dos categorías: la primera generación de negocios con el estado —los «boliburgueses», que lucraron sobre todo en vida del comandante Chávez— y sus sucesores actuales, los «bolichicos», muchachos jóvenes que casi llegan tarde. Los dos comparten cierta base: la mayoría de sus negocios tiene que ver con trucos de importación y exportación y las cotas del dólar y los ardides con las mercaderías. Aquí abajo, en el sótano, dicen, hay un casino más o menos secreto donde se juegan fortunitas. Y abajo y arriba las mujeres: visibles, estridentes. Mujeres que se rematan con sus suplementos: el suplemento de colores en la cara, el suplemento de dorados en el pelo, el suplemento de volumen en las tetas, el suplemento de altura en los zapatos. Hay países donde triunfan las mujeres aumentadas: Caracas sigue siendo la capital de un país que ganaba reinados de belleza a fuerza de siliconas y quirófanos, un país donde a menudo el regalo de gala para la quinceañera eran dos o tres tetas.

—¿Hay punto?

Al fondo de la plaza hay una gran pintada que dibuja los límites: «Territorio chavista: aquí no se habla mal de Chávez. Tampoco de Maduro»; la firma un Movimiento Revolucionario 23 de Octubre, y la decoran banderitas nacionales. No está muy claro que se cumpla: la plaza está llena de hombres grandes, cientos de hombres grandes, caras y manos muy curtidas. Los hombres grandes hacen corros, hacen colas, duermen sobre sus bolsos, escuchan a un cantor llanero: el Pollito de Sanare les canta con su guitarra de dos trastes. Son trabajadores del petróleo que reclaman unos bonos que les debe la empresa nacional, Pdvsa, hace más de diez años. Dos me explican que esto del petróleo ya pasó, que ahora en el petróleo no hay trabajo, que se han tenido que ir al monte a cultivar, que sacan su maíz pero que el gobierno los obliga a venderlo a un precio que ni paga los gastos: que por lo menos se lo pueden comer y la suerte que tienen. Un vendedor vocea el café «solidario, socialista, revolucionario» pero tampoco vende mucho; unos muchachos reparten platos de plástico con sopa. El cantante llanero termina su canción, pide un aplauso para la cultura popular, pasa el sombrero; en un país sin billetes, hombres sin dinero le entregan al cantante su moneda.

—¿Hay punto?
—Sí, claro que hay punto.

El centro de Caracas es, me dicen, territorio chavista.

Una ciudad de caras en todas las paredes, sus dos caras y media: Bolívar, Chávez y un poco de Maduro pero siempre detrás de los dos grandes. Una ciudad que, como todas, exige aprendizajes. Veo, pintado en blanco y negro sobre un gran paredón, un dibujo que me parece abstracto, manchas negras sobre fondo blanco. Pregunto y Andrea y Álvaro, el conductor, se ríen: son los ojos de Chávez. Aquí, me dicen, están por todas partes; aquí no hay nadie que no los reconozca.
Aquí no hay nadie que no los vea mirarte.

Pero ya no hay perezas. Hace 40 años, cuando vine por primera vez, lo que más me impresionó fueron unos animales colgados de los árboles de la plaza Bolívar, la plaza central de la ciudad vieja. Los llamaban perezas —yo los llamaba marmotas— y eran unos medio monos que vivían en las ramas de esos árboles y se movían como si no se movieran: lentos, lentos, casi imperceptibles. Esos animales, entonces, me habían parecido una metáfora de algo. Eran tiempos felices: cuando la lentitud podía ser el problema. Ahora, en cambio, Caracas es una ciudad eléctrica, llena de personas que no pueden darse el lujo de tardar porque temen que alguien los alcance —y porque deben buscarse la vida todo el tiempo, a jornada completa.

En la calle hay basura, personas rebuscando comida en la basura.

Y no es fácil moverse: en Caracas no hay direcciones. No, por lo menos, en el sentido cartesiano que sabemos: un nombre, un número, un punto preciso. Te dicen sí, es en la calle tal cerca de la avenida cual, donde está esa ceiba tan grande, enfrente de la panadería —por ejemplo, aunque a menudo cae un árbol, un negocio cierra.

—¿Hay punto?

—Sí, claro, cómo no va a haber punto.

Punto es la palabra clave: así se llama el proceso de pagar con tarjeta. Todos lo aceptan, no hay otra manera. Y un quiosco de diarios, por ejemplo, que no puede permitirse el datáfono, se busca un negocio más o menos próximo que le cobre sus ventas. Pides el periódico, te escriben un papelito con el precio: 30 soberanos. Entonces caminas hasta el negocio, que te recarga un porcentaje: le pagas, digamos, 36, te firman el papelito, vuelves al quiosco, entregas el papel, te entregan el periódico; cinco minutos para comprar el diario.

El tiempo que se emplea —que se pierde— en hacer cosas que no eran necesarias: buscar jabón o mantequilla o huevos en cuatro supermercados diferentes, salir de casa una hora antes para tratar de conseguir transporte, correr a casa a la hora en que dijeron que darían el agua.

Una ciudad de personas con temores: personas que viven con el miedo de que se vaya la luz, de que no llegue el agua, que les rechacen la tarjeta, que el aumento del transporte los deje varados, que algo más deje de funcionar, que la comida se acabe de una vez por todas, que el gobierno decida vaya a saber qué, que esta noche en una calle oscura: que viven asustados, sin saber por dónde va a llegar, atormentados.

Que esta noche en una calle oscura o mañana en una clara: el temor siempre ahí. La ciudad es —por definición— un espacio de cruce, de mezclas, la espera de lo inesperado. Aquí lo inesperado es el terror y las mezclas se evitan. La paranoia callejera es discriminación en su estado más puro, más justificado: el paseante con miedo se siente —con razón, con razones— mucho más amenazado por un joven que por una vieja, por un oscuro que por una clara, por una capucha que por un traje de tres piezas. El miedo es discriminación en acto, racismo en acto, otra manera de partir el mundo.

*   *   *

En Catia hay huevos. En Catia hay miles de personas lanzadas a las compras de mañana de sábado, hay charcos en el suelo, hay basura en el suelo, hay docenas de vendedores en el suelo y hay gritos de vender y hay atropellos y hay búsqueda y hay huevos. Personas pasan con cartones de huevos, orgullosamente pasan con sus huevos, han comprado huevos. En mi barrio elegante no los hay; en Catia, un barrio obrero, hay huevos.

Me lo explican: los huevos tienen precio controlado. El cartón de treinta debería venderse a 120 soberanos —que hoy, esta mañana, son unos 25 céntimos de euro. Entonces los supermercados y otros comercios grandes no los venden a ese precio porque perderían plata y no pueden venderlos a su precio real porque los multarían o cerrarían. En cambio aquí en el caos los callejeros pueden venderlos a su precio, 800 soberanos. Es francamente ilegal pero funciona: todos salen con sus huevos en la mano. Alrededor hay mucha policía: pasean, se toman cafecito, charlan, fuman; hay quienes dicen que el gobierno permite este mercado negro en ciertas zonas populares para bajarles la presión, para darles un chance y conservar su apoyo.

—No, yo lo que soy es bachaquero.

Dice Bola. «Bachaquero» es una palabra clave en la Venezuela actual: la persona que consigue algún producto que revende más caro —y viene, dicen, de unas hormigas, los bachacos, que siempre marchan muy cargadas. Bola no tiene un puesto: vocea sus ofertas en la calle, y alrededor hay muchos como él. Bola tiene una camiseta de básquet roja y vieja, un fajo de billetes en la mano. Hoy Bola vende azúcar: compra el bulto de veinte paquetes a 4.500 soberanos y vende cada paquete a 270; hace 900 bolos por bulto, me dice; si tiene suerte, un sábado como este puede llevarse cuatro o cinco mil, casi tres sueldos mínimos.

—Pero aquí se pasa mucha roncha. A veces la policía te agarra, te quita la mercancía. A mí me agarraron tres veces, la primera me pasé quince días preso. Ellos siempre joden, pero lo que quieren es la vacuna, plata. Tú les das 50 a cada uno y ya te dejan trabajar tranquilo. Lo que pasa es que hay muchos policías…

Bola viene de Maracaibo, el gran centro petrolero, y lleva cuatro años buscándose la vida en Caracas. Ahora tiene una mujer —baja, los rasgos delicados, su cascada de pelo renegrido— y dos niños chiquitos. Hoy vende azúcar pero otros días harina, sal, aceite. Le pregunto dónde compra su mercadería y me dice que a «gente de arriba» y me sonríe y se calla. Le pregunto si gente del gobierno y me dice que sí con la cabeza, sin palabras. El manejo de los productos de la canasta familiar es uno de los privilegios de los colectivos, los organismos chavistas que aseguran el control del territorio en muchos barrios. Con ellos, sus jefes hacen dinero; con ellos, dan y quitan favores, manejan a sus huestes. «Es verdad que hay mucha corrupción, hay mucha indolencia y hay mucho burocratismo, hay mucho bandido por ahí aprovechándose de sus cargos para robar al pueblo», dijo en estos días Nicolás Maduro, su presidente.

–En lugar de hacer tanta fiesta, podrían levantar la basura.

Se queja una señora y otra asiente; anoche hubo, en la plaza de Catia, un festival de salsa. Yo, extrañamente, vine.

(Estoy rodeado de veinte o treinta mil de esas caras que me han enseñado a considerar una amenaza. Bajo los árboles, la luna llena, la estatua ecuestre del mariscal de marras, en la plaza Sucre suena salsa: un festival organizado por la alcaldía de Caracas ha convocado a todos estos miles. Nos rodean cientos de policías vestidos de camuflaje verde y casco negro; la mitad son mujeres. La plaza Sucre es el centro de Catia, mis amigos le temen. Ahora, a mi alrededor, los miles bailan, se ríen, se emborrachan, bailan, se miran, se provocan –bailan. No todos son jóvenes; todos parecen pobres: bocas con dientes menos, las ropas rotas, esas caras. Nadie usa tacos ni zapatos; todo son zapatillas y sandalias. Si cualquiera de ellos apareciera en la cuadra de Altamira donde vivo, los paseantes apurarían el paso, buscarían un refugio.)

Y ahora estas señoras rezongan en la puerta del mercado. Es cierto que hay basura pero tiene un metro de alto, mugre de varias glaciaciones. En el mercado, en los pasillos poco iluminados, hay puestos que ofrecen por ejemplo ocho frascos de mermelada de mango, cuatro paquetes de fideos, cinco latas de maíz, un sobre de sopa de pollo, cuatro botellas de vinagre, dos de soja. Algunos tienen más, otros menos. Adentro del mercado el dueño de una fiambrería me dice que cada vez tiene menos que vender, y me lo explica: el gobierno dice que no puedo hacer más del treinta por ciento de beneficio, me dice, así que este queso que me cuesta 800 lo tendría que vender a 1040, pero de arriba nos insisten en que bajemos un poco, para que no caiga tan mal; por eso lo estoy vendiendo en 966, me dice. Y que el problema es que el lunes, cuando lo quiera reponer, va a costar treinta o cuarenta por ciento más y que entonces con lo que lo cobró no va a poder siquiera reponerlo. Y que así se va quedando con menos productos cada vez, que se está hundiendo.

Adentro del mercado, afuera, en las calles convertidas en mercado, miles buscan con su bolsa en la mano: ávidos, lo que encuentren. Si el dizque socialismo quería aminorar el peso del negocio consiguió lo contrario: aquí todos, casi todo el tiempo, están pendientes de comprar, conseguir, hacerse con lo poco que se pueda. La obsesión por el consumo tan difícil, la pelea por la mercancía.

—Yo tenía una alergia y la loratadina me salía tan cara que me compré la que venden para perros. No tuve ningún problema, me curé.

Hay perros, muchos perros: con la inflación, la falta de dinero, la emigración constante, cada vez más personas se deshacen de sus perros: más y más perros sueltos en las calles, una ciudad con animales.

*   *   *

Liesl Isler tiene 29 años y los tacos muy altos, el pelo una onda larga, los rasgos sin tropiezos, los ojos más celestes del Este de Caracas: miran fijo. Liesl se crio en una casa de clase media sin aprietos, fue a una escuela de clase media sin aprietos, aprendió inglés casi sin aprietos y cuando le tocó entrar a la universidad prefirió la Católica sobre la Metropolitana porque la relación calidad-precio era mejor. Corría 2007; quería estudiar periodismo pero sus padres le dijeron que, en un país con censura y presiones a la prensa, no valía la pena; quería estudiar diplomacia pero sus padres le dijeron que, en un país donde los diplomáticos se nombraban a dedo, no valía la pena; quería estudiar economía pero se anotó en administración de empresas. La cursó sin gran interés, con ciertos intereses: en algún momento decidió que cuando fuera mayor quería ser gerente de producto en Procter & Gamble.

—¿Cómo puede querer eso una chica de 20 años?

—Es todo un desafío ocuparse de una marca, cuidarla, modificarla, conseguir que crezca. A mí me gustaba la idea.

Liesl era aplicada, eficaz: cuando se graduó la contrató una multinacional para ocuparse de un detergente conocido; en esos días ninguno de sus compañeros ganaba más que ella. Pero al cabo de un tiempo se cansó:

—No había muchas posibilidades de poner nada tuyo. Tenías que retomar las marcas como venían de la central. Las tropicalizabas un poco, les cambiabas un par de detalles y ya. Yo quería hacer algo más personal.

Así que renunció y estuvo un tiempo sin trabajo, hasta que se enganchó con la gente de Impact Hub, y se quedó. El Hub está en el piso 17 de una torre en el Este; desde allí se ven más torres y parques y montañas y avenidas y barrios de invasión; allí, en una docena de oficinas y dos o tres salones un centenar de jóvenes intentan emprender. La atmósfera es relajada milenial hipsterosa, cafeteras cool y dibujos en los muros, sogas, maderas y otras texturas naturales, las vistas, las revistas, mucho mac, mucho mug, mucho hug. En el Hub hay todo tipo de emprendimientos incipientes —y casi todos se basan en algo digital.

—Es un ambiente creativo, todos estamos buscando, intentando inventar algo, así que nos ayudamos, nos potenciamos los unos a los otros.

En el Hub, Liesl se asoció a otros tres y armaron una start-up que lanzó una tarjeta para pagar aparcamientos en una ciudad donde es muy difícil conseguir efectivo. Le digo que se benefició de la crisis nacional y no le gusta; me explica que no, que ese es un detalle, que siempre es difícil conseguir cambio para pagar las cosas y que además ahora se usa también para pagar lavanderías y que se ha extendido a Chile y que en un año ya consiguieron más de diez mil usuarios. Liesl está orgullosa de ese invento y de otro, Aloha, que emprendió sola y consiste en un servicio de verificación para un banco online argentino.

—Ahí me presenté a una licitación y la gané. Mis precios eran más bajos.

—¿Por la diferencia de cambio?

—Claro, el valor del dólar acá es mayor que en el resto del continente.

Me dice —el marketing consiste en encontrar formas distintas de decir lo mismo, amables de decir el desastre—, y no le digo que otra vez aprovechó la crisis porque ya me está contando que tiene a veinte personas trabajando con ella y que los eligió para ayudarlos, que solo en su universidad en el último año desertó un tercio de los estudiantes, algunos porque migraron pero muchos porque no podían seguir pagando, y que ella les dio trabajo a varios y también a conocidos que no tenían dinero para importar las drogas oncológicas que aquí no se consiguen y que ella, por supuesto, quiere ganar dinero, que no es la Madre Teresa, pero que también quiere ayudar a los demás. Que si no, nada valdría la pena, dice, y me mira como para que apruebe. Yo apruebo, y le pregunto cómo usa la ciudad y me dice que poco.

—Poco, muy poco. Ahora la mayor parte del tiempo nos quedamos entre cuatro paredes. El transporte público no funciona, las calles no tienen luz, está el miedo de que te pase algo… casi todos los días nos quedamos en casa.

Dice, y que si acaso alguna vez se va a comer algo rico o al Parque del Este a correr un rato —que como va más gente no le da tanto miedo—, y que sigue viviendo con sus padres pero con suerte este año sí se va a mudar sola, si lo logra.

—¿Cuánto cuesta alquilar un piso para ti?

—Te vas a reír.

—Probablemente.

—Bueno, uno de soltera con dormitorio, salón, comedor, bien, todo bien, puede costar unos 200 dólares. ¿Ves que te ibas a reír? Lo que pasa es que eso aquí no hay quien lo gane.

—¿Y no piensas en irte?

—Mira, buena parte de mi familia ya se fue. Y yo pienso que saldré en algún momento, pero para volver. Yo quiero a mi país. No soy patriota ni nada, pero acá es donde me siento bien, yo quiero estar acá. Espero que se pueda.

*   *   *

La primera vez que vine a Caracas descubrí mi identidad nacional: yo tenía 21, vivía en Francia y nunca había oído hablar tanto de la argentinidad. Pero aquí, escocidos por la inmigración, me contaron infinidad de chistes de argentinos y recuerdo sobre todo el de aquel que se subía al cerro Ávila a ver cómo era la ciudad sin él. Ahora el Metrocable me lleva a una de esas cumbres, invadidas de barrios populares; allá abajo la ciudad es una mezcla de torres y casuchas y parques como selvas.

—Suba, si quiere, pero tenga cuidado. Mucho cuidado, jefe.

Los metrocables están demostrando su utilidad como medio de integración de los poblados más cerriles, los más pobres. Empezaron en Medellín y siguieron por La Paz, Bogotá, Quito; este, el que va hasta Mariche, un barrio de Petare, se inauguró en 2010 y recorre en el aire diez kilómetros sobrevolando bosques, barrios impenetrables. Los metrocables llevan y traen personas a lugares donde sería difícil poner un tren o una buena avenida. Y les da, dicen, a los más marginados la sensación de que su estado los recuerda. La cabina arranca rechinando: es una burbuja transparente con dos asientos enfrentados para cuatro personas cada uno; en uno de los vidrios una tal Ariany escribió «Los amo» y alguien más «Tengo hambre»; en el techo hay pintada una pistola. De pronto, en la mitad del trayecto, a veinte o treinta metros sobre ranchos y árboles, la cabina se para.

—No es nada, siempre anda fallando.

Me dice una de las señoras.

—Dicen que no le hacen mantenimiento, que no consiguen repuestos, usted sabe.

Dice otra. Somos ocho: dos chicos, su madre, tres mujeres más, un señor y yo. La cabina es transparente y el paisaje es sobrecogedor. La cabina se balancea despacio, desdeñosa. La madre cuenta que allá en el barrio hace cinco meses que no hay agua, que una vecina que tiene pozo les vende el balde a 50 soberanos y tienen que cargarlo a pie hasta sus casas. Después me recomienda que cuando llegue arriba no me baje, que vuelva enseguida y que mire muy bien con quién me encierro en la cabina.

—Yo con muchachos jóvenes prefiero no ir; nunca se sabe.

Dice y las otras dos dicen que sí se sabe, que les roban. De pronto, la cabina empieza a bambolearse y cae cinco, diez metros en segundos, el suelo verde cada vez más cerca, los huevos de corbata. Pienso —en un segundo pienso— que qué imbécil, que me habían advertido. Pienso —en otro pienso— que es una forma idiota de morirse. Al final para.

Me convencieron: por primera vez en muchos años no uso mi reloj. Hace días que salgo a la calle semidesnudo, timorato, tan lejos de mi espacio y de mi tiempo.

Yuri vive cerca de allí. Su casa está al borde de una cañada honda que revienta de verde, frente a un monte orgulloso. Urbanitas ricos de países ricos matarían por vivir en ese decorado, pero el rancho tiene paredes de ladrillos mal trabados, techo de lata, rajaduras, y Petare es una de las zonas más pobres, más peligrosas de Caracas. La tierra bajo el rancho se desliza al vacío y sus paredes se quiebran, el techo se desguaza. Le pregunto si entra agua.

—Bueno, cuando llueve.

Me dice; el aire de la mañana huele a flores y flores y basura quemada. Yuri tiene 37 años y su vida cambió por primera vez a sus siete, cuando aquel accidente. Hasta entonces, Yuri vivía feliz con sus papás, que trabajaban de porteros en un edificio de la zona rica de Caracas. Aquella tarde su tío había bebido demasiado pero igual quiso manejar:

—Es ese tipo de hombre que es machista, que no permite que las mujeres hagan nada, así que no quiso que mi tía lo llevara.

Aquella tarde su tío perdió el control del coche, se estrellaron, su mamá y su hermanito murieron, su papá quedó malherido; Yuri pasó su infancia en casas de parientes hasta que, a fuerza de llantos y pedidos, consiguió volver con su papá. Me lo cuenta y llora todavía.

—Él no volvió a tener mujer, se dedicó completamente a mí.

A sus 19 Yuri se embarazó de su novio José, tuvo una niña. Seguía viviendo con su padre; a sus 23 tuvo otra hija, a sus 25 su padre se murió de un cáncer fulminante. Yuri se fue a vivir con su novio, que trabajaba de barbero o de «motorizado»: mototaxi.

—Ya llevábamos años, pero ahí cambió todo. Cuando nos pusimos a vivir juntos él se hizo como quien dice dueño mío. Él sabía que era lo único que yo tenía y me mandaba, me empezó a golpear...

Yuri tenía unos miles de bolívares y pudieron construirse esta casita al borde de la ciudad, en esta zona tan temida. Yuri esperaba que las cosas se arreglaran pero no; cuando tuvo su cuarto hijo, un niño, ya no lo soportó: le dejó su rancho a su hombre golpeador, se fue con sus pocas cosas y sus niños a un pueblo de provincias y trabajó limpiando casas. Muy cada tanto, José iba a ver a sus hijos; al cabo de dos años, Yuri se enteró de que lo habían asesinado:

—Fue aquí mismo, en Petare, trataron de robarlo y lo mataron. A mí me pegó duro. Él había sido mi único amor, que él me pegara no quiere decir que yo no estaba enamorada de él. Yo me fui de la casa amándolo todavía...

Yuri decidió que era el momento de recuperar su casa: cuando llegó se encontró con que José la había vendido.

—Yo quería resucitarlo para matarlo.

Dice Yuri: que no podía entender lo que ese hombre le había hecho. Pero la casa era suya; Yuri fue a juicio, la peleó y al final pudo echar al comprador: ahora vive allí. Hace dos años consiguió un trabajo doméstico pero lo tuvo que dejar porque se gastaba el sueldo en el transporte; ahora cocina para un comedor infantil y sobrevive.

—Aquí el que está comiendo es porque tiene alguien afuera que le manda dinero. El que vive de un sueldo no come.

Yuri cuida a los dos hijos de una amiga que se fue a buscar la vida a Bogotá, y el perro de una comadre que se fue a trabajar a Chile; las dos le mandan lo que pueden.

—¿Y tú no piensas en irte?

—Sí, mi comadre insiste. Pero yo no me quiero ir de mi país a dar lástima a otros. Y además no me puedo ir para un país extranjero con cuatro hijos. Ni p'al pasaje me alcanza. Y no puedo irme y dejar dos hijas en plena adolescencia, me las voy a encontrar con una barriga. Yo quiero que estudien, que sean más que yo en la vida, que sean alguien, que puedan irse del país y trabajar en donde quieran, que cumplan con sus sueños. Ese es el sueño mío.

Sus dos hijas mayores van a un colegio a más de una hora de viaje: Yuri quiere que aprendan, y en el colegio de su barrio los profesores van muy poco:

—Acá los muchachitos ven tres o cuatro materias de las doce que tendrían que ver. Algunos profesores se fueron del país, otros no quieren trabajar porque no les pagan...

—¿Y quién tiene la culpa de que las cosas estén así?

—El gobierno. Bueno, una parte el gobierno y otra parte el pueblo, la clase baja, la que no tiene qué comer.

—¿Por qué?

—Porque el venezolano es un flojo, no le gusta trabajar. Le gusta que todo se lo den, fácil. Entonces Maduro te da un bono, que no te alcanza para nada pero te lo regalan. Te da la caja CLAP, que los productos que te dan no son buenos, pero es gratis. Así vivimos, con lo que nos regalan...

Yuri sonríe: hace unos días cumplió años y una amiga la invitó a ir a una discoteca: no sabes cuánto hacía que no iba a una, me dice. No sabes cuánto hacía que no me festejaba un cumpleaños. Yo le pregunto cómo se ve dentro de un tiempo, diez, quince años.

—A mí lo que me encantaría es irme del barrio. Me gustaría que mis hijos crecieran en una parte bonita, donde no se vea tanta pistola, donde no se vea drogas, donde no se vean niñas de once o diez años embarazadas. Pero no sé. El gobierno no te deja soñar. Mientras él esté ahí, yo voy a seguir estando aquí.

*   *   *

—No, yo soy venezolana. Muy venezolana. Nunca se me ocurriría creerme que soy de otro lugar.

Johanna Osorio tiene esa cara de no haber roto nunca un plato, los ojos negros redondos tras las gafas, pero no tiene dudas: es de aquí. Su madre llegó de Colombia en los setenta, en busca de una vida mejor. Con mucho esfuerzo consiguió que sus cuatro hijas estudiaran algo —aunque ninguna dejó de trabajar durante toda la carrera.

—Pero tuve una beca, pude estudiar. No sabes qué contenta estaba mi mamá.

Su primer empleo, hace seis años, fue en la sección deportes de un diario; cuando lo compró un empresario oficialista las primeras censuras la llevaron a cambiar. En un digital, después en otro, se fue especializando en investigación, en cuestiones sociales. Ganaba poco; ahora, con cierto reconocimiento y un buen puesto, le han aumentado el sueldo: ya gana casi cien dólares por mes.

—El problema es que cuando salgo de mi casa para venir a trabajar nunca sé a qué hora voy a llegar. Así no es fácil organizarse la vida.

A veces tarda una hora y media, me dice, a veces tres, según la cantidad de gente, las colas, las camionetas que circulen ese día: muchas están rotas porque no hay repuestos. Y que no usa el transporte público porque tiene miedo.

—Las particulares no son tan distintas, pero por lo menos les pasan un detector de metales a los que van subiendo, hay menos bromas.

Mientras, el negocio de su madre dejó de funcionar y su hermana mayor no consigue trabajo y tiene una hija de dos años.

—Cuando vamos a hacer mercado tenemos que cuidar cada cosa, pesar cada cosa, si antes podíamos comprar un kilo de papas ahora tenemos que contar las papas, dos papas, tres papas. Y si hay algo de proteínas, carne, pollo, todo es para la bebé. Y a veces nosotras comemos una arepita, dos…

«Jhender murió de hambre en abril de 2018, en el mismo hospital donde en 2013, año de su nacimiento, murió Hugo Chávez. Desde entonces, forma parte de una estadística que el estado venezolano intenta ocultar: la mortalidad infantil», empieza un reportaje demoledor sobre chicos con hambre que Johanna acaba de publicar en *El Pitazo*. «El niño era el quinto de seis hermanos, y tenía meses sin alimentarse adecuadamente. Cuando vivía en la periferia de Caracas, en Charallave, en el estado Miranda, con su mamá y su papá, Rafael Escalona, solo comían una o dos veces al día.»

Johanna está preparando su partida: en unas semanas se irá con su novio a Medellín. Ya lo está organizando: por 80 dólares cada uno pueden tomar un bus que tarda muchas horas hasta Táchira, en la frontera colombiana, y sigue aunque les rompan los vidrios a pedradas para obligarlos a parar y saquear lo que lleven. El bus, les dijeron, tiene una caja fuerte escondida para guardar el dinero y los objetos deseables, así no se los roban los ladrones o los policías. Y la empresa tiene sus arreglos: los pasajeros ni siquiera deben bajarse en la frontera, el chofer recoge sus pasaportes y se los trae sellados.

—Yo no quiero irme. Aquí hay tantas cosas que me interesan, que me importan, que querría contar. Y además está mi familia, mi mamá, mi sobrina, mis hermanas, yo las amo. Pero yo quiero que mi familia coma bien, que no tengan que pensarlo cada vez que quieren comprar medio cartón de huevos. A mí eso me duele mucho. Y la única forma de ayudarlas es irme. Desde allá espero poder mandarles 100 dólares por mes, y con eso sí van a poder comer todo lo que necesiten.

Johanna sabe —dice que sabe— que quizá tenga que trabajar de cualquier cosa, que ojalá sea periodismo porque el periodismo le gusta tanto, dice, pero que si tiene que ser otra cosa será otra cosa porque lo principal es mantener a su familia.

—¿Y piensas volver?

—Claro que pienso volver. Este es mi país, yo soy de aquí. Yo sé que alguna vez voy a volver. Cuando pueda, en cuanto pueda.

Dice y se interrumpe y unas lágrimas le ruedan por las gafas, y después sonríe:

—Todavía no me fui y ya estoy pensando en volver...

(Meses más tarde, el reportaje sobre el hambre infantil de Johanna Osorio y su equipo se ganó el premio Ortega y Gasset, que da el diario *El País* de Madrid, al mejor «cubrimiento multimedia».)

Venezuela era un país de mucha más inmigración que sus vecinos, y Caracas su centro: españoles, italianos, portugueses, sirios, colombianos, argentinos fueron llegando a lo largo del siglo pasado. Ahora tantos se van, buscan en otros sitios. Es el cambio más radical que sufrió en muchos años.

Al principio se iban los más ricos: a Miami y Madrid, sobre todo. Después, profesionales jóvenes atraídos por empleos en Estados Unidos, en Chile, incluso en Argentina. Y, últimamente también los más pobres, los que salen por tierra a Colombia, Ecuador, Perú, donde pueden. Desde la muerte de Chávez, cuatro o cinco millones —se discute— de venezolanos han dejado su país: uno de cada siete venezolanos se fue a buscar la vida a otro lugar, con todos los riesgos y zozobras que eso supone, porque ya no la encontraba donde siempre la tuvo. No conozco muchas afirmaciones más rotundas del fracaso de una sociedad.

Así que en Caracas hay miles de viviendas vacías, sobre todo en las zonas de clase media y alta. Algunos de los migrantes deben vender a precios viles a especuladores que aprovechan sus urgencias; entre los que pueden evitarlo, algunos alquilan sus casas, pero muchos tratan de no hacerlo, porque temen que sus inquilinos se atrincheren. Así que apareció una nueva ocupación: cuidador de viviendas vacías.

—Bueno, hay que ir con cierta regularidad, día por medio, una vez por semana, según, y limpiar, airear, abrir el agua, regar las plantas cuando hay, cortar el pasto, todo eso. A cambio el dueño te da algo, 50, 100 dólares, que aquí es mucho dinero.

Me dice Carlos, cuarentón, bancario sin trabajo. Hay personas que se ocupan de varias casas; más personas que, gracias a las partidas, solucionan.

La idea de que una organización social está hecha para durar es otro privilegio de países ricos sólidos. La provisoriedad es su contrapartida habitual en el Tercer Mundo, pero aquí es extrema: muchos, casi todos, más allá de elecciones políticas, te cuentan de un modo u otro la sensación de que esto que están viviendo es transitorio, que no debe durar, que pronto va a venir otra cosa. Por supuesto, esa cosa es distinta según quién, pero aquí nadie cree que esta vida de obstáculos vaya a ser para siempre.

—¿Y cuándo va a cambiar?

—Magínate. Hay que tener fe en Dios, porque esperanza ya no queda.

La partida —o la renuncia a la partida— es un tema central en Venezuela ahora. En aquella cena en la arepera tres periodistas jóvenes me contaban que se pasaron este año de despedida en despedida, que todos sus amigos ya se fueron, muchos de sus parientes, tanta gente, que ahora se ven con personas que conocieron en esas despedidas, amigos frankenstein, dijeron, armados con los restos, y yo les pregunté por qué seguían aquí. Helena me dijo que porque este era su hogar —e Indira y Luisa confirmaron:

—Yo me quedo porque este es mi hogar y no quiero que me boten del lugar al que pertenezco. Y también porque tengo un propósito.

—Bueno, también porque podemos.

—Sí, también porque puedo: tengo una familia que todavía me puede alimentar, me puedo dar el lujo de seguir viviendo mantenida. Porque si quisiera vivir sola no podría.

—Exacto. Sacrificamos nuestra independencia como adultos para permanecer aquí, pero aquí tenemos un propósito. Yo quisiera escribir más sobre lo que pasa en mi país.

—Yo me quedo porque aquí todavía me queda mucho que aprender.

—Y mucho por hacer.

—Sí. Y aunque parezca un poco absurdo, alguien tiene que mantener el chiringuito abierto mientras esto sigue. Si uno lo piensa ahora parece una bobada, pero yo sí creo que en algún momento alguien va a querer volver a esta tierra olvidada de Dios, y yo quisiera que haya algo para ellos.

—Además no hay nada más sabroso que pertenecer a algo. Ser un migrante duele.

—Bueno, estar aquí también es ser medio migrante.

—Sí, porque uno vive en una ciudad que no era la ciudad en la que vivía.

—Ni en la que creció.

—Ni la que era hace 24 horas.

Se reían: una ciudad que es suya y ya no es esa, una ciudad que tantos abandonan, una ciudad que les importa.

Una ciudad herida.

EL CONTINENTE CREYENTE

Somos católicos.

Ñamérica fue atrapada por la Cruz: armada por la Cruz.

Fue en nombre de ese instrumento de tortura vuelto signo que los reyes –Católicos– de España mandaron al genovés a buscar nuevos caminos; fue bajo su protección que Colón y los suyos soportaron la zozobra de echarse a un mar que parecía infinito; fue por su fuerza imaginaria que se creyeron con derecho a todo, más allá.

Y dos años después, cuando nadie sabía todavía qué tierras habían descubierto, fue en su nombre que se repartieron ese mundo sin saber qué repartían. En 1494 España y Portugal firmaron el tratado de Tordesillas por el cual un papa valenciano, Alejandro VI Borja o Borgia, se arrogó la autoridad de entregar a los portugueses la mitad oriental y a los españoles la occidental –y dio lugar a siglos de peleas.

La Cruz, entonces, conquistó.

Ella entregó a esos invasores ávidos golosos la excusa fundante, el Gran Relato: no avanzaban y peleaban y mataban para ocupar y rapiñar sino para traer a esos salvajes la buena nueva de la Fe Verdadera. La Cruz le dio a esa horda una meta presentable, un sentido de misión y, gracias a ella, se permitieron las conductas más horribles: al fin y al cabo, si sometían a esos salvajes era para salvarlos; para salvarlos les cambiaban la vida, para salvarlos los hacían sus esclavos, para salvarlos los mataban.

Y la Cruz, sobre todo, permitió a esas bandas lanzarse a lo imposible. No es fácil, ahora, pensarlos como lo que eran: grupitos de muchachones más o menos brutos tan lejos de sus casas, extraviados en lugares que no solo no conocían: que no se parecían a ninguno que conocieran, donde todas sus referencias habituales se perdían, donde la geografía era una incógnita absoluta, donde el clima y los animales y las personas los atacaban sin cesar, donde se encontraron con imperios e imaginaron que podían derrotarlos.

(Si hay un episodio de la historia que muestra la utilidad de la creencia es esa conquista: nada mejor para llevar a personas a hacer cosas imposibles. Sin esa fe ciega –¿puede la fe no serlo?– es imposible entender empresa tan irracional. A veces me pregunto si tendrían conciencia plena de lo delirante, lo impensable de sus objetivos. ¿O por alguna razón que se me escapa los verían normales? Insisto: la única forma de lanzarse a semejante despropósito era sentirse destinados, enviados a esa tarea por un Ser Superior omnipotente que aseguraba su éxito final. Eso es la fe: personas que renuncian a su condición de personas para pasar a ser instrumentos de algo superior, que los hará hacer cosas muy superiores –muy inferiores– a las que puede hacer una persona. En cualquier caso, esos muchachos brutos demostraron la posibilidad de lo imposible. Sean realistas –pintaron, cinco siglos después, otros en París.)

Sin la Cruz, está claro, aquellos muchachones jamás se habrían quedado con América.

La creencia permite ganarse todo eso –y perder más. Fue, también, la creencia de muchos locales la que ayudó a que perdieran tanto. Moctezuma, el potentísimo emperador azteca, bajó sus defensas porque creyó que ese invasor que marchaba hacia su capital era el dios Quetzalcóatl. Había habido presagios anunciando su retorno y, además, Quetzalcóatl era, como los invasores, barbudo y blanco. Algo similar pasó en Perú; los imperios que perdieron Ñamérica a manos de unos aventureros los perdieron porque creyeron tonterías.

Porque no sabían cómo entender la llegada de esos hombres raros, sus barcos, sus caballos, arcabuces, y recurrieron a la función más clásica de cualquier religión: explicar lo inexplicable.

Sus religiones les explicaron qué pasaba –qué pecados estaban expiando– pero el precio de la explicación fue la derrota: sin ese mito, seguramente habrían conseguido rechazarlos. Lo cual no alcanzó para apartarlos de la superstición: cuando podrían haberlo intentado muchos estaban muertos –y el resto, en general, se entregó a la que había vencido.

La Cruz permitió la ocupación de todo un continente –y al mismo tiempo ganó tanto. Sin Ñamérica, la iglesia de Roma habría seguido siendo un fullero entre muchos. A principios del siglo XVI, cuando Europa todavía era un extremo lejano del gran mundo, su iglesia principal tenía más o menos la misma cantidad de seguidores que los musulmanes, hinduistas, budistas, confucionistas. Sus intentos de expansión hacia el Oriente no habían funcionado; lo que la convirtió en una religión «global» fue esa conquista.

Somos católicos
(y eso explica muchas cosas)

Después, durante esos tres siglos que nos resulta tan fácil olvidar –como si, entre la Conquista y la Independencia, la historia de Ñamérica se hubiera detenido–, la Cruz les permitió gobernar sin más cuestiones. Toda la justificación estaba allí: porque Dios lo quería, porque Dios lo había mandado, porque Dios. Las leyes y las normas eran incuestionables: eran Su voluntad, de Él provenían.

Es difícil imaginar, desde este mundo algo más secular, la fuerza de una institución y de una ideología determinando cada momento de las vidas. Una ideología que definía a quién debías obedecer, qué debías hacer, con quién debías vivir, cómo, para qué. Una ideología que, a través de una institución rígida, obediente de sus jerarquías, incuestionada, omnipresente, controlaba las relaciones, los deseos, el sexo, los nacimientos, la educación, los trabajos, las lealtades, la economía, las lecturas, las ropas, las comidas, todo lo que conformaba cualquier vida.

Y las muertes, por supuesto, y la ley: desde una época en que las opciones se multiplican, es difícil también imaginar una en que estaba tan claro dónde estaba el Bien, qué reglas había que seguir. No significa, por supuesto, que todos las siguieran: solo que no había dudas sobre cuáles eran.

La iglesia de Roma desplegaba sus agentes en todas partes, atentos a controlar que sus reglas se cumplieran: no había barrio o pueblo o recóndito rincón que no tuviera su templo, su sacerdote, su lugar y su hombre de poder. Y cuando alguien la desafiaba abiertamente podía expulsarlo, torturarlo, quemarlo en una plaza –para restablecer el orden.

En Ñamérica, a lo largo de trescientos años, estuvo absolutamente claro quién mandaba.

Aquellos salvajes cuya alma debía ser salvada –o que, según otros teólogos, no tenían ninguna– se fueron entregando a la religión de los conquistadores. Algunos se mantenían, al mismo tiempo, fieles a sus viejos dioses; aun así les resultaba muy difícil, casi imposible, rechazar a los nuevos. No solo porque los ocupantes los impusieran; además, ese dios y sus santos habían dado, en la lógica imperante, tantas pruebas de su poder que habría sido necedad o locura despreciarlos. Aunque ellos y su iglesia despreciaran, sin ningún disimulo, a esos conversos más oscuros: les hacían seguir la misa desde afuera, les negaban el sacerdocio, los maltrataban de las maneras más variadas. Les aplicaban, en grado extremo, su doctrina más útil: que debían aguantar las privaciones de este mundo porque eso les garantizaba felicidades en el otro, que no jodieran, que qué bueno ser pobre porque de ellos sería el Reino de los Cielos.

(En 1671 el papa Clemente X declaró que América tenía su primera santa nativa. Se llamaba Isabel, la llamaban Rosa y ella terminó nombrándose Santa María para demostrar que ya desde chiquita tenía un proyecto firme como estaca en corazón de vampiresa. Había nacido en Lima y en 1586 y a sus cinco añitos había hecho voto de perpetua castidad, se negaba a cualquier juego y tañía la vihuela bajo la parra para ranas, pajaritos y otras aves que iban volando y se paraban a escuchar. Cuando sus padres descubrieron que ya estaba fondona y había que casarla, se negó sin ambages.

Ella tenía más alto novio en perspectiva y una carrera de mística sin fisuras que no debía descuidar. Fue en esos días de nubes y humedad limeñas cuando cortó de raíz sus cabellos frondosos, que tanto la hermoseaban, por lo cual sus padres y hermanos se enojaron aún más y la pusieron a trabajar de cenicienta en la cocina de la casa, con grave riesgo para el santoral. Pero Rosita persistía: cada jueves por la mañana se encerraba en su oratorio, se desmayaba de puro trance místico y no volvía en sí hasta el sábado pasado el mediodía, lo cual la hacía particularmente inepta para las tareas del hogar.

Hasta que se le dio por imitar al pie de la letra los sufrimientos de su señor Jesús y empezó a pasearse por la vida con una cadena cerrada con candado alrededor del talle, un aro de hierro con noventa y nueve púas ciñéndole la testa, hiel y vinagre como aperitivos de su ayuno y, en memoria del sepulcro desertado, una cuevita de dos por uno y medio donde pasaba lo más claro del día y de la noche. Una tarde, una deslenguada le alabó las manos y ella se las lavó ipso pucho con cal viva, pilateando de tal suerte toda posibilidad de la belleza de su cuerpo, que por lo visto le importaba demasiado.

—Esa naricita tuya me aturulla, Rosita, me enloquece.

—Pues ahora mismito se la entrego, señor, envuelta en paños.

—¿Sabes que te venero?

Porque Rosa, además, tenía don de milagros, profecía convincente, lectura veloz de corazones ajenos, analfabetismo con respecto al propio y unos éxtasis muy largos y bien hechos a los que se entregaba sin el menor preámbulo. Así que a sus 20, cansada ya de interferencias, se fue para el convento, tomó el hábito y se entregó a los mejores esponsales a cambio de un anillito que decía «Rosa de mi corazón sé mi esposa», y firmaba «Jesús», sin más detalles. Siete años fueron de gozo, en los que nadie interfirió su disfrute de todo tipo de abstinencias y martirios hasta que se murió, como era menester. Entonces la velaron y rezaron en una iglesia de Lima donde miraculosamente su cadáver recuperó la belleza que su espíritu nunca le había permitido: se transfiguró, cuentan los que cuentan, y el despojo se puso radiante, esplendente, buenorrísimo, lo cual probaba de una vez y para siempre sus negocios con el Más Alto, y los fieles ya no pudieron resistirlo: la turba enfebrecida se abalanzó sobre los restos de Rosita y todos los guardias del virrey del Perú solo pudieron impedir que se la llevaran entera, pero no que algunos trozos quedaran en manos de místicos buscadores de un seguro para el más allá: pedazos de la niña milagrosa, cachitos de sus carnes. Así, con un motín casi caníbal, se inauguró en América la era de la reliquia, del cadáver o fragmento de muerto como estandarte para las lides de este y otros mundos. Que duró siglos, y dura todavía.

Aunque quizá no habría sido posible sin aquella ceremonia tan solemne, abril en Roma, 1671, cuando el papa Clemente la hizo santa y la nombró, además, «Patrona del Nuevo Mundo»: el título hablaba por sí solo.)

La iglesia de Roma fue una de las patas más eficaces del ejercicio autoritario, discrecional del poder durante mil quinientos años: la institución que decía que ese señor feo que se llamaba rey tenía derecho a hacer lo que se le cantara porque uno muy extraño que se llamaba dios lo había nombrado para eso. También fue el mejor dique contra cualquier cambio político, social, científico, técnico: la fuerza del conservadurismo justificada por el hecho de que si el tal Dios nos había hecho así —como éramos en tal o cual momento— quiénes éramos los hombres para modificarlo. También fue la mejor bandera para salir a matar a todos los distintos, los que no creían en ese tal Dios, los que no vivían según sus reglas, los rebeldes voluntarios o involuntarios. Pero fue, sobre todo, la mejor escuela de obediencia y sumisión.

Uno de los principios centrales de la doctrina católica es que el fiel no tiene que entender; debe acatar. El famoso *credo quia absurdum*: lo creo porque es absurdo. Lo creo porque hay una autoridad que me lo dice –el tal Dios, sus sacerdotes– y yo acepto todo lo que me dice esa autoridad, aunque me parezca errado, tosco, incomprensible. El mejor servicio que la iglesia de Roma prestó y presta a todos los poderes es preparar a millones y millones para que crean cosas imposibles, que hagan cosas que no querrían hacer o no hagan cosas que sí porque sus superiores se lo dicen: una escuela de sumisión y renuncia al pensamiento propio que los gobiernos en general –y los tiranos en particular– agradecen y usan. Eso la hizo indispensable.

Eso hizo que, en muchos puntos, Ñamérica sea lo que es.

La Cruz fue el mayor apoyo de la corona hispana; después, cuando el poder político empezó a cambiar de manos, el poder ideológico de la iglesia católica se mantuvo incólume. En 1813 y en Chilpancingo, el Congreso de Anáhuac declaró «solemnemente, a presencia del Señor Dios, árbitro moderador de los imperios y autor de la sociedad» la independencia de México. Su texto, brevísimo, dejaba claro que la nueva nación «no profesa ni reconoce otra religión más que la católica, ni permitirá ni tolerará el uso público ni secreto de otra alguna, y protegerá con todo su poder y velará sobre la pureza de la fe y de sus dogmas».

Somos católicos.

Hasta bien entrado el siglo XIX la iglesia de Roma monopolizó la educación –escuelas, colegios, universidades– y todavía tiene un peso importante en ella. También monopolizó el registro civil –para existir había que anotarse en los legajos parroquiales–, la asistencia social –que entonces sí se llamaba, sin más disfraz, beneficencia– y, por supuesto, las decisiones sobre qué era lícito y qué no, qué debía hacerse y qué evitarse. Y, sobre todo, cómo pensar el mundo. Recién a lo largo de ese siglo algunas sociedades –algunas élites ñamericanas– empezaron a rebelarse contra la omnipresencia omnipotente de esa iglesia. Pero todavía en 1970 nueve de cada diez ñamericanos se declaraban católicos.

Ahora, según una encuesta de Latinobarómetro de 2017, hay dos países donde cuatro de cada diez personas dicen que son agnósticas o ateas: Uruguay y Chile. En Argentina son dos de cada diez, en México, Colombia o Perú es solo uno. La religión es un asunto que, por lo menos en los papeles, concierne a casi todos los ñamericanos.

Se verifica un clásico: los países más pobres —o los países con más pobres— son los más religiosos. No es una originalidad ñamericana; en España, por ejemplo, la región más rica, Euskadi, tiene un 54 por ciento de católicos; la más pobre, Extremadura, un 82.

La iglesia prospera en la pobreza. Lo cual se puede leer de varias formas, como casi todo: que su mensaje simplista y tranquilizador de salvación está hecho para esos sectores y allí funciona, que su dedicación a la causa de los desfavorecidos la lleva a relacionarse con ellos —y tantas otras opciones, por supuesto.

(Por eso, también, la iglesia católica, que ya no consigue reclutar personal en los países latinoeuropeos que tradicionalmente la nutrían, lo busca entre los pobres ñamericanos. En España, sin ir más lejos, cada vez más curas y monjas rezan con acentos sudacas: fueron importados de esos lugares donde volverse sacerdote todavía puede ser una salida laboral/vital apetecible. Religiosos, futbolistas, limpiadoras, repartidores de comida en bicicleta: el abanico parece caprichoso pero tiene sentidos.)

Somos católicos: un producto de esa iglesia, un resultado de su peso absoluto. Ninguna idea del mundo ha tenido más influencia sobre nosotros. Su poder nos hizo lo que somos:
por acción o reacción,
por ella o contra ella.

Por la gracia de ese dios o
su desgracia.

*   *   *

—Muchas personas hacen cosas indebidas por tener más likes en las redes sociales, por tener más amigos, por hacerse famosos. Todos quieren aparecer, a costa de lo que sea. Pero es pura apariencia…

Domingo a la mañana, un barrio bogotano, miles de feligreses: el aire huele a incienso y palosanto. En la iglesia atestada los perros deben quedarse cerca de la puerta pero escuchan con atención —o lo simulan con destreza. Al frente, sobre un púlpito, bajo un cristo con los brazos abiertos, un cura calvo revestido de verde perora, canturrea, mima voces, intenta chistes que la audiencia cautiva le festeja. Su arenga no sigue un plan muy claro: se diría que asocia libremente. Ahora habla de los regalos de las fiestas y dice que es mejor una Biblia que un Atari y que «el Señor siempre es buena paga» y de pronto salta al ciclo de reencarnaciones hindúes, que puede empezar en una lombriz, dice, y después pasar por una víbora, una gallina, un perro y terminar en una vaca.

—Si tienen suerte, en una vaca. Pero nosotros los cristianos morimos una sola vez, así que tenemos que cuidarnos para que el Señor sí nos conceda nuestro descanso eterno.

Dice, y engancha una oración que dos o tres mil fieles corean en un murmullo muy solemne. Y ahora todos levantan el brazo derecho y el cura verde les pregunta si creen en Dios y todos gritan sí creo y siguen las preguntas y las respuestas son que sí cada vez más gritadas: hay momentos en que un dios parece sordo y hay que hablarle cada vez más fuerte.

Todo empezó en 1934 cuando un cura italiano salesiano, Giovanni Del Rizzo, llegó al 20 de Julio, un barrio pobre del Sur; traía una imagen del Niño Jesús de Praga, que había adorado en Barranquilla y Medellín. Aquí le dijeron que no podía: que ese niño pertenecía a otra parroquia. Así que Rizzo se fue a una santería llamada El Vaticano y se encontró esta imagen de un chico rubio regordete vestido de rosita clavado en una cruz. Se preocupó: el niño era demasiado pequeño para tanto tormento, dijo, y consiguió que se lo desclavaran. Así, con los brazos abiertos pero libres, la imagen llegó al barrio y empezó a hacer milagros. «Quienes tengan fe pidan poco; los que tengan más fe, pidan más, y quienes tengan mucha fe, pidan todo lo que quieran porque el Niño Jesús tiene los brazos abiertos para todos», les decía Rizzo, cuidadoso de guardar las proporciones. Poco a poco el «Divino Niño» se fue convirtiendo en la figura más adorada de toda la ciudad: la que millones buscan cuando tienen alguna necesidad, algún deseo, algún problema.

(Curarte un cáncer, que tu equipo gane, conseguir un empleo, que tu novio te quiera, que no te descubran, que tu hijo se cure —son, me dicen, los ruegos más frecuentes.)

—El Señor no quiere que le demos dineros ni cosas materiales. El Señor nos pide que le demos nada que él no nos haya dado a nosotros. ¿Y qué nos dio el Señor? ¡La vida! ¡El Señor espera que le demos la vida!

Dice ahora el cura y los miles aplauden, vitorean, se miran como quien acaba de entender, y pasa una señora recogiendo la limosna con una bolsa roja en la punta de un palo. El señor a mi lado tiene cincuenta y tantos, un bastón, una pierna más corta que la otra y una santa en la mano. El señor está flaco y la santa es de yeso: tiene una túnica escarlata y un cable blanco con su enchufe. El señor la levanta porque ahora el cura les bendice cosas: Divinos Niños, otros santos, estampas, calendarios, bebés, botellas de agua mineral. Le pregunto y el señor me dice que es santa Marta y entonces le pregunto por qué ella y no el Divino.

—Porque es muy milagrosa, pero él también es, no se crea.

—¿Y qué le pidió?

—No, mi amigo, le pido disculpas pero esas son cosas entre la santa y yo. Si se lo cuento, ella no va a querer cumplirme.

Me dice, con la molestia de explicar algo tan obvio. Las donaciones más serias se hacen en el anexo, en unas oficinas alrededor de un patio, justo al lado de los confesionarios, donde muchos esperan su turno para descargarse. Y más allá el Divino en su capilla, muy alto en la pared: su imagen mide 30 centímetros y tiene rizos rubios, los bracitos rechonchos. Más arriba, en letras grandes y doradas, su mensaje: «Yo reinaré», dice; ante él, cientos de fieles de rodillas piden cosas y una señora sí me cuenta; tiene el pelo mal teñido rubio paja y lleva en brazos una nena de dos años, la cabeza apoyada en su hombro. La niña, me dice la señora, todavía no habla, y que ella la esperó pero ya ha empezado a preocuparse.

—Me dijeron que la llevara al médico. Yo prefiero traerla acá, a pedirle al Niño. Seguro que Él la va a ayudar.

La nena llora sin ruido, como un hipo, quieta. Me mira, o quizá no: tiene los ojos como perdidos, raros.

—¿Y no tiene miedo de que si me lo cuenta no lo haga?

—No, entre el Niño y yo no puede haber secretos.

Me dice la señora, con la molestia de explicar algo tan obvio. En la plaza, a la salida, hay paralíticos que piden limosna, familias indígenas que piden limosna, fotógrafos de plaza con llamas y vicuñas, fotógrafos de plaza sin llamas ni vicuñas, policías, enfermeros, vendedores de santos y volúmenes santos y globos con la cara de Mickey y cristos en su cruz y calzoncillos de colores y vírgenes con manto y helados y buñuelos, y hay otra tarima con otro cura con el mismo manto verde que también predica. Las llamas —siempre se aprende algo— comen zanahoria; las palomas —sabíamos—, maíz; vuelan, tornasoladas, las pompas de jabón. El cura de la plaza lee un fragmento:

—¡Cuidado con los escribas! Les encanta pasearse con amplio ropaje y que les hagan reverencias en las plazas, buscan los asientos de honor en los templos y los primeros puestos en los banquetes, y devoran los bienes de las viudas y aparentan hacer largas oraciones. Esos recibirán mayor castigo.

Dice el cura y muchos le contestan, a los gritos:

—¡Palabra del Señor!

* * *

Ñamérica sigue siendo un lugar decisivo para el catolicismo. A medida que las religiones en general —y esta en particular— fueron perdiendo fuerza en sus bastiones europeos, la región se consolidó como su polo resistente: unos 280 millones de personas, dos de cada tres ñamericanos, se declaran católicas aún. Si se les suman los 130 millones de brasileños y los 85 millones de norteamericanos hay, en todo el continente, casi 500 millones de católicos.

Se supone que son, en todo el mundo, unos 1.200 millones: quiere decir que poco menos de la mitad de los católicos del mundo es americano —y uno de cada cuatro, ñamericano puro y duro.

En Ñamérica la iglesia católica sigue siendo uno de los pilares del sistema: ha participado en todos los golpes y todos los enjuagues e, incluso, en algunos de los movimientos populares y populistas más populosos. Hubo momentos en que el poder de la iglesia fue contestado por ciertos poderes laicos, liberales: en la segunda mitad del siglo xix, a principios del xx varios países recortaron las potestades de los curas, impulsaron la educación pública, les quitaron tierras y riquezas o, incluso, en México 1930, los prohibieron. Pero la iglesia de Roma recuperó su sitio, y no hay país ñamericano —salvo Cuba y Uruguay— donde no sea una pata importante del poder.

Y ahora por fin tenemos papa.

Ahora un ñamericano —un argentino— es el monarca de derecho divino de uno de los estados más pequeños, más arcaicos, más conservadores del mundo.

La elección, en marzo de 2013, del cardenal jesuita porteño Jorge Mario Bergoglio fue un resultado de las políticas y politiquerías de los cardenales que se reúnen cada tanto en Roma. Como siempre, explicaron que no lo habían elegido ellos sino el Espíritu Santo —el Espíritu Santo—, que les sopló el buen nombre. Si no fuera tan dañino sería graciosito. Pero fue, como siempre, una maniobra astuta.

El cura Bergoglio dirigió a los jesuitas argentinos en los años de la dictadura militar; no es seguro que, como se dice, haya contribuido a la desaparición de algunos de sus subordinados, ni tampoco que no; sí es seguro que formó parte de la jerarquía católica argentina en un período en que esa cúpula alentó y respaldó los crímenes militares. Pero después consiguió hacerlo olvidar y armarse un personaje modesto y preocupado, y por él lo eligieron sus colegas: necesitaban un papa peronista.

(La iglesia de Roma siempre fue el modelo, la inspiración del peronismo. Una institución aparentemente eterna, capaz de adaptarse a cualquier circunstancia, dirigida por un jefe indiscutible, servidora de los ricos pero sostenida por los pobres, repartidora de bienes y prebendas, que funcionó bien cuando era perseguida y mucho mejor en el poder, en cualquier forma del poder y, sobre todo, que todavía mantiene su poder porque consigue convencer al mundo de que tiene poder. Así como el peronismo sigue manejando la Argentina porque persuadió a los argentinos de que solo los peronistas pueden manejarlos, la iglesia de Roma se mantiene porque hay suficientes personas en el mundo que la creen intocable.

Sobre todo, la iglesia de Roma fue modelo del peronismo en lo más medular: le enseñó con el ejemplo a reinventarse cada tanto, cuando su poder estaba amenazado, y hacerse otra para seguir siendo la misma. Lo hizo en el siglo IV cuando se alió con sus perseguidores del Imperio Romano y se convirtió en religión de estado. Lo hizo en la Edad Media cuando supo ser el arma de «limpieza étnica» de los conquistadores españoles en España y América. Lo hizo en los asesentas cuando barajó su «opción por los pobres» para hacer olvidar su apoyo a Mussolini y Hitler.

Y, a principios del siglo XXI, había vuelto a estar jodida: llevaba años cayendo, perdiendo fieles, fidelidad, respeto. Muchos la veían como un refugio de pederastas protegido por banqueros corruptos e inquisidores trogloditas, último búnker de una supuesta moral hipócrita y arcaica. La iglesia de Roma necesitaba demostrar que ese no era el verdadero peronismo —digo: catolicismo— y echaron al alemán principista y llamaron al argentino peronista. Jorge Mario Bergoglio, entonces, puso en marcha el proceso: insistiendo en que la iglesia no es esto que es, que es otra cosa, que se había desviado y que él iba a devolverla a su antiguo camino. O sea: a su poder.)

La iglesia de Roma es una monarquía absoluta con un rey elegido por los príncipes –todos hombres, tremendo olor a huevo ajado– que se reparten los territorios del reino. La iglesia de Roma es una organización riquísima que siempre estuvo aliada con los poderes más discrecionales –más parecidos al suyo–, que lleva siglos y siglos justificando matanzas, dictaduras, guerras, censuras y prohibiciones varias; que torturó y asesinó a quienes pensaban diferente, que llegó a quemar a quien decía que la Tierra giraba alrededor del Sol –porque fuera de sus palabras no podía haber verdad.

Una organización que perfeccionó el asistencialismo –el arte de darles a los pobres lo suficiente para que sigan siendo pobres– hasta cumbres excelsas bajo el nombre, mucho más claro, de caridad cristiana.

Una organización que hace todo lo posible por imponer sus reglas a cuantos más mejor y, así, sigue matando cuando, por ejemplo, presiona para que estados, organismos internacionales y oenegés no distribuyan preservativos en los países más afectados por el sida –con lo cual el sida sigue contagiándose a miles y miles de pobres cada año.

Una organización que no permite a sus mujeres trabajos iguales a los de sus hombres, y las obliga a un papel secundario que en cualquier otro ámbito de nuestras sociedades resultaría un escándalo.

Una organización que se basa en un conjunto de supersticiones compartidas. Que una superstición sea compartida por millones, por cientos de millones, no cambia su esencia. Que haya millones de personas que nos agarremos el huevo izquierdo para alejar la mala suerte no quiere decir: 1) que la mala suerte exista, 2) que agarrarse el huevo izquierdo pueda conjurarla, 3) que tengamos razón al hacerlo o haya que respetarnos por hacerlo. Que haya millones de personas que crean que una señora virgen parió un hijo de un dios que la había preñado con un soplo divino no quiere decir: 1) que haya soplos divinos, 2) que los soplos divinos, si existieran, preñarían mujeres, 3) que las mujeres puedan preñarse sin dejar de ser vírgenes, 4) que las mujeres puedan parir sin dejar de ser vírgenes, 5) que haya dioses, 6) que tengan hijos, 7) que tengan razón al creerlo o haya que respetarlos por creerlo –y así de seguido. Son ejemplos.

Los sostiene la idea de que ciertas supersticiones son más ciertas que otras porque las creen más personas. Es una idea curiosa: un democratismo perfectamente incompatible con la base de la idea religiosa, que consiste en dejar de lado cualquier justificación, en creer por convicción, por fe. Pero la iglesia de Roma ha conseguido instalar la idea de que discutirla es «una falta de respeto». Es sorprendente: su doctrina proclama que los que no creemos lo que ellos creen nos vamos a quemar en el infierno, y su práctica siempre —que pudieron— consistió en obligar a todos a vivir según sus convicciones o si no, cuando podían, quemarlos.

Sin embargo lo intolerante, lo ofensivo sería hablar —hablar— de ellos como cada quien quiera.

El papa peronista es lo mejor que le podría haber pasado a la iglesia de Roma y lo peor que nos podría haber pasado a los que creemos que ese partido es la cuna y la razón de tantas sinrazones, tanto daño, y que estaba en franca decadencia.

Jorge Mario Bergoglio es un señor que entiende la razón demagógica y se dedica a producir los gestos que conformen el modo en que debemos verlo. Uno que, además, sirve para definir el dizque populismo: un señor carismático que manipula su pasado para armarse una historia y que dice, desde una de las instituciones más reaccionarias, arcaicas y poderosas de la tierra, una de las grandes responsables de las políticas que llevan siglos produciendo miles de millones de humildes y desamparados, que debemos preocuparnos por los humildes y los desamparados. Uno que lanza desde esa institución un discurso que su práctica desmiente por completo —mientras deja entender que hay unos malos que no le dejan concretar lo que pretende. Y que, al mismo tiempo, más allá de los gestos, sabe —peronista al fin— que si quiere salvar a la iglesia de Roma debe cambiar algunas cosas.

O, más bien, simular que las cambia.

Y además un papa peronista, un papa ñamericano debería servirle a la iglesia de Roma para conservar su poder en su región más numerosa —ahora que lo siente amenazado.

Porque tras tanto monopolio, a la iglesia de Roma le ha salido, en Ñamérica, un competidor que la preocupa.

Los designios de Dios —dicen sus traductores— son inescrutables.

(Que es lo mejor que se les ha ocurrido para afirmar que, pese a las apariencias, sí que existen.)

*   *   *

Durante quince siglos los romanos mantuvieron el control sobre el cristianismo europeo; lo perdieron justo cuando estaba dejando de ser solo europeo para volverse «occidental». La otra gran secta cristiana apareció justo después de que los españoles aparecieran en América; apareció porque alemanes, suizos, holandeses, ingleses y otros crédulos se hartaron de la iglesia de Roma, sus estafas, su poder, sus fiestas incestuosas, su moral fementida, sus curas codiciosos y sus magias más torpes, e intentaron una forma de religión que aligerara el peso de la institución y sus gerentes y sus miles de santitos y sus misas misteriosas en ese idioma incomprensible.

Se llamó protestantismo por razones obvias y evangelismo por razones menos: porque, contra la tradición de la iglesia católica apostólica, no quería basarse en los intermediarios —sus «apóstoles»— sino en los textos fundadores —los «evangelios». Así que aquellos protestantes tradujeron los libros del dogma para que todos pudieran leerlos e interpretarlos —dentro de un orden—, y dejaron de usar santos, de venerar sus huesos y estampitas, de confesarse y comulgar, de comprar y vender y requerir bulas y absoluciones; era una iglesia más razonable, que solo exigía que sus fieles creyeran que hay un dios que rige sus vidas y siguieran con denuedo las reglas pertinentes para que ese dios les concediera cierto éxito —y que se portaran un poco mejor porque no podían pedirle o comprarle a un cura su perdón y ya.

Se ha escrito mucho sobre su importancia en la formación del capitalismo: es cierto que, causal o casual, el protestantismo se hizo fuerte en los países que fabricaron esas nuevas formas. El catolicismo, en cambio, se refugió en los grandes reinos coloniales: España, por supuesto, y Portugal, y también Francia e Italia. Gracias a eso, América Latina fue enteramente suya. Gracias a eso, los protestantes eran, hacia 1970, uno o dos de cada cien ñamericanos: una pelusa. Y entonces empezaron a crecer.

Ahora uno de cada cinco ñamericanos se proclama evangélico. Los evangélicos tienen, como la mayoría de las iglesias, corrientes muy diversas. La que se impuso en Ñamérica en las últimas décadas es la «pentecostal», un movimiento que tomó impulso en California a principios del siglo XX, muy imbuido de sanaciones y milagros y profecías y luchas contra cualquier demonio.

En casi toda Centroamérica la población, que hace medio siglo era solo católica, ahora se dice evangélica en un cincuenta por ciento. La iglesia de Roma resiste mejor en Argentina, Colombia, Ecuador, Venezuela o México, donde solo perdió el 20 por ciento: los perdidos son, de todos modos, decenas de millones de personas. Y el gran vecino, Brasil, tuvo una influencia decisiva en esa pérdida.

Las cifras muestran que, en general, los pobres se hacen evangélicos y los jóvenes agnósticos. La iglesia católica se mantiene entre los campesinos —pero hay cada vez menos.

Hay muchas hipótesis sobre las razones de esa ganancia —y de esa pérdida—, y es probable que varíen según los países y las circunstancias. Hay, en la región, una tendencia general, una fuga en regla. Más de la mitad de los que ahora se definen evangélicos fueron criados católicos —y bautizados como tales. En una encuesta del Pew Center de 2014 la gran mayoría dijo que se había cambiado de iglesia porque «buscaba una conexión más personal con Dios»; dos tercios, porque «querían un mayor énfasis en la moralidad» o «una iglesia que ayude más a sus miembros». Es una de las razones principales: millones consideraban a la vieja iglesia de Roma como una institución demasiado anquilosada, demasiado ajena, demasiado fría, demasiado cercana a los poderes que les jodían la vida. La iglesia católica no solo se identifica con todos los golpes y todos los enjuagues, los abusos de siglos; además, sigue siendo una parte muy decidida del poder, sus obispos viven en palacios y oficia los ritos oficiales, forman parte de esa clase que muchos aborrecen.

—La Iglesia es la única monarquía absoluta que ha conseguido subsistir. Ha copiado las estructuras de las instituciones comunes, humanas, y ha recurrido a todos los métodos para convertirse en una institución tan fuerte que ha podido perdurar a través del tiempo, no solo por la presencia del espíritu de Cristo sino a veces en contra de ese espíritu. Y es una institución que ha cometido unos errores tremendos, las cruzadas, la inquisición, el apoyo a dictaduras y tantas otras cosas que no le han sido cobradas del todo todavía…

Me dijo hace unos años José Guillermo Mariani, un argentino y cordobés de 80 —entonces— que ya llevaba más de cincuenta como cura católico.

—¿Y entonces usted por qué siguió en esa institución?

—Porque yo creo en el seguimiento del mensaje de Cristo, pese a la institución, y hay una comunidad de creyentes que realmente quieren una iglesia que se conforme con Cristo y que luchan para eso y por eso muchas veces son desalojados de sus lugares dentro de la institución. Pero hay que recuperar una iglesia en que lo importante sea la comunidad y no la institución.

A Mariani le decían Padre Quito y participó del movimiento de Curas del Tercer Mundo que, en los sesentas y setentas, pensaba ayudar a cambiar la sociedad desde su iglesia. Era el sistema clásico: argüir que la institución se ha desviado de su recto camino pero vale la pena devolverla a él. Pero esta vez no terminó de funcionar. Ante ese impulso crítico, la reacción polaco-romana fue decidida: el papa Wojtyla vino a Ñamérica cada vez que pudo para poner en vereda —la derecha— a su iglesia, y la volvió más oficial, más distante todavía. Esa reacción dejó un espacio. Que aumentó gracias al descrédito de la iglesia de Roma por sus enjuagues económicos y, sobre todo, por sus innumerables abusos sexuales.

—Lo peor son los acosos, los abusos de poder, esto de los mil setecientos sacerdotes brasileros con manuales para saber a qué chicos debían encarar para violarlos. El manual decía que tenían que ser chicos pobres, sin figura paterna, ansiosos de bienes pero que se conformen con poco, atemorizados por la conciencia de que si lo dicen ellos van a ser los culpables… una cantidad de normas. Eso es lo peor.

Me dijo entonces el padre Quito. En los últimos años se conocieron cada vez más aberraciones: los Legionarios de Cristo en México, los Sodalicios en Perú, los obispos chilenos protegiendo a sus curas perversos, los sacerdotes argentinos condenados por violar a sus alumnos sordos —y tantos, tantos otros— son una beca para los evangelistas.

(El padre Quito es un hombre abierto, inteligente. Cuando le dije que si yo fuera muy creyente y creyera que hay un dios que ha creado este mundo, lo que haría sería tratar de que nadie supiera que él lo hizo, disimularlo para defenderlo de la acusación de haber creado tanto dolor, tanto desastre, se sonrió y debatimos un rato.)

Mientras tanto, los pastores evangélicos —que no dependían de una autoridad central sino que actuaban por su cuenta— se acercaban cada vez más a esos barrios marginales, a esos pobres que los católicos no sabían contener. Les ofrecían una experiencia religiosa personal, intensa, mística, mágica, tan lejos de la solemnidad sin pasión de las misas de siempre.

—En general hay algunas cosas alienantes que ciertos evangelistas y las sectas cultivan mucho mejor que nosotros: la seguridad de la salvación, ciertos ritos que te garantizan que vas a estar bien con Dios... Nosotros lo hemos cultivado mucho tiempo: las promesas, las procesiones, la adoración a los santos, como en las mitologías paganas, independientemente de las realidades del hombre. Esa alienación la han tomado como modelo algunas iglesias evangelistas que te prometen solución a todos los problemas: les meten el perro con cualquier cosa y la gente lo acepta porque ha sido preparada por nosotros. Además en la Iglesia hay una gran despersonalización...

Me había dicho aquella vez, casi nostálgico, el padre Quito; decía «la Iglesia» con mayúscula, la única, la verdadera Iglesia.

—Estos grupos en cambio son más chicos y por eso hay más atención a la persona. Y en la Iglesia hay una disciplina que no admite casos particulares: esto no se puede hacer y el que lo hace queda fuera, como en esto de negarle los sacramentos a los divorciados que se han vuelto a casar; en esas sectas no hay esa severidad, hay muchísima más apertura y comprensión.

Hubo, sobre todo, un cambio de orientación que coincidía con el cambio de época. Los curas tercermundistas —el cuerpo católico dedicado a los pobres— ofrecían su «teología de la liberación»: una traducción o apropiación cristiana de las reivindicaciones de los movimientos políticos y sociales de la izquierda latinoamericana de entonces. Los evangélicos, en cambio, propusieron su «teología de la prosperidad».

«La teología de la prosperidad, que polemizaba y antagonizaba con la teología de la liberación en un plano práctico, sostenía que si Dios puede curar y sanar el alma, no hay razón para pensar que no pueda otorgar prosperidad», escribió el sociólogo Pablo Semán, explorador denodado de estos temas. «El horror de analistas moldeados por la cultura secular o de observadores cercanos al catolicismo, que santifica la pobreza frente a la "mezcla" entre lo espiritual y lo económico, impedía percibir que esto se acerca a esa dimensión sacrificial que en los pueblos campesinos lleva a ofrecer animales y cosechas a los dioses a cambio de prosperidad. Solo que, como corresponde a la época del capitalismo, no puede materializarse de otra forma que no sea a través del equivalente general de todas las mercancías: el dinero.»

El cambio, la adaptación a los tiempos que corren: la oferta religiosa a los más pobres ya no consiste en ayudarlos a ese cambio colectivo que los redimirá sino en ofrecerles la asistencia divina para encontrar una solución individual.

Y, quizás, una transformación todavía más radical: una religión que ya no asegura a los pobres la buenaventura de llegar al radiante reino de los cielos sino la mejor aventura de vivir bien en este triste mundo material.

La teología de la prosperidad —explican Oro y Tadvald, antropólogos brasileños— está ligada con la «teología de la guerra espiritual» y las dos se originaron en los Estados Unidos en los setentas. «La teología de la prosperidad sostiene que Dios creó a sus hijos para ser prósperos y obtener la felicidad integral en este mundo. En otras palabras, Dios quiere distribuir riqueza, salud y felicidad entre aquellos que le temen. La garantía de la prosperidad terrenal, sin embargo, depende de la fe, traducida en acciones, donaciones y ofrendas financieras, e incluso hay una relación entre la magnitud de la fe y las ofrendas. La teología de la guerra espiritual, por su parte, sostiene que el mundo es un campo de batalla entre las fuerzas del bien y las del mal. Se cree que las fuerzas del mal se apoderan de los fieles y provocan todos los problemas y desgracias, lo que requiere por parte de los líderes religiosos actos de exorcismo y cultos de liberación, es decir, la expulsión de demonios. Además, esta teología define que son los demonios los que impiden la prosperidad de los fieles. Por esta razón, la "liberación de los demonios" se convierte en una condición indispensable para el logro de la curación y la prosperidad. En otras palabras, el acceso a las bendiciones depende de la superación de las fuerzas demoníacas.»

* * *

La victoria está cerca y la música crece. Los dioses vienen matando. Ocho nenitas con vestidos floreados bailan la canción del triunfo tipo banda de un regimiento americano. A mi lado, un hombre con dos dientes se arrodilla y abre los brazos y apunta la boca vacía hacia el cielo o el techo para gritar aleluya aleluya aleluya con lágrimas y convulsiones. En el escenario, cuatro pastores jóvenes gritan a coro:

—¡Dios es poder! ¡Cristo es poder! ¡La sangre de Cristo es poder!

Tres filas adelante, una mujer lanza frases incomprensibles y se tira de los pelos. Otra mujer muy pintada se menea como si fuera la sulamita en la bailanta y, a su lado, una señora con tapado de piel apenas se mueve pero corea todas las canciones. En el escenario hay más gritos:

—¡Ahora ahora ahora que se encendió el fuego del Espíritu Santo! ¡Ahora ahora ahora que los yugos se cortan! ¡Ahora ahora ahora que empieza a descender, ya desciende del Cielo, ya baja sobre todos nosotros…!

Después, las palabras se pierden: solo se entiende, por momentos, la palabra Dios, la palabra Señor, y la arenga es un crescendo atropellado que se mezcla con el órgano y los gritos y llantos. Muchos agarran las manos del de al lado y se mecen, con los ojos cerrados, en la cuna de la fe. Gritan sin palabras, lloran, se sacuden, levantan las manos o cierran los puños. Hay chicos que corren por los pasillos, divertidos con las voces y el jolgorio, y una madre agita un sonajero para que su hijo se sane, y un hombre un pañuelito de colores.

—¡Dale soltura a tu espíritu! ¡Si tenés que llorar llorá, si tenés que clamar clamá, si tenés que arrodillarte hacelo, pero que no te quedes sin la bendición del Señor!

Una chica muy gorda empieza a patalear y manotear; los de seguridad no pueden con ella, y piden refuerzos. La chica se rasguña y grita; cerca, una mujer mayor se deja caer al suelo, de espaldas, planchada, y allí se queda con la sonrisa más beatífica. Hay viejos de todo tipo, algún ciego, varios paralíticos. Los gritos ya llegan al clímax, con acordes del órgano tronante, y el aplauso redondea el crescendo, el momento perfecto. El aplauso, el gesto más clásico del espectáculo, se transforma en ritual de religión. Después viene el silencio, y los hombres y mujeres se abrazan y se besan, se congratulan con inmensas sonrisas por estar aquí, por ser los que recibieron al Espíritu, y vuelta a la canción, suave esta vez, como un respiro tras el éxtasis, para que la voz anuncie la llegada de la palabra de Dios, la llegada del pastor Héctor Aníbal Giménez, y rompan nuevamente los aplausos, los gritos, la locura.

—En el mundo hay un espíritu de duda, una inseguridad, y el hijo de Dios no puede vivir en la duda. Pero vos sos un pueblo aparte, que ha sido elegido y está sobre las cosas del mundo. Preocupate de las cosas celestiales y Dios te sustentará, porque Él te ha elegido. ¿Amén?

—¡Amén!

—¿No lo creen? Yo tampoco lo creería. A mí me costó.

—¡Amén!

—¿Ustedes creen esto? Es palabra de Dios.

—¡Amén!

—¿Tú amas al Señor?

—¡Amén!

—¿Tú amas a tu prójimo?

—¡Amén!

—Si amas a tu prójimo, ¿a que no le decís al que tenés al lado tuyo te amo en el amor del Señor?

Y todos, en las butacas del cine Roca, se paran y obedecen al pastor y se besan y saludan y abrazan, y una vieja con muy pocos dientes me estampa un beso muy baboso y me dice que me ama en el amor de Jesús, y el pastor dice que en el cielo hay fiesta por este amor, porque para Jesús no hay rubios ni morochos, ni blancos ni negros, y que en el cielo el único rico es Cristo Jesús, dice el pastor, en el escenario, de la mano de su esposa Irma.

(Sucedió en Buenos Aires hace treinta años, cuando los evangélicos recién se perfilaban. Nada nuevo, decía aquel, bajo el cielo —o casi nada.)

Los evangélicos aparecen, además, como más modernos —y, en algunos casos, también aprovechan el hecho de que su impulso viene de Estados Unidos y hay tantos, en Ñamérica, que creen que parecerse a los norteamericanos garantiza algún tipo de éxito. Pero se lo trabajan: ocupan todos los resquicios, usan mucho la radio y la televisión, construyen —en cuanto pueden— grandes templos que los instalan en el espacio público, son más permisivos con sus representantes: sus sacerdotes no precisan estudios largos y difíciles, pueden casarse, regir sus templos y ganar sus dineros y vivir sus vidas; no deben obedecer a una jerarquía distante omnipotente —mientras que ser cura o monja sigue suponiendo una serie de renunciamientos que cada vez menos aceptan. El celibato, por supuesto, pero también cierto decoro, cierto disimulo.

Así, muchos de sus pastores se vuelven líderes populistas: ya no burócratas de un poder pesado y milenario sino señores carismáticos que ofrecen soluciones inmediatas —e ilusorias— a los problemas más concretos: el viejo brujo de la tribu.

—Por eso ser cristiano es fácil. Si vos ponés tu vida en manos de Jesús, el Señor va a abrir tu camino y te va a dar todo, y vas a ser vencedor en el nombre de Jesús. Lo que pasa es que no lo podemos condicionar al Señor, no le podemos decir Señor quiero que sea ya; tenemos que saber esperar. Pero si tenés fe te va a llegar, el triunfo va a ser tuyo.

Me dijo, aquella vez, el pastor Giménez, uno de los más exitosos de la región. Antes me había contado sobre su salvación, porque en su grey, parece, es importante haber caído muy bajo y que el Señor te haya levantado: «Yo me acuerdo que una vez, en una sobredosis de drogas, unos amigotes míos me tiraron en la puerta de mi casa, tocaron el timbre y salieron. Y mi papá cuando salió me lleva por delante y cae encima mío; me ve que yo estoy como con una crisis de epilepsia, me va a agarrar para alzarme y me encuentra un revólver y tuvo un shock emocional, papá, y perdió la vista casi un mes. Y mamá, como veía que papá no entraba, sale, lo encuentra a él desmayado y yo ahí y tuvo un ataque cardíaco, nos fuimos internados los tres, viste. Y mis hermanos cuando yo salí me decían vos sos una rata, sos una basura... se avergonzaban de ser hermanos míos. Así que yo no quiero olvidarme de que era una rata, quiero mantener la humildad. Porque, además, la profecía dice "Levantaré de lo vil para avergonzar a los sabios"», me dice el pastor, y su esposa Irma es bajita y lleva un vestido muy negro y pelos muy rubios muy largos y canta alabanzas y aleluyas confundiendo el maquillaje cuidadoso con lágrimas de unción, hasta que se acaba la ceremonia, y ahora los dos están en la boca del escenario, recibiendo los diezmos. Cada fiel se acerca al escenario con un sobre en la mano, donde debería llevar el diez por ciento de su sueldo y ellos —él y ella— se agachan, le dan la mano y reciben el sobre, lo escuchan, le dicen algo que se pierde en el ruido de las canciones de alabanza pop.

—Vos le pedís una oportunidad a Dios y Dios te dice te la voy a dar pero tenés que trabajar para mí. Y Él tira tu pasado a la basura, no importa que hayas sido ladrón, drogadicto, estafador. Si te entregás a él siempre podés empezar de nuevo.

Me explica otro acólito, gordito y bien vestido, su rolex redorado. Todavía en el hall, saco un cigarrillo.

—No, hermanito, acá no se fuma, es la casa de Dios. Acá todos dejamos de fumar, cuando encontramos a Jesús ya no necesitamos esas cosas.

En las ceremonias evangélicas hay sanaciones, gritos, milagritos, exorcismos, intervenciones del Espíritu Santo en beneficio de los allí presentes. En las ceremonias evangélicas los discursos suelen ser simples y directos; no hablan tanto de la moral, la próxima vida, el paraíso, esas cuestiones, sino de conseguir trabajo, curarse enfermedades, construirse una casita, recuperar un marido fugitivo. En un tiempo sin esperanza teleológica, la ideología teleológica por antonomasia, la religión, también se ocupa del aquí y ahora. No es si te portas bien y cumples con las reglas, alguna vez, cuando te mueras, dentro de mucho tiempo, vas a entrar a algún cielo; es: si sigues esas reglas el mes que viene vas a tener un buen empleo o un novio o una casa. Ahora; no tanto pero ya.

Más tarde le pregunté al pastor si él no dudaba nunca. El pastor me hablaba con las manos, vagamente dispépsico, con la sonrisa fácil y los ojitos casi burlones, o quizá iluminados. El pastor era un personaje de Pasolini vestido con la ropa heredada de don Vito Corleone.

–Sí, yo soy de carne y hueso. Yo lloré como loco el día que Racing perdió con Boca…

–No hablo de ese tipo de dudas, hablo de su función de pastor, del poder que usted tiene sobre mucha gente.

–No. Yo soy una persona que el día que tenga dudas o inseguridades no subo más al púlpito. Una de las cosas que hacen que la prédica penetre es la seguridad del pastor. Yo nunca puedo creer que estoy desviando a la gente, porque lo lindo de esto es que no es una doctrina humana. Mi mensaje está basado en la palabra de Dios: yo tan solo soy un interlocutor que uso un mensaje simple para explicar la Biblia. Pero yo no estoy diciendo nada mío, yo tan solo estoy hablando con la palabra de Dios.

Así cualquiera.

Los fieles evangélicos van más a sus misas que los católicos, entregan más dinero, participan más, se sienten más ligados entre sí: forman redes de pertenencia en sectores que se sienten muy desprotegidos, muy dispersos.

Los católicos reaccionaron: algunos intentan imitar esas formas y promueven sacerdotes y rituales parecidos a los evangelistas, de gritos y resultados inmediatos. En muchos casos llegan tarde: el barrio, el pueblo, la villa ya «son» evangélicos.

Aunque la basílica de Guadalupe, en la ciudad de México, sigue siendo el segundo lugar del mundo –después de La Meca– donde más gente va a prometer o pedir cosas a unos dioses.

*   *   *

La guerra estaba servida. Una vieja religión, que fue parte de la institución desde el principio, amenazada por una nueva, ávida, que quiere quedarse con esas instituciones: la clásica escena del mono cachas joven que le disputa la jefatura de la manada al macho envejecido.

Es una lucha rara. A diferencia de la mayoría de las guerras religiosas, no se basa en grandes discrepancias que se puedan enarbolar para descalificar al contrario. No hay católicos que proclamen que los evangélicos son perros infieles ni evangélicos que llamen a los católicos apóstatas; tampoco hay, por eso, odios ni enfrentamientos visibles entre los fieles: no se prometen, como solían, muertes horribles, fuegos infinitos. Es, más bien, una pelea de cúpulas por el poder político y social y económico: por el arrastre de las multitudes. Para, después, usar esa capacidad de arrastre para conseguir más poder político, económico, social.

Es una lucha que, a primera vista, puede confundir: los evangélicos se ven mucho porque son los nuevos. Pero su crecimiento impetuoso no debe ocultar que la iglesia de Roma es todavía, con mucha diferencia, la más poderosa en la región. Pudo perder parte de ese poder porque supo ser casi absoluto, pero sigue siendo la religión que los estados reconocen, que pagan, que respetan; que se ocupa de la educación de millones y de las ceremonias oficiales, de bendecir los ejércitos y las carreteras; que define y decide como ninguna otra ideología nuestras vidas.

Y ahora pelea por lo que siempre ha sido su capital mayor: su influencia política. O lo que algunos repipis llaman «el poder de lobby».

–El poder de la Iglesia está en la influencia que puede ejercer en las medidas gubernamentales, como fantasma o como presión concreta. Por ejemplo, en todo lo que tiene que ver con la planificación familiar, la resistencia de la Iglesia ha hecho volver atrás muchos proyectos razonables de educación sexual, de distribución de anticonceptivos, de preservativos para prevenir el sida… En esas cosas hubo oposición concreta; lo demás es como una especie de fantasma que tienen los gobiernos: que si algo no le va a gustar a la Iglesia lo dejan de lado.

Me dijo el padre Quito, sus mayúsculas.

La pelea es complicada. Para empezar, los expertos dicen que, en general, los fieles evangelistas son más fieles a las directivas políticas de sus sacerdotes que los fieles católicos. Es probable que tengan más fresca la idea de pertenencia a una causa común, el espíritu de secta: tenemos que tirar todos juntos porque compartimos algo fuerte. Una cosa es haberse afiliado hace poco, uno mismo, a un partido, una congregación, un clan; otra, haber pertenecido desde siempre, sin haberlo decidido, por esas cosas de la vida. Los católicos vienen de siglos en que serlo era el mínimo común denominador: casi todos lo eran y, a partir de ahí, se empezaban a establecer las diferencias. Ser católico, en general, no alcanzaba para votar juntos. Ser evangélico, con frecuencia, sí, y eso convierte a sus jefes en un socio electoral apetecido.

En los últimos años los evangélicos se han consolidado como una fuerza política de peso en Ñamérica. Y también lo son en Brasil, donde tienen más de cincuenta millones de seguidores y setenta diputados, donde el presidente Jair Messias Bolsonaro se hizo bautizar en el Jordán y se alió con ellos para llegar al gobierno –pero donde, también, la «izquierdista» Dilma Roussef resignó la ley de aborto para no pelearse con ellos, sus aliados.

Son pragmáticos. Los acusan de conservadores –y, en muchas cosas, lo son. Pero para sostener su agenda no dudan en aliarse con políticos que se dicen progres, como Daniel Ortega en Nicaragua o Andrés Manuel López Obrador en México. O con sus supuestos opuestos: el actor Jimmy Morales llegó a presidente de Guatemala con su apoyo y asumió diciendo «Gracias Dios mío, por el privilegio que me has dado de servir a mi pueblo y a mi gente»; en Bolivia la presidenta autoproclamada que reemplazó a Evo Morales, Jeanine Áñez, llegó a su toma del poder con una Biblia en la mano, diciendo «Gracias a Dios que ha permitido que la Biblia vuelva a entrar a Palacio». Y los dos millones de votos que aportaron los evangélicos fueron decisivos para que el uribismo ganara, en Colombia, el plebiscito contra el Plan de Paz del entonces presidente Santos.

Sus intervenciones son, en general, visibles, impúdicas. Muchos católicos, tras siglos de tanto decidir, se lo reprochan. Es más fácil, claro, influir cuando el señor cardenal puede llamar al señor presidente y pedirle que lo vaya a ver, o se lo encuentra por azar en el solemne Te Deum con el que se celebra, gracias a Dios, el Nacimiento de la Patria.

Están preocupados: es su visión estrecha, parroquial. Podrían ser más amplios y reconocer que estos cristianos son una forma de renovación de la religión, de la fuerza de la religión en nuestras sociedades: cuando el negocio de dios ya parecía agotado por su sumisión al poder y su ritualidad arcaica y su conservadurismo social y su estructura jerárquica y sus muchos desmanes, llegaron estos grupos, más dinámicos y más efectistas, y le dieron una vida nueva, levántate y anda. La religión más clásica puede sentirse derrotada, pero la religión como idea ganó con ellos.

Devolvieron a nuestras sociedades la presencia de lo religioso, lo mágico como solución a los problemas. Nos jodieron.

Y muchos políticos lo saben y lo aprovechan: otra vez la palabra de un sacerdote puede darles miles de votos. Los buscan, los camelan, les prometen. Y ellos, por supuesto, se dejan querer y piden, exigen, consiguen. Se diría, visto lo visto, que sus alianzas pueden ser variadas pero ciertos principios se mantienen.

(Debo reconocer —y me cuesta— que tanto los católicos como los evangélicos suelen tener principios. En tiempos de democracia encuestadora, en que la mayoría de los grupos políticos hacen lo que creen necesario —equis, menos equis, jota, verde oscuro, esponjosito— para tratar de adaptarse a lo que les dicen que algún público espera, hay pocos sectores que siguen fieles a sus ideas aun cuando no les convenga, y que pelean por ellas sin concesiones: que existen para defenderlas. La iglesia de Roma lo hace: sigue fiel a sus ideas arcaicas, reaccionarias, mortíferas. Y lo mismo suelen hacer los evangélicos. Y ambos siguen fieles a esos principios que los hacen buscar las cercanías del poder: cualquier poder.)

Son cristianos: unos y otros son cristianos. Los evangélicos tienen, queda dicho, más seguidores entre los más pobres y la clase media baja. Sus pastores ofrecen a su rebaño el apoyo de un dios para sus aspiraciones inmediatas y le piden, a cambio, que apoyen ciertas normas que ese dios debe mantener para seguir siéndolo: para que el mundo no caiga presa del demonio y que Él, por lo tanto, pueda satisfacer las ambiciones de sus fieles. El negocio es redondo —lo que ahora llaman una win-win situation— y permite que los jefes evangélicos se hayan unido con fuerza a los jefes católicos en su defensa de ciertos principios: la oposición al matrimonio homosexual, la oposición a cualquier cambio de género, la oposición al aborto legal, la oposición al uso de anticonceptivos, la oposición a la educación sexual, la oposición —incluso— a los divorcios; la oposición, en general, a todo lo que no sea la familia clásica tradicional cristiana compuesta por un padre y una madre que solo cogen —si acaso— para reproducirse y unos niños rubitos aunque sean morenos. La oposición, en general, a casi cualquier cambio que aumente la igualdad de las mujeres.

En este punto las dos grandes iglesias coinciden, aunque actúen con fuerzas diferentes y, a veces, los evangélicos consigan un milagro: hacer que los católicos no se vean tan carcas, no tan reaccionarios. «Costa Rica les ha dejado claro algo a los políticos: nunca más se metan con la familia, nunca más se metan con nuestros hijos», dijo en campaña Fabricio Alvarado, su candidato cristiano derrotado apenas, y lo aclaró: «No estamos dispuestos a aceptar una agenda LGTBI proaborto y la ideología de género. Hagamos que la elección sea nuestro referendo sobre el matrimonio exclusivo entre hombre y mujer».

* * *

Las iglesias han tomado estas cruzadas como su cometido principal. ¿Para qué sirve ahora la iglesia de Jesús? Para intentar que ciertos países no permitan el aborto legal o el matrimonio homosexual. Como si, tras tantos siglos y tantas ambiciones, se hubieran resignado a convertirse en una policía del hogar.

Es curioso pero coherente: la iglesia de Roma es una organización radicalmente reaccionaria, el último refugio de la discriminación abierta a gran escala. Sus organizaciones no cumplen con las mínimas reglas que casi todos nuestros países tienen sobre la igualdad. Si cualquier empresa colombiana o chilena o mexicana prohibiera en sus estatutos que las mujeres ocuparan puestos gerenciales, la justicia la llevaría a los tribunales por esa violencia intolerable; la iglesia de Roma lo prohíbe desde siempre y ningún estado reacciona.

Los evangélicos son apenas más ambiguos. Hay, muy de tanto en tanto, una sacerdotisa, pero la mayoría de sus colegas las descalifica. Sugel Michelén, un pastor dominicano con más de treinta años de ejercicio, lo explica claro: «Al hablar del ministerio de la mujer en la iglesia no tenemos que ir al Nuevo Testamento sino al Antiguo Testamento, y más específicamente al orden de la Creación. Primero Dios hizo al hombre varón, a su imagen y semejanza, y después a la hembra; eso quiere decir que Dios tenía la intención de que el hombre lo representara en la Tierra. Cuando Dios crea la sociedad humana, la crea con esa estructura de autoridad y pone al hombre como cabeza. Cuando hablamos de la mujer como pastora, en 1 Timoteo 2:12, el apóstol Pablo dice claramente que no permite que la mujer asuma ese papel porque estaría violentando ese orden estructural que Dios creó para la sociedad humana, cómo debería funcionar el hogar, cómo debería funcionar la sociedad y cómo debe funcionar la Iglesia».

El pasaje de Pablo —palabra divina— es concluyente: «Yo no permito que la mujer enseñe ni que ejerza autoridad sobre el hombre, sino que permanezca callada», escribió. «Porque Adán fue formado primero, después Eva. Y Adán no fue engañado, sino que la mujer, siendo engañada, incurrió en transgresión. Pero se salvará engendrando hijos, si permaneciere en fe, amor y santificación, con modestia.» Es lo que dice el texto —«sagrado»— que guía a todos los cristianos, católicos y evangélicos por igual.

Y, por si no quedara claro, publicaciones evangélicas autorizadas explican que Jesús eligió a hombres como apóstoles, que nunca designó a mujeres en la posición de dirigir a hombres, que el Nuevo Testamento fue escrito por hombres, que las cabezas de las tribus eran hombres y que, en definitiva, si aparecen algunas mujeres pastoreando es porque los hombres no están cumpliendo con el papel que les asigna el dogma. Y que esas mujeres deben «encontrar mayor gozo y dedicación en servir como ayuda idónea de sus esposos y de criar a sus hijos en el temor del Señor».

Somos cristianos: fuimos formados por esta ideología, en la que las mujeres tenían un papel tan claramente secundario, sometido. El gran creador y ordenador, la fuente de toda verdad, lo explicaba sin dejar lugar a dudas.

Somos cristianos: fuimos formados por esta ideología, en la que lo importante era creer lo que nos decían que debíamos creer.

Somos cristianos: fuimos formados por esta ideología, en la que lo importante era obedecer la palabra de los que sabían.

Y fue que la obedecimos
y creímos.

LA HABANA

La ciudad detenida

Ella espera que su casa no se le caiga encima.
Lo espera: de verdad lo espera pero teme.

Ella no es una metáfora.

Ella –llamémosla Ella, por si acaso– vive aquí desde 1976 cuando, a sus seis años, su madre se juntó con un señor que vivía aquí. Aquí, entonces, era una de las esquinas más presuntuosas de La Habana Vieja: un edificio monumental de fines del siglo XIX, cedro, vitrales, mármoles, la pompa de esos tiempos. Aquí, entonces, cada cuarto era el hogar de una familia, y había más de treinta: se habían mudado después de la revolución, cuando los dueños escaparon.

(Ese momento literalmente milagroso que solemos llamar revolución, cuando tantas normas cambiaron de sentido, tantas cosas que tenían dueño dejaron de tenerlo y había que ver a quién y para qué servían. Digo, por ejemplo: esos lugares que muchos habían mirado con deseo, con envidia, con rencor, convertidos de pronto en casas para muchos o casas para jefes o escuelas o clínicas o centros culturales o focos de la revolución siguiente, un suponer.)

Aquí, en los noventas, plena penuria del final soviético, de pronto un techo se desmoronó. Fue lo primero; durante los veinte años siguientes –Ella se recibió de enfermera, se casó, tuvo dos hijos– el edificio se fue cayendo a trozos: un suelo acá, una escalera allá, todo un ala sobre una cisterna. Nunca hubo muertos, si acaso algún herido. Nadie reparaba; según se deshacía, evacuaban familias: ya solo quedan ocho. Entre ellas, la de Ella: ella, sus hijos, su pequeña nieta. Le pregunto si no tiene miedo.

—¡Claro que tengo miedo! ¿Cómo no voy a tener miedo? Esto se viene abajo, imagínate, cada vez que oyes un ruidito el corazón se te para, te piensas que se viene el derrumbe.

La casa que fue espléndida es, ahora, un basurero de sí misma: agujeros en el suelo, árboles en los huecos, andamios en el aire, escaleras sinfín, barandas que se bailan. Le pregunto por qué se queda.

—¿Y qué quiere, que duerma en la calle? Esto es lo único que tengo. Yo soy pobre, no puedo irme a ningún lado. Lo único que puedo hacer es esperar.

Dice, desesperada. En medio de las ruinas sus dos habitaciones están limpias, ordenadas, cuidadas con cariño; afuera es el naufragio.

—Y así hay miles.

Dice: que ese edificio es uno como tantos. Le pregunto cómo se arregla todo esto.

—Bueno, el que lo tiene que arreglar es el estado. Si yo tuviera dinero ya me habría comprado algo, pero no tengo.

Ella es morena, sonriente, alta, delgada; ya no es enfermera, ahora gana más limpiando casas.

No es, insisto, metáfora de nada.

*   *   *

Una ciudad detenida en el tiempo. Una ciudad —que parece— detenida en el tiempo. Una ciudad donde aquellos que prometieron un gran cambio detienen todo cambio —en nombre de aquellos cambios que siguen prometiendo. Una ciudad que se parece a un trabalenguas, cuyo nombre es el nombre de un veneno: los habanos. Y hay, también, habaneras: unas canciones que ya pocos tocan, de las que descienden, dicen, otras; el tango y los tanguillos, por ejemplo. Es invierno, alguien se queja del frío que nos hace:

—Casi veinte grados, mi hermano. Era verdá que el tiempo estaba loco.

O sea que hay prejuicios. Siempre hay, pero sobre La Habana más. Si se aceptan los prejuicios, La Habana sería una ciudad vieja semiderruida donde se mezclarían putas, vividores, turistas talluditos y retratos del Che, coches de los cincuentas y una alegría que poco justifica. Si no se aceptan sería eso mismo —y tantas otras cosas.

Y es, sin duda, una ciudad histórica. También: una ciudad llena de historias y de historia. Lo más difícil, para contar La Habana, es que todo resulta siempre atravesado por la historia: que hay que hablar siempre de la historia, que siempre hay una que contar.

Le digo que aquí en general me sonríen poco y me dice que por algo será.

—¿Por qué?

—No sé, por algo.

La ambigüedad es un arte muy local.

La historia está por todos lados. Está en la persistencia de esos edificios que tienen de cuatrocientos a sesenta años; está en la persistencia de esos coches que también tienen sesenta; está en los carteles que hablan de una revolución que ya no revoluciona, en los restos de un movimiento que llegó para cambiarlo todo y ahora se dedica a conservarlo sin piedad.

—Lo que no funciona es que un camarero de la Ciudad Vieja gane diez veces más que un médico.

—No, no funciona. ¿Y entonces?

—Entonces nada. Yo no quiero ser camarero. Yo soy médico, ayudo a las personas.

Hace doscientos cincuenta años los españoles la habían perdido a manos de una flota inglesa. Tras un año de ocupación la canjearon por la Florida, una península anegada que no sabían usar. Y para evitar la repetición de la jugada —no tenían mucho más que entregar— edificaron fuertes con murallas tremendas. La Habana, entonces, ya tenía como cincuenta mil habitantes y esos palacios, esas iglesias, esas plazas que la volvían una villa imperiosa. «Siempre fidelísima», decía ya entonces su escudo, iniciando una carcajada que duró varios siglos: siempre Fidelísima.

Mientras tanto creció, prosperó más. En 1837 inauguró el primer tren de América Latina; Cuba era rica, orgullosa, pujante, una colonia. Después se liberaron y se sintieron todavía más ricos. A principios del siglo XX se lanzaron a edificar con pompa y ambición y dinero del azúcar y el tabaco. En La Habana hay —al menos— dos edificios de tamaño y pretensión mayores que cualquier otro de Ñamérica. El Capitolio y la Universidad son bruto revoleo de escalinatas y columnas, cúpulas y estatuas, el ansia de una ciudad playa que se inventaba sus alturas, la ambición de un país nuevo por presentarse clásico. Cuba estaba —como siempre— a punto de transformarse en algo grande.

Y construyeron más edificios tan pomposos, explosiones neoclásicas, y el mar tan a menudo y el cielo siempre a mano: La Habana debe ser la capital más bonita del idioma. Y también la más rota y también la más triste. La Habana me entristece. Camino, miro, pregunto, escucho y me entristece. Para mi generación y alguna más, para los que creímos en todas estas cosas, La Habana es el resumen del fracaso, el lugar donde todo iba a ser y no fue nada.

—Imagínate, mi hermano. Un lugar donde hace sesenta años que gobiernan los mismos. ¿Dónde tú vas a encontrar algo parecido?

La Habana es la melancolía.
Varias, diversas melancolías: aquí hay una para cada uno, todas para todos.

* * *

—Yo quiero vender Cuba, pero diferente. Que no sea solamente las paredes rotas, esos carros, la ropa en los balcones, la negra en la ventana, el perrito, el tabaco; nuestra imagen es eso. Te lo digo con conocimiento de causa; yo he trabajado con Chanel, con Vogue, y ellos siempre vienen buscando lo mismo. Yo quiero mostrarles que tenemos muchas otras cosas, playas, paisajes, montañas, gente extraordinaria, pero no hay caso; solo pueden ver eso.

Hace ya treinta años, a sus 10, Luis Mario era un niño comunista —un pionero— con todos los honores: hijo de militares de alto rango, educado, entrenado, se sabía todos los catecismos y podía desarmar una kalashnikov con los ojos cerrados.

—Cuando era niño todos teníamos esos grandes ideales comunistas; después empiezas a conocer mundo y te das cuenta de que hay muchas cosas que repensar.

Hace veinte, a sus 20, Luis Mario empezaba a ser fotógrafo y se hacía unos dólares armando vacaciones para italianos ricos que venían a disfrutar de Cuba.

—Eso me permitió tener un poder adquisitivo importante, entender el poder del dinero.

Después sus amigos le consiguieron acomodo en Roma: fotografiaba moda y arquitectura, viajaba, se divertía, vivía mucho mejor que lo que nunca había imaginado. Al cabo de diez años volvió a La Habana para ocuparse de su madre —y buscarse la vida.

—La ciudad no había cambiado mucho. Pero justo entonces empezaron a abrirse cosas, pareció que se iba a poder emprender... Aunque después mucho de lo que se anunciaba no se concretó, fue un momento histórico, a bastantes nos cambió la vida.

En Cuba no existía, entre otras cosas, la publicidad. Luis Mario descubrió que esos jóvenes que fabricaban y trataban de vender nuevos productos —camisetas, zapatos, restaurantes, tours, estéticas—, necesitaban fotógrafos, diseñadores, publicistas, y armó su productora. Pero sus imágenes no tenían soporte; para dárselo produjo también una revista digital sobre bellezas, fiestas, mercancías, frivolidades varias: *Vistar Magazine*. Fue el primer medio no estatal en medio siglo.

Si yo fuera sociólogo, antropólogo, economista, comunista, periodista incluso, estudiaría La Habana: la manera en que una ciudad, una sociedad, van adquiriendo lo peor del capitalismo. Cómo se construye eso que en el resto del mundo damos por supuesto: el consumo, la competencia, la publicidad, las clases. Y me detendría en la aparición de esos sectores nuevos: jóvenes que descubrieron esos mecanismos y tratan de aplicarlos, entre trabas y alientos, en una sociedad que los rechazó durante décadas. Y ganan dinero y viven mejor y lo muestran —y producen tensiones. Tras tantos esfuerzos y sacrificios para establecer una sociedad igualitaria, las desigualdades crecen, se ven cada vez más: se consolida la división en clases de una sociedad que intentó o pretendió no tenerlas.

(Pero muchos de estos jóvenes prósperos modernos vienen de las grandes familias de la Revolución. La idea está tan instalada que produce incluso leyendas urbanas: la cantidad de bares, por ejemplo, adjudicados a «un nieto de Fidel» —que, es cierto, tuvo muchos.)

—Sí, estamos en un momento muy difícil de describir, porque están por pasar muchas cosas pero todavía no ha pasado casi nada. Es cierto que se están creando esas desigualdades, que hacen que algunos envidien a los que tienen y empiezan a mostrarlo...

Cuando Obama visitó La Habana, Luis Mario fue uno de los emprendedores invitados a verlo; allí contó sus ideas y consiguió inversores, pero ahora ha decidido trabajar solo con recursos nacionales. Esta mañana de sábado, en su oficina en medio de un gran galpón con decorados, máquinas, parrillas de luz, donde funciona su productora de televisión y su estudio de fotografía, Luis Mario tiene su mejor cara de sueño, un hijo chico que corretea y demanda, una remera verde leve que dice Misled Youth –juventud engañada.

–A mí no me gusta el capitalismo, no me gusta Estados Unidos, no me gusta la bandera americana, no me gusta lo que han hecho en el mundo, no me gusta su sistema: creo que no son libres, son prisioneros de un banco, siempre pagando las cuentas y las hipotecas...

Dice, pero sus preocupaciones son las de un empresario con clientes y empleados. Y tiene un tren de vida muy distinto de la mayoría de sus compatriotas.

–Sí, yo soy un privilegiado aquí en Cuba. Mi privilegio es que hay mucha gente que me quiere conocer, que le da placer estar conmigo, tener una cuenta de 250 dólares en un restaurante y que te digan no, tú aquí no pagas...

–Bueno, el verdadero privilegio es poder ir a ese restaurante, donde quizá sí tienes que pagar esa cuenta y son diez sueldos mensuales de un cubano medio.

–Sí, es cierto. Pero yo hago muchas cosas que me permiten vivir así. Aquí hay gente que tiene mucho más dinero, lo consigue mucho más fácil. Yo voy más sobre lo social, comparto más mi ganancia con la gente que trabaja conmigo, pero sí, no dejo de ser parte de esta sociedad elitista cubana... Me muevo en el sector de la cultura, donde siempre hay pintores que venden cuadros, músicos que hacen conciertos, hay más dinero que para el resto de los cubanos, sí, que ganan 400 o 500 pesos, menos de 20 dólares, y no les alcanza y a lo mejor tienen que hacer cosas indebidas, corrompen su moral para poder llevarse alguito para sus casas...

Dice Luis Mario y se preocupa por lo que está diciendo. Empiezo a acostumbrarme a ese estilo cubano de relatos cautos, donde siempre faltan elementos, donde los silencios hablan tanto o más que las palabras.

–Digamos, un ejemplo mejor: tú tienes familia, tienes hijos, a lo mejor trabajas en una fábrica de tabacos y sabes que ese tabaco se está vendiendo en 13 dólares, pues te llevas algunos tabacos para venderlos. ¿Y eso cómo se combate? La única manera es llenándoles el refrigerador de comida. Porque la realidad es que ninguno de los dirigentes vive con ese salario, tienen sus cosas, tienen sus amistades... pero hay otro montón de gente que no encuentra salida, y yo estoy luchando por eso, porque esas personas no tengan que hacer nada malo para dar de comer a su familia.

*　*　*

La última vez que estuve en La Habana Fidel Castro todavía estaba vivo. O no, quién sabe; quizá no todo el tiempo. Yo había pasado allí unos días de paseo, desconectado, sin la menor intención de enterarme de nada. El viernes 24 de noviembre de 2017 mi avión para Miami salía a las 18 y, tras la conexión, mi vuelo a Madrid despegó a las 22,30. A la mañana siguiente, cuando aterricé en Barajas, encendí mi teléfono para mirar las novedades y lo primero que vi me hizo, literalmente, dar un grito. La mitad del avión se dio vuelta a mirarme. «¡Qué boludoooooo!», había gritado yo, la voz en cuello, cuando vi el portal del diario que decía —cuerpo catástrofe— que «Murió Fidel».

No lo podía creer. Raúl, su hermano viudo, lo había anunciado por cadena nacional a las 22.25, mientras mi avión salía de Miami. Por azar había estado en el lugar donde tenía que estar; por ignorante me había ido —y me había perdido la historia que tantos periodistas esperaron durante tantos años. Desde entonces, siempre sospeché que, cuando salí, Castro ya estaba muerto: que esas muertes no se anuncian enseguida, que hay que preparar los mecanismos y las tropas y que seguramente me habían engañado una vez más. Eran pamplinas, excusas sin sentido; lo cierto es que fue mi peor fracaso en varias décadas de profesión, llenas de ellos.

En las paredes de La Habana sobreviven, por supuesto, carteles y pintadas que hablan de la Revolución y Fidel Castro y el pueblo unido y el imperialismo americano, pero ahora hay muchos más celebrando los quinientos años de la ciudad: la historia reemplaza las antiguas proclamas de futuro.

Son las diez de la mañana en el Vedado y desayunamos en uno de esos cafecitos cool que están apareciendo en la ciudad, siete u ocho mesas que ofrecen frutas y sándwiches y zumos en inglés a precio dólar; este, además, tiene un pequeño bebedero de agua azucarada donde vienen a libar los colibríes. Yo pido una tortillita con queso.

—Lo siento, no hay huevos.

Me dice el camarero, joven, su gorra rasta, y le digo que no entiendo. Él se arma de paciencia:

—Que no hay huevos, ¿no sabía? Hace como un mes que no hay huevos en ninguna parte.

Semanas antes, en Caracas, fue lo mismo. Que el socialismo latinoamericano esté falto de huevos es un chiste fácil. También es fácil llamarlo socialismo. Prefiero la explicación de Carlos Manuel:

—Es un asunto interesante. Cada vez hay más diferencias entre los consumos de los ricos y los pobres, pero de pronto aparecen estas carencias que igualan a todos. Ahora no hay huevos y es para todos, para nadie.

—La socialización de la carencia, ya que de la propiedad no.

Le digo; tres mesas vacías más allá dos chicas en sus veinte se miran, se susurran, se acarician.

—Es como si la muerte de Fidel hubiera permitido que la gente se atreviera a más. No que hayan cambiado las reglas o las leyes; es que falta esa presencia que mantenía una forma del orden.

Dice Carlos: que su ausencia, ahora, es la presencia más notoria.

* * *

La Habana son columnas. Las ciudades, como el resto de los seres, suelen tener su esqueleto por adentro, tapado por sus carnes. La Habana lo tiene afuera, derritiéndose al sol: no hay ciudad que muestre más columnas. La Habana es una ciudad —relativamente— chica: dos millones de personas, casi un pueblo. Y su plano básico es también —relativamente— fácil de entender: la costa la organiza. Cuatro barrios tan distintos se suceden a lo largo del viejo Malecón. Primero, Habana Vieja es el distrito colonial más impresionante de la América hispana: palacios, fortalezas, templos, plazas, calles —y los turistas y el deterioro que empieza a revertirse para ellos. Después, Centro Habana es el primer ensanche, fines del XIX, calles amplias y secas y rectas, casas y edificios, cemento y baches —todo a medio caer. Después, el Vedado son calles verdes y avenidas, caserones, apartamentos art decó, construidos entre 1920 y 1960. Y por fin Playa, la zona verde y rica y palaciega, muy Miami vieja, sobre todo en su parte Miramar.

En Miramar y en el Vedado hay unos cientos —unos cientos— de esas casas que el castellano solía llamar mansiones y el español contemporáneo casoplón. En este caso, en su versión neoclásica 1900: dos plantas sólidas, extensas, rodeadas de una galería ancha de columnas, capiteles, vitrales, filigranas y su jardín alrededor, sus árboles como si el mundo fuera un árbol.

Y cada tanto se oye el ruido de algún coche que pasa.

Existe una ciudad sin coches. O, por lo menos, sin el caos que los coches imponen en el resto del mundo. Las ciudades más ricas se matan por encontrar formas de vencer esa plaga. La Habana ya lo hizo o casi, sin querer. Cuba no importa coches por no gastar divisas y el mercado, vengativo, hace lo suyo: con tan pocas ofertas, los precios siguen por las nubes. Un Lada de cuando había muros en Berlín puede costar 20.000 o 25.000 dólares; un Peugeot de los noventa puede llegar a los 50.000.

Así que no es fácil moverse por La Habana. Hay pocos buses, tardan, llegan llenos y además se llaman guaguas. En la ciudad más estatista, buena parte del transporte público estaba a cargo de la iniciativa privada de estos coches enormes americanos de sesenta, setenta años, totalmente recauchutados por el ingenio local, que llaman «almendrones» o, digamos, «pinkies». Hacían rutas fijas levantando pasajeros −cinco o seis− y les cobraban 10 pesos −30 céntimos− por tramo. Pero algunos se pasaron al turismo y otros dejaron de ser rentables: con la caída de Venezuela la gasolina aumentó mucho, así que quedan pocos. Y están los que llaman «directos», un taxi más nuevo que va donde le digas por una cifra negociable, pero son caros y escasos. Y hay rickshaws, aunque la idea de que alguien pedalee para llevar a otro, para que otro se mueva sin moverse, no parece especialmente socialista −ni eficiente.

−Acá no hay cuento, mi hermano. Te pasas el día manejando, dándole y dándole. A quién le vas a contar que es por el socialismo, el bien de los cubanos, el mañana. Es p'hacerte unos pesos, mi hermano, acá no hay cuento. Es triste, pero es la realidad.

Su Chevrolet '47 tiene volante de Peugeot, motor de Kia con repuestos de factura propia, la palanca de cambios que es un trozo de caño y una imagen de San Lázaro que lo mantiene andando. El santo, pequeño sobre el salpicadero, es un señor de taparrabos, malherido, cojo, y Néstor, también 47, lo mantiene rodeado de billetes y monedas.

−Mientras él se ocupe, todo chévere.

Me dice, y que sí, que él es médico y sigue trabajando en el servicio de nefrología de un hospital pero que con eso no hay quien viva, que si no fuera por el taxi su familia la pasaría muy mal y que bueno, qué se le va a hacer, así es esto mi hermano. Y que sí, que lo pensó pero no quiere hacerlo descapotable y pintarlo de rosa porque no tiene ganas de ponerse un sombrero y salir a pasear gringos.

−Además la cirugía esa te cuesta un dineral. ¿Yo de dónde lo saco?

Sería negocio: una hora de recorrido se puede cobrar 30 o 40 dólares, según la cara del cliente. Me reía imaginando algún rincón oculto de la China donde una fábrica de obreros semiesclavos fabricaban en secreto coches que parecían antiguos; después alguien me dijo que los hacen en talleres de La Habana, que recuperan almendrones y los rearman para volverlos convertibles. No es fácil simular la historia, pero aquí hay especialistas entrenados.

(Cuba, al fin, resultó pionera del final de un modelo: la idea de que estudiar era la llave para vivir mejor. Aquí hay batallones de doctores, gran logro de la Revolución: educar a todo el que quisiera. Y aquí, ahora, médicos viven de manejar un taxi. Es, decíamos, un logro adelantado: en los países ricos de Europa, ahora, cada vez más titulados se buscan la vida y no la encuentran. Ahora estudiar no garantiza nada: hay que buscarse formas nuevas de ascenso social.)

Los pinkies se han vuelto un estandarte –tan extraño, inesperado– de La Habana. A veces son de otros colores –rojo, violeta, verde, azul, celeste incluso– pero siguen teniendo el alma pinky: un cacho de chicle hecho coche, el genuino sabor americano de esos tiempos, que solo el socialismo supo conservar y Trump añoró tanto. Y están por supuesto sus choferes, disfrazados de chulos tropicales con sus camisas blancas y sus sombreros panamá. Porque los pinkies son cosa de hombres: no se ven mujeres manejándolos. Tampoco llegan, si es por eso, a un cuarto en el Consejo de Ministros –que data más o menos de la misma época.

*   *   *

Melancolía, recuerdos. A sus turistas, La Habana ofrece sus pasados –de ella, no de ellos: de la gloria colonial quedan las fortalezas, palacios, catedrales; de la gloria azucarera quedan los monumentos y avenidas y ambiciones; de la gloria cabaretera quedan pinkies y hoteles, Tropicana; de la gloria revolucionaria quedan los frescos y consignas y esa sensación de estar en un lugar que, para bien o para mal, ya no es de este mundo.

(Aquel día fue tremendo. Hasta entonces las ciudades habían servido para tanto: en ellas sus habitantes se juntaban, se conocían se enfrentaban se mejoraban los unos a los otros, ganaban y perdían, se querían se robaban se copiaban; en ellas se fabricaban cosas, las ideas, los objetos de uso y de deseo; en ellas se apiñaban las armas y las pompas y los demás poderes; en ellas se inventaban las maneras nuevas; sin ellas, nada podía ser lo que era. Pero aquel día, de pronto, los azorados habitantes descubrieron que ya no sabían qué hacer con las ciudades. Desesperaron: brevemente desesperaron, se mesaron los pelos, dijeron en voz alta ay dios ay dios y después murmuraron ay dios y por fin, en un rapto, descubrieron el truco del turismo. Oh, el turismo será la salvación, proclamaban por calles y plazas, tugurios y merenderos, salones de los bancos. Oh, ellos vendrán y viviremos, oh, por el turismo viviremos, oh, pregonaban, y pusieron manos a la obra.

Fue dulce y, como siempre, la historia pudo reescribirse: ahora millones saben —como se saben esas cosas— que las ciudades, antes del turismo, no existían.

O, dicho de otro modo: ¿será que realmente no hay forma de evitar que todos los lugares diferentes, evocadores o coquetos de las ciudades del mundo se hayan vuelto decorados para el paseíto? ¿Será que solo los espacios más feos conservarán su vida? ¿O alguna vez, dentro de veinte o treinta años, la realidad virtual o lo que entonces sea hará inútil el viaje y las viejas ruinas reacondicionadas volverán a su antigua condición de ruinas, y las viejas ciudades serán lugares para que vivan las personas?)

La Habana vive en gran medida del turismo y el turismo la cambia y cambia a sus habitantes y los convierte en servidores de lugares comunes, de esos clichés que atraen a los turistas: servidores. Algunos —algunas— intentan descubrir formas nuevas de hacerlo. Formas que no sean puro tributo a la nostalgia, formas que les permitan hacerse vidas nuevas, y ofrecer algo nuevo, algo distinto.

Las Four Wives son cuatro mujeres en sus treintas que estaban allí cuando Cuba empezó a estar allí, en la mira de cierto jet-set. Trabajaban en producción de cine, se conocieron en rodajes y viajes de famosos, decidieron unir fuerzas y crearon una «especie de empresa» para ofrecer turismo de calidad. Ya recibieron, entre otros, a Madonna y a Jagger; ya recibieron becas para aprender «excelencia de negocios» en Columbia Business School de Nueva York. Lili y Verónica son dos de las Four.

—Nuestros visitantes se impresionan con la cultura, la creatividad que hay en La Habana. Cuando los llevamos a la Fábrica el guau está garantizado. Están los que dicen guau y se quieren ir a los cinco minutos, los que dicen guau y se quedan cinco horas, pero el guau está siempre.

Dice Lili: la Fábrica del Arte es la cumbre del cool habanero, una antigua fábrica convertida en complejo de salas, galerías, bares, pistas, exposición, conciertos, rumba. Y Lili es elegante, su sonrisa medio irónica, la palabra fácil; su padre es un cuadro del gobierno y ha viajado mucho.

—Nosotras queremos dar un mensaje a nuestros visitantes.

Dice ahora: que en Cuba hay mucho talento, mucho capital humano.

—Y que es algo muy único que merece conocerse. Todos los países son únicos, pero este modelo no existe en ningún otro lado.

—¿En qué consiste su unicidad?

Lili remolonea, se resiste, pero termina por lanzar su lista:

—Cuba es único porque es un país muy pobre que no tiene miseria; Cuba es único porque la gente trabaja y no se le paga de acuerdo a su trabajo pero no se muere de hambre; Cuba es único porque la gente no trabaja pero no se muere de hambre; Cuba es único porque tiene una población extremadamente educada pese a la pobreza; Cuba es único porque no tiene recursos naturales; Cuba es único porque se ha parado ante los Estados Unidos por más de sesenta años y todavía no nos han podido poner el pie arriba.

Dice, casi exaltada, la ex alumna de Columbia Business.

Lili y Vero viven en Miramar, la zona elegante, entre árboles como palacios y palacios como bosques y casas y avenidas y el Caribe allí mismo. Lili y Vero tienen coche, viajes, buena ropa, acceso a tantas cosas que la mayoría de los cubanos solo ven en sueños. Son, lo saben, parte y ejemplo de esa nueva clase.

Y Verónica dice que últimamente La Habana se ha hecho más permisiva, para bien y para mal, que la gente es más tolerante con las personas distintas: gays, negros, extranjeros.

—Ya no te juzgan tanto por cómo vas vestido, si tienes el pelo verde o rojo. Era una sociedad muy conservadora; sigue siéndolo, pero se ha relajado un poco.

—¿Sigue siéndolo, dices?

—Bueno, es que el cambio no se da porque alguien lo diga; se va haciendo con los años, no va a pasar de un día a otro.

—Pero ahora hubo todo el lío con el matrimonio gay en la Constitución…

Le digo, y Lili vuelve a intervenir:

—A mí no me gustó que al final no pusieran el matrimonio gay en la Constitución, pero no porque me pegue directamente… O sea: nosotras somos pareja, pero yo no creo en el matrimonio como institución. Yo no me casé con el padre de mi hijo, no me quiero casar con ella, no necesito que medie un papel. Pero dos cosas me molestaron: que el gobierno ha dejado que se vea como una victoria de la iglesia, y que no entiendo qué tiene en la cabeza cada personita de Cuba cuando iba a las discusiones de la Constitución y de lo que hablaba era del matrimonio gay. En un país con tantos problemas, que está haciendo una reforma constitucional, ¿de verdad usted está preocupado por si se van a casar dos mujeres o dos hombres? Señor, preocúpese por la ley de propiedad, por los salarios, por los impuestos, porque le están diciendo que el partido es el órgano rector de la sociedad, ¿pero tú estás loco? ¿Tú de verdad te estás preocupando por quién se acuesta con quién?

Dice, se exalta.

—Eso me molestó mucho. Fue una cortina de humo, y mucha gente fue tan tonta que se quedó mirándola.

* * *

Afuera llueve como si no hubiera mañana; adentro, él dice que la lluvia también la manda Dios.

—No se confundan, la lluvia no la manda el Diablo; él no tiene poder para eso…

Grita el pastor, y le gritan que amén.

—La lluvia nos la manda Dios. Por eso, tu nombre lo exaltamos y glorificamos, Señor. ¡Aleluya! Tú eres el grande, eres el máximo, eres el amo…

Afuera, bajo la lluvia, el Templo Metodista de la calle K es un zigurat tipo torre de Babel pasado por Nueva York 1930; adentro, inundado de personas, es un hangar pintado de cremita, azul y rosa, sin santos ni vírgenes ni ostias; en lugar de vitrales, tres pantallas HD donde el predicador y su orquesta bullanguera se reproducen y se imponen. La música es un dechado de entusiasmo: teclado, bajo y mucha batería y los fieles que cantan gritan con un fervor y un ritmo que la hinchada de Boca envidiaría:

—Lo mío no pasa, es para siempre; / empiezo en enero, sigo hasta diciembre. / Suelta la botella, todo lo que te daña…

Los fieles baten palmas y saltan y revolean los brazos pero no adoran a Maradona sino a otro dios que también es, insisten, todopoderoso. Y se creen que no precisan esperar los goles; que igual ganan.

—Él se ha llevado todo mi dolor, / me ha hecho libre…

Grita el cantor y redoblan tambores y la tribuna se suma, se entusiasma.

—Me gozaré, gozaré, gozaré en Jehová a-a-a-aaaaa. ¡Go-za-ré!

A mi lado una mujer se retuerce como partida por un rayo y cae al suelo de rodillas, llora, se sacude, llora más. Después se levanta, saca su celular, lo enarbola en su brazo extendido para grabar las bendiciones. Es el momento: los dañados se acercan al estrado, todos cantan más, gritan más, tambores más y el pastor les aprieta la cabeza y les grita al oído; algunos extravían la mirada, otros se caen redondos.

—¡Sombra, fuera! ¡Sombra, vete lejos!

El pastor es un muchacho blanco atildado en sus 40, chaqueta negra y anteojos de pasta, que cuenta a los gritos durante media hora cómo el rey David conquistó Jerusalén y que, al entrar, dice, repite, mandó matar a los ciegos y los cojos.

—Sí, lo primero que hizo fue matarlos a todos. Todos los ciegos y los cojos, palabra del Señor.

Dice, y saca consecuencias morales sobre la fe y la decisión y el valor y esas cosas, y al final dice que quiere contar la historia de Voltaire —«boltaire», dice, en perfecto castellano— que era un filósofo francés que en los años 1700 anunció que en un siglo no habría ni una Biblia más y que cuando se murió la sociedad bíblica de Francia compró su casa para guardar biblias y que ya pasaron muchos siglos y la Biblia está por todas partes y de ese Voltaire nadie se acuerda, grita, así que no se dejen intimidar por falsas amenazas, el que manda mensajes de intimidación no muestra su fuerza sino su miedo y su debilidad, grita, por vigésima vez, y que ahora todos los periodistas vienen a pedirle entrevistas, que hoy mismo vinieron de la agencia francesa, dice, a pedirle una entrevista y él les dijo que no, que hoy es el día del señor, que qué se creen esos que no creen, dice, y cientos le levantan los brazos y le gritan amén amén y más amén. Y no explica que lo vienen a buscar porque su iglesia, sus gritos, sus manifestaciones fueron la vanguardia del movimiento que, hace unos días, consiguió que el gobierno cubano retirara de su nueva Constitución el derecho al matrimonio gay. «El matrimonio es mujer y hombre. Estamos a favor del diseño original, la familia como Dios la creó», dice un cartel muy grande a la entrada del templo, radiante de triunfo.

Y eso que la adalid del movimiento por los derechos LGBT es una señora Mariela Castro, hija de un señor Raúl Castro, de una familia con ciertas influencias —que, durante décadas, reprimió a los homosexuales como en pocos lugares de Occidente en estos tiempos.

Como tantos, como todos los que pueden, la señora Tania ofrece lo que tiene para conseguir algunos dólares: su pequeño apartamento, en este caso. Aquí, en nombre de la sociedad sin clases se armó una sociedad dividida sobre todo en dos clases: los que tienen acceso al dólar, los que no. Los que reciben dólares de algún pariente que emigró o pueden vender algo en dólares —un cuarto, una cama, un trayecto en su coche, una comida, un cuerpo, su cama, unos cigarros— por un lado; los que tienen que vivir de su sueldo —cada vez menos, cada vez más difícil— por el otro.

—Pero te insisto que no traigas a nadie. O si vas a traer a alguien, que se anote.

La señora Tania me muestra el apartamentito que le alquilé por Airbnb, llena papeles y más papeles de control y me cuenta historias de turistas asaltados por las chicas o chicos que se llevaron a sus alojamientos.

—Y aunque no te maten, chico, igual te llevas un susto del carajo.

La señora Tania es una mulata robusta y sonriente, buena verba, que de verdad parece preocupada. Yo le digo que no vengo en ese plan y ella me dice que uno nunca sabe y hace un gesto de no te preocupes no te juzgo —ni te creo: qué otra cosa puede buscar en La Habana un señor solo y mayorcito. La primera vez que escuché las palabras «turismo sexual» creí que era un modo bromista de decir coger aquí y allá, casual, sin mayor compromiso, como quien pasea; tardé en entender que se refería a los esfuerzos de sujetos tan comprometidos con sus apetitos que viajan miles de kilómetros para saciarlos con personas que en sus lugares no estarían a su alcance: los que aprovechan las desigualdades del mundo para dar de comer a sus fantasmas.

Aquí pasa, sigue pasando. Y, por alguna razón que se me escapa, la opinión más general condena a los cubanos y cubanas que lo aprovechan y lo sufren mucho más que a los extranjeros y extranjeras que lo explotan.

(Elegía de los labios rojos: como quien dice aquí quiero tus ojos, tu mirada, esto es lo que tienes que mirar, lo que yo digo, que para eso están rojos. Advertencia de las uñas barrocas: como quien muestra sus arabescos y dorados, dibujitos, brillos, variedad de colores, garfios interminables, para decir que la belleza rasga.)

Así que por edad, por raza, por condiciones generales —voy solo, miro mucho, escucho— yo sería uno de esos «europeos» que vienen a coger por encima de su liga o, por lo menos, más barato. Lo sé, pero no deja de irritarme ese vendedor joven, ambulante, que, tras entregarme el paquete de galletas, me dice que también tiene una jeva:
—También tengo una jeva justo para usted.
Una jeva, en cubano, es una chava una chavala una chama una chamaca. O, esta noche: una mercadería.

(Todo está en la manera de caminar, lo que los colombianos llaman caminado. Los hombres casi tanto como las mujeres, habaneras y habaneros caminan como si cada paso fuera una obra de arte, su modo de decir este soy yo, así desdeño el suelo, así me impongo: los hombros echados para atrás, su cuello extenso, su mentón altivo, la espalda recta, cada nalga un despliegue de certezas, cada pierna su ineludible consecuencia.)

Pero aún en estas calles, en esta sociedad, las nuevas tecnologías se van abriendo paso. Un moreno grandote, la camiseta negra apretada para marcar los pectorales, me muestra al paso un móvil con la foto de una mujer desnuda.
—Woman.
Dice, pedagógico, y me mira de nuevo:
—Not expensive, cheap.
Yo estoy por ofenderme, y después no.

(Todo, también, en la ropa. Aquí la ropa, once meses al año, es un adorno, no una necesidad, y muchos usan su mínima expresión: un short, una camiseta, unas chanclas de plástico. El resto es vanidad o es uniforme.)

Y menos cuando me cuentan un chiste, viejo pero eficaz:
—Sí, por fin en Cuba hay gente que sigue de verdad las enseñanzas del Che Guevara.
—¿Ajá? ¿Y quiénes son?
—Las jineteras, chico. Sí, mira a las jineteras, que no paran de buscar al hombre nuevo cada noche.

Pero también es cierto que no siempre se trata de trucos puramente sexuales: muchos cubanos y cubanas ofrecen más, ofrecen una vida, matrimonio —para irse.

La morena rotunda, pelos rojos, zapatos como torres, le dice al señor alto y flaco, rubicundo, levemente encorvado, que todo bien mi amol, que le dijeron que no necesita el papel de soltería, que menos mal, que se pueden casal. El señor suspira y le sonríe. En la sala de espera de la Consultoría Jurídica Internacional las parejas son enconadamente desparejas —y vienen a casarse. La Consultoría es un chalet pequeño en Miramar, sus bancos blancos para esperar afuera, sillones negros para esperar adentro, sus empleadas diligentes.

—Aquí casarse es fácil. Es un papel, qué importa.

Dice Olgui, la recepcionista. En la sala las dos parejas no se miran: la morena y su largo rubicundo se quedan de pie; en un sillón, una francesa de cincuenta y tantos, las piernas abundantes, el vestido apretado, el pelo corto rubio, se pega a un mulato bajo y fuerte, el diente de oro, la pulsera de oro, las zapatillas nuevas. El mulato y la rubia teñida se ríen, la mano de ella sobre el muslo de él. Esperan: en un rato más los llamarán para que muestren sus documentos, firmen los papeles, paguen los 700 euros; pasado mañana volverán para casarse y recibir el certificado y empezar los trámites de legalización, así él podrá irse a Francia. Les quedan dos o tres meses de trámites: los casamientos sirven para burlar fronteras y los estados se defienden, multiplican las aduanas burocráticas. La morena y el larguirucho salen a fumar; yo salgo para tratar de hablar con ellos pero me interrumpen.

—¿Puedo pedirle ayuda, jefe?

Me dice un cuarentón cubano enorme, el cráneo bien lustrado, su pantalón y su camisa nuevos, escasos para tanto músculo.

—Sí, claro, ¿qué necesita?

El atleta me pide que le haga el nudo de la corbata, que él no sabe.

—Sin corbata no es boda, es cualquier cosa.

Me dice, la sonrisa tímida, y que lleva más de diez años en Valencia pero a la hora de casarse se buscó una cubana y ahora tiene que hacer todo esto para poder llevársela. Yo lo ayudo, con dificultades; el hombre está nervioso y se va a dar una vuelta. Hace calor, vuelvo a los sillones.

—¡Oye, otra parejita para ver documentos!

Grita Olgui, y de adentro le gritan que pasen, y la francesa y el moreno entran. No queda más nadie en la sala de espera y Olgui calcula que ya llevo suficiente tiempo y viene a preguntarme si necesito algo. Yo le digo que espero a alguien que no llega; amable, compasiva, me dice ya vendrá, no se preocupe. Y si no viene, no viene, me dice: quiere decir que esa mujer no le convenía. Yo le digo que cuánta verdad e intento un buen suspiro; me sale más o menos.

(Y recuerdo un momento, una escena que escribí hace ya más de veinte años, aquí mismo, en La Habana; hay lugares donde el tiempo se esconde mucho mejor que en otros:

«Él cargaba metro sesenta de cuerpo rechonchón y lechoso: 45 años bien sonados y ese aspecto indefinible de haber vivido siempre con mamá. Hasta que falleció, la pobrecita. Ella le llevaba diez centímetros, era bonita sin alardes, había cumplido los 20 este verano y se vestía con una simpleza sorprendente en estas costas. Aros como cerezas, un toque de carmín ligero, la pollera hasta las rodillas y sandalias sin taco. En realidad, toda ella era simpleza, tan amable, graciosa: limpia y suave como un mate bien lavado, criollita.

El paladar de Chucho estaba lleno y Chucho me sentó en la mesa con ellos. En el paladar de Chucho hay muchos cuadritos con paisajes, un papá noel, un arbolito de navidad, tres mesas, doce sillas. Los paladares son uno de los últimos productos de la liberalización castrista: ahora, los particulares tienen derecho a instalar, en el living de su casa, un restaurante de hasta doce cubiertos, y cobrar en dólares. Los paladares se llaman así porque, cuando empezaron, hacía furor en Cuba una telenovela brasilera donde la protagonista tenía una cadena de restaurantes que se llamaba El Paladar: la ironía estaba servida. El paladar de Chucho está en un enorme edificio del siglo pasado a media cuadra de la plaza de la Catedral, en plena Habana Vieja. La casa de Chucho debe tener cuarenta metros cuadrados; el paladar ocupa veinte, y el resto es baño, cocina y dormitorio. Del dormitorio llegaba a veces algún llanto de chico o los gritos de la televisión cuando el equipo de Matanzas conseguía tres carreras juntas.

—¿No le molesta que le ocupe este lugar?

Chucho tiene treinta y pico, es del todo blanco y muy amable con la clientela. Así que, antes de ubicarme con el petiso y su bella, le pidió permiso a él: él tenía acento español y dijo que sí, pero le gustó poco. El español se parecía a Napoleón Bonaparte en los grabados malos, cuando la derrota de Waterloo le va comiendo el alma; su remera a rayitas desentonaba un poco.

Es cierto que un tercero en la mesa no es lo mejor para enamorar a una chica. Yo trataba de mirar para otro lado y hacer como si no estuviera. El español no hablaba; sus formas de seducir eran extrañas. Hacía todo lo que había que hacer, los gestos aprendidos en la Pitman, pero daba fuera de lugar. Cumplía con cada requisito: primero le compró una rosa a la señora de las rosas y se la dio a la sencilla, sin mirarla. Después, cuando llegaron los dos guitarristas les puso cinco dólares para que cantaran las canciones que ella quisiera: Juan Gabriel, dijo ella. El cantor gritaba desaforado y la pareja lo miraba grave y comentaba que cantaba tan bien. Fuera de eso, no se hablaban. El peleaba con su trozo de carne, refrito y reseco. En el paladar de Chucho las langostas son gloria: Chucho las vende a seis, ocho, diez dólares, según la cara del cliente, pescadas de contrabando por un amigo de la casa porque los paladares no tienen derecho a vender langosta, pero la vaca y la tortuga son horribles. El español me miró y me comentó que había pedido vaca porque llena más.

–La langosta no llena, me iba a quedar con hambre.

Por un momento, pensé que su idea de la comida explicaba sus maneras del amor. Después supuse que lo mío eran prejuicios. Su labio de abajo era tanto más largo que el de arriba y le terminaba en puntita; el resto de su cara era chato y redondeado como una luna de cotillón. Cuando terminaron de comer, él le agarró la mano. Miró para otro lado y le agarró la mano. Ella se dejó hacer y miró para otro lado. Él tenía la mano en su mano sin saber qué hacer con ella; ella se la dejaba sin saber qué hacer. Fue breve, pero me pareció que habían firmado un pacto: que él se la lleva a vivir una vida occidental y cristiana en su pueblo asturiano. Entonces él pidió la cuenta; Chucho le dijo veinte dólares y él dijo que era caro. Sacó un fajo de dólares, grueso como sus brazos cortos. La sencilla sonrió por primera vez e intentó la travesura: le pidió que la dejara pagar. Con el fajo de él, por supuesto. Él le dijo claro, es todo tuyo, y me miró como diciendo que ya sabemos que las mujeres son así, pero qué se le va a hacer. Yo no quería pertenecer a ese triángulo. Ella contó los veinte y los puso en el platito. El fajo tenía demasiados billetes chicos. Entonces él se paró y caminó hacia la puerta: ella lo siguió, con la cabeza baja, caminando detrás. A mí me parecía que ella había esperado otra cosa de la vida. Que alguna vez había soñado con un guerrillero muy barbudo que le recitaba aquellos versos de Martí cuando la atrapaba por el talle y se la llevaba en su caballo blanco, o con un rubio de ojos celestes mascador de chicle que la estrujaba en sus brazos hasta hacerle perder el aliento mientras le prometía la mejor heladera de todo el shopping mall. O con un novio simpaticón y enamorado o con cualquier otra cosa, pero no Napoleón. Nadie me preguntó, pero quise que ella, a la salida, lo mirara y le dijera mira cariño tú y tu sucio dinero ya saben dónde pueden irse, ¿me entiendes, especie de sapito? Es improbable».)

*   *   *

Aquí hay ruinas.

Me gustan las ruinas porque son sellos del descontrol: alguien mandó construir un edificio para que sirviera de prisión —digamos, o palacio o iglesia o gallinero— y ahora sirve para que gente lo visite y piense en esos tiempos en que alguien lo hizo construir, para que gente lo visite y se sienta más culta, para que un chico o una chica coman mostrándolo a esa gente, para tantas cosas tan distintas de las que imaginó quien lo hizo hacer. Me gustan las ruinas porque son una risa corta sobre la nadería del poder, los engaños del tiempo.

Me gustan las ruinas, pero no para vivir en ellas.

Alrededor de mi apartamentito en Centro Habana siempre parece que algo hubiera pasado —algo ominoso. Las calles suelen estar vacías, las fachadas heridas por el tiempo y el descuido, los silencios. Es plena ciudad y no hay negocios. Odio tener que aceptar que el comercio hace que una ciudad parezca viva. O, mejor: que nuestra idea de una ciudad viva es una donde la gente compra y vende. Acá todos los días son una mañana de domingo.

Y pululan los montones de basura, los escombros. Allí donde los carteles habituales dicen «No arrojar basura», aquí dicen «No arrojar basura ni escombros». Las casas producen escombros como las personas producen basura, sus desechos; los restos de edificios están en cada esquina.

La calle está vacía pero atruena: es raro que no suene a mil alguna música, reguetones jadeados, boleros suspirados, pop latino. La Habana tiene música. Es literal: en las zonas turísticas abundan —de verdad abundan— los grupos que la hacen en vivo, tras el dólar, sin perdonar ningún lugar común del trópico. Pero también hay muchos locales donde se hace buen jazz, buen son, buena clásica, búsquedas diversas. Y en cada calle televisiones, equipos, altavoces.

(Cinco mujeres lo rodean y él las mira entre azorado y extrañado: quizá nunca antes las vio así. Deben ser una madre, dos tías, dos hermanas o primas y le bailan: por la calle pasa una comparsa con tambores y ellas le bailan alrededor y él las mira. Él tiene dos, quizá tres años y parece asustado. Al final se resigna y trata de imitarlas. Ellas lo aplauden, él lo intenta más, da saltitos, se ríe, bailotea. Está a punto de hacerse caribeño.)

Y entre basuras y escombros y ruidos, las ventanas. Las ventanas aquí suelen tener personas —rejas y personas— porque los interiores son chicos, son oscuros, y qué mejor que asomarse, mirar la calle, ver pasar la vida. Y tras cada ventana hay un cuarto lleno de gente y esos sillones mofletudos, gordos, que abundan en el trópico. Y algún señor fumando ante la tele, y algún chico jugando, una mujer limpiando o cocinando, una abuela durmiendo —la perfecta imagen de familia y cuatro o cinco personas más alrededor, los espacios repletos.

Se podría simplificar diciendo que es una ciudad pobre si no fuera porque es la ciudad que prometió que ya no habría tal cosa como ricos y pobres. Es duro cuando algo —cuando alguien— tiene que responder por sus palabras.

Pero tras unos días los ojos se acostumbran: te parece que caminar entre escombros y casas derruidas es lo normal, que así son las ciudades. Entonces te crees que la ves con ojos habaneros.

Y después de aprender a mirarla, aprender a vivirla. Vivir de a poco, de lo poco, sin esas prisas que, de todos modos, te darán muy poco. Un arte de vivir amenazado.

O también: un arte de vivir amenazado.

Te decían que la salud, la educación: que Cuba tenía problemas pero estaba tanto mejor que los demás países latinoamericanos en cuestiones de salud y educación y probablemente, entonces, fuera cierto. Ahora te dicen que la seguridad: que Cuba está tanto mejor que los demás países latinoamericanos, que puedes caminar tranquilo por la calle, que no hay esa violencia de los demás países, y parece que es cierto: un estado que intenta, desde hace más de medio siglo, el control absoluto tiene sus ventajas. Entonces te dejas llevar por la fe y caminas sobre las aguas, esas calles. Es tarde, están oscuras y vacías, te cruzas cada tanto con sombras ominosas, muchachotes, personas que en cualquier otro medio no serían personas sino pura amenaza y vas tranquilo, cómodo, porque te han dicho que no hay problemas de seguridad, y lo has creído. Nada calma tanto como la fe —y aquí lo saben.

*   *   *

—Esto es Cuba, mi hermano. ¿Quieres ver la realidad cubana? ¡Esta es la realidad cubana!

Me grita Yorman, un negro poderoso. Yorman está sentado a la entrada rota de una casa, su short de fútbol, sus chancletas. La fachada está en ruinas: unos arcos sin nada detrás, sin techo encima. Yorman me dice que si quiero ver, que pase.

—¿Y cómo está la realidad cubana?

—En candela. Pésimo.

Me dice y se sonríe. Los habaneros hablan como si les faltara boca, como si las palabras no les cupieran en la boca y tuvieran que abrirla tanto para hacerles lugar. Yo le digo que no tiene cara de pésimo y él me dice que el cubano siempre está alegre, pase lo que pase, y que él de todas formas ya es como si no estuviera, que en unos días se va a Suecia porque su mujer está allá y que acá siempre los mismos se lo quedan todo, que no tiene remedio, y que pase, que mire.

—¿Quieres ver la realidad cubana?

Adentro, al final de un pasillo, tras las ruinas, hay un patio rodeado de cuartos: lo que aquí llaman un solar —y allí corrala o conventillo o inquilinato o vecindad, según. En el patio hay baldosas partidas, ropa tendida, adultos conversando, chicos a gritos, perros quietos. Cada cuarto tiene unos veinte metros cuadrados, una puerta, si acaso una ventana, su bañito y su rincón cocina; cada familia vive toda junta. En tantos otros sitios un sitio así alojaría pobres muy pobres, marginales varios; aquí, en este solar, me dice Yorman, hay una médica, un funcionario de la televisión, un utilero de teatro y siguen firmas. Y que no pagan alquiler y pagan, por agua, luz y gas, dos o tres euros al mes, pero a veces se quedan sin agua.

—¿Así que argentino, eh?

Me dice Abel y me sonríe. Abel tiene la cara angosta y picada de granos, los ojos muy azules; me dice que su madre era de Santiago y llegó a este edificio en el '56, huyendo de alguna persecución porque era del movimiento de Fidel y que él nació aquí mismo, en el solar, hace cuarenta años.

—¿Y qué tal con Macri? ¿Los está destruyendo?

Yo le pregunto cómo sabe; porque lo ve en la tele. Abel tiene dos o tres dientes en la boca y una cruz dorada del tamaño de un plátano con su Jesús colgándole del pecho.

—Cada sistema tiene sus cosas buenas y sus cosas malas. Claro, a mí lo que me gustaría es el comunismo científico de Marx y Engels, pero eso es científico, en la vida real no se puede. Me gustaría porque ahí no existe el dinero, todo se hace por camaradería, por solidaridad. Pero eso en este mundo no se puede, así que hay que sacar lo mejor de cada sistema. Hasta del capitalismo se pueden sacar cosas buenas.

—¿Como qué?

Abel se hace el tonto, saluda a una vecina, azuza al perro. Yo le insisto: qué, por ejemplo.

—Y, que uno puede ser una persona.

—¿Cómo?

—Sí, en el socialismo todo lo hace el estado, no hay lugar para las personas. Yo, la verdad, chico, prefiero cuando se puede ser una persona.

Yorman suelta su carcajada; Dirma —la esposa de Abel— le grita que otra vez diciendo tonterías. La discusión empieza; va a ser larga.

Una sociedad donde el estado intenta controlar tantas cosas será una sociedad donde muchas cosas se hagan al margen —por detrás, en contra, lejos, en detrimento— del estado.

Diría que casi todos detestan la política y que no conozco otro lugar donde se hable tanto de política. O, por lo menos, de quienes gobiernan y de cómo, tan presente en sus vidas. Es el resultado de sesenta años de un gobierno que decidió ser lo más importante que sucedía a sus ciudadanos.

Pese a lo que algunos quisiéramos, la política suele importar a pocos: no hay nada menos masivo que la democracia. Aquellos movimientos revolucionarios supusieron que era un error, otro efecto de la alienación capitalista, e intentaron involucrar a todos.

(Y entonces ese momento estrepitoso en que unos pocos deciden que sí saben lo que millones necesitan pero ignoran —y se lanzan a dárselo, se sacrifican para dárselo, hacen de dárselo el centro de sus vidas. Y, si tienen mucha mucha suerte, se lo dan, lo imponen: millones viven entonces como esos pocos decidieron. Hay algo de monstruoso, de terrible en todo eso pero, sin esos pocos, sin los intentos tantas veces fracasados de esos pocos, ¿todo seguiría siempre igual? ¿Seríamos, digamos, siervos de la gleba?)

Y la invención de una época, una épica. Se precisaba un relato muy potente para mantener a millones de personas viviendo más o menos mal, sufriendo privaciones, aceptando mandos y controles, esperando un futuro que no llegaba nunca. Sorprende que algo así haya durado décadas. El problema es que al caer no dejó casi nada: el recuerdo de tanto sacrificio para muy poca recompensa, la urgencia de buscarse metas nuevas. Ahora, entonces, sin filtros ni barreras, el único set de metas que nuestro tiempo ofrece: el placer del yo, entendido como coche casa ciertos supuestos lujos, el consumo. La gran paradoja es que creer en el futuro es ser antiguo. Modernizarse es dejarlo atrás, vivir para un presente –algo– más cómodo.

Un barrio, llueve a mares. Bajo un techo de lata, en el bochinche, docena y media de refugiados esperamos que pase. El muchacho está por terminar ingeniería y me habla con envidia de un su abuelo que sí hizo cosas importantes, dice, cosas que quedan en la historia: a sus 20 se metió en la guerrilla, lo apresaron, lo torturaron, se escapó.

–Mírame, a mi edad él ya había hecho una revolución. Esos sí que eran tiempos.

–¿Y ahora, en estos, qué puedes hacer?

–¿Qué voy a hacer? Si yo no creo en nada.

La lluvia arrecia.

¿Cómo fue que el futuro se nos volvió pasado, tan callando? ¿Habrá sido de tanto esperarlo?

*　　*　　*

Hay una imagen de Ernesto Guevara que es el Che. Es esa imagen infinitamente repetida, impresa, pintada, embanderada, de una cara acuciante entre barbas, una boina, una estrella y los pelos al viento. Esa foto, esa imagen, resumió para muchos durante mucho tiempo la actitud a tomar: la mirada segura enfocada allá lejos, en las luces por venir, la definición de esa boina y esa estrella y la determinación de los pelos flameados por el viento de la Historia. Esa foto era una forma de estar en la Historia. Esa foto fue tomada en un acto protocolar, en una tribuna de altos funcionarios en La Habana.

Hay imágenes que son lo que parecen; muchas, no; la mayoría ni siquiera parece, no figura, no imagina.

Yo tenía once o doce años, fines de los sesentas, en Argentina había una dictadura y mi padre, intelectual de izquierda, agitador, había imprimido unos afiches rojos con esa cara de Guevara que decían «Un guerrillero no muere para que se lo cuelgue en la pared». Me lo mostró, le pregunté para qué entonces.

–¿Entonces, Pa, para qué se muere un guerrillero?

Se le cruzaron, supongo, tres o cuatro respuestas, y prefirió el silencio.

Aquí en La Habana esa cara está por todas partes. Y, ahora, también, la del otro, su amigo, el jefe del que quiso separarse.

Guevara joven, Castro viejo. Ahora que los dos, con medio siglo de diferencia, terminaron de morirse, sus caras llenan juntas la ciudad y cuentan dos historias tan diversas. Es brutal ver codo a codo la historia de ese que lo entregó todo y la de ese a quien todos se entregaron; el que siempre se escapó del poder, el que nunca dejó que el poder se le escapara; el que se volvió un modelo, el que construyó un modelo; el que quería que todos fueran como él, el que como él decía. Es extraño, casi cruel, tan elocuente ver colgados de las mismas paredes al joven triunfante en la derrota, el viejo derrotado en el triunfo; el que se hizo más y más global, el que se hizo más y más local; el que se compran los turistas, el que no.

–Por medio de este escrito hago constar que he decidido quitarme la vida por un problema personal. Digo, por un problema con personal, con el departamento de personal. Soy un trabajador humilde, cumplidor, nunca he faltado ni un minuto, pertenezco a varias organizaciones, pero estoy disconforme con lo que me pagan: considero que es mucho, demasiado.

El hombre flaco está subido a una especie de cubo negro y habla desde allí y dice que no soporta más, que ahora mismo se tira. Tiene la voz quebrada, plañidera.

–Es tanto dinero que cuando cobro nunca sé lo que voy a hacer con esta cantidad. Le pedí al jefe de personal que me lo rebajara pero me dijo redondamente que no, que si me paga menos ya es ilegal, que puede ir preso. Eso es mentira. Aquí nadie va preso por pagar miseria. Si no, cuántos habría ya con pena de muerte.

El público se ríe a carcajadas. En un teatro que por alguna razón se llama Karl Marx, grande, bien hecho, humoristas celebran los quinientos años de La Habana con un show.

—Y no crean que no he buscado alternativas. Yo un día le dije mira, dame la baja que me voy pa' otro lugar donde me paguen menos...

Dice, y se calla: no necesita decir más; el público se ríe porque sabe. Hay una forma del humor de régimen que consiste en sugerir, nunca decir; callarse justo antes para que sea el espectador —la complicidad del espectador— quien escuche lo que no debe ser dicho. Una forma de crear un nosotros: somos los que sabemos, los que no necesitamos palabras para hablar. Otro, ahora, celebra la ciudad con una suerte de oda:

—¡Cuánto la quiero! La Habana, mi ciudad, mis recuerdos, mis escombros. ¡La Habana, donde nadie nunca se acuesta sin comer...

Dice, y calla para que cada quien complete. Otro cuenta que ha recibido una postal de Italia de un amigo que le dice que ojalá algún día pueda viajar para ver esas ruinas magníficas. ¿Yo, viajar?, dice el cómico, ¿para qué quiero yo viajar? —y hace el mimo de abrir una ventana. Y que después sigue leyendo que su amigo le dice que aquello es especial, las ruinas espléndidas de una civilización próspera que fue invadida por un malvado imperio del Oriente. Ajá, dice, y otra vez las carcajadas sin palabras.

*　*　*

Era lunes. Ya había pasado cuatro días en La Habana cuando una amiga me llamó preocupada:

—Del CPI te buscan.

Me dijo, como si eso alcanzara para el pánico.

—¿De dónde?

—Del CPI, el Centro de Prensa Internacional. Quieren saber qué estás haciendo acá, si estás investigando algo.

Yo no investigo; miro, si acaso, escucho, escribo. El funcionario del CPI había dicho que lo llamara urgente: que si no me acreditaba, me expulsaban. Me pareció un exceso; lo llamé. El trato no fue amable:

—Si usted vino a hacer alguna actividad periodística, no cumplió con las leyes de Cuba.

—Disculpe, como no estoy haciendo nada de actualidad... Pero no hay problema, ¿qué quieren que haga?

—No es lo que nosotros queramos, es que si usted va a un país tiene que cumplir con sus leyes. Si yo voy a la Argentina o a España me van a hacer cumplir la ley, ¿o no?

—Seguramente, pero nadie lo va a buscar para averiguar qué está haciendo.

—¡Cómo que no! ¿Usted se cree que yo me chupo el dedo? Yo he viajado mucho y sé cómo es.

El diálogo no siempre acerca a los pueblos. Al final me dijo que me presentara al día siguiente para pedir una acreditación. Era tajante: si no, tendría problemas graves.

Al otro día, cuando fui a reportarme, una recepcionista hosca me dijo que el funcionario estaba reunido y tardaría un par de horas. Yo, una vez más, no supe cómo interpretarlo. Me fui, le dije que volvería al día siguiente.

—Ya tú sabes, chico. Ya tú sabes.

Al otro día volví. El funcionario seguía ausente o reunido o incapaz de verme. Si los buenos trabajan así, no es extraño que ganemos los malos. Dejé anotado mi teléfono y dije que si me precisaban me llamaran.

* * *

¿Hace cuánto que no me despertaba sin noticias? ¿Cuánto, desde la última vez en que empezar el día no consistió en manotear una pantalla y mirar si pasó algo en casa, si me escribieron del trabajo, si el mundo sigue andando?

La Habana no solo es una ciudad —casi— sin coches; también es una ciudad —casi— sin internet. Es decir: una donde los hogares no tienen internet, donde los teléfonos móviles no tenían internet hasta hace unos meses y donde, todavía, la mayoría no lo tiene: el 3G es demasiado caro. Así que, cuando un cubano quiere llamar, por ejemplo, a sus parientes de Miami para pedirles algo o mirar el último video de Maluma o el resultado del Madrid, se compra una tarjeta que le da un tiempo de internet y se suma a ese paisaje tan local: personas —docenas de personas, mayoría de jóvenes— sentadas o paradas en todos los rincones de una plaza que tiene un «punto wifi», cada cual enfrascada —enfrascada es la palabra— en su teléfono. Se reúnen para aislarse, se encuentran en un lugar para acceder a otros.

O sea que en La Habana «conectarse», estar comunicado, no es algo que existe por default, no una fatalidad, no una constante; es una decisión que hay que tomar, un momento elegido. Supone volver a aquellos días en que la comunicación sucedía en ciertos tiempos y lugares. Aquí, ahora, es como entonces: debo llegar a un lugar donde pueda conectarme y ver cómo ha cambiado —sin cambiar— mi vida en las seis horas anteriores. Y eso por no hablar de la aventura inmarcesible de llegar a los lugares sin google maps ni google leches.

Pero la resistencia del gobierno cubano a abrir el internet a sus súbditos se parecía tanto a esos intentos de tapar el sol con cuatro dedos. El 3G cada vez más accesible producirá un cambio que quizá cambie mucho más que el reemplazo de un viejo jerarca del Partido Comunista por un jerarca maduro del Partido Comunista: la irrupción de internet en la vida cotidiana. Mientras tanto, siguen siendo tiempos del paquete. Probablemente nada, en las últimas décadas, cambió la vida cubana tanto como el paquete.

Dicen que todo empezó en esa Universidad de las Ciencias Informáticas que creó Fidel Castro a principios de siglo. Era uno de los pocos lugares de Cuba con buenas conexiones; allí, entonces, a alguien se le ocurrió bajar y compilar cada semana gigas y gigas de programas de televisión mayormente americanos —deportes, músicas, noticias, series, espectáculos varios— y armar una red para distribuirlos. Lo llamaron «el paquete» y los habaneros se fueron acostumbrando a pasar, cada lunes, a cargar su pendrive en la casa de su distribuidor vecino. Con el tiempo los vendedores se fueron haciendo menos clandestinos; ya no hay barrio que no tenga sus puestitos: un tera de tele por un dólar.
    Su aparición fue un cataclismo: el taladro que rajó el muro de silencio. Durante décadas, los medios oficiales habían creado el paraíso dibujando el infierno: todos sabían que aquí no se vivía muy bien, pero la tele y la radio contaban lo horrible que se vivía allá afuera. El paquete fue la primera grieta seria en la fortaleza del relato; el estado perdió el monopolio de la información.
    Abdel La Esencia o Michel Butic, jerarcas del paquete, tienen el poder que antaño tenían ciertos burócratas: el de armar la escena cultural. Antes un músico —digamos un músico— para ser escuchado debía salir por la televisión o la radio oficiales, los únicos que había. Ahora le basta con pagar a estos señores para que lo incluyan. Sin el paquete no podría explicarse, por ejemplo, el triunfo del reguetón cubano.

* * *

La música retumba y unas chicas bailan alrededor de un chico; en Prado, el paseo más tradicional de La Habana, un reguetonero principiante está grabando su video. El chico hace como que canta y hace gestos; a sus lados las chicas muy chicas, de espaldas, zarandean sus glúteos con denuedo.

–Dale lai. Dale lai. Conecta y dale lai, que todo Cuba lo consuma, dale lai.

Canta, poco más o menos, el chico y tardo en descubrir que lai es like y que el chico se llama José y que eso es lo que quiere. El verbo consumir es casi un látigo.

José usa esos jeans angostos que terminan encima del tobillo, las zapatillas gordas, las cadenas doradas gruesas sobre el pecho, los colmillos de oro, los aritos de oro en la nariz y oreja. Su familia siempre vivió en el Cerro, un barrio modesto. Su papá es médico neurólogo, su mamá es maestra, y él, cuando salió del colegio, hace seis o siete años, estudió para fisioterapeuta; era serio, terminó sus estudios. Pero, mientras, intentó una carrera más rentable: decidió hacerse del santo. Fue a ver a un babalao –sacerdote del culto yoruba– que le dijo que el suyo era Changó, y ahí mismo empezó su formación. Así que tuvo que buscarse la vida para encontrar la plata necesaria: casi dos mil dólares.

–Es caro, sí. Hay que pagarle al babalao. Y hay que comprarse muchas cosas: los instrumentos, los recipientes, los animales.

–¿Qué animales?

–Los animales para sacrificar, chivos, gallos, gallinas, codornices.

Dice, y que eso está muy difundido en Cuba, que por supuesto hay personas que creen en Dios solamente pero que él cree en los dos, en Dios supremo omnipotente y en su santo.

–Hay quienes se hacen del santo por salud, para ganar más, para tener éxito. Yo me hice para estudiar, para ser babalao y ganarme la vida. Es una carrera buena, se gana buen dinero.

Sus clientes lo contactan por las redes sociales; en esos ritos, José aprendió a tocar los tambores, empezó a pensar más en música.

–Pero nunca se me había ocurrido ser reguetonero, hasta que me vinieron a buscar. Un amigo me llevó a un estudio, me dijo que probara. Y yo me sentí bien, como si hubiera encontrado mi lugar.

Y entonces, cuando tuvo que hacerse un nombre, se hizo llamar El Like porque, dice, cada vez que subía una foto en Facebook le daban muchos likes. José es grandote, cuerpo bien trabajado, cara bien dibujada. José sonríe como esos que saben que su sonrisa los ayuda, les consigue cosas: una sonrisa que se sonríe a sí misma.

En los últimos años el reguetón se ha convertido en la banda sonora de América Latina —y La Habana es uno de sus nidos. Es, también, para Cuba, un fracaso cultural muy bruto: con sus letras, sus coches, sus mansiones, sus oros y sus culos es un canto al consumo, capitalismo extremo. Las autoridades, al principio, lo combatieron; el paquete les ganó la batalla. Ya hace un tiempo que aceptaron su derrota, y ahora tratan de unirse a él, de cooptarlo: postulan un reguetón cubano «con valores distintos». No es el que más se oye.

—Tú eres una loca calurosa / que te gusta hacerte la fría / pero conmigo tú gozas, / así que quítate la ropa y conmigo retoza. / Como te gusta el chucuchucuchú / no te pongas nerviosa…

Canta José en otra de sus obras. Y después me dice que sí, que él sabe que la imagen del reguetón es un poco turbia, de pistola, pero que él nunca se ha fajado con nadie.

—¿Por qué elegiste el reguetón?

—Porque camina mucho. Por lo menos aquí en Cuba camina, llega rápido a todas partes.

El año pasado, cuando empezó, Butic le metió un par de canciones en el paquete «gratis, porque es hermano de la religión», y le fue bien, empezó a hacer eventos, a ganar un dinero, pero entonces descubrió que su representante le robaba y lo echó, y su carrera volvió a fojas cero.

—Hay que tener paciencia, mucha paciencia. A veces te pasas días y días sin trabajar, que no te llaman. Pero yo tengo esperanzas de que vamos a salir adelante, yo sé que a la gente le gusta lo que hago. Y eso es lo que yo quiero, que la gente me conozca y me valore, que reconozca mis canciones, que me aplauda.

José tiene claras sus metas: dice que lo primero que hay que buscar es la fama «porque si llega la fama después el dinero viene solo».

—Y nosotros los cubanos somos conformistas. Como no somos capitalistas, como nunca hemos tenido tanto, uno se conforma con un carro, una casa, unos viajecitos, unas mujeres buenas… Sería un sueño.

—¿Y si no funciona?

—Va a funcionar, va a funcionar, no te preocupes.

Yo no me preocupo pero lo vuelvo a preguntar. José me mira con fastidio.

—Mira, chico, si al final no funciona yo me vuelvo a mi santo y santas pascuas.

La mujer —negra, las carnes desbordadas, pura licra— viene orgullosa por la calle portando dos cartones de treinta huevos cada uno, porque hoy llegaron huevos a mi barrio, y el jolgorio y las colas infinitas. En la puerta de su casa su marido —negro, flaco, pantalón corto, sus chancletas— la espera de muy mala cara, un cigarro en la boca:

—¿Mujer, no hiciste nada de comer?

Ella se calla.

—¿No ves que tengo hambre? ¡Coño, tengo hambre!

Media libra de aceite — Tres libras de azúcar blanca — Una libra de azúcar morena — Cinco libras de arroz — Una libra de frijoles — Un paquete de pasta — Una libra de pollo — Una caja de fósforos — Un cuarto de libra de café mezclado a cincuenta por ciento con chícharo — Diez huevos — Dos libras de papa — Un pan al día

(Una libra son 453 gramos; estos son los productos que recibe cada mes, contra un total de dos o tres euros, cada cubano con su libreta de abastecimientos. El resto tiene que comprarlo al precio que pueda.)

Pero antes, te dicen, la libreta traía mucho más: había comida en cantidad. Y entonces, te dicen, todos comían y tenían más o menos lo mismo —salvo, quizá, algunos jefes escondidos. Pero la población en general estaba acostumbrada a esa igualdad. Un hombre me cuenta que cuando era chico sus parientes de Miami a veces le mandaban algo de ropa y le daba vergüenza:

—Todos los chicos teníamos la misma ropa, las mismas zapatillas. Yo no quería ponerme eso que me mandaban, yo con eso era el friki, el diferente, no quería. Todo era más sencillo, más sano…

Alguien alguna vez instalará una instalación: una góndola medio vacía, ocho o diez productos de colores tristes repetidos hasta lo indecible, que llamará «Socialismo real» o «¿Socialismo?» y alguien dirá que ya es hora de cambiarle el nombre. Que cuando algo fracasó en el 98,6 por ciento de los casos es mejor barajar y dar de nuevo. O sea: buscar nuevas ideas, nuevos nombres para la noble intención de construir sociedades que no resulten tan indignas.

(El mes pasado un amigo actor le pidió que se quedara con su perro una semana, que él tenía un trabajito fuera, y Zulma le dijo que sí. Entonces su amigo le dejó una decena de filetes de hígado para el animal; Zulma tardó dos días en decidirse, al tercero explotó: no podía ser que el perro comiera tanto mejor que ella. Y, además, seguro que no iba a contar nada.

Zulma dice que nunca en su vida había comido tanta carne.)

Así que hay colas: de pronto en cualquier calle aparece una cola porque hay que hacer un trámite o acaba de salir el pan del horno. La diferencia de clase también está en las colas. Están los pringaos habituales, los que tienen que hacer cola para casi todo. Y están los nuevos ricos, los que, ante cualquiera cola, siempre pueden conseguir un pringao que, por una propina, les permita no hacerla.

Esperar. Tania me dice que la vida habanera es una educación de la paciencia. Esperar en la calle a ver si llega, si acaso, algún transporte; esperar en la cola a ver si llega, si acaso, tu momento de comprar o pagar o tramitar o presentarte; esperar, si acaso, que algo llegue.

Esperar, por ejemplo, sesenta y tantos años.

* * *

—¿Tú eres un privilegiado?

—Sí, seguro que sí. Soy un privilegiado porque mi padre es un gran actor, una personalidad, así que me ha hecho conocer a personas que son difíciles de llegar para una persona normal, artistas, dueños de lugares, todo eso.

Adán mide como dos metros de alto, alguno de ancho, pelo y barba levemente hipsters; Adán tiene 22, estudió piano clásico, toca en un grupo pop y no había cumplido 18 cuando se embarcó con su padre en la aventura de convertir una panadería semiderruida de San Isidro, un barrio duro de La Habana, en un centro de arte. Ahora se pasa los días en su Galería Gorría; está terminando de poner en marcha el hotel boutique del segundo piso y el bar de la terraza, sus vistas rimbombantes. Pero pretende más: quiere armar en ese barrio portuario un distrito de arte que se pueda caminar, con galerías, teatros, espacios culturales.

—Muchos vecinos son difíciles, la mayor parte no trabaja…

—¿Y qué hacen?

—Nada. No sé, pasa mucho aquí en La Habana Vieja, en Centro Habana, especialmente la gente joven no está trabajando, se dedican a ver lo que les cae por ahí, el turista que le pueden raspar algunos dólares… Inventan, inventan.

Dice Adán, y que intenta que participen de sus iniciativas, que organiza conciertos, festivales, cursos infantiles, murales grafiteros, y que es muy bonito hacer un trabajo comunitario y social, que tiene toda esa parte filosófica.

—Pero además a mí, como cuentapropista, me conviene que la gente de aquí cambie su manera de pensar, deje de ser marginal. Yo quiero traer turismo, que va a ser nuestro mayor ingreso; para que vengan, las calles tienen que estar más limpias, la gente tiene que dejar de botar la basura, no meter bulla, no pelearse por una botella de ron en la esquina, todos esos cambios que necesitamos para que esto funcione.

Me dice, y que La Habana ha envejecido porque muchos jóvenes se fueron, pero que ahora se están yendo menos.

—Ya no es tan fácil irse a Estados Unidos, y además ahora el que trabaja aquí en un bar gana lo mismo que en Miami. Un primo mío que está de bartender saca 800, 900 dólares al mes, que con eso aquí vives espectacular porque no tienes que pagar renta, no tienes que pagar nada, puedes vivir bien. Y ahora además puedes viajar, no como antes, que ahora a mí me parece una cosa loca, que no podías salir, para salir de Cuba tenías que pedir un permiso especial.

—La Habana es un lugar maravilloso, pero también te asfixia. Si puedes tienes que irte, coger aire, para volver mejor.

Tania tiene como 50 años, una sonrisa ancha, mucha prisa porque está por tomarse un avión. Tania es una artista de fama global, que ha expuesto en la Tate Gallery, la Bienal de Venecia, Documenta y tantas más, pero ahora en su ciudad no puede. Es famosa, también, por sus críticas a la inmovilidad y a ciertos cambios. Tania vive en una casa de La Habana Vieja y me dice que la mayoría de sus vecinos ya son extranjeros, europeos, una china.

—Ya están volviendo las cosas malas del capitalismo, el clasismo, el racismo. Yo conozco personas que sus hijos no se mezclan con personas de otras clases. Tienen un mundo construido donde van a tomarse sus helados en dólares, a los restauranes, a las fiestas. Ya empezaron a existir varios mundos…

Ya existen; también en eso —sobre todo en eso— La Habana empieza a ser una ciudad como las otras.

Pero no del todo: ninguna lo es del todo.

Y la manera en que el viejo del piano de ese hotel se recuesta sobre el piano después de cada pieza, agotado, acabado, y se acaricia la cabeza. Y la manera en que esa madre gorda negra le pega a su nena de seis o siete años y le grita que corra más despacio, que no se vaya a lastimar. Y la manera en que dos hombres flacos recogen los escombros de una pared caída, con tanta parsimonia, tanta calma, como si cada piedra fuera un mundo. Y la manera en que esa cuarentona con uñas como fuegos y pelos como llamas y piernas como piernas en su falda tan corta camina con la cabeza gacha, como quien vuelve de allí mismo. Y la manera en que esos dos muchachos con ropas de colegio se amenazan que se van a pegar y no se pegan y se insultan pero con cuidado porque saben que no vale la pena. Y la manera en que ese negro flaco, ropa pobre, gorra descolorida, baila solo en la calle frente a la ventana de uno de esos cafés con orquesta, puro goce. Y el gato que se detiene y que lo mira, y el policía que no quiere mirarlo, y el chico rubio que lo mira y se ríe. Y el olor de basuras y de aguas y las voces de tantos y los ruidos y sones y la pereza y todo el tiempo por detrás, y alguno por delante.

La Habana Vieja; llueve, pero poco.

EL CONTINENTE MACHE

Que no le parece mal, me dice, que nosotros siempre hemos vivido así, y que aquí no hace mucho que hubo luz, que recién cuando murió su marido la pusieron porque él nunca quería, él decía no, para qué quieren tanta luz, es mucho gasto, si nosotros nunca tuvimos, me decía, nosotros así miramos, decía, así, en la oscuridad, nosotros somos de mirar en lo oscuro, me decía. Pero es cierto que así tuve a mis hijos, yo, sin luz, a pura candela, y no la puse hasta que él se murió, me dice Adelina: que su marido tenía unos cuarenta años cuando se murió y que se murió porque otros lo mataron, que fue la envidia, dice, que él trabajaba mucho con sus vacas, sus pollos, sus quesos y nunca descansaba y ganaba su dinero y que por eso otros de la familia le tenían envidia y lo mataron. Lo golpearon y lo amarraron de sus pies y de sus brazos y le amarraron piedras y lo echaron en un pozo hasta que se murió, me dice; sus primos fueron, mucha envidia. Y que entonces ella tuvo que empezar a salir de la casa, porque cuando él vivía no la dejaba salir de la casa, que para qué ella iba a salir si él le arrimaba todo, las verduras, las tortillas, todo, y que él la cuidaba siempre mucho y le decía no, pa' qué vas a salir si yo te lo puedo traer, y todo me traía, yo ni ganas tenía de salir, pa'qué, y nosotros siempre vivimos así, que salen los maridos y yo lo encuentro bien, me dice, que se casó a los quince y desde entonces se quedó en la casa, me acostumbré a quedarme con los críos, me dice, que eran tantos. Once, me dice, pero tres se murieron; uno un bebé de meses, otro de once años que lo mataron también por envidia porque él trabajaba muy bien, cortaba sus tomates, los vendía, y le hicieron un trabajo que le hacía salir sangre por el oído, por la boca, y al final un día que yo estaba durmiendo él se había quedado muerto ahí junto de mis pies. Y también hace poco se murió uno más grande que se quemó cambiando un cable de la iglesia; fueron tres hombres, puros hombres, me dice, y que cuando a su marido lo mataron ahí ella tuvo que empezar a salir, qué le iba a hacer, yo no sabía, me tenían que llevar, acompañar para enseñarme, pero así yo los eché adelante, los pude alimentar, mucho trabajo, mandarlos a la escuela.

—¡Pe-rró!

Grita doña Adelina cada tanto, cada vez que un perro grande y acalorado y suyo ladra. Doña Adelina es zapoteca del Valle de Oaxaca y vive en un pueblito que se llama San Francisco Lachigoló, entre sierras. Doña Adelina tiene más de sesenta años; su hija Arcelia, alrededor de treinta. Ninguna de las dos mide más de un metro y medio; ninguna tiene todos sus dientes.

Viven vidas difíciles. En el recinto de veinte por veinte donde se juntan las casitas de toda la familia —de ladrillo, de chapa— y las cinco o seis vacas y la gallina que sobrevivió y los chicos que gritan y las plantas y la ropa tendida y la ropa tirada y las cosas tiradas, doña Adelina deshoja una planta de hojas muy chiquitas para hacer una sopa; sobre cada puerta hay una cruz cristiana pintada con cal blanca. Les pregunto; Arcelia me dice que son para que las brujas no los molesten más, por los bebés, que las brujas siempre los molestan, dice, y me cuenta de esa prima que ya tenía su bebé como de dos años y dice que el bebé empezó a chillar y a mover sus manos, entonces ella lo abrazó y ella sentía que se lo jalaban, como si fueran a llevárselo, y entonces una señora, me dice, le explicó que tenía que buscarse una vara de bambú y cuando veía que el bebé se ponía así que aferrara la vara y le diera como golpes en el aire encima del bebé y al otro día, le dijeron, te vas a dar cuenta quién es que está arañado de su cara y esa va a ser la bruja, y me dice que entonces esa noche se veía que eran dos porque una jalaba al bebé y la otra jalaba a la muchacha para que soltara al bebé y entonces la mamá de la muchacha daba golpes en el aire con su vara y al final se ve que los soltaron, y al otro día vieron a una mujer con su cara arañada y le preguntaron qué tenía y ella dijo ay es que me caí y también su mamá traía su rebozo tapándole su cara para que no se mirara los arañazos que tenía en su cara, todo de la vara, y con eso se dio cuenta de que eran esa señora y su hija las que querían sacarle su bebé.

Entonces le pregunto si pudieron hacer algo contra ellas y doña Adelina me dice que no, que no pudieron, porque cómo iban a hacer si ellas son brujas y más que la podían dañar, qué miedo, dice, pero lo que sí pudieron es que pusieron un espejo encima de la cama del bebé porque con el espejo ellas se espantan, por no verse sus caras, y que también tiraron granitos de mostaza encima de su techo, que tampoco les gustan a las brujas porque es como piedritas, se resbalan. Y que es difícil verlas porque se convierten en animal, en gato, en perro, en zopilote, en otros animales, pero cuando le pegan con la vara ya después ven las marcas en la persona que era, dice, y que con esas cruces más se espantan, y los espejos, la mostaza, las limpias, esas hojitas del pirú o de la ruda que tenemos que darles, todo eso, y ya no pasa nada, me dice, y le pregunto por qué hacen esas cosas.

—¿Por qué esas brujas hacen esas cosas?

—Pues por envidia, tantito que no les gusta que las mujeres tengan hijos, cuando yo estaba embarazada muchas veces venían, a ver si me lo podían malograr, porque ellas lo que quieren es que vengan abortos, cuando la hija de esa señora se embarazó la señora le sacó al bebé, digamos que no dejó que naciera, que se lo abortó y después se la llevaron al hospital y le preguntaron pero su mamá la había amenazado que no dijera nada y ella dijo que no, que nadie lo había hecho, porque eso es un delito. Porque a esas brujas no les gustan las que tienen hijos, no les gustan los hijos, por eso se meten con los bebés y se los llevan, cuando ya nacieron o antes de que nacieron, cuando pueden, muertitos los dejan cuando pueden.

Me dice: que son brujas que no quieren a los niños, que tratan de abortarlos, y que por suerte las cruces los protegen, las hojitas, los espejos, la mostaza y, por supuesto, el santo san Francisco.

—¡Pe-rró!

Grita doña Adelina.

Es un mundo difícil, cargado de asechanzas. Esa tarde, a unos kilómetros de San Francisco Lachigoló, en Oaxaca, la capital del estado, tres escritoras de la edad de Arcelia, feministas, de tres países ñamericanos, discuten en una sala de la Feria del Libro el sentido y la utilidad de unas palabras nuevas: *mansplaining, manspreading, gaslighting*. Una de las escritoras celebra que ahora sí se digan esas cosas que antes no se decían y lamenta que todas las palabras sean inglesas; otra lo reivindica como un modo de «cuestionar la exclusividad territorial de las lenguas»; la tercera dice que en su cuadra algunas y algunos no las entienden y que también podrían decir *desparramamiento* o *machoexplicar*; el debate se anima.

Alguien dice que la desigualdad de las mujeres es, también, como casi todo, una cuestión de clase: que pocas cosas son tan desiguales como el grado de desigualdad entre hombres y mujeres según las clases a las que pertenecen.

*   *   *

Decíamos que Ñamérica es el continente de la desigualdad, y la desigualdad tiene tantas facetas: una de las más visibles, de las más comunes, de las más largamente toleradas es la desigualdad entre hombres y mujeres. Sucede —todavía sucede— en todo el mundo; en Ñamérica, por supuesto, tiene sus rasgos, sus condiciones propias.

La historia suele servir para excusar barbaries, y el machismo ñamericano ofrece las mejores excusas históricas. Sus grandes estados precolombinos eran perfectamente falocráticos: ni los incas ni los aztecas dieron ningún poder público a sus mujeres que, en la vida cotidiana, soportaban todas las discriminaciones; eran, en ambas culturas, las encargadas del hogar y la crianza, mujeres de su casa, sirvientas del esposo.

Y a esas tierras llegaron hordas de hombres solos. Venían con toda la carga de machismo católico, hispano, perdulario, y le agregaron el machismo del conquistador, del que cree que todo lo que hay le pertenece —y lo toma para sí.

Aquellos hombres desbocados consideraban a las mujeres locales parte del botín, y las usaban para desfogarse o, incluso, para reproducirse. Los jefes, además, las usaban para sellar alianzas. Todos, de un modo u otro, las usaban. Los vencedores, los vencidos.

(O, al menos, eso intentaron vencidos principales: comprar con sus mujeres la compasión del vencedor. Hay dos historias clásicas: en México, la Malinche es un personaje nacional, que muchos odian. Malinche —o Malinalli o Malintzin o doña Marina— era una mujer náhuatl de clase alta que unos jefes mexicas derrotados entregaron como tributo a los españoles, junto con otras diecinueve y unas onzas de oro y unas mantas, para que las usaran. Malinche era joven y bonita y, por vaivenes de sus primeros años, hablaba varias lenguas; Hernán Cortés, el jefe, la entregó a un segundón pero después decidió que la quería. Le sirvió como intérprete en sus negociaciones con las naciones indias que iba encontrando y sometiendo; le sirvió para entender esas culturas y pensar mejor sus estrategias de conquista; le sirvió, dos años después, para parir un hijo, Martín Cortés, mestizo inaugural. Después ya no le sirvió más: le dio una casa y unas tierras y la casó con otro; se discute cuándo y cómo murió. Su personaje sigue siendo fuerte y el «malinchismo» es un modelo mexicano: quien se entrega de distintas maneras al foráneo. Se discuten sus efectos —y, con ellos, se discuten políticas. Para algunos Malinche es una patrona del posibilismo: dicen que su presencia suavizó a Cortés y que, sin ella, todo habría sido todavía más cruel. Para otros es la pura traición: que sin ella la conquista habría sido mucho más difícil y quién sabe.

En Perú, la historia de Quispe Sisa es más lineal. Su hermanastro Atahualpa, prisionero de su conquistador, Francisco Pizarro, quiso congraciarse con él entregándole a esa niña de 14 años, bonita y bullanguera. Pizarro, que tenía 55, la hizo bautizar Inés Huaylas Yupanqui, la llamaba Pizpita, la desposó por un rito local, la preñó pronto. Unos meses más tarde ejecutó al hermanastro; unos años más tarde repudió a la hermanastra —pero reconoció a los dos hijos que ella le había dado y consiguió que su rey Carlos V los validara por real cédula. Uno murió muy joven; la otra se casó con un tío español y murió riquísima y marquesa en la metrópolis. No es un caso aislado; los primeros capitanes de conquista que se casaron con indias de la aristocracia inauguraron con ellas linajes que duraron siglos. En ciertos casos la clase pasaba por encima de la raza; eran muy pocos.)

En general, las historias solían ser más crueles: hombres que tomaban mujeres como tomaban tierras y servidores y riquezas. Aún si las guardaban se establecía un modelo: las primeras parejas ñamericanas tuvieron tantas capas de poder masculino. El poder del conquistador sobre lo conquistado, el poder del blanco sobre el indio, el poder del cristiano sobre el pagano, el poder del integrado sobre la marginal y, por supuesto, el poder del hombre sobre la mujer.

Lo escribió a fines del siglo XVI, entre otros, un obispo Juan Ramírez de Arellano, a quien habían mandado a Guatemala para que no jodiera más con su defensa de los indios: «La peor fuerza y violencia nunca jamás oída en las demás naciones y reinos se cumple en las Indias, ya que son forzadas las mujeres de los indios contra su voluntad, por orden de las autoridades, y van forzadas a servir en casa de encomenderos, en estancias u obrajes donde quedan amancebadas con los dueños de las casas, con mestizos, mulatos, negros o gente desalmada».

Y desde entonces.

Siglos en que las mujeres ñamericanas —como la mayoría de las mujeres— vivieron en una posición subordinada: cumpliendo con el mandato bíblico de cuidar sus casas, sus hijos, sus cocinas, sus famas, sus vaginas.

Arroz con leche,
me quiero casar
con una señorita
de San Nicolás.
Que sepa coser,
que sepa planchar,
que sepa abrir la puerta
para ir a jugar.
Con esta sí, con esta no,
con esta señorita me caso yo.

Siglos en que las mujeres ñamericanas —como la mayoría de las mujeres— no podían intervenir en la escena pública, curar, mandar, construir, decidir. Recién en 1930 las mujeres pudieron votar por primera vez en la región: fue en Ecuador y solo para las que supieran leer y escribir —pero tampoco podían votar los hombres iletrados. En 1934 votaron las chilenas, en elecciones municipales, con la oposición de los partidos de izquierda, que —el oportunismo es casi universal— temían el conservadurismo del electorado femenino. En 1938 se les sumó Uruguay; a fines de los cuarentas, Argentina, Venezuela, El Salvador y Costa Rica. México lo hizo en 1953; Colombia y Nicaragua, en 1957; Paraguay, en 1961, y Guatemala, el último, en 1965. Parece impensable: todavía viven tantas mujeres ñamericanas que nacieron sin derecho a votar.

(El hecho de que hace cien años las mujeres no votaban en ningún lugar del mundo es uno de los mejores argumentos contra aquellos que dicen que las cosas están como están porque son como son. Hace un siglo y medio a nadie se le ocurría que una mujer debiera votar en unas elecciones; ahora, a nadie se le ocurriría pensar lo contrario. Las cosas son como son, ahora, y eran como eran entonces, y serán, más adelante, como podamos conseguir que sean: todo, sin duda, cambia todo el tiempo. Saberlo es la primera condición para que siga sucediendo; ignorarlo, un intento necio de frenarlo.)

Hubo, siempre, excepciones. Pocos varones ñamericanos deben haber celebrado que el primer escritor de la región con premio Nobel fuera una escritora, la chilena Gabriela Mistral, 1945. Quizá se consolaron pensando que era solo poeta –y que, de todos modos, el gran poeta inaugural de la lengua ñamericana también fue una mujer, sor Juana Inés de la Cruz, hombres necios que acusáis.

En casi todas partes, hasta hace muy poco, la desigualdad entre hombres y mujeres no se discutía: era un hecho evidente, un dato «natural». Pero cada región, cada cultura, le dio sus rasgos propios, diferencias de tono. En Ñamérica, que fue durante siglos una sociedad rural y esclavista, con reglas laxas que precisaban una buena dosis de violencia para no sucumbir, el macho consolidó su poder a base de fuerza y reciedumbre. Aunque, al mismo tiempo, tanta seguridad en su poder le permitió presentarse –presentarse– con cierta deferencia y amabilidad, la «galantería» que debería caracterizar a nuestras sociedades.

Y se fueron armando –y se consolidaron con la aparición de los medios de masas, siglo XX– los lugares comunes, caricaturas del hombre y la mujer ñamericanos. Que, para empezar, cuando están en ese rol se llaman «latinos».

*   *   *

Las tres chicas se han encontrado porque tienen que discutir algo muy serio. Son las seis de la tarde, las tres salen de trabajos administrativos, el bar está en el centro de Hermosillo, Sonora, el desierto de México.

–… entonces lo que tengo que hacer es decidir si me quedo así como estoy, sola pero tranquila, o vuelvo con ese hijueputa que me maltrataba pero…

–Sí, es una decisión difícil.

–Bueno, por eso las llamé.

Las tres chicas se miran serias, sentadas alrededor de la mesa con cervezas, el sol cayendo, alrededor las risas.

–Sí, te entiendo, reina. A mí me pasó lo mismo.

–Claro, y sé qué decidiste.

–Lo que pasa es que cuando te lo pide el corazón no hay más nada que hacer. Tú puedes oponerte, decirte que mejor no, que no te conviene, pero el corazón siempre es más fuerte. Si te lo pide el corazón no puedes hacer nada, reina.

Dice una, pestañas muy pintadas, pelo negro inflado, varios anillos en los dedos. La consultante es menos estridente: el pelo negro lacio, la cara regular sin rasgos especiales, hecha para pasar inadvertida.

—Pero es que la vida con él se me hacía muy difícil. No es que me pegara, porque casi nunca me pegaba, pero me trataba como si fuera su sirvienta.

—O su mamá.

Le dice la tercera, restos de rubio entre los pelos, y las tres se ríen.

—O su mamá, sí, claro.

—Pero tiene razón Coti, Manuchi: si te lo pide el corazón, por más que pienses lo que pienses no vas a poder hacer nada.

Generaciones de ñamericanos —y, quizá, más aún ñamericanas— han formado sus ideas sobre las relaciones de pareja en la forja de las telenovelas. Una idea del amor romántico veteada de fatalismo y drama, el enamoramiento como un rayo que te parte y te trae, junto con la felicidad pasajera, el sufrimiento largo. Y, sobre todo, un reparto estricto de los roles, donde los hombres son autónomos y mezquinos, volátiles, violentos, y las mujeres están allí para sufrirlos —aunque a veces se venguen. Salvo, por supuesto, cuando aparece la clásica malvada de telenovela, el personaje más ficticio de un mundo hecho de ficciones increíbles.

Ahora se discute —casi todo se discute, por suerte muchas y muchos lo discuten— y muchas lo han cambiado, pero para millones y millones los roles siguen siendo los mismos que hace cincuenta años. Las mujeres se ocupan de los chicos, las mujeres cocinan y limpian, los hombres ganan plata y mantienen la casa pero para eso —o ni siquiera para eso— están afuera mucho tiempo y no pueden ocuparse de esas cosas y además tienen su mundo, sus amigos, sus intereses varios, sus cositas. Las mujeres no deberían tener otro; el suyo sigue siendo su casa, su familia. En muchos sitios, que una mujer trabaje es la evidencia del fracaso: las cosas en su casa no están bien, él se quedó sin empleo o no está ganando suficiente.

Y aquel que me decía que algo habrá cambiado en México cuando los hombres hagan tortillas en la calle, vendan tortillas en la calle.

Pero mi muestra favorita del machismo ñamericano es ese cacho de subconsciente cantado que se llama *La casa en el aire*, de Rafael Escalona, el gran maestro del vallenato colombiano —que le explica a su hija cómo va a protegerla: «Te voy a hacer una casa en el aire / solamente pa'que vivas tú, / después le pongo un letrero muy grande / de nubes blancas que diga Ada Luz. / Porque cuando Ada Luz sea señorita / y alguno le quiera hablar de amor, / el tipo tiene que ser aviador / para que pueda hacerle una visita...».

Es la peor versión: el machismo cariñoso, protector. El amor del hombre por excelencia, el padre, consiste en espantar a los demás porque, para la mujer, el amor —el hombre— es un peligro que hay que evitar a toda costa: poder, sometimiento.

(Lo cual, con mucho más drama, se ve en la historia de Carito, una muchacha chocoana. Era, dicen, desde muy joven la más bonita de su barrio, en las afueras de Quibdó: una morena con toda la fuerza, los ojos verdes vivos y una guardia de dientes relucientes. Hasta los doce o los trece, me contó, los chicos y no tan chicos la buscaban y a ella, desconfiada, le alcanzaba con esquivarlos, evitarlos. Pero no había cumplido quince cuando un jefecito de una banda, quizá veintitantos, decidió que la quería sin falta. Carito, como solía, se escurrió, pero él no estaba dispuesto a permitirlo: si no venís conmigo, le dijo una noche, te mato a tu mamá. Carito intentó no hacerle caso; dos o tres días después varios muchachos se metieron en su casa, amenazaron a su madre, le dejaron un mensaje que era un ultimátum; Carito tuvo que entregarse al galán pandillero. Lo detestaba, y semanas más tarde se escapó a un pueblo de la selva; los del galán entraron a su casa, tajearon a un hermano. Caro volvió para evitar males mayores. Desde entonces, hace cuatro o cinco años, la misma historia se repitió varias veces. El galán original ya se cansó, pero otros retomaron el chantaje: o se entregaba a ellos o le atacaban los parientes. La belleza, que suele ser una carta ganadora, se volvió su condena. Carito a veces se volvía a escapar; a veces, asustada, regresaba. La última, hace unos meses, el pandillero de turno se quiso vengar y le tajeó la cara. Perdió mucha sangre, sobrevivió; ahora, afeada, la requieren menos y, dice, por momentos piensa que es mejor, que vive más tranquila.)

En el lugar común más clásico, el hombre latino es un macho —con perdón— de cuerpo recio y pelo oscuro y su bigote, que sabe tratar a una mujer como si fuera una yegua por domar —pero sabe también cantarle una serenata si es preciso, ofrecerle una flor, cabalgarla domada. La mujer latina es una hembra —con perdón— de pelos abundantes y curvas abundantes y esos ojos dispuesta a comerse a los hombres en su salsa, una depredadora en busca de su perdición. En el cliché, la mujer latina es más oscura que el hombre latino. El hombre latino es blanco; la mujer latina no. Se podría pensar que hay una diferencia de clase, rezago de aquellos tiempos de conquista: que el modelo de hombre latino viene de los patrones criollos mientras que el modelo de mujer le debe más al mestizaje.

Aquel cliché se fue deshilachando con el tiempo y dejó paso a otros. Se difundió por el mundo ese lugar común que celebra la sensualidad −o la sexualidad− de los ñamericanos. Se suele atribuir al calor, la música, la vida callejera, la educación más laxa, la mezcla de razas, tonterías diversas. Arma un modelo erótico del exceso, del derrame: no son esos cuerpos perfectamente contenidos, sin un gramo de más ni una grasa escapada, que intentaría construirse una europea; son cuerpos donde algo siempre sobrepasa, la generosidad y el despilfarro.

Ese ideal sexual ñamericano es costero, marítimo: no debe casi nada a las razas nativas interiores, de las tierras altas incas o aztecas o chibchas o quichés, sino a esa mezcla que se armó en las costas con gran influjo de negros y de negras. Gracias a él, entre otras cosas, algunos países caribeños −donde ese modelo se encuentra sin cesar− han vivido mucho de venderlo: del turismo sexual.

El turismo sexual es la forma más brutal, más mercantilizada del machismo −y no se mantiene por el machismo de los ñamericanos sino de esos extranjeros, blancos, ricos, que vienen a comprarlo a la República Dominicana o Cuba, por ejemplo.

−¿Y en qué ciudad no hay putas? En todas hay y nadie hace tanto escándalo.

Me dijo en esos días −hace años− en La Habana un dirigente comunista que me pidió que no diera su nombre.

−Bueno, pero aquí hay una moral que supone que no debería haberlas.

−Mira, seamos claros. Acá el turismo es muy necesario para la supervivencia del estado. Es un turismo barato y, en buena medida, sexual. Necesitan a las putas, o sea que hay como una realpolitik, sin decirlo: ¿se necesitan putas? Pues que las haya. Son toleradas, de vez en cuando la policía hace campañas y redadas, y enseguida reaparecen.

Me dijo el dirigente, y otro me dirá que lo que hay que hacer es trabajar con sus familias, en su barrio, explicarles, que entiendan: que la solución policial no sirve para nada. Sin embargo, entonces, el nuevo Código Penal había incrementado las penas por prostitución.

—Yo puedo vivir cómo quiera. ¿O qué tú crees, chico? Para eso hemos hecho la revolución, no?

Me decía Zoraida. Yo estuve por preguntarle qué revolución hizo ella, pero pensé que sería tonto. Zoraida tenía 21 años y un cuerpo que bien valdría un palacio de invierno. Zoraida me miraba con ligera guasa, como quien sabe que siempre está en ventaja, y me dijo que esas tetas de guanábana se las dio su madre, y que esas piernas tan largas le vinieron del África, y que esa cinturita y esa piel muy negra y esos ojos más negros y ese ritmo para que cada paso suyo sea una declaración y que esa boca bien bembona no se las dio Fidel, usted perdone. Y que los extranjeros la tratan mejor que los machistas de sus compatriotas, qué se le va a hacer, y que ella a la Revolución le da lo que le pida pero que ese cuerpo no, porque ese cuerpo es suyo y es lo único que tiene.

El turismo sexual es de los recursos más bajos que puede tener una sociedad: usar los cuerpos de sus pobres para traer dineros. El turismo sexual es una síntesis de casi todo: la explotación del cuerpo ajeno, la violencia sexual, el efecto de una desigualdad global que hace que los hombres —sobre todo— y mujeres de los países ricos puedan aprovechar su diferencia económica para aprovecharse de mujeres y hombres y chicos de los países más pobres. El turismo sexual es injusticia en acto, en demasiados actos. Y es, también, muchos miles de millones que se ponen en juego. En los destinos de turismo sexual los cuerpos en venta son el señuelo que permite que funcione todo el resto: hoteles, restaurantes, taxis, ladrones, funcionarios, tiendas. Cantidad de negocios más o menos honestos y decentes que no funcionarían si no se apoyaran en la base del más deshonesto, el más indecente. Hombres que mandan a sus mujeres —o a sus muchachos o a sus niños y niñas— a buscar al mochuelo para sacarle todo lo que puedan; muchos más que se aprovechan para ganarse la vida con los restos.

Y están, sobre todo, los clientes: ¿por qué extraña razón, tantas veces, esos cobardes no reciben la catarata de desprecio que merecen? ¿O, por lo menos, la pena que merecen?

* * *

El machismo latino de caricatura todavía resiste, cada vez más despreciado, cada vez más desprovisto de las condiciones sociales que alguna vez lo sustentaron, cada vez más fuera de tiempo y de lugar: colgado de la brocha.

El modelo de familia clásica, papá mamá retoños, se desarma. Las opciones se amplían: abundan las «monoparentales», abundan esas familias ensambladas hechas de tus hijos y los míos y si acaso los nuestros, producto de la finitud del matrimonio. Abundan esos parentescos que todavía no tienen palabras que los denominen.

Es cierto que las personas se casan cada vez menos y que, cada vez más, deciden juntarse en «uniones consensuales» que, últimamente, se triplicaron o cuadriplicaron, según los países. Es curioso porque ese tipo de vínculo siempre fue muy común entre los más pobres: por una vez, un modelo popular se impone a las clases más altas. Aunque no suceda por imitación sino, probablemente, por la caída del poder religioso y el aumento de la autonomía femenina: cada vez más mujeres y hombres deciden que pueden vivir juntos sin pedirle permiso a un dios, al estado, a los papás. Y que la convivencia no supone un compromiso de por vida y que no necesariamente implica alianzas económicas.

Las familias son más chicas: la fecundidad bajó mucho en Ñamérica en las últimas décadas. Las mujeres paren menos y más adultas. La edad de reproducción ha subido en los últimos años, pero ahí las diferencias de clase son brutales: un estudio reciente muestra que las mujeres que solo hicieron la escuela elemental tienen diez veces más posibilidades de tener un hijo antes de los veinte años que las que terminaron el secundario. De cualquier modo, ahora la tasa de reproducción está —con diferencias por países y por clases— apenas por encima de dos hijos por madre, el mínimo necesario para mantener la población.

Salvo, quizá, cuando aparecen tiranosaurios como el presidente de Venezuela, Nicolás Maduro, que lanzó su grito televisado el 8 de marzo de 2020, tras hablar con una señora embarazada que le contaba que ya tenía cinco hijos y esta sería la sexta: «Que Dios te bendiga por haberle dado a la patria seis muchachitos y muchachitas. ¡A parir pues, a parir, todas las mujeres a tener seis hijos, todas! ¡Que crezca la patria!».

Una vez más esa reducción confirma que la mejor política de «control de la natalidad» consiste en ofrecer ciertas garantías de salud para los chicos: cuanta menos mortalidad infantil, menos nacimientos. Si los chicos no se mueren, sus madres están tranquilas con dos o tres —y no deben precaverse haciendo, como antes, cinco o seis o más. Para eso es decisivo que las mujeres puedan decidir cuándo quieren embarazarse —y cuándo no. También en eso, claro, una mejor educación lo cambia todo.

Y cada vez más familias tienen jefa. Hombres que migran a buscarse la vida, hombres asesinados por las demás violencias, hombres que se escapan de sus responsabilidades en cuanto ven un par de chicos, hombres que no consiguen trabajo y sus mujeres sí; mujeres que se hacen cargo solas. Había un pacto: la mujer obedecía a un hombre que, a cambio, la mantenía y mantenía a sus hijos. Ahora tantas mujeres ocupan ese lugar decisivo del proveedor, ya no esperan que sea un hombre el que las mantenga y mantenga a sus hijos; pocas cosas cambiaron tanto la conciencia de millones de mujeres más o menos pobres como esa diferencia.

(Aunque ese cambio sea, también, causa de violencias: los hombres, que podían sentirse más seguros de su poder porque eran proveedores, cuando ya no tienen ese recurso lo reemplazan con la fuerza bruta.)

Cada vez son más raras, entonces, las «amas de casa»: las mujeres que —se— encierran para cuidar el hogar y la prole mientras el hombre sale a proveer. El trabajo del hogar se comparte cada vez más —aunque no es suficiente.

Las mujeres trabajan fuera de sus casas mucho más que hace unas décadas pero no siempre consiguen que los hombres trabajen mucho más dentro de ellas. En muchas, sobre todo en las clases más bajas, donde el cambio cultural llega más lento y el servicio doméstico no es una opción, esa tarea sigue siendo suya. Las mujeres, aunque trabajen afuera, trabajan en sus casas tres veces más tiempo que los hombres, dice un estudio reciente.

(Además, como la extensión del tiempo de vida hace que haya cada vez más viejos, cada vez más mujeres —sobre todo pobres— tienen que ocuparse de ellos: hay muchos casos en que mujeres pasan más años cuidando a sus padres o a los padres de sus cónyuges que a sus hijos. Lo defendió hace poco un presidente de México: «Nosotros los hombres somos más desprendidos, pero las hijas siempre están pendientes de los padres, de los papás, de las mamás», dijo López Obrador. Eso no cambia, por ahora. Solo las mujeres más ricas lo evitan con dinero: mandando a sus mayores a instituciones geriátricas que hagan el trabajo. Para los pobres, los estados ñamericanos no suelen ofrecer mucho en ese ramo. Y, cuando lo tienen, se lo facilitan a los viejos con jubilación legal: en una región donde la mitad de las personas trabajan ilegal, no alcanza.)

En el trabajo sigue habiendo diferencias enormes: hay, en toda la región, un 50 por ciento de mujeres que no trabajan frente a un 30 por ciento de hombres. Y, sobre todo: las mujeres, por trabajos semejantes, cobran alrededor de un 25 por ciento menos.

Es bruto cómo, en general, esa diferencia se mantiene a través de los distintos sectores sociales, los distintos tipos de empleo, los distintos salarios. Mientras tanto, la mitad de las ñamericanas que trabajan gana menos del salario mínimo mensual de su país. Para las otras, las más favorecidas, el techo de cristal sigue existiendo: muy pocas consiguen llegar a los puestos más altos de cada empresa u organismo.

Aunque, en otro plano, cantidad de mujeres sí asumieron, últimamente, puestos de comando: en Chile, en Argentina, en Panamá, en Nicaragua, en Costa Rica, en Bolivia hubo presidentas —lo cual, es cierto, significa que hay trece países donde nunca hubo una, pero aun así es una diferencia extraordinaria.

(Ahora mismo, también es cierto, no hay ninguna.)

*   *   *

Parecía que él la estaba esperando. Últimamente, cada vez que María subía al pueblo a buscar o llevar algo, él estaba ahí parado, la miraba, le hablaba. Cuando me lo contó, siete años después, en un pueblito cerca del lago Atitlán, María me dijo que si hubiera sabido habría mirado para el otro lado —pero que claro, nadie sabe las cosas que no pudo aprender.

María había nacido en 1988 en Chocol, una aldea del centro de Guatemala con mayoría de quichés. Su casa era un rancho de tablones, techo de paja, suelo de tierra, el agua afuera. Su padre sembraba su hectárea de tierra con maíz, papa, trigo, zanahoria; su madre no sabía leer pero cuidaba la casa, criaba unas gallinas ponedoras y bordaba blusas que vendía en el mercado. Nunca les sobró nada, pero sus ocho hijos comían todos los días: papas, frijoles, fideos, arroz, un trocito de carne cada tanto. Y, aun cuando la cosecha se perdía y la comida no alcanzaba, siempre se repartía por igual; María agradecía que sus padres no hicieran como muchas familias de su pueblo que, cuando falta comida, reservan la que hay para los hombres. María hablaba quiché —una de las veintitrés lenguas indígenas utilizadas en Guatemala—; sus padres también sabían castellano y a veces le decían algunas palabras para que lo fuera aprendiendo. Y empezó a entenderlo mejor frente a la pequeña televisión en blanco y negro que mostraba esas cosas que ella nunca había visto: hamburguesas, pizzas, pelotas, muñecas.

Cuando cumplió ocho años varias cosas cambiaron en su vida. María empezó a ayudar a su mamá en la casa: barría, lavaba los platos, llevaba el maíz al molino, hacía tortillas. No era la única: su hermana mayor ya había empezado a bordar blusas; sus hermanos salían a trabajar al campo. Y por fin la mandaron a la escuela; su madre esperó a que pudiera ir sola porque, con tanto trabajo, no tenía tiempo de llevarla. Al principio fue duro: era mayor y sus compañeros la burlaban. Su madre le insistía: solía decir que sus niñas tenían que ir a la escuela para no sufrir la miseria y la discriminación que ella había sufrido, para aprender a hacer algo más que cocinar y parir hijos. Pero tres años más tarde María tuvo que empezar a trabajar para afuera: bordaba blusas, ocho, diez horas cada día. El esfuerzo le hizo descuidar los estudios y sus notas fueron cayendo.

—Entonces tuve que elegir, y fue muy triste. Tenía doce años, trabajaba mucho, y necesitábamos ese dinero que yo ganaba. Así que tuve que dejar la escuela.

Esperaba poder volver alguna vez, y se preguntaba por qué había otras que podían y ella no —y no tenía una respuesta: bordaba, se apenaba. Fue entonces cuando se encontró con Juan, que la esperaba siempre.

Juan tenía 21 años y vivía en una comunidad vecina. María no había cumplido 14 ni pensado en noviar, pero ese muchacho la atraía. Empezó a conversar con él, se hicieron amigos, y un día él le preguntó si quería ser su novia. Juan era paciente, la escuchaba, la entendía, y María le dijo que sí. Empezaron a verse cuando podían, eludiendo la vigilancia de sus padres; al cabo de unos meses, María les dijo que quería casarse con Juan. Ellos le contestaron que era demasiado chica para eso, que esperara unos años.

—Ahora me doy cuenta de que tenían razón, yo no tenía ninguna experiencia, no sabía nada. Pero me sentía muy enamorada, no quería perderlo, y no les hice caso. Era como una niña que claro, si le dan una muñeca, encantada de jugar con ella.

Sentían que el mundo no entendía su amor y que tenían que hacer algo para seguir juntos. En la comunidad quiché, los novios contrariados suelen «irse»: una tarde en que su familia no estaba, María puso sus tres blusas en un bolso, se fue a casa de los padres de Juan y pasó con él su primera noche —sorpresa tras sorpresa. Al otro día, según la tradición, dos personas mayores fueron a hablar con sus padres para contarles lo que había pasado y pedirles que recibieran las disculpas de los jóvenes.

Su padre le dijo que era demasiado niña y que era un error, pero que tenía su bendición; su madre lloraba. María estaba feliz y triste al mismo tiempo.

Se quedaron unos meses en casa de los padres de Juan. Cuando María quiso volver a la escuela, ellos le dijeron que no podía, que ahora era una mujer comprometida y que sería indecente que anduviera sola por ahí. El padre, además, le decía a su hijo que eran una carga para él. Así que Juan decidió ir a trabajar a la capital; María se quedó allí, en una casa tan ajena, donde casi no la dejaban salir ni ver a sus parientes, donde pasaba muchas noches llorando.

Juan volvía todos los fines de semana. No querían tener hijos; si María hubiera sabido cómo, nunca se habría embarazado. Pero sus ideas al respecto eran confusas: nunca nadie le había explicado cómo se hacen los niños, ni qué síntomas tienen las embarazadas, pero sospechaba que, al acostarse con su hombre, algo de eso podía pasarle. La idea empezó a atormentarla; al cabo de unas semanas fue, casi en secreto, a un centro de salud donde un médico le dijo que no podía hacerle estudios porque no tenían los medios necesarios, pero le dio unas pastillas —sin explicarle de qué se trataba. María empezó a tomarlas; cuando se dio cuenta de que ya no menstruaba, creyó que la culpa sería de las pastillas y volvió a ver al doctor; él la mandó a la ciudad a hacer un ultrasonido que mostró su embarazo. María estaba asustada, tenía miedo del parto y de Juan. Pero estaba feliz porque la enfermera le había dicho que era un varoncito.

María se fue a vivir con Juan a la ciudad, y consiguió trabajo en una fábrica de pantalones. Habían alquilado una pieza y tenían días felices, pero él insistía en que abortara: le decía que ella podía morirse en el parto o que no podrían mantener al bebé; ella se negaba porque «no quería cargar ese peso sobre su conciencia»; él se enojaba pero terminó por aceptarlo. María cumplió 15 años; Juan la llevó a comer a una fonda del barrio, pero ella estaba muy cansada y se volvieron a la pieza temprano. Cuatro días después rompió aguas. Su hijo nació unas horas más tarde, y le pusieron Jeremy. Juan también parecía contento; solo le dijo a María que no lo anotaran a su nombre porque eran demasiado jóvenes y que mejor decir que era hijo de una hermana suya. María no lo entendió pero aceptó, y se arrepintió tanto: después se pasó años intentando recuperar la identidad perdida de su hijo.

Cuando Jeremy ya había cumplido un año y medio, María empezó a preguntarse qué le pasaba a Juan: no le daba dinero, salía mucho, no cuidaba a su hijo, le gritaba. Hasta que alguien le contó que él tenía otra.

—Me sentí la mujer más humillada, más despreciada. Me pasé horas llorando, preguntándole. Al principio él negó, después aceptó todo.

Al otro día, María se amarró su hijo a la espalda y se volvió a su pueblo, a casa de sus padres —que, al principio, no querían creerle pero al fin los aceptaron. María volvió a trabajar en sus bordados; tenía 16 años, una pena muy fuerte y una historia que hacía que sus vecinos la miraran mal y murmuraran. Los demás la despreciaban; ella también. Se quedaba encerrada, salía poco, se sentía culpable; había noches en que no quería vivir más. Cuando cumplió 18 años sus padres, preocupados, la impulsaron a volver a la escuela. María leyó y leyó y consiguió pasar los exámenes de la primaria; después se inscribió en un secundario para adultos. Fue un gran logro: a partir de ese momento sintió que podía hacer cosas, que no era una inútil, que no tenía por qué aceptar la discriminación de ser «esa que la dejó el marido y quién sabe en qué andará».

Cuando la conocí, hace diez años, María tenía 21 y se había integrado a un equipo de salud que recorría las aldeas de su región para contar sus experiencias a otras jovencitas, ayudarlas a no repetirla. Al principio le costaba viajar; esos tres o cuatro días su madre cuidaba a Jeremy pero las separaciones le dolían y más de una vez pensó en abandonar. Para seguir adelante se decía que lo hacía por su hijo, para darle un futuro mejor —y también por ella misma, para hacer algo con su vida. Y además podía enseñarles a esas niñas lo que ella habría querido saber antes de conocer a Juan: cómo es la vida de una adolescente, cómo es el cuerpo de una mujer, cómo es un noviazgo; que en la vida hay más opciones que casarse y tener muchos hijos y cuidar la casa; que una mujer también puede estudiar, trabajar, bastarse a sí misma. Y que antes de hacer cualquier cosa pensaran en las consecuencias: que ella ya tenía un hijo al que quería más que nada en el mundo pero que, también, la limitaba mucho.

—Yo tuve que sacrificar muchas cosas por él. Para empezar, el parto fue muy riesgoso. Y después tuve que dejar de hacer muchas cosas por mi amor por él, pero no me importa.

María sintió que se le abría una vida que ni se imaginaba. En esos días esperaba conseguir una beca o un trabajo que le permitieran estudiar derecho. No era fácil, pero tenía confianza en que podía conseguirlo: ahora tenía confianza. En cambio ya no tenía novio: lo había dejado un par de meses antes porque el muchacho bebía más de la cuenta, y ella decidió que no quería arriesgarse:

—Hay muchas jovencitas que sí se arriesgan a que las maltraten, las lastimen: será que no se estiman suficiente. Yo he aprendido a estimarme y por eso le dije que si quería seguir conmigo tenía que dejar la bebida, y le pedí que fijara una fecha. Cuando pasó esa fecha y vi que él seguía igual, entendí que yo no le importaba suficiente y le dije que no quería verlo más. Pero no me importa tanto porque no me quiero casar todavía. Yo necesito tiempo, bastante tiempo: cinco, seis años hasta que pueda terminar de estudiar y ser alguien, bastarme por mí misma, sacar adelante a mi hijo, hacer algo en la vida. Entonces ya veremos.

*   *   *

En Ñamérica, hoy, la mayoría de las mujeres vive mejor que sus abuelas. Pero quedan todavía demasiadas desigualdades, demasiadas injusticias. Frente a eso, un movimiento feminista amplio, transnacional —más o menos—, policlasista, se convirtió últimamente en uno de los ejes de la vida pública.

No solo en la región; en buena parte del mundo esta «cuarta ola» feminista sacude sociedades. Pero aquí tiene, sin duda, una presencia extraordinaria. Su pelea —contra los estados, contra las iglesias, contra las viejas reglas— se expresa en tres campañas básicas. Dos son, digamos, autóctonas: «Ni una menos» empezó en Argentina en 2015, contra la violencia de género y los feminicidios, y se extendió por la región. «Aborto legal ya» tiene un origen más complejo, porque surge de cantidad de focos que lo venían reclamando hacía décadas pero que, de pronto, en las calles, se potenció muchísimo. La tercera es una iniciativa norteamericana, el «MeToo» —la pelea contra el uso machista del poder para obtener «favores sexuales»—, que se difundió por el mundo y tuvo y tiene momentos fuertes en Ñamérica. Otras, menos centrales, tienen que ver con su alianza con los sectores «queer»: su participación en la pelea para la aceptación de cualquier sexualidad o, mejor: la suspensión de cualquier juicio sobre la sexualidad —cuyo ejemplo más obvio son las leyes de matrimonio homosexual en unos pocos países de la zona.

En cualquier caso, es probable que no haya, en este momento en Ñamérica, ningún movimiento político con la fuerza de movilización y de influencia, con la posibilidad de producir cambios concretos, que tiene el feminismo.

Y una de sus peleas centrales es el derecho al aborto. El derecho al aborto libre, gratuito y seguro es el intento de conquistar nuevos espacios, más maneras de la autonomía. Y la región hierve de marchas y movimientos para conseguirlo.

Las marchas por el aborto no son solo por el aborto. El aborto es, ahora, como en otros tiempos lo fueron otros temas, aleph de tantas cosas: el vértice donde se reúnen las reivindicaciones feministas y, más allá, la pelea contra la reacción.

Es el terreno donde se concentra ahora la larga batalla entre conservadores católicos y progres sin mucho dios, como antes fue el registro de las personas o el matrimonio civil o la secularización de los cementerios o la educación laica o el divorcio o el matrimonio homosexual. Cada tema es significativo, pero lo que está en juego es mayor que esos logros en sí. Pelear, ahora, por el aborto es pelear sobre todo contra el poder de la iglesia católica y sus seguidores que hace que todos tengamos que vivir según sus reglas.

En nuestras sociedades, donde no hay alternativas fuertes —donde no se discuten realmente las formas de propiedad, los modos de producción, la distribución de la riqueza—, debates como el del aborto funcionan como parteaguas. La pelea suele ser contra esos hombres y esas estructuras que se presentan como la representación de lo inmutable, de lo que siempre fue y siempre será porque hay un ser eterno que dijo que así era y que así sería. Frente a esas seguridades de lo que nunca cambia, que cambie incluso lo que nunca es un golpe precioso, patada floja en la certeza, carcajada en medio de la misa.

Por eso el tema se ha transformado en uno de los campos de batalla más masivos, más activos de la región. Miles y miles de mujeres —y hombres y fluides— se movilizan en grandes marchas, los partidos y los políticos se ven obligados a tomar posiciones que preferirían ocultar, los ciudadanos entran en el debate —y algunos incluso lo usan para definir su voto. Las derechas clásicas se reúnen y atrincheran tras la consigna de su prohibición. Tuvieron, es cierto, la astucia de apoderarse de la noción de «vida»: son los pro-Vida y, aunque la idea sea tan rebatible en cuanto se la debate —no es difícil argumentar que «les importan tanto más los niños que no nacieron que los que viven pobres»—, el slogan suena fuerte, suena bien.

En cualquier caso, falta mucho. El aborto solo es completamente legal en Uruguay, Cuba y Argentina —y Puerto Rico y algunas ciudades o estados mexicanos, como Oaxaca y la capital. Lo que significa que la gran mayoría de los países ñamericanos tienen legislaciones que, o bien lo prohíben tajantes y orgullosos o bien lo permiten solo en ciertas condiciones muy dramáticas.

La historia de Évelyn Hernández Cruz es, quizás, el ejemplo más conocido de la arbitrariedad con que muchos estados tratan el asunto. Salvadoreña, pobre, fue violada a sus 17 por un pandillero en Cuscatlán, a cincuenta kilómetros de San Salvador, donde vivía. Évelyn intentó recuperarse y olvidar; no lo logró, ni se dio cuenta de que había quedado embarazada. Lo que sí supo, un día, meses después, fue que ese dolor en el vientre era terrible; entonces fue la sangre y el desmayo. Cuando se despertó, ayudada por su madre, encontraron un bebé que había nacido muerto —o había muerto al nacer— y lo enterraron allí mismo. Alguien las denunció: en El Salvador, una mujer que aborta o un profesional que la atiende pueden recibir hasta ocho años de cárcel, pero muchas veces los fiscales prefieren acusarlos de homicidio, así las penas se multiplican por tres o cuatro. En 2017 Évelyn fue condenada a 30 años de prisión. Évelyn pasó casi tres años presa, hasta que la presión internacional le consiguió un nuevo proceso. En él, el fiscal le pidió 40 años, pero el tribunal la declaró inocente «por no haber podido probar su culpabilidad». Évelyn salió en libertad; decenas de mujeres siguen presas, y miles y miles asustadas.

Los prohibidores más absolutos son El Salvador, Honduras, Nicaragua y Dominicana. Son algunos de los países más pobres; son, también, los que tienen mayores tasas de feminicidios.

Pero los abortos «clandestinos» —en clínicas que cualquiera conoce— se consiguen en todos ellos, por un precio que aumenta según el nivel de instalaciones y cuidados; lo que no hay son hospitales públicos que los ofrezcan. O sea que las mujeres más o menos ricas más o menos cristianas tienen acceso a abortos pasablemente eficaces y seguros y las más pobres tienen que resignarse a procedimientos torpes hechos en condiciones complicadas —y, por eso, alrededor del 10 por ciento de las muertes maternas de la región se deben a esas complicaciones.

Lo que significa, sobre todo, que el acceso al aborto es, como casi todo, en lo concreto, una cuestión de clase. Y, en lo simbólico, una pelea por el derecho a decidir sobre los propios cuerpos.

«¿Te cansás de escucharlo? Nosotras de vivirlo», dice un cartel que una mujer sostiene.

«El aborto es legal», dicen otro cartel, otra mujer. «Vivas nos queremos», dicen otro y otra; «Si no luchamos juntas nos matan separadas» —y todo alrededor hay humos, gritos, la lluvia suave, ese calor de tantas en la calle. Es Buenos Aires, es 8 de marzo de 2020 y en la calle hay mujeres, miles de mujeres, oleadas de mujeres. Hay mujeres jóvenes y mujeres muy jóvenes, mujeres de caras pintadas de colores y pelos pintados de colores, mujeres que cantan y saltan y gritan y bailan y aplauden y dan vueltas, mujeres con bombos y tambores, mujeres con pañuelos siempre verdes, mujeres que caminan se encuentran se saludan se ríen se hacen selfis, mujeres con sonrisas de selfi, mujeres mayores que las miran con ternura ay estas chicas, mujeres con ropas cuidadamente descuidadas, mujeres con las sienes rapadas, mujeres de la mano, mujeres abrazándose, mujeres como niñas casi niñas, mujeres malabaristas con antorchas, mujeres bailarinas con escudos, mujeres acariciándose besándose, mujeres que gritan que abajo el patriarcado se va a caer se va a caer, que arriba el feminismo que va a vencer que va a vencer, mujeres que defienden se defienden atacan, mujeres con más y más colores en las caras, mujeres allá a lo lejos que hablan desde un estrado y mujeres que las escuchan y mujeres que no, mujeres, miles y miles de mujeres en días en que la palabra mujeres también cambia de signo, mujeres, mujeres que transforman este lugar en muy otro lugar, mujeres, mujeres con cabreo en el tono de sus gritos de sus puños alzados, mujeres en la calle, mujeres de la calle, mujeres, miles y miles de mujeres alrededor del Congreso argentino para exigir una ley del aborto que ya ha tardado demasiado.

«Si no estás enojada es que no estás prestando atención», dice un cartel que una mujer sostiene.

El 30 de diciembre de 2020 la ley que permite el aborto legal, libre y gratuito fue aprobada por el Congreso argentino. «En nuestra cultura y en cualquier cultura patriarcal, el aborto es el crimen femenino por excelencia: revela el interés de la mujer en mantener su vida y su sexualidad separadas de la procreación.»
Escribió, hace casi treinta años, Martha Inés Rosenberg, médica psicoanalista argentina. Llevaba mucho más tiempo escribiendo y agitando sobre el tema, participando de todas las campañas; Rosenberg también estuvo en estas marchas y, a sus ochenta largos, pudo festejar. Medio siglo de pelear por una causa a veces —pocas— tiene su recompensa. En este

caso la tuvo, y me alegra muy especialmente: Martha Rosenberg es, además de todo, mi mamá.

«En la mayoría de las culturas, una de las marcas simbólicas de la diferencia sexual es la distinta relación con la sangre: las mujeres padecen la efusión de su propia sangre (ciclo menstrual y parto) que señala su función de dar la vida, los hombres toman vidas y pueden provocar la efusión de la sangre de los otros.»

Y particularmente de las otras. En Ñamérica las mujeres son discriminadas, todavía, de muchas maneras, pero la más extrema es la violencia machista. Un logro –difícil– es obtener que las autoridades de un país acepten cambiar leyes seculares y pelearse con las jerarquías religiosas para legalizar el aborto; otro –mucho más difícil– es conseguir que millones de machines ñamericanos acepten que la violencia contra las mujeres no forma parte de sus opciones. Aprendieron largamente que sí; tomará años que entiendan que no.

Así que, mientras tanto, miles de mujeres movilizadas tratan de que el estado les impida ejercer esa violencia –y muchas veces no lo logran. Esta semana, por ejemplo –nada particular, la primera de febrero de 2021–, lo más brutal de la violencia contra las mujeres en la región es la desidia o desinterés de las autoridades que deberían contenerla. En México, donde matan a unas diez mujeres cada día, se destacaba la historia de Mariana Sánchez, una médica de 25 años que estaba haciendo sus prácticas en una zona rural del sur, en Chiapas, y empezó a ser acosada por un compañero. La violencia duró varios meses; Mariana lo denunció, pidió protección, pidió el traslado, y nada. A fines de enero la encontraron ahorcada en su habitación y, pese a que nada lo indicaba, las autoridades lo consideraron suicidio y se apuraron a cremar el cadáver; el médico que la acosaba –y que ya tenía denuncias anteriores– no fue siquiera interrogado.

Mujeres mexicanas se indignaron, salieron a la calle. Pero el caso no habría hecho tanto ruido si no fuera uno entre tantos: muchas veces la policía y la justicia no actúan ante las denuncias ni, después, ante el resultado mortal de su negligencia –y los violentos quedan libres de seguir siéndolo. En México la impunidad de violadores y feminicidas llega al 99 por ciento –y unos días después el presidente mexicano se negó públicamente a desautorizar a un señor, candidato de su partido al gobierno del estado de Guerrero, con numerosas denuncias de violaciones y otras violencias.

La misma semana, en Rojas, un pueblo de la pampa argentina, otra mujer joven, Úrsula Bahillo, fue asesinada por su ex novio, un policía, a quien ella y otras mujeres habían denunciado varias veces, sin que nadie les hiciera caso. El pueblo de Rojas se lanzó a la calle y todo el país se enteró del caso —que, si no, habría quedado silenciado. La campaña del #NiUnaMenos recrudeció y consiguió que se supiera, entre otras cosas, que de los 90.000 agentes de la policía de la Provincia de Buenos Aires, 6.000, uno de cada quince, fueron denunciados por violencia de género —y que la mayoría sigue siendo policía. Y así de seguido: si algo caracteriza a la violencia machista es que, en la mayoría de los casos, la ley no actúa hasta que es demasiado tarde —y ni siquiera entonces.

El feminicidio es el asesinato de una mujer por ser mujer: por alguna «razón» relacionada con su género. Más de la mitad de los feminicidios del mundo son cometidos por hombres cercanos a sus víctimas. Y África es el continente donde más los hay, con mucha diferencia: los sufren tres mujeres cada 100.000 cada año. En Ñamérica la cifra baja a la mitad: sigue siendo muchísimo. En general, por supuesto: una sola es demasiado. Y en particular si se la compara, por ejemplo, con Europa, donde la tasa de feminicidios es tres veces menor.

Además, la mitad de los 25 países con tasas de feminicidio más altas del mundo está en la región. El Salvador y Honduras van muy por delante; Bolivia, Guatemala y República Dominicana los siguen en esta tabla triste. En Ñamérica el machismo todavía tan presente se mezcla con esa facilidad de la violencia para crear un paisaje brutal: la Organización Mundial de la Salud dice que un tercio de las ñamericanas ha sufrido maltrato físico o sexual. Entre tres y cuatro mil mujeres ñamericanas mueren cada año a manos de un hombre o algo así.

Por eso, entre otras cosas, «Ni una menos» —que ni una más puede ser víctima de esa violencia— es una de las consignas más fuertes del feminismo ñamericano. Es, digamos, el aspecto defensivo, más acuciante de la lucha: pelear para seguir viviendo.

Hace un par de años, para tratar de entenderlo, Oxfam investigó las ideas de miles de hombres y mujeres jóvenes en ocho países ñamericanos. Es cierto que eran algunos de los menos «avanzados»: Bolivia, Colombia, Cuba, El Salvador, Guatemala, Honduras, Nicaragua y República Dominicana. Pero encontraron que alrededor de la mitad de las mujeres y los hombres entre 20 y 25 años supieron de algún caso de violencia en los doce meses anteriores —y que uno de cada dos lo encontraba normal. Y que la mayoría consideraba lógico que sucedieran esas cosas por las ropas que usan ellas y el alcohol que beben ellos. Y cuatro de cada cinco dijeron que nadie debería meterse en las peleas de pareja y que las mujeres aguantan la violencia «por sus hijos» o «por el miedo de que las maten». Tres de cada cuatro muchachos y muchachas entrevistados estaban en contra del aborto y creían que todas las mujeres deben ser madres, y que los hombres tienen mayor deseo sexual que las mujeres y que pueden tener sexo con quien quieran —pero las mujeres no. Y la mitad explicó que una mujer, cuando dice que no, en realidad quiere decir que sí: la vieja justificación de tantas violencias.

Que se mantienen endémicas, brutales: se calcula que, en toda la región, nueve de cada diez violaciones no reciben condena judicial. Contra esa realidad, contra esas amenazas, contra esa forma extrema de la desigualdad, miles y miles también se manifiestan. Últimamente suelen retomar la performance que creó hace un par de años Lastesis, un grupo formado en Valparaíso por cuatro artistas chilenas treintañeras. Su ceremonia, que ellas definen como un llamado a la acción, una forma de «quemar el miedo», tiene una letra y una coreografía que suenan a poder recuperado, a desafío:
«... El patriarcado es un juez
que nos juzga por nacer
y nuestro castigo
es la violencia que ya ves.
Es feminicidio.
Impunidad para mi asesino.
Es la desaparición.
Es la violación.
Y la culpa no era mía, ni dónde estaba ni cómo vestía.
Y la culpa no era mía, ni dónde estaba ni cómo vestía.
Y la culpa no era mía, ni dónde estaba ni cómo vestía.
Y la culpa no era mía, ni dónde estaba ni cómo vestía.
El violador eras tú.
El violador eres tú.
Son los pacos,
los jueces,
el Estado,
el presidente.

El Estado opresor es un macho violador...»,

cantan/gritan centenares de mujeres, muchas de ellas con los ojos vendados, movimientos como de haka maorí, en una fiesta/imputación donde pasan de la defensa de la víctima a la definición del atacante: «El estado opresor es un macho violador», dicen, insisten, ligando la violencia personal con la lucha política. El canto, los pasos, los brazos que señalan se han repetido en docenas de países, se han vuelto un estandarte: una manera de poner el cuerpo contra los abusos de los cuerpos, un modo de imponerse.

«La subversión sumergida en belleza es revolución», escribieron Lastesis.

*   *   *

Así, de la mano de los feminismos, empezaron a aparecer preguntas que antes no aparecían —que estaban pero no aparecían:

¿Qué es ser mujer?

¿Qué es ser hombre?

Y la que puede parecer más nueva, más inesperada:

¿Qué más hay, qué otras posibilidades?

La —relativa— inclusión social de gays, lesbianas, transgéneros, bisexuales, intergéneros es otro cambio fuerte en las últimas décadas de Ñamérica. Y, más aún: la aparición de una variedad cada vez mayor donde antes pretendíamos que solo había dos opciones —y después desvíos.

El primer gran paso fue la aceptación del matrimonio entre dos hombres o dos mujeres. La Argentina en 2010 fue el segundo país fuera de Europa —tras Canadá— que lo legalizó; después se unieron Uruguay, Colombia, Ecuador, Costa Rica y varios estados mexicanos.

(Yo, entonces, escribí mi decepción con el asunto: «Esa ley me entristeció —quizá por mi infinita capacidad de error. Yo me sentía cercano a la pelea de gays y lesbianas porque estaban fuera del sistema estado-iglesia, y creía que eso era lo que querían. Era una pelea que, de algún modo, ponía en cuestión ese sistema, lo atacaba en su base: las iglesias y los estados siempre sostuvieron que solo una mujer y un hombre podían conyugar; los gays, frente a eso, tenían dos opciones: romper con ese sistema e inventar formas nuevas o pedirle al sistema que los aceptara. Yo, que nunca me casé, que nunca quise dejar que el estado se metiera en mi cama, me equivoqué cuando supuse que compartíamos esa voluntad de —módica— ruptura.

Ahora —en los últimos diez o veinte años— se hizo claro que lo que querían era entrar en el sistema: es una opción. Así que su gran logro progre fue el derecho a someter al estado sus decisiones más íntimas, erigirlo en la instancia superior que legitima con quién duermen y comen, con quién acumulan o despilfarran, con quién viven o mueren. O sea: replicar, con diferencias menores, el modelo de familia burguesa —con herencia, con bienes gananciales, con patria potestad, con rebajas de impuestos, con seguro médico, con divorcios en los tribunales— que siempre los había excluido y, de paso, consolidar la institución, legitimándola.

Los más progres de entre ellos te suelen decir que quieren, al menos, tener el derecho de elegir no casarse. Es como si un obrero explotado no pretendiera terminar con la explotación sino tener derecho a extraer plusvalía —y elegir no hacerlo. Si eso era lo que querían, qué bueno que lo hayan conseguido. Es su privilegio y su derecho; a mí me apena», escribí entonces. Pero a quién le importa.)

La tendencia es fuerte pero parcial: en todos los demás países ñamericanos hay mayorías importantes contra el matrimonio homosexual: ni Chile ni Perú ni Bolivia ni Venezuela ni Uruguay ni casi todo Centroamérica. Ni Cuba, si es por ni. Y, según encuestas curiosas, la oposición es más pronunciada entre los protestantes que entre los católicos.

Mientras tanto, hay un efecto de estas movilizaciones que se difunde más que otros: el «lenguaje inclusivo» —o, como dicen algunos, el «lenguaje inclusive». El nombre supone, faltaba más, que los otros lenguajes no lo son. Y en esa idea basa su difusión. Alguien debe haber dicho —y si no lo dijo lo pensó— que no hay verdadero cambio si no cambia el lenguaje. O que no hay verdadero cambio que no cambie el lenguaje. Y es cierto que no son muchos los cambios que crean formas nuevas de decir. Estos, sí.

Los argentinos suelen ser extremos —y más cuando de hablar se trata. Lo sé, pero aun así, en unos días que pasé en Buenos Aires me sorprendió su difusión.

—Hay poques diputades que sigan indecises.

Decía, por ejemplo, en una nota de televisión, una líder estudiantil jovencita sobre la discusión parlamentaria del aborto —y muchos lo usan todo el tiempo. Es cierto que es un sector acotado: chiques urbanes, menores de 25, clase media, tirando hacia la izquierda o alguna forma de la modernidad; es cierto también que esas cosas siempre empiezan en alguna parte, y después siguen o no siguen.

Esta empezó al revés. Los lenguajes, en general, primero se hablaron y después se escribieron. Este existió por escrito antes que a viva voz. Se escribía tod@s o todxs y no estaba claro cómo decirlo; ahora la palabra escrita encontró su forma oral: la e como manera neutra.

A muchos nos complica: la Real Academia, por ejemplo, se blindó y dijo que ni modo. Yo lo he discutido con muchas amigas —algunas mujeres, otros hombres. Les cuento que preferiría mantener las terminaciones clásicas en a y en o: que las terminaciones en e me suenan a rayos, chiste malo. Detesto tener ese oído conservador, pero ¿qué es un idioma sino la conservación y uso de un conjunto de signos acordados, recordados?

Para evitar esos sonidos raros, les digo, se podría definir que el femenino incluya tanto como el masculino: que todas contentas sea lo mismo que todos contentos, que todas sea todos. Lo cual implica un pequeño sacrificio lingüístico: ahora, cuando se dice todos, no se sabe si se trata de todos masculinos o masculinos y femeninas, pero cuando se dice todas se sabe que son todas femeninas. Habría que aceptar la pérdida de esa especificidad —que todas también pueda ser femeninas y masculinos— pero, a cambio, se establecería esa igualdad: que, para armar el plural, masculino y femenino sean equivalentes. Eso, imaginaba, comunicaría la igualdad entre los géneros. Hasta que me explicaron que era un viejo:

—El problema es que vos te creés que solamente hay dos géneros. Es cierto que con lo que decís igualás a esos dos, pero estás excluyendo a todos los demás.

Me dijo mi sobrino Diego, adolescente.

—¿Y cuáles son todos los demás?

—No sé, todes, cualquiera. El que cada cual se autoperciba. O ninguno: ya no importan los géneros, importa la persona.

Se puede discutir: la idea de que los géneros no son dos sino infinitos o ninguno, según cómo se sienta cada quien, es mucho más radical que decir todes. Si la movida no-binaria avanza, ya no habrá que debatir cómo se enuncian los plurales sino si corresponde o no definir el género de lo que se nombra —si de verdad son incontables. Si eso empieza a ser cierto será cierto que se precisarán formas nuevas de decir para decirlo.

En unas décadas, los historiadores que escriban este principio de siglo dirán que fue el momento en que los sexos se pusieron complejos: en que los avances técnicos y los cambios culturales permitieron que hombres y mujeres pudieran decidir si querían ser mujeres u hombres o algo más, algo que intentarían inventar. Tras tanta pelea por el derecho a ser homosexual, las puertas quedaron entreabiertas para ser algosexual, para crearse.

La técnica actual permite unos cambios increíbles —y hay, por supuesto, personas que los experimentan. La opción de modificarse el cuerpo se ve tan parecida a la época: un ejercicio fuerte de libertad individual, una concentración extrema en uno mismo. Es excitante: se abren múltiples posibilidades que hace unos años no existían. Personas pueden imaginar cómo querrían ser, quiénes querrían ser, y tienen muchas chances de lograr cambios que siempre fueron imposibles.

A mí me alegra mucho que cada vez sea más fácil poder decidir qué tipo de cuerpo quiere tener cada quien, pero no consigo que el asunto me interese demasiado. Como concepto es bastante extraordinario: la idea de que ciertas formas que parecían inmodificables se pueden modificar. Es, en ese sentido, un ejemplo que sería bueno aplicar a tantas otras cosas.

Pero, más allá de esa potencia, también es cierto que estamos como obnubilados frente a un fenómeno muy impresionante —en sentido literal— pero muy diminuto. Intelectuales y otros conversadores se fascinan con esos señoras y señores como se fascinaban los chicos con la mujer barbuda del circo y les dan un lugar perfectamente desproporcionado en el debate: hablamos de ellos, los discutimos, los celebramos, los condenamos como si fueran algo decisivo. Es el juguete nuevo, aquel que permite definir la época con rasgos que ninguna otra tuvo, pero su peso real —su influjo en las vidas de las mayorías— es módico. Según los cálculos más generosos serían, en el mundo, uno de cada diez mil personas: si la cuenta no falla, poco más de medio millón de personas en todo el planeta. En Argentina, donde la tendencia parece tener una presencia fuerte, cambiaron su género en su documento en la última década menos de nueve mil personas.

Y sin embargo, los debatimos como si fueran decisivos. Quizá tiene que ver con esta fascinación por lo extremo, por los que modifican lo que hasta hace poco parecía inmutable. El concepto es muy extraordinario pero no creo que valga la pena prestarles tanta atención a quienes lo practican: son señoras y señores que toman iniciativas individuales, que implican a muy pocos, que no cambian las sociedades donde viven.

Y que establecen un modelo donde lo que importa es dedicarse al propio cuerpo. El cuerpo propio se ha transformado, para muchos, en el centro de la experimentación y de la búsqueda. Es fascinante y puede ser, al mismo tiempo, descorazonador: suelo preguntarme si esta insistencia en elegir el cuerpo de uno como el lugar de los combates no es el reflejo de un desaliento, la manera de resignarse a no dar esas peleas en el cuerpo de todos, el cuerpo social. O, a lo sumo, darlos en el común para ganarse el derecho a darlos en el propio.

Solemos pensarlo como algo radicalmente nuevo, pero también tiene sus tradiciones. Años atrás quise contar una de ellas; para eso fui a ver cómo vivían, en el istmo de Tehuantepec, al sur de México, los muxes de Juchitán, que llevan siglos haciéndolo. Era una muestra de que ciertas cosas que imaginamos inéditas tienen mucha historia: que lo que cambió no fue el impulso sino las posibilidades. Esas opciones culturales existieron durante siglos, más o menos marginalizadas y, al final, brutalmente reprimidas por la moral cristiana. Ahora, que vuelven, puede ser interesante recordar que ya existían.

* * *

Amaranta tenía siete años cuando terminó de entender las razones de su malestar: estaba cansada de hacer lo que no quería hacer. Amaranta, entonces, se llamaba Jorge y sus padres la vestían de niño, sus compañeros de escuela le jugaban a pistolas, sus hermanos le hacían goles. Amaranta se escapaba cada vez que podía, jugaba a cocinita y a bebés y pensaba que los niños eran una panda de animales. De a poco, Amaranta fue descubriendo que no era uno de ellos, pero todos la seguían llamando Jorge. Su cuerpo tampoco correspondía a sus sensaciones, a sus sentimientos: Amaranta lloraba, algunas veces, o hacía llorar a sus muñecas, y todavía no conocía su nombre.

Son las cinco del alba y el sol apenas quiere, pero las calles del mercado ya están llenas de señoras imponentes: ochenta, cien kilos de carne en cuerpos breves. Las señoras son rotundas como mundos, las piernas zambas, piel cobriza, los ojos grandes negros, sus caras achatadas. Vienen de enaguas anchas y chalecos bordados; detrás van hombrecitos que empujan carretillas repletas de frutas y verduras. Las señoras les gritan órdenes en un idioma que no entiendo: los van arreando hacia sus puestos. Los hombrecitos sudan bajo el peso de los productos y los gritos.

—Güero, comprame unos huevos de tortuga, un tamalito.

El mercado se arma: con el sol aparecen pirámides de gambas, piñas como sandías, mucho mango, plátanos ignotos, tomates, aguacates, hierbas brujas, guayabas y papayas, chiles en montaña, relojes de tres dólares, tortillas, más tortillas, pollos muertos, vivos, huevos, la cabeza de una vaca que ya no la precisa, perros muy flacos, ratas como perros, iguanas retorciéndose, trozos de venado, flores interminables, camisetas con la cara de Guevara, toneladas de cedés piratas, pulpos ensortijados, gambas, lisas, bagres, cangrejos moribundos, muy poco pez espada y las nubes de moscas. Músicas varias se mezclan en el aire, y las cotorras.

—¿Qué va a llevar, blanco?

—A usted, señora.

Y la desdentada empieza a gritar el güero me lleva, el güero me lleva y arrecian carcajadas. El mercado de Juchitán tiene más de dos mil puestos y en casi todos hay mujeres: tienen que ser capaces de espantar bichos, charlar en zapoteco, ofrecer sus productos, abanicarse y carcajearse al mismo tiempo todo el tiempo. El mercado es el centro de la vida económica de Juchitán y por eso, entre otras cosas, muchos dijeron que aquí regía el matriarcado.

—¿Por qué decimos que hay matriarcado acá? Porque las mujeres predominan, siempre tienen la última palabra. Acá la que manda es la mamá, mi amigo. Y después la señora.

Me dirá después un sesentón, cerveza en la cantina. En la economía tradicional de Juchitán los hombres salen a labrar los campos o a pescar y las mujeres transforman esos productos y los venden. Las mujeres manejan el dinero, la casa, la organización de las fiestas y la educación de los hijos, pero la política, la cultura y las decisiones básicas son privilegio de los hombres.

—Eso del matriarcado es un invento de los investigadores que vienen unos días y se quedan con la primera imagen. Aquí dicen el hombre es un huevón y su mujer lo mantiene...

Dice el padre Francisco Herrero o cura Paco, párroco de la iglesia de San Vicente Ferrer, patrono de Juchitán.

—Pero el hombre se levanta muy temprano porque a las doce del día ya está el sol incandescente y no se puede. Entonces cuando llegan los antropólogos ven al hombre dormido y dicen ah, es una sociedad matriarcal. No, esta es una sociedad muy comercial y la mujer es la que vende, todo el día; pero el hombre ha trabajado la noche, la madrugada.

—Pero entonces no se cruzan nunca…

—Sí, para eso no se necesita horario, pues. Yo conozco la vida íntima, secreta de las familias y te puedo decir que allí tampoco existe el matriarcado.

No existe, pero el papel de las mujeres es mucho más lucido que en el resto de México.

—Aquí somos valoradas por todo lo que hacemos. Aquí es valioso tener hijos, manejar un hogar, ganar nuestro dinero: sentimos el apoyo de la comunidad y eso nos permite vivir con mucha felicidad y con mucha seguridad.

Dirá Marta, mujer juchiteca. Y se les nota, incluso, en su manera de llevar el cuerpo: orgullosas, potentes, el mentón bien alzado, el hombre —si hay hombre— un paso atrás.

Juchitán es un lugar seco, difícil. Cuentan que cuando Dios le ordenó a San Vicente que hiciera un pueblo para los zapotecos el santo bajó a la tierra y encontró un paraje encantador, con agua, verde, tierra fértil. Pero dijo que no: aquí los hombres van a ser perezosos. Entonces siguió buscando y encontró el sitio donde está Juchitán: este es el lugar que hará a sus hijos valientes, trabajadores, bravos, dijo San Vicente, y lo fundó.

Ahora Juchitán es una ciudad ni grande ni chica, ni rica ni pobre, ni linda ni linda, en el Istmo de Tehuantepec, al sur de México: el sitio donde el continente se estrecha y deja, entre Pacífico y Atlántico, solo doscientos kilómetros de tierra. El Istmo siempre ha sido tierra de paso y de comercio: un espacio abierto donde muy variados forasteros se fueron asentando sobre la base de la cultura zapoteca. Y su tradición económica de siglos le permitió mantener una economía tradicional: en Juchitán la mayoría de la población vive de su producción o su comercio, no del sueldo en una fábrica: la penetración de las grandes empresas y del mercado globalizado es mucho menor que en el resto del país.

—Acá no vivimos para trabajar. Acá trabajamos para vivir, nomás.

Me dice una señorona en el mercado. Alrededor, Juchitán es un pueblo de siglos que no ha guardado rastros de su historia, que ha crecido de golpe. En menos de veinte años Juchitán pasó de pueblo polvoriento campesino a ciudad de trópico caótico, y ahora son cien mil habitantes en un damero de calles asfaltadas, casas bajas, flamboyanes naranjas, buganvilias moradas; hay colores pastel en las paredes, jeeps brutales y carros de caballos. Hay pobreza pero no miseria, y cierto saber vivir de la tierra caliente. Algunos negocios tienen guardias armados con winchester «pajera»; muchos no.

Juchitán es un pueblo bravío: aquí se levantaron pronto contra los españoles, aquí desafiaron a las tropas francesas de Maximiliano y a los soldados mexicanos de Porfirio Díaz. Aquí, en 1981, la Coalición Obrero Campesino Estudiantil del Istmo —la COCEI—, ganó unas elecciones municipales y la convirtió en la primera ciudad de México gobernada por la izquierda indigenista y campesina. Juchitán se hizo famosa en esos días.

Amaranta siguió jugando con muñecas, vestidos, comiditas hasta que descubrió unos juegos que le gustaban más. Tenía ocho o nueve años cuando las escondidas se convirtieron en su momento favorito: a los chicos vecinos les gustaba eclipsarse con ella y allí, detrás de una tapia o una mata, se toqueteaban, se frotaban. Amaranta tenía un poco de miedo pero apostaba a esos placeres nuevos:

—Así crecí hasta los once, doce años, y a los trece ya tomé mi decisión, que por suerte tuve el apoyo de mi papá y de mi mamá.

Dirá mucho después. Aquel día su madre cumplía años y Amaranta se presentó en la fiesta con pendientes y un vestido floreado, tan de señorita. Algunos fingieron una sorpresa inverosímil. Su mamá la abrazó; su padre, maestro de escuela, le dijo que respetaba su decisión pero que lo único que le pedía era que no terminara borracha en las cantinas:

—Jorge, hijo, por favor piensa en tus hermanos, en la familia. Solo te pido que respetes nuestros valores. Y el resto, vive como debes.

Amaranta se había convertido, por fin, abiertamente, en un muxe. Pero seguía sin saber su nombre.

Muxe es una palabra zapoteca que quiere decir homosexual —pero dice mucho más que homosexual. Los muxes de Juchitán disfrutan desde siempre de una aceptación social que viene de la cultura indígena. Y se «visten» —de mujeres— y circulan por las calles como las demás señoras, sin que nadie los señale con el dedo. Pero, sobre todo: según la tradición, los muxes travestidos son chicas de su casa. Si los travestis occidentales suelen transformarse en hipermujeres hipersexuales, los muxes son hiperhogareñas:

—Los muxes de Juchitán nos caracterizamos por ser gente muy trabajadora, muy unidos a la familia, sobre todo a la mamá. Muy con la idea de trabajar para el bienestar de los padres. Nosotros somos los últimos que nos quedamos en la casa con los papás cuando ya están viejitos, porque los hermanos y hermanas se casan, hacen su vida aparte... pero nosotros, como no nos casamos, siempre nos quedamos. Por eso a las mamás no les disgusta tener un hijo muxe. Y siempre hemos hecho esos trabajos de coser, bordar, cocinar, limpiar, hacer adornos para fiestas: todos los trabajos de mujer.

Dice Felina, que alguna vez se llamó Ángel. Felina tiene 33 años y una tienda —«Estética y creaciones Felina»— donde corta el pelo y vende ropa. La tienda tiene paredes verdes, maniquíes desnudos, sillones para esperar, una mesita con revistas de chismes, la tele con culebrón constante y una computadora conectada a internet; Felina tiene una pollera corta con su larga raja, sus piernas afeitadas más o menos, las uñas carmesí. Su historia es parecida a las demás: un descubrimiento temprano, un período ambiguo y, hacia los doce o trece, la asunción de que su cuerpo estaba equivocado. La tradición juchiteca insiste en que un muxe no se hace: nace —y que no hay forma de ir en contra del destino.

—Los muxes solo nos juntamos con hombres, no con otra persona igual. En otros lugares ves que la pareja son dos homosexuales. Acá en cambio los muxes buscan hombres para ser su pareja.

Cuando cumplió catorce, Amaranta se llamaba Nayeli —te quiero en zapoteca— y consiguió que sus padres la mandaran a estudiar inglés y teatro a Veracruz. Allí leyó su primer libro «de literatura»: se llamaba *Cien años de soledad* y un personaje la impactó: era, por supuesto, Amaranta Buendía.

—A partir de ahí decidí que ese sería mi nombre, y empecé a pensar cómo construir su identidad, cómo podía ser su vida, mi vida. Tradicionalmente los muxes en Juchitán trabajamos en los quehaceres de la casa. Yo, sin menospreciar todo esto, me pregunté por qué tenía que cumplir esos roles. Lo podemos hacer, pero no tiene por qué ser la única vía, es como si tuviéramos que pagar ese precio por existir en esta sociedad.

Amaranta mueve su mano derecha sin parar y conversa con soltura de torrente, eligiendo palabras:

—Entonces pensé que quería estar en la boca de la gente, del público, y empecé a trabajar en un show travesti que se llamaba New Les Femmes.

Durante un par de años las cuatro new les femmes giraron por el país imitando a actrices y cantantes. Amaranta se lo tomó en serio: estudiaba cada gesto, cada movimiento, y era muy buena haciendo Paloma San

Basilio y Rocío Durcal. Era una vida y le gustaba —y podría haberle durado muchos años.

En Juchitán no se ven extranjeros: no hay turismo ni razones para que lo haya. Suele hacer un calor imposible, pero estos días sopla un viento sin mengua: aire corriendo entre los dos océanos. El viento refresca pero pega a los cuerpos los vestidos, levanta arena, provoca más chillidos de los pájaros. Los juchitecas se desasosiegan con el viento.

—¿Qué está buscando por acá?

En una calle del centro hay un local con su cartel: Neuróticos Anónimos. Adentro, reunidos, seis hombres y mujeres se cuentan sus historias; más tarde ese señor me explicará que lo hacen para dejar de sufrir, «porque el ser humano sufre mucho los celos, la ira, la cólera, la soberbia, la lujuria». Después ese señor —cuarenta años, modelo Pedro Infante— me contará la historia de uno que vino durante muchos meses para olvidar un muxe:

—El pobre hombre ya estaba casado, quería formar una familia pero extrañaba al muxe, lo veía, la esposa se enteraba y le daba coraje. Y si no, igual a él le resultaba muy doloroso no poder dejarlo. Sabía que tenía que dejarlo pero no podía, lo tenía como embrujado.

De pronto me pareció evidente que ese hombre era él.

—¿Y se curó?

Le pregunté, manteniendo la ficción del otro.

—No, yo no creo que me cure nunca. Es que tienen algo, mi amigo, tienen algo.

Me dijo, con la sonrisa triste. Felina me había contado que uno de las «funciones sociales» tradicionales de los muxes era la iniciación sexual de los jóvenes juchitecas. Aquí la virginidad de las novias era un valor fundamental y, para mantenerla, existía la institución del rapto:

—Un día te encuentras con tu novio y se esperan que sea muy noche y él te lleva a su casa y la familia te encierra en la recámara con él para que se ponga un pañuelo en el dedo y te lo meta hasta romper el himen, y ponen el pañuelo manchado con la sangre en una charola con muchas flores rojas y entonces avisan a tu casa que mi hijo se raptó a tu hija y tu hija sí es una niña. Entonces mañana pues ya se hace el evento, la música desde temprano y la mamá de la novia invita a todas sus vecinas, sus comadres, todas con trajes típicos y caminan hasta la casa del novio, donde la novia las espera en la cama con las sábanas blancas con flores y en la mesa del santo está la charola con el pañuelo manchadito y todas las señoras que van a ver que sí era virgen y ahí empiezan las cervezas, todo el mundo tomando hasta que los padres del novio les dan una corona de flores y ellas se vuelven a la casa de la novia con la novia. Y unos días después se casan por lo civil y en dos o tres meses la iglesia y todo el resto, tres o cuatro días de fiesta... Pero si hacían el rapto y no eras virgen la familia de él te devolvía a tu casa y no había boda, era un desastre.

Ahora la costumbre está cediendo, aunque resiste todavía. Y los jóvenes juchitecas siguen respetando más a las novias que no se acuestan con ellos y, entonces, los servicios de un muxe son el mejor recurso disponible.

Las New Les Femmes habían quedado en encontrarse, tras tres meses de vacaciones, en un pueblo de Chiapas donde habían cerrado un buen contrato. Amaranta llegó un día antes de la cita y esperó y esperó. Al otro día empezó a hacer llamadas: así se enteró de que dos de sus amigas habían muerto de sida y la tercera estaba postrada por la enfermedad. Hasta ese momento Amaranta no le había hecho mucho caso al VIH —y ni siquiera se cuidaba.

—¿Cómo era posible que las cosas pudieran cambiar tan drásticamente, tan de pronto? Ellas estaban tan vivas, tenían tanto camino por delante... No te voy a decir que me sentía culpable, pero sí con un compromiso moral enorme de hacer algo.

Fue su camino de Damasco. Muerta de miedo, Amaranta se hizo los análisis. Cuando le dijeron que se había salvado se contactó con un grupo que llevaba dos años trabajando sobre el sida en el Istmo: Gunaxhii Guendanabani – Ama la Vida era una pequeña organización de mujeres juchitecas que la aceptaron como una más. Entonces Amaranta organizó a sus amigas para hacer campañas de prevención. Los muxes fueron muy importantes para convencer a los más jóvenes de la necesidad del sexo protegido.

—El tema del VIH viene a abrir la caja de Pandora y ahí aparece todo: las elecciones sexuales, la autoestima, el contexto cultural, la inserción social, la salud, la economía, los derechos humanos, la política incluso.

Amaranta se especializó en el tema, consiguió becas, trabajó en Juchitán, en el resto de México y en países centroamericanos, dio cursos, talleres, estudió, organizó charlas, marchas, obras de teatro. Hace dos años Amaranta se incorporó a un partido político nuevo, México Posible, que venía de la confluencia de grupos feministas, ecologistas, indigenistas y de derechos humanos. Era una verdadera militante.

En la cantina suena un fandango tehuano y solo hay hombres. Afuera el calor es criminal; aquí adentro cervezas. En las paredes hay papagallos pintados que beben coronitas y en un rincón la tele grande como el otro mundo repite un gol horrible. Bajo el techo de palma hay un ventilador que vuela lento.

—Venga, güero, tómese una cerveza.

Una mesa con cinco cuarentones está repleta de botellas vacías y me siento con ellos. Al cabo de un rato les pregunto por los muxes y hay varias carcajadas:

—No, para qué, si acá cada cual tiene su mujercita.

—Sus mujercitas, buey.

Corrige otro. Un tercero los mira con ojitos achinados de cerveza:

—A ver quién de ustedes no se ha chingado nunca un muxe. A ver quién es el maricón que nunca se ha chingado un muxe.

Desafía, y hay sonrisas cómplices.

—¡Por los muxes!

Grita uno, y todos brindan —brindamos. Después le preguntaré a Amaranta qué buscan los hombres en los muxes.

—Tiene varios sentidos. Es un juego erótico que se mezcla con un juego de poder: ratifico mi masculinidad chingándome a un muxe, tengo tanto poder que puedo chingarme a una mujer pero también a un hombre. Y es lo prohibido: estoy teniendo sexo con alguien ambiguo, alguien que está al costado de las normas sociales. Y muchas veces las esposas conocen ese juego, lo toleran, lo esconden pero aceptan al muxe como su «comadre», y dicen mi marido es tan hombre que se puede coger a este muxe.

Y más tarde a Felina: si las mujeres juchitecas prefieren que sus maridos las engañen con un muxe o con otra mujer.

—Con un muxe pero si son como los de Juchitán, que hacen el papel pasivo, porque a las mujeres les impresiona mucho pensar que a su marido le pueden hacer las mismas cosas que sus maridos les hacen a ellas: eso sí que no les gusta nada.

La invitación estaba impresa en una hoja de papel común: «Los señores Antonio Sánchez Aquino y Gimena Gómez Castillo tienen el honor de invitar a usted y a su apreciable familia al 25 aniversario de la señorita María Rosa Mística que se llevará a cabo en…». La fiesta fue la semana pasada; ayer, cuando me la encontré en la calle vendiendo quesos que prepara con su madre, la señorita María Rosa Mística parecía, dicho sea con todos los respetos, un hombre feo retacón y muy ancho metido adentro de una falda interminable que me dijo que ahorita no podía charlar pero quizá mañana.

—A las doce en el bar Jardín, ¿te parece?

Dijo, pero me dio el número de su celular «por si no llego». Y ahora la estoy llamando porque ya lleva una hora de retraso; no, sí, ahorita voy. Supuse que se estaba dando aires —un supuesto truco femenino. Al rato, Mística llega con Pilar —«una vecina»— y me cuenta que vienen del velorio de un primo que se murió de sida anoche:

—Pobre Raúl, le daba tanta pena, no quería decirle a nadie qué tenía, no quería que su madre se enterara. Si acá todos la queríamos... Pero creía que la iban a rechazar y decía que era un virus de perro, un dolor de cabeza, escondía los análisis. Y se dejó morir, la pobre, de vergüenza.

Dice Mística, triste, transfigurada: ahora es una reina zapoteca altiva inmensa. El cura Paco me había dicho que aquí todavía no ha penetrado el modelo griego de belleza: que las mujeres para ser bellas tienen que ser frondosas, carnosas, bebedoras, bailonas. «Moza, moza, la mujer entre más gorda más hermosa», me dijo que se dice. Así que Mística debe ser una especie de Angelina Jolie: un cuerpo desmedido, tacos, enaguas anchas y un huipil rojo fuego con bordados de oro. El lápiz le ha dibujado labios muy improbables, un corazón en llamas.

—Yo también estoy enferma. Pero no por eso voy a dejarme morir, ¿no? Yo estoy peleando, a puritos vergazos. Ahorita me cuido mucho y cuido a las personas que tengo relaciones: la gente no tiene la culpa de que yo me haya enfermado. Yo no soy así, vengativa. Ahorita ando con un muchacho de 16 años; a mí me gustan mucho los niños y, la verdad, pues me siento bien con él pero también me siento mal porque es muy niño para mí.

Declara su vecina. Pilar es un muxe pasado por la aculturación moderna: hace unos años se fue a vivir a la ciudad de México y consiguió conchabo en la cocina de un restorán chino.

—Y también trabajo a la noche, cuando salgo y no me siento cansada, si necesito unos pesos voy por Insurgentes, por la Zona Rosa y me busco unos hombres. A mí me gusta eso, me siento muy mujer, más que mujer. A mí lo único que me falta es esta.

Dice y se aprieta con la mano la entrepierna. Pilar va de pantalones ajustados y una blusa escotada que deja ver el nacimiento de sus tetas de saldo.

—Te sobra, se diría.

Le dice Mística, zumbona.

—Sí, me falta, me sobra. Pensé en operarme pero no puedo, son como 40.000 pesos, es mucho dinero.

Pilar cobra 200, 300 pesos por servicio: está muy lejos. Mística transpira y se seca con cuidado de no correrse el maquillaje. A Mística no le gusta la idea de trabajar de prostituta:

—No, le temo mucho. Me da miedo enamorarme perdidamente de alguien, me da miedo de la violencia de los hombres. Yo me divierto en las fiestas y en la conga, cuando ando tomada ligo mucho.

Tradicionalmente los muxes juchitecas no se prostituyen: no lo necesitan porque no existe la marginación que les impida otra salida. Pero algunas han empezado a hacerlo.

—Ni tampoco quiero operarme. Yo soy feliz así. Tengo más libertad que una mujer, puedo hacer lo que quiero. Y también tengo mi marido que me quiere y me busca...

Dice Mística. Su novio tiene 18 años y es estudiante: ya llevan, dice, orgullosa, más de seis meses juntos.

—Ahora que los dos tenemos celular en cuanto se le para su pitito me llama y me dice vente p'acá. Su familia no se puede enterar, su novia tampoco, pero él me da todo su cariño, su amor. Yo le digo yo sé que tú no eres para mí, yo sé que te vas a casar algún día, pero ahorita lo hago sentirse comprendido, amado, le doy sus gustos, y él me quiere. Yo sé cómo consentir a un hombre, yo sé lo que quieren los hombres. Y a mí me gusta bordar, cocinar, coser, lavar, todo lo que hago es puro de mujer. Y siempre miro lo que le hace mi mamá a mi papá, porque alguna vez tendré un marido y le haré todo eso.

—Yo no, a mí eso no me va.

Dice Pilar, cortante, sus dientes de oro que destellan:

—Yo siempre he querido ser mujer sola. A mí lo que me gusta mucho es que me peguen. Pero nunca he encontrado a la persona que me lo haga, siempre tuve hombres pequeños, tengo más fuerza que ellos, yo les pego más fuerte. Y a mí me gustaría tener un marido, una pareja que me tranquilizara, que me dijera sabe qué, acá se hace lo que yo digo y si no ya va a ver... Si no te pegan es que no te quieren. Pero ahora los hombres no sirven ni pa' eso.

En septiembre del año pasado Amaranta había encontrado un hombre que por fin consiguió cautivarla: era un técnico en refrigeración que atendía grandes hoteles en Huatulco, un pueblo turístico sobre el Pacífico, a tres horas al norte de aquí.

—Era un chavo muy lindo y me pidió que me quedara con él, que estaba solo, que me necesitaba, y nos instalamos juntos. Era una relación de equidad, pagábamos todo a la par, estábamos haciendo algo juntos.

Amaranta se sentía enamorada y decidió que quería bajar su participación política para apostar a «crear una familia». Pero una noche de octubre se tomó un autobús hacia Oaxaca para asistir a un acto; el autobús volcó y el brazo izquierdo de Amaranta quedó demasiado roto como para poder reconstruirlo: se lo amputaron a la altura del hombro.

—Yo no sé si creer en el destino o no, pero sí creo en las circunstancias, que las cosas se dan cuando tienen que darse. Era un momento de definición y con el accidente tuve que preguntarme Amaranta dónde estás parada, adónde va tu vida.

Su novio no estuvo a la altura, y Amaranta se dio cuenta de que a ella lo que más le importaba era su familia, sus compañeros y compañeras, su partido. Entonces trató de no dejarse abatir por ese brazo ausente, retomó su militancia con más ganas y, cuando le ofrecieron una candidatura a diputada federal —el segundo puesto de la lista nacional—, la aceptó sin dudar.

—Hay que apostarle a la vida. Por muy buena política que hagas, si no le apuestas a la vida esto no tiene sentido.

Me dijo entonces.

Amaranta no ganó aquellas elecciones; años después pudo anotarse legalmente como mujer, terminó una carrera de antropología en Veracruz, sigue agitando y resulta, de algún modo, precursora. A veces las tradiciones se convierten en vanguardias. Ahora, en toda la región, movimientos de jóvenes —y no tan jóvenes— reivindican su derecho a no tener que fijarse en una identidad que pueden querer cambiar, que se vuelve más y más mutable, más mutante.

Son pocos, es cierto; se ven mucho.

Dicen mucho.

BUENOS AIRES

La ciudad abrumada

Ya sé que son azares. Yo caminaba lento, casi preocupado, porque venía de la lavandería donde había dejado mi ropa el día anterior y donde, en lugar de la empleada colombiana, me encontré una policía bien argenta que me dijo que el local estaba clausurado porque «anoche hubo un incidente». Le pregunté qué había pasado y me contestó que no sabía, que no era un robo sino «algo entre los propietarios».

–No, qué fue no sé, no le puedo informar, pero al fondo está lleno de sangre, no sabe la sangre que hay ahí.

Me dijo y yo caminaba lento, casi preocupado, pensando en mi ropa secuestrada quizás ensangrentada y en los azares y esas cosas de la vida –llovía suave, el viento picoteaba– cuando vi, unos metros más allá, un muchacho de camiseta y pantalones cortos sucios que metía una pierna en un contenedor de basura, después la otra, después el torso y la cabeza y cerraba la tapa. Esperé unos minutos, no salía, me dio miedo mirar.

Algo no terminaba de estar bien.

La ciudad se llama Buenos Aires.

Lo sé: no puedo hablar de esta ciudad como de las demás. Yo nací acá y acá viví más de cuarenta años, acá nacieron mi madre y mi hijo, de acá es el idioma que hablo o el que escribo. Soy de acá. No vivo acá.

(–Uy, vos acá. Hace mucho que no te veo por el barrio.
–Bueno, ahora estoy viviendo afuera.
–Ah, qué envidia.)

* * *

Buenos Aires fue, para empezar, un puerto. Porteño, el gentilicio de sus habitantes, lo delata. Buenos Aires creció como un puerto para exportar los productos de un campo rico y concentrado: primero cuero y carne salada; más tarde trigo y carne fresca. Buenos Aires siempre vivió del resto del país. A principios del siglo XX atrajo a millones de inmigrantes europeos; a mediados de siglo, a millones de inmigrantes provincianos; a fines, a millones de inmigrantes bolivianos, peruanos, uruguayos, paraguayos. Ahora uno de cada tres argentinos vive en ella y sus alrededores: unos quince millones de personas.

Buenos Aires, como toda capital, es muchas, pero si tiene un centro es la plaza de Mayo. En esta plaza se fundó la ciudad –la segunda vez, porque la primera fracasó– en 1580. En esta plaza criollos y españoles se alzaron contra el rey de España; aquí se levantaron cabildo y catedral y casa de gobierno; aquí debía erigirse en 1910 la gran columna patria que, de puro coherente, nunca se hizo; aquí se plantaron, hace cuarenta años, unas madres que buscaban a sus hijos y que impusieron la palabra desaparecidos; aquí se juntaron multitudes para torcer el destino del país de tanto en tanto; aquí, ahora, hay grandes rejas que intentan impedir que lo repitan. Aquí, ahora, pocos creen en rejas.

Y es cierto que el centro de la ciudad se ve «europeo». Europea es, sobre todo, la ciudad de principios del siglo XX, cuando muchos de sus habitantes creían que sería una capital del mundo. En esos días el ingreso per cápita de los argentinos era solo un poco más alto que el de alemanes o franceses, tanto más que el de españoles o italianos. Por eso sus extranjeros llegaban por millones, por eso sus dueños erigían sus mansiones.

Así se fue armando la ciudad más multikulti mucho antes de que existiera la palabra. Crisol de razas, decían en esos días. Y todavía hay calles y calles en que el paisaje solo se distingue de ciudades genéricamente europeas en que los suelos están sucios y rotos y no se ven personas de otras razas. Ahora, aquí, «europeo» describe edificios de siete u ocho pisos de tiempos y estilos tan diversos mezclados al tuntún, a la argentina: flashes de Barcelona, de París, de Atenas, de Casablanca en una misma cuadra. Europeo significa también que los rastros del pasado colonial fueron cuidadosamente eliminados por gobernantes y ciudadanos que detestaban –o despreciaban– todo lo español. Así que los europeos que llegan se preguntan si de verdad están en América Latina; la primera mirada les dice que siguen en su mundo. Después, poco a poco, la van viendo.

O no.

* * *

Se mueven al compás, caras pegadas, pechos juntos, pelvis púdicamente separadas, los pies en firuletes compartidos: bordan un orden con el cuerpo, lo que se toca, lo que no se toca, lo que se puede y lo que no. Bailan: en la pista de madera pulida del salón Canning, en la frontera de Palermo, dos docenas de parejas dan las vueltas previstas, repiten gestos aprendidos. El tango es la forma más controlada en que dos cuerpos pueden abrazarse –en público y sin pretextos amorosos. Son encuentros efímeros: tras dos o tres piezas, menos de diez minutos, los bailarines se darán las gracias y volverán a sus mesas respectivas. Se supone que vienen a bailar, no a seducirse. Y a respetar las reglas.

–Claro que hay códigos, la milonga tiene muchos códigos. La mujer, por ejemplo. El hombre tiene que invitarla a bailar, pero no va a ir a buscarla a su mesa porque la pone en un compromiso, así que la cabecea desde lejos y si ella lo mira y le sostiene la mirada entonces sí se levanta y la saca.

Me explica Estela Báez, bailarina y anfitriona de la milonga de esta noche. La milonga es un tipo de canción pero es, sobre todo, el lugar donde se bailan tangos: este salón, esos retratos de tangueros muertos, las luces tenues, el centenar de mujeres y hombres.

–No sabés cómo me gusta verlos acá, bailando, disfrutando. Pero todo con mucho respeto, por supuesto.

Me dice Estela –baja, llena, su vestido apretado–, y que el tango es una forma de vida, su vida entera, su pasión, su lugar: que el tango es Buenos Aires.

Hace poco más de cien años esta ciudad inventó un género que acabaría por inventarla. Era una música con ecos de negros y de gauchos, guitarras y tambores, que se bailaba hombre con hombre en los prostíbulos del Bajo; lo bautizaron tango. Más tarde los terratenientes argentinos fueron moda en París y lo impusieron; poco antes de la Primera Guerra el Vaticano condenó –es lo suyo– «esa danza del demonio» y eso le dio, por supuesto, más morbo y más caché.

Pero entonces era pura música. El primer tango con palabras –sin palabras el tango no habría sido– se estrenó en 1917, se llamó *Mi noche triste* y fue elocuente: «Percanta que me amuraste / en lo mejor de mi vida, / dejándome el alma herida / y espinas en el corazón...». Su principio era solo porteño: «percanta que me amuraste» no se entendería en ningún otro rincón del castellano. («Muchacha que me dejaste» sería una traducción aproximada.) El tango, así, consagraba al mismo tiempo una lengua local y una forma de ser. Lo cantó como nadie Carlos Gardel, un bastardo francés con la sonrisa de un príncipe italiano que incluso se dio el gusto de matarse en un accidente de avión en Medellín, y sus historias armaron las maneras: hablaban de abandonos, traición, melancolía, sus quejas respectivas.

Estela mira alrededor, atenta, vigilante, y dice que le gusta tanto ver cómo los extranjeros aprenden esas reglas, las respetan, y que esta noche hay franceses, polacos, rusos, italianos, americanos, brasileños, chilenos y quién sabe qué más. Las mujeres trajeron sus zapatos de tacón en una bolsa, polleras ajustadas; los hombres van en mangas de camisa. Algunos beben champañas de ocasión, otros cerveza, muchos agua o café o cocacola; hay tres o cuatro menores de cuarenta.

—Yo una vez por año vengo a Buenos Aires, a bailar. Ahorro, no es barato, pero me da vida, me hace sentir distinto.

Dice Jean-Paul, comerciante de Nîmes, la cincuentena bien llevada, el pelo lacio y entrecano.

—Los argentinos no saben lo que se pierden.

—¿Los franceses, querés decir?

—No, quiero decir los argentinos.

El tango agonizaba. Los jóvenes lo creían cosa de viejos, muy pocos lo bailaban, ya no se componían: ningún tango clásico fue escrito después de 1950. Hasta que, en los noventas, jóvenes europeos llegaron y lo descubrieron. Tomaron clases, se entusiasmaron, revivieron los viejos salones. Alguien creyó que les gustaba porque era una de las pocas formas en que una alemana o neoyorquina post-feministas podían dejarse llevar por un hombre sin faltar a sus ideas, con espíritu de chiste folclórico. Lo cierto es que el tango volvió, y se volvió una postal de Buenos Aires.

El tango fue producto de la mezcla: el milagro de una ciudad que tenía doscientos mil habitantes en 1870 y dos millones en 1920 —y más de la mitad eran inmigrantes. En esos años Buenos Aires era una de las ciudades más pobladas y potentes del mundo; era, dijo André Malraux, «la capital de un imperio que nunca existió»; era, también, la cabeza desmedida del país del futuro y quería que se viera. Era, entonces, una ciudad de nuevos ricos que querían hacer olvidar su novedad a fuerza de riqueza y encargaban palacios que trataban de parecer reales. En esos años, entre 1890 y 1940, sus dueños construyeron las mansiones de la plaza San Martín, el Congreso, la Avenida de Mayo, los edificios Estrougamou, Kavanagh y Barolo, el Obelisco, la avenida Nueve de Julio, la Bombonera, el subterráneo: casi todos los monumentos que aún la identifican. Y el tango. Lo que ven quienes vienen a mirarla es una ciudad que se armó hace casi un siglo. Buenos Aires alguna vez fue tango; ya no es.

*   *   *

Al filo de Buenos Aires hay un río, el más ancho del mundo, pero cualquiera puede pasar años sin verlo. El río no está en la ciudad; la bordea, la abre y la confina. Buenos Aires empezó en el río, se termina en el río, lo desdeña. «¿Y fue por este río de sueñera y de barro / que las proas vinieron a fundarme la patria?», se preguntaba Borges en un poema de sus veinte años. Tardaría otros cuarenta en definir para siempre —casi tanguero— la relación de los porteños con su ciudad: «No nos une el amor sino el espanto; / será por eso que la quiero tanto».

Pero nos sentíamos tan privilegiados por vivir acá, por ser de acá —y nos odiaban por mostrar ese orgullo.

El río se llama de la Plata aunque nunca la hubo: porque unos ávidos quisieron creer que sí. Por lo que debería haber habido pero no, ya desde entonces.

La nena dice que llevaba dos días sin comer. La nena no tiene más de 11, el pelo largo desgreñado, ojos grandes y oscuros, la remera rojita con sus manchas. La nena come con denuedo.

—Ah, qué rico, qué rico. Qué hambre que tenía.

La nena termina su plato de lentejas con arroz y pide más. En su mesa hay otros siete nenes y nenas que comen lo mismo en platos iguales, plástico de colores, sus cucharas de lata; alrededor hay otras ocho mesas semejantes. Luis le sonríe y le dice que espere un poco, que primero hay que ver si alcanza para todos.

—Dale, tío, por favor. Por favor.

Luis le acaricia la cabeza, me mira como quien dice ves, por eso.

—Dale, tío, dale, qué te cuesta.

Se llama «Comedor Por los chicos» y es un cuarto de treinta metros cuadrados, una cocina, un baño, un toldo a la entrada de un barrio bravo muy cerca de la General Paz, la avenida de circunvalación que separa la Ciudad Autonóma de Buenos Aires de sus suburbios infinitos. Luis y Silvia lo fundaron hace seis años porque, dicen, no soportaban que esos chicos se fueran a la cama sin comer. Ahora dan de cenar a unos setenta todos los lunes, miércoles y viernes, la merienda los martes y los jueves.

—Pero no nos alcanza la mercadería, la comida. Nunca nos alcanza, pero ahora menos: no sabés cómo creció en estos meses la cantidad de chicos que vienen. Vienen los padres, también, a ver si les podemos dar algo. Hay hambre, hermano, hambre.

Dice Luis, 53, la sonrisa acuciante, los pelos negros en un gorro de plástico. Luis se queja de que no tienen apoyo de las autoridades, que parece mentira que en un país como el nuestro pasen estas cosas pero pasan demasiado. Luis es peronista, dice, pero que su ideología no tiene nada que ver en todo esto: que él lo que quiere es darles de comer.

—En mi casa a veces no me dan, porque no hay. Pero acá cuando vengo sí me dan.

Dice un flaco de 9, camiseta de Boca. El cuarto está lleno de gritos y de chicos, fotos en las paredes, una cara de Guevara, otra de Eva Perón, otra de su marido, una tele con dibujos animados. En Buenos Aires y sus suburbios hay cientos de comedores y no dan abasto. Buenos Aires es la capital de un país que se dedica a producir y exportar comida: que produce, dicen, comida que alcanzaría para cuatrocientos millones de personas. Pero el Observatorio de la Universidad Católica dice que la exclusión social y la zozobra económica consiguen que uno de cada diez chicos pase hambre.

—Bueno, hoy hay menos, algunas madres tuvieron miedo de mandarlos. Como hubo esos problemas…

Silvia habla a medias, con miedo, y no termina de contarme que esta tarde la policía entró en el barrio. Dijeron que era un operativo contra unos vendedores de paco —o crack o basuco o bicha, pasta base, los desechos de cocaína que son, en toda América, la droga de los pobres. Los policías se llevaron a varios y derribaron tres o cuatro casillas: dijeron que eran «búnkers de la droga».

—Bueno, sí, es cierto que acá hay falopa. Acá son muy pocos los que tienen un trabajo, así que muchos pibes andan vendiendo. Se creen que es la única salida que les queda…

Dirá Luis, y qué pobres pibes pero les hacen mucho mal a todos y que el barrio se les volvió violento, que los chicos ya no pueden andar solos por las calles porque hay armas, tiroteos, y todo porque algunos pobres pelotudos quieren venir a comprarse sus drogas, dice.

—Del centro, vienen, muchos. Por qué no se quedarán allá.

* * *

—Y pensar que al final nuestras vidas consistieron en lidiar con todo esto, ¿no?

Me dice un taxista de mi edad. «Todo esto» es un estado de zozobra casi permanente: la sensación de que nada va a ser como lo imaginabas, que detrás de cada promesa hay un engaño, que todo se derrumba o puede derrumbarse. Hace décadas que los porteños —la mayoría de los porteños— perdieron la confianza en el futuro, que lo esperan con miedos. Son décadas de vivir al ritmo de una economía descontrolada, su inflación, sus penurias. Los porteños —la mayoría de los porteños— ya no saben relajarse: viven atentos a la puñalada por venir.

—Siempre pensamos que era por un tiempo, que iba a mejorar, que iba a cambiar, pero se alarga y se alarga y es toda la vida, la concha de su madre. Al final se nos fue la vida en esta mierda.

Los porteños, últimamente, sonríen poco.

Se los ve tensos. Agresivos, incluso. Buenos Aires parece un mundo combustible, siempre a punto de saltar por los aires. Y te explican, después, que tienen sus razones. La economía, sobre todo: la incertidumbre de la economía.

—Acá nadie guarda plata en pesos, todo es dólares. Y muy pocos la tienen en el banco; la mayoría la mete abajo del colchón.

La Argentina lleva muchos años sin tener una moneda verdadera: las operaciones que importan —comprar o vender una casa, un coche, ahorrar lo que se pueda— se hacen en dólares, la única certeza.

—Es muy difícil, un país sin confianza…

Me dirá P., sorbiendo su café de cadena americana. En Buenos Aires los hombres se saludan con un beso. Salvo la clase alta y asimilados varios, que son tan hombres que se dan la mano. Cuando llegó, P. me dio la mano.

—Tantos años de pasar por todo tipo de planes fracasados, devaluar la moneda una y otra vez, sacar ceros y más ceros, seguir con la inflación, seguir imprimiendo billetitos... Así no hay quien les crea.

P. tiene 38 años, dos hijas chicas, el cuerpo curtido por el rugby, poco sueño; cada mañana hacia las nueve, después de un rato de ejercicio, llega a una oficina en el centro de la ciudad –lo que los porteños llaman «la City»–, enciende su computadora y se dispone a imaginar qué hará «el mercado». El mercado de divisas de Buenos Aires solo mueve unos 300 millones de dólares al día pero su sombra cubre todo.

—Sí, cada mañana cuando llego prendo los sistemas, empiezo a ver cómo viene la cosa, la volatilidad, los cambios permanentes. Y ahí tenemos que ir decidiendo qué hacemos, si compramos, si vendemos...

P. lleva el nuevo uniforme de negocios cool: el traje azul oscuro o agrisado, la camisa blanca o celeste con el cuello abierto. Su empresa compra y vende dólares y maneja inversiones.

—No, no es un trabajo salubre, no en este país. Hay que tomar decisiones que te pueden dar pérdidas importantes. Pero tenés que aprender que vas a tener errores y que lo importante es tener más aciertos que errores.

Y pese a eso, dice, le gusta su trabajo. Le pregunto por qué, y me dice que la adrenalina:

—La adrenalina, eso me gusta. Y que tomás decisiones y tenés la respuesta en el momento. Cuando trabajaba en la economía real, de pronto me metía en un proyecto de construcción que tardaba dos años en funcionar o no. Acá, para bien o para mal, ves los resultados cada día.

Hace un año un dólar costaba 20 pesos argentinos; hoy, más de 40; la inflación, en ese lapso, ya pasó del 50 por ciento. La inflación desconcierta y desalienta: cualquier plan personal se derrumba, todo se descontrola; cunde la sensación de que nadie sabe, que no hay manera de arreglarlo: que un chofer borracho te lleva al precipicio.

P. fue a un colegio distinguido, de curas elegantes, y habla con ese acento de porteños ricos que hace unos años también llegó a la presidencia.

—¿No te da culpa la idea de que podés hacer este trabajo porque este país es un quilombo, que se están aprovechando de todo eso?

—No, a nosotros nos convendría tener un país normal, tranquilo. A nosotros también nos joden las mismas cosas que lo joden al tipo que hace panes. Es cierto que yo a veces puedo aprovechar una crisis para comprar mejor, para conseguir ciertas ventajas. Pero eso no me da culpa; lo que me da culpa es que no podamos hacer un país donde todos podamos ganar plata trabajando. Con un país normal ganaríamos todos. Como no lo tenemos, algunos podemos aprovechar las oportunidades, pero son efímeras. Hoy la pegan, mañana se la van a pegar…

Dice P., y el teléfono interrumpe. P. lo atiende, habla parco, dice que ya va, que él se ocupa.

—Está subiendo mucho el dólar.

Me dice, el gesto cómplice, y que tiene que irse; le pregunto si ayer compró dólares.

—Sí, compré. Por suerte me cubrí.

—Así que seguimos ganando.

—Sí, pero yo no gano si esto no se sostiene, si la gente no tiene plata para comprarlos.

Dice, y que ya se va, que se le quema el rancho.

—Bueno, como todos los días.

Dice, con la sonrisa del bombero orgulloso.

Buenos Aires es una ciudad fundada por personas que vinieron desde lejos para hacerse un futuro, que creían en el esfuerzo y la recompensa de construir ese futuro: ahora sus nietos y bisnietos la ven caer sin saber qué hacer para evitarlo. Con la convicción de que no saben evitarlo, que no pueden; con el miedo de lo que puede pasar, que nunca se sabe qué será. Si me resignara a generalizar diría que muchos porteños son personas asustadas: personas que viven en un tembladeral sin referencias, sabiendo por experiencia que en cualquier momento les sacan el suelo sobre el que se paran, los planes que creyeron, las normas que aceptaron: que el dinero, la gran certeza actual, es incierto, que hoy vale y mañana quién sabe; que el futuro es amenaza, no promesa.

La conciencia de que todo cambia todo el tiempo, que todo se te escapa. La civilización es el aparato que inventamos para ocultar que todo es provisorio. A veces lo consigue.

(—¿Y seguís viviendo en el Botánico?

—No, me fui a Madrid.

—Ah, qué suerte, qué hijo de puta.)

*   *   *

Las ciudades se achican con el tiempo. Para el viajero, las ciudades se achican con el tiempo. El viajero llega a Buenos Aires —digamos, por ejemplo— y pasea o lo pasean. Va a la Recoleta, a Florida, a la Boca, a la plaza de Mayo, al Rosedal, a la cancha de River, a comer buena carne y malas pastas —nunca supe adónde llevar a un turista en Buenos Aires. Un día, al cabo de cuatro, descubre que entre la plaza San Martín y la de Mayo —que parecían dos mundos— no hay más de doce cuadras. O que el puerto Madero desemboca en la Boca: la ciudad, que al principio era casi infinita, se le va comprimiendo al conocerla. Los espacios intermedios, que parecían inmensos, van desapareciendo.

Pero la ciudad es por lo menos dos ciudades, y las separa otro río que no es río: la avenida Rivadavia. (Bernardino Rivadavia fue el primer presidente argentino y, como tantos de sus grandes compatriotas —como San Martín, Echeverría, Sarmiento, Mansilla, Gardel, Guevara, Cortázar, Borges, Bergoglio—, murió afuera. Como varios de ellos, dejó escrito que no devolvieran su cuerpo a su ciudad; como a varios, no le hicieron caso: su tumba está en una plaza que su avenida cruza, junto a una estación de tren, en una zona dura. Muy pocos de los que pasan saben que ahí, bajo ese mármol, yace un cuerpo.)

La avenida Rivadavia —que la ansiedad local supone «la más larga del mundo»— corre desde la Plaza de Mayo hasta el suburbio, quince kilómetros más lejos; a su derecha están los barrios prestigiosos; a su izquierda se extiende una pampa de casas semejantes. Muchos habitantes de la orilla derecha no van del otro lado; si acaso, últimamente, se arriesgan a un restaurante de San Telmo, el barrio viejo, la zona que los ricos abandonaron en 1871 para huir de la fiebre amarilla.

San Telmo se volvió el barrio favorito de los extranjeros jóvenes: calles empedradas, casas bajas, bares enrollados. También los hay en Palermo, el otro gran lugar de paso y de paseo. Alrededor de su centro, la placita de Serrano, se levantan diez o quince bares; nada que no sean bares. Uno se llama Madigan, otro Flannagan, otro Whoppies, otro Ragnar, otro Madagascar, otro Dixx, Bad Toro, Antwerpen, Valk, Kentucky, y siguen firmas. Pero la plaza, ahora, se llama Julio Cortázar; yo estuve, hace unos treinta años, en el acto en que la bautizaron: ese día pasé por los parlantes la grabación de una entrevista donde él decía que nada le daría más horror que dejarle su nombre a una calle o a una plaza.

—Uy, qué espanto. Ojalá no lo hagan.

Me dijo, aquella vez, Julio Cortázar.

Y ahora la voz en la radio anuncia unos créditos del aisibisí y no necesita explicar que está hablando del banco ICBC: el orgullo de seguir pareciendo más o menos educados, más o menos cosmopolitas –o eso que, aquí y ahora, pasa por cosmopolita. Pero es cierto que Buenos Aires fue una ciudad módicamente culta, donde la educación pública funcionaba bien, donde una o dos generaciones de inmigrantes pobres se sacrificaron para hacer de sus hijos dotores: donde ser doctor era la forma de cumplir aquellos sueños gallegos, tanos, rusos.

Buenos Aires siempre fue, sobre todo, clase media. Eso la hacía mucho más europea que sus mansiones parisinas y sus chalets normandos y sus casas italianas y sus escasos rascacielos neoyorquinos y sus iglesias dizque góticas, dizque barrocas, dizque rusas; mucho más que sus teatros y avenidas y sus pieles lechosas.

Cada noche, en Buenos Aires, abren infinidad de bares, restoranes, conciertos, teatros, los puntos más variados y entusiastas. Buenos Aires sigue siendo una gran ciudad para tener veinte o treinta años y algún dinero en el bolsillo. Y se jacta –con justicia– de sus actividades culturales y de la ambición cultural de muchos de sus pobladores y ahora, además, de tener «la librería más bella del mundo». La librería Ateneo fue, durante décadas, un cine y se llamaba Grand Splendid. Hay artes que tuvieron un destino aún más cruel que la literatura: aquel cine fue convertido en librería y trepó en esos rankings improbables. La librería es un teatro vaciado de sí mismo, sin escenario, sin butacas –sin lectores. Rebosa de turistas que cumplen el ritual y, teléfono en alto, se selfean o selfian comme il faut. El decorado es espectacular, tan decorado: parvas de libros en un idioma que no entienden.

* * *

Son memoria que recorre las calles, presente tan presente. Son personas –hombres, mujeres, sus hijos a veces– que llegan desde la periferia y empujan esos carritos de fortuna donde juntan lo que queda en la basura, los despojos ajenos. Los llaman cartoneros porque empezaron recogiendo cartones en 2001, la penúltima crisis, y se volvieron parte de la ciudad, una imagen constante. Hace años le pregunté a Mauricio Macri, entonces intendente, qué iba a hacer al respecto y me dijo que los estaba ordenando y que iba a darles uniformes. Le dije que me refería a que ya nadie tuviera que andar hurgando en las basuras y él me dijo que sí, que con el tiempo, que si llegaba a gobernar. Ya pasaron diez años, Macri ya gobernó —y antes Kirchner y Cristina de Kirchner y después Fernández y la misma— y los cartoneros siguen en la calle; ahora tienen un chalequito fluorescente. Estos días el municipio empezó a instalar unos contenedores inteligentes —italianos— que solo pueden abrir los vecinos con tarjetas magnéticas: «Esto es para evitar que la gente se meta y saque basura; así va a mejorar mucho la limpieza», dijo, cuando los inauguró, el ministro del Espacio Público.

Ciudadanos que se defienden de sus conciudadanos, se asustan, los rechazan. Técnicamente, Buenos Aires es una ciudad de casi tres millones de habitantes rodeada por un conurbano que alberga a doce millones más.
—¿Vos dónde vivís?
—Yo, en el Gran Buenos Aires.
—Bueno, no será para tanto.
En el «Gran Buenos Aires» hay barrios ricos, barrios cerrados, barrios medianos, tantos barrios muy pobres. Para muchos porteños esos conglomerados marginales —las «villas miseria»— son una sombra que amenaza: de allí vienen todos los días miles y miles de trabajadores que los sirven pero también —en su imaginario— los pacientes que ocupan sus hospitales, los manifestantes que cortan sus calles, los ladrones que los roban. En las villas viven millones de personas sin un trabajo regular, menguada la esperanza. Y proyectan sobre la ciudad esa imagen o fantasía de un lugar sin ley, sin solución, sin diques, que se desborda cada vez más sobre sus calles: un cambio anticlimático.

—Lo que no se puede más es dejar que estos negros nos caguen la vida.
Me dice una señora muy teñida de rubio al volante de un coche casi nuevo atrapado en una fila inmóvil. Estamos en el Obelisco, una aguja blanca que Buenos Aires levantó en 1936 para festejar sus cuatrocientos años y su prosperidad y que, desde entonces, la representa en las postales. Alrededor hay cientos de mujeres y hombres con pancartas y bombos y banderas: es rara la mañana en que no hay, en el centro de la ciudad o sus

accesos, algún corte de calles. Algunas veces son trabajadores despedidos; muchas, pobres suburbanos que reclaman sus subsidios, sus derechos. Son gordos, son oscuros, tienen menos dientes, tienen bebés en brazos, ropa vieja.

—Pa' que nos vean, hermano, qué querés. Si nos quedamos en los barrios, ¿sabés qué fácil que se olvidan de que existimos, los políticos? Y la gente, los garcas de acá también se olvidan. Que se maten entre ellos esos negros, dicen, que se mueran. Si se mueren estamos más tranquilos, dicen. O no lo dicen pero seguro que lo piensan.

Me dice, torrencial, una mujer de unos cincuenta baja, sólida, su mochila con el termo y el mate, su pelo recio con una raya al medio y la coleta, su camiseta azul que dice «Movimiento Evita». Suenan bombos: sin cesar suenan bombos. Los manifestantes se quejan de que el estado abandona sus políticas sociales —clínicas, comedores, asignaciones, cooperativas de trabajo— y amenazan con seguir en la calle: se vienen elecciones, es buen momento para hacerse oír.

—Este gobierno quiere deshacerse de nosotros. Nosotros estamos acá para decirles que no lo conseguirán…

Grita un hombre de pelo largo desde un camión con altavoces. Alrededor de los manifestantes hay cien o doscientos policías; llevan escudos y protecciones varias y un cartel en el pecho con su nombre; muchos son mujeres. Este año, dicen, se han puesto más duros, pero no reprimen si los cortes dejan un carril abierto al tráfico. Aun así, los embotellamientos o trancones o tacos o atascos suelen ser majestuosos. Cada mañana los portales y canales de noticias informan qué calles y avenidas estarán cortadas y muchos porteños los consultan antes de decidir su itinerario. Muchos, también, piden mano más dura, y el debate entre el derecho a la manifestación y el derecho a la circulación ya lleva décadas.

Buenos Aires es, entre otras cosas, el teatro de una lucha continua. Por la supervivencia, dicen unos; por el poder, contestan otros.

* * *

Hay pocas explosiones como esta: vas subiendo, laborioso, lento, las escaleras de cemento sombrío, sus escalones desconchados, charcos de aguas y orines, y llegás a los pasillos de cemento sombrío, más charcos, más olores y de pronto, tras una puerta apenas más grande que una puerta, te asaltan la luz y el ruido y los colores, el sol o esos faroles que arman días más brillantes que los días: dejaste atrás las tripas del estadio, saliste a sus tribunas y lo ves, ves esos brillos.

–Las gashinas son así, / son las amargas de la Argentina, / cuando no sale campeón / esas tribunas están vacías. / Yo soy de Boca, señor...

Hace unos años *The Guardian* dijo que un Boca-River en la Bombonera era el mejor espectáculo deportivo del mundo y los bosteros lo recibimos con esa mezcla de orgullo y sorna que solemos: y sí, ¿recién ahora se dan cuenta? La cancha de Boca ya tiene ochenta años y es el reducto del equipo más popular de la Argentina.

–... Boca, sos la droga de mi corazón. / Aunque ganes, aunque pierdas / no me importa una mierda...

Allá abajo el partido es francamente malo: torpe, peleado, desarmado. La Argentina exporta sus mejores jugadores: los que siguen aquí son los que no consiguen lugar en clubes europeos –o americanos o turcos o malayos–; los demasiado jóvenes o demasiado viejos o demasiado malos. Así que nos resignamos a nosotros mismos. A veces la tribuna grita por entusiasmo de un partido emocionante; otras, por el tedio de uno como este. Algo hay que hacer: cantamos. Y nos gusta escucharnos.

–Quiero quemar el gallinero, / que se mueran los cuervos y la guardia imperial. / Vamos xeneizes, / con huevo vaya al frente...

La mayor exportación cultural de la Argentina actual –sin contar reinas y papas y demás residuos medievales– son estos cantitos de cancha: se los puede oír en todo el mundo, desde el Azteca al Nou Camp al Yokohama. Y son el producto de las «barras bravas» que también exportan su know-how a otros grupos de vándalos.

–Pasan los años, pasan los jugadores, / la Doce está presente y no para de alentar...

La de Boca, «la Doce», es una de las más famosas, más activas: un verdadero cuerpo mafioso que cobra por proteger a sus posibles víctimas de sus posibles ataques, y resulta tan vistosa, tan folclórica, tan «apasionada».

Alrededor de la cancha de Boca está la Boca –la boca del Riachuelo, un río podrido que todas las administraciones prometen limpiar, rehabilitar. La Boca es un barrio construido a principios del siglo XX por inmigrantes genoveses, que los turistas suelen visitar porque conserva algunas casas de lata pintadas de colores, y los locales evitan porque tienen miedo.

–No, boludo, ahí no tenés que ir, no seas boludo.

El porteño es un dialecto fácil: castellano con vos y melodía italiana. Pero lo italiano, en Buenos Aires, nunca se pensó como un signo de elegancia. Los italianos solían llegar con una mano atrás y otra adelante, buscando algún lugar donde pelear el hambre. Tardamos mucho en separar dos palabras que solían venir juntas: tano y bruto. Hasta que, hace cincuenta años, una nueva generación de empresarios, migrantes tardíos o hijos de migrantes, nos convenció de que un italiano podía ser elegante —y el hijo de uno de ellos consiguió incluso gobernar en nombre de los ricos.

—Una con faina, flaco, y un vaso de moscato.

«Una» es «una porción de muzzarella»: no hace falta nombrarla. Muchos creen que la comida de Buenos Aires es el asado pero el asado —y sus mollejas y chinchulines y chorizos— es, si acaso, la comida argentina. La comida de Buenos Aires es la pizza, pan y queso calentados que trajeron aquellos italianos. La pizza porteña es una masa gorda oronda con queso desbordante doradito, lujos de un país que solía entender la buena comida como mucha; la pizza porteña tiene un templo que se llama Güerrín —aunque nunca nadie haya pronunciado la diéresis o crema.

—¿Para llevar o para comer acá?

—No, acá nomás, de dorapa.

La cola es larga, cambia según las horas. Al mediodía son empleados de oficinas de la zona; a las nueve de la noche son familias, a partir de las diez, parejas que salen de los cines o bares o teatros; más tarde, perdidos varios de la noche.

—No te olvidés el vaso de moscato, hermano.

Detrás del mostrador hay tres muchachos de birrete rojo, un cuchillo en una mano, un tenedor desdentado en la otra, que nunca paran de cortar porciones. Y también distribuyen la faina o fainá, ese pastel de harina de garbanzos que solo se encuentra aquí y en Génova. Güerrín está en Corrientes, la avenida del Obelisco, los teatros, los cafés y librerías y restoranes que no cerraban nunca. Yo crecí escuchando tangueros que hablaban, melancólicos, de cuando «Corrientes era angosta»: la habían ensanchado en los treintas para abrirle camino al futuro. Ahora el gobierno de la ciudad ha decidido angostarla otra vez y seguir demostrando que aquí el futuro se parece tanto al pasado o a vaya a saber qué: a lo que venga.

(—¡Uy, vos por acá, tanto tiempo sin verte!

—Es que ahora vivo afuera.
—Ah, vos sí que la hacés bien.)

*   *   *

Quizás alguien tiró a la calle su sillón: de pronto, en la acera coqueta, el paseante se topa con un sofá de dos plazas, como de tela estampada con capitoné, mullido, invitante, francesito. Cuando el paseante agradecido se deja caer sobre esa superficie elástica, sus nalgas descubren que no hay tal, que el sillón está hecho de hormigón armado. Entonces averigua: el gobierno de la ciudad ha instalado unos cien; son, dicen, una «intervención urbana». La inventó un colectivo de diseño que se llama Grupo Bondi —Bondi, en argentino, significa colectivo que significa, a su vez, autobús— y se define como «una banda de rock que no hace canciones sino objetos» para contribuir a esa idea de que los argentinos son unos charlatanes con —algún— encanto.

En síntesis: te ofrecen un sillón mullido, confortable, y al sentarte descubrís que era más duro que una piedra. Se diría que alguien nos quiso explicar algo.

Son las cinco de la tarde y aquí en la Recoleta, el barrio caro, las chicas rubias y sus pecas salen de los colegios religiosos, sus uniformes de color, sus polleras cortas y sus cruces, sus miradas, y los chicos salen de los colegios religiosos, sus espaldas de rugbiers en potencia, sus miradas de ganas, su torpeza de nenes. Frente al chino de la esquina —aquí «un chino» es un supermercado— hay una cola larga: quince o veinte mujeres, casi todas jóvenes, esperan algo en la vereda. Pregunto; la primera me explica que «están tomando una cajera y limpiadora». La primera es venezolana, el pelo afro, los ojos muy pintados; ya lleva acá seis meses y todavía no ha conseguido nada. En la mano tiene una carpeta de plástico con su currículum: es licenciada en administración, me dice. La segunda y la tercera son porteñas, también van maquilladas; una estudia dibujo, la otra termina su bachillerato. Las tres llevan un tiempo largo sin conseguir empleo y me dicen que su trabajo es recorrer la ciudad, las colas, las propuestas.
—Lo importante es no desanimarse.
Me dice la segunda. Detrás hay muchas más, y más siguen llegando. El trabajo son nueve horas por día y la paga mensual, unos 200 dólares. Los productos que venderá la afortunada cuestan un poco más que en cualquier mercado madrileño.

La pregunta todo el tiempo es por qué. O ni se dice, queda implícita: ¿cómo puede ser que un país tan rico esté siempre tan mal? O sea: ¿por qué un país tan rico no es rico?

Pero ahora una especie nueva recorre la ciudad. Llevan a sus espaldas grandes cubos de colores vivos, suelen moverse sobre ruedas y hablan con un rumor de playas alejadas. Hace años que Buenos Aires se está «latinoamericanizando», con perdón: dejando atrás sus estructuras más europeas —más clase media, menos desigualdad, buena salud y educación y seguridad públicas— para acercarse, en sus injusticias, al resto del continente. Y ahora estos muchachos: venezolanos, sobre todo, y colombianos, que la recorren en bicicleta para entregar pizzas y empanadas y sushis y todo lo demás a domicilio: la tracción a sangre y la costumbre de no salir por miedo o por carencia se imponen poco a poco, bien sudacas.

Y esos otros: hacía tiempo que Buenos Aires no registraba la llegada de una comunidad tan numerosa, tan presente como estos cientos de miles de caribeños que también sirven en los bares y los restaurantes, las cajas de los chinos, los mostradores de las boutiques de moda, los lavarropas de las lavanderías.

—No sabés qué agradable, qué bueno que estén acá. Ahora vos entrás a un negocio y te saludan.

Me decía una amiga, la sonrisa triste. Pero sus vidas no son fáciles.

Ha salido un informe de Ipsos, una de esas encuestas mundiales sobre la felicidad de las personas según sus países. Los argentinos están en el último puesto: solo un 34 por ciento dice que es feliz o un poco feliz —cuando casi todos los países del mundo están muy por encima del 50 por ciento. El segundo país más infeliz, faltaba más, resulta ser España.

—Y no, qué vas a hacer, tienes que hacer lo que te dicen. Para eso somos extranjeros.

Me dice una venezolana de ojos grandes.

—Si te dicen que esperes, esperas. Si te dicen que vuelvas mañana, vuelves mañana, qué remedio.

El edificio de la Dirección de Migraciones, junto al puerto de Buenos Aires, no estaba preparado para tantos. Hace unos meses sus jefes se sintieron desbordados y levantaron unas rejas que cierran sus entradas.

Esta mañana hay cientos de extranjeros que hacen cola en un descampado bajo los árboles sin saber para qué; de tanto en tanto sale una empleada y docenas se le tiran encima, la muelen a preguntas. La chica les contesta poco, no sabe qué decir. Alrededor siguen los gritos, pedidos, los reclamos, y algunos filman el tumulto con sus telefonitos para subirlo a redes, que es la resistencia de estos tiempos, la esperanza de estos tiempos. Unos metros más allá se levanta un edificio enorme, tipo hospital del Novecientos: el Hotel de Inmigrantes, plantado sobre el río. Aquí llegaban los que hicieron la ciudad; aquí los recibían y registraban y filtraban. Aquí vienen ahora sus descendientes argentinos a buscar sus datos para pedir las nacionalidades que ellos abandonaron: para hacerse italianos, españoles, polacos, poder irse.

—Me emociona pensar que mi bisabuelo, cuando llegó, caminaba por estas mismas losas.

Me dice un muchacho que vino a buscar la fecha de su desembarco.

—Solo que él caminaba porque quería llegar y vos porque querés irte.

Le digo, y que está cerrando el círculo, y el muchacho no sabe si reírse. Lo intenta, por si acaso, no le sale.

*   *   *

Buenos Aires es una ciudad chata, sin alturas: que no tiene desde dónde mirarse y admirarse. Lo que más se ve de Buenos Aires es el centro, sus avenidas anchas, sus grandes construcciones, sus parques arbolados, pero dos tercios de la ciudad son esa pampa de casitas bajas, algunos edificios cada tanto como los bosques de eucaliptus en la pampa, y esas calles tan parecidas las unas a las otras, los negocios modestos, las veredas más o menos rotas: «los Cien Barrios Porteños», los llama el cliché. Son, como la pampa, vastos espacios que parecen parecerse, donde el ojo poco entrenado no encuentra diferencias. Eso —lo que nunca se piensa cuando se piensa en ella— es la ciudad.

Y los plátanos, claro. Sin los plátanos, Buenos Aires ya se habría hundido en la fealdad más consistente; los plátanos la salvan, la visten todo el año con sus hojas modestas pero muchas y sus cortezas cortajeadas. Y están, por supuesto, los jacarandás: el adorno, el lujo lila de noviembre. Y los palos borrachos gordos y rosita y los lapachos orgullosos y esas plazas con esos monumentos —un gomero, un ombú— que se vuelven un espacio en sí mismos: árboles como cúpulas de algún banco quebrado, de alguna iglesia hereje, árboles que ya estaban ahí cuando no estaba Buenos Aires, árboles que estarán y se reirán cuando se acabe; árboles que justifican –que casi justifican– todo el resto.

Pero la calle huele a palosanto. Ese incienso barato es el olor de la caída. Lo venden, en las calles, desocupados que te recuerdan su desgracia por la vía más directa: el palosanto es la ciudad abrumada, el tufo del fracaso.

J. se está sacando los zapatos. J. tiene 48 años –dice que tiene 48 años–, el pelo casi al ras y ahora se está sacando los zapatos, grandes, viejos, sentada en el suelo en la esquina de Callao y Santa Fe, pleno barrio rico. Son más de las doce de la noche; J. me explica que acá como hay mucha policía se puede dormir bien, que en general no la molestan, que no intentan robarle lo que lleva en sus dos bolsas. Que sí, que a veces la policía la saca, pero a veces no, y que lo importante son las bolsas.

–Imagínese, don, si me chorean estas bolsas me quedo sin nada en la vida. Nada, ni un zoquete.

J. tiene los ojos huidizos: no consigo que me mire de frente mientras me cuenta que ella tenía una casa –bueno, dice, una casita, un rancho– pero que primero su marido se fue, después ella perdió un trabajo, la hija se juntó y se fue, el hijo no me cuenta. Y que entonces acá sí puede sacarse los zapatos porque no se los roban y que lo importante es poner un cartón por debajo, que cuando no consigue un cartón o se le moja sí que la pasa mal, que aprieta el frío, y por arriba esta frazada, me dice, y me muestra una mantita, sus agujeros, su mugre. Y después me dice que ella es distinta, que no toma nada, que con vino es más fácil.

–Y no se crea que es porque no puedo. Si quisiera yo también me conseguía un litro para dormir. Pero si entrás en esa ya no salís más.

Me dice J., y que ella sí quiere salir: que ella sí va a salir. Y que, mientras, qué bueno poder sacarse los zapatos.

Son muchos, la mayoría son hombres. Los hay en cantidad de esquinas; en algunas viven durante años: alguno incluso tiene, en la calle, su tele y su perro. También hay familias.

La ciudad está llena de personas que ya no tienen techo; para el resto, a menudo, se trata de aprender a no mirar. A convivir con lo que, hace unos años, habríamos creído intolerable. A ampliar, entonces, el radio de lo que toleramos: a escondernos en la resignación, que es un telón muy grande.

*   *   *

El doctor tiene 65 años, es un oncólogo con clínica propia y hace unos días tiroteó —con su pistola registrada— a cuatro muchachos que intentaron asaltarlo en la puerta de su casa. Uno murió, los demás se escaparon; el doctor dijo que era la sexta vez que lo asaltaban, que no le sorprendía el nivel de violencia, que tenía que ver con la droga y que «si no ponen mano firme va a ser cada vez peor».

—Esto es una pérdida permanente de valores, de un país que era la Europa de Sudamérica y ahora ya no sabemos qué es.

Dijo el doctor a un diario. El muerto tenía 16 años y su hermana lo despidió en su facebook: «Asco a la Policía, la re concha bien de su madre. Lo dejaron re morir a mi hermano. Nadie lo quería vivo, manga de hijos de puta».

En los últimos años la ciudad mejoró en algunas infraestructuras básicas —el metrobús, las zonas peatonales, los desagües— pero la mayoría insiste en verla más pobre, más descuidada, más caída. Y están, también, obsesionados con la inseguridad: todos te cuentan alguna historia, sus temores. En Buenos Aires hay muchos más delitos que hace dos o tres décadas; la cifra de homicidios sigue siendo baja, pero los robos constantes, persistentes, la sensación de que es difícil recorrerla tranquilo.

—Si tenés que andar siempre con las ventanillas cerradas para que no te manoteen la cartera te sentís que la ciudad no es tuya, que es de ellos.

(Fue, también, la latinoamericanización: los ricos argentinos creyeron que podían armar una sociedad injusta, desigual, sin ninguno de sus inconvenientes; no pudieron.)

Por eso, entre otras cosas, los ricos se refugian. Algunos se fueron a esos barrios privados del suburbio, grandes extensiones verdes que incluyen sus clubes, sus colegios, sus iglesias: de donde los niños y sus madres no precisan salir; solo sale, para ganar y proveer, el hombre. Otros, más urbanos, se encerraron en Puerto Madero, tan lejos y tan cerca.

A mis doce, trece años me tocaba ir allí todos los jueves: allí yacía, entre barcos arrumbados y graneros en ruinas, el campo de deportes de mi colegio. El puerto estaba casi abandonado. Entonces la aventura consistía en esquivar las asechanzas de aquellos marineros soviéticos o griegos que, emboscados en los pajonales, amenazaban nuestro honor impúber.

El abandono duró hasta los noventas; fue entonces cuando, neoliberalismo peronista mediante —sobornos faraónicos mediante—, empresarios se lanzaron sobre esa mina de oro. Primero rehabilitaron los viejos edificios y los volvieron restoranes y bares y hoteles pretenciosos; después construyeron otros nuevos y los vendieron como pisos más que pretenciosos.

El invento era imbatible: Puerto Madero está pegado al centro de Buenos Aires pero sólidamente separado de ese centro por rejas y canales, bien aislado; como un barrio cerrado sobre el río. Es un enclave con reglas propias, su propio sistema de seguridad: no lo maneja la Policía Federal —tan sospechada, tan sospechosa—, sino la Prefectura Naval que, por su función acuática, no había tenido tiempo y ocasión de corromperse tanto. Además es un barrio nuevo: no había pobres residuales que incomodaran a sus vecinos, tan gustosos de vivir entre iguales.

—Acá te sentís cómodo, tranquilo, sabés que no va a venir nadie a molestarte. Sabés que no hay problemas.

Dice I., un residente que tampoco quiere nombres, cincuenta y tantos, su rolex de oro.

—La verdad, es como vivir en otro país, un país en serio.

Las calles de Puerto Madero son amplias, limpias, muy desiertas, atiborradas de seguridad: más rejas, más guardias, más cámaras. Ningún edificio tiene más de veinte años y algunos tienen más de veinte pisos. Hay, todavía, algunos árboles de antes —y el resto es puro design contemporáneo. Por todo lo cual los ricos y famosos, políticos, futbolistas, tetonas de relumbre, gerentes extranjeros, inversores y demás oportunistas convirtieron ese trozo de tierra ribereña en el barrio más caro de la ciudad —con mucha diferencia. Cuando el peronismo dizque progre llegó al poder en 2003, el lugar estaba maduro para convertirse en su refugio y en su mejor símbolo: muchos de sus jefes viven en esa zona donde los pisos cuestan millones de dólares y las calles llevan nombres de Madres de Plaza de Mayo y otras luchadoras sociales.

(—Che, te volviste.
—No, estoy de paso.
—Ah, menos mal.)

* * *

Hay mucho pelo azul y mucho mate. Aquí, hace cuarenta años, pocos lo tomaban; aquí, hace veinte, nadie lo tomaba en movimiento, pero ahora se los ve caminar con el mate en la mano y el termo en el sobaco, a la uruguaya. En un mundo donde todo se globaliza o muere, el mate es una excepción rara. Solo se consume en un triángulo del Cono Sur —Argentina, Uruguay, Paraguay, sur de Brasil— pero en esos lugares tiene cada vez más lugar.

El mate se convida, se comparte. Es sábado a la tarde: en el Centro Cultural Recoleta hay una feria que se llama *Pibxs* —así, en inclusivo— de historieta feminista y unos talleres de hip-hop y muestras de pintura y recitales y obritas de teatro y zonas de encuentro y lugares para nada y una terraza espléndida llena de tumbonas y chicas y chicos y chiques haciendo nada al sol, y muy pocos tienen más de treinta años.

El Centro Recoleta fue, en otra vida, un asilo de ancianos, y alrededor yacen los muertos poderosos. El Centro está incrustado en medio del cementerio de su nombre, la ciudadela donde los ricos argentinos tienen sus mausoleos, piedra y mármol tendiente al angelito, mucho busto ceñudo y los nombres de muertos que son nombres de calles. No hay club, en la Argentina, más exclusivo que este: aquí se encuentra la verdadera elite y todos, o casi todos, están muertos. Hay quienes desconfían de una ciudad cuya atracción turística principal son unas tumbas —y este es uno de los tres o cuatro cementerios más visitados del mundo. Hay monumentos relucientes rimbombantes; hay otros con sus vidrios rotos, catafalcos caídos, cajones polvorientos, olvidados por familias perdidas, visitados por turistas que ignoran esos nombres.

Y está, además, la gran intrusa: Eva Duarte de Perón, también conocida como Evita, tan plebeya bastarda, que yace a unos cuantos metros del presidente general Aramburu, que derrocó a su marido en 1955 y fue secuestrado y asesinado por los Montoneros en 1970. Cinco años después, el cadáver del militar fue robado por los mismos Montoneros para forzar la aparición del cadáver de Eva, que seguía perdido: fue un trueque maloliente, un gran momento de la Patria.

—No me digas que nunca viste una pelea de hip-hop.

Me dice Cami, todavía en el Centro Cultural, y le digo que no y me dice que vamos. En la sala repleta y sudorosa hay docenas de camisetas con leyendas en gótico, tatuajes en cada pliegue de las pieles, gorritas de béisbol que perdieron el norte y, en el medio, dos equipos de chiques vestides de negro que hacen la mímica de pelearse bailando, con revoleo

de aspavientos: intentan una cruza entre mono y robot, y casi lo consiguen. Y Camila me dice que cuando lo ve le dan ganas de seguir peleán-
dola y la sigue pero que a veces le da que Buenos Aires ya no sabe ponerse en modo diablo y le pregunto qué dice y me mira y me dice modo
diablo, no sabés? ¿Nunca escuchaste hablar de Duki?

Hace un siglo Buenos Aires inventó el tango, hace medio un rock en
castellano que cubrió el continente, pero ahora su música más escuchada es otra. La llaman trap y son temas tan latinos, donde lo único que no
suena caribeño es el eco empalagoso de la she. Son temas, también, que
cantan crudo: «Esha está loca, / me manda vidios al esnap mientras se
toca…».

—Bueno, nosotros hablamos de lo que vivimos, y el amor se fue un
poco del aire.

Me dice Duki cuando le digo que antes muchas canciones hablaban
de amor y las de él y sus amigos hablan sobre todo de sexo.

—Ahora todo va mucho más rápido, los jóvenes cogen todos los días,
todo el tiempo, alcanza con un mensaje en instagram, ¿entendés? Es algo
más corriente, más normal, como salir, como la droga. El sexo se desligó
mucho, los pibes lo que quieren es un laburo para tener un auto para
pasar a buscar a una guacha y coger. Yo no lo comparto mucho, pero es
así. Y también hay un problema con el tiempo. El amor es un sentimiento muy fuerte, abarca mucho más tiempo, muchas más cosas; el sexo en
cambio es un toque, ya está, ya fue. Hacer un tema de amor es mucho
más difícil, tenés que haber amado de verdad, roto, desgarrado. Cualquiera puede hacer un tema de sexo, pero ¿quién te va a hacer un tema de
amor, quién amó posta hoy en día?

Son temas descarnados, bien carnosos: pueden serlo porque ya no
dependen de radios o televisiones que antes funcionaban, también, como
aparatos de control; ahora se difunden directamente por las redes, sin
discográficas, sin medios, sin intermediarios: spotify, youtube, esos canales.

—Yo no dependo de nadie para ser quien soy. La posta es poder hacer
lo que se me cante el orto.

En estos días *Loca*, la canción de la chica que manda videos al snapchat
mientras se masturba ya llevaba quinientos sesenta millones —560.000.000—
de visitas en Youtube. En la vida civil Duki se llama Mauro Ezequiel
Lombardo, tiene 22 años, el pelo teñido de rubio y un despilfarro de
tatuajes. Mauro es el hijo de una familia de clase media baja del barrio

de La Paternal, un chico que se drogaba demasiado y preocupaba a sus padres y se perdía en batallas de improvisación rapera hasta que, hace dos años, debutó con unas pocas canciones en una disco de la Costa.

—Me olvidé todos los temas, fue un desastre, no podía.

Un año después llenaba el Luna Park, el gran estadio cubierto de Buenos Aires, y ahora algunas de sus canciones tienen quinientos millones de vistas en youtube; hace poco fue tapa de *Rolling Stone*, la lengua afuera.

—Pero ellos nos ganaron. Yo estoy preso también, por eso digo que no soy tan rockstar, no estoy haciendo tanto disturbio en contra del sistema. El rock a veces trataba de romper con el sistema. La diferencia es que ahora le hiciste la guerra al sistema y perdiste de entrada porque el sistema está en todos los putos lados, ¿me entendés? Yo, por ejemplo, no hablo de política porque sé que con una mala jugada te ponés todo en contra. Eso es lo jodido: tratar de mostrar que no estás a favor, pero tampoco podés mostrar que estás en contra, ¿me entendés? Este último tiempo crecí una bocha, gané cinismo, me cuido con las palabras, sé qué decir, qué no.

Dice Duki, perplejo: como quien se da cuenta de que no siempre es quien quisiera. Él difundió eso del «modo diablo»: tener muchas ganas, sentirse muy dispuesto a hacer. Eso que, dice, sus compañeros de generación hacen muy poco.

—¿Escuchás tango?

—No. Sentarme y escucharlo, no. Mi abuelo es muy tanguero, casi ochenta años tiene, tanguero a morir. Pero yo no, y eso que los tangueros me caen bien, eran tipos reales, se bancaban todo lo que venía…

*　*　*

—¿Alguna vez te cruzaste de vereda para evitar una agresión por gorda?

—¿Alguna vez te metiste a la pileta con ropa?

—¿Alguna vez sentiste que tu cuerpo gordo incomodaba a otros cuerpos?

Preguntan, desde el escenario, tres mujeres gordas vestidas con tules y un hombre gordo vestido de mujer con barba rubia. Ya es domingo y es otro festival y no sucede entre muertos ilustres sino fantasmas implacables. Aquí, en su ex Escuela de Mecánica, la Armada argentina secuestró, torturó y asesinó a varios miles de militantes populares durante su dictadura de los setentas. Ahora estos chalets desmesurados en este parque añoso son museos y salas y oficinas que recuerdan aquella masacre y sirven, también, para organizar encuentros y espectáculos.

—¿Alguna vez te sentiste más cómoda en un lugar porque había otros cuerpos gordos?

—¿Creés que en algún momento tu sexualidad fue promiscua por ser gorde?

—¿Alguna vez te has relacionado sexual o afectivamente con una persona gorda?

Después tres se bajan y una sola se queda y empieza a contar la historia de cómo le enseñaron que su cuerpo era su enemigo. Es lo que sus creadores llaman «periodismo performático», el intento de cambiar la forma en que se cuenta lo que unos periodistas averiguan: no en un texto o un video sino en un escenario, un espacio real, con sus protagonistas. Aquí el festival se llama «Para todes, tode»: cientos de jóvenes —mujeres, hombres, fluides— circulan por el parque y las casas, entre debates, muestras, una banda de tres docenas de tamborileras que atruenan con sus bombos.

—¡Abajo el patriarcado, que va a caer, que va caer...!

A partir de las grandes manifestaciones de 2017 con la consigna «Ni una menos» contra el femicidio o feminicidio y de las grandes manifestaciones de 2018 a favor del aborto legal, libre y gratuito, Buenos Aires se volvió una de las capitales del feminismo global —y sin duda la más rítmica. Aquí muchas chicas y chicos —de clase media urbana— sí hablan en «lenguaje inclusive». En otros lugares esa lengua es una idea, un intento; aquí hay personas que la usan todo el tiempo.

—Y pensar que esto lo hicimos todes juntes, en la calle, nosotres soles, peleando...

Me dice Vale, 18, que lleva uno de los uniformes más usados: el pelo casi al ras, los pantalones cortos anchos, botas de cordones, camiseta negra, el pañuelo verde atado en la muñeca izquierda. Y Caro, casi 30 —el pelo con azul atado en dos colitas, pollera corta, blusa blanca bordada, botines con taquitos, el pañuelo verde atado al cuello— me dice que antes, por ejemplo, para decir que algo no les gustaba usaban el masculino «me la baja» y ahora lo adaptaron a su propia realidad y dicen «me la seca».

—Pero bueno, el feminismo es un fenómeno casi antiguo; lo más actual es esta construcción de cuerpos diferentes, sexualidades nuevas, todo esto de seguir buscando.

Me dice Vale la rapada.

–Como si fueran un lego de sí mismes.

Le digo y se ríe, casi asiente:

–Digamos que hay hombres, hay mujeres, y hay muchos que tratan de ponerse en alguno de los infinitos espacios intermedios. Ya vivimos siglos con fronteras rígidas, ahora queremos abolirlas. Si no podemos abolir otras fronteras, por lo menos acabar con estas.

* * *

Es difícil relatar tu ciudad, quebrar la cercanía, rearmar la cercanía. Tu ciudad es el lugar donde por ejemplo le dejás tu asiento en el colectivo a un señor muy mayor muy atildado y el señor te dice ah, yo era amigo de su papá, de Antonio, y te pregunta después por tu mamá y al final te dice que «a usted lo llamaban por un sobrenombre simpático».

–¿Cómo era que le decían? ¿Copi, Mati?

Tu ciudad es el lugar del mundo donde tu historia puede atacarte en cada esquina.

–¿O era Moti? La verdad que no me acuerdo, ya estoy grande.

Tu ciudad es el lugar donde nada o casi nada te puede resultar indiferente. Es, por supuesto, imposible «entender» una ciudad. Pero cuando esa ciudad es la tuya la impotencia se hace más notoria, más múltiple: como una bola de reflejos de disco setentera cuyas luces se te escapan todo el tiempo. Un espacio tan denso, tan repleto de árboles que no te dejan ver el bosque.

Mientras, la canción de la calle no se calla. Buenos Aires ya no escucha tango pero a veces creo que la ciudad es tango, pese a todo: que nuestro gesto básico es la queja. La queja fue central, constitutiva. Aquellos porteños supieron hacer de la queja una celebración –«el tango es un pensamiento triste que se baila»–, identidad, bandera. Aunque quizá, más que queja, le cabe otra palabra: rezongo.

El rezongo –que la Academia confunde con el refunfuño– es una queja que se grita, a menudo en voz baja, a veces no. Una queja que todavía pretende producir algún efecto, un cambio: una queja que se vuelve estandarte. Nos gusta pensar que sabemos rezongar como nadie: del rezongo pueden salir canciones, libros, movimientos sociales, una imagen de nosotros mismos, esa idea de que nos merecemos mucho más. Por eso seguimos protestando, reclamando, rezongando. Aunque, a veces, cada vez más veces, nos asalte la impresión de que no sirve para nada.

De ahí, ahora, esta tristeza.

Tantos años nos sentimos privilegiados por vivir acá, por ser porteños. Tantos años nos odiaron tanto por mostrar ese orgullo —y ahora, parece, se perdió.

—¿Y no pensás volver?
—No, por ahora no.
—Obvio, sería una boludez.
En una ciudad donde el insulto salta fácil no me dicen sos un traidor un aprovechador un desertor un desgraciado; me dicen —muchos me dicen, todo el tiempo me dicen— claro, qué suerte que tenés, qué envidia: qué bueno que no tengas que vivir acá, la puta madre, vos sí que te salvaste.
Algo no acaba de estar bien.

La ciudad se llama Buenos Aires.

EL CONTINENTE POP

Ñamérica tiene una influencia política menor, una fuerza económica menguada, poco peso estratégico. No es, en esos temas decisivos, una de las regiones del mundo que el mundo mira con interés o susto. Pero su peso cultural es gozosamente desproporcionado.

«América Latina es una región bastante olvidada. No es lo bastante pobre como para atraer piedad y ayuda, ni lo bastante peligrosa como para fomentar el cálculo estratégico, ni su economía ha crecido lo bastante rápido como para acelerar los pulsos de los traders. Solo en temas de cultura se hace notar en el mundo. Sus músicas, danzas, películas, novelas y pinturas han entrado en la gran cultura de Estados Unidos y Europa. El castellano está firmemente establecido como la segunda lengua internacional del mundo occidental…», escribió hace unos años un sajón que se ocupó del tema, Michael Reid.

Es cierto que Ñamérica es, antes que nada, un hecho cultural. O, dicho de otro modo, que su originalidad, su diferencia viene de un hecho cultural: que no hay, en ningún otro lugar del mundo, una veintena de países que hablan la misma lengua, que comparten orígenes, historia, razas, tradiciones, religión. Que no se tienen odios espantosos, que se enfrentaron poco en guerras entre ellos; que se ven, que se escuchan, que se pueden hablar e incluso, a veces, entenderse. O que podrían, digamos, entenderse —si les interesara.

Eso los hace únicos.

Únicos, siguen siendo muchos. Y sus lenguas son cada vez más: hablamos este idioma común que nos divide.

Cada vez más: el castellano de nuestros países está en pleno big bang. En el momento inicial de la explosión, en el núcleo, todo estaba tan concentrado, tan pegado, uno y —aparentemente— indiviso. A medida que el big bang avanzaba y las partículas se separaban, cada una se fue alejando de las otras, crecieron diferencias. Nuestros dialectos tienen un proceso fuerte de big bang desde hace siglos, acelerado en los últimos dos: la construcción de patrias supuso, también, la explosión de los dialectos de cada una.

En algún momento supuse que este movimiento centrífugo se iba a aminorar por la globalización y la comunicación virtual y el intercambio cada vez mayor. Pero no parece: los términos más técnicos, por ejemplo, el léxico de la computación, son distintos en muchos países. Por no saber, no sabemos siquiera si usamos computadoras o computadores. El big bang sigue activo: cuanto más lejos estamos del núcleo original, de las estructuras básicas, de los verbos centrales, de los sustantivos comunes, de aquello que es necesario mantener para seguir pensando que es el mismo idioma, más se van alejando, diferenciando los dialectos de cada uno de nuestros países —o, incluso, de nuestras provincias.

(Hubo una vez —por lo menos una vez— en que esa diferencia, esa famosa lengua común que nos separa, casi me cuesta la vida o algo así. Eran las once de la noche, era la selva, y todos habíamos tomado unas cervezas.

—Se va el caimán, se va el caimán, / se va para la guerrilla...

Desafinaba el comandante Juan Pablo. En Villa Nohora, la finca rural que funcionaba como cuartel general de la guerrilla de las Farc en San Vicente del Caguán, los comandantes del área habían invitado a cuatro periodistas a cenar. Se terminaba el siglo xx; meses antes, el gobierno colombiano les había entregado, como parte de las interminables negociaciones de paz, una zona desmilitarizada de 42.000 kilómetros cuadrados: la llamaron área de distensión y era un poco más grande que Suiza. Con esa base los guerrilleros habían decidido, entre otras cosas, explicarse, hacerse conocer, mejorar sus relaciones con la prensa. Así que aquella noche comimos y bebimos y después, faltaba más, cantamos.

—... se va el caimán / se va para la guerrilla...

Insistía Juan Pablo, y cada quien tenía que improvisar una cuarteta cuando le tocaba. Éramos diez o doce y al fin llegó mi turno, así que lo intenté:

—... Aquí en la Villa Nohora, / un guerrillero cantor... / Aquí en la Villa Nohora, / un guerrillero cantor: / cómo canta, cómo canta, / ojalá tire mejor...

Canté o canturreé, y todo se detuvo: el silencio se hizo espeso, asombrado. Más allá se oían ruidos de la selva. El comandante cantor me miró con mirada asesina: yo había dicho algo que claramente no debía. El silencio seguía, su mirada; tuve, casi, miedo. Hasta que un comandante Jairo se decidió a salvarme: me preguntó si yo sabía lo que significaba «tirar» en colombiano. Yo le dije que sí, que claro: disparar un arma.

–No, mi hermano: quiere decir acostarse con una mujer. ¡Y claro que Juan Pablo sabe, cómo no va a saber!)

Pero esa lengua ñamericana todavía tiene sus rasgos comunes, diferentes del castellano español: no pronuncia la ce como si fuera zeta, no pronuncia la zeta, no dice vosotros ni conjuga los verbos en segunda persona del plural, no cree que le vi y la dije. Se parece, si acaso, más al andaluz o al canario que al castellano de Castilla o de León; está más lejos.

Y tiene, por rincones, el vos. Los refugios del vos son los confines olvidados del imperio. Nadie usa esa forma arcaica, popular, en México o en Perú, las viejas capitales imperiales. Se lo encuentra en El Salvador, Nicaragua, Guatemala, en los valles de Antioquia y el Cauca colombianos, en las costas del Río de la Plata: en los lugares donde los españoles no instalaron cortes y escuelas importantes. Es, sin duda, un resabio de clase –baja.

(Hay caprichos. Por todas partes hay caprichos, desvíos, lucecitas: muchos uruguayos dicen tú querés, por ejemplo, y muchos bolivianos dicen vos quieres. Son las dos caras de una misma moneda bien gastada.)

La lengua es una y muchas y nos dedicamos a inventarle músicas. Los acentos cambian tanto a lo largo y a lo ancho. Hay zonas que se comen las eses antes de una consonante; otras se las comen al final de las palabras, otras las hacen jotas; otras hacen de las jotas un suspiro. Hay zonas que no dicen erre sino ele; hay otras que la dicen como si no quisieran hacer ruido. Y hay tantos cantos, y se supone que hay acentos nacionales, que los mexicanos hablan de determinada forma, y los argentinos y los peruanos y los colombianos; alcanza con escuchar a un chiapaneco y un regiomontano, un cordobés y un misionero, un limeño y un serrano, un bogotano y un costeño para entender –volver a entender– que las naciones son inventos recientes que no han podido, todavía, derrotar las viejas unidades culturales, las regiones.

Y hay una Academia Española que es Real pero no tanto y que se arroga la última palabra sobre nuestras palabras y que últimamente se ha vuelto inclusiva: durante siglos rechazó la enorme mayoría de los «americanismos» —como si *gilipollas*, por ejemplo, no fuera un «españolismo»—, y en su última edición metió de golpe veinte mil. Pero cada vez menos le hacen menos caso: somos demasiados, somos tan diversos. En esa variedad está la fuerza de la lengua; por ella escapa al poder de las academias. Si normativizar lo que hace una comunidad de cincuenta millones es difícil, normativizar lo que hacen veinte comunidades millonarias es felizmente imposible. Los intentos de control son palos en el agua. Los escritores, los cantantes, los cineastas, los youtubers, los presentadores de televisión, los muchachos del barrio, los ladrones, les chiques en revuelta influyen en la lengua, la tuercen, la rehacen; las academias, poco. Y sus palabras nuevas inducen realidades nuevas, búsquedas, rupturas.

«Si no fuera por América Latina, España tendría la presencia y la relevancia cultural de Polonia, un país de cincuenta millones de habitantes con una lengua que nadie más habla ni entiende», me dijo alguna vez Jordi Soler.

(En general España, pobre, no ha sabido hacer buenos negocios con el castellano. Quiso apropiarse de la marca: el Instituto Cervantes es un coto bien guardado, donde los sudacas tienen ínfima representación, donde la lengua queda en manos de un décimo de sus hablantes; el Premio Cervantes, por ejemplo, alterna cada año entre un escritor español y un escritor ñamericano como si un país de cuarenta y cinco millones de habitantes equivaliera a un continente de más de cuatrocientos. Pero no parece que le hayan sacado mucho rédito: las canciones y películas en castellano que más circulan en el mundo son ñamericanas, la producción cultural española vende poco en la región, y sus capitalistas no conquistaron América por la lengua sino porque nuestros gobiernos nacionales decidieron ceder a sus cantos de sirena —a sus sobornos— para entregarles sus mayores empresas de servicios. Se quedaron un tiempo; después muchos se fueron con su lengua a otras partes.)

Somos poco menos de quinientos millones: poco menos de quinientos millones hablamos castellano. De cada diez personas que hablan castellano, nueve viven en Ñamérica, una en España.

Los expertos, por si acaso, dividen el castellano ñamericano en seis grandes opciones: el andino –que ocupa todo el interior de Bolivia, Perú, Ecuador y Colombia–, el caribeño –que se escucha en la costa de Colombia, Venezuela, Panamá, Cuba, Dominicana, Puerto Rico–, el centroamericano –que se habla allí mismo–, el mexicano –ídem–, el chileno –también– y el rioplatense –que es la forma más canalla de decir argentino y uruguayo. Pero cada una de ellas tiene, a su vez, tantas subdivisiones que todo se vuelve un revoltijo.

Y todos nos divertimos descubriendo que tal o cual palabra no quiere decir en el país de al lado o la otra punta lo que sí quiere en el nuestro: es ese juego de ser ñamericanos.

Pendejo es pelo púbico en Perú o Argentina pero nene en Argentina pero imbécil o cobarde en México; pena es dolor en Uruguay pero vergüenza en Venezuela, pudor en Honduras, condena en todos lados; una guagua es un bebe en Chile, un bus en Cuba; un tinto es vino argentino, café colombiano; un chucho es un escalofrío en Ecuador, un perro en el Perú, un avivado en México, una cárcel en Chile; una mona puede ser rubia en Colombia, presumida en Venezuela, bonita en Argentina, mica en todas; goma es mandadero en Nicaragua pero resaca en Costa Rica, teta en Argentina, enojo en Cuba; culo es cobarde en México, difícil en Colombia, suerte en Chile, trasero en todas partes; un taco es comida en México, atasco en Chile, astuto en Venezuela; y coger y tirar se intercambian –igual que tantas, tantas otras.

Por no hablar del efecto contrario, la misma palabra que dice lo mismo pero no es la misma, evidencia precisa del big bang: mejunje en España, menjurje en Colombia, menjunje en Argentina –y así de seguido.

Somos, digamos, cuatrocientos y pico de millones.

Somos cuatrocientos y pico de millones, digo, y de pronto entiendo que hay plurales que no tienen sentido. Que la primera persona del plural es un alarde sin sentido.

Cómo suponer –para qué, incluso– que hay un plural posible, que cuatrocientos millones de historias se reúnen, que se puede decir que «somos cuatrocientos millones de personas» como si dijéramos algo: como si en ese ser nos encontrásemos.

Como si en ese temporal de partículas partiendo en todas direcciones se pudiera establecer un orden: la ficción del nosotros.

Lo que hay, lo que sí hay: el misterio de millones y millones de vidas, millones y millones de personas, la imposibilidad de conocer, la facilidad de suponer un nosotros para disimularlo.

Somos lo que somos: millones
y millones de partículas disparadas
en todas direcciones el recuerdo de un olor la espera
de eso que cada quien
espera, cuatrocientos
millones
somos
(siempre: ese fracaso inevitable de conocer, de entender una sola vida, una sola historia, que te lanza a desconocer y malentender tantas otras.)

*   *   *

Somos, al fin y al cabo, una veintena corta de países, cada cual con sus palabras, con su nombre. Es raro cómo se bautizan los países, caprichoso. Y pocos bautismos tienen tanta fuerza: después, cada uno de nosotros será, según esos caprichos, argentino, venezolano, guatemalteco, paraguayo.

Así que nos llamamos con nombres extraños –porque los nombres de los países suelen serlo. En Ñamérica, la mitad son supervivencias de viejas palabras autóctonas. Es curioso: una región cuya característica más decidida es hablar una lengua que le viene de afuera eligió con frecuencia, para nombrar sus partes, las lenguas de adentro. Es probable que tenga que ver con el momento: muchas fueron nombradas en ese momento de rechazo del ocupante español, la Independencia. Así, son aborígenes Uruguay, Paraguay, Chile, Perú, México, Guatemala, Nicaragua, Cuba, Panamá: supervivencias de los nombres de esas culturas que se habían relegado.

En cambio son españoles –y pretenciosos– los demás. Dominicana y El Salvador son claramente religiosos; Puerto Rico y Costa Rica, ávidos y optimistas; Honduras, asustado; Venezuela, nostálgico de la Venecia auténtica. Colombia es un homenaje magro y tardío al primer europeo; Ecuador, la exaltación de una línea imaginaria; Bolivia, el culto de la personalidad hecho nación, y Argentina, consagración de la mentira: viene de *argentos*, plata, porque era el país del Río de la Plata, que fue un río que nunca tuvo plata sino en la angurria de aquellos primeros exploradores que les creyeron a esos indios que, para sacárselos de encima, les decían que si seguían corriente arriba encontrarían metal, mucho metal, riqueza ilimitada.

Es El Dorado degradado: oro no parece, plata no es.

(Y no hay nada más ñamericano que El Dorado: no, acá no, ahora no, lo siento pero siga, siga adelante, váyase y encontrará todo lo que quiere. Allá adelante, siempre allá adelante, más allá. Esto no está muy bien, pero pronto, más lejos…)

Con los nombres vinieron, poco después, las «canciones nacionales»: eso que todavía −gracias a cierta religión− llamamos himnos. El himno es la canción más conocida de cada país: hay muy pocas personas, en cada uno, que no sepan su himno. Y hay muy pocas, en cada uno, que sí sepan los himnos de los otros. Los himnos son lo más común y lo más diferente: ñamericanos porque son distintos. Los himnos son cantos de guerra que, en general, llaman a matar gente. Solo podemos escuchar −y cantar− esas canciones porque, de tanto repetirlas, ya no las oímos: decimos lo que decimos creyendo que no decimos nada o, si acaso, solo viva la patria. Si no, sería difícil sostener que lo más importante que tenemos para cantarle al mundo son frases del estilo de «Mexicanos, al grito de guerra / el acero aprestad y el bridón, / y retiemble en sus centros la tierra / al sonoro rugir del cañón. / ¡Guerra, guerra sin tregua al que intente / de la patria manchar los blasones!», sin ir más lejos. O suponer que «el torrente de sangre que humea / del acero al vibrante chocar, / que es tan solo el honor su presea / y el altar de la patria, su altar». Por no hablar de esas promesas repetidas, que «coronados de gloria vivamos / o juremos con gloria morir», que «¡Orientales, la patria o la tumba! ¡Libertad o con gloria morir!», que «si pretende el cañón extranjero / nuestros pueblos, osado, invadir, / desnudemos al punto el acero / y sepamos vencer o morir» −y así de seguido.

(Aunque se podría postular que las verdaderas canciones nacionales terminan por ser otras, más amables, más recientes, menos deudoras de la retórica patriotera, más reveladoras del verdadero carácter de esa patria: aquella que la mayoría identifica como su son más representativo, esa que los jóvenes oyen con la sonrisa socarrona, otra vez la abuela y sus cositas, pero la reconocen, tararean e incluso alguna vez, a la distancia, se emocionan si oyen: el Rey mexicano que no tiene ni trono ni reina ni nadie que lo comprenda pero sigue siendo el rey o la Flor de la Canela peruana que pasea melancólica por un mundo que ya no es el que debía ser o el Uno argentino que busca lleno de esperanzas el camino que los sueños prometieron a sus ansias o la Pollera colorá de una negra colombiana que baila con color de canela y sabor a pimienta o la Guantanamera culterana cubana que se jacta de venir de un hombre sincero y bueno que morirá de cara al sol o el Caballo viejo veneco que no tiene la culpa cuando el amor llega así de esta manera o, claro, que Gracias a la vida que me ha dado tanto y, encima te da sorpresas, sorpresas te da la vida.)

Formas, en cualquier caso, de ir construyendo identidades.

*   *   *

Hay, por supuesto, en cada uno de nuestros países gente que hace buena literatura, buena música, buen cine, buen teatro, buena plástica, mala literatura, mala música, mal cine, mal teatro, mala plástica, mediocridades varias: eso podría ser el tema de un gran libro, pero sería otro libro. Creo que, lamentablemente, su peso en la idea que el mundo se hace de Ñamérica es marginal —y tampoco es decisiva su influencia en el debate de cada país o la región.

Lo fue, quizá, cuando el Boom de los sesentas, cuando algunos escritores —y más que nadie Gabriel José de la Concordia García Márquez— se difundieron por todos los rincones y armaron una imagen de Ñamérica que duró: verde, pujante, trágica, misteriosa, henchida de muchachas voladoras. Se inscribían en la mayor tradición de esas letras, la que habían empezado en el siglo XIX Domingo Sarmiento o Andrés Bello o José Martí; la que siguieron después Rubén Darío, Asturias, Vallejo, Neruda: grandes creadores de mitos. Pero lo que definía a aquella explosión no era la magia o la desmesura sino la voluntad de escribir sus sociedades: se sentían fundadores, como se sentían muchos intelectuales de esos tiempos, y se daban la tarea de componer con sus letras esa región que comenzaba. Sus escritos tenían una misión: era lo que un joven escritor llamó años después Literatura Roger Rabbit —por aquella película donde un personaje dibujado interactuaba valientemente con la realidad y la cambiaba.

Ya no. Ahora la imagen ñamericana se arma en los medios de prensa locales y globales y en esas series que producen empresas norteamericanas. Y esa imagen se usa incluso para vender la escasa literatura ñamericana con alguna presencia en las librerías planetarias. Hace quince años, cuando un agente norteamericano astuto entendió que Roberto Bolaño, por escritura y por postura, era la continuidad natural de aquel boom y decidió venderlo en serio en su mercado, encargó una breve biografía: en esas veinte páginas se construía un personaje —exiliado, drogón, pobre, muerto tan joven tan fatídico en su destierro español— que casaba perfectamente con el estereotipo de un continente sacudido por la violencia y las desgracias: un continente víctima.

«Entre 1910 y 1980 (es decir, entre la Revolución Mexicana y la Nicaragüense, pasando por Cuba y los movimientos guerrilleros de la década de 1960), América Latina aparecía frente a los ojos del mundo como el continente de las rebeliones sociales y las revoluciones políticas, donde la violencia tenía un potencial emancipatorio. Desde los ochentas, en cambio, se ha convertido en un continente de víctimas: desde las de la Conquista hasta las de Augusto Pinochet, Jorge Rafael Videla y Efraín Ríos Montt», escribió hace poco Enzo Traverso.

En la visión global, Ñamérica ha vuelto a ser, de algún modo, lo que era cuando Malcolm Lowry la contaba en los cuarentas: una tierra de barbarie y amenaza, el atractivo y el peligro de lo que está todavía a medio hacer, lo que está siempre por ser hecho.

Y no abundan, en nuestros países, intelectuales que se crean que son los que deben hacerla. Hace mucho que no hay intentos sólidos de pensar o imaginar qué significa ser latinoamericano.

Digo: ñamericano.

«¿Quién quiere ser latinoamericano?», se preguntó Néstor García Canclini en un libro de 2001. «Depende de dónde haya que ejercer esta tarea», empezó a contestarse. Es cierto que es más fácil serlo desde afuera: si los escritores del Boom, los que inventaron aquella idea de América Latina, se encontraron y se reconocieron en París y en Barcelona, los músicos que empezaron a vender música latina en las últimas décadas estaban basados en Miami. Más en general, a cualquier emigrado lo convierte en latinoamericano —ñamericano— la experiencia de compartir su vida con otros hispanos que no son compatriotas pero que, para su nuevo medio, son lo mismo que él: a un negro de Chicago un salvadoreño y un mexicano y un ecuatoriano les parecen parte de lo mismo. Son, para él, «latinos» y entonces sí, ser ñamericano cobra un sentido fuerte, significa.

Porque en Ñamérica nunca hubo tantos nacionales fuera de su nación. Eso contribuye a la mezcla, al borrado de las supuestas identidades nacionales y a la posibilidad de construir una supuesta identidad regional.

Si acaso: si es que puede haberla.

Mientras, para los millones que siguen en sus países —la enorme mayoría—, su identidad primordial es nacional: no son latinoamericanos / ñamericanos sino peruanos, panameños, paraguayos, ticos, guates.

Ser latinoamericano —ser ñamericano— es una construcción de segundo nivel: una que no se encarna fácil. Una a la que se llega, si acaso, tras cierta reflexión; no es, sin duda, lo primero que piensa cualquier ñamericano cuando piensa qué es, quién es, de dónde es.

Por muchas razones, por supuesto. Por la fuerza de los mandatos nacionales, faltaba más, que la máquina ideológica impone a cada uno desde casi la cuna. Pero, también, porque no está claro qué sería ser latinoamericano / ñamericano: nadie dice soy telgo o soy aldera o soy merín, nadie se define tal o cual si esa definición no lo define.

Para que alguien se sienta latinoamericano / ñamericano debería saber qué significa: qué dice si lo dice.

* * *

Amenaza, desde las sombras de la selva ya talada, el viejo esencialismo de opereta: los clichés que empiezan diciendo que los ñamericanos somos apasionados, haraganes, violentos, querendones, fiesteros, poco fiables, y desembocan en los lugares comunes nacionales: que los mexicanos son perezosos y mortales, que los chilenos aburridos, los bolivianos medio lentos, los colombianos más violentos, los cubanos vanos, los peruanos sinuosos, los argentinos fanfarrones, esas cosas.

Y aún si fueran más elaborados, más complejos: yo no creo en caracteres nacionales; difícilmente podría creer en caracteres regionales, continentales. Pero sí creo que, dadas ciertas historias y estructuras, una zona puede tener sus problemas comunes —y sus ideas comunes sobre cómo encararlos. Sobre eso querría saber más; para eso, este trabajo.

(La redomada identidad: vivimos tiempos desprovistos, en que a veces parece que lo único que tenemos es una identidad. O, por lo menos: que lo único claramente operativo es esa identidad. Los agrupamientos ahora no se eligen; están inscritos en los genes: originarios, mujeres, negros, todo eso. Yo creo en la identidad: no como una fatalidad que habría que ensalzar, sino como la base que habría que conocer para poder cambiarla. Ahora, en cambio, como no sabemos cómo queremos ser exageramos el peso de cómo somos. En lugar de dejar atrás nuestros orígenes para construirnos, nos aferramos a esos orígenes más que a nada. Y aparece, entonces, la tiranía de la identidad.)

Yo no me creía latinoamericano —ñamericano. Soy argentino; durante la mayor parte de nuestra historia, los argentinos no lo creímos. Teníamos razones. Es cierto que en la primera mitad del siglo XX la Argentina era distinta a sus vecinos: concentraba la mitad del comercio exterior y los ferrocarriles de la región, más de la mitad de sus impresos y de sus automóviles, dos tercios de su correspondencia y tres cuartos de su oro. Y tenía, sobre todo, otras formas sociales: urbana, clasemediera, algo más educada. Estaba, entonces, entre los diez países más ricos del mundo —y se creía destinada a grandes cosas.

El desinterés, a veces, era mutuo. Dice Bioy Casares en su *Borges* que un escritor boliviano, Marcial Tamayo, definió lo que era, en 1950, la Argentina para los latinoamericanos: «Dice que lo único que puede interesar aquí al forastero es la pampa; lo demás son como las últimas estribaciones o laderas de algo mucho más grande que se encuentra en las otras regiones de América; aquí llegaría debilitado lo que allí es intenso».

Durante décadas seguimos suponiendo que —para mal o, sobre todo, para bien— nuestra situación y nuestros problemas no se parecían a los que solían pensarse cuando se pensaba en América Latina. Es cierto que había quienes, por razones políticas o ideológicas, proclamaban nuestra condición latinoamericana; eran tan poco convincentes que me hicieron dudar en bloque de que existiera semejante condición. La convirtieron en un lugar común, slogan de campaña.

(Cuando los defensores de los hermanos latinoamericanos nos exigían que, desde una ciudad de diez millones donde escribía Borges, nos identificáramos con una novela rural tipo Arguedas o Asturias; cuando, tan orondos que estábamos de Beatles y Saties, nos tarareaban carnavalitos o corridos; cuando, atorados de Freudes y Foucaultes, nos mandaban a seguir chamanes; cuando, formados en Marxes y Gramscis, esperaban que nos fascinara la revuelta de un descendiente noble de los monarcas incas, se volvía tan difícil. Ser argentino era ser otra mezcla: creerse parte del mundo, no de uno de sus trozos. Era curioso: ser latinoamericano exigía, aparentemente, entregarse al folclore. Y era difícil de tomar en serio.)

Creo que empecé a creer que existía algo así como América Latina aquella noche, en Bogotá. Corría el año 2000. Para los argentinos de mi generación el 2000 tenía ciertas resonancias panamericanas. El general Perón se había pasado años y años diciendo que «el año 2000 nos encontrará unidos o dominados» –y hablaba de América Latina. El año 2000 nos había encontrado, por supuesto, dominados y desunidos, lo cual no demostraba que, de habernos unido, nos habrían dominado menos. Aquella noche empezábamos un taller de la Fundación para el Nuevo Periodismo Iberoamericano, que habían fundado seis años antes Gabriel y Jaime García Márquez, Alberto y Jaime Abello, Alma Guillermoprieto, Tomás Eloy Martínez. En la cena, cuando el ron empezó a circular más seriamente, ocho o diez periodistas de televisión de siete u ocho países americanos entre sus 30 y sus 45 se pusieron a hablar del Chavo del Ocho y sus vecinos. Yo, de puro bruto, no lo conocía; me impresionó que todos ellos sí y que lo comentaran con sus acentos tan variados. Ese personaje de guiñol mexicano era, pese a todo, un tesoro cultural común: lo compartían. Pensé que todos ellos eran latinoamericanos y me dio incluso cierta envidia.

Y, además, la Argentina avanzaba en su proceso de latinoamericanización. Se puede pensar que había empezado en 1976, cuando unos militares, tras asaltar el poder, decidieron acatar las órdenes de Henry Kissinger y destruir la estructura industrial que le traía a su país tantos problemas y recuperar aquel lugar de productor agrario que la había hecho rica y famosa un siglo antes.

Y se manifestó con bombos y platillos en 1982, cuando esos mismos militares lanzaron una guerra contra Gran Bretaña y descubrieron que, pese a lo que ellos imaginaban, los únicos países que los apoyaban eran –algunos– vecinos. Que el lugar de la Argentina en la geopolítica mundial no era el que creíamos.

Y se fue agudizando con el subdesarrollo del país: poco a poco, sus estructuras sociales y económicas se fueron haciendo cada vez más parecidas a las de los demás. Para la Argentina ser latinoamericana fue dejar de ser una sociedad con fuerte regulación del estado, buena salud y educación públicas, clase media cuantiosa y desigualdades relativamente módicas. Y pasar a ser una sociedad desregulada salvaje, sin garantías estatales de bienestar y con una extrema polarización de clase: ricos más ricos y pobres bien pobres. Muchos pobres. O sea que nunca quisimos ser latinoamericanos –porque nuestra imagen de América Latina era más bien nefasta. Ñamérica, por desgracia, no solo es una mezcla de culturas, libros, las canciones, la lengua, los deseos comunes. Es, sobre todo, ciertas formas sociales y económicas, cierta organización política y social.

(Decir que somos latinoamericanos es, como todas esas, una apelación sentimental: compartimos cosas que nos ponen tiernos: un idioma –o las bases de un idioma–, ciertas músicas, una ilusión de novedad, ciertos textos. No recordamos –intentamos no recordar– que es tan distinto ser un médico latinoamericano en Lima que un campesino latinoamericano en Guatemala que un empresario latinoamericano en Chile. Todos lo somos, sí.

¿En qué nos parecemos / tú y yo a la nieve?)

Así que soy un converso: uno que no creía. O quizá no termino de serlo: ahora no soy uno que cree, pero sí uno, al menos, que está dispuesto a preguntarse. Y sí creo –siempre creí– que lo que vale la pena son las preguntas, tanto más, tanto mejor que las respuestas.

* * *

Fue hace más de treinta años, pero pocas veces me sentí tan cerca de lo ñamericano, tan sudaca –tan alejado, al mismo tiempo–, como aquella semana que pasé en un barco que remontaba, lento, lento, el río Paraguay. La idea del extravío, internarse en un lugar que no es ninguno: dejarse llevar, dejarse ir, dejarse. Hay pocos mitos tan fuertes, tan oscuros luminosos en Ñamérica. Quiero, por eso, en medio de estos intentos de entender, recordar aquella confusión casi perfecta:

«Son las ocho del sol de la mañana y el barco espera, perezoso, en el atracadero, porque los barcos son sujetos inmóviles. Cuando el mundo y el viajero se ponen en marcha, la mole repintada del barco es la única quietud, la única fijeza que permite que esos otros movimientos se consumen.

Desde la medianoche, paraguayos han estado subiendo al barco con cajones de frutas, armarios, sillas, bolsos, grandes paquetes y, después, una moto de cross brillante de cromados que patina peligrosa en la planchada. El marinero que la traía se cayó y consiguió que la moto cayera exactamente encima suyo; tras el golpe, el hombre se levantó con dificultad para mostrar orgulloso que la moto no tenía ni un rasguño. Durante la noche, putas muy escuálidas que suelen parar frente a la estación de trenes de Asunción se acercaban a la planchada y convencían a más de uno con el argumento del viaje como privación. Hay viajeros que solo confían en los países donde las putas son mujeres gordas. Cerrado el trato, parroquiano y samaritana se alejaban unos metros y, al rato, salían de detrás de un paredón acomodándose la ropa. Después salió el sol y, poco antes de las ocho, sonaron las sirenas y el murmullo de las conversaciones se hizo algarabía de saludos: el muelle del puerto de Asunción empieza a despegarse, lentamente, de la motonave Mariscal Carlos Antonio López. Hay pañuelos y vuelo de pañuelos. Una radio muy fuerte anuncia bailes tropicales para este fin de semana. Siempre hay un baile en los puertos que un barco va dejando. La radio se relame por una cerveza local que "¡no refresca, recalienta!". El río Paraguay ya fluye, lento, lento, contra la mole repintada.

El Carlos Antonio López tiene 76 metros de eslora, 10 de manga y desplaza 1.174 toneladas a un promedio de 14 kilómetros por hora. En cada viaje lleva un contingente de unos sesenta turistas, mayormente argentinos, con rumbo a Corumbá, en el Mato Grosso brasileño, mil doscientos kilómetros al norte, y un centenar de paraguayos hacia los puertos intermedios del camino. Los turistas dormirán en camarotes con baño y aire acondicionado; los paraguayos, en los grandes camarotes de segunda o en la cubierta superior, en sus hamacas de colores. El barco —el río— es el único acceso a esos mil kilómetros de tierra y pantanales, de pequeños pueblos sin caminos.

Primer día de navegación: horas y horas sin ver un pueblo. Si acaso algún rancho aislado, algún bote de pescadores, tierras bajas y rojas con palmeras que van a morir al río suavemente. Hace calor y nada desentona.

En la cubierta más alta los cajones de bananas, mangos, duraznos, aguacates intentan apropiarse del paisaje, como si salir a la intemperie las devolviera al origen, las hiciera más auténticas. Pero las frutas vienen de la civilización, están normalizadas. En la cubierta, los cajones delimitan un puesto de comidas regenteado por una matrona de carnes impúdicas donde las frutas se piden por nombres guaraníes. Justo debajo los turistas comen tres platos en el restorán refrigerado. El arriba y el abajo invierten por momentos sus polaridades, pero se mantienen. Hay cruces, miradas, sonrisas, comentarios, un mango reventón enchastrando las manos del viajero bajo el sol de la última cubierta. La mujer gorda que se ríe del enchastre:

—¿No sabías comer un mango, che patrón?

El viajero piensa qué es el exotismo, se pregunta: "¿El exotismo?".

El viajero se sienta bajo la sombra de un toldo en la última cubierta y piensa que tiene que leer a Horacio Quiroga: "A la misma época pertenecía el cacique Pedrito, cuyas indiadas mansas compraron en los obrajes los primeros pantalones. Nadie le había oído a este cacique de faz como india una palabra en lengua cristiana, hasta el día en que, al lado de un hombre que silbaba un aria de La Traviata, el cacique prestó un momento atención, diciendo luego en perfecto castellano:

—*La traviata*... Yo asistí a su estreno en Montevideo, en el '59...".

El Paraguay es un río ancho, entre quinientos y mil metros todo a lo largo de su curso. Corre suave, sereno, sin arrebatos ni exabruptos, con la seguridad de que nunca llegará a donde quiera que llegue. Con la serenidad de lo perfectamente innecesario.

Los turistas conforman una especie casi inmóvil por lo previsible de sus movimientos y, aun así, resbaladiza. Son pieles lechosas untadas en leches que les permitirán estar al sol como si no estuvieran. Estar como si no estuvieran y mirar al desgaire: los turistas conforman una especie previsible por lo inmóvil. Algunos turistas se quejan de los paraguayos extendidos con frutas y paquetes y hamacas por la cubierta alta. Otros los contradicen: "Los que se quejan no se dan cuenta de que ellos son seres humanos como nosotros", dice uno de los comprensivos. "Pero claro, no todos pueden entenderlo".

El viaje del turista es circular, trayecto de ida y vuelta sin más llegada que el punto de partida: un viaje casi puro, sin más objeto que el viaje —sus recuerdos. Los paraguayos van a alguna parte. Y llegan: de tanto en tanto el bote salvavidas baja hasta el río con chirriar de cadenas; alguien sube y un par de marineros lo lleva hasta la costa, lo deja en la costa junto a una casa de madera sobre pilotes o en medio de pilotes. Es un espectáculo: además, siempre cabe la posibilidad de esperar un accidente, algo inesperado. El barco, mientras tanto, boga despacio; la chalupa vuelve, lo alcanza y es izada otra vez hasta su sitio.

Es de noche, la primera noche, y se han callado las voces guaraníes, los gritos de los pájaros. El López no ofrece más posibilidad de la aventura que el silencio. Solo se oye el rumor de las aguas en el casco y, de a ratos, el canto de un urutaú que, como corresponde, llora llora.

El barco —el río— se acercan a Concepción: segundo día, primera parada. Los turistas saltan con avidez a tierra. Concepción es el pueblo más grande del trayecto paraguayo, una casi ciudad de calles anchas y sol como morteros con un mercado donde se deslizan viejas carretas tiradas por bueyes cornalones y una vaca flacucha come gozosa la basura. Se venden frutas muy pasadas, pescados del río y carnes demasiado rojas, casi opacas: el color general es un gris ceniciento. El mercado es menos pintoresco que claramente pobre.

El exotismo es una condición de la mirada.

Un argentino, gerente de sucursal suburbana de banco privado recuerda con nostalgia unas milanesas modélicas y explica a un corro de compatriotas que no se crean que tomó este barco por el precio, sino porque ya está cansado de ir a Europa. Ya estuvo tres veces y no tenía mucho sentido volver.
—Es claro —dice—. La primera vez uno se impresiona y todo le parece fabuloso y le parece que no tiene tiempo para nada. Entonces te quedás calentito y tratás de volver lo antes posible. La segunda vez te lo tomás con más calma y disfrutas mucho mejor. En cambio la tercera vas a los lugares y lo que más te acordás es de vos en esos lugares, así que ya no tiene mucho sentido, ¿me entendés?

Calor, motín de pájaros: el viajero piensa que cualquier otra cosa que produjera semejante nivel de decibelios sería execrable, y execrada. Pero lo natural es admirable, y debe ser admirado, dicen nuestros cánones: elogio de lo perdido, nostalgia de lo que nunca fue, el futuro.

En el barco, las comidas marcan el ritmo de una vida que ha perdido sus baremos habituales: son los mojones, el nombre de las horas. El viajero comparte la mesa más variopinta con dos belgas, varones y maduros, un matrimonio japonés pasando los sesenta y una pareja chacarera de mediana edad, del sur de Buenos Aires. Uno de los belgas ha pescado, en Concepción, unos pacús, y los viejos japoneses, con la sonrisa infaltable, han traído el wasabi y la soja para comerlos en sashimi, es decir: crudos.

El viajero se sienta bajo su sombra del toldo de la cubierta alta, mira pasar el río y piensa que tiene que leer a Pierre Clastres, un antropólogo francés que trabajó sobre los indios que pueblan —¿poblaban?— las orillas que corren bajo su mirada. "El jefe debe ser generoso y dar todo lo que se le pide: en algunas de estas tribus se puede reconocer al jefe por el hecho de que posee menos que los demás y que lleva los adornos más miserables. Todo lo demás se le ha ido en regalos." O, más allá: "Se puede decir no ya que el jefe es un hombre que habla, sino que aquel que habla es el jefe". El viajero calla, no extrapola.

En la cubierta de los paraguayos no hay carcajadas, ni voces demasiado altas; hombres miran el murmullo del río desde sus hamacas, como si nada nunca terminara; mujeres lavan eternamente toallas, docenas y docenas de toallas de colores que cuelgan de la baranda como estandartes indecisos, y una cría morocha y gordinflona juega con un gato de dos meses, le canta en guaraní y el gato entiende. Hace calor, espeso, malcriado, y el río se mueve con estertores de pereza. En las orillas, la costa se deshace en pantanos y bañados; en algún manchón de tierra crece una palmera. El tiempo es otro.

Arriba y abajo: quizá la guerra de los mundos o, mejor: historia de dos ciudades, dos tierras que se rozan cautamente. Hay baile en el salón refrigerado de turistas; por los ventanales que dan a cubierta, paraguayos miran pacientes, con sonrisas, el baile de los otros.

El exotismo es una condición de cada mirada.

El viajero habla con el capitán Rojas, a cargo del López, que le cuenta detalles de esta navegación de trabajo incesante, donde el oficial tiene que ir buscando metro a metro el canal del río, donde un ayudante tantea la profundidad a golpes de sonda y grita un sonsonete que se va haciendo letanía: "Diez pies… Once pies… Diez pies… Diez pies…". El capitán Rojas es un señor retaco y gordo, muy general latino en versión Sancho Panza, con bigote oscuro y rayban de reglamento que ayer, en la ceremonia de presentación de autoridades, se puso de pie como impulsado por resortes para agradecer –o provocar– los aplausos que esperaba. Sin embargo el capitán Rojas no tiene los mismos privilegios que su predecesor: ex compañero de colegio del dictador Stroessner, el anterior recibía el honor de la visita del Supremo cada vez que su barco abandonaba Asunción. Cuentan que, entonces, un despliegue de motoristas y metralletas inundaba el muelle y a veces, incluso, una banda marcializaba la ocasión mientras las armas apuntaban hacia todo lo que se moviera.

El barco –el río– se internan hacia la ilusión de una selva enmarañada, impenetrable, erizada de monos parlanchines y serpientes silbadoras y fieras sin nombre todavía que nunca llega –que, como Eldorado, como todo el resto, está siempre un poco más allá, más lejos, en la tierra del mito.

Sobre la cubierta, el mundo –el barco– sigue empeñado en deslizarse. El viajero lee un libro y el paisaje cuando se le acerca una india, tan gorda como encinta. "Buen día", dice, como si no lo hubiera dicho nunca, y el viajero contesta. Pero la india se queda, de pie a su lado, mirándolo en silencio. El viajero baraja hipótesis, posibilidades, hasta que ella le habla.
–Usté, che patrón, debés tener un remedio para eso.
Dice, mostrando un brazo hinchado por brutas picaduras. Y ante la negativa, la insistencia: está claro que el blanco que lee tiene que conocer los secretos de la curación, otros secretos.

Los paisajes se suceden y parecen. Aprender a encontrar las diferencias de lo semejante, el peso del matiz. Darle a cada imagen una entidad particular: conocerla.

Hay un austríaco, hippie viejo, cercano a los cuarenta, que pasa las horas sin bajar de su hamaca tendida en la cubierta alta, sintiendo cómo el sol hace crecer su barba. "Tengo dos meses para llegar a Lima", dice una tarde en un castellano imperceptible. Otra mitología del viaje: la de la iniciación, la de un tiempo sin tiempo porque sin objetivos, un tiempo que se basta a sí mismo, que no persigue metas, que no persigue ni siquiera elaborar recuerdos, que no persigue. Que yace en una hamaca, meciéndose si acaso muy de tanto en tanto, cuando el calor aprieta.

Media mañana del tercer día: a la derecha del barco queda Porto Murtinho, primera población brasileña. A partir de ahora habrá una costa paraguaya, a babor, y la otra, a estribor, la brasileña.

El exotismo está hecho también de relatos –libros, películas, cuentos– que el extranjero ha recibido alguna vez y que, al mirar, aplica sobre la superficie impenetrable de lo diferente –que se ofrece como espectáculo incomprensible ante sus ojos. El exotismo es un ejercicio de adecuación sin éxito posible.

Fuerte Olimpo es un fuerte paraguayo, puesto avanzado de la colonia española en la lucha contra los bandeirantes. Hay un fuerte en un monte, una iglesia del siglo XVIII y un sol que cae y tiñe el aire de un rosa peregrino. Todo el pueblo se acerca a la ribera a recibir al López, con carros, burros y bueyes, y una fila de soldaditos adolescentes con pantalón verde oliva y camisetas blancas y gastadas baja desde el morro en formación hormigueante y se estaciona, como una guardia de honor amenazado, frente al muelle de madera raída por las aguas. Después ayudarán a descargar cajones de cocacola, bolsas de cebollas y papas y tres mecedoras de mimbre que se balancearán, desoladas, sobre la tierra barrosa de la ribera. El barco es el único vínculo con el resto del mundo: los pobladores, en enjambre, en silencio, suben con sus bolsas de compras a hacerse de frutas y verduras en el mercado irregular de la cubierta. Ya es de noche.

No hay límites. No quedan referencias.

El río sigue fluyendo bajo el barco, cuya inmovilidad perfecta lo lleva a deslizarse cada vez más lejos, más adentro. Horas y horas transcurren entre pueblo y pueblo, y de esos pueblos no parten caminos: solo el río, que avanza siempre más y más allá. Vértigo del mapa: estamos en el medio de la masa, en plena *terra incognita*, a miles de kilómetros de cualquier costa, encerrados en el agua sin desvíos. Exterior noche: las luciérnagas confunden sus destellos con estrellas en la sombra tropical sin asomo de luna y el silencio es el grito de ejércitos de grillos y de ranas. Y la única salida es esta falta de salida, este encierro en un mundo demasiado abierto. El barco sigue inmóvil: el río, el mundo, fluyen hacia adentro.

Una turista treintona pero aposentada que viaja sola y nunca se saca un pañuelo verde de la cabeza, provocando todo tipo de sospechas y conjeturas, y dice que le gustan los viajes en barco porque se conoce gente:

—Me gustan los viajes en barco porque se conoce gente, una no se siente sola. Yo cuando fui a Colonia siempre fui en barco, nunca en el aliscafo ni el micro. Los viajes no hay que desperdiciarlos, ¿sabés?

El mundo reducido, limitado del barco como alivio, como serenidad: no hay más allá posible, el mundo —por unos días— tiene límites precisos. Los guaraníes que poblaban estas tierras creían —al contrario de buena parte de la tradición occidental— que lo Uno era lo malo, lo incompleto, lo que está confinado en una sola posibilidad sin aperturas. En sus cosmogonías, el Dos, lo Doble, era lo bueno y lo deseable: el hombre como dos podía ser lo que era y también lo que deseaba, él y no él, también el otro, hombre y compañero de los dioses. Y así la angustia de la aspiración al Dos, a la imposible conciliación, a la completitud perdida de antemano. Aquí, en el barco, no hay peligro de preguntarse qué más. Aquí, en el barco, todo está felizmente cerrado de antemano.

El exotismo es la escritura de otra historia sobre el contorno de objetos atisbados.

En el salón hay baile de disfraces. La señora de L. y el viajero no se disfrazan: son los únicos que no se disfrazan. Desde rincones opuestos del salón, entre indiecitas, griegos y satanes, la señora de L. y el viajero se miran como si ya supieran sus recíprocos disfraces, como si ya supieran.

El blanco refulgente de un techo entre palmeras y algún perro bebiendo en las orillas anuncian que el barco —el río— está llegando a Puerto Esperanza, paraguayo, en la mañana del cuarto día. Por alguna razón inexplicable los parlantes del barco, que hasta ahora se habían mantenido en calma, estallan en una versión amilongada del Choclo. Preparan, quizás, el baile del chamán. Puerto Esperanza es un pueblo sin luz ni agua corriente, concentración dispersa de cabañas de troncos sobre pilotes y pequeños corrales con cerdos y cebúes donde viven unas veinte familias de la tribu chamacoco. Esperanza, lo llaman. Es un puerto.

Mientras el López maniobra para fondear junto a la orilla, chicos pescan botellas de plástico que alguien ha tirado, a la deriva. Se emplean en ello con todo su entusiasmo, y el viajero piensa en la dificultad, el tiempo y el trabajo necesarios para fabricar un recipiente a la vieja manera chamacoca ahora salvados por esta pesca de residuos, este festín de las migajas.

Los turistas ya están en tierra —en barro— chapoteando. Un chico muy chiquito se acerca a un turista y le pide cien. "Deme cien", le dice, repite, deme cien. El turista, mayor, campechano, dueño de una casa de repuestos para el automotor en el Gran Buenos Aires, le explica los secretos de la vida: "¡Nooo!", le dice. "Para tener plata tenés que trabajar."

Hay un tour por el pueblo y, como en otros periplos semejantes, el viajero se asombra de la exacta repartición del tiempo del trayecto entre visitas a los lugares memorables —fotografiables— y las paradas en las tiendas regionales. Dos formas de aproximación que el turista ejerce: la fotografía, la compra de "artesanías y productos típicos". Dos formas distintas de la imagen que aseguran la persistencia del viaje: el viaje como acumulación ("conocer, tener experiencias, acopiar anécdotas") se sintetiza y sublima en esas dos subespecies de la imagen, del ícono recordatorio. Búsqueda de la persistencia, con pruebas que garanticen la perdurabilidad de lo efímero, de la fugacidad del paso por un lugar ajeno. ¿Cuál es la desconfianza básica, se pregunta el viajero, que los impulsa a esa búsqueda de testimonios objetivos, incuestionables, de la verdad del viaje?

Pájaros hay, en las orillas. Cigüeñas, garzas, mbiguás, cotorras, loros, docenas que no tienen nombre. Además, se cuentan historias de cazadores, historias de otros animales que estarían siempre más allá, tierra adentro, como otros tantos Eldorados de míticos pelajes aurinegros.

Otro pueblo, poco antes del atardecer: Bahía Negra es el último puesto paraguayo y tiene una guarnición de ejército y otra de marina, cuyos soldaditos —entre catorce y dieciséis años— esperan en formación la llegada del barco sobre el muelle. Una vez armado el pontón que sostiene la planchada, la tropa se lanzará en tropel al abordaje para comprarse helados, "porque acá no tenemos energía para las heladeras, ni un poquito". (Su capitán, con rayban y remera ranger, todavía conserva cierto aspecto lustroso, casi temible, porque hace solo una semana que ha llegado a Bahía Negra, su nuevo destino, su desierto sin tártaros siquiera.)

A veinte kilómetros tierra adentro de Bahía Negra hay una reserva chamacoco, Potreritos, donde vive el núcleo de indios que más fieramente intenta conservar sus tradiciones y modos de vida. Tienen veinte mil hectáreas concedidas por el gobierno y algunas ayudas internacionales que les permiten desarrollar un principio de agricultura. Bruno Barra tiene cuarenta y tantos años, corpulencia de oso y un habla pausada y calma, como si nada pudiera sucederle o todo le hubiera sucedido, ya, en algún otro tiempo. Bruno Barra es uno de los caciques y cuenta que mantiene la vieja tradición de poligamia de los jefes de su tribu y tiene tres esposas que viven en armonía y en su casa. También cuenta lo que le ha costado a su gente pasar de la caza y pesca en que basaban su supervivencia nómade a la agricultura sedentaria, y cómo son de duros los ritos de pasaje que hacen que un chico chamacoco se haga un hombre. Y cuenta sobre sus dioses, que no quiere dejar morir, y sobre sus ancestros y su idioma y su fuerza de convicción es suave, segura, como de quien sabe que los otros también temen.

Ahora, tras las aguas, el paisaje parece infinito y eterno, quieto como un perro que señalara una presa siempre fugitiva.

Todo viaje depende de la carga de mito que el viajero sea capaz de agregarle, voluntaria o involuntariamente. Historias de conquistadores enloquecidos bajando un río que se prolongaba más allá del más allá o de un hombre remontando otro río para matar a otro Kurtz cuya lucidez deviene omnipotencia o de hacheros bebiéndose en un alcohol interminable todo el agua que los separa de quién sabe qué mundos o de canoas de un jefe guaraní llevando a sus guerreros contra la tozudez de algún jesuita. O la propia impotencia, la incapacidad de no entender la vida sino como un largo viaje sobre un barco inmóvil, desesperantemente inmóvil, perfecto, magnífico, perfectamente ajeno.

El viejo chamán —mago, brujo— tiene 84 años y termina de pintarse la cara bajo un árbol para la ceremonia. Después, baila en medio de la ronda de caras que no creen en sus invocaciones. El chamán salta, grita, susurra y lanza miradas de relámpago, pero no consigue acallar el ruido de las cámaras de fotos. Más tarde, ya en el barco, la cuestión será objeto de un debate, agrio, casi violento. No hay conclusión, aun cuando son muchos los que no saben que el chamán cobró, por su baile, un dólar con cincuenta. ¿Qué pasa cuando una cultura, en su agonía, se presta a presentarse como espectáculo, como show que vacía de todos sus sentidos lo que hasta ayer fue rito, invocación, embrujo poderoso? El viajero piensa que se sentiría casi satisfecho si, al menos, la cuestión le resultara estrictamente ajena.

Últimas aguas del río: el paisaje cambió, sin alharacas. La vegetación se hace más apretada, más impracticable, y hay monos en el horizonte. En la proa del López, bajo un sol espeso, dos turistas escuchan con radio poderosa la cotización del dólar en la city porteña. Hay otros que se interesan por el dato y una rubia teñida que deplora la obstinación de su marido. La escena parece desplazada, fuera de lugar. O quizá no tenga lugar —y solo tiempo.

La condición del exotismo es la fugacidad.

Días atrás, recuerda el viajero, en Puerto Esperanza, un grupo de mujeres le pidió que les sacara una foto. El viajero les explicó que no podría mandársela y una mujer dijo que no importaba, que no era para eso. "No es para eso, no. Así vamos a estar también en otro lugar, che patrón", dijo una mujer, en la esperanza de ser Dos.

Viajar, supongo, al fin y al cabo, es algo así.
Hay pocos viajes que no conozcan —desde el principio— sus palabras.»

Fue hace más de treinta años. Yo llegaba de diez de exilios varios y esa América me resultaba tan lejana: exótica. Era, claro, lo más fácil. La fui aprendiendo, desde entonces, creo, poco a poco.

* * *

Hubo, en los dos últimos siglos, varios momentos en que distintos sectores ñamericanos intentaron pensar esa comunidad. La última gran tentativa, queda dicho, fue en los sesentas. Fue, como suelen ser, un movimiento defensivo: la idea básica de que la región en bloque debía defenderse frente al abuso norteamericano que la atacaba toda. Era la Era del Antiimperialismo: aparecía la idea de una agresión común –según la teoría de la dependencia– y parecía que había un proyecto político común –revolución a la cubana o casi– y había un intento de establecer una cultura común –aquel boom, ciertas músicas, la defensa de la «cultura popular» amenazada. *Las venas abiertas* fueron su síntesis, su panfleto más logrado: un modo de decir que siempre nos habían expoliado y que la única salida consistía en defender «lo nuestro» –social, económico, cultural, político– contra más expolios. Ser latinoamericano, entonces, era atrincherarse.

(Hubo tiempos en que Ñamérica tenía una cara. No sé si todavía, para quiénes, para cuántos, para dónde, esa imagen de Ernesto Guevara de la Serna sigue siendo lo más parecido al paisaje ñamericano. Si lo es, es por pura desidia, nostalgia, dejadez: ya nada de lo que era es lo que somos.

Y es curioso cómo una forma que nació como emblema político se transformó en un signo pop. Alguien, alguna vez, tendrá que contar el recorrido inverosímil de esa cara, esa boina y esa barba, y contará mucho de nuestra historia cultural.)

Ahora, en un mundo tanto más globalizado y, al mismo tiempo, tanto más fragmentado, es mucho más difícil pretender que una región o un continente tienen una «identidad» común y diferente de los otros. Es cierto que esa globalización siempre existió, pero su potencia era mucho menor –y trataba de insertarse en una base local mucho más fuerte. Entonces la denunciábamos como «colonización cultural» y nos quejábamos de que la metrópolis nos bombardeaba con sus productos –su cine, su música, su literatura, sus programas de tele–: era su plan para acabar con nuestro acervo y someternos. Y creíamos en una línea de defensa virtuosa, preservativa de «lo nuestro».

Sonaba, como resuena todavía, la idea de que lo verdaderamente latinoamericano es lo telúrico: que auténtico es lo más tradicional, lo más viejo, lo más supuestamente puro. Sonaban, como resuenan todavía, los ecos de una discusión ontológica –¿qué somos, quiénes somos?– que a muchos importa muy poco como tal pero que se refleja, casi sin revelarse, en cantidad de asuntos. Sonaba, como suena todavía, la ilusión de que fuimos de verdad nosotros mismos antes de la conquista, que dejamos de serlo durante esos tres siglos, que volvimos a serlo con la independencia: que entonces recuperamos nuestro ser verdadero. Sonaban, como resuenan todavía, esas ilusiones de esencia intocada y duradera, resistente.

La construcción de una identidad siempre es pelea, choque de identidades. «Porque somos y no / somos la China / que esos barcos soñaron», resumió aquel autor casi contemporáneo. Llevamos cinco siglos tratando de saber quiénes somos: lo propio de cualquier cultura es preguntárselo. Lo que no admite dudas es que, aquí, la enorme mayoría de esas preguntas se hace en castellano. Aunque aparezcan, de tanto en tanto, fracciones bienintencionadas que deploran su filiación conquistadora: que se sienten, sintiéndose del lado de los pobres, retoños de los indios.

Y se construyen esa identidad que niega su identidad. No se piensan descendientes de alguna de las olas europeas o africanas, mezcladas o no con los que habían llegado a América miles de años antes. Se imaginan herederos de esos migrantes anteriores; los atrae la melancolía de ligarse con unos seres angélicos, buenos salvajes a la Rousseau de saldo, habitantes de aquella edad de oro pastoril en que todos eran sensibles y ecologistas y convivían con los animales y solo se comían a las personas que se lo merecían. Es fácil exaltarlos porque ahora son los oprimidos. Pero, por desgracia, nada demuestra que los que sufren el poder son mejores per se. Lo son mientras no lo tienen; el problema del poder no es quién lo ejerce, es el poder —que cambia, claro, a quien lo tiene.

(Días atrás escuchaba a una activista peruano-colombiano-norteamericana de Nueva York que decía que no se sentía «hispana» porque eso la hacía pensar en la colonización y en sus efectos: «Los efectos de siglos de colonización todavía se hacen sentir: las historias perdidas, la supresión de lenguas africanas y nativas y de muchas religiones…». Cuando los progres añoran religiones me enternecen. Y, sobre todo: sin esos siglos de colonia no habría ninguna cultura africana en América, pero se culpa a quienes los trajeron no por haberlos traído a la fuerza sino por haber «suprimido su lengua y religión» en nuestros países. Es otro ejemplo de esta construcción forzada que pretende que somos un «sustrato original» maleado por los españoles.)

En cualquier caso: la identidad es un mal cuando es una.
Y peor todavía si es esencia.

* * *

Si tomamos el concepto de cultura en su sentido más amplio —las formas y códigos y aparatos que diseñan nuestra relación con el medio y con los otros—, nada tiene tanta influencia en nuestras vidas como el modelo norteamericano.

Esos rasgos no están repartidos equitativamente —nada lo está— en las distintas clases. En general, las conductas aspiracionales son las más claras tributarias del Norte. La civilización del coche, la pretensión del barrio suburbano más o menos cerrado, los brillitos del centro comercial o mall o shopping cambiaron la forma y el uso de nuestras ciudades para los que pueden pagárselo —y, a menudo, su deseo para los que no pueden. Pero la influencia va más allá, en máquinas y formas tan globalizadas —tan impuestas en casi todo el mundo— que olvidamos su origen. La televisión es americana, el teléfono móvil y los jueguitos y los videos musicales son americanos, el computador o computadora personal es american@. Y por supuesto las películas, las canciones, los héroes y antihéroes y las bebidas con burbujas, la comida rápida o basura; incluso la pizza llegó a la mayor parte de Ñamérica vía Nueva York, con nombres en inglés.

Y los supermercados, que cambiaron la forma de consumir y alimentarse y que, como casi todo lo que en Estados Unidos es más bien para pobres, se volvió para ricos en Ñamérica.

Procesos repetidos de copia: intentos o aspiraciones de ser otros. Los más prósperos intentan, en general, salvo pequeños grupos de tradicionalistas, parecerse a sus pares de la Florida o Los Ángeles, y algunos los critican por negar la realidad de sus países, desentenderse, escaparse. Y los menos prósperos pero no tan pobres intentan, muy a menudo, parecerse a ellos.

Llamamos lobo, mersa, terraja, grasa, groncho, corroncho, checho, mañé, ñero, ñuco, naco —y tantas más— a los intentos de las nuevas clases más o menos medias de asimilar su consumo al de clases más altas —con menos medios y, por lo tanto, productos aún peores. El problema es que no tienen mucha alternativa: cuando había una cultura obrera o campesina más o menos autónoma, esos sectores podían consumir —poco— sus propios objetos, seguir sus propios usos y costumbres. Ahora, que de algún modo una sola cultura hegemoniza y homogeneiza todo, todos intentan consumir lo mismo —solo que de distintas calidades. De ahí la aparición de lo grasa como una categoría decisiva en la estética contemporánea.

Y la ropa, faltaba más, el jean, la camiseta, las zapatillas y sobre todo la cachucha: nada muestra más el poder americano que esa gorra redonda con su visera de cartón, invento del béisbol o beisbol, que algunos llaman cachucha y otros solo gorra y todos usan como una parte indistinguible de sus atuendos básicos. Somos un continente encachuchado, y en esa toca llevamos la bandera —su bandera.

Algo cambiará en nuestras cabezas cuando dejemos la cachucha.
(Es un programa mínimo).

Por no hablar de las fiestas: nada marca tanto el poder de una cultura como las fiestas que impone a todos, incluso los que dicen que no forman parte de ella. La victoria definitiva del cristianismo se mide en la cantidad de países donde el 25 de diciembre, su festejo de su mito fundador, es feriado nacional y define las conductas de semanas. Y nadie escapa al ocio los domingos, día del Señor de los cristianos, ni el día en que dicen que empezó cada patria: fechas también sagradas. Pero surgieron agregados: en las últimas décadas dos fiestas norteamericanas se han impuesto en Ñamérica, el día de San Valentín —enamorados y aspirantes— y el día de Halloween —niños golosos y espíritus baratos. Así, la cultura de Estados Unidos terminó de incorporarse a la santa trinidad de nuestras fiestas, de los conceptos que definen nuestras fiestas: la Navidad, el Día de la Independencia y San Valentín representan al trío triunfador: Iglesia, Patria, USA.

—Te cuidas.
Me dicen últimamente en Bolivia, México, Ecuador, Guatemala, por vía de take care.
—¿De qué?
Quisiera preguntarles o, si no, contestarles, como se debe:
—Yeah, you too.
Más bruto: la mayoría de los rasgos comunes, las cosas que compartimos más ñamericanos, se inventaron en los Estados Unidos. Nada nos une tanto como ese país que envidiamos tememos imitamos detestamos aspiramos.

Esos estados tan unidos son incluso, siguen siendo, la razón principal que se esgrime para decir que deberíamos unirnos: en defensa.

Porque hay, por supuesto, grupos que recuperan la idea del asedio. Lo «nacional» sería lo tradicional —y la suma de esas particularidades nacionales crearía una particularidad regional, lo latinoamericano. La chacarera o el bambuco o el corrido deberían ser preservados y promovidos en aras de esa pureza cultural: volver a alguna parte. Durante siglos lo local no era una elección; era la única posibilidad. Cuando empezó a afluir lo global —aunque todavía se llamara lo extranjero, lo foráneo—, consumir lo local se volvió una elección, una postura: una forma de sostener a tus vecinos y declarar tu solidaridad con ellos —además de mantener tus gustos adquiridos.

Los populismos suelen estar cómodos con esto: recuperan la idea de amenaza, de enemigo. La cultura se vuelve —también— algo por lo cual pelear, un territorio que se debe defender contra los otros.

Pero ahora, en general, las producciones culturales son el resultado de infinidad de inputs que dependen poco de la localización de los que los reciben. Consumimos cultura —películas, canciones, libros— en máquinas que no están en ningún sitio y en todos a la vez. Un joven boliviano y una joven rusa ven la misma serie, pueden leer el mismo libro, escuchan músicas parejas, juegan los mismos juegos en línea y se encuentran con sus amig@s en las mismas plataformas y redes sociales, con los mismos lenguajes.

Lo global produce la ilusión de la inclusión. Mucha gente se pasa mucho tiempo en un mundo al que podría acceder igual si estuviera en Barcelona o en Quibdó o en Santiago. En 2018 se suponía que poco más de la mitad de los habitantes del planeta tenía acceso a internet, pero en Ñamérica eran dos tercios. Ecuador era, curiosamente, el país más conectado, junto con Chile y Argentina; los menos, Cuba y Guatemala.

Así, el consumo cultural perdió una de sus coordenadas: sigue estando separado por clases y educación, pero ya mucho menos por lugares. Y las maneras y sus descripciones también cambian. Mi hijo y sus amigos «se hablan» por escrito en whatsapp: se inventan nuevas formas de comunicación más frecuentes pero más distantes o, al menos, más controladitas: alguien te dice algo, vos podés elegir contestarle o no, cuándo, cómo. El diálogo —multílogo— es algo que no crea obligaciones inmediatas; se pueden manejar sus tiempos y formas a gusto, en un entorno protegido, donde el otro te supone pero no te ve, donde no tiene forma de urgirte o presionarte. Cada quien tiene con el encuentro presencial la misma relación que el shopping mall con el mercado callejero, el barrio cerrado con el barrio. Uno recibe, encerrado en su lugar, y ve qué hará con eso. Más allá, por supuesto, de que puede inventarse según quiera —mientras pueda.

A cambio, la oferta de culturas e identidades es mucho mayor. Cada cual tiene, al alcance de los dedos, todo tipo de opciones: puede apasionarse por el manga, un partido de izquierda, el equipo de fútbol de la ciudad, el Real Madrid, la salvación de una rana en peligro, la salvación divina, el trap duro, el reguetón blandito, los cambios de género, la comida local, el vampirismo, de a uno o en las combinaciones más antojadizas.

¿Por qué esperar que esos inputs comunes, independientes del lugar donde se accede a ellos, produzcan resultados muy distintos según los lugares?

Pueden diferenciarlos, sí, los estímulos que no están normalizados en los medios y redes: la realidad inmediata, lo que ven cuando salen a la calle. Allí, si acaso, hay una diferencia —que puede o no producir efectos significativos. Aunque incluso esas realidades distintas serán procesadas con lenguajes parecidos y darán, en algún punto, resultados que compartirán muchas maneras.

Aparece, una vez más, aquella diferencia entre consumo y producción: vale la pena producir más o menos local porque vale la pena contar lo conocido. Pero consumir local es no salir de lo que uno conoce. Consumir lo global para aprender y descubrir, producir lo local para insertarlo en lo global.

Hacer cultura, dejarse hacer por ella.

*   *   *

Somos, si algo somos, en los cruces
—que es lo contrario de las cruces.

La otra gran diferencia ñamericana está en la mezcla: como cualquier lugar, más que cualquier lugar, Ñamérica es un espacio mestizado, un cruce de culturas. Culturas híbridas, las llaman: Ñamérica se hizo a partir de los tres focos principales —el indígena, el mediterráneo, el africano. Tanto que, en su *Valiente mundo nuevo*, Carlos Fuentes acuñó la variante «Indo-Afro-Ibero América» para hablar de nuestro continente. Que me perdone mi viejo maestro, pero creo que nuestro idioma, por suerte, no es alemán sino español: no tiende a acumular sino a sintetizar. Y, sobre todo, que otros focos se fueron agregando con el tiempo: un foco europeo —inglés o francés, gentil o judío—, un foco asiático —chino, japonés, coreano—, un pequeño foco medio-oriental y, por fin, el bruto foco norteamericano. Me gustaría que Ñamérica significara todo eso.

(Ñamérica, que es híbrida también porque —por suerte— no tiene una cultura propia única y fuerte que haya podido resistir a la mezcla; no como en la India hindú o la China mandarina o el Magreb musulmán, donde los cambios que introdujo la globalización son más de formas que de fondos —pero la lengua, la religión, muchas de las costumbres siguen siendo las mismas que hace tantos siglos.)

Lo mejor de ser ñamericano es que no hay ñamericanos puros: somos puros en la mezcla, no hay pureza.

Así que es posible leer las diferencias en el continente a partir de las intensidades e ingredientes de esas mezclas, y de la fuerza y el denuedo con que se fueron sacudiendo la cultura de España, el nodo común, la lengua madre.

Eso crea áreas muy distintas: desde el rechazo de todo lo hispánico en Argentina o Uruguay, confines del imperio, ya desde el siglo XIX, hasta su conservación en México, su gran centro virreinal; desde la influencia de los esclavos africanos en Cuba hasta la de los jornaleros chinos en Perú; desde la presencia judía en el Río de la Plata hasta la siria en el Caribe colombiano, inglesa en Chile, canaria en Venezuela, cada coctel fue produciendo las peculiaridades culturales que hacen que, a menudo, nos cueste pensar una idea de conjunto.

Ahora no existe una cultura ñamericana.

O, para decirlo menos tajante: no hay —casi no hay— un mercado cultural ñamericano. Y entonces no hay —casi no hay—, en nuestros países, productores de cultura que trabajen para un público regional; la producen para cada país: ese es, en principio, su auditorio.

En general la unidad territorial para la producción y el consumo de cultura es el país: allí sí hay cierta homogeneidad aunque, con la dispersión de los medios digitales, haya cada vez menos. Pero las industrias nacionales —como el cine— viven en modo patria. Cada país produce para sí, y si se ve en Guayaquil una película mexicana es que se ganó un Oscar o la produjo Netflix.

Lo mismo sucede con la información. Los grandes medios ñamericanos —los grandes diarios, las grandes radios, las cadenas de televisión no deportivas— funcionan dentro de cada país, muy poco fuera. Los colombianos no leen *Clarín* o *El Comercio* o *Excelsior*; los panameños no escuchan la *W* o *Monumental* o *Sodre*; los chilenos no miran canales ticos o venecos.

(Probablemente porque todos esos medios siguen aquella idea menor que supone que política es eso que hacen los políticos y, entonces, dedican lo más granado de sus informaciones a contar que el ministro tal se peleó con el cual o que la jueza Ti va a meter preso al diputado Mi —en lugar de buscar un poco más allá y encontrar esos temas de fondo que tienen, por supuesto, muchas más chances de ser comunes a todos los lugares.)

Hay, sí, dos o tres proyectos mediáticos que cubren la mayoría de la región; tampoco se originan en ella. *El País* —de España— y el *Washington Post* o *CNÑ* —de Estados Unidos— son de los pocos que se piensan como regionales: son, está claro, medios para el consumo de los sectores altos, que se dirigen a ciudadanos más o menos prósperos de cualquier país ñamericano. Así fue también un par de años el *New York Times en Español*, hasta que sus dueños decidieron acabarlo.

—Para la mayoría el marco de referencia informativa sigue siendo nacional; hay una élite que, por educación, por movilidad, quiere ver un poco más allá y busca esos marcos continentales.

Me dijo Jaime Abello, el director de la Fundación Gabo, que sabe mucho de eso. Lo mismo empezó a producir, últimamente, con mucha más difusión, el fenómeno Netflix: un canal norteamericano que rueda series en varios países y —desde Los Gatos, California— las difunde en casi todos, siempre para el consumo de esas «capas superiores»: unos 70 millones sobre 420, el sexto en que vivimos.

Que son, también, las que pueden querer literatura de los países de la región —aunque en la mayoría de los casos no lo hagan. Pero si lo hacen —si un colombiano lee, supongamos, un libro de un nicaragüense o un chileno— se lo comprará, en la mayoría de los casos, a dos conglomerados con sede en Barcelona, los únicos que publican en la región entera.

Entonces aparece la tentación de suponer que, si hay construcción de una cultura o un mercado cultural ñamericanos, se hace para ricos o más ricos: que esa unidad cultural podría armarse por arriba pero no por abajo. Hasta chocar con la evidencia.

Los consumos culturales comunes de los que menos tienen llegan por otro lado. «La cultura popular como cultura del pueblo —vino a decir García Canclini— ha sido reemplazada por la cultura popular como cultura que se vuelve masiva: popular.» O, dicho de otro modo, como cultura para el pueblo. Cultura como consumo, no como producción.

Lo curioso, lo más revelador: que esos consumos comunes son, en general, las mismas cosas que se imagina un polaco o un japonés o un turco cuando piensa, si piensa, en nuestras cosas: algunas músicas, el fútbol, el culebrón cada vez menos, ciertas mujeres, las historias de narcos sanguinarios. Ritmo, violencia, carne, calor y calentura.

Eso que desde lejos se ve ñamericano.

*   *   *

Ñamérica siempre produjo músicas que circularon por el mundo. La habanera y el tango, a fines del siglo XIX, fueron las primeras. Después, a lo largo del XX, se agregaron otras: el bolero, el mambo, la salsa, el merengue, la cumbia. Que son, todas, mezcolanzas costeñas.

Es la diferencia tan persistente entre el litoral y el interior ñamericanos: el litoral es abierto, dinámico, el lugar de los cruces; el interior suele ser cerrado, más conservador, más «puro» —y eso, en música y en tantos otros géneros culturales, no suele dar buenos resultados.

La tradición de mandar músicas al mundo es larga y, sin embargo, es probable que nunca haya sido tan masiva como en estos días —gracias, entre otras cosas, a la globalización de los consumos, la circulación sin límites de las redes sociales. Son los elementos que han favorecido la difusión planetaria de la música ñamericana más actual: hélas, el reguetón.

La palabra es, en sí, una proclama: mezcla del *reggae* anglojamaiquino y ese *ton* que la vuelve latina y contundente, la palabra *reguetón* contiene el mestizaje que fundó Ñamérica. Dicen que todo empezó en esa pequeña isla llamada Bastimentos, donde Colón atracó alguna vez, junto a la costa panameña. A principios del siglo XX se instalaron allí miles de jamaiquinos que habían quedado desocupados tras trabajar —como negros— en la construcción del Canal. En los noventa, cuando pasé por ese vergel verde y turquesa, su pueblo seguía siendo una vereda flanqueada de casas de madera y su idioma seguía siendo un inglés raro y sus fiestas y músicas seguían siendo puro gozo. Ya entonces sus canciones habían salido de la isla: diez, veinte años antes otros visitantes las habían retomado y compuesto los primeros reggaes jamaiquinos con letras castellanas. La mezcla terminó de cuajar a fin de siglo cuando le agregaron algo de rap y hip hop americano y, sobre todo, un baile muy sexualizado: el «perreo», mímica de caninos fornicando.

—Lo bueno del reguetón es que es una música que no tienes que entenderla para disfrutarla.

Me dijo hace unos meses Guillo, productor de eso mismo, ecuatoriano de veintitantos, robusto, los pelos revoltosos, en un estudio de grabaciones en Miami.

—Claro. La salsa o la bachata o el rock hay que saber bailarlos; en cambio el reguetón no tienes que entenderlo ni conocerlo ni nada, se te mete en el cuerpo y te lleva.

Confirmó su cantante, un venezolano tan limpio, tan musculoso, tan tatuado, que entonces ya se hacía llamar Thomaz.

Los puertorriqueños insisten en que ellos lo inventaron, y es probable. Puerto Rico tiene una posición extraña dentro de Ñamérica, forma y no forma parte, pertenece y se escapa y querría y no querría: es una isla que nunca fue un país, que habla sobre todo castellano pero es un «estado libre asociado» de los Estados Unidos, parte rara de su administración: un híbrido que nunca termina de estar claro, con una cultura que resulta la quintaesencia de eso que se suele llamar «latino»: ñamericanidad recontrapasada por el filtro norteamericano, vanguardia y consagración de esa misma mezcla que se derrama por toda la región pero que allí tiene más fuerza y menos trabas y más fondos que en cualquier otro sitio. De ahí salió el gran iniciador: cuando Daddy Yankee, puertorriqueño de San Juan, tenía 16 años, una bala que le cruzó la pierna le cortó su sueño beisbolero. Desde entonces se dedicó del todo a la música; a sus 25, en 2003, sacó el que muchos consideran «mejor álbum reguetonero de la historia»: *Barrio fino*.

El reguetón se amplió y se difundió, su ritmo machacón. Lo ayudaron sus letras: rimas simples, cortas, que contaban historias crudas de los barrios más duros, historias de violencia implícita y explícita, de marginales y balaceras y desdichas, historias de encuentros muy sexuales contados sin metáfora, como no solían contarlos las canciones, la obsesión de coger siempre presente.

«Ella es callaíta
pero pal' sexo es atrevida, yo sé,
marihuana y bebida
gozándose la vida, como es,
ella es callaíta…»

Canta Bad Bunny, por ejemplo, en una canción gritona que se llama Callaíta, una de las más vistas, 695.966.375 visitas en Youtube esta mañana. Esos videos también son un género: consiguen amalgamar culos con motos, tetas con oros, coches con bocazas, dinero y carne en todo su esplendor: un manifiesto. El reguetón retoma y explota uno de los grandes capitales ñamericanos: el mito machista de la sexualidad latina, fácil, caliente, torrentosa. El estribillo lo precisa:

«Si hay sol, hay playa;
si hay playa, hay alcohol;
si hay alcohol, hay sexo;
si es contigo, mejor.»

Otros dicen que es lo contrario: que esas letras y esos movimientos naturalizan el sexo, lo ponen en escena allí donde otros géneros anteriores lo sublimaban, lo disimulaban tras violines y florcitas. Sexo crudo, entonces, como logro. Y mujeres que cantan su deseo de sexo y cambian unos roles en que la mujer aceptaba los deseos del hombre —e, incluso, los sufría. En ese sentido, el reguetón encabeza o sanciona cierto cambio.

Pero al mismo tiempo el reguetón y el trap —y sus imágenes de sexualidad comprada, coches comprados, joyas, ropas, mansiones compradas— son una caricatura de lo peor del sueño ñamericano: triunfar es comprar y comprar y comprar y gastar.

Otra vez: esa forma de exhibición de la riqueza es pura imitación del rap americano. En los ochentas el reaganismo cambió maneras y valores; algunos americanos se sacudieron por fin la capa de discreción y supuesta frugalidad que les habían impuesto siglos de protestantismo, y decidieron que ya que lo que definía su sociedad era el dinero que cada quien tenía, había que mostrar cuánto dinero tenía cada quien. Y que los que tenían mucho no debían seguir avergonzándose de tenerlo, y que los que querían tener mucho no debían seguir avergonzándose de buscarlo. La versión blanca productiva integrada eran Gordon Gekko, el corredor de bolsa de la novela de Tom Wolfe, o los jóvenes ricos de Bret

Easton Ellis; la versión negra despilfarro desmadrado fueron raperos que se mostraban con cadenas de oro y culos de plástico y coches con chofer.

En Ñamérica esos brillos se adaptaron muy bien a la gran tradición regional de relatos excesivos, ampulosos: lo que fue, por ejemplo, ese género tan ñamericano, el realismo mágico. El reguetón trabaja un registro simétrico, tan mítico como aquel, síntesis de todo lo contrario: riqueza este donde aquel pobreza, técnica donde naturaleza, aceptación y adaptación donde rechazo y crítica, reacción donde revolución. El realismo briyoso es, en estos días, el género ñamericano que arrasa con todo.

Liberación de los millones, límites y tabúes comprados con dinero, el arte medido por la recaudación: la marginalidad en el centro del centro, el gran triunfo de las apariencias. Yo, pese a todo, extraño los tiempos —¿existieron?— en que un artista —y más un artista ñamericano— que llorara de emoción al «recibir mi primer jet privado» —Maluma, se llama, y lo mostró lleno de orgullo— habría sido enterrado para siempre en el panteón de los idiotas.

—Los pibitos quieren ganar plata, no se arriesgan, no se la juegan por lo que quieren, hay mucho conformismo. La idea es y bueno, estoy forreando, estoy en la playa, tengo un reauto, que los de allá se jodan. Y todo el mundo está en esa de que se va a ir todo a la mierda y entonces algunos se aprovechan. Antes había un pensamiento más a futuro, pero ahora te dicen ey, disfrutá el presente que esto no dura. Es algo que yo odio, pero… después me doy cuenta de que estás mucho más adentro de lo que creés.

Me dijo Duki, el trapero porteño. Mientras tanto, el reguetón y sus cultores también se volvían, de vez en cuando, luchadores. Yo lo vi: juro que yo lo vi.

(Se conoce que el folclore no es lo mío, porque conseguí llegar hasta noviembre de 2019 sin haberla oído nunca. La primera vez que escuché esa canción llovía finito y hacía mucho frío; en la esquina de Harrod's, delante de la embajada de Colombia ante el Reino Unido, en el barrio más caro de Londres, ya de tarde oscura, unos veinte muchachas y muchachos se manifestaban para apoyar las manifestaciones en su país y uno alto, alrededor de treinta, pelo crespo en colita, camperón de lona, micrófono en la mano, la cantaba y, a su alrededor, varios la coreaban excitados. Era el remedo de una manifestación, pocos lanzando a gritos un himno desafiante que no terminaba de desafiar a nadie. A su alrededor, gente muy rica pasaba con bolsas de Harrod's en las manos y, si acaso, los miraba un momento antes de seguir pensando en Louis Vuitton; ellos no se desanimaban. Yo quise, entonces, escuchar sus palabras; me llamaron la atención: «Tú no puedes comprar el viento, / tú no puedes comprar el sol…», cantaban o gritaban, y hablaban de desaparecidos, sangre, Maradona, indios, naturalezas, víctimas diversas, todos los lugares comunes de la queja latinoamericana. Después les pregunté y una chica bonita me dijo que la canción era de Calle 13. Entonces, ya de vuelta a alguna parte, busqué más canciones de ese grupo:

«No me regalen más libros
porque no los leo.
Lo que he aprendido
es por que lo veo»,

decían, descreyendo de las tonterías que se ponen por escrito o, si no, le pedían a una chica, en una de sus canciones más famosas —300 millones en Youtube— que

«cambia esa cara de seria,
esa cara de intelectual de enciclopedia,
que te voy a inyectar con la bacteria
pa' que dé vueltas como máquina de feria.
Señorita intelectual,
ya sé que tiene el área abdominal
que va a explotar como fiesta patronal,
que va explotar como palestino…».
Son versiones y versiones de la lucha.)

A mediados de 2019 Bad Bunny —Benito Antonio Martínez Ocasio— y Daddy Yankee —Ramón Luis Ayala Rodríguez— participaron en las marchas que derribaron al gobernador de Puerto Rico. Sus alias se volvieron estandarte. Fue un hito, un espectáculo: multimillonarios modestos luchando por las calles contra la corrupción y la soberbia de los gobernantes.

El reguetón nos suena horrible, nos llena de ritmo, nos parece una música sin música, nos calienta la cabeza, la detestamos y/o nos encanta y/o nos avergüenza y/o. Terminará pasándole lo mismo que pasó con el bolero, el tango o el merengue: en cuatro o cinco décadas miles y miles de canciones malas se habrán disuelto en el aire y quedarán en el recuerdo las mejores, diez o doce que se habrán vuelto clásicos y que los viejos, entonces, los jóvenes de ahora, usarán para decir ven, eso sí que era música, no como esta mierda que escuchan estos jóvenes de ahora.

El reguetón, en cualquier caso, ya llevaba años muy bailado en toda la región, orgulloso en su lugar de música bastarda, sin pretensiones de qualité, un poco trash, cuando los músicos ñamericanos de más éxito —Shakira, Carlos Vives, Bisbal, Enrique Iglesias— se lanzaron a grabarlos y los grandes reguetoneros o traperos como J.Balvin y Bad Bunny y Maluma se volvieron los músicos ñamericanos de más éxito: según Spotify, Shakira y J.Balvin fueron los dos más escuchados en los países hispanoparlantes en toda la década pasada. Pero la criatura terminó de invadir el planeta con *Despacito*, la canción de Luis Fonzi.

Despacito es de esos raros fenómenos que llegan a todos los rincones, cuyos compases retoma un violinista gitano en la piazza Navona o el tarareo de una escolar en Dakar o la melodía dulzona de un ascensor en Berna: una invasión completa. *Despacito* ya no es un tema sino un ícono, un hecho cultural. En un par de años se convirtió en el polvo más cantado, la canción más escuchada de la historia: su video en youtube en la versión con Daddy Yankee, por ejemplo, tenía, esta mañana, 7.377.293.440 —siete mil trescientos setenta y siete millones— de vistas, y cada día un millón de personas la escucha en spotify.

Así que ahora, para millones en cualquier rincón, ñamericano son esos compases repetidos y esos culos sinuosos y esa sensualidad bañada en oro. Nos guste o no, es lo que somos para los ojos de los que no nos miran.

* * *

En estos días la imagen de una región ya no es solo una construcción a la distancia, un puro efecto de relato; cada vez más es la suma de las impresiones de millones de personas que van a visitarla —que deciden ir o no ir, dónde, para qué. Aunque terminen por ver, en general, en el lugar, lo que van a buscar: lo que les han contado antes. Así que los relatos siguen siendo decisivos, pero ahora sazonados por la famosa «experiencia», el producto de moda en estos tiempos. Airbnb, por ejemplo, la aplicación digital que cambió las formas de alojarse lejos, de visitar lugares, ha inaugurado una zona especial donde ofrece, además de camas y baños y conexiones wifi una serie de «experiencias»: en Lima, por ejemplo, «cocinar ceviche en un hogar peruano»; en Panamá, digamos, una «lección de salsa y baile»; una cabalgata de días «por las pampas argentinas». Hay espacio: es un mercado –una experiencia– que, hasta la pandemia, había crecido como pocos. En 1950 veinticinco millones de personas al año hacían turismo internacional; en 2018 fueron mil cuatrocientos millones.

Ñamérica no atrae tantos: su posición entre los destinos globales es más bien modesta. Y, en general, los seduce con ofertas naturales: playas blancas, las más de las veces, algunas montañas y selvas y portentos y, si acaso, esa variante brusca de la busca de naturaleza que llamamos turismo sexual.

Solo un país ñamericano está entre los diez más visitados del mundo: México, otra vez. Dicen que unos cuarenta millones de personas van todos los años. Muchos son norteamericanos en busca de vicios y perezas; quizá van para alejarse de Dios por unos días, esquivar su mirada acusadora, según la vieja definición de la geografía mexicana: tan lejos de Él, tan cerca de ellos.

Muy lejos lo siguen Argentina, Chile y República Dominicana, con seis millones cada uno, y después Cuba, Colombia, Uruguay y Perú, donde van unos cuatro –pero entre todos no juntan la cantidad de visitas que recibe México. Que suelen concentrarse en Cancún y la «Riviera Maya», ese invento reciente y exitoso para armar un gran balneario alcoholizado en el Caribe mexicano –aunque algunos también ojean pirámides precolombinas y ciudades coloniales.

Los turistas en Argentina van sobre todo a los glaciares del sur y las cataratas del norte; los de Chile a diversas montañas y el desierto, como los de Bolivia; los de Dominicana, Cuba y Uruguay van a la playa, los de Costa Rica rastrean helechos y cotorras. Los que llegan a Colombia buscan playas y selva, y solo los que van a Perú se ocupan sobre todo de algún resto humano: Machu Picchu, el Cuzco. En general, la mayoría confirma con sus elecciones ese lugar que se le supone a Ñamérica: naturaleza, lo que el hombre no ha arruinado todavía. Y, por supuesto, alcohol barato, si acaso una langosta o un ceviche, un bife en Buenos Aires, un baile, ciertos polvos: aquel calor latino.

Somos –se supone que somos– un continente de calor.

Aunque es probable que seamos, para ellos, más aún, perseguidores de pelotas; dominadores, incluso, de pelotas: gente de pelotas. Aquí el fútbol se ha hecho fuerte.

Algo raro pasó entre el fútbol y Ñamérica. Nada –ningún espectáculo, ningún producto cultural– nos reúne tanto como el fútbol. Nada nos muestra tanto como el fútbol, nada nos anuda y nos desnuda tanto.

*   *   *

El fútbol es uno de los grandes inventos del siglo xx o, dicho de otro modo: es el mayor invento innecesario de estos tiempos. Si no existiera nadie lo extrañaría; existiendo, pocas cosas ocupan tanto espacio y tanto tiempo, tanta atención y tanto pensamiento. Es, mal que tal vez nos pese, uno de los grandes hechos culturales de esta época.

Y, por azares históricos, genéticos, sociales, económicos, América Latina es la gran productora mundial de futbolistas –y de fútbol. La Federación Internacional de Fútbol Asociado tiene doscientos once miembros; solo ochenta y seis de ellos participaron en sus mundiales; solo ocho los ganaron; solo seis ganaron más de uno, y tres de ellos son Brasil, Argentina y Uruguay: entre los tres reúnen nueve de las veinte copas que se jugaron hasta ahora. Pero, más que en sus equipos, la supremacía ñamericana está en sus jugadores. De los cinco que suelen citarse como los mejores de la historia –Di Stefano, Pelé, Cruyff, Maradona, Messi–, tres son argentinos, pero, sobre todo, miles de ellos llevan décadas animando el show, trabajando en todos los rincones del planeta fútbol.

El fútbol reina: es la religión con más creyentes de la Tierra, más misas, más cepillo, más sumos sacerdotes –más dioses, incluso, y diosecitos. Y es probable que su secreto principal no sea lo que es sino lo que parece.

Lo brillante del fútbol es que parece un conflicto entre manadas de personas, eso que antes llamábamos tribus y hoy naciones. Se forman hordas, se revolean banderas, se recuerdan agravios, se amenaza pelea y entonces veintidós muchachos se encierran en un césped y, alrededor, más cerca o más lejos, millones gritan y se gritan a partir de lo que hacen esos veintidós y, según se da esa danza, se sienten triunfadores o derrotados o empatados incluso, que es una sensación más peculiar. Es lo mismo que hicieron durante milenios muchas tribus: en lugar de combatir todos contra todos designaban cada una a su «campeón» –así se llama en castellano– para que peleara, en su representación, contra el campeón del enemigo, y la batalla se resolvía con toda economía: sangre, si acaso, de uno, gritos de todo el resto.

Ahora todo sigue parecido. Los que chillan y revolean banderas para alentar a sus campeones sienten que han participado de un conflicto y lo viven y lo cuentan y lo desean y lo temen: arman vidas alrededor de esos combates que no fueron, que no pueden ser. Es el triunfo del como sí: la genialidad de desviar toda esa necesidad de pertenencia y de pelea hacia un hecho perfectamente inocuo. Que Peñarol o Nacional vayan primeros, que gane el United o el City, que River Plate descienda a segunda o Messi no sea campeón del mundo no cambia la realidad ni un ápice, agota esa energía sin mayor consecuencia.

El fútbol es la mejor máquina de ficciones que hemos inventado desde que un tal Saulo dijo que un tal Jesús había resucitado, desde que un tal Robespierre insistió en que una república da a sus ciudadanos libertad, igualdad y esas cositas. El fútbol no llega a tanto, pero se esfuerza y tiene, por su posición dominante en la circulación mundial, las mejores posibilidades de difundir ficciones, de imponerlas.

El fútbol produce, para empezar, una ficción de orden: si algo puede explicar el auge de los deportes es que en ellos, a diferencia de la vida, el resultado queda claro. Un gol vale un gol, está claro quién gana y quién pierde, las cosas se definen, el principio de incertidumbre se derrumba: hay un orden y es fácil entenderlo.

Produce, para seguir, la ficción de la igualdad de oportunidades: que cualquiera puede conseguirlo, que todos podemos. El fútbol permite que cualquiera lo practique: a diferencia de la mayoría de los deportes, tiene un puesto para el grandote casi torpe, uno para el flaco movedizo, uno para el petiso vigoroso, incluso uno para el gordito —que de últimas va al arco pero también juega. En esa línea, el fútbol produce la ficción de la igualdad de oportunidades globales: que cualquiera podría ser Messi o Suárez o incluso el Chicharito. Que cualquier chico hondureño o colombiano, por más pobre que sea, puede «salvarse» si trata bien a la pelota.

Y la ficción de igualdad: hay pocos clichés más famosos, en el fútbol, que el tan celebrado «en la cancha son once contra once». Lo son, pero los once de un lado pueden valer o costar varios cientos de millones de dólares y los del otro unas monedas. En este ecosistema la desigualdad es extrema: diez o doce clubes europeos concentran la riqueza futbolística mundial y Europa se lleva la carne de futbolista que América produce. Por eso esos clubes ricos, compradores tiránicos, vendedores globales, se quedan con todos los títulos: controlan la pelota. Así que en general el orden del fútbol es el orden capitalista global. Los futbolistas circulan sin trabas y trabajan donde les dan más plata. Que te vendan –que te «vendan»– afuera es lo que quiere cualquier joven de un país pobre o empobrecido.

Las palabras importan. Es curioso que los futbolistas, las grandes estrellas de estos tiempos, se compren y se vendan. Durante muchos siglos nos pareció normal que las personas pudieran traficarse; ahora, cuando lo consideramos un poco indelicado, los que siguen sometidos a esa práctica son ellos, los héroes de estos días sin héroes. Solo que se venden y se compran tan caros que no sería una desgracia sino un privilegio: el sueño de que un día te trafiquen.

Ñamérica ocupa ese lugar preciso en el ecosistema futbolero. El mismo que tiene en muchos otros ramos: la producción de materia prima para la exportación. Las ligas ricas –España, Gran Bretaña, Italia, Alemania, Francia– se compran todos los jugadores que destacan: concentración de la riqueza balompédica.

A veces el dinero ni siquiera es local. El fútbol emirato del Paris Saint Germain o el Manchester City es tan rumboso que deja al alemán del Bayern Munich, por ejemplo, pagado por Adidas, Allianz y Audi, como un empeño de subgerentes afanosos. En cualquier caso, el negocio funciona: la temporada pasada, los cinco grandes torneos europeos produjeron ingresos por más de 25.000 millones de euros, lo mismo que todas las exportaciones agrícolas argentinas. Los sostienen los canales de televisión, grandes sponsors, fabricantes de camisetas, gobiernos, jeques árabes y oligarcas rusos. El negocio es tan vasto que produce corrupciones vastísimas: la FIFA y la UEFA fueron raleadas por los juicios en los últimos años –y eso sin contar los arreglos y apuestas ilegales y evasiones fiscales y otros rubros astutos.

Ningún club ñamericano puede competir con esas cifras, así que nuestras ligas se han transformado en campeonatos de segunda, sumideros de los mediocres que los ricos no quieren. El deporte nacional de todas nuestras naciones es un remedo de lo que podría ser si la desigualdad no fuera tan extrema. Nuestro deporte nacional es un deporte de provincias.

(Cuando un ñamericano, dicen, quiere emocionarse con un partido va a la cancha; cuando quiere ver buen fútbol enciende la tele –o busca en internet RojaDirecta.)

Los negocios son estrepitosos: miles de millones en jugadores, televisiones, publicaciones, publicidades brutas, apuestas más o menos turbias, camisetas, botines, ilusiones. Pero, más allá o más acá de esos negocios, hay algo que vale más que nada: el fútbol establece un modelo. Gracias a la televisión globalizada, el mundo rebosa de chicos que quieren ser como sus ídolos. El deporte contemporáneo se origina en la idea de un grupo de aristócratas europeos, encabezados por un barón francés, Pierre de Coubertin, que a fines del siglo xix revivió las Olimpíadas para formar jóvenes más sanos, apartarlos de ciertas tentaciones, enseñarles valores. «Lo importante es participar», decía el barón: los Olímpicos querían ser modelo de conducta. Ahora, más de un siglo después, la idea triunfó: el deporte produce modelos, aunque no los que el barón quería. Modelos que dicen, para empezar, que todo se compra con dinero. Y, para seguir, que hay que aspirar a eso.

Llueve, el frío es excesivo: la sudestada aprieta. El señor de jogging ha terminado de armar sus listas y mil muchachos de 16 o 17 años esperan que les toque su partido: treinta minutos para jugarse todo. Algunos van a tener que esperar horas y horas; hasta entonces van a tratar de pensar en otra cosa, pero saben que lo más probable es que repasen una y mil veces esa jugada que no los dejó dormir anoche, esa jugada perfecta que los va a volver otros.

—Yo dudo que encontremos a alguien. A menos que se haya pasado todos estos años metido adentro de un pozo, la verdad que es difícil que a esta altura aparezca alguno que nosotros no conozcamos. Si hay tipos buscando por todos lados... ¿Vos sabés cómo está de saturado este mercado?

Dice el señor de jogging, cuarenta y tantos, canas, el cuerpo bien cuidado, director de la prueba. Esta mañana, en la Casa Amarilla de Boca Juniors, corazón de Buenos Aires, mil muchachos quieren entrar a uno de los pocos negocios que funcionan en la Argentina: la cría y engorde de jugadores de fútbol para la exportación. La oferta a priori es inmejorable: vas a hacer lo que te divierte, pibe, y vas a ser rico y famoso. Acá, esta mañana, mil muchachos descubren que jugarse la vida a un pelotazo puede ser tan desesperante.

—¡Pasala, chambón, pasala!

Los partidos son feroces. Los muchachos saben que tienen que mostrarse: a fuerza de entusiasmo, se dan como en la guerra y se la pasan pateando desde lejos: en una de esas embocan un zapatazo y empiezan a salvarse. A los costados de la cancha, padres, madres, tutores y encargados pululan en estado de excitación extrema. Algunos se conocen de otras pruebas, se saludan, comentan avatares. La lluvia apenas les importa.

—Yo le expliqué que lo que tiene que hacer es dar el pase, pero este pibe no me hace caso. Acá a los que no toman es a los envidiosos, los que se la morfan; si sigue así nunca vamos a mojar, carajo.

Dice un padre que deglute cigarrillos. El padre de Yonatan, en cambio, no vino, porque se consiguió una changa de tres días y no puede darse el lujo de dejarla. Yonatan tiene 12 años y lo trajo su mamá desde José León Suárez, barrio del basural. La señora dejó a los hermanitos con una vecina y trajo un termo.

—Para nosotros es un sacrificio. Tuve que pagar los boletos del tren y el colectivo, una cantidad, ¿pero se imagina lo que sería si el nene se me hace futbolista?

Dice la madre, apretándose las manos rojas de sabañones. El nene es bueno, un zurdo chiquito y escurridizo que gira y gira sin que nadie consiga pararlo. El seleccionador le grita dos o tres veces que está bien, que siga, pero después le dan una patada fuerte y el nene reacciona. A partir de ese momento no para de patear y putear: cuando el partido termina, el nene no queda.

Lo que se impuso fue el mito del éxito súbito, inmediato: ganar fortunas sin saber gran cosa, acelerar los coches más potentes, beneficiarse a las rubias más taradas, ganarles a todos porque lo único que importa es yo yo yo; vivir para el triunfo y el dinero y los aplausos. Son modelos, y la conducta que ofrecen ni siquiera es motivo de debate: ser Messi, Cristiano o Neymar es la esperanza de millones de chicos que no tienen otras —pero consiguen olvidarlo porque pueden esconderse en esa fantasía. Imaginan, gracias a esa quimera, por un rato, que forman parte, que tienen un futuro.

Para eso sirven los futbolistas, su exhibición de maseratis y de rubias. Durante siglos, la condición de existencia de los pobres era que no terminaran de saber cómo vivían los ricos. Ahora es lo contrario: para que los pobres existan —y acepten su pobreza— les muestran ricos y les dicen que podrían ser como ellos.

Para eso sirven los futbolistas en cualquier parte y, sobre todo, en Ñamérica —de donde solían venir los más caros. Para eso sirven, más que nada, esos pocos millones gastados en Neymar, Coutinho, Messi.

Nunca el orden les costó tan poco a los que buscan imponerlo.

El Chala tiene 17, la tormenta de rulos, labios gruesos, la cara picada de granitos, las piernas flacas chuecas musculosas. El Chala tuvo que salir muy temprano esta mañana desde Isidro Casanova para estar acá a las nueve, pero recién juega al final de la tarde. El Chala es bueno. Juega de cuatro: tiene loco al wing contrario y cada vez que agarra la pelota se manda con criterio. Una vuelta pasó a tres o cuatro contrarios en velocidad y tiró un centro atrás muy bien colocado: el nueve la cabeceó con las pestañas y el arquero pudo agarrarla fácil. Otra vez metió un tiro desde veinticinco metros, cruzado, que se clavó en el ángulo. Fue un golazo, pero justo en ese momento el entrenador estaba charlando con un amigo, y no lo vio. Hay tipos que no tienen suerte. Después terminó el partido, y el Chala no quedó.

—Nada, no me dieron bola, qué va a hacer. Ya me lo imaginaba.

El Chala masca una papa frita con mordiscos muy chicos, de quien sabe cómo hacer que dure.

—Pero vos sabés qué grande anoche, cuando pensé que en una de esas podía quedar como jugador de Boca. ¡Eso no me lo saca nadie, loco! ¡Y cuando metí el gol! Se la voy a poder contar a mis nietos…

El entrenador lo mira y se ríe. No quiere decir nada: sabe que sus palabras son decisivas, tan temidas.

—Nosotros tratamos de que el shock no sea demasiado brutal, que no los descalifique, que no pierdan la ilusión. Yo no tengo derecho a sacarles esa ilusión, ¿no?

Me dice, y que por eso, cuando rechaza a un pibe, no le dice que no sirve sino que va a volver a verlo, que averigüe cuándo habrá otra prueba. Se lo dice a todos, incluso a los más torpes. Pero él sabe que de los mil muchachos quedarán, al final, con mucha suerte, cinco o seis: la prueba es como un resumen de la vida que les espera a casi todos.

—Yo a un chico no puedo decirle no, vos al fútbol no podés jugar. Yo no soy quién para decirles eso, yo no puedo juzgar a nadie.

Más allá, junto al alambrado de una de las canchas, una madre como de 35 para a un ayudante que pasa con una bolsa de pelotas. Debe conocerlo de algún lado:

—Juan, tengo a mi chico jugando ahí.

—Ah, qué bien.

—¿Y vos no podés hacer algo para que quede?

—¿Qué querés que haga?

—No sé... Si hacés algo yo te podría agradecer...

Le dice ella con la mano derecha en la cintura y la pelvis arqueada hacia delante: la cara trata de ser promesa glamorosa y no le sale.

—No, querida, acá no se puede hacer nada. Si no anda, no anda.

—Pero fijate lo que te estoy ofreciendo, Juan.

Dice la madre, y me da mucha vergüenza mirar más.

Además el fútbol recupera, revive, vivifica las patrias. En cada Mundial, en cada Copa América, en cada torneo internacional la ficción cambia: los equipos definidos por la plata son reemplazados por equipos definidos por banderas, patrias encarnadas. El fútbol es un creador eficaz de ficciones pero no le llega a los tobillos a la patria, la mejor junto a la religión. Solo que la patria es débil: necesita momentos, situaciones que le devuelvan presencia y densidad; necesita que se produzca el viejo Efecto Patria.

Llámase Efecto Patria a esa rara conducta por la cual personas que no tienen ningún otro acuerdo entre sí —que se detestan, por ejemplo, por sus ideas del mundo— coinciden en la celebración de una supuesta gesta nacional. La Tierra sigue dividida en esas parcelas un poco extrañas que llamamos países, pero esas parcelas tienen pocas ocasiones para enfrentarse con las demás: muchas menos, por suerte, que las que solían. El problema es que las patrias necesitan esos enfrentamientos para reafirmarse —la patria es esa forma de decir soy lo que soy porque no soy lo que no soy, eso que son ustedes: de definirse por la exclusión de todos los demás. Y, en un mundo sin conflictos mayores, sin grandes oportunidades para la exaltación patriótica, lo que les queda son esos momentos en que ser chileno o colombiano o paraguayo o argentino se vuelve algo concreto porque en la cancha hay once muchachotes que lo son y que deben ganarles a otros once que no para dejar bien alto el honor de su bandera.

Bien alto
el honor
de su bandera.

De pronto, en esos campeonatos, la Patria se vuelve protagonista de todas las charlitas, todas las esperas. De pronto la Patria pasa a ser el mejor argumento para vender cervezas, coches, televisores, papafritas, cuentas en los bancos: la emoción de la Patria. La Patria, tan difusa, se concreta. La Patria tiene sus colores y sus jugadores, sus horarios, sus metas: la Patria es la esperanza del triunfo, algún triunfo. La Patria se defiende a las patadas, se juega a la pelota.

El fútbol es Efecto Patria en todo su esplendor: esos momentos en que ser ciudadano del mismo país se convierte en un valor por encima de todos los demás; esos momentos espantosos en que celebro el mismo gol que personas que odio, que desprecio, que no querría saludar en mi vida: dictadores y vivos, violadores y bobos. Con quienes, de pronto, nos confundiremos —nos confundiremos— en un solo grito; con quienes, de pronto, querremos lo mismo. Es raro, es inquietante: es uno de los aspectos del poder del fútbol.

Son días de cuento: la máquina de producir ficciones se alía con la mayor ficción para darnos unos días de irrealidad casi perfecta, de placer, de emociones —que la vida real no suele proveernos.

Y ahí sí, por supuesto, Ñamérica se rompe en quince o veinte trozos, cada cual por su lado, contra todos los otros. Hasta que alguno —algún país— pierde, se queda afuera y, entonces, quizá los suyos en lugar de hacer fuerza por los franceses o los rusos quieran que gane otro ñamericano. A veces; otras no.

*   *   *

El fútbol convoca a los ñamericanos como ningún otro espectáculo. Y sin embargo no hay, tampoco aquí, un ámbito común: ningún chileno mira partidos ecuatorianos, ningún mexicano ve peruanos. Se mira el campeonato propio y uno o dos europeos, donde los propios juegan. La atención futbolera es nacional o global, no regional.

Y, quizá por eso, ciertos caracteres nacionales se mantienen. Es curioso cómo el fútbol crea tradiciones que se distinguen por países: cualquier aficionado cree que sabe —y a veces hasta es cierto— que los uruguayos juegan a pura garra, los colombianos son elegantes pero fríos, los chilenos marrulleros, los ecuatorianos rápidos pero no muy hábiles, los mexicanos empeñosos, los argentinos agrandados.

Y había, también, maneras diferentes de ser espectador o hincha pero, últimamente, la Argentina exportó su modelo. Delegaciones de barras bravas de Boca, River o San Lorenzo han viajado a distintos lugares de

Ñamérica para «enseñar» a sus colegas locales sus maneras: la violencia, esa forma de pensar el fútbol como si fuera cuestión de vida o muerte.

«... Vos vas a cobrar,
River sos un cagón:
esos no son los borrachos,
son los putos del tablón.
Yo solo quiero quemar el gallinero,
que se mueran los cuervos y la guardia imperial.
Vamos xeneize, con huevo' vaya al frente...»

«La violencia que define al fútbol argentino –que lo vuelve el único en el mundo incapaz de organizar partidos con hinchas visitantes– está en las manos de unos pocos y en la cabeza de casi todos. Es cierto que la llevan adelante unos grupitos; también es cierto que la justifica el clima cultural, ideológico de la mayoría. Y supongo que no se acabará mientras esa cultura predomine: mientras se mantenga como modelo el mito del hincha al que nada le importa más que su equipo, que cree que por él vale la pena cualquiera cosa», escribí hace poco, cuando entendí que el modelo se estaba generalizando.

«Yo creo que hay que poder ser hincha sin que eso signifique volverse un ser levemente repugnante, un ser que representa tantas cosas que yo no querría representar. No ser alguien que cree que no hay nada mejor que ganar, no ser alguien que postula que cualquier medio es bueno para llegar a ese fin, no ser alguien que puede gritar negro de mierda, no ser alguien que puede descalificar al adversario llamándolo puto, no ser alguien que tiene o contiene tantos problemas con la sexualidad que para decir te ganamos dice te cogimos. No ser alguien, sobre todo, a quien nada le importa más que eso.

«No quiero resignar la posibilidad de seguir algo que me da gusto, que me interesa, que me excita. Pero me saca las ganas ver el lugar que ocupa para tantos. Que se les vuelva un mundo cerrado, autorreferente, donde el fútbol sirve para pensar en fútbol que sirve para pensar en fútbol que sirve para no pensar en otras cosas. O para no sentir otras cosas: que sirva como sustituto, la fuente de supuesta intensidad en vidas resignadas. Que sirva como simulacro: la pasión en el lugar del juego, la aventura de no arriesgar nada importante, tanta energía para tan poquito. (...) El fútbol es un juego, un show, un entretenimiento, noventa minutos de tensión que cada tanto te sacan de tu vida –y se terminan y volvés. Olvidarlo es caer en la más boba de las trampas, olvidar que la vida está en otra parte. Hay muchas cosas por las que vale la pena jugársela; el fútbol no es una de ellas. Si alguien piensa que sí, no es ejemplo de nada: es un enfermo, habría que ayudarlo. Ese muchacho que, a la salida de un Boca-River, derrotado, sollozaba y decía que era el momento más triste de su vida: que el año anterior se había muerto su mejor amigo y que no había sido tan triste como eso.»

Pasa mucho en Ñamérica. Y después están, allá a lo lejos, chiquititos, los demás deportes. Si el fútbol nos unifica a todos en un juego y una conducta más o menos comunes, hay deportes locales que se empeñan en mantener y manifestar las diferencias. El béisbol —testimonio de la influencia americana—, que no se juega casi en Sudamérica, es rey en el Caribe. Y el polo —refugio de ricos estancieros— que medra en la Argentina como en ningún otro lugar. Y el boxeo —la lucha más desnuda, golpe sobre golpe— que todavía es poderoso en México. Y el ciclismo —la exaltación del puro esfuerzo, el sacrificio— que los colombianos han abrazado y aman.

Y la ficción de comunicación: cuando un —hombre— ñamericano no sabe de qué hablar con otro, habla de fútbol.

* * *

Durante décadas en Ñamérica se miraron culebrones. La palabra *culebrón* es adictiva: se empezó a usar, dicen, en Venezuela para llamar a esas telenovelas que se hacían largas como un día sin pan y se enroscaban sobre sí mismas en historias más y más —inútilmente— complicadas. Pero se difundió y ahora culebrón se usa más que telenovela.

Y será, probablemente, el nombre que tendrá el género en su lápida. El tipo de complicación que planteaba la telenovela o culebrón está quedando más y más en el pasado: las familias con secretos e incestos se diluyen ante la dilución de las familias, la sorpresa de los hijos ilegales que no se reconocen hasta que son mayores se hace inverosímil y los amores que la diferencia de clases complica siguen existiendo pero se disimulan.

El culebrón detenía el tiempo: el bueno —ese que aparecía cada tanto y tocaba una fibra indefinible y se convertía en parte de las vidas de millones— se volvía un tema central de la conversación general. Eran tiempos de simultaneidad: cuando la televisión imponía un horario definido para cada programa y, entonces, millones debían dejar lo que hacían para verlo. Eran tiempos de poder de la televisión. Ahora cambiaron.

«La telenovela fue el género emblemático de la televisión abierta latinoamericana. Está ligada genéticamente a ella, tiene que ver con su origen, con su naturaleza. Ese folletín cotidiano e interminable –que empezó versionando algunos clásicos de la literatura del siglo XIX y se desarrolló canibalizando el relato sentimental de la mujer pobre que se enamora de un hombre rico– fue durante años el producto estrella de nuestra tele. Su garantía de origen, su marca. Hoy en día los culebrones son animales en vías de extensión», escribió Alberto Barrera Tiszka, venezolano que, entre otras cosas, los ha escrito.

El culebrón soportó mal la embestida de las series: esas producciones tanto más cuidadas, que los usuarios pueden ver cómo quieren cuándo quieren. Es cierto que la telenovela todavía resiste –mal– en los sectores más pobres; es cierto que la serie es todavía, en parte, un consumo de clase. Pero entre los prósperos de la región las series ocupan el lugar que tenían las novelas hace medio siglo: una forma de encuentro e identificación, el consumo cultural que comparten esos grupos educados que las ven y las comentan, lo que hay que conocer para estar en el ajo. Y, con la difusión de internet y la telefonía móvil, ese consumo se va extendiendo a las clases más bajas –aunque, a menudo, sus entornos y sus tramas no están pensadas para ellas. Pero parece claro que Netflix, HBO, Amazon y compañía limitada llevan todas las de ganar: que ocupan, poco a poco, cada vez más espacio.

Y, para ocuparlo más, ahora producen series por aquí. En ellas el romanticismo retorcido, sinuoso de aquellos culebrones fue reemplazado por la violencia sin pudores de narcos, corruptelas y crímenes variados: la gran mayoría de sus producciones ñamericanas tienen que ver con esa imagen. A menudo se nutren de trabajos periodísticos sobre temas delictivos: algunos de nuestros mejores periodistas sueñan con trabajar para una serie o, cada vez más, piensan sus investigaciones de forma tal que sirvan para eso –así que las dirigen hacia temas «seriables» y entran en el círculo vicioso/virtuoso: como eso se vende busco eso, como lo encuentro y se produce eso se vende más, y más lo compran, más «se enteran» de que eso es lo que somos. *Narcos*, la gran serie de narcos, y *El Chapo*, su contraparte mexicana, son los productos más acabados de esa nueva idea de Ñamérica.

Es lo que hay en el ojo global, lo que nos ven los que no miran.

Que a veces, sin embargo, nos tragan y digieren.

* * *

La difusión de la cultura gastronómica ñamericana es un hecho inesperado —sostenido por la globalización de los consumos alimentarios entre las clases medias y altas del mundo. La alta cocina como reducto básicamente francés, la baja como un enclave italiano, la fast americana, cedieron en las últimas décadas y se entregaron a invasiones de diversas fuerzas extranjeras. El sushi impuso la opción de ingerir pescado crudo, el arroz chino se volvió la comida basura más común, los kebabs resultaron la carne más veloz más barata. Y algunas comidas ñamericanas aprovecharon el aluvión para salir al mundo. Ahora, para algunos, aquí y allá y en todas partes, pensar Ñamérica es pensar en comida.

Fue un proceso imprevisto, casi súbito. A principios de siglo la idea de comida ñamericana no pasaba de la carne argentina, los tacos mexicanos. Eran manjares toscos, fuerza bruta de sabores sin domar; entonces apareció una forma de hacer que muchos aprendieron en España —o, más bien, Euskadi y Cataluña—: utilizar las mejores técnicas francesas e inventar otras nuevas para revisitar las comidas locales. El resultado fue la gentrificación de ciertos platos: como quien toma un barrio pintoresco y pobre y lo enriquece —lo limpia lo vigila lo cablea— con los refinamientos que esperan los que pueden esperar cosas de esas. La comida ñamericana, popular, variopinta, era una fuente privilegiada para el experimento.

En el principio fue el Perú. «Había una vez un país que no sabía de qué jactarse. No porque le faltaran motivos: tenía paisajes increíbles, monumentos espectaculares, antiguas tradiciones, buena literatura. Pero no tenía esas cosas que se venden ahora: ni mujeres de piernas largas ni futbolistas de piernas depiladas ni playas con piernas y palmeras ni cantantes pop», escribió un autor casi contemporáneo. «Así que ese país desesperaba: no encontraba qué vender en el famoso mercado de las naciones. Hasta que a alguien se le ocurrió que podía reinventarlo como un foco gourmet, y lo más curioso fue que tuvo éxito: hace veinte años nadie había escuchado hablar de la gastronomía peruana y ahora, sin embargo, han conseguido convencernos de que son una cumbre.» En la vanguardia de ese éxito se colocó una marca más que registrada: Astrid y Gastón (Acurio), los artífices —pero Virgilio Martínez o Micha Tsu-mura o Andrés Rodríguez los siguen y los pasan. La gastronomía perua-na está hecha de astucia comercial y sentido común: respetar sus magní-ficos productos. Es la esencia del ceviche o cebiche o sebiche o seviche, su estandarte, el que la puso en tantas mesas del planeta.

La gastronomía se ha vuelto, en el Perú, pabellón nacional: represen-tación de un país, orgullo patrio. Es todo un éxito conseguir que millo-nes se enorgullezcan de algo que, seguramente —por su precio, por su exclusividad— nunca gustarán.

Así, en general, se arman las patrias.

—Hace más de veinte años con mi esposa fundamos el restaurante Astrid & Gastón en Miraflores. Era un mundo completamente distinto al de ahora en relación con la comida peruana y lo que significa hoy día en el mundo. Hoy es una cocina conocida y querida: hace cinco años había cinco restaurantes peruanos en Miami y hoy día hay doscientos... Y hoy siete de los quince primeros restaurantes de América Latina según la lista San Pellegrino están en Lima, o sea que Lima es la ciudad gastro-nómica más importante del continente. Cada vez hay más gente que viene a Lima a disfrutar de su gastronomía. Entonces ahora tenemos que hacer nuestros proyectos en función de las expectativas que tiene el público internacional hoy día...

Dice, en una entrevista de televisión, Gastón Acurio, guru nacional, gran empresario de «la industria de la hospitalidad», más de cuarenta restaurantes en el mundo, series de tele, libros, conferencias, que tiene mucho para decir sobre la vida más allá de la cocina:

—En el Perú los ciudadanos ya nos hemos pronunciado. Ya no tene-mos miedo a llamarnos empresarios. La gente más humilde, que tiene un pequeñísimo negocio se siente empresaria, tiene ese sueño, trabaja para sí misma; nuestros jóvenes no quieren trabajar para el estado, no quieren ideologías, quieren trabajar para sí mismos, tienen sueños...

Hay referentes culturales que no renuncian a sentar posición en los grandes asuntos. Intelectuales not dead, tan vivos debajo de sus tocas, justo detrás de sus cajas repletas —que son capaces, por ejemplo, de decir que querer ser empresario es no querer ninguna ideología.

México, mientras tanto, podría haber valido un Perú —o dos— pero estaba ocupado cocinando. La tradición culinaria mexicana es una de las más ricas del mundo: muy pocas tienen su variedad, su originalidad. Pero durante años solo vendieron en el exterior –preferentemente americano– lo más banal, lo más primario de ella, guacamole y tacos. Hasta que una nueva generación de cocineros se hartó de guardar ese silencio.

Colombia, en su división pertinaz, nunca supuso que tuviera una gastronomía nacional. Quizá por eso no exportó sus platos: ni el ajiaco sabanero ni el sancocho costeño ni ese shot de colesterol en vena que llaman bandeja paisa se conocen allende. Pero hay cada vez más cocineros que experimentan con la inmensa variedad de frutos y animales que ofrece una de las naturalezas más diversas del mundo. Y, mientras, las arepas.

Que compiten con las empanadas criollas, aunque la Argentina no ha terminado, todavía, de pagar el precio de sus bendiciones. Era difícil pensar en inventar teniendo, por un lado, carne demasiado gloriosa como para arruinarla con salsitas y, por otro, platos demasiado italianos como para ofrecerlos como propios. Y, para llenar el mapa, también están los mariscos chilenos y la langosta caribeña y las rarezas de las selvas y esas cosas.

Todo lo cual termina, faltaba más, en boca de unos pocos. El dinero nuevo de principios de siglo no acabó con la desigualdad ni el hambre pero creó sectores nuevos con tarjetas negras y paladares presuntamente ídem que buscan formas de afirmarse. La gastronomía es una de las más frecuentadas. «Saber comer» –como si se pudiera no saberlo– es un signo de pertenencia y un buen restaurante es un espacio aspiracional: ser visto y ver, mostrar que uno puede y quiere y sabe, que es capaz de disfrutar de bocados tanto más refinados que la pizza y la birra, la torta y la chela, aquellos guisos. Y eso produce demanda y la demanda produce más restaurantes, más cocineros, más tiendas gourmet, más bodegas, más festivales, más libros y revistas, más programas de televisión, y la manduca pasa de experiencia a espectáculo y mucha más comida se consume con los ojos que con cuchillo y tenedor y los cocineros se llaman chefs y firman autógrafos y eso produce más cocineros, más restaurantes, más comensales, más demanda. Lo que los especialistas llaman un círculo virtuoso –aunque engorde y achanche.

En eso estamos. Hay pocas formas más fáciles de adquirir cultura que comerla. La exaltación de la gastronomía es un fenómeno ñamericano y no es, por supuesto, solo ñamericano. Millones y millones, en el globo entero, se regodean en la ola de la gula ilustrada. Alguien, alguna vez, preguntará por qué aquellos hombres y mujeres de principios de siglo se ocupaban tanto de las artes de la tripa. Alguien, entonces, quizá, le dará una respuesta que no ofenda a nadie.

Mientras: pocas cosas definen tanto y tan bien la cultura de las nuevas clases aspiracionales ñamericanas como ese culto de la gastronomía. Otra vez: la comida, esa manera efectiva, placentera, fácil de parecer más o menos educado, distinguirse. Ser culto −o algo parecido.

Lo que importa es algo parecido.

Y están, decíamos, los sectores más clásicamente «culturales»: la literatura, la plástica, el teatro. Yo conozco −obvio− mejor el campo de los libros, dominado por esas dos corporaciones más o menos españolas que se asientan sobre todo en los tres países −México, Colombia, Argentina− que siempre editaron la mayoría de nuestros libros. Pero surgen también docenas de editoriales más chiquitas que lo intentan, e intentan también aliarse para extenderse en la región. La oportunidad parece calva, y se complica. He estado en decenas de encuentros literarios donde nos quejamos de la dispersión de los países, del hecho de que el continente no funcione como esa especie de unidad −o por lo menos conglomerado− que debería ser. «Qué vergüenza, cómo puede ser que nuestros libros no circulen de país a país en América Latina», solemos deplorar, por ejemplo, y que si un escritor quiere que sus libros lleguen a otros países de la región tiene que pasar por España, y que nunca termina de funcionar. Es una queja que se oye y se oye y se oye. Y se podría sintetizar como la idea de que no formamos un campo cultural consistente: que Ñamérica no forma un campo literario consistente.

No lo forma: para bien o para mal, se diría que no lo forma. Y entonces, otra vez, la necesidad de plegarse a la evidencia: de aceptar que las formas culturales ñamericanas que se han difundido por el mundo −el reguetón, el fútbol, narcos, culebrones, ceviches, esas cosas−, que el mundo ve como nuestros rasgos más comunes, vienen de sus barrios bajos: de lo que solía considerarse popular. O sea: que la cultura ñamericana que se nota es un producto de sus pobres.

O de sus mitos: pese a todo, la región sigue siendo una de las grandes productoras de mitos, caras para la camiseta, realidades mágicas.

Y así estamos −diría uno, cariacontecido.
Y así estamos −diría el otro, orgulloso.

MIAMI

La ciudad capital

No es fácil llegar a Miami.

Tantos quieren. Unos veintidós millones de personas desembarcan en su aeropuerto cada año: sesenta mil por día. La llegada es un ejercicio de humillación ligera: cientos o miles en esta cola lenta, los guardias que te gritan que avances, que te pares, que avances otra vez, que el celular está prohibido, que vuelvas a pararte. La cola serpentea por el hangar enorme, erizado de carteles que te repiten lo que no debes hacer; al fondo, en esa línea de garitas que te separan de los USA, te espera un empleado todopoderoso que puede rechazarte sin la menor explicación: te espera el miedo ante el poder real. Años atrás yo tenía que conectar urgente con un vuelo a México y el oficial de migraciones me preguntó para qué venía a los Estados Unidos y le dije que no venía a los Estados Unidos sino a México y entonces me preguntó para qué iba a México y le dije que por qué ese sería su asunto.

—Porque si no me da la gana no lo dejo pasar y usted no va a ninguna parte.

Me contestó, preciso y elocuente. Y ahora la cola dura, tarda, salvo para unos pocos que avanzan triunfadores por el pasillo del costado. Van hacia esas máquinas especiales con un cartel que dice Global Entry: el que cumple con varios requisitos y paga 100 dólares puede inscribirse en el programa y pasa en dos minutos. Para que quede claro, desde el principio, que aquí hay clases.

A Miami se llega: más de la mitad de sus habitantes llegó desde algún lado. N., por ejemplo, llegó con diez años y un papá policía de Batista que escapaba de un pelotón en Cuba, enero del '59; R. llegó también de Cuba pero en el 2000 a buscarse la vida y darle un futuro a su hijo;

J., de Cuba hace dos años, a sus 26, a ver el mundo y aprender a usarlo; G. llegó de la Argentina hace unos treinta, con 25 y una herencia que le permitió, para empezar, comprarse una Ferrari; M. llegó hace quince años, a sus 40, de Nicaragua sin papeles cruzando a pie el desierto mexicano por las noches; M. llegó de Venezuela hace seis años en sus treinta y tantos, dos hijos y marido, porque un general chavista quería volver a encarcelarla; V. con 30 llegó de Venezuela vía Nueva York hace tres años para encontrarse con su familia e intentar una empresa de marketing; J. llegó de México vía California hace cuarenta años, a sus 20, para quedarse tres o cuatro y ahora es un periodista muy famoso. Hace un siglo Miami tenía seis mil habitantes; hace medio tenía dos millones; ahora, más de seis.

—¿Cuál es tu nacionalidad?
—Cubana.
Dice, sin la sombra de una duda, Ninoska Pérez, que llegó a Miami hace sesenta años. Ninoska es una mujer ancha, vital, pulseras y collares, que está por cumplir setenta y sigue su pelea de los últimos cincuenta. Su padre era un coronel de la policía de Batista que se escapó la noche en que los guerrilleros entraron en La Habana; los suyos lo siguieron unos meses más tarde. Esa primera ola cubana empezó a cambiar Miami para siempre. Eran unos doscientos mil, mayormente blancos, acomodados, educados, muy anticomunistas y se instalaron como un grupo nacional: mantuvieron costumbres y comidas, la lengua y la esperanza de volver. Ninoska aprendió inglés, estudió en la universidad y empezó a trabajar en esas radios que nunca dejaron de llamar a sus compatriotas a rebelarse contra Fidel Castro.
—¿Y americana no?
—Bueno, sí. Uno se siente americana porque ama a este país, porque te dio todas las oportunidades que no tuviste en el tuyo, pero Cuba siempre queda ahí, siempre es lo primero. Esa isla debe tener un imán…
—¿Y no te dan ganas a veces de decir bueno, ya está, me olvido de todo eso?
—No, me encantaría pero no puedo. Y además no lo hago por principio. En Cuba hay muchas víctimas. Es como si, cuando estaban exterminando a los judíos, la gente hubiera ido de vacaciones a Alemania. Eso me choca mucho.
Entonces le pregunto por la muerte de Castro y me dice que no fue lo que había imaginado. En su escritorio hay estampas de vírgenes y fotos de bebés.

—Yo siempre pensaba en ese día. Pero él ya llevaba tanto tiempo siendo un cadáver político que no fue la alegría que esperaba. Y además se murió tranquilo en su cama, nunca fue juzgado, nunca pagó su precio...

Ninoska es de las últimas de esa vieja guardia que ya se va muriendo: ahora, sus hijos y nietos hablan inglés, son la primera minoría de la ciudad, consiguen posiciones de poder, se ocupan de sus negocios mucho más que de cualquier nostalgia. Pero ella no se rinde:

—¡Aquí radio Mambí! ¡El tema es Cuba, la meta es su libertad! ¡Aquí está «Ninoska en Mambí»! ¡Todo para la libertad de Cuba!

Proclama un locutor, salsa de fondo, como todos los días a las 13, como todos desde hace medio siglo, y ella mira el micrófono y le habla.

*   *   *

Miami es una isla, una especie de isla: el mar delante, los pantanos detrás. Y una ilusión que dependió, desde el principio, de su habilidad para convencer a personas lejanas de que valía la pena dejar sus lugares para venir a este. No era fácil. En 1819, cuando los Estados Unidos decidieron comprar —a precio de saldo— la región, un diputado por Virginia se opuso con vehemencia: «La Florida no vale la pena. Es una tierra de ciénagas, de sapos, cocodrilos y mosquitos. ¡Nadie emigraría allí, ni aunque saliera del infierno!».

Ahora, Miami es un lugar al que la mayoría decidió venir: una ciudad deseada. Miami es una ciudad deseada por miles y miles de ñamericanos que creen que aquí podrán vivir una vida distinta: deseada por miles y miles de venezolanos medio pobres que creen que aquí encontrarán trabajo y comida cada día; deseada por miles de venezolanos groseramente ricos que creen que aquí encontrarán seguridad para ellos y sus dólares; deseada por miles y miles de cubanos que la ven en los clips reguetoneros como un edén de oros y de culos; deseada por miles y miles de caribeños y centroamericanos radicalmente pobres que la ven como la posibilidad de comer todos los días bajo techo; deseada por miles y miles de sudacas no tan pobres que la ven como la posibilidad de vivir como en los comerciales; deseada por unos pocos miles realmente ricos que creen que aquí pueden serlo más aún o, por lo menos, intentarlo a bordo de aquel yate, tan tranquilos; deseada por miles y miles de argentinos colombianos brasileños mexicanos que la ven como el paraíso de las compras baratas que quisieran tener en sus países y no tienen; deseada por miles y miles de argentinos colombianos brasileños mexicanos alemanes norteamericanos que la ven como ese mito pop de camisas floreadas y nalgas como barcos, el lugar de lo cool y lo fashion y la rumba a rayas; deseada por miles y miles de licenciados en administraciones diseñadores de la web vendedores de todo que la ven como el lugar perfecto para tener esa familia rubia el perro el parasol junto a la alberca; deseada por miles y miles de norteamericanos aviejados que la ven como el lugar perfecto para esperar su muerte al sol; deseada por miles y miles de políticos empresarios ladrones varios que la ven como la forma de aparcar sus riquezas mejor o peor habidas casi sin preguntas; deseada, por fin, por razones oscuras, por los que siempre quisimos despreciarla.

No conozco otra ciudad con tanto cielo. Miami es cielo y cielo y mar y brillos, palmeras y palacios, rascacielos y ranchos y miserias varias, esa mezcla de acentos. Miami es una ciudad como no hay y eso es bueno y es malo y tantas otras cosas.

Miami es una ciudad del siglo XX, de cuando los coches invadieron y rompieron el orden clásico de centro y suburbios y calles y peatones. Aquí todo es centro, todo es suburbio, todo es automóvil. No hay plazas, no hay calles, no hay encuentros; hay solo recorridos, desplazarse de un punto a otro punto, la deliberación que te protege de las casualidades: otra forma del orden, en su peor sentido. Es difícil creer, primero, que sea una ciudad; después, poco a poco, te vas acostumbrando. Es difícil creer, segundo, que sea ñamericana; después, poco a poco, vas oyendo. Es difícil creer, tercero, que sea tan desigual; después, poco a poco, la vas recorriendo.

El primero que la llamó «la capital de América Latina» fue, dicen, Jaime Roldós, entonces presidente de Ecuador, en 1979. Roldós murió dos años después en un accidente de aviación que pudo ser un atentado. Su frase siguió viva; quizá confunda el género.

*   *   *

—A mí me fue muy bien con el negocio inmobiliario, pero me habría ido muy bien con cualquier otra cosa. Yo siempre trabajé mucho, pero además tenía una economía que empujaba y empujaba: acá todo explotó, barrios donde parecía que no iba a pasar nada se desarrollaron como locos. Mirabas un barrio que era de negros y decías esto para que se limpie son cincuenta años y no, en cinco o diez ya explotaba. Esa energía de la ciudad, esa ola nos llevó a todos mil metros adelante… La evolución de Miami fue increíble.

—¿Por qué tan acelerada?

—Creo que la descubrieron muy rápido. Hubo una afluencia de dólares que venían de Latinoamérica buscando algún seguro que allá no había. El desarrollo inmobiliario de Miami debe ser veinte o treinta veces mayor que el de Nueva York. Pero lo cierto es que el Miami caro es ochenta por ciento latinoamericano. Hubo un momento en que muchos países de Latinoamérica generaron mucha riqueza y muchos ricos que querían sacar su plata de esos países, en el chavismo salían dólares a cagarse, porque se los robaban y creían que en algún momento se les iba a acabar, Brasil en algún momento fue parecido, Argentina y Colombia y México también.

Hace más de treinta años su padre había vendido su empresa argentina y G. pensó que no quería empezar otra en un país sin garantías. Casi por azar cayó en Miami y le gustó: era joven, la vida era agradable:

—Era una ciudad fácil, chica, conocías a todo el mundo, y era como estar siempre de vacaciones. Trabajabas, por supuesto, mucho, pero estaba el calor, el mar, las fiestas, esas cosas… Esta es una sociedad muy abierta. Acá, como la gente no tiene mucho sentido de pertenencia, no te pregunta de dónde saliste, quién sos, cómo hiciste la plata… A nadie le importa. Acá hay mucho de todo, muy mezclado, así que te da una posibilidad de inserción que no existe en otros lugares.

Su caso era casi común: sudacas que llegaban porque querían armar sus carreras, sus empresas, sin depender de los cambios de gobiernos y de reglas, las amenazas, la inseguridad —o que escapaban ellos mismos de alguna ley, de algún pasado turbio. En Miami el pasado personal es una anécdota que uno puede o no querer contar. Miami vende la ilusión de que el futuro es lo que pesa. De que cada quien es capaz de construir el suyo —si trabaja suficiente, si lo tiene claro, si está a la altura de sus metas. Solían llamarlo el sueño americano y murió, en el resto de ese país, por un choque violento con las clases, las razas. Aquí todavía sobrevive: esto es muy nuevo.

En Miami viven más billonarios —o, en castellano, milmillonarios— que en París o San Pablo, Shanghái o Singapur. Hay por lo menos treinta conocidos: ellos solos tienen unos 100.000 millones de dólares.

El dinero viejo a veces tiene pudor, recato de mostrarse. En Miami todo el dinero es nuevo: se exhibe, se pavonea, se presume.

Miami o Maiami o, incluso, en argentino, Mashami, tiene una beiesa rara, hecha de kitsch y naturaleza desbordante y mucho brillo. En general el trópico es caótico, el orden es el frío. Miami es caluroso y húmedo, ordenado. Y su relación con el agua la convierte en una Venecia de la era del motor de explosión: una Venecia al cubo.

Y están, por sobre todo, los banianos. O hay que llamarlos ficus de Bengala: esos árboles como gigantes buenos, sus docenas de ramas que caen en lágrimas gigantes y buscan la tierra y arman un mundo alrededor, una pequeña selva. Es lujuria alejada de cualquier folclorismo: aquí no hay, como a veces en el Tercer Mundo, belleza espontánea, desmadrada. Aquí la belleza se compra, se instala, se controla con plata: los barrios ricos son tropicales frondosos lujuriosos; los barrios pobres son secos como palos. Se suele asociar trópico y pobreza; aquí los barrios pobres no son apenas tropicales. Cuanto más ricos, más se ve el Caribe: más plantas despampanantes, más verdes colosales, el mar incluso, pájaros, delfines; todo eso que formaba la idea del paraíso desatado aquí se normaliza, se vuelve cotidiano para los que pueden comprarlo y mantenerlo.

Y entonces esos barrios entre los más bellamente lujosos del planeta: Coconut Groves y Coral Gables, con su desparramo de árboles y flores, casas y más casas entre túneles verdes, la naturaleza como decoración o condecoración o decorado. Y Key Biscayne, la isla de la fantasía.

A la entrada de Key Biscayne hay un cartel discreto que pregunta «Iguanas out of control?» y da un teléfono para reportarlas. Si las hay, debe ser lo único que estará descontrolado. Key Biscayne es una isla separada de la ciudad por la bahía, unida por sus puentes: un Truman Show casi perfecto, árboles florecientes, calles florecientes, niños florecientes que la recorren en carritos de golf, casas que están entre lo más fino que la arquitectura actual sabe construir o, cuanto menos, lo más grande. Algunas intentan ser modernas; otras prefieren la copia de otros tiempos; las mejores y mayores dan al mar o a los manglares y la vida es bella, serena, tan segura. Es la ilusión de Miami para ricos: que la vida es bella, serena, tan segura.

—Sin la propiedad privada el mundo no puede funcionar. Basta con ver lo que pasa en Venezuela.

Me dice, y no le digo que en Venezuela hay mucha propiedad privada porque él es mi anfitrión; cenamos —tan bien, tan agradable— en su casa de muchos millones, muebles a la española, cuadros clásicos.

—Si hay algo santo en este mundo es eso. La condición para que todo lo demás funcione.

*   *   *

Cuando emprendió su viaje, M. no imaginaba cómo sería ese lugar adonde iba. En Matagalpa, Nicaragua, M. vivía en un rancho que no lograba terminar, trabajaba en un centro para niños desnutridos, tenía siete hijos y un marido escapado y no veía más solución que la partida: le habían dicho que en Miami podría ganar lo necesario para criarlos y educarlos. Allí vivía el marido de una prima y ella quería reunirse con él y la empujaba; al fin se decidió. El viaje fue largo, laborioso: salieron en un bus hasta Managua, otro hasta Guatemala, más buses hasta el río Suchiate, en la frontera mexicana, donde les pagaron a un barquero y a unos soldados para que las cruzaran hasta Ciudad Hidalgo.

—¿Y no tenía miedo?

—No.

—¿Por qué? Yo habría tenido...

—Bueno, yo no sabía cómo era.

La ignorancia te salva solo un rato. Más allá de Ciudad Hidalgo su prima se quebró un tobillo; consiguieron un curandero que se lo sobó pero pasaron tres meses hasta que pudo caminar de nuevo. Entonces cruzaron México en autobús hasta Sonora: allí pagaron a unos coyotes para que las cruzaran a los Estados Unidos a través del desierto:

—Tres mil, apenas, les pagamos, cada una. Ahora vale más, el doble, más.

Cada noche caminaban doce, catorce horas. Eran quince: salían en fila cuando bajaba el sol y marchaban hasta el alba, con frío, mucho frío. No llevaban ni una muda de ropa para no cargar nada inútil; solo un poco de agua, alguna fruta, un gorro, un par de guantes, una manta.

—Cuando salía el sol parábamos. Nos quedábamos debajo de algún arbolito, ellos conocen, saben dónde esconderse, allí comíamos, dormíamos. Y había que estar atentos, que no nos fueran a encontrar... Lo peor es el final, te dicen es allí, en esa luz, y resulta que la luz nunca llega, caminás y caminás pero no llega.

Llegaron, al final, y una van las llevó a Phoenix, Arizona; allí esperaron dos semanas hasta que vino otra que, tras tres días de ruta, las dejó en Miami. El viaje había durado medio año.

—¿Y no hubo algún momento en que pensó no puedo, no vale la pena, me vuelvo a mi casa?

—No, cuando uno viene con una meta no se devuelve. Uno dice tengo que caminar, tengo que llegar. Hay que tener una meta, saber a lo que viene.

Cuando llegó, dice, no lo podía creer: que nunca pensó que fuera a ser tan rico, tan lleno de carros, de edificios, pero que lo que más le gustó fue que por fin iba a ganar dinero.

—Esa es la alegría de acá: conseguir unos trabajos para ganar su dinerito y mantener a los chavalos allá.

M. gana dos o tres mil dólares al mes; quizá diez veces más que en Nicaragua. M. es alta, flaca, la cara redonda y agradable, el pelo estirado con un moño, bluyín, sandalias, una camisa blanca con dibujos: tan lejos del cliché de la campesina centroamericana. M. nunca aprendió inglés: dice que no lo necesita, que para su trabajo no lo necesita.

—¿Para qué? Si yo lo que hago es la limpieza…

M. tiene 54 años y ya lleva quince en Miami. Cuando salió, su hijo menor era un chico de seis; ahora es un hombre —que ella nunca vio. M. limpia casas, cuida niños, y ha conseguido criar a los suyos a lo lejos. Su vida —como la de miles de latinos, la fuerza de trabajo barata de Miami— no fue fácil. Trabajo, más trabajo, otro trabajo. Hace años vivía con un albañil hondureño; una mañana la policía de migraciones les golpeó la puerta. Lo buscaban a él: se lo llevaron, lo deportaron —y a ella, nunca sabrá por qué, ni siquiera le preguntaron cómo se llamaba. La amenaza, de todas formas, sigue: nunca pasa. Hay que vivir pensando que en cualquier momento pueden echarte, dice, desarmar tu vida: hay que vivir sabiendo que todo es transitorio.

—¿Se arrepiente de algo?

—¿Quién, yo? No, yo aquí he logrado lo que quería. Allá en su país uno no puede, no le da para hacer nada, para hacerse su casa, amueblarla. Allá uno solo puede sobrevivir; aquí uno trabaja y puede hacerlo, ayudar a sus hijos, darles lo que ellos necesitan.

M. vive con una hija, un hijo y una nuera en dos cuartos chicos, un saloncito, una cocina, su gran televisor, su frío artificial. Su casa, en Little Havanna, es una de esas construcciones de renta de un solo piso, larga, llena de puertas, cada puerta un departamentito; sus vecinos son nicas, salvadoreños, ecuatorianos, colombianos. En esas calles, por supuesto, no hay un árbol; hay, en cambio, muchas personas gordas. Ahora M. paga

1.200 dólares porque los alquileres han subido mucho: hace poco la echaron de una casa donde pagaba 900 porque la van a derribar para hacer una torre.

—Ahora también este barrio se lo están dando a los ricos. Ya no sé dónde vamos a ir.

—¿Y no le da un poco de envidia que haya gente que tenga tanto billete?

—No, eso no da envidia. Si uno gana su vida se conforma con lo que tiene. Y yo cumplí, mis hijos ya están criados, estudiaron, se casaron, tienen hijos, están todos bien, gracias a Dios.

—Bueno, no gracias a Dios, gracias a usted.

—Ah, sí, también a Dios, porque él me ha dado la fuerza.

Dice M. y, como suele, se sonríe.

En 2012 la revista Forbes nombró a Miami «la ciudad más miserable de América». Se refería, sobre todo, a la desigualdad. Aquí hay ricos muy ricos y un millón de personas bajo la línea de pobreza. Hispanos y negros tienen el doble de posibilidades que los blancos de ser pobres. Muchos, como M., soportan esa desigualdad social por las desigualdades naciona-les: ser pobre en Miami es ser pudiente en Nicaragua.

El coche, por ejemplo. Para muchos inmigrantes, tener un coche en su lugar de origen era un sueño imposible. Allí los coches son para los —más o menos— ricos. Aquí los coches son —también— para los pobres. No es que dejen de ser pobres; son pobres con coche, tienen lo que en sus países tienen los ricos: un coche, la tele chata, la nevera, comida en la nevera.

M. no tiene coche: le da miedo manejar, le da miedo que la paren y le pidan sus papeles.

* * *

«Miami es la ciudad de Estados Unidos que tiene mayor discrepancia entre ingresos y renta. Por eso el 80 por ciento de estos condominios los están comprando los extranjeros», le dijo hace poco al *Miami Herald* el mayor constructor de la ciudad, el multimillonario cubano Jorge Pérez, que, a cambio de sus donaciones, le puso su nombre al Pérez Museum of Arts, la joya más reciente.

El proceso es continuo: un barrio barato se pone de moda entre jóvenes y artistas y personas que querrían parecer jóvenes y/o artistas porque es barato y agradable y empiezan a mudarse. El cambio de clase hace que en el barrio todo aumente: cada vez más personas que quieren parecer se mudan, pagan más caro, y los jóvenes y artistas y personas ya no pueden pagarlo y buscan otro barrio barato y agradable y empiezan a mudarse y expulsan a los antiguos habitantes y se instalan unos años hasta que.

Entonces quedan esas zonas —como Overtown, antiguo barrio negro— donde la gentrificación acaba de empezar: sus nuevas grandes torres con sus tiendas y su fulgor corporativo, y esas personas todavía de antes que vagan por las calles, esas personas esqueletas: esa mujer blanca de quizá 30, quién sabe 50, la cara calavera, que me mira y se agarra la entrepierna como quien dice algo; ese hombre negro de quizá 50, quien sabe 34, que grita y grita a los vientos unas palabras que no entiendo, tan enojado con los vientos.

Miami es un experimento de punta: lo mejor y lo peor que el dinero puede hacer con una ciudad. Deshacerla, rehacerla, convertirla en un espacio tan distinto de lo que solemos considerar una ciudad. Miami es un espacio en cambio o renovación o apropiación constante: es esa proliferación incontrolada, cancerosa, de torres enormes, blancas y celestes, que surgen como hongos —con esa construcción a la americana, siempre provisoria, como si no creyeran en la permanencia, como si creyeran que una casa no debe durar más de veinte o treinta años: la obsolescencia programada de los edificios. Y ahora, además, está el miedo al cambio climático: las zonas costeras pueden sufrir la subida de las aguas y entonces los constructores atacan esos barrios interiores que antes despreciaban.

Miami es, sobre todo, una vidriera para mostrar dinero. Dinero sin el pudor protestante, dinero exhibido para que todos sepan que tal o cual tiene dinero. Y el acuerdo general de que aquí se está por el dinero, para el dinero, gracias al dinero, a favor del dinero. Por eso, por él, hace tiempo que los negros de Miami no queman ningún barrio, que los latinos de Miami se emplean como pueden, que los blancos de Miami no salen a cazarlos —mientras sigan pensando que se sirven los unos a los otros para ganar dinero.

El equilibrio, por supuesto, es inestable; todos hacen como si no fuera a romperse nunca; todos saben que puede derrumbarse cualquier tarde.

El Whole Foods de Brickel es una síntesis de algo: nuevo, rodeado por las torres nuevas, mantiene ese estilo cool casual hipster orgánico todo de madera que es la cifra del nuevo compromiso. Yo soy consciente, yo cuido de la Tierra, yo cuido a los animales, yo me cuido. En el Whole Foods se manifiesta esa manera suave del dominio que consiste en tener todo de todo el mundo y ofrecerlo como despojos del triunfo: todas las salsas, todos los cereales, todas las quinoas y kales y hummus y lentejas, los coconut curries y los vindaloos y massalas y sopas y frutas imposibles y panes y tartas y carnes y orquídeas y cafés y los miles de tés y las gambas en círculos perfectos y los helados sin azúcar sin helado y las mejores hamburguesas de carne sin carne, todo con su cuenta de calorías para que nada te ataque por la panza, para que nada rompa tu idilio con vos mismo. Hace unos años Jeff Bezos, el hombre de Amazon, el más rico, compró la cadena de más de 400 supermercados por 12.100 millones de euros. Bezos se llama Bezos por el segundo marido de su madre, un inmigrante cubano que se los trajo a Miami; aquí el nuevo rico estudió el bachillerato y trabajó en algún McDonald's. El Whole Foods es su brazo material, su avanzada en el mundo palpable, un espacio donde sus socios Prime tienen sus privilegios y van en shorts o licra o shorts de licra para mostrar sus piernas que tanto cuesta mantener. Los clientes son los vecinos de la zona: jóvenes y más jóvenes, sudacas con posibles, empleados jerárquicos de financieras y bancos y tecnos y teles y quién sabe, que viven más o menos solos o comparten pisos y por ahora resisten al cliché jardín niños perro; que no sabrían qué hacer en un chalet en una urba, que necesitan el entorno de vecinos y gimnasios y bares y negocios.

Casi todos son blancos; los cajeros, faltaba más, son mujeres y negras.

*   *   *

—No, yo tampoco digo que soy de Miami.

Dice Jorge Ramos: que aquí todos son forasteros, desde los políticos corruptos y los empresarios ricos a los trabajadores más jóvenes que vienen a buscarse la vida. Jorge Ramos es flaco, enjuto, el pelo muy blanco y los ojos muy azules, los rasgos afilados y me dice que no, que pese a los treinta años que lleva en esta ciudad él tampoco dice que «es de Miami», que acá nadie lo dice: que cuando te preguntan dices que eres —por ejemplo, en su caso— «mexicano pero vivo en Miami» o incluso «mexicano pero con pasaporte americano»: que para los migrantes ya no hay identidades simples.

—Acá todos estamos out of place, fuera de nuestros lugares. Todos.

Pero que la condición de hispanos, dice, sí los reúne a todos y que es impresionante cómo creció su poder en los últimos años:

—Ahora se está lanzando Joe Biden, el vice de Obama, como candidato a presidente demócrata, y uno de estos días voy a ir a entrevistarlo. Hace unos años esa gente no nos habría hecho caso. Ahora saben que sin nosotros no pueden ganar las elecciones.

Jorge Ramos habla de «nosotros». Esa mirada nos hace uno, nos reúne: para esa ingeniería electoral o para las campañas comerciales o para la percepción de cualquier americano blanco o negro las diferencias entre un cubano y un chileno y un mexicano son menores que sus coincidencias: todos somos latinos. Eso sucede en Miami más que en cualquier otro sitio: aquí, de algún modo, ser latino(americano) tiene sentido, es una identidad que se va armando en la mezcla de tantos inmigrantes.

—Y este es el único lugar de Estados Unidos donde nadie te discrimina por ser latino. Al contrario, aquí hasta tenemos partes del poder: la política, los medios, los negocios, la cultura están llenas de latinos con poder. También eso la hace muy distinta.

Jorge Ramos es el periodista hispano más conocido del país. Los latinos lo siguen desde hace décadas, las que lleva presentando el noticiero de Univisión; los demás lo reconocieron hace menos, cuando Trump, colérico, lo echó de una conferencia de prensa por una pregunta que no le gustó. Después Maduro repitió la jugada.

—Miami es como una gran madre que recoge a todos los que vienen. Pero quizás una madre adoptiva: sabes que te quiere, que te cuida, pero no es la tuya. Aquí, a fin de cuentas, siempre estás de paso.

—¿Aunque sea durante treinta años?

—Sí, también. Yo llevo todo ese tiempo pero nunca me imagino terminar aquí, morirme en Miami.

Me lo habían dicho otros. Me pregunto si no es parte de sus atractivos: una ciudad donde uno cree que no se va a morir. Que eso siempre sucede en otra parte.

—Sí, es así. Uno no puede vivir acá sin pensar cómo sería tu vida si te hubieras quedado en tu lugar, en tu ciudad.

Me dice Gerardo Reyes, gran periodista colombiano. Es el truco o la cruz del inmigrante: siempre le queda la ilusión de esa vida que podría haber tenido si no hubiera migrado.

—Y ya no eres de aquí ni de allí, pasas a ser de ningún lado. Esto no es lo definitivo pero se va volviendo definitivo. Al principio uno extraña mucho la vida de allá, trata de replicarla acá, pero de a poco vas entendiendo que no se puede, que tienes que aprender a vivir esta vida. Uno cree que quiere volver pero no vuelve pero lo sigue pensando todo el tiempo.

O, dicho de otro modo: ¿dónde más es posible comer, sin manejar más que unas cuadras, fajitas, empanadas, arepas, un ajiaco, una bandeja paisa, asados, pupusas, feijoada, tiraditos, ceviches, ropa vieja, medialunas, moros y cristianos, salchipapas, anticuchos, sandwichitos de miga, tacos al pastor? Aquí mucho se mezcla, se confunde. Miami es el mejor ejemplo de ciudad en la globalización: la ciudad como mezcla, la ciudad como eslabón de una cadena. El que la usa viene de aquí o de allá, hoy puede estar aquí y allá mañana.

Aquí no hay patria o, si la hay, es algo que está lejos.

—Aquí eres un poco huésped todo el tiempo. No hay una tranquilidad de que llegaste y ya está.

Jorge Carrasco no cumplió treinta años pero ya tuvo el premio de crónica de la Fundación García Márquez por un reportaje sobre travestis de La Habana. Hace tres años salió de Cuba con una beca mexicana; en cuanto pudo siguió viaje a Miami.

—En Cuba estás demasiado aislado, quieres saber qué hay del otro lado. Y vienes y descubres que aquí todo es provisorio, de pronto estás en un trabajo bueno y se acaba y ya está, no hay seguridad, no hay una línea recta. Entonces te da el pánico…

Jorge tiene la cara flaca, un buen corte de pelo, los pantalones serios, los mocasines con adornos; ahora colabora con la BBC y vive con su novio cerca de la playa, al norte de Miami Beach, en un piso chiquito. Y dice que todo es tan caro que hasta las relaciones cambian:

—Mi novio es peluquero, gana más que yo. Entre los dos pagamos el apartamento. Si yo me peleo con él… Yo lo adoro, lo amo, pero si estuviéramos en Cuba me iría para mi casa, dos semanas, tres, y mientras no tenga ganas de verlo no lo veo. Pero aquí no se puede. Hay momentos en que no quiero verle la cara pero igual me quedo porque no hay de otra…

Dice, y que le resulta difícil entender a esta gente, que son muy individualistas, que es lo mío primero no matter what, todo centrado en el dinero, tú sabes, esa gente que manejar un toyota y tener internet en el teléfono todo el tiempo es como el fin de su existencia...

—Pero te faltan muchas cosas. Acá la gente no tiene tiempo para hacer amistad. Están enfocados en trabajar, pagar sus biles, hacer dinero, comprarse lo que quieren.

—Tú también te lanzaste al sueño americano y te compraste un coche.

—Bueno, comprar es una palabra tricky. Tramposita.

Dice: que aquí las personas no compran las cosas, que se meten en deudas por las cosas.

—Aquí tú lo puedes tener todo pero a pura deuda. Cuantas más cosas tienes, más deudas tienes. Por eso la cantidad de gente que hace bancarrota es una cosa loca. Los inmigrantes quieren tener ciertas cosas pero no pueden comprarlas, porque tampoco tienen buenos trabajos, entonces te metes en deudas, más deudas, llega un momento en que te das cuenta de que no vas a poder salir y te buscas un abogado y te haces una bancarrota. El otro día una mujer me contaba que le dijeron que Fulano debía cincuenta mil y que iba a hacer una bancarrota y entonces ella le dijo que no, que esperara a deber cien mil, la bancarrota buena es de la de cien mil, si te vas a ir vete con todo.

Jorge se queja y se divierte: está molesto y fascinado, inquieto. Mañana vuelve a Cuba por primera vez; antes no podía para no complicar su pedido de residencia y ahora está nervioso, dice, como un niño.

—No sé qué dirán, cómo me ven, en qué me habrá cambiado esta ciudad. No sé cómo soy yo ahora que no era antes. Pero seguro que soy distinto. Esta ciudad te cambia, eso es seguro.

*   *   *

Miami fue, antes que nada, cuando la fundaron, a fines del siglo xix, una playa. La playa es un invento de esos días. Antes, la orilla era esa mezcla, ese espacio limítrofe que no es ni tierra ni mar, ni cultura ni naturaleza, ni sólido ni líquido, ni orden ni progreso; una frontera, una confusión que los hombres evitaron desde siempre. La usaban los marinos, los pescadores, los que no tenían más remedio. Pero en estos tiempos pocos espacios se han valorizado tanto como la playa. Miami es un efecto de ese cambio.

Hace más de treinta años, la primera vez que vi Miami Beach, camino de Haití, los hoteles art-decó se caían a pedazos; los decoraban, en sus galerías, viejas y viejos —mayormente judíos, generalmente neoyorquinos— sentados con mantas sobre las rodillas, en un estado comparable. Miami, entonces, era un buen lugar para morir —si uno estaba dispuesto a morirse durante diez o quince años. Miami era una ciudad cansada, suspendida.

Todo empezó a cambiar hacia 1980. En abril de ese año el régimen cubano decidió permitir la partida de quien quisiera irse. Cientos de embarcaciones de fortuna salieron de la playa de Mariel hacia Miami. Castro aprovechó para deshacerse de buena parte de lo que le sobraba: entre los ciento cincuenta mil cubanos que llegaron había más de cinco mil presos, cantidad de malvivientes y malandras y pacientes psiquiátricos y homosexuales: la «escoria», los llamó el comandante.

Con ellos y ciertos colombianos llegó el cambio: Miami se convirtió en el gran puerto de entrada de la cocaína y sus lujos y sus corruptelas. El negocio del narco dejaba unos 10.000 millones de dólares de entonces al año, y eso daba para comprarse muchos yates, muchas mansiones, muchos policías, muchos políticos y jueces. «Para bien o para mal, la coca hizo que Miami volviera a ser sexy», definió Anthony Bourdain. En esos días Miami era el rincón más violento de Estados Unidos. Después, la playa la fue salvando poco a poco. Junto con los grandes malls, la volvieron a convertir en una meta o meca del turismo.

En 2018 vinieron dieciséis millones de turistas que gastaron 25.000 millones de dólares: el PBI de Senegal. Y la mitad de Miami —la mitad pobre, más que nada— vive del turismo, las tiendas y los restaurantes. Como Nueva York, como Los Ángeles, como París o Londres, Miami ha salido en tantas películas, tantas series, que mirarla no es descubrir sino reconocer. Millones de turistas vienen todos los años a confirmar lo que ya vieron, a incluirse con su selfi en la postal.

Hoy domingo la playa de South Beach está tranquila: muchas familias latinas y negras y negras latinas con niños y neveras, unos pocos turistas lechosos encendidos, nenes y nenas que retozan en el mar bajito, arenas blancas, algas, algún pelícano a los gritos, una señora recostada en unos almohadones con un tubo de oxígeno que respira difícil —y no me atrevo a preguntarle si vino a despedirse. Hay, sí, multitud de músculos en vilo. Miami es, también, la ideología de la salud en todo su esplendor. Esa idea tan actual de que la vida que llevamos rompe los cuerpos que nos han tocado y hay que hacer cosas para compensarlo: expiar, pagar tributo. Este es un escenario perfecto para eso y las opciones se multiplican: todos corren, todos se ejercitan, todos se preocupan. O, por lo menos, todos los que pueden. Pero yo esperaba pasarelas de glamour, exhibición de carnes y de brillos; me equivoqué otra vez, y es un alivio. Después me dicen que eso pasa en espacios más privados: playas casi cerradas, hoteles, clubes, casas, barcos.

O en la avenida que bordea la playa, Ocean Drive, con el ocaso. El sol cae y pasa un coche pintado de colores acelerando a fondo, una mujer con más colores todavía en los pelos revueltos, una chica subida a tacos como torres, un muchacho perdido detrás de sus tatuajes, carnes recién compradas que urge amortizar. Son esfuerzos por hacerse ver, por superar esa contradicción de nuestro tiempo: hay que estar a la moda —parecerse— y al mismo tiempo destacar, diferenciarse.

Son turistas. El turismo es la mejor forma conocida —tras la religión— de creer que, por unos días, somos otros: no ser ese que trabaja obecece se comporta sino un ocioso dueño de su tiempo que solo debe divertirse —debe divertirse— interesándose por artes e historias que nunca le interesan o siendo ese haragán de arena y sol que nunca es o ese amante desprejuiciado y exitoso que querría. El placer es sacarle renta a la inversión, poner a trabajar ese trabajo acumulado: usar esos músculos o esas ropas o esos pelos o esas siliconas para hacerse mirar, poder mirar, hacerse tocar, poder tocar, hacerse del poder —efímero— que da la posesión cortita.

Desear y ser deseado. El poder es beber desde temprano sabiendo que por un día no hay deberes; el poder es rematarse a selfis para que todos sepan cuánto gozas; el poder es no tener que nada; el poder —ese poder tan breve— es ser, una semana, como siempre son los que lo tienen.

El turismo tiene la urgencia de lo que ya conoce —desde el principio— su final.

* * *

Tres arrastran grandes maletas con rueditas; uno no. Uno tiene 11 años y reclama su tablet; su madre, una de los tres, le dice que ahora lo ven, que no moleste, y me explica que están sobrepasados.

—Las valijas, mire las valijas. Nosotros trajimos una, vacía, porque somos precavidos, pero tuvimos que comprar dos más. Y ya están casi llenas.

Silvia tiene 44 años, una hija de 17, el hijo de 11, un marido de poco más, Patricio; son chilenos. Me dice que vinieron de vacaciones y que parte de las vacaciones es venir a este mall a comprar, claro. El Dolphin tiene doscientas cuarenta tiendas repartidas en ciento treinta mil metros cuadrados: ofertas, ofertas, más ofertas. El mall son pasillos y pasillos, el suelo falso mármol, galerías repletas de negocios y la música fuerte y el rumor de las compras. Las tiendas dicen que son outlets, donde las grandes y medianas marcas venden a precios tentadores —y se deshacen de sus sobras. A diferencia de los grandes malls de lujo, donde hasta el polvo brilla, aquí todo tiene un aire gastado, cansadito —que quizás incluso convenga para convencer al público de que es un outlet verdadero. O quizá solo es cuestión de costos.

—Pero no se crea que es por impulso, por capricho. Compramos a conciencia.

Me explica Patricio, casi calvo, serio, alto y flaco: que no, que está muy calculado, que acá las cosas cuestan la mitad que en Chile y que vale la pena, que me imagine lo que van a ahorrar con estas compras. Esto es Miami en todo su esplendor: Miami tal como está inscrito en las mentes de millones de ñamericanos.

—Sí, es cierto. Mucho vamos a ahorrar. Y además aquí hay cosas que en Chile no las ves. Qué raro, ¿no? Y mira que nosotros en Chile vamos a lugares buenos, mejores que este…

Me dice Silvia, con una especie de sonrisa, pero que además cada uno tiene derecho a un caprichito: que el chico se eligió una tablet y está más cara que lo que habían pensado, que Patricio una chaqueta de Armani muy barata, que ella un bolso fabuloso, que la chica todavía no les dijo. La chica, Camila, la mira con el reproche que solo una hija adolescente.

—Ni te voy a decir.

—A ver quién te lo paga, entonces.

Le contesta su padre.

—Tú, papi, quién va a ser.

Le dice ella, ni sombra de una duda. Nos rodean esos olores falsos con que los americanos llenan sus ambientes, tan temerosos de los olores verdaderos, y hordas de personas que caminan a paso de turista —lento, levemente arrastrado— arrastrando sus maletas nuevas o sus bolsas en ramos o racimos. Alguna vez querría escribir una Fisiología de la Compra, el acto más decisivo de nuestras culturas; aquí será, sin duda, mi trabajo de campo.

*   *   *

Ellos también solían venir de shopping y volver con valijas repletas; ahora algunos llegan con lo que pueden traerse y empiezan a buscar trabajo, otros se instalan en sus mansiones compradas con fondos confusos. Los venezolanos son los nuevos cubanos de Miami, la gran corriente migratoria actual. Nadie sabe preciso cuántos son; se supone que cientos de miles. Y muchos se han instalado en ese barrio que llamaban Doral y, ahora, Doralzuela.

—Yo aquí me siento como en Caracas cuando funcionaba, cuando había luz y agua. No, no me siento mal, estoy contenta. Hay servicios, hay lugares para comer nuestra comida, hay gente conocida, hay clubes, los chicos tienen muchas actividades, se vive bien.

Dice María, el pelo negro, muy sonriente, sentada en su escritorio. María tiene acento caribe, un marido, esta empresa, dos hijos de 10 y 12 años que ahora dicen que son half & half.

—Hay que ganárselo, claro. Nosotros trabajamos muchísimo. Pero aquí todo se hace por lo legal, no hay que andar repartiendo billete para poder hacer las cosas, y además el esfuerzo da resultado, así da gusto. Lo que me da pena son los que todavía están allá, pobrecitos.

Allá, por supuesto, es Venezuela. Aquí, en cambio, es un galpón lleno de cajas en una calle desolada.

—Sí, es verdad que estamos casi como en casa.

Para muchos vivir en Miami quiere decir trabajar en Miami pero vivir muy parecido a cómo vivirían en sus países si en sus países pudieran trabajar, si en sus países no tuvieran miedo, si sus países los cuidaran. Pueden seguir muchas de sus costumbres, comer su comida, ver sus programas en la televisión, leer sus diarios, sufrir con sus equipos, hablar con sus familias en pantallas.

Miami es la vanguardia y el núcleo duro de este mundo en que las utopías se han hecho individuales: ya no es «mi bienestar depende de que todos lo tengan» sino «quiero vivir ordenado, con poder de consumo, con capacidad de previsión, con garantías y seguridades» —eso que ahora se llama vivir bien. Y no hay manera más extrema de encarnar ese proyecto individual que irse a hacerlo a un lugar que no es tuyo, donde los demás no son los tuyos, donde te importan poco; donde, además, todos hacen lo mismo.

—Aquí no hay una sociedad a la que pertenezcas. Así que te despojas de todo eso que recubre tu deseo de éxito personal. Lo que pasa alrededor no es tu problema. Es capitalismo en estado puro: uno es uno y el resto no te importa.

Me dirá, otro día, L., cínico escondido.

—Y si no funciona o no lo logras siempre está la opción de irte: volver o probar suerte en otro sitio.

En el galpón hay cajas, cajas, cajas, latas, latas, latas, bidones para la gasolina, baterías para la luz, más salvavidas para tierras arrasadas. María me muestra una caja de cartón mediana y me pregunta si no es desesperante: son remedios contra el cáncer que alguien, me dice, necesita de urgencia en Caracas; el avión que los iba a llevar se canceló y no sale hasta la otra semana.

—No sabes, hemos buscado todas las opciones pero nada, no conseguimos nada. Y es una cuestión de vida o muerte.

En Venezuela María era odontóloga; tuvo un problema profesional con el familiar de un jerarca chavista y la metieron presa. Al cabo de seis meses consiguió la libertad condicional y se escapó; en Miami su marido había empezado a armar esta empresa de envíos. Es un negocio nuevo: muchos de los miles y miles de venezolanos emigrados intentan ayudar a sus parientes con provisiones y remedios. Otros, los que todavía pueden, compran desde Caracas su comida en Walmart o Amazon y la remiten a este galpón, donde se la reempacan y mandan a su casa. Y están las encomiendas preparadas de la empresa: por 100 dólares incluyen unas cajas de arroz, fideos, frijoles, leche en polvo, harina pan, café, azúcar, y unas latas de atún y de sardinas, aceite, kétchup, mostaza, mayonesa, cereal, jabón, champú, desodorantes, compresas y papel higiénico. Pero hay rumores de que el gobierno americano va a prohibir los vuelos a Venezuela.

—Siempre es así. Cuanto más se necesita, más difícil se vuelve. Parece que lo hicieran a propósito.

Yo no me atrevo a preguntarle quién.

Más allá del galpón se extiende Doralzuela: los restos del barrio industrial que supo ser, talleres y astilleros, grúas como dragones, esas casitas bajas más o menos pobres en calles más o menos iguales con jardín descuidado y uno o dos coches en la puerta pero también edificios nuevos que se dicen de lujo, starbucks y restoranes italianos y sudacas varios y un barrio cerrado de chalets con su golf y viviendas sociales y más galpones y depósitos y calles arboladas y calles solitarias y un prado ralo con docenas de vacas y detrás de las vacas el Comando Sur. El Comando Sur es un predio gigante rodeado por rejas y un riacho y en el medio varios edificios, el gran búnker central, el mástil con la bandera de esa patria. El Comando Sur es una atracción de Miami que no suele salir en los folletos: el cuerpo de ejército estadounidense «responsable de proporcionar planificación de contingencia, operaciones, y la cooperación de seguridad para América del Sur, Central y el Caribe». Su origen se remonta a 1903, cuando Roosevelt mandó marines a Panamá para garantizar que el nuevo país se separara de Colombia y entregara el Canal a los americanos. Desde entonces atacaron docenas de veces y ahí están, con el poder de la amenaza.

«Politicians and diapers must be changed often for the same reasons. Welcome 2020 elections season», dice el cartel de una tienda de licores.

* * *

Nunca un teatro olió tanto a cilantro. Aquí, en el Colony Theatre de la famosa Lincoln Road, Miami Beach, un grupo de músicos venezolanos pone en escena *¡Viva la Parranda!*, un relato de sus vidas de pueblo con historias, canciones y un sancocho que se va cocinando sin apuro: cantan, bailan, relatan, extrañan. El Colony, joyita art decó, fue inaugurado como cine en 1935 por la Paramount; hace ya casi medio siglo que es teatro pero languidecía hasta que lo retomó, tres años atrás, el Art Drama que dirige el venezolano Michel Hausmann.

—En todos los teatros de este país se ponen obras que podrías ver en Nueva York. Las nuestras son realmente para Miami: queremos conversar con esta comunidad, tan distinta, tan diversa. Miami es más diverso que Estados Unidos, es una ciudad de minorías.

Michel tiene 37 años, barba, pelo largo, un entusiasmo a toda prueba y una historia de choques con las autoridades de su país que terminó por traerlo a estas playas.

—Aquí no había nada, una ciudad de millones de habitantes donde no había nada. Y de repente se transformó.

—¿Por qué una ciudad que siempre había desdeñado la cultura de pronto decidió que iba a ser una ciudad cultural?

—Bueno, había gente que venía intentándolo desde hace tiempo. Pero de pronto se trajeron Art Basel y todo cambió.

Art Basel es Miami puro: cualquier otra ciudad que hubiera querido tener una feria de arte de primera línea se habría planteado fundarla, progresar, lograrlo con el tiempo; aquí se compraron una hecha, la más cara, la mejor.

—Miami creció en una época muy turbia, corrupción, cocaína. Pero siempre las grandes fortunas empezaron con alguien criminal… Miami se hizo rica de manera ilícita y después llegaron las nuevas generaciones y trataron de cambiarlo. Art Bassel fue algo que cambió la trayectoria de la ciudad, convirtió a Miami en otro tipo de destino.

Miami es una ciudad cuyos ricos y poderosos la piensan, tratan de manejar su evolución. En algún momento decidieron que había que darle una pátina artística; ahora están intentando convertirla en un destino para nuevas empresas tecnológicas —y lo están consiguiendo. Michel se siente un pionero:

—La historia y la cultura de Miami se han trabajado tan poco, hay tanto por explorar. Yo trato de convencer a la gente interesante de que se mude aquí. Primero, porque los necesitamos. Pero también porque todo está por hacer, hay lugar, hay necesidad. Sí, claro, tener sol tantas horas al día te pone de mejor humor. Pero a mí me emociona la idea de que estamos construyendo algo. Te da una narrativa, un propósito, y eso es lo que uno busca en la vida, ¿no?

*   *   *

En estas calles hay profusión de Harley Davidsons. Para manejar una Harley se precisa una buena panza, algún tatuaje fuera de lugar, el pelo cano con colita atada, la sospecha de que eres alguien que puede un poco tarde lo que siempre quiso sin poder. Eso aquí es otro clásico. Gente de cierta edad viviendo como querían vivir cuando tenían edad incierta: señores más o menos mayores conduciendo sus descapotables con camisas de flores y chicas a juego, señoras con falditas blancas cortas y camisetas ajustadas mirando más al instructor que a la pelota cuando aprenden a jugar al tenis. Darse los gustos, dicen: la marca de la casa. Un lugar para darse los gustos.

Pero Miami es, como todas las ciudades, muchas ciudades. Para recorrerla te pasás horas y horas en el coche o, dicho de otro modo: no caminás. No hay dónde caminar, no hay cómo llegar a pie a los lugares.

Y andar en coche o carro por Miami puede ser: o bien meterse en una autopista de cuatro o cinco carriles que podría estar aquí o allá o en todas partes y esperar que circule; o bien enfrascarse en una serie de avenidas tan parecidas las unas a las otras que alcanzaría con sacar los carteles para perderse sin remedio. Dicen que primero alguien inventó el GPS y después, sin saber qué hacer con él, fundó Miami.

En estas calles/avenidas/carreteras las tiendas de las franquicias más frecuentes —McDonald's, Taco Bell, Wendy's, Burger King, Walgreen's, CVS, Pollo Tropical— se repiten sin fin: brotan, insistentes, al costado de todos los caminos, como si quisieran convencerte de que estás siempre en el mismo lugar.

Desde el auto, a veces, lo parece. En la ciudad del auto, el grado cero del espacio público es la «plaza» —con esa zeta líquida que el castellano no posee—: esos parkings rodeados por un arco de negocios de un piso, sus carteles, a veces seis o siete, a veces quince o veinte, donde el auto-nauta parará para poder hacer sus cosas. Son negocios pequeños: venta de celulares, una cerrajería, una casa de empeños, transferencia de plata, un pedicuro, la funeraria pobre, una lavandería, el salón de belleza, el dentista, el vendedor de seguros, el evasor de impuestos, el abogado de divorcios, un peruvian restaurant, la modern mexican taquería, la wines & liquors, y, cada vez más, el pet supermarket: los artículos para las mascotas. En un país que se gasta en sus perritos y gatitos el equivalente del PBI de El Salvador, Honduras y Nicaragua juntos, Miami es una de las ciudades con más bestias de casa: una pet-loving city, por supuesto.

*   *   *

Cuesta relacionar el calor y el movimiento de un reguetón con el frío de su grabación. En Miami no hay invierno; para eso se inventó el aire acondicionado. Los aires proveen ese frío que tanto les importa: el frío aspiracional, el frío como conquista, el frío como otro lujo que se compra. El calor es, faltaba más, cosa de pobres.

—En la industria de la música el 90 por ciento de las cosas corren en Miami. Aquí están las disqueras, los productores, los compositores...

—¿Por qué están acá?

—Bueno, para empezar aquí se vive bien. Es ese saborcito latino, te sientes como en casa. Y hay un estilo de vida. Es una ciudad muy nocturna, el alcohol, la fiesta, las mujeres, las drogas, muchas tentaciones.

Thomaz nació en Venezuela hace 21 años y es reguetonero: tras varias vueltas recaló aquí con todas las ganas de ganar, triunfar, llegar al éxito, esas cosas.

—¿Te tientan mucho?

—Sí. A mucha gente le gusta la música, le gusta la fama, todo lo que hay alrededor.

El Master House Studio es un salón pequeño, la mesa del ingeniero de sonido, tres sofás negros modelo bañadera y una puerta a una cabina ínfima donde Thomaz se encierra para grabar palabras sobre la base que le arma una máquina. No hay mucho más: un muchacho de cabeza rapada y unos tatús discretos que canta solo en la cabina claustrofóbica algo sobre una chica que se saca la ropa para que él la ame o algo así.

—Yo lo que quiero es que las mujeres se enamoren de mí… y está funcionando.

Dice Thomaz, se ríe, dice que no, que es mentira —para que yo crea que es verdad. Le digo que si eso es lo que quiere está haciendo un esfuerzo excesivo: que muchas y muchos se enamoran sin tanto trabajo. Él se vuelve a reír y dice que el reguetón es su vida, su pasión, siempre lo fue, y que su gran ventaja es que, a diferencia de la salsa o la bachata, no hay que entenderlo para disfrutarlo.

—Yo creo que mi generación nació con ese oído reguetonero. Y ahora muchos artistas que antes lo criticaban, como Vives, Shakira, Bisbal, Enrique Iglesias, ahora lo están haciendo.

Dice Thomaz, que hasta hace unos meses se hacía llamar Thomas The Latin Boy, pero ya no.

—A mí me gustaba el reguetón calle, no es que quisiera ser maleante pero me gustaba ese estilo. Y siempre se ha mantenido eso de hablarle directo, fuerte a la mujer, pero antes se hablaba más de matar y yo tengo más pistolas que tú y soy más malo que tú, era mucho peor. No es lo mismo promover la violencia que promover algo que en la intimidad a una mujer le gusta que le digan. Realmente a todas las mujeres del mundo en la intimidad les gustaría que les hablen como les hablan nuestras canciones.

Dice, y decido darle otra oportunidad:

—¿Estás seguro?

—Superseguro, sí. A las chicas de nuestra generación les gusta. Es muy complejo: mucha gente las critica pero en las discotecas las que más las cantan son ellas. Parece contradictorio pero así es como es.

Ahora, todavía temprano, apenas medianoche, en la pista del LIV hay unas sesenta muchachas –americanas, latinas, rusas, indias, chinas– y cinco o seis muchachos, sin contar los roperos de seguridad, que nadie confundiría con muchachos. Hay luces que se mueven, un diyei diligente, mucho ruido y cierta expectativa: las chicas dan saltitos con los brazos alzados, en una aproximación bastante convincente a la sensualidad de un androide con poca batería. Varias beben; algunas tienen faldas perceptibles; todas se selfean para que sus seguidor@s no se pierdan el momento: una incluso se transmite en video, trotskista de la disco, militante de la selfi permanente. En LIV el hociquito es meta y es bandera.

LIV es una de las discotecas más famosas de la ciudad; está en Miami Beach, en un hotel que se llama Fontainebleau para que ningún cliente lo pueda pronunciar a la primera. Aquí la entrada común cuesta 100 dólares y no las venden a cualquiera. Pero ya es la una y en la pista no hay mucha más aglomeración que en cualquier metro en hora punta; por suerte para bailar no queda sitio y la proporción mujer/hombre es solo tres a uno. La situación es tan difícil que algunos ni siquiera pueden selfiarse como deben, pero se ve que igual es un placer: siguen a los saltitos. Alguien alguna vez estudiará el peso del saltito en la felicidad contemporánea y llegará a conclusiones que nos harán brincar de gozo.

En LIV hay varias barras de bebidas y las atienden unas chicas de bikini negra inexistente: los habitués les piden tragos de los estantes traseros así se tienen que dar vuelta. Los seguratas son calvos, pesan ciento catorce o más y mascan chicle: miran el mundo como si fuera contagioso. Los que secan el suelo todo el tiempo con un trapo en el pie son más pequeños y no mascan chicle; el aire vibra o tiembla o se conmueve con los bajos. El ruido es tremebundo, el frío más o menos, las personas se mueven maquinitas, todo alrededor de la pista hay islas de sofás que arman espacios bien cerrados, custodiados por sus seguratas porque son zonas más VIP o más caras o más algo; están en pleno medio, bien a la vista para que nadie deje de ver que son más algo, para que nadie se olvide de que esto es Miami, brother, look.

En LIV, en el estruendo, es imposible hablar media palabra. Yo igual querría conversar con alguien, pero es obvio que no entiendo la lengua.

Cada tanto uno de los sofás blindados ordena una botella cara: en la carta —dos pantallas unidas por una funda de cuero— hay coñacs a 16.000 dólares, tequilas a 21.000, champañas a 26.000. Entonces cinco de las chicas llevan sus culos y unas antorchas de bengalas hasta el sofá de marras y una de ellas eleva la botella en un estuche de neón y todas bailan ante el cliente que acaba de gastarse veinte sueldos de su mucama en esos tragos. Es preciso que todos lo sepamos: el cliente paga la botella pero paga, sobre todo, el respeto o la envidia de los que lo rodean, el interés o el apetito de las que lo rodean. Es un ritual de apareamiento clásico —el macho va y mueve sus plumas— solo que, en el capitalismo del siglo XXI, el macho compra a otras para que las muevan.

Y va pasando el tiempo y el alcohol y todo se desata. Chicas se suben a las mesas y a los sofás y simulan coitos sorprendentes: el reguetón permite que una mujer actúe coitos visiblemente masculinos. Hombres las miran embobados; hombres se acercan, más bobos todavía. LIV es uno de los lugares donde Miami más se esfuerza por estar a la altura de su fama: sostener, por ejemplo, los resultados de esa encuesta que encargó, hace unos años, Trojan, el gran fabricante de condones, y que la definió como «la ciudad más sexual de Estados Unidos»: felicidad en acto.

* * *

Fue ese beso. Roberto tiene ojos entre azules y verdes, una barbita chiva, la piel ajada, los dientes muy picados, los anillos, dos sirenas tetonas tatuadas en los pechos, dos cadenas de plata con su dije de tibia y calavera, y dice que todo empezó con ese beso:

—Sí, fue por un beso que yo le metí... le di a una muchacha menor de edad. Tú sabes, nosotros en Cuba...

Roberto tiene 53 años y llegó de La Habana hace ya veinte, con su esposa y su hijo. Ahora no tiene ni esposa ni hijo ni casa ni nada: una condena por delitos sexuales lo obliga a vivir en la calle, en esta carpa en cualquier calle. Roberto dice que en su país no vivía mal —era percusionista y buzo, vendía chucherías a los turistas, resolvía— pero que vino a buscar un futuro mejor y se topó con un choque de culturas:

—Allá nadie se ofende. Uno estuvo con muchachas de quince, dieciséis, y nunca tuvo problemas, pero uno llega aquí y no sabe cómo son las leyes.

—¿La chica te denunció?

—No, la amiguita se lo dijo a la maestra y la maestra me mandó a la policía. La que me metió un beso fue la muchacha, no fui yo. Catorce años tenía, pero mira… Para mí fue el beso de la muerte. Ese beso me ha costado la vida.

—¿Lo recuerdas?

—Sí, claro, cómo no. Es una película que no para nunca… Para colmo yo estaba bien, trabajaba en esos campos de golf que compró Trump, y todo se dio vuelta… Y cuando la policía me vino a buscar yo les dije lo que había pasado, no sabía nada, no sabía, ¿me entiendes?

En su prontuario online aparecen delitos más graves; él los niega:

—Yo no he violado a nadie, no. Lo que pasa es que cuando fui a juicio ya llevaba tres años en la cárcel y me declaré culpable a cambio de que me dieran por cumplida la condena.

Le quedaban cinco años de libertad condicional: debía llevar un grillete electrónico y —como todos los sex offenders— no podía residir a menos de ochocientos metros de ningún parque, escuela, guardería. En una ciudad tan densa, eso deja pocos sitios habitables; Roberto vivía con sus colegas en campamentos de fortuna en los rincones más marginales de Miami. Por eso, dice, no podía enchufar el grillete y se le descargaba, así que un día lo acusaron de haber violado la condicional y lo volvieron a meter en la cárcel: cuatro años. Cuando lo soltaron, hace tres, todavía le quedaban cinco más de libertad condicional, grillete y restricción de residencia.

—La cárcel es insoportable. Pero a algunos les gusta, almuerzo, desayuno, comida, no hay que trabajar, hablando mierda, oyendo radiecito, prefieren estar presos que en la calle. Yo prefiero estar en cualquier lado menos ahí.

Está aquí: una carpa azul y blanca, gastada, torcida, delante de una playa de coches rotos apilados y unos bulldozers removiendo la tierra. Alrededor hay otros diez o doce colegas de delito y sus casas son carpas, toldos, algún sillón sin patas, una silla de ruedas con una rueda mala, un par de bicicletas, una van sesentera. Son, en toda la ciudad, unos quinientos, vagando, acampando donde pueden, esperando que los echen de nuevo.

—Otros te dicen que para vivir así, en la calle, siempre escapándose, mejor volver a la cárcel. Aquí hay casos terribles, hay gente terrible, pero no deberían demoler a todo el mundo. Hay tipos que de verdad deberían encerrarlos y tirar la llave, pero que no nos hagan pagar a todos este precio…

Dice Roberto, y que le quedan todavía dos años y no ve la hora. En su carpa hay un catre cubierto de ropa, cajoneras de plástico, bidones de plástico, una bombona de gas con una hornalla, un equipo de música potente, una silla de playa, las zapatillas bajo el catre, un cristo con su cruz, más cadenas colgando, el cenicero repleto de colillas.

—Estoy jodido, hermano, bien jodido. De vez en cuando aparece algún trabajito, pero tú consigues algo por la derecha y los de la probatoria llaman, mira, este es tal y cual, y automáticamente te botan del trabajo. Tiene que ser alguien que tenga una amistad, que el jefe diga no, a mí no me importa que él sea esto…

Dice, y se empeña en mostrarme viejas fotos, videos con tumbadoras, su vida en el teléfono. Y me insiste en que vino a Miami buscando su futuro y se encontró con esto.

—Ay, si hubiera sabido, mi hermano, si yo hubiera sabido…

*   *   *

—Acá el glamour es la calidad de vida: el mar, esas palmeras, los azules, todo ese kitsch, esa grasada. Y que mucha gente se permite una exhibición de cosas caras que en otros lugares no haría. Autos, esas cosas. Lo que tiene Miami es que es muy seguro, entonces cada uno puede mostrar lo que quiere mostrar. Y además acá todo vale.

—Bueno, es que no hay un grupo prescriptor, uno con el poder de definir qué está bien y qué está mal…

—Claro, porque acá hay mucha mezcla, Latinoamérica, Europa. No hay líder… Pienso que Faena es como el líder que congregó todo lo más glamouroso, porque como es tan libre, tan real…

Alan Faena tiene 55 años, el cuerpo hecho a gimnasio, el pantalón y la camiseta blancos que usa siempre que no usa un pantalón y una camisa blancos, y un turbante blanco que le enmarca la cara. Faena es, entre otras cosas, dueño de hoteles que se llaman Faena —en Buenos Aires, aquí mismo.

—¿Cuando decís que Faena es líder estás hablando de vos o del hotel?

—No, del hotel.

Dice, se ríe, me convida un mate. La casa de Alan Faena es poderosa: una de esas falsas coloniales con paredes mediterráneas y tamaño de pequeño mall, jardín de selva, que crecen en los barrios ricos de Miami. En el salón queda poco lugar para personas. Hay, en cambio, confusión de animales más o menos muertos, colmillos gigantescos, piedras y caireles, un trono egipcio, una araña de docenas de luces, un Buda majestuoso redorado, una corona de obispo de Moscú, muchos leopardos de madera en distintas posturas y sillones con tapizados de leopardos y el techo pintado y las paredes rojas y una gran calavera sobre el hogar vacío; un caniche blanco corretea, tan familiar entre lo extraño. Más allá la galería y el jardín y, al final, el muelle sobre uno de esos brazos de mar que aquí se mezclan con las calles.

—Miami es el mejor lugar para llegar, lindo para las primeras fotos. Después le faltan cosas de las grandes ciudades, que no lo es. Es un lugar de mucha gente de paso. Y Miami Beach es un poco un gran Club Méditerranée, todo tan bonito.

Faena construyó, además del hotel, más edificios superlujo. Entre ellos el apartamento más caro de la historia local, un penthouse de 60 millones de dólares en una torre frente al mar firmada Norman Foster y bautizada, claro, Faena House.

—Yo vengo del mundo de la moda, donde lo que importa es generar valor: cómo una camiseta fabricada en China que vos y yo pagamos cinco dólares, yo la puedo vender en ciento ochenta y vos la tenés que vender en doce.

—¿De qué depende?

—De cómo comunicás, de generar el deseo, de convencer al tipo que lo puede pagar... Y en eso una camiseta es lo mismo que un edificio, un hotel, una ciudad.

Miami sí sabe venderse. Para bien o para mal, ninguna ciudad influye tanto en la cultura sudaca: ninguna ha definido tanto esos modelos urbanos de barrios verdes y cerrados que los ricos del continente imitan con denuedo, esos malls que reproducen como pueden, esas torres brillosas; ninguna tiene tal potencia para exportar sus músicas y modas y ropas y deseos a toda la región. Y, sobre todo, ninguna ha producido como ella un espacio de cruce donde hay algo que ya no es cubano ni dominicano ni argentino ni estadounidense ni colombiano ni venezolano: algo latino-americano. Algo ñamericano.

Para bien, insisto, o para mal.

* * *

L. me dice que a Miami le va bien cuando a América Latina le va mal.

—Aunque mal puede significar cosas muy diferentes.

Y se explica: que buena parte de los dineros que pagan estos lujos —estas torres, estos puentes, todo este esplendor— vienen de las cuentas B de los países del Sur. O son los ricos venezolanos que huyen de su país con todo lo que pueden, o los políticos argentinos que quieren esconder su rapiña o los corruptores brasileros o los narcos colombianos o los empresarios chilenos o cualquier otro, que traen aquí los dineros que no quieren o no pueden tener en sus países; que no pueden declarar en sus países, que temen tener en sus países.

—Son cosas muy distintas, pero el resultado es que esa plata, en lugar de trabajar y mejorar cosas en sus países está aquí sentadita, esperando que vengan cada tanto sus dueños a controlar que todo sigue bien.

Alguien alguna vez conseguirá calcular cuántos miles de millones que podrían haber servido para dinamizar las economías latinoamericanas, para crear empleos y bienestar en sus lugares, está varado en los brillos de Miami. Es como el castellano: ese cliché de funcionario cultural o presidente ibero que se jacta de su difusión en los Estados Unidos, que ya son más de cincuenta millones, que es la segunda lengua más hablada. Yo, si fuera ellos, lo callaría, intentaría disimularlo. Porque la inmensa mayoría de esos millones son inmigrantes e hijos de inmigrantes: personas que se fueron al Norte porque sus países no eran capaces de sostenerlos, que se escaparon de la violencia o la pobreza o la pobreza y la violencia de sus lugares naturales. El crecimiento del castellano es una medida del fracaso ñamericano. Y la fortuna de Miami es otra: su fracaso para crear trabajo, para crear seguridad, para crear economías que parezcan sólidas, para armar democracias que obliguen a sus ricos, para crear países que los que pueden elegir elijan.

Que Miami, entonces, tan bella, tan brillito, tan seriamente placentera, sería la pus de esa infección. La metáfora es, sin duda, deplorable. O, dicho de otro modo, que es un error de género: que Miami, más que la capital, es el capital de Ñamérica.

EL CONTINENTE REAL

En esta tierra de mitos y más mitos, uno fue el fundador, el permanente: Ñamérica fue —durante tanto tiempo— el Nuevo Mundo, un espacio de todo por hacer, un mundo nuevo.

Cuando aquellos cristianos prepotentes chocaron con Ñamérica imaginaban un mundo dividido, según su fórmula habitual, en tres: Europa, África, Asia —el Padre el Hijo el Espíritu Santo. Las Indias vinieron a romper esa división tripartita. Por eso, desde entonces, se habló del «Nuevo Mundo», una tierra más reciente, joven, lejos del agotamiento y el agobio de las viejas. América era, para esos ojos formadores, el lugar donde las cosas no estaban desquiciadas por siglos de deformaciones.

Y era el lugar donde, además, las cosas no seguían las lógicas previstas: un continente mágico, cruza de lo inexplicable y lo temible, maravilloso por esencia. «Antonio Pigafetta, un navegante florentino que acompañó a Magallanes en el primer viaje alrededor del mundo, escribió a su paso por nuestra América meridional una crónica rigurosa que sin embargo parece una aventura de la imaginación. Contó que había visto cerdos con el ombligo en el lomo, y unos pájaros sin patas cuyas hembras empollaban en las espaldas del macho, y otros como alcatraces sin lengua cuyos picos parecían una cuchara. Contó que había visto un engendro animal con cabeza y orejas de mula, cuerpo de camello, patas de ciervo y relincho de caballo. Contó que al primer nativo que encontraron en la Patagonia le pusieron enfrente un espejo, y que aquel gigante enardecido perdió el uso de la razón por el pavor de su propia imagen», sintetizaría, aquella tarde remota en que su esposa lo llevó a conocer su Nobel, Gabriel García Márquez. Y tantos ñamericanos retomaron esa noción y la convirtieron en la marca distintiva, la manera de nuestra existencia.

Ñamérica era joven, diferente, mágica, impensada, una tierra donde los que llegaban —y los que la iban ocupando y conformando, y los que la miraban desde afuera, y, también, los que la deseaban— encontraron el continente perfecto para los contenidos de sus sueños.

Un mundo persistente, insistentemente nuevo:
un mundo tan real hecho de mitos.

Quizá lo dijo porque tenía que convencer a sus patrones los Reyes Católicos; quizá, porque tenía que convencerse. En 1498, cuando Cristóbal Colón tocó por primera vez el continente americano, les describió en una carta «las nuevas tierras que he descubierto, en las cuales tengo asentado en mi ánima que está el Paraíso Terrenal». Europa llevaba siglos buscándolo y él lo había encontrado en esas costas tropicales. Decepcionado por no dar con las ciudades y los palacios, con el dechado de cultura que había descrito Marco Polo, tuvo que cambiar de discurso y pretender que esa naturaleza bruta, lujuriosa con la que había topado era el Edén.

No sabía que inauguraba aquella tradición ñamericana: ser el espacio donde Natura era más fuerte que Cultura y, sobre todo, el lugar donde las utopías tenían su lugar.

Un mundo que siempre es
lo que será
o podría ser si acaso.

Desde entonces, de maneras diferentes según las diferentes épocas, europeos verían y contarían a Ñamérica como el sitio en que sus sueños podían realizarse, una pantalla donde proyectarlos. Y esos ojos alejados conformaron, muchas veces, las miradas de nuestros propios ojos.

Para aquellos cristianos semianalfabetos del siglo XVI la ilusión era encontrar el Paraíso. Y, cuando vieron esas playas y esas plantas, esos hombres y mujeres que, por desnudos, les parecieron virginales, supusieron que allí estaba. La idea, como casi todas, surgió de un contratiempo y, como todas, duró solo unos años.

Poco después ese paraíso natural, silvestre, adánico, se transformó, a sus ojos, en una mina inagotable. El oro, la plata —que sí existían en puntos muy precisos— convirtieron a la región en un dominio fabuloso donde toda riqueza era posible. América se volvió la fantasía de la riqueza súbita, el midas que toca la tierra y la transforma en oro, el mago que toca a su elegido y lo transforma en otro. Y aunque el sueño se hizo, para muchos, pesadilla, algunos lo cumplieron.

Costa del Oro, Río
de la Plata, el dorado Eldorado:
Eldorado es Ñamérica, somos
Eldorado: aquel lugar
que está siempre más lejos, más
allá, que nos mantiene
la esperanza, que nos agota
la esperanza. Aquel lugar
que nunca nunca nunca, aquel lugar
que cada vez quizá

Más tarde, cuando el poder español ya estaba establecido, algunos de sus representantes más culposos decidieron que los indios menos integrados podían cumplir con esa idea del buen salvaje que pronto formalizaría el ginebrino Rousseau, otra utopía: que los hombres eran esencialmente buenos pero las sociedades los maleaban. Ñamérica se volvió para algunos, entonces, una reserva de esos hombres preservados, dotados de la inocencia original, y los jesuitas —entre otros— se lanzaron a fundar con ellos una sociedad mejor, sin los males de su sociedad. El indigenismo empezó con esa construcción que hacía de esos indios seres ingenuos, prístinos, y suponía que todo lo malo había llegado con la invasión de los civilizados despiadados ávidos: fue una idea que hizo mucho camino.

Ya en el siglo XIX, con las independencias y sus luchas armadas, Ñamérica se volvió el teatro de nuevas utopías: que allí, en esos territorios donde supuestamente nunca había habido casas reales o aristocracias fuertes, se podrían fundar repúblicas que no cargaran con el lastre que sí frenaba los intentos republicanos en Europa. Para algunos de aquellos agitadores, entonces, Ñamérica se volvió —otra vez, distinto cada vez— un territorio utópico donde sí sucedería lo que tanto deseaban.

(Pero no sucedía. Aunque es cierto —y no terminamos de recordarlo— que en 1820 Ñamérica era la única región del mundo donde no había monarquías: la única cuyos países eran todos repúblicas. En ese sentido —solo en ese sentido— era la zona más «moderna».

Y por eso complicaba las cosas, entre otras, la decisión de basar la legitimidad en la voluntad de todos, la famosa voluntad popular. Cuando la legitimidad venía de Dios y de las armas no era necesario simular nada; en las jóvenes naciones americanas, en cambio, fue necesario definir quién era el pueblo y, por lo tanto, en quiénes residía esa voluntad. La gente sana y principal –los poseedores– o todos los blancos aunque fueran pobres o los blancos y los indios o los blancos y los indios y los pardos o, incluso, los blancos y los indios y los pardos y los negros. Las mujeres, por supuesto, ni se les ocurría.)

Como cada vez, el sueño chocó contra la realidad.

Pero otro más surgió a principios del siglo pasado, en algunos lugares, cuando millones de inmigrantes se lo creyeron tanto que vinieron con la firme decisión de hacer la América –porque creían que la América podía ser hecha todavía, y nos hicieron a nosotros, uruguayos, argentinos, esa gente.

Y a mediados del siglo pasado: la última –la penúltima– vez que Ñamérica fue para muchos la ilusión de concretar una utopía llegó cuando los movimientos revolucionarios de diversas izquierdas parecieron tener chances. Eran los tiempos en que su imagen tenía boina y barba y los pelos al viento; otra vez, la ilusión iba armada.

(Y le servía, para legitimarse, el recuerdo de aquellas guerras de la independencia. Todos los niños ñamericanos habíamos aprendido en las escuelas que los padres de nuestras patrias – Bolívar, San Martín, O'Higgins, Hidalgo, Santander, Martí, Artigas– fueron prohombres que se alzaron en armas contra los españoles para dejar de ser colonias. Alcanzaba, entonces, en 1960, con demostrar que habíamos vuelto a ser colonia –norteamericana– para que armarse contra los invasores fuera lógico, obligación patriótica, continuidad de la lección de la maestra.)

Esa ilusión también chocó contra la bruta realidad: a principios de 1980 había, en toda Ñamérica, solo cuatro países que no eran gobernados por dictaduras militares: Costa Rica, Venezuela, Colombia –y México, con su medio siglo de partido único. En todos los demás había generales, matanzas, cruces, tan parcas libertades.

(¿Qué hacen las lágrimas cuando uno no las llora? ¿Están allí, guardadas, esperan la ocasión? ¿Se fabrican especialmente para cada una? ¿Cómo se crea una ocasión? Escucho las últimas palabras del socialista Salvador Allende –la grabación sucia, entrecortada de sus últimas palabras–, el 11 de septiembre de 1973, mientras su aviación bombardea su Palacio de Gobierno, cuando ya sabe que ha perdido el poder y que está a punto de perder la vida. Y es difícil, ante esas palabras, no llorar. Es difícil por su integridad −integridad− ante su muerte y las razones de su vida; es difícil porque ahora sabemos que los que lo mataban se impusieron.)

Años después las democracias empezaron a volver al continente, y otra vez pareció que Ñamérica volvía a empezar.

Y otra vez florecieron los mitos sobre esta región del mundo siempre nueva, siempre tan reciente.

Ñamérica, siempre por hacer, siempre
a punto de hacerse, siempre casi
desecha, casi siempre.

Si algo nos define a los ojos ajenos es esa novedad: una región de la que otros esperan cosas nuevas, búsquedas, eso que algunos llaman utopías.

Una región que esos ojos ajenos ven siempre −casi− virgen, a punto de empezar a ser lo que debía.

Cargada de un deber que le definen otros: que ellos no pueden cumplir en sus lugares y, entonces, le imaginan.

Esta región que seguimos suponiendo nueva, que todos imaginan como nueva, está hecha de países que también imaginamos nuevos, recientes, pero se vuelven notablemente viejos si pensamos que, por ejemplo, Italia empezó a ser el estado que ahora es en 1865, Austria y Turquía en 1919, Irak en 1932, India y Pakistán en 1947, Israel en 1948, China en 1949, Nigeria, Níger, Kenia, Senegal, Tanzania y otros cuarenta países africanos hacia 1960, Bangladesh en 1971, Vietnam en 1976, Alemania, Estonia, Lituania en 1990, Rusia, Croacia, Eslovenia en 1991, Eslovaquia y Chequia en 1993, Serbia en 2006, Sudán del Sur en 2011 −y así de seguido. En un mundo donde la mayoría de los estados no tiene un siglo, los ñamericanos, que, salvo Panamá, siguen siendo los mismos que hace doscientos años, ya son casi ancianos reposados, confirmados −pero siguen sonando a cosa nueva.

* * *

Ahora Ñamérica es una región con sistemas políticos estables.

Dijo el otro y se le rieron en la cara. Pasa lo mismo que con la violencia: Ñamérica parece —y es— violenta, aunque sus estados nunca se lanzan a esas guerras que matan a millones. Ñamérica parece —y es— un caos político continuo, aunque sus estados, en las últimas décadas, han tenido sistemas que funcionaron según reglas más o menos respetadas.

Algunos insistirán en el caos. Pero es cierto que, comparados con países como Bélgica o España, que se pasaron años sin un gobierno elegido en las urnas, como Holanda o Suecia o Dinamarca o Inglaterra, que todavía tienen reyes, como Hungría y Polonia, donde gobiernos autoritarios promueven el racismo y la superstición, como Italia, que en la última década tuvo siete jefes de gobierno, la mayoría de los países ñamericanos son relativamente estables, ordenados.

En la última década —por ejemplo— en Argentina, Uruguay, Chile, Ecuador, Colombia, Panamá, Costa Rica, El Salvador, Guatemala, Honduras, México, República Dominicana, los gobiernos se sucedieron unos a otros según los mecanismos que sus constituciones prescribían. Hubo tres o cuatro presidentes echados por corruptelas, fraudes y otros inconvenientes —Bolivia, Paraguay, Guatemala, Perú— pero incluso esos casos se manejaron según la ley y el orden, o algo parecido.

El problema, ahora, parece ser la democracia.

O, para empezar, la caída de la ilusión democrática. Cuando terminaron aquellas dictaduras muchos en muchos países estaban dispuestos a creer que, como recitaba entonces el entonces presidente argentino Alfonsín, «con la democracia se come, se cura, se educa». Ese régimen de libertades —tan añorado y embellecido por ausente— aparecía como la panacea que repararía todo mal de la región. Tras los gobiernos dictatoriales de los setentas, la democracia —recuperada— se planteó como un fin en sí mismo, la meta de todos los esfuerzos, el logro que los justificaba. Poco a poco nos fuimos acostumbrando y empezamos a pensarla como un medio. Pero resultó que ese medio no alcanzaba los fines más urgentes: más justicia, más igualdad, más garantías, más escuelas, cloacas, hospitales —más comida. Y empezamos a descreer de ella: ya no meta pero tampoco medio idóneo. ¿Entonces, para qué? ¿Entonces, sirve?

(La palabra democracia se ha reducido tanto: en el origen griego el sentido está claro. *Demos* era pueblo, *cracia* era poder, *democracia* era el poder del pueblo y así empezó —por oposición a los regímenes donde el poder era de un hombre o de unos pocos. Pero en las últimas décadas sus beneficiarios consiguieron reducir todos esos sentidos posibles a uno solo: entendemos por democracia «una sociedad capitalista gobernada a través de la delegación de poderes establecida por vía electoral». Entre las infinitas formas en que podría funcionar el poder del pueblo –la democracia– una sola nos parece posible, cuando tantas lo son.)

Mientras tanto, en esta democracia progresaron gobiernos que aquellas dictaduras habrían envidiado: que supieron hacer con creces su trabajo. Por eso, entre otras cosas, ya no hay gobiernos militares. Tras sus animaladas de los setentas, los generales cayeron en el descrédito más o menos real, más o menos fingido. Se están recuperando, pero las derechas ñamericanas descubrieron que no los necesitaban para imponer sus decisiones: que podían conseguir los mismos resultados con mucho menos desgaste, con más firmeza si se hacían elegir en votaciones libres –y que sus pueblos los votaban.

Así que, en la mayoría de nuestros países, los ejércitos dejaron de ser ese reaseguro indispensable, mantenido y mimado por los ricos, que fueron durante todo el siglo XX, y perdieron poder. Salvo, por supuesto, donde los necesitaban, como en Colombia –para pelear contra guerrillas varias– o en Venezuela –para pelear contra su población.

(Los ejércitos ñamericanos eran, en general, aparatos muy incompetentes, solo preparados para el golpe de estado y la represión, que, como el argentino, fracasaron miserablemente cuando intentaron hacer su trabajo: pelear contra otro ejército. No son capaces y, además, es muy difícil imaginar conflictos armados entre los países ñamericanos. Y si, eventualmente, se armara alguno –lo cual no ha sucedido en los últimos veinte años– todos intervendrían para detenerlo. ¿O alguien se imagina a Venezuela, un suponer, ocupando los llanos colombianos e instalándose allí? Los ejércitos son inútiles pero carísimos: es sorprendente que no haya más países ñamericanos que hayan seguido el ejemplo de Costa Rica para ahorrarse ese dinero e instalarse en el banquito de superioridad moral que te da haber sido capaz de renunciar a tu mayor aparato de violencia.)

En los noventas los ricos ñamericanos usaron sus democracias para transformar las economías de la región con la vaselina de las urnas. Fue una década de cambios brutales: los bienes, las empresas que los estados habían acumulado en décadas se vendían a corporaciones extranjeras y su precio se gastaba en poco tiempo —o se usaba para pagar deuda. Los países perdían sus recursos sin ganar nada a cambio: solo la sumisión a esa lógica según la cual todo debía entregarse al capital privado porque los estados eran tan inútiles que no sabían siquiera gestionar unas empresas —pero, al mismo tiempo, debían reforzarse para poder venderlas. Empresas españolas estuvieron entre los grandes compradores: en algunos países muchos los vieron intentando recuperar su posición de metrópolis colonial —y, en varios casos, esa percepción despertó nacionalismos somnolientos.

En el 2000 Néstor García Canclini escribía que «pasamos de situarnos en el mundo como un conjunto de naciones con gobiernos inestables, frecuentes golpes militares, pero con entidad sociopolítica, a ser un mercado: un repertorio de materias primas con precios en decadencia, historias comercializables si se convierten en músicas folclóricas y telenovelas, y un enorme paquete de clientes para las manufacturas y las tecnologías del norte, pero con baja capacidad de compra, que paga deudas vendiendo su petróleo, sus bancos y aerolíneas. Al deshacernos del patrimonio y de los recursos para administrarlo, expandirlo y comunicarlo, nuestra autonomía nacional y regional se atrofia».

(Un efecto paradójico de esas privatizaciones fue la disminución de la influencia americana: sucedieron en el período de menor interés de Estados Unidos por su ex patio trasero, así que empresas europeas —muchas, estatales— se quedaron con lo mejor de las vidrieras. Salvo en México, donde el proceso fue distinto por el Tratado de Libre Comercio de América del Norte (a) NAFTA, y si acaso en Colombia.

Puede que fuera porque la globalización permitía a los americanos apuntar a regiones más lejanas: el patio trasero es útil cuando el transporte es complicado y las bases militares vecinas necesarias; en tiempos en que todo viaja tanto más fácil —las mercaderías, los misiles— la cercanía importa menos y se pueden buscar, más lejos, mejores condiciones. En todo caso, el buen viejo fantasma del «imperialismo yanqui», que nos había acompañado —con persistencia, dedicación, golpes de estado y sangres varias— durante casi un siglo, flaquea, ya no explica. Era bueno tenerlos de malos absolutos: era más fácil. Ahora son solo unos malos entre otros, nothing to write home about. Salvo, claro, si te llamas México.

Hace treinta años un gran conocedor del continente, el francés Alain Rouquié, definió a América Latina como el «Lejano Oeste» —o «Lejano

Occidente»— la frontera más extrema de la democracia y el desarrollo. Fue cierto durante décadas o siglos, pero ya entonces empezaba a dejar de serlo: el crecimiento capitalista de Asia e incluso de algunos países africanos convirtió al mundo en un espacio mucho más homogéneo, donde Ñamérica ya no es frontera de nada porque los que estaban afuera ahora caminan en la misma dirección —y son más grandes, más poderosos, más decisivos. El papel de la región se fue desdibujando. Una cosa era ser la última avanzada de Occidente; otra, ser una de sus penínsulas lejanas.

Y además Ñamérica, en términos económicos, es menuda: produce poco más que el cuatro por ciento del producto bruto interno del mundo. Nada que merezca grandes líos.)

Fueron tiempos de enriquecimiento para algunos y penuria económica para muchos. En esos años democráticos y liberales y privatizadores los dirigentes de la mayoría de nuestros países consiguieron convencer a millones de que la política era eso que hacían los políticos: pactos de pasillo y componendas de corrillo, pequeñas traiciones, grandes traiciones, corruptelas varias, palabras tan vacías. Millones se declararon, entonces, hartos de la política, sin pensar que la política —la elaboración de metas comunes, la organización y la movilización para lograrlas, el logro compartido de esas metas— es la única forma que conocemos de mejorar realmente nuestras vidas.

Cuando el modelo neoliberal se quebró, el descrédito de «la política» era tal que, en varios países, los que encabezaron la reacción contra él no fueron otros partidos políticos sino movimientos sociales, sindicales, militares. A menudo los reunía y guiaba su desconfianza de los políticos o, incluso, de los líderes en general, del liderazgo. Hasta que fueron seducidos por ciertos líderes que convencieron a millones de que eran diferentes —y unos pocos incluso lo eran.

En los años 2000 la mitad de los países de la región se volcó a esos gobiernos que la viveza política dio en llamar de izquierda y la pereza política, populistas. Tras el desastre de aquellas administraciones neoliberales, el péndulo fue para el otro lado y entonces, para hacerse elegir, la retórica izquierdista se volvió indispensable. Algunos de ellos llevaban décadas en ella; otros la adoptaron a último momento. Pero todos se beneficiaron de ese rechazo de grandes mayorías por el modelo privatista que las había gobernado en la década anterior. O, también: despilfarraron ese rechazo, lo usaron para instalar gobiernos que cambiaron tan poco.

Aunque contaron tanto, se cantaron
con músicas y épicas de antes, otra vez
el mito repicando, aquellas
utopías manoseadas, peroratas
que sus hechos negaban sin vergüenza.

En general, la disyuntiva de estas últimas décadas en toda la región podría sintetizarse como mercado libre contra mercado controlado, empresas privadas contra empresas públicas, educación y salud y seguridad para los que las pagan o para todos. Los gobiernos neoliberales de los noventas le daban al Mercado el control de la economía; los gobiernos neodesarrollistas de los 2000 aumentaron el peso del Estado.

Ahora, ya en los veintes, mercadistas y estatistas se mantienen en pugna. Se pelean, obviamente, por la cantidad de intervención estatal en la economía y en la acción social, aunque ninguno de los sectores es tajante: ni los (más) estatistas pretenden acabar con el mercado ni los (más) mercadistas quieren que el estado deje de asistir y reprimir. Es, más que nada, una cuestión de grados dentro de un sistema del que unos y otros no quieren salir.

Pero la diferencia existe y parte aguas y los medios y políticos clásicos tratan de empaquetarla poniendo el acento en la forma de ejercer el poder: entonces llaman *republicanos* a los mercadistas, porque supuestamente respetan más las reglas de la democracia de delegación, y *populistas* a los estatistas, porque menos.

Porque los dizque populismos suponen cierto desdén por las normas y formas institucionales –que los republicanos, en cambio, defienden con denuedo– y un liderazgo fuerte y definido, personalista sin pudores –que los republicanos, en cambio, simulan rechazar.

*   *   *

Populismo es una palabra vieja que últimamente se plantó en el centro de la escena. Durante más de un siglo la usaron las izquierdas clásicas para denigrar a sus enemigos íntimos: los que decían que estaban a favor del pueblo pero en realidad querían preservar el poder establecido –y, para eso, debían engañar al pueblo. Según eso, los populistas eran unos falsarios que usaban los intereses populares como recurso retórico y hablaban de cambios que nunca efectuarían para disputarle el espacio a la izquierda verdadera.

En los últimos años, para algunos, la palabra pasó de insulto a orgullo y la usan para definirse. Otros la siguen usando como insulto —solo que, en general, no lo hacen desde la izquierda clásica sino desde las derechas y centros más variados. Para ellos llamar a alguien populista es un juicio moral: dicen que son los que ofrecen soluciones rápidas a los problemas urgentes, soluciones simples a los problemas complejos, soluciones que parecen pero que no son. Lo dicen políticos y técnicos que llevan décadas sin solucionar esos mismos problemas con sus respuestas tan calificadas.

O, dicho de otro modo: llaman populistas a esos que ofrecen respuestas simples a los problemas complejos que ellos crearon con sus dizque soluciones dizque complejas.

—¿Quiénes somos nosotros?
—Nosotros somos los que decimos la verdad.
—¿Y quiénes son ellos?
—Los que se dejan engañar por las mentiras.
—Ah, pobres.

(Primero fue la palabra *cambio*. Hace casi treinta años, cuando los regímenes estalinistas de Europa Oriental cayeron como quien se olvida, la gran derecha internacional vio que había, entre las ruinas, algo que le podía ser útil: la palabra cambio, la noción de cambio —y se hizo con ella. Se la quedaron; cuando hablaban de cambio hablaban de cargarse el estado de bienestar, de privatizar, de desigualar todo lo posible, pero lo adobaban con la carga positiva del «cambio»: la ola neoliberal del Consenso de Washington se hizo al ritmo de esa palabra que había sido, siempre, patrimonio cultural de la izquierda. Ahora, la palabra populismo es el nuevo botín, y la usan hasta el aburrimiento.)

Populismo es un nombre fácil: les cabe a casi todos. No importa que propongan formas confusas de asistencialismo estatal o clarísimas de capitalismo de rapiña: a todos se les aplica la etiqueta. Fuera de la región los populistas más conocidos son Putin, Bolsonaro, Modi, el ex Trump: patrones de las mayores democracias del planeta, nacionalistas racistas represores religiosos de derecha confesa; con esos ejemplos, es difícil sostener que el populismo sea propio de la dizque izquierda. O, dicho de otro modo: si esos señores pueden recibir la misma etiqueta que Evo Morales o Pepe Mujica, la etiqueta etiqueta muy poco.

—¿Y nosotros querríamos distribuir mejor la riqueza?

—No, cómo se te ocurre. Esa es una solución simple para un problema muy complejo.

—Ah, populismo.

—Sí, qué puaj.

En Ñamérica la etiqueta se ha usado sobre todo para gobiernos (más) estatistas, los neodesarrollistas de los años 2000. Eran diversos: un militar venezolano, un indio cocalero boliviano, un gobernador petrolero argentino, un ex guerrillero uruguayo, un ex guerrillero nicaragüense, un economista católico ecuatoriano, una médica exiliada chilena —y siguen firmas. Los acercaba, si acaso, la crítica del sistema político más tradicional y cierta retórica sobre la necesidad de hacer más vivibles las vidas de millones. Sobre eso la mayoría hizo muy poco: como mucho, caridad de estado.

Su ejemplo más exitoso sería el boliviano. El éxito de Morales, indudable, consiste en haber multiplicado la explotación de minerales y las inversiones extranjeras y, así, cuadriplicado el PBI en sus doce años de mandato y, al mismo tiempo, haber sacado de la pobreza a millones de personas: sobre todo con más empleo y planes asistenciales. No consiste en haber establecido una igualdad, sino en haberlos sacado del pozo con un capitalismo —algo— más generoso.

—¿Y nosotros queremos que los ciudadanos participen más y mejor en las decisiones de gobierno?

—No, cómo se te ocurre. Esa es una solución simple para un problema muy complejo.

—Ah, populismo.

—Sí, qué uggg.

El «populismo» actual es el producto de una época de absoluta hegemonía del capitalismo de mercado, en que nadie lo cuestiona como base de nuestras sociedades. Como no hay discusión sobre el qué, se discute encarnizadamente el cómo. Solo así se explica que gobernantes tan aparentemente distintos puedan ser calificados —¿descriptos?— con la misma palabra, el mismo set de ideas.

Porque no se discute el sistema que manejan sino las formas en que lo manejan: con más o menos delegación, más o menos debate, más o menos respeto por ciertas reglas, más o menos impuestos. Digo: se discute cómo y con qué reglas funcionan los gobiernos, no cómo y con qué reglas funcionan las sociedades –quién es dueño de qué, quién tiene qué derechos, quién come y quién no come.

La estructura económica y social no se discute; se disputa, si acaso, cómo se administra. La insistencia en condenar el «populismo» es el discurso de una época que no consigue pensar cómo podría ser distinta.

–¿Quiénes son ellos?
–Ellos son los populistas, qué asquito.
–¿Y nosotros quiénes somos?
–Nosotros somos los que estamos contra los populistas, por supuesto.
–¿Y cómo se definen los populistas?
–Son los que siempre necesitan construirse un enemigo, ¿no sabías?

Lo cierto es que en la primera década del siglo hubo en Ñamérica una acumulación excepcional de gobiernos que se decían de izquierda. En Venezuela se llegó incluso a acuñar y acunar esa expresión que algunos retomaron porque tiene una parte innegable de verdad: nadie puede decir que «el socialismo del siglo XXI» no fuera del siglo XXI.

Otros llamaron a toda la movida «la ola –o marea– rosa»: en 2010, Argentina, Chile, Uruguay, Bolivia, Paraguay, Ecuador, Venezuela, Nicaragua, El Salvador, Guatemala, Cuba –y el vecino Brasil– tenían gobiernos con discursos progres. El paquete, sin embargo, era difícil de cerrar: implicaba mezclar a Bachelet y a Chávez, a Ortega y a Mujica, tan distintos.

(Fue una generación más o menos perdida, más allá de etiquetas: de los que gobernaban Ñamérica en esos días el ecuatoriano Correa sigue prófugo, el venezolano Chávez se murió a los 60 en el poder, el argentino Kirchner se murió a los 60 poco después de dejárselo a su esposa, el cubano Castro murió a los 88 tiempo después de dejárselo a su hermano, el nica Ortega sigue gobernando, el peruano Alan García se suicidó cuando estaban por meterlo preso, el panameño Martinelli fue detenido en Estados Unidos, el boliviano Morales ha vuelto pero ya no preside, la chilena Bachelet dirige una agencia de Naciones Unidas, el salvadoreño Saca sigue preso, el paraguayo Lugo es senador, el colombiano Uribe suele estar preso, el costarricense Arias está acusado de acosos y violaciones y así de seguido.)

—¿Y por qué ellos son más populares?

—Porque son populistas, por supuesto.

—Ah, claro, por supuesto.

Otro problema del supuesto populismo es que suele ser popular. Por lo cual, en los términos actuales del contrato democrático, deberíamos respetar las decisiones que lo llevan al poder. Es un engorro —que quizá sea culpa de los defectos de ese contrato democrático, pero no se pueden deplorar sus efectos en nombre de su defensa y salvaguarda.

Aunque, curiosamente, aquellos movimientos se basaron —se basan— en una desconfianza extrema por el pueblo. Sus jefes creen que sus pueblos no pueden gobernarse y que debe haber un líder que los guíe, que los lleve. Y que ese hombre fuerte —muy pocas veces una mujer fuerte— es alguien excepcional que debe mantenerse al frente; no un representante sino un conductor, un redentor, una figura más o menos sobrehumana. Alguien que no está ahí porque es como todos los demás sino porque es distinto de todos los demás, un elegido, un carismático. Alguien que, por su existencia, sirve para consolidar el principio de autoridad, de diferencia.

Por eso sus líderes, tan decisivos, terminan por caer en la tentación de sí mismos: «Es ese momento en que miran alrededor, miles de cabecitas allá abajo, y piensan pobres, qué sería de todos ellos si no estuviera yo. O, incluso: qué habría sido de todos ellos si yo no hubiese estado. O, si acaso: qué será de todos ellos cuando yo ya no esté. O quizá piensen ay, qué duro ser el único que. O tal vez, quién sabe: ¿por qué será que solo yo lo puedo? Lo cierto es que, piensen lo que piensen, creen que el estado —de las cosas, de los cambios, de su ¿revolución?— es ellos y que sin ellos nada. Entonces, se contradicen en lo más hondo y ceden —gozosamente ceden— a la tentación de sí mismos», escribí hace unos años por puro ignorante: porque no había leído a una de sus teóricas de base, la peronista belga Chantal Mouffe, que lo recomendaba: «Para crear una voluntad colectiva a partir de demandas heterogéneas se necesita un personaje que pueda representar la unidad. Así, es evidente que no puede haber movimiento populista sin líder». La idea de que las personas comparten un movimiento porque quieren lo mismo debe ser anticuada; lo importante es compartir un jefe o una jefa que puedan darte esa impresión —y crean esa unidad que nada más justifica.

Pero yo, entonces, no sabía que era un truco, y peroraba: «Es curioso que señoras y señores que se llenan la boca con pueblos y militancias y movimientos sean incapaces de confiar en sus pueblos y sus militancias y sus movimientos: que se pasen años en el poder sin conseguir –sin querer– formar a quienes puedan reemplazarlos, anulando a quienes pudieran reemplazarlos, como si la condición de existencia de sus políticas fueran sus personas. Como si no pudieran aceptar la primera regla de la democracia verdadera: que no hay reyes sino delegados. Que nadie es indispensable, que importa el colectivo tanto más que el individuo. Hablan de izquierdas; frente a los diversos intentos –incipientes, difíciles– de cambiar las formas de hacer política, su voluntad de control y su personalismo los sitúan en la derecha más conservadora».

(Ahora en toda la región solo hay dos países que permiten la reelección indefinida de sus presidentes. La lista es elocuente: Nicaragua, Venezuela.)

Y no hay mejor síntesis de esa postura que la que hizo su gran guru, el comandante Hugo Chávez, oscilando entre la tercera y la primera persona, entre el exceso y el ridículo: «Chávez ya yo no soy en verdad, Chávez es un sentimiento nacional, Chávez recorre toda Venezuela, es un proyecto que se hizo colectivo… Cuando yo los veo y ustedes me ven yo ya siento algo que me dice Chávez, ya tú no eres Chávez, tú eres un pueblo, Chávez se hizo pueblo como dijo Gaitán, un gran líder colombiano, ya yo no soy yo en verdad, yo soy un pueblo, yo me siento encarnado en ustedes… Tú también eres Chávez muchacha venezolana, tú también eres Chávez muchacho venezolano, tú también eres Chávez trabajador, trabajadora, abuela, abuelo, tú también eres Chávez niña venezolana, niño venezolano tú también eres Chávez», se invocó, poco antes de su muerte.

(Una deriva de la tentación de sí mismo es la política de la sangre: la disolución de los programas y por lo tanto de los partidos hace que nadie pueda confiar en sus «compañeros» –porque no los une una idea, una búsqueda común. Entonces confían en sus parientes: es extraordinaria la cantidad de parientes que han llegado a tener algún poder en Ñamérica en los últimos tiempos. Tanto, que ahora algunas legislaciones lo prohíben expreso: en Guatemala, por ejemplo, el ex presidente Álvaro Colom se divorció en 2011 de su esposa, Sandra Torres, para que ella pudiera ser candidata a presidenta; por una vez, el truco no coló.

Pero en Nicaragua gobierna una pareja y en Cuba fueron dos hermanos y en Argentina la viuda de un presidente, ex presidenta a su vez, está preparando a su hijo para que más temprano que tarde se haga cargo de la herencia familiar.)

La estrategia básica de estos movimientos es el enfrentamiento: la mayoría de ellos produjo en sus sociedades divisiones fuertes, la famosa «grieta». También en eso seguían los manuales que dicen que no hay nada mejor que conseguirse un hato de enemigos —y que allí está casi todo el arte: en crear un buen relato, simple y contundente, que defina enemigos que parezcan tremendos pero sean, al fin y al cabo, facilitos. La prensa es el mejor ejemplo: pelearse con los «medios hegemónicos» hace mucho ruido pero, en última instancia, no jode. Si te peleás con una petrolera puede parar el país, si con una eléctrica puede dejarlo a oscuras; en cambio si te peleás con un diario te insultará y te dará patente de rebelde y te permitirá, además, impugnar todo lo que ese diario diga —«mienten porque son enemigos»— y, así, producir un estado de desinformación constante: de ignorancia.

Y, sobre todo, los enemigos sirven para definirse cuando las definiciones políticas no están claras: ¿Quiénes somos nosotros? ¡Somos los que peleamos contra ellos, huevón, qué tonterías preguntas!

Ya lo había dicho, mejor que cualquier otro, José Martí:
«El amor, madre, a la patria
no es el amor ridículo a la tierra,
ni a la yerba que pisan nuestras plantas;
es el odio invencible a quien la oprime,
es el rencor eterno a quien la ataca».

* * *

Debo ser un nostálgico incurable: a mí me sigue interesando la definición clásica, la que decía que un populista es alguien que intenta convencer a su pueblo de que hará una serie de cosas que no está dispuesto a hacer porque no puede o sabe o quiere cambiar las estructuras básicas —de poder, de propiedad— de su sociedad. Y entonces lo convence de que esas cosas se pueden conseguir de todos modos, sin esos cambios, y el engaño dura lo que dura.

«Populistas», «izquierdistas» o como quiera que se los llame, si algo tuvieron en común esos movimientos ñamericanos de principios de siglo fue su aceptación del capitalismo de mercado, de las desigualdades de clase, de la concentración del poder —y sus palabras gritando lo contrario.

En general esos gobiernos produjeron alivios pasajeros para los pobres de sus países: usaron, en el mejor de los casos, los recursos extraordinarios que sus estados recibían en tiempos de bonanza global para lanzar políticas asistenciales —beneficencia con discurso.

A su vera se fortalecieron esos «movimientos sociales» que se movilizan para pedir alimentos y subsidios al estado. El interlocutor de estos millones marginalizados —desocupados, excluidos del sistema productivo formal— ya no son los patrones que no tienen, a los que podrían exigir mejores condiciones a cambio de cumplir con sus trabajos, sino el estado al que piden más dádivas a cambio de quedarse en sus suburbios. No llevan un proyecto de futuro, construcción: se mueven para conseguir con qué comer unos días más. Sabiendo que, en unos días más, tendrán que volver a pedir: a amenazar para pedir.

Esa asistencia, es cierto, mejoró algunas situaciones extremas: proveyó de un mínimo de dinero a los que no tenían, pero no cambió sus formas de obtenerlo: los volvió —o mantuvo— dependientes del estado. Lo que suele llamarse una política clientelar: esa manera de controlar a los más pobres manejando sus necesidades más primarias.

(Según los clásicos, los estados se forman como aparatos de dominación para que los más ricos y más poderosos consoliden su control sobre los menos. Pero, a partir de cierto momento, también actúan como un contrapeso para su dominio: un instrumento que pone ciertos límites —a través de leyes y de impuestos— y redistribuye un mínimo de riqueza —a través de servicios y subsidios. Así moderan la avidez de los ricos más desaforados; así sirven a los ricos más inteligentes.

En general los gobiernos estatistas consiguen que los más ricos y más poderosos puedan mantener su nivel de apropiación de las riquezas nacionales calmando a los que podrían oponerse y exigir su parte. Como no están dispuestos a tocar en serio la riqueza ni el poder no hay redistribución de la propiedad ni los medios de producción; solo dádivas que los estados hacen —a partir de un aumento de su recaudación—: migajas, miguitas, migajitas. En nuestros países, estos últimos años, se discute mucho y muy airadamente: las grietas resquebrajan la región. Los ricos más desaforados deploran esas intervenciones del estado y las atacan, porque las consideran una «confiscación»; los más inteligentes las defienden porque saben que, sin ellas, todo les resultaría mucho más difícil.

Lo que no se discute es el modelo socioeconómico, el capitalismo de mercado, la acumulación ilimitada, la plusvalía, el poder del dinero, esas cositas.)

Esas asistencias, que habían aumentado, fueron disminuyendo en los últimos años, cuando las coyunturas económicas empeoraron. Nuestras sociedades no habían cambiado sus estructuras económicas y sociales: tanto las dizque izquierdas como las veras derechas de la región siguieron, más allá de su verba altisonante, haciendo que sus países vivieran de la exportación de materias primas y que hubiera en ellos un buen porcentaje de pobres y excluidos. Los gobiernos de Vera retenían pocos impuestos sobre esas exportaciones porque decían que ese dinero se volcaba en la economía, creaba trabajo y por lo tanto riqueza para los más pobres, en un clásico caso de cantata liberal. Los gobiernos de Dizque retenían más impuestos y, a través del estado, entregaban partecitas de ese dinero a los más pobres, en un clásico caso de pan para hoy y hambre para mañana.

Es cierto que hubo, como vimos, un crecimiento de las clases medias. Gracias a la bonanza económica millones de personas salieron de la pobreza completa para acceder a cierto nivel de consumo: tanto a los estatistas como a los privatistas les conviene, si pueden producirla, una especie de clase media ampliada, que contenga los roces y desmanes sociales, que consuma. Pero ese crecimiento se dio en proporciones semejantes en la mayoría de los países de la región. Los hechos, los números, son claros: las mejoras —de ingresos, de accesos— no fueron mejores en los gobiernos y países de la dizque izquierda que en los de la vera derecha. Ahí está la clave.

Queda dicho: «derechas» e «izquierdas», Vera y Dizque fueron, a menudo, en sus efectos, parecidos. Pero llamar «izquierda» a aquellos movimientos les servía a todos: a los políticos que se hicieron con el poder en sus países tras el desastre neoliberal, para legitimarse; a sus opositores del establishment para tener a quien acusar, de quien diferenciarse, y para desprestigiar y desactivar, por quién sabe cuánto tiempo, cualquier proyecto de izquierda verdadera.

* * *

Tras unos años de aperturas y perplejidades el poder político, ahora, en Ñamérica, ha vuelto a las manos habituales. Es anécdotico pero interesante ver quiénes la gobiernan. En la Argentina, hoy, el presidente es un abogado sesentón de clase media y una vida dedicada a la política en diversos partidos. En Uruguay, hoy, el presidente es un abogado cuarentón católico conservador hijo de un ex presidente católico conservador. En Chile, hoy, el presidente es un empresario sesentón que estudió en Estados Unidos y tiene cientos de millones. En Bolivia, hoy, el presidente es un economista cincuentón con un máster británico, hijo de profesores que se pasó la vida en la administración. En Paraguay, hoy, el presidente es un empresario cuarentón conservador que estudió en Estados Unidos hijo del secretario privado del dictador más longevo. En Perú, hoy, el presidente provisional es un ingeniero sesentón centrista que estudió en Estados Unidos, ex funcionario del Banco Mundial que reemplazó al reemplazo de un presidente preso por corrupto. En Ecuador, hoy, el presidente es un banquero sesentón conservador que manejó la Coca-Cola local y un par de bancos y llevaba muchos años perdiendo elecciones. En Colombia, hoy, el presidente es un economista cuarentón hijo de un gobernador que estudió en Estados Unidos y gobierna por cuenta de un viejo caudillo. En Venezuela, hoy, el presidente es un militante cincuentón de origen humilde que gobierna por cuenta de un caudillo muerto. En Panamá, hoy, el presidente es un ganadero y empresario sesentón socialdemócrata de origen judío pero muy cristiano que estudió en Estados Unidos. En Costa Rica, hoy, el presidente es un periodista cuarentón con un máster británico votado para oponerse a la amenaza de un cantante cristiano fundamentalista. En Nicaragua, hoy, el presidente es un setentón ex guerrillero que lleva cuatro décadas largas entrando y saliendo del poder. En El Salvador, hoy, el presidente es un treintañero engominado sonriente empresario de origen palestino que tuitea sin parar. En Honduras, hoy, el presidente es un abogado cincuentón que estudió en Estados Unidos reelegido con posible fraude y acusado de recibir dinero del Chapo Guzmán. En Guatemala, hoy, el presidente es un médico sesentón ex bombero que se hizo famoso como director de prisiones y reivindica la pena de muerte. En Dominicana, hoy, el presidente es un empresario y economista cincuentón católico centrista que estudió en Estados Unidos. En Cuba, hoy, el presidente es un dirigente sesentón del partido que lleva en el poder sesenta años. En

México, hoy, el presidente es un abogado cristiano sesentón que lanza proclamas de patria y felicidad y habla y habla.

Sobre dieciocho, seis son empresarios, otros tantos economistas o abogados; casi todos se han pasado la vida en puestos políticos en sus países o en organismos internacionales; la mayoría estudió algo en Estados Unidos y varios son hijos o sobrinos de jefes políticos. Hay un López, un Fernández, un Díaz, un Piñera, un Alvarado, un Hernández, un Ortega, un Benítez, un Lacalle, un Medina, un Duque, un Cortizo, un Maduro: otra vez la lengua vence. Otra vez todos son hombres. Otra vez todos son blancos.

Y casi todos son practicantes fieles, creyentes de la democracia encuestadora.

La democracia encuestadora es este régimen en el que vivimos desde hace un par de décadas, donde los que conducen el estado y los que aspiran —a conducirlo— tienen como guía y principio principal lo que les dicen las encuestas, porque ninguna convicción les resulta más importante que mantener el poder para ellos y el mercado para sus mandantes.

La política solía consistir en grupos de personas —los llamados partidos— que se unían porque tenían una idea común sobre cómo debería ser la sociedad en que vivían y vivirían. Entonces se organizaban para tratar de convencer a muchos más de que esa forma era mejor y, por los medios que imaginaban convenientes —elecciones, insurrecciones, guerras—, buscaban concretar esas ideas.

La democracia encuestadora consiste en una persona —seguida servilmente por un grupo— que no tiene más proyecto, más propuestas que la de acceder o mantenerse en el poder y, para eso, supone que lo mejor es averiguar qué piensan los electores y adaptarse a eso. Su actividad principal consiste en leer encuestas y decir lo que esas encuestas le dicen que esperan los votantes. Un círculo vicioso: los encuestadores preguntan a los encuestados lo que creen que su cliente quiere escuchar, los encuestados responden según las categorías que les ofrecen los encuestadores y confirman sus pre-juicios, el cliente recibe un relato que le permite ofrecer el producto que le quieren comprar —y así todo se queda en el lugar común.

La democracia encuestadora es pura adaptación de vendedor astuto, que sabe plegarse, en cada caso, a lo que supuestamente se le pide; no un espacio donde pensar, entre muchos, cómo podría ser la vida, y trabajar en esa dirección. Es como si se esforzaran por hacer literal el chascarrillo de Borges cuando decía que la democracia es un abuso de la estadística. Un líder puede ser aquel que plantea los nuevos debates e intenta que una sociedad reflexione sobre sí misma y busque modos de funcionar mejor. O puede ser aquel que encuesta obviedades para repetirlas a los gritos. Para los líderes de la democracia encuestadora el facilismo de la demagogia reemplaza la valentía de proponer cuestiones.

(Es curioso que nuestras sociedades les den tanto poder a unas personas que manejan una técnica que se equivoca tanto. Y que en nombre de esa técnica se arrogan la representación efectiva de la población.

Salvo cuando hay decisiones importantes —las que sí te cambian la vida— que suelen circular por carriles totalmente desligados de cualquier pantomima democrática. Un ejemplo casi propio: nada, en el último siglo de historia argentina, fue más definitorio para el país que la decisión de acabar con los intentos industriales y volver a concentrarse en la explotación y exportación de commodities agrícolas. Eso, que definió la Argentina actual, es una decisión que nunca se propuso, nunca se debatió, nunca se votó: que unos señores tomaron al calor del golpe de 1976, y listo el pollo. Lo mismo pasó con la transformación de México y el norte de Centroamérica en una gran maquila. En general lo hace «el mercado», ese monstruo que se precia de estar en todas partes y en ninguna —aunque sea, sin duda, la concreción de los deseos de los que lo manejan. Y después se quejan de que cada vez más personas descrean de la democracia.)

* * *

Sabemos, un fantasma
recorre Ñamérica:
el fantasma de la corrupción.

(Mientras escribo estas líneas —y espero alguna oferta— hay como veinte ex presidentes y vicepresidentes ñamericanos presos o fugitivos por corruptelas varias.)

Se diría que siempre estuvo aquí: la corruptela siempre estuvo aquí. Hay una tradición: cuando América empezaba a hacerse hispana, sus invasores tan cristianos trajeron esa ayuda inestimable. Aquellos creyentes podían hacer cualquier cosa y algo más, porque lograban el perdón de sus pecados —sus infracciones a su propia ley— comprándole a la institución que debía aplicar esa ley los perdones que les abrían las puertas de su cielo. Si su dios y padre y creador sabía mirar para otro lado a cambio de dineros o atenciones especiales, ¿cómo no iban a hacerlo los pinches hombres que regían en su nombre? ¿Quién tendría la soberbia de no dejarse corromper? ¿Quién sería más altanero que el Más Alto?

La corruptela, entonces, es constitutiva: la forma en que funciona la religión que nos formó. La corruptela siempre estuvo aquí: en la Colonia, en las nuevas repúblicas, las viejas dictaduras, las renovadas democracias, en cada momento de los cinco siglos alguna regla se dobló con dinero, algún poder cobró por poder demasiado o no poder. Hay pocas pautas culturales tan asentadas en estas vastas tierras: corromper es, al fin y al cabo, llevar hasta sus últimas consecuencias los mecanismos habituales. Que el que tiene más lo use para tener más, que el que tiene algo que vender —su pequeña autoridad, sin ir más lejos— lo venda tan caro como pueda: mercado en todo su esplendor, sus límites confusos.

(La corrupción siempre existió, pero sería bueno que tan antigua tradición no nos hiciera caer en la tentación del estamos como estamos porque somos como somos. La corrupción, como todo, como cualquier cosa, es una forma histórica que la historia, alguna vez, transformará.)

La corruptela siempre estuvo pero nunca le hicimos tanto caso como ahora. En estas décadas se instaló la idea de que los males del continente se le deben, así que los periodistas se dedican a buscarla, los políticos en campaña prometen que jamás y por supuesto nunca, los ciudadanos la consideran el principal de los problemas. Yo suelo creer que eso responde a estos tiempos de desorientación política. Y que por eso aparece lo que llamé *honestismo* y definí como «la convicción de que —casi— todos los males de un país son producto de la corrupción en general y de la corrupción de los políticos en particular», dejando atrás todo el resto de las causas que los producen. La corrupción es la explicación de una época que no sabe qué pensar, cómo explicarse.

(La corrupción, de paso, también sirve para «explicar» la existencia de los políticos: que están ahí porque son gente que quiere llenarse los bolsillos. Así, muchos entienden que esos señores y señoras se dediquen a algo que, en otros tiempos, debía justificarse por cierto interés en el bien común.)

Para muchos, cargar todas las culpas sobre la corrupción es una forma de esperanza. El honestismo permite creer en soluciones mágicas: que si nadie robara, te dicen, todo se arreglaría —y esa certeza elude o cierra la necesidad de discutir modelos, proyectos, políticas. El recurso a la corrupción es la forma de postular que si hay desigualdad, si hay injusticia, si hay miseria no es porque un sistema las produzca sino porque unos individuos se quedan con lo que no debieran: porque son malvados, perversos, esas cosas. La corrupción sirve mucho para sostener este sistema: nos quiere hacer creer que es bueno, solo que hay malos que lo usan en beneficio propio.

Pero, además, es cierto que la corrupción existe, y cuesta y jode.

La corrupción cuesta mucho dinero público —aunque menos que ciertas incapacidades generalizadas y ciertas decisiones perfectamente legales— y está claro que debe desaparecer. Pero una cosa es querer que la honestidad sea el grado cero de cualquier práctica, y otra pretender que reemplace a la política. Hace treinta años —¿dentro de treinta años?— se diría que hay pobreza y subdesarrollo porque algunos concentran buena parte de las riquezas que deberían alcanzar para todos; como eso no se dice, se culpa a la famosa corrupción: honestismo en todo su esplendor.

Es más fácil: la corrupción no es cuestión de opiniones; la política, sí. Alguien piensa que los pobres deben ir al mismo hospital que los ricos; otro, que quien paga más debe recibir más. Alguien, que el estado debe regular las relaciones laborales; otro, que cada cual debe pelearla por su cuenta. Alguien, que las mujeres deben decidir sobre sus cuerpos; otro, que deben seguir ciertas normas religiosas. Y así tantas cuestiones, tantas diferencias, pero todos estamos de acuerdo en esas leyes que afirman que un funcionario público no puede aprovechar su puesto para obtener ventajas y dineros —y que, si lo hace, debe ser condenado. La corrupción tiene esa gran ventaja sobre cualquier otro argumento: está definida por la ley, no es debatible. «Fulano roba» no es una opinión; es un hecho y una descalificación en la que todos acordamos. Se puede juzgar sin pensar: ciñéndose a las leyes que todos decimos aceptar. Cuando la corrupción entra en el campo, la duda política se transforma en certeza policial. No hay debate, solo la indignación y la —justa— condena.

Y entonces proclaman —a menudo proclaman— que «la corrupción no es de izquierda ni de derecha», porque la ejercen gobiernos que se dicen de izquierda o se callan de derecha, la Dizque, la Vera. Y lo sintetizan diciendo que «la corrupción no tiene ideología». Cuando la corrupción es, precisamente, el triunfo de una ideología: la que los hace querer dinero, consumo, lujos varios, ventajas personales, la que los convence de que eso es lo que importa. Es cierto: la corrupción no tiene ideología. La corrupción es una ideología en todo su esplendor.

La corrupción constituye un modelo ideológico tan fuerte: el sálvese quien pueda, el yo yo yo. Si lo hacen los gobernantes, cómo no van a intentar hacerlo los demás.

(Y qué aburrido que la mayoría de los corruptos quieran plata para comprarse coches gordos, viajes de lujo, siliconas, rubias, rubios, vestidos con sus marcas, joyas, cirugías. A veces se diría que lo peor de esta raza de corruptos es su falta de imaginación, su ambición tan escasa. Otras, que son otras cosas.)

Pero algunos te cuentan que lo hacen para poder hacer política. Algunos, incluso, te cuentan que es una forma de democratizar la política: que, sin eso, solo los ricos podrían hacerla: «Sin la corrupción pueden llegar a las funciones públicas aquellos que cuentan de antemano con recursos para hacer sus campañas políticas. No hay que ser ingenuos. Solo son decentes los que pueden "darse el lujo" de ser decentes. Sin el financiamiento espurio solo podrían hacer política los ricos, los poderosos, los mercenarios, los que cuentan con recursos o donaciones de empresas privadas u ONG de Estados Unidos», escribió, hace unos años, un publicitario peronista. La idea corresponde a ciertos movimientos que se proclaman populares y renovadores pero creen que la única forma de hacer política es pagar por ello. El señor Oscar Mori, operador político peronista de una provincia argentina rica, era uno, y un día, hace ya años, me contó su actividad con bastantes detalles:

«¿Usted tiene idea de cuánto cuesta la política? ¿Mantener los militantes, hacer la publicidad, pagar las movilizaciones? En una provincia grande como esta, donde usted para sostener el poder tiene que estar por lo menos en veinte o treinta ciudades... ¿Usted tiene idea de cuánto cuesta mantener a los punteros, toda la estructura funcionando, una campaña?

«Es muy difícil. Nosotros cuando armamos la vuelta al poder del gobernador Busti la armamos con recursos privados y obviamente después lo pagamos con recursos públicos. ¿Con qué lo iba a pagar, si hubo un momento que yo debía un millón y medio de dólares de las cuentas mías y de algunos amigos? ¿Con qué quiere que lo pague? Eso se paga con negocios del estado, no lo va a pagar con… Todo eso es una máquina de fabricar dinero sin ningún costo. (…) El diario igual, nos compramos el diario. Es una gesta que vos podés darte el lujo de hacerla. El diario nos costó dos millones y medio de pesos que robé de acá, robé de allá, abrimos una cuenta en el Senado para pagar los sueldos, conseguí un tipo más o menos presentable que se pusiera al frente y lo sostuvimos hasta que lo pude transferir. ¿La plata de la Cámara de Diputados, la plata del Concejo Deliberante, adónde van? Es eso: contratos, más contratos, más pago a periodistas, contratás a un tipo que esa guita nunca le llega o que te deja el veinte por ciento, la mitad, según. Esto es así. Tenés toda la provincia detrás: con eso pagábamos los sueldos, pagábamos el papel…»

El hombre me hablaba en su quincho: una construcción lujosa, un loft de cien metros cuadrados en el medio del parque con su rincón parrilla, su rincón comedor, su rincón living con televisor y música, sus alfombras, sus perros, su bodega de vinos muy caros. El hombre era amable, sonreía, hablaba como una catarata. El hombre tuvo mucho poder en la provincia —y ya tenía cantidad de juicios. Tiempo después lo meterían en la cárcel. El hombre, por supuesto, sabía mucho más.

Y lo fácil que resultó durante décadas acusar de toda la corrupción a los políticos, a los funcionarios: ellos, son ellos, eran ellos.

Lo fácil, sin darse vuelta a mirar quiénes los corrompían: los empresarios, los ricos que les pagaban para ganar todavía más. Nos molesta mucho más el chancho que quien le da de comer. Los políticos corrompidos son el gran enemigo; los empresarios corruptores son ciudadanos respetados, pilares de la comunidad. Quizá porque sentimos que el político se está aprovechando del lugar donde «nosotros lo pusimos» mientras que el empresario, su tentador indispensable, todavía disfruta del prestigio de la iniciativa privada: al fin y al cabo es su dinero, vienen a decir. Como quien dijera sí, bueno, lo mató pero era su pistola. Eso fue —entre otras cosas— lo que se terminó con el asunto Odebrecht.

Odebrecht es una empresa constructora brasileña, fundada en 1944 por un ingeniero Marcelo Odebrecht, especializada en grandes obras públicas que también se dedicaba a ingeniería aerospacial, defensa, química, petroquímica, transportes, gas, petróleo y quién sabe qué más. Hasta 2016 la dirigía todavía un nieto, Marcelo Odebrecht, que ahora purga condena —en su mansión paulista, por supuesto—, y empleaba a unas 160.000 personas en una docena de países. Odebrecht pudo realizar, por unos años, el viejo sueño bolivariano de la unidad americana: sus sobornos —por varios cientos de millones— se desplegaron por todo el continente.

Fueron el ejemplo, hay muchos más: en toda la región estaba —está— entendido que los mejores negocios se hacen con el estado y, para hacerlos, hay que engrasar a alguien.

(Ñamérica es, en general, un espacio donde nadie cree que la ley alcanza para hacer cumplir la ley. Un ejemplo menor pero elocuente: salvo muy honrosas excepciones, sus carreteras son un dechado de túmulos o topes o badenes o lomos de burro o lomos de toro o rompemuelles o policías acostados o policías muertos —esos montones de cemento atravesados en las rutas que intentan reducir la velocidad de los coches que pasan. No sirve poner un cartel con el límite de la velocidad: la ley no funciona bajo su forma de palabra que se impone. El mensaje no alcanza; se hace necesaria la compulsión física, un trozo de materia en el camino, para que cada cual se decida a —no tenga más remedio que— cumplirla.)

Y en pocos lugares del mundo la ficción de la independencia de la justicia es menos convincente. Por eso, para muchos gobernantes la permanencia en el poder es cuestión de libertad o cárcel: saben que mientras tengan poder los jueces serán benévolos con ellos pero que si lo pierden —o cuando lo pierdan— van a tratarlos con la mayor severidad. El mecanismo es parejo para todos, más allá de sus pertenencias políticas, así que a ninguno le conviene cambiarlo, y lo mantienen. Los beneficia mientras están en el poder; les da la mejor de las razones para intentar seguir estando.

En cualquier caso, los corruptos irritan tanto: cantidad de elecciones en los últimos años se deciden a favor de un candidato que consigue convencer a los votantes de que él no va a serlo —justo antes, en general, de convertirse en uno. Irrita sobre todo en momentos difíciles: su condena es pesada en las crisis, ligera en la bonanza.

O también podría decirse lo contrario. Hay, en el último informe de Latinobarómetro, un cuadro que pinta un fresco extraordinario sobre ciertos rasgos ñamericanos: los encuestadores preguntaron si «cuando se sabe de algo corrupto es mejor quedarse callado». Hubo mayoría que dijo que sí en –por orden decreciente– Honduras, El Salvador, Nicaragua, Venezuela, Dominicana, México, Colombia, Guatemala: los países más pobres, los más violentos. En Ecuador y en Bolivia el sí y el no casi empataron. Y estuvieron enfáticos en contra del silencio Perú, Uruguay, Argentina, Costa Rica, Chile, Paraguay, Panamá: casi todos ellos los países más prósperos. Como si, finalmente, denunciar la corrupción fuera un lujo de ricos.

Pero todos somos, a nuestra escala, en la medida de nuestras posibilidades, corruptitos. Preferimos, tantas veces, sobornar –la palabra es muy fea, usamos otras– a un policía antes que pagar una multa. «Esto se puede arreglar, ¿no, jefe?», es la actitud más habitual frente a los problemas que podría causarnos una regla –porque sabemos que es así: que la ley está hecha para hacerle la trampa. Y solemos vivir nuestras corrupciones cotidianas con bastante alegría, cierto orgullo, y la difusión de las grandes corruptelas ajenas nos sirve para justificar nuestras pequeñas: «Sí, ya sé, pero si ellos se roban millones y millones...».

La corrupción establece una desigualdad extrema: entre los que pueden y los que quisieran. Pero todos sabemos –como se sabe lo que mejor sería ignorar– que «quien no transa no avanza»

o algo así.

coima cometa diego mordida
unto corbata matraca maraña
serrucho moche chayote
cebo tajada anzuelo
botella pellizco guiso
grasa engrase transa
propina cohecho

–soborno–

Más o menos denunciada, más o menos condenada, la corrupción siempre molesta porque es la muestra más visible de las prebendas del poder político. Se aprovechan de un lugar que supuestamente les dimos para otra cosa. Niegan la ficción fundamental de la democracia: que nos representan, que están ahí para cuidarnos, servirnos, ayudarnos. Son la evidencia más fuerte de un egoísmo que no debería existir.

Nada ha hecho tanto como la corrupción por el desprestigio de la política, de las democracias. La corrupción es el mejor argumento para odiar a los políticos –y cantar y desear «que se vayan todos». Es justo, y quizá necesario. El problema es que esos políticos nos convencieron de que la política son sus tejes y manejes, sus trampitas. Entonces, al detestarlos, creemos que detestamos la política, y no sabemos qué hacer cuando queremos cambiar cosas. Se nos ocurre, si acaso, votar a algún payaso que promete lo que jamás pensó cumplir, algún machote que ofrece volver a esos buenos viejos tiempos que nunca existieron.

Hay, entonces, quienes se preocupan por nuestras democracias, por su supervivencia. Parece que las amenaza una panda de políticos gritones patoteros demagogos y una panda de políticos gritones populistas un poco autoritarios y es cierto, pero mucho más las amenaza el desafecto de millones: la comprobación de que es solo un sistema de gobierno que quizá puede servir para vivir mejor pero no suele hacerlo. El viejo axioma de Churchill –la democracia es el peor sistema si se excluye a todos los demás– ya no alcanza, ya no nos convence.

Nuestras vidas, a menudo, lo desmienten.

*   *   *

Hay armas. En la vida colombiana hay armas: policías muy pertrechados en las calles, custodios en edificios públicos y privados, retenes del ejército cada pocos kilómetros de ruta. La democracia colombiana vive armada: por todas partes hay armas salvo aquí.

–¿Qué va a ser de nosotros, ahora, sin las armas? Yo no sé. ¿Usted sabe?

Aquí, en el valle del Cauca, suroeste del país, entre montañas verdes, yace una de las 26 zonas en que siete mil ex combatientes de las Farc avanzan hacia la vida civil a paso casi vivo. Aquí, como en cada campamento, los ex acaban de completar la entrega de sus armas a la ONU: miles de fusiles, pistolas, granadas, morteros y minas que serán metal fundido, monumentos. Y ahora los ex se sienten raros, no se hallan.

–Para muchos de nosotros el arma era como la esposa. Yo conozco a varios que lloraron cuando tuvieron que entregarla.

Dice Daniel, y se ríe. Daniel es un Tintín moreno: bajo, robusto, cara ancha, la mirada sonriente. Daniel se fue a la guerrilla a sus 16: tenía una novia, problemas con el padre de la novia, un hermano guerrillero –y prefirió ese escape. Fue hace casi dos décadas: en este tiempo peleó muchos combates, caminó muchas selvas, esquivó muchas bombas; le sacaron una bala de la espalda y le dejaron una en el brazo derecho. En este tiempo su hermano murió en combate, su novia en una emboscada, tantos amigos y camaradas en encuentros, ataques, delaciones.

–Lo que te da fuerza es cuando ves que al lado mataron a tu compañero. Ahí se te calienta la sangre, quieres salir y echarles bala a todos, no te importa más nada.

Dice, suave, como si hablara desde lejos.

–¿Qué extrañas de esos años?

–Nada. La guerra es pura mierda, nada para extrañar. A estas horas, cuando estábamos allá, era la hora en que empezaban a caer las bombas.

–¿Y ahora en cambio duermes tranquilo?

–No. El que estuvo en una guerra nunca va a dormir tranquilo. Y si sigues teniendo un enemigo, menos.

(La buena noticia era que, supuestamente, tras tantas décadas, la violencia política clásica se había acabado en Ñamérica. Durante la última década casi no sucedieron esas situaciones tan tristemente habituales en que las fuerzas represivas –legales o ilegales– de un estado mataban opositores para debilitar su posición. Hubo, sí, represiones violentas de manifestaciones –en Chile, en Bolivia, en Colombia, en Ecuador o en Nicaragua, en Venezuela sobre todo muchas personas murieron a manos de las policías– pero eran, claramente, situaciones extraordinarias, respuestas brutas a ciertas demandas, no esos planes de eliminación que habían caracterizado a la región. Y en 2017 el desarme de las Farc acababa con la –que parecía ser la– última guerrilla tradicional del continente: era el final de un ciclo que se había terminado mucho antes pero sobrevivía en esas selvas. Durante años y años, las guerrillas fueron un lugar común ñamericano; ahora parecía que se acababan. Siete mil guerrilleros colombianos debían entregar sus armas, inventarse otras vidas.

En esos días fui a uno de esos campamentos donde cientos de hombres y mujeres ensayaban su paso a la vida civil. Era un lugar extraño. La palabra campamento suena bucólica, silvestre. Pero la Zona Veredal de Transición Los Monos eran varias filas de barracas cuadradas cuarteleras de techos de plástico y paredes de cartón, algunas terminadas, otras no, en la ladera de una colina entre montañas. El estado había prometido construirlas pero no lo hacía, así que los guerrilleros decidieron levantarlas a su modo, con los materiales que el gobierno les mandaba: era, casi, una metáfora del proceso. Cada barraca estaba dividida en cuatro cuartos independientes: el suelo de cemento, una cama y su mosquitero verde, un armario de lata, una silla de plástico blanco, alguna tela en la ventana para hacer cortina. Cada cuarto estaba cerrado con su llave: los guerrilleros no confiaban.)

Son las cinco menos diez; en la noche cerrada suenan pitos. Los últimos remolones se levantan, corren a reunirse para empezar el día. Los pitos siguen, y los ladridos y alguna radio con reguetón o vallenato. Dan las cinco: en un playón de cemento con su techo de lata, al lado de la cocina grande y casi vacía, veinticinco hombres y cinco mujeres se forman en tres filas. Los ex guerrilleros ya no usan uniformes; ahora llevan bluyín o chándal, botas de goma, camisetas de colores y un abrigo: hace fresco, a estas horas. Daniel, al frente, les reparte las tareas del día. Ninguno de los formados tiene más de 30 años y casi todos son bajos y cobrizos: indios nasa, los más profusos en el sur de Colombia. Los rondan siete u ocho perros, tres o cuatro niños. Por todos lados, aquí, hay niños, perros, moscas.

—¡Escuadra, retirarse!

Grita Daniel y todos se dispersan. Le pregunto para qué forman.

—Todo ejército tiene que tener sus normas y su disciplina.

Me dice, y que el que no se presenta recibe su sanción: lo ponen a lavar las ollas o a limpiar los baños o esas cosas.

—Pero ustedes ya no son un ejército.

—Lo que no somos es armados, pero tenemos que mantener el mismo orden. Como un ejército pero sin las armas.

Al lado, en la cocina, hay una gran cacerola con café dulzón y el hombre y la mujer que preparan el rancho discuten quién de los dos quemó el arroz del desayuno. Los ex se van sirviendo, charlan, se sacan las lagañas; dos hombres organizan una guardia. Otros debaten sus futuros:

—¿Y si este Santos se arrepiente de la paz?

—No puede, m'hijo, camarada. ¿No ve que a él ya le dieron el premio ese, el Gallardete de la Paz?

Uno comenta que anoche se escucharon hartos tiros por allá, del lado de Caldono; otros dos le contestan que no, cómo va a ser, y él les cuenta los ruidos de las balas con lujo de detalles.

—Trazadoras, se veía que eran.

—No, no puede ser. ¿Estás seguro?

Se preocupan: sin armas, se sienten vulnerables.

—Quién sabe nos encampamentaron para tirarnos unas bombas y matarnos a todos.

Les pregunto si tienen miedo y uno, la gorra sobre los ojos, la nariz aguileña, me dice que claro que tiene:

—El estado es traidor, siempre fue traidor. Espero que los jefes no se hayan equivocado con esto de creerles.

* * *

—Lo mejor de la paz es haber detenido la matanza: siempre mueren los pobres. ¿O usted vio que muchos ricos se murieran en la guerra? Los soldados son pobres, nosotros somos todos pobres. Pero la paz también está costando muertos. Han matado gente de nosotros, líderes sociales: la paz ya nos ha costado casi cien muertos en lo que va del año.

Dirá, más tarde, Níder, el encargado de la reinserción económica de sus compañeros. Hablaba de los militantes que han sido asesinados en estos meses; se supone que no los mata el estado sino la iniciativa individual: caciques o terratenientes vengativos, inquietos, previsores.

—Un sicario cuesta un millón de pesos, es demasiado barato, demasiado fácil.

Me había dicho un periodista bogotano: un millón de pesos no son 300 dólares. Y Mireya, una comandante encargada de las relaciones con el Mecanismo de Paz en la zona, me dirá que está preocupada:

—Sí, estoy, porque nosotros ya les entregamos lo que ellos más querían, que eran las armas, y ellos todavía no han organizado las garantías de seguridad para nosotros. Los paramilitares y las bandas criminales siguen ahí, y no está claro de qué manera el estado se va a hacer cargo de esos territorios que nosotros abandonamos, para darles seguridad no solo personal sino también social: carreteras, escuelas, puestos médicos.

—Aquí estamos, esperando.

Dirá Xiomara, la dueña de Luna, la perra más temida, una rottweiler.

—Antes la vida era que llegábamos a un campamento y había que hacer la rancha, el bañadero, y después ir a estudiar, y después volver a salir, ir a pelear, marchar para acá, para allá, pasar cordilleras. Era duro pero siempre estábamos haciendo algo. Ahora estamos quietos, esperando.

En la tradición católica, el Purgatorio es un espacio donde los muertos esperan que se laven sus pecados para llegar al cielo. Aquí, ahora, ex guerrilleros y ex milicianos esperan, llevan meses esperando.

—Si ya no son guerrilleros, ¿qué son?

—Militantes, como siempre, revolucionarios.

El desayuno es a las seis: docenas que empuñan sus ollitas para que les sirvan el arroz con huevos y aguacate que —bajo diversas formas de los huevos— se repite incesante. Aquí se comen cuatro o cinco huevos por día de promedio: quizás es la manera que encontraron de seguir viviendo peligrosamente. A mi lado un muchacho fornido revolea una bebé, la besa, le dice sus cositas. Por hablar, le pregunto cuántos meses tiene.

—No sé, no es mía.

Se calcula que, desde que empezó el proceso de paz, nacieron unos trescientos bebés farianos —y muchos padres que habían dejado a sus hijos con parientes o amigos los buscaron tras años de distancia. Los perros, en cambio, llegan solos: los convocan las pilas de basura que producen el arroz y los huevos.

—¿Y usted qué va a hacer con esto de la paz?

—Lo que el partido ordene, camarada.

Aquí todos se dicen camarada, nadie fuma, nadie bebe, nadie usa plata y todos hablan mucho de las normas y de las órdenes y de la obediencia y se pasan los días haciendo trabajos de construcción, esperando. Aquí había, al principio, casi quinientos ex de la Columna Jacobo Arenas, una de las más temidas de las Farc. Pero ahora la mitad no está: algunos guerrilleros se han ido a Bogotá a hacer un curso para convertirse en guardaespaldas, una salida posible. Y los milicianos, que, a diferencia de los guerrilleros, seguían en sus casas y militaban clandestinos, tuvieron que hacerse cargo de sus familias y están trabajando en la cosecha de café —o lo que encuentren. Ya volverán, me dicen: que ahora están de permiso pero vuelven.

Quedan todavía, aquí, ahora, casi doscientos ex que esperan. Algunos me cuentan sus historias: son personas con historias muy duras que convivieron años con otras personas con historias muy duras. Personas que quizá, por eso, no perciben que sus historias son tan duras.

—Sí, al principio fue muy difícil. Pero si me quedaba en mi casa me mataban. A mí irme a la selva me salvó.

Tatiana es bajita, menuda, los rasgos nasa, la sonrisa triste, los aros con la cara de Guevara en pleno Che. Su familia era muy pobre, rancho de barro y paja y una tierrita y unas pocas gallinas en los montes del Cauca, y muchos de ellos colaboraban con las Farc. El ejército y los paramilitares los hostigaban; ella creció entre muertes y terrores. Fue casi natural que, a sus 16, decidiera irse con la guerrilla: así, quizá, podría sobrevivir y por lo menos pelearía por los suyos. Al principio fue duro: la disciplina era muy rígida, los ejercicios la agotaban, y las marchas, escapes, escondites, tantas noches.

—Lo que más me desesperaba, al principio, era que casi siempre estaba oscuro.

Tatiana habla bajito, triste, y ahora dice que su fusil era su vida, que lo cuidaba como una porcelana, pero que lo más importante, la mejor herramienta era su ideología, sus ganas de seguir peleando por las mismas cosas aunque sea sin las armas. Tatiana juega con su hija de diez años. La nena nació en la cárcel y todavía no lo sabe: hubo un día, año 2007, en que Tatiana, embarazada, marchaba con otros veinte guerrilleros por un monte y cayó en una emboscada. Le metieron una bala en la barriga pero sobrevivió; después sabría que el padre de su hija, que marchaba con ella, había muerto esa tarde. La capturaron, le pegaron, la curaron para interrogarla, se calló, la tuvieron en la cárcel cinco años. Nada en su vida le dolió tan largo.

—Yo lo que más extraño son aquellos encuentros que se hacían en la selva, cuando toda la columna nos juntábamos para celebrar las fiestas de diciembre.

Dice, y cuánto se alegraban de verse vivos y comían y bebían y bailaban y se contaban las noticias: cuando eran una gran familia. Cuando la guerra era la regla y todos sabían cómo era.

*   *   *

La paz es rara. Muchos creyeron, durante años, que si llegaba volverían a sus lugares, sus familias; muchos están descubriendo que no tienen. Jerson no va a volver a su pueblo aquí tan cerca porque sus jefes indígenas lo mandaron a la cárcel por haberse acercado a las Farc y hostigaron tanto a su familia que ellos, para sobrevivir, lo abandonaron, y su mujer «se consiguió otro y ya, para que no la molestaran tanto». Marcela no va a volver porque sus padres ya murieron y tiene miedo de que si va a su casa de los Llanos los paramilitares maten a sus hermanas. Mireya no quiere ir porque, por su cargo en el Mecanismo, siempre la siguen cuatro policías y no quiere llevarlos a su sitio. Daniel, en cambio, sí se va al Meta pronto a visitar a su familia, quince días pero vuelve, dice, y que lleva muchos años sin verlos, ya ni sabe cuántos, ni hablarles por teléfono porque allá no hay teléfonos, y que no sabe qué se va a encontrar y que ellos tampoco saben que él va a ir y le pregunto si no está nervioso.

—Sí, claro que estoy nervioso.

—¿Qué le da más nervios, esto o un combate?

—No joda, hombre.

Dice, y se ríe de verdad. Mireya, en cambio, se preocupa por las deserciones:

—Para algunos muchachos era entrego el fusil y me voy pa' mi casa, porque qué más estoy haciendo acá.

—¿Se les ha ido mucha gente?

—Sí, ya hubo gente que dijo que se iba. Nosotros tenemos gente entrenada en la guerra, que sabe manejar muy bien las armas, y hay muchos interesados, narcotraficantes, criminales, que les están haciendo llamados con muchísimo dinero para que trabajen para ellos, y ya hay algunos que se fueron con ellos.

También hubo contingentes de farianos que no aceptaron la paz y se integraron a otras guerrillas, como el ELN. Y planea sobre el campamento la historia del comandante Pija, uno de los jefes de la columna, que se llevó dinero y hombres para armar su propia banda.

—¿Y ustedes pueden hacer algo?

—Hablarles sinceramente, decirles a los muchachos que si hacen cualquiera de esas cosas nosotros no vamos a ayudarlos. Nosotros siempre hemos sido muy sinceros con ellos.

—¿Les preocupa no haberles dado más «solidez ideológica» para que no hagan esas cosas?

—Es que es muy complicado, en esta región no hay desarrollo, nada de que vivir, y es gente que no ha tenido acceso a estudios. Ellos llegaron a la guerrilla a cambiar su forma de vida, a tener una forma de vida, al menos para comer. Y estuvieron con nosotros, pelearon una guerra, fueron muy buenos para eso. Pero ahora, que eso se termina…

Cuando la guerra era la regla, la muerte estaba cerca todo el tiempo. Por momentos lo olvido, pero muchos de estos hombres y mujeres han matado. Hay, hoy, pocos clubes tan exclusivos como ese: en nuestro mundo casi nadie mata. Algunos lo hacen autorizados por un estado; otros no, y un estado los castiga. Son muy pocos; aquí, la mayoría.

—¿Cómo es matar a alguien?

Le preguntaré, después, cuando junte coraje, a Diego, a cargo de la entrega de las armas de este campamento. Diego nació en el Cauca y es bajito, los ojos huidos, la sonrisa tímida, una gorra con ribetes dorados y zapatillas nuevas. Diego llegó a mandar a muchos guerrilleros. En 2011 una patrulla del ejército sorprendió a la suya descansando y les metió bala: dos murieron, Diego quedó herido en un pulmón, muy grave; los soldados lo levantaron y lo llevaron al hospital de Popayán.

—En muchos lugares, cuando un enemigo está malherido no lo curan. Y este es un ejército que mató a cientos de inocentes. ¿Por qué crees que a ti no te mataron?

—No sé, a mí también me sorprendió. Yo pensé que me iban a rematar y en cambio me llevaron, me metieron en un helicóptero y me llevaron. No sé, la guerra la hacen seres humanos, también del otro lado hay gente buena, del mismo campo, gente pobre. O quizá fuera para tratar de sacarme información, quién sabe.

Me dirá, e intentaré de nuevo mi pregunta: ¿qué se siente cuando se mata a un hombre?

—Nada, no lo sabes. En un combate no te das cuenta quién mata a quién, nadie sabe, es todo un lío. No es que uno mata; uno dispara, nada más, y quién sabe qué pasa.

Me dirá, como quien dice qué te importa.

* * *

El almuerzo es a las once y media: arroz con fideos cortos, aguacate, yuca, huevos. Los ex se acercan en grupitos, llenan sus cazos, se conversan, pero todo en voz baja, la expresión cansina. Llevan años en una organización que se ocupaba de todas sus necesidades: la comida, el cobijo, los uniformes y las armas les llegaban a sus rincones de la selva. Ahora no saben cómo van a conseguir sus cosas. Tampoco saben qué va a ser de ellos.

—Antes vivíamos mejor porque la organización y la dirigencia respondían por los derechos de todos. Nos daban la ropa, la comida, la salud, nos garantizaban todo. Ahora tenemos que ser ciudadanos comunes y corrientes, pasar todas las necesidades que pasa la gente y ganar nuestro dinero, sostener a nuestras familias.

Me dirá Marcela. Y Mireya:

—Vivíamos muy seguros, sin robos, sin crímenes… Lo que más extraño es estar juntos, unidos, que lo bueno y lo malo nos pasaba a todos en comunidad, que ese círculo cerrado que teníamos no estaba permeado por vicios, por problemas.

Los guerrilleros se acostumbraron a pensar en las Farc como su espacio y su familia, y ya no es: se los ve desnorteados. La mayoría tiene poca instrucción y muy poca experiencia en la vida civil. Se enrolaron jóvenes, no han sido adultos en esa sociedad a la que ahora quieren integrarse —para cambiarla todo lo posible. Se sienten inseguros. Saben que hay muchas cosas que no saben, y saben muchas cosas que ya no les sirven: conocen los montes como nadie, sus plantas, animales; saben luchar, obedecer, vivir a saltos, cocinar para cientos. No saben ganarse la vida, vivir en sociedad abierta, tener dudas.

—Es necesario conseguir que aumenten su iniciativa individual. Están acostumbrados a cumplir órdenes, los entrenaron durante años y años para cumplir órdenes.

Me dirá Pedro, un «militante internacionalista» extranjero que ha venido a conducir un seminario para ayudarlos en esa transición.

—Eso podía estar bien para la etapa político-militar, pero para la etapa político-civil se necesitan militantes capaces de buscarse la vida, de generar política.

Han vivido sus vidas enganchados a un futuro común; ahora, sin perderlo de vista, deben pensar en futuros personales.

—Vamos a tener que acostumbrarnos a que ya no hay órdenes como en la guerra, que ya no hay comandantes sino jefes políticos. No sé cómo será que va a ser eso.

Me dirá Daniel, y que él querría ser artista: cantor de vallenatos, pero vaya a saber; quizá termine siendo guardaespaldas. Gustavo tampoco sabe qué va a hacer pero parece tener menos problemas. Gustavo es comandante y tiene unos cincuenta años, más de treinta en las Farc, sus botas nuevas, sus pantalones de fajina, su pancita. Gustavo tiene una casa —los cuatro cuartos— entera para él y se ha armado un salón, su dormitorio, su cocina. También tiene DirecTV, la nevera con freezer, galletas y bebidas, paquetes de refrescos, cama de matrimonio, cortinas rojas, dos perros pekineses, dos muchachas que ya mataron dos gallinas y ahora preparan el sancocho. Le pregunto si piensa quedarse aquí por mucho tiempo.

—No sé, lo que diga el partido. Ahora no somos un ejército, somos un partido, pero igual tenemos que obedecer las órdenes.

Dice, corta, mira la hora en su rolex fondo azul. Yo intento preguntarle más, y me dice que más tarde podemos hacer una buena entrevista.

—¿Cuándo?

—Más tarde, yo le mando avisar.

Me dice, y que Bruno, el pekinés más grande, lo tiene preocupado porque últimamente se le cae el pelo, que tiene que llevarlo a que lo vean. La paz, sin duda, es rara.

En la paz hay noches que Xiomara no consigue dormir: estar entre paredes la confunde. Cuando la guerra era la regla, sí se podía dormir la noche antes de un combate:

—Ir al combate no es tan duro, porque uno ya tiene la preparación psicológica, ya está acostumbrado. Lo que sí le da es ese temor de ver a su compañero morir, eso es duro, habíamos salido todos juntos y pensábamos regresar todos juntos...

—¿Y no te daba miedo de que te mataran?

—A veces sí. Pero cuando uno va al combate no le da tanto miedo; lo que da más miedo es cuando lo cogen de sorpresa, una emboscada, un bombardeo. Ahí sí da miedo, cuando vienen esos helicópteros volando bajito y uno alcanza a ver al que ametralla ahí sentado y le tira esas ráfagas de 0.50 que si lo agarra lo destroza y uno piensa bueno hasta aquí llegó mi vida... Es como en las películas. A mí algún día me gustaría hacer una película de toda la vida guerrillera. Es un sueño que tengo, un anhelo.

—¿Y cuando ves una película de guerra se parecen a lo que es estar en una guerra de verdad?

—Sí, se parecen. Algunas por ejemplo de la guerra ahí en Vietnam se le parecen mucho.

Dice Xiomara, y se le pone soñadora la carita redonda, tan serena, tan de niña de cuento, cuando cuenta cuánto le gustaba el AK-47 con cinco cargadores que tuvo que entregar a esos tipos de la ONU.

—Es el arma mejor, la que más me ha gustado en mi vida.

Xiomara tiene 28 años y lleva doce en la guerrilla y nunca, en todo ese tiempo, vio a sus padres: conseguía llamarlos cada uno o dos años, dice, para decirles que estaba bien, que estaba viva.

—Y ellos me agradecían, me decían muchas gracias por decirnos que estás viva.

Dice, y que lo que más odiaba era que les dijeran terroristas:

—Un terrorista es lo peor de este mundo, alguien que está siempre infundiendo el miedo. Si nosotros fuéramos así no habríamos tenido la ayuda que nos dieron tantas veces, la gente que nos colaboraba con comida, cobijo, informaciones que nos daban o que le negaban al ejército.

Sin eso, imagínate, no habríamos durado todos estos años. Y eso a unos terroristas no se lo iban a dar.

Ahora Xiomara tiene su perra y unos pendientes de brillitos azules, su camiseta negra con un escudo de las Farc, sus botas negras. Xiomara está recuperando lo que le faltó del bachillerato y va a estudiar Administración de Empresas «porque la organización lo necesita».

—¿Administración de empresas? ¿No es una carrera muy capitalista?

—Si yo fuera de clase alta la haría para enriquecerme más todavía; en cambio la voy a hacer para ayudar a los que menos tienen a administrar mejor sus cosas. Y al partido, por supuesto.

A veces, Xiomara se imagina lo que habría sido su vida si no se hubiera ido a la guerrilla, y no le gusta. Tendría un marido, dos o tres hijos, mucho trabajo para criarlos —y no habría podido hacer más nada, dice.

—Ahora en cambio he aprendido tanto, he vivido tantas cosas, he tenido una vida tan rica. Una mujer no tiene por qué ser ama de casa como nos enseñaron.

Dice, y Marcela me dirá, después, que su padre, un militante comunista, le decía que ni soñara con irse a la guerrilla, que eso «no es para muchos y es para machos». Y Mireya insistirá en que las Farc siempre se preocuparon por la igualdad entre hombres y mujeres y, sobre todo, por que no hubiera abusos.

—Nosotros no permitimos esas cosas. Es muy complicado: venimos de una sociedad patriarcal, marcadamente machista, pero en nuestra organización siempre tuvimos mucho cuidado con esas cosas. Yo, como mujer, no puedo tolerar que a una chica la violen. Hubieron casos hace años, y el chico… se fusilaba, y ya.

Dice, y alza las cejas y las palmas de las manos: se fusilaba y ya. Yo le pregunto si el castigo era igual cuando violaba a una guerrillera o a una campesina.

—Igual. Si era una compañera, más todavía. Porque una compañera es más difícil, porque es una combatiente, está armada, se defiende. Así que era más común con alguna chica de la comunidad…

—¿Fusilarlos no es demasiado?

—No teníamos cárceles. ¿Qué hacíamos, dónde los metíamos? Y además eso estaba escrito en nuestros estatutos, y todos lo tenían muy claro.

Me dice, y que la pelea contra el patriarcado es una de sus preocupaciones principales. Los jefes actuales de las Farc —los integrantes de su Secretariado— son seis hombres. Y sus predecesores fueron hombres, todos.

El slogan, ahora, campea en todos los carteles: «Nuestra única arma es la palabra» —dice, para decir que ya no usarán las que solían. Y que, de ahora en más, buscarán formas distintas de conseguir las mismas metas.

—Las armas nunca fueron lo más importante. Eran una herramienta, una manera…

El discurso parece unificado y varios me lo ofrecen, con variaciones mínimas: que las armas eran un medio que no tuvieron más remedio que usar —ante las violencias del estado— para seguir bucando la transformación del sistema, porque ellos nunca dejaron de ser comunistas guiados por Marx, Lenin y el pensamiento bolivariano, y que para conseguirlo hay otros medios y que eso es lo que están empezando a trabajar ahora.

Y saben que dejar las armas les restará poder, presión, presencia, pero esperan que les dé la posibilidad de buscar alianzas mucho más amplias, de llegar a sectores y personas que repudiaban su violencia. Y que en agosto van a hacer un gran congreso para discutir y definir cómo van a funcionar de ahora en más. Xiomara será una de las delegadas y le preocupan, ahora, ciertas reacciones:

—En muchas zonas las comunidades están desilusionadas porque nos vamos. Nos dicen cómo nos van a abandonar, qué va a ser de nosotros. Nosotros siempre los ayudamos y ahora ustedes se van…

En estos meses, las Farc perdieron peso en esos territorios donde tenían una presencia fuerte. Y muchos habitantes se quejan de que ahora hay más delincuentes, más matanzas, más «paracos».

—Nosotros los ayudábamos a mantener el orden. Ahora lo tendría que hacer el gobierno, en los acuerdos se comprometieron a eso. Pero cómo vamos a creer que el gobierno nos va a cuidar si siempre nos maltrataron, si siempre maltrataron a los pobres…

El acuerdo de paz también prevé medidas sociales, económicas, políticas. Una de las más notorias es la erradicación de los cultivos de coca: en muchos casos funcionaban en zonas controladas por las Farc —que cobraban una especie de impuesto a los narcotraficantes y así obtenían muchos de sus ingresos. El estado quiere eliminarlos: para eso sus agentes ordenan a los campesinos que se deshagan de sus matas y les prometen, a cambio, plata para empezar otros cultivos. Pero el dinero no llega: los campesinos se están quedando, dirá después Mireya, sin mata ni plata, y se alborotan.

* * *

La paz es la rutina. A las seis de la tarde, cuando el calor cede, los ex vuelven a la cocina en busca de su cena: arroz con papas, aguacate, huevos. La comida en el Purgatorio es abundante y consabida. Algunos dicen que mañana domingo podría haber pescado, pero no es seguro. Algunos están aprendiendo la duda; Diego prefiere no saberla. Le pregunto cómo imagina su vida dentro de diez años y me habla de Colombia: que va a ser otra, dice, que ya no la va a gobernar una minoría sino la mayoría. Le pregunto cómo lo van a conseguir.

—A través de la lucha. Si no peleamos no va a pasar nada, pero si todo el pueblo se pone a reclamar…

—¿Y te parece que eso va a suceder?

—Sí, claro, claro que sí. No me parece, estoy seguro.

Por ahora los chicos corretean y berrean, sus madres los corren y les gritan, los perros corren y se ladran, unos cuantos muchachos divididos corretean más allá, en el descampado, detrás de una pelota. Luna feroz ataca a un perro vagabundo y el perro gime y varios temen que lo mate, los separan. Pronto se hará de noche; la mayoría se irá a dormir temprano. A las ocho ya es raro cruzarse a nadie entre los barracones, en los pasillos embarrados: está oscuro, bochinche de las radios, los ex descansan o se aburren. Marcela no descansa. Marcela lleva 31 años en las Farc y ahora ha cambiado el uniforme por camisetas rosas ajustadas, las uñas rosa nacarado, los aros gordos y los dientes tan blancos —pero la gorra militar, bien verde. Marcela se fue al monte convencida de que en cinco años ganaban la guerra y se volvía a su casa; fue a mediados de los años ochenta.

—Nosotros estamos acostumbrados a una disciplina férrea, total, porque si no te morías. Por la crueldad de la ofensiva del estado el entrenamiento era duro, la disciplina era dura, la formación política era dura, la carga era dura, caminar de noche en lo oscuro era duro, y todo era duro.

—¿Estás orgullosa de haber llevado una vida tan dura?

—Estoy orgullosa de haber pasado tantos años en la guerra y de seguir peleando. Nos dieron para acabarnos, pero fuimos fuertes y por eso el estado tuvo que venir a conversar con nosotros. Nosotros no pudimos derrotarlos, por el apoyo norteamericano, por la tecnología, por el apoyo económico, pero ellos tampoco pudieron derrotarnos a nosotros. Sí que estoy orgullosa, pese a todo…

Dice, y se queja de que, con esto de la paz, ya aumentó casi diez kilos:

—Uno vivía más sano allá en la selva, más flaco, más capaz, con todo ese entrenamiento y esos esfuerzos que uno hacía. Estaba mejor, física y mentalmente. Ahora no entrenamos, no caminamos, no hacemos más nada. Cuando éramos guerrilleros vivíamos mejor. Ahora tenemos un techo, unas paredes, pero antes vivíamos mejor.

Marcela habla y habla pero me dice que a ella, a todos ellos, les cuesta hablar con la prensa: que durante la guerra, por cuestiones de seguridad, tenían prohibido hablar, hacerse fotos, dejarse filmar —y el secreto campeaba. Así que ahora, me dice, nos resulta difícil, no tenemos costumbre: tenemos que aprender. Pero que deben hacerlo, porque una de sus tareas principales es «convencer al mundo de que no somos delincuentes, terroristas, asesinos, narcotraficantes, como dice la prensa del sistema».

* * *

Hoy es domingo: hay visitantes. Gentes de la región llegan hasta Los Monos por distintas razones: a ver cómo es, a preguntar algo preciso, a buscar cosas.

—Acá siempre hay gente que viene a preguntar cómo sigue el proceso.

Me dirá Jerson, que está de guardia en la recepción del campamento.

—¿Y tú qué les contestas?

—No, pues, que esperen al encargado. Siempre hay, para cada cosa, un encargado. Yo para qué me voy a meter, pues.

Dos mujeres esperan bajo el sol a su encargado. Omayra y Ana Tulia son chiquitas, cobrizas, arrugadas: preguntan por sus hijos. Los dos tenían menos de 20 cuando se fueron, dos años atrás, a la guerrilla. Ellas los buscan desde entonces; cuando empezó la paz se ilusionaron, pero ya fueron a varios campamentos y no encontraron nada. Ahora quieren hablar con Xiomara, que maneja una base de datos que podría ayudarlas. El problema es que los guerrilleros —las «unidades», dicen en farqués— figuran con su nombre de guerra y ellas, por supuesto, no saben los que usaban sus hijos. Sí saben la fecha en que se fueron, y creen que con eso quizá consigan algo.

—No sé qué vamos a hacer si nadie nos puede decir qué fue de nuestros hijos. Yo le pido mucho a Dios que mi hijo ande, porque es el único que tengo. Son cuatro mujeres y él es el único varón, mi único hijo.

Doña Omayra mide un metro y medio y fue una autoridad de su resguardo nasa; sabe que es mal signo que su hijo no la haya llamado, que no haya aparecido, pero cuenta que hace tiempo una sobrina suya también se fue p'al monte y que estuvo ocho años sin dar razón y que cuando todos creían que se había muerto y la lloraban ella se apareció, tan viva como usted y como yo, y que por eso mantiene la esperanza. Por eso y porque ella cree mucho en Dios, me dice, se le arrodilla mucho.

—A ver si hoy me hace el milagro.

Ella también está en un purgatorio. Junto con muchos miles: Mireya, más tarde, me dirá que pronto subirá a Bogotá para integrarse a la UPBD, la Unidad de Búsqueda de Personas Desaparecidas, una oficina que intenta saber qué pasó con esas personas de las que nunca más se supo. Será un intento de cerrar sus historias, de tener una historia que contar a sus familias. Y será, para ella, un intento de reconciliarse con su vida: en 1988, cuando tenía 18 años, los paramilitares desaparecieron a su novio, militante de la Unión Patriótica; poco después mataron a su padre. Entonces Mireya decidió irse a la guerrilla; años más tarde, su hermana, también guerrillera, desapareció en un combate.

Es una, hay tantos: tantas heridas por cerrar, tantos futuros por armar o desarmar. Muchas cosas cambiaron en Colombia últimamente; muchas no. Hay, ahora, siete mil soldados menos; hay, ahora, siete mil ex soldados que no saben qué va a ser de sus vidas: que ni siquiera están seguros de que su guerra se haya terminado. Hay, alrededor, millones y millones que lo esperan. Hay, también, los que querrían que no. La paz, a veces, es una guerra más confusa.

Fue hace más de tres años. La paz, supuestamente, favorecía a cierta derecha «civilizada» que podría por fin sacudirse la tutela militar, a cierta izquierda «civilizada» que podría por fin hacer política. Pero las costumbres de décadas de violencia no se pierden tan fácil; ahora los restos de aquellas Farc y otros grupos guerrilleros y narcos y paramilitares siguen ejerciéndola en grandes zonas rurales. Sus blancos más habituales son los llamados «líderes sociales»: los activistas de pueblos y barriadas que intentan organizar a sus vecinos —a veces, para oponerse a estos grupos.

En Colombia el estado no solo dejó de matar oficialmente; también se retiró lo suficiente como para que otros mataran a los que reclaman, a los que enfrentan su autoridad. En 2020 esas fuerzas irregulares —y alguna vez la policía o el ejército— asesinaron a unos cuatrocientos líderes sociales: hombres y mujeres que intentan organizar a los suyos para conseguir mejoras que van desde una escuela hasta la reforma agraria.

Más violencia hay, últimamente, en Venezuela: según la ACNUDH, en los últimos cinco años la policía y otros agentes del estado mataron, so pretexto de «resistencia a la autoridad» a más de veinte mil (20.000) personas. Hay, entonces, dos o tres gobiernos ñamericanos que reprimen y matan, encarcelan opositores, prohíben medios, ejercen muchos de los poderes de una dictadura sin haber llegado al poder por vías dictatoriales sino por elecciones —o algo así. Y hay otros que no lo hacen habitualmente pero que han matado, no hace mucho, manifestantes en sus calles. Y hay, con menos dramatismo, gobiernos que simplemente mantienen un estado de cosas donde la pobreza, la desigualdad y los variados privilegios funcionan tan bien como siempre, siempre gracias a elecciones.

Ese es, probablemente, el fenómeno más notorio de estos tiempos: el descrédito de las democracias formalmente correctas, donde se vota y se ejercen todos esos derechos y las vidas de millones siguen siendo tan duras como siempre.

La desesperanza es el tono general. En 2018, ante una gran encuesta de Latinobarómetro, nueve de cada diez ñamericanos decían que su situación económica no era buena. Y cuando les preguntaban si creían que su país estaba mejorando, ocho de cada diez contestaban que no. Solo había, entonces, en toda la región, tres países donde sí lo creía más de un tercio de las personas: República Dominicana, Bolivia y Chile. Meses más tarde los tres estallaban en protestas, muertes en las calles.

Pero ya nadie piensa en el recurso a la guerrilla, a la lucha armada política, como una solución en ningún país ñamericano. Dije ya: espero que el adverbio de tiempo sea el correcto.

* * *

La democracia fue una meta.
Ahora es lo que hay.

En aquella encuesta de Latinobarómetro no llegaron a la mitad —48 por ciento— los ñamericanos que dijeron que la democracia era preferible a otros regímenes. No porque prefieran las dictaduras —solo el 15 por ciento lo hace— sino porque les da igual. La democracia no les parece —por lo menos, mientras la tienen— algo que valga la pena defender.

Y quizá lo más impresionante es que el desinterés por la democracia y el apoyo a los regímenes autoritarios son mayores cuanto más jóvenes son las personas que contestan. Va de nuevo: los jóvenes están más dispuestos que los viejos a vivir dictaduras —si mejoran su situación económica, si mantienen a raya a los violentos, si impiden la corrupción de los políticos. Quizá sea porque no las conocen; la ignorancia, una vez más, sería atrevida.

Y, también: los más ricos defienden mucho más la democracia que los más pobres —a quienes, es verdad, nunca les sirvió mucho. En síntesis: cuatro de cada cinco ñamericanos opinan que los gobiernan «grupos poderosos en su propio beneficio»; hace diez años eran tres de cada cinco. La diferencia es un 20 por ciento de los ñamericanos, más de 80 millones de personas que, en este período, dejaron de creer que el sistema democrático fuera bueno para ellos —y empezaron a creer que era bueno para otros.

Todo esto en un entorno en que nadie espera demasiado de lo que el futuro pueda traer —ni siquiera a título individual—: una de las características más brutales de la generación joven presente es que muchos de ellos ya no creen que vayan a «vivir mejor» que sus padres.

Durante siglos las personas querían vivir igual que sus padres, retomar sus oficios, repetir sus costumbres. El mayor triunfo de las ideologías del progreso fue convencer a muchos de que debían mejorarlos a fuerza de esfuerzo individual. Esa condición básica se cumplió durante décadas; ahora se ve amenazada en muchos sitios.

(Aquel deber ser era todo un programa: cuando se habla de «vivir mejor que tus padres» se habla de tener más dinero, más estudios, más trabajo, una casa más grande, quizás un coche o una moto; de ganar más, consumir más, consolidar con ese deseo los deseos del sistema.)

En Ñamérica, según un estudio del Banco Interamericano de Desarrollo, uno de cada cinco jóvenes no estudia ni trabaja —y sus capacidades técnicas son ínfimas: el estudio dice, por ejemplo, que cuatro de cada diez no son capaces de hacer cálculos muy sencillos, necesarios para la vida cotidiana, como dividir un dinero en cinco partes iguales. Y, todavía, hay casi el doble de mujeres que hombres en esta situación.

En síntesis: se jodió la civilización de la promesa. Durante siglos mantuvieron a sus pobres tranquilos con promesas: lo inventó, faltaba más, la iglesia católica —bienaventurados sean los pobres porque de ellos es el Reino de los Cielos— y lo fue retomando, a lo largo del siglo pasado, el espejismo de la movilidad social: si te esfuerzas, hijo mío, tus hijos vivirán mejor que tú. A eso se le agregó, en ciertos casos, la promesa política: bienaventurados sean los pobres porque la patria es nuestra. La promesa celestial sigue —en segundo plano— pero la terrena se partió la nariz contra la tierra y la política anda a los tropezones. Y así estamos: sin promesa no hay paraíso, por supuesto, pero tampoco hay vida ordenadita, no está muy claro para qué vivir y para qué esperar y qué esperar,

y todo se complica.

—Yo los veo y se me parte el alma: cuando tengan mi edad andá a saber en qué van a estar. Yo me rompí el culo toda mi vida y tengo este boliche, pero ellos, aunque se lo rompan… Si esto ya es pura deuda, si ni siquiera eso.

Me decía, en un barcito de un suburbio porteño, su dueño, un señor de mi edad, hablando de sus hijos.

En 2018, por ejemplo, hubo elecciones presidenciales en cinco países ñamericanos; en ninguno la participación superó el 65 por ciento: un tercio de la población ni siquiera fue a votar. Y en Colombia apenas superó el 50 por ciento y en Venezuela no llegó. Según Latinobarómetro, solo el 13 por ciento de los ñamericanos confía en los partidos políticos.

La naturaleza aborrece el vacío pero la democracia encuestadora no. Buena parte de su funcionamiento está basado en él: en la enorme cantidad de personas que no participan ni siquiera en su instancia más efímera, el voto. En los países ñamericanos donde no es obligatorio no suele votar más de la mitad. No es ni siquiera raro: en Estados Unidos tampoco. Hace cien años votar era una conquista que algunos ejercían y muchos más deseaban —y unas cuantas peleaban para conseguir. Entonces, el voto representaba esa ambición de decidir los propios destinos; ahora es un peso que muchos esquivan. Pero los que votan —votar suele ser una decisión a priori: más allá de las opciones, «algo hay que votar»— deben encontrar una opción: para ellos sí que la democracia no soporta el vacío. Lo cual nos lleva a la política del —supuestamente— menos malo.

—Son todos delincuentes, señor, todos delincuentes. No sé para qué los seguimos votando, si son todos delincuentes.

—¿Y por qué, entonces?

—Porque qué le vas a hacer, señor, es lo único que hay…

Me decía una vendedora de jugos ambulante, el delantal lleno de manchas, en el centro de la ciudad de Guatemala —hablando, por supuesto, de «los políticos».

En las últimas décadas, las mayorías de la mayoría de los países del continente fueron de acá para allá con un entusiasmo que muchos pueden haber tomado por incoherencia o confusión, por inconstancia. La constante es la insatisfacción.

En los noventas, preocupadas por diversas crisis, se entregaron al neoliberalismo que les prometía que la privatización sería la panacea; en los 2000, escaldadas por los efectos de esa política, se lanzaron a las dizque izquierdas que les prometían que el estatismo lo sería; en los 2010, muchos volvieron a alguna variable mercadista –que rechazarán en los próximos años o ya están rechazando, y así de seguido. Parece como si la política ñamericana consistiera muy a menudo en esta pelea por encarnar «lo nuevo» –el cambio– porque lo viejo siempre es fracaso.

Lo que está claro es que, periódicamente, los electores –casi escribo «los pueblos»– se ilusionan con algo cuyo rasgo principal es ser distinto de lo actual, porque ven que lo actual no funciona. Pero eso que llegó como promesa se convierte en realidad y tampoco funciona, entonces pasan a la promesa siguiente, que puede ser una que ya habían desechado y que, convertida en realidad, tampoco funcionará.

No llegan –todavía– a la conclusión que podría ser evidente: que lo que no funciona no son los avatares que este sistema adopta para seguir adelante sino el sistema en sí.

Es difícil pensarlo cuando el desafecto democrático no ha producido –todavía– la aparición de un sistema de reemplazo apetecible.

Los números lo muestran y lo muestran las realidades cotidianas: la política es, para millones de ñamericanos, un engorro, una estafa, una enemiga. Tantas personas que quieren vivir un poco más tranquilas, disfrutar lo posible de la vida.

No hay metas. O, mejor: las metas son esos deseos que no parecen metas. Más seguridad –en todos los sentidos–: seguridad física, jurídica, laboral, económica. Saber que no te van a asaltar, que alguna ley te protege, que vas a tener trabajo, que vas a tener el dinero suficiente para pagarte un techo y la comida y la educación de tus hijos o algo así. En un mundo que no ofrece más ilusiones, esa es la ilusión. Y la elección política depende de qué grupo parece más apto para dártelo. ¿La izquierda porque reparte un poco más? ¿La derecha porque pone orden? ¿La izquierda porque cuida más a las personas? ¿La derecha porque sabe producir riqueza?

—¿Y para qué nos sirve la política? Al final todo sigue igual, tan parecido. Y si te metes demasiado te joden, mi hermano. Mejorar no mejoras, pero sí que puedes quedar mucho peor. Mal negocio, mi hermano, mal negocio.

Me decía un cincuentón muy flaco en una esquina de Caracas.

* * *

Habría que contestar, antes que nada, esa pregunta: para qué sirve la política —o para qué debe servir. ¿Para agitar a los ciudadanos o para sosegarlos? ¿Para darles un sentido de propósito, una épica común, o para arbitrar lo necesario para que puedan vivir y progresar tranquilos? ¿Para hacerse cargo de sus intereses compartidos o para delegar y dedicarse a sus intereses personales? ¿Para pensar más en los demás o para resolver sus propios problemas?

Muchos —¿la mayoría?— no creen que la forma de obtener lo que desean pase por la política. Vivimos una época en que la aspiración política de las mayorías es que no haya política: tener vidas «normales», alejadas de los engaños y fraudes de los políticos y de las amenazas de un mundo que vemos decadente. Y la política es anatema porque pocos le creen, pero también porque muchos suponen que las soluciones que buscan no son políticas: las ven como «puro sentido común», eso que algunos políticos de la región intentan sintetizar cuando proponen que consigamos «un país normal».

Un país sin sobresaltos, digamos, donde todos puedan «progresar». Donde, con suerte, no habrá miseria bruta. Donde seguirá habiendo grandes desigualdades, donde cada cual peleará por sí mismo y usará todos sus privilegios pero la mayoría tendrá comida casi siempre, cloacas y luz y agua corriente, una escuela mala, la posibilidad de trabajar todos los días por un salario pobre.

Y, si acaso, que los políticos no jodan: los políticos son vistos cada vez más como amenaza, los que arruinan las cosas, un mal —apenas— necesario. Deberían ser una herramienta para obtener lo que muchos querrían; ahora, para muchos, lo mejor que pueden hacer es no impedirlo. Porque no confiamos en ellos y, también, porque eso que queremos es propio, personal, solo depende del colectivo en la medida en que el colectivo lo puede complicar —violencia, problemas económicos, imposiciones injustas, sobresaltos de tensión social—: la sociedad como un escollo para los logros personales que, de tanto en tanto, ofrece aliados transitorios para reclamar las condiciones para que cada cual viva su vida mejorcito. Pero, en general, dejamos de pensarnos como colectivos; le pedimos, a lo sumo, al colectivo que no joda al individuo.

Soñamos con sobrevivir: que cada cual se las arregle para pasarla lo mejor posible.

(La gran astucia de la utopía socialista era postular que, si bien para instalarla los patrones deberían resignar sus privilegios, lo harían para vivir en una sociedad en la que todos serían felices todos juntos. Ahora, ¿cómo sería redimirnos todos juntos? ¿En qué consistiría, qué puede armar un todos juntos? ¿Salvar el planeta de la amenaza ambiental para que todo siga parecido?)

Como si el signo de los tiempos, más allá de etiquetas, fuera ese triunfo del discurso individualista, la salvación personal a través del esfuerzo y del mercado, mejorar tu vida. Es cierto que, al fin y al cabo, los cambios políticos se buscan para eso. Pero hay momentos en que se postula que, para que uno mejore, todos tendrían que mejorar con uno, y otros en que ese uno se contenta con sus propias mejoras, aun si las consigue solo en medio de un sistema hecho de diferencias, de salvados y hundidos y desahuciados varios.

En ese sentido canta el reguetón, en ese sentido se preparan los futbolistas, en ese sentido se organizan y nutren las bandas de narcos y otros delincuentes, en ese sentido se van millones a Estados Unidos, en ese sentido se difundió tan bien la idea de que lo que queremos —lo que debemos querer, lo que podemos querer— es ganar un poco más de plata, vivir un poco más tranquilos: progresar.

¡Queremos progresar!
¡Queremos progresar!

(Qué rara la palabra progresar: pro gresar.)

Queda, en el corazón de todo esto, la discusión sobre qué significa progresar, qué vivir mejor: quién pone los parámetros. Quizás era fantástico tener tu pedacito de tierra, comer de él, criar unos hijos y morirte más o menos cómodo más o menos joven con el consuelo de la Santa Madre. Pero ahora la hegemonía del capitalismo a la americana es más fuerte que nunca. Entonces todo se mide en la capacidad o no de conseguir sus premisas y prebendas: una idea del confort, de la acumulación, del poder como marcas del éxito. Eso es, en general, ahora, lo que los ñamericanos llamamos triunfar en la vida.

Progresar: una palabra que se inventó con un sentido común, colectivo –la ciencia y la técnica progresan, las sociedades progresan, incluso las ideas progresan–, se convirtió en la quintaesencia de lo individual. «Progresar» sería tener un empleo un poco menos molesto, si acaso convertirse en subjefe de algo, comprarse quizás un cochecito, ver crecer a tu familia: armarse una de esas vidas que deben desesperar al moribundo.

Aunque quizás haya sido siempre así.
Esa es, ahora, una de mis dudas persistentes.

¿No hubo tiempos, aquí y allá, en que vivir mejor que tus padres significaba vivir muy diferente de tus padres, querer cosas distintas, cambiar el horizonte del deseo?

Si me atreviera haría en voz alta la pregunta que me hago muchas veces en silencio, mi pregunta del millón: ¿por qué hay tantos que «no saben lo que les conviene»? ¿Por qué hay tantos que hablan de patria cada vez que pueden y cantan sus himnos con unción y gritan sus goles con delirio? ¿Por qué, tantos que consiguen pensar que si hay millones que no comen suficiente es por sus propias culpas, que si viven como viven es porque no se esfuerzan, que se merecen sus pesares? ¿Por qué, tantos que creen que lo mejor que pueden hacer con su vida es consumirla cómodos? ¿Por qué, tantos que eligen gobiernos que los joden una y otra vez? ¿Por qué, tantos que no «consiguen ver» las cosas que a otros nos parecen tan evidentes? ¿Porque les falta educación? ¿Porque los mantienen en las sombras? ¿Porque ellos sí que saben, no como yo, que fantaseo?

¿Siempre fue así?

«Quién sabe. Crecí creyendo que todo estaba por cambiar muy pronto. O, mejor: que la forma del tiempo era el cambio continuo. Llegué

—casi sin aliento— a colgarme de los últimos vagones de una generación que pensaba que después de nosotros nada sería igual. Ni siquiera importaban tanto las maneras; las maneras se sucedían, variaban, se buscaban en la convicción de que eran accidentes: que de un modo u otro la nueva sociedad —nueva cultura, nuevas máquinas, nueva sexualidad, nuevos lenguajes, nuevas relaciones de poder, política completamente nueva— estaba a la vuelta de la esquina. Y todo el tiempo pasaban cosas nuevas.

Es cierto que mucho de lo que hicimos terminó en desastre: no solo la obviedad de la lucha armada; también la idea de las drogas como acceso a otra percepción dio en narcotráfico, el sexo libre en sida y soledades, la vuelta a la naturaleza en conservadurismo ecololó, la sociedad perfecta en esto.

Pero, aun así, reivindico la confianza: la idea delirante de que el mundo puede ser cambiado si existe la voluntad suficiente.

(Y que, de todos modos, siempre cambia.)

El resto de mi vida fue el aprendizaje de que una sociedad puede pensarse a sí misma como inmutable, permanente. Ahora no existe —ya no esa voluntad: siquiera la confianza. No nos creemos capaces: un resbalón cultural fuerte. La raza humana bajó mucho: hace cincuenta años nos suponíamos aptos —con razón o sin— para grandes proezas. Ahora no, y es triste», escribí hace unos años.

Quién sabe. A primera vista, el cambio más brutal con respecto a la Ñamérica de hace medio siglo es que falta esperanza. Aquel era —creímos— el continente de la esperanza, el que estaba a punto de ser otro. No lo fue: el gran fallo de aquellos movimientos fue que no consiguieron suficiente apoyo. Algunos salíamos a la calle con la firme decisión de armar sociedades más justas, más iguales, pero no éramos bastantes y, en cambio, cuando algunos militares decidían acabarlo de la manera más violenta, millones y millones los apoyaron entusiastas.

La debilidad de la idea de revolución es esa: que solo puede concretarse si mucha gente la comparte y que, a priori, imagina que la gran mayoría debiera compartirla porque es correcta, porque los beneficia, porque los haría vivir mejor —y resulta que no, que mayorías siguen pensando que los negros son sucios y los patrones generosos y los curas benignos y las mujeres en su casa.

O bien, dicho alto y claro: las revoluciones no funcionan porque no las apoya suficiente gente; porque muchas personas no quieren ese orden nuevo. El marxismo tradicional tenía una explicación para ese fracaso: la alienación, el mecanismo por el que ciertos sectores sociales toman y expresan ideas que no deberían ser las suyas.

Es fácil, y creo que hay que pensarlo con más detenimiento, con menos prejuicios, con menos indulgencia.

*   *   *

Recuerdo ahora a aquel viejo dirigente –de primera línea– del Partido Comunista de Polonia que, ya refugiado en Moscú cuando el régimen polaco había caído y el soviético estaba por caer, me dijo una noche, ríos de vodka, que el comunismo había fallado porque supuso que el hombre era mejor que lo que es; se diría que a la democracia de delegación le pasa lo mismo. Cuando nos quejamos de que hay gobernantes como Ortega, Piñera, Duque, Maduro o el vecino Bolsonaro, deberíamos quejarnos de que hay millones y millones de personas que los eligen –pero nos da vergüenza.

La democracia es un sistema que en teoría se presenta optimista, que supone que las personas se van a hacer cargo de sus decisiones –pero le sirve que no lo hagan, así que produce la sensación generalizada de que esas decisiones no sirven para mucho. La democracia deposita toda la responsabilidad, todo el supuesto poder de decisión en un colectivo en el que muchos no creen, que tantos no respetan: el pueblo, la ciudadanía, el electorado. Políticos, intelectuales, comentaristas de todo orden y pelaje nos desgañitamos deplorando las decisiones de ese colectivo que –nos gusta argumentar– es engañado, se equivoca, no entiende las verdaderas consecuencias de sus actos: que no está preparado para tomar todas esas decisiones.

Es muy raro confiarle tanto a un sujeto en el que no confiamos.

«El pueblo nunca se equivoca», dijeron durante décadas algunos. Pero ahora suponemos que puede ser manejado por el marketing, por la propaganda, por la mentira politiquera, por las redes y troles y botes, por rasputines varios, por el famoso populismo. En general no creemos que sepa decidir qué le conviene –pero queremos que decida una y otra vez en esas votaciones porque, básicamente, no se nos ocurre otra manera. Y, por supuesto, también deploramos a los jefes que elige: mentirosos, corruptos, autoritarios, tramposos, insensibles, incapaces, imbéciles —y los adjetivos podrían seguir durante días, es un hobby barato.

Quizá no tomamos en cuenta que, más allá de inteligencias y carencias, se impone una razón estructural de perogrullo: las mayorías piensan lo que piensa la mayoría. Y la mayoría piensa lo que ya puede ser pensado —lo que ya fue pensado y aceptado—, no lo que todavía no.

Por eso se podría postular que el pueblo siempre se equivoca.

Decir siempre siempre es un error, decía el otro, pero me interesa pensar esa idea: el pueblo —la mayoría— siempre se equivoca. Es productiva si se piensa con un mínimo de perspectiva histórica: la mayoría es —suele ser— la fuerza de conservación que pretende que las cosas deben seguir siendo lo que son. El pueblo de Roma estaba claramente a favor de la esclavitud, o mejor: nunca en su vida se preguntó si estaba a favor o en contra de la esclavitud porque le parecía tan natural como la lluvia. El mundo estaba hecho así, había hombres libres y hombres esclavos y siempre los había habido y, por descontado, siempre los habría. El pueblo lo sabía y despreciaba a los tres o cuatro chiflados que decían lo contrario.

Es un ejemplo. Como el del pueblo francés en 1700 —digamos— cuando había unos pocos que decían que no, que un rey no podía encerrar o ejecutar a cualquier súbdito solo porque se le cantara o que un rey no era una emanación de Dios o, incluso, que había que ver qué cornos era eso de Dios. Eran contados y el pueblo —la mayoría— sabía que decían tonterías.

—Oiga, Dupont, ¿ha visto lo que dicen esos infelices?

—No, no me diga que otra vez andan con eso de que un país podría existir sin un rey que lo mande. Como si no supieran que siempre hubo reyes, que siempre los va a haber.

O los señores y casi todas las señoras, fines del siglo XIX, Occidente moderno, que suponían que el sufragio universal era universal para todos los hombres, faltaba más, no se vaya a creer —y que las mujeres estaban muy bien criando y cocinando y callándose la boca cuando hay que hablar de cosas serias.

Los ejemplos podrían multiplicarse. Todo lo que ahora nos parece abominable fue, en algún momento, razón mayoritaria: todo el mundo sabía que el mundo era así porque así debía ser, porque así había sido y sería. Y si fue cambiando —si ya no hay esclavos que se llamen esclavos, si ya no hay reyes que se llamen reyes y puedan hacer lo que quieran con sus súbditos, si las mujeres ya no son inferiores— fue porque hubo minorías que no se resignaron a creer que tenían que callarse porque fueran pocos. Que no aceptaron la razón estadística. Que no pensaron que el pueblo nunca se equivoca.

(Es cierto: hay momentos en que las mayorías dejan de conservar y cambian todo. O un poco. Pero suele ser porque hay minorías que pensaron mucho antes lo que ellos hacen entonces. Es antipático, es elitista, es la historia.)

Es un problema: yo no digo que todos los pocos tienen razón —o la tendrán a largo plazo. Pero sí digo —creo que digo— que todos los muchos se equivocan. Que los muchos suelen ser una fuerza de conservación de ciertos errores. Que lo que las mayorías creen absolutamente hoy es lo que dejarán de creer mañana o pasado.

Lo cual plantea más problemas. Algunos te dirían que con qué derecho vas a decirles nada ahora; amoldate a su tiempo, esperá que la mayoría comparta esas ideas. Es la forma perfecta de que nunca suceda: si alguna vez los muchos cambian sus ideas es porque primero hubo unos pocos que los interrogaron, que cuestionaron esas certezas congeladas.

Pero, claro: hay muchos grupos minoritarios —muchos pocos— que postulan soluciones distintas de las mayoritarias, y es imposible saber a priori cuáles son los pocos que tienen razón, y además los pocos son odiosos —y más cuando pretenden tener razón en algo, y más cuando se recuerda cuántas veces se han equivocado. Porque los pocos también se equivocan casi siempre —el error es el estado natural de cualquier pensamiento— y sus fallos suelen ser abominables y además no tienen la justificación de la estadística. Siempre es más fácil refugiarse en el error de los muchos: es abrigado, seguro, tan correcto.

Es lo que llamamos democracia. Pero que ese mecanismo sea el más fácil, el que sabemos cómo usar, no significa que sea bueno. De hecho, sirve para mantener vigente el error de las mayorías: para eso lo usan los que se benefician con esos errores. Habrá que encontrar, alguna vez, la forma de desarmar ese sistema. Mientras tanto, me parece interesante empezar por pensar que los pueblos se equivocan mucho. Es una hipótesis, una base para algún debate y, odiosa como suena, puede ser fructífera.

Aunque convoque la pregunta obvia: ¿qué hacer con esa convicción molesta en un momento en que todos los fieles de la religión democratista creen lo contrario? ¿Callársela y aceptar el dictamen de las mayorías?

Hay filósofos de cierta notoriedad actual, como el coreano Byung-Chul Han, que se esfuerzan por explicar por qué ya no puede haber revoluciones: Han dice, por ejemplo, que ahora el sistema ya no castiga ni explota sino que cautiva. Y que, en el sistema neoliberal, cada uno se considera responsable de sus propios fracasos: «Los que fracasan se cuestionan a sí mismos, no a la sociedad. Ya no se trata de una lucha de clases que se juega en la arena revolucionaria, en el espacio social donde se antagoniza para ganar posiciones, sino de una lucha en la que cada quien pelea contra sí mismo en soledad, aislado…».

Seguramente, pero yo creo que la razón principal de la potencia de esa idea de sociedad es que no hay ninguna que compita con ella. No hay, para decirlo claro, otros modelos.

Estamos en uno de esos períodos en que el proyecto anterior se quebró y todavía no aparece el siguiente. Esos momentos existen, han existido a lo largo de la historia; son más frecuentes y más largos que lo que alguien nacido a mediados del siglo xx, en pleno esplendor de un proyecto de cambio, podía suponer.

Siempre ha habido épocas que desean su futuro y otras que lo temen. Lo desean las que tienen un proyecto que apasiona a muchos, como fueron la república en el siglo xix o el socialismo en el xx. Son momentos que ofrecen una especie de mañana venturoso que sus creyentes desean alcanzar lo antes posible. Ahora no tenemos ese mañana. No por falta de necesidad, no por falta de ganas, sino de ideas: todavía no hemos sido capaces de imaginar cómo sería esa sociedad más justa, más equitativa, más vivible que mejorará la actual. Entonces imaginamos el futuro como un estiramiento infinito del presente, un siempre igual empeorado gradualmente por su propio deterioro: el futuro ya no se vuelve un objeto de deseo sino de temor, porque todo lo que puede traer es decadencia.

Así que vivimos tiempos sin futuro: donde todos los cambios que conseguimos imaginar para las próximas décadas son meramente técnicos. La base del capitalismo es la creencia en el poder de la técnica: que solo podamos pensar en ese tipo de cambios es el mayor triunfo de su idea.

Imaginamos —intentamos imaginar— un mundo con inteligencia artificial, territorios virtuales, robots omnipresentes, automóviles automóviles, vidas alargadas, pero asumimos que el capitalismo de mercado sigue y sigue y que, si acaso, lo podría interrumpir algún apocalipsis.

Nos resulta más fácil imaginarnos el fin del mundo que el fin del capitalismo. Como no aparece la construcción que lo reemplace, nos hemos resignado a creer que este sistema durará para siempre. Y nunca hubo nada que durara para siempre: las cosas cambian y se acaban y cambian

y se acaban y.

(La imposibilidad —la incapacidad— de pensar el futuro como algo distinto del presente es una marca fuerte de esta época histórica. Sucede, cada tanto. Y es, faltaba más, una forma perfectamente ahistórica de pensar la historia: lo que llamamos historia es el relato de los cambios de sociedad a lo largo de los siglos.

No hay nada más conservador que la falta de imaginación. Es cierto que es difícil imaginar cómo podría cambiar un mundo que parece tan sólidamente instalado en la basura: grandes gobiernos, grandes mafias, grandes religiones, grandes marginados, grandes ejércitos. Pero una cosa es no saber qué hacer para cambiarlo, y otra ayudar a que siga todo igual.

La tristeza de la resignación. ¿Cuándo fue que aceptamos que esto es todo, que no podemos querer más, que la fealdad de tantas injusticias no nos molesta tanto, que sabemos convivir con la miseria de millones, que el mundo es lo que es y basta de pavadas? ¿Cómo fue que aprendimos a decirnos que claro, que algunas cuestiones no están bien, que deberían ser de otra manera pero al final las cosas son así y qué le vamos a hacer, no hay forma de cambiarlas: que así es el mundo, así va a ser?)

Vivimos tiempos asustados, defensivos. Vivimos preocupados por la decadencia de nuestras condiciones de vida, por la falta de incentivos, por la pérdida de empleos, por el exceso de personas, por los gobiernos brutos, por la degradación del medio ambiente. Vivimos peleando contra, casi nunca a favor. Vivimos preocupados porque no tenemos adónde ir: no tenemos un futuro adonde ir.

El futuro amenaza:
la amenaza ecológica, la amenaza

poblacional, la amenaza
política, la amenaza
bacteriológica incluso
ahora, la peste
como síntesis
de un futuro cada vez
más presente, menos
deseo que terror, menos
futuro que amenaza

El futuro amenaza y el presente no ayuda y, entre uno y otro, muchos de los grandes movimientos se vuelven defensivos. Los derechos humanos y el ecologismo, por ejemplo, son tentativas de que los malos no hagan tanto daño —a las personas, a la naturaleza. Son intentos de que todo siga como está —o, mejor, como debería estar—: que el equilibrio inestable de las cosas no se rompa a fuerza de prisiones, torturas, emisiones, plásticos, agresiones diversas. Ponerle un freno —algún freno— a los excesos del poder. Ser víctimas pero no tan víctimas.

Y sin embargo nos quedamos
—nos quedamos—
en ese lugar que nos resulta tan común:
el sitio de la víctima.

Somos víctimas: nos pensamos como víctimas, nos mostramos como víctimas, somos víctimas.
—Es que nadie sufre tanto como nosotros.
—Bueno, yo, modestamente...
Si en general nuestras posiciones son sobre todo defensivas —si nos defendemos para que no nos maten ni nos maltraten ni nos mientan ni nos violen, para que no nos discriminen ni nos hambreen ni nos peguen ni nos arruinen el ambiente, si insistimos en todo lo que ellos no deben hacer(nos) pero no sabemos muy claro qué querríamos hacer nosotros o, incluso, quiénes somos nosotros—, si nuestras posiciones suelen ser defensivas y así nuestra identificación, es lógico que la postura que más nos convenga sea la de la víctima: una víctima confirma la necesidad de esa defensa. Vean, miren, ellos nos dañan, tenemos que defendernos de ellos.

Y es cierto que nos dañan: hay datos suficientes, los argumentos sobran. Entonces, para instalarnos con amplitud en el lugar de la víctima, corresponde contar y contarnos las historias más tristes, más truculentas, más brutales, más trágicas; corroborar que de las venas abiertas de América Latina todavía mana aquel almíbar amarguito.

(Nadie dice que no haya que contar las desgracias del mundo. Al contrario, incluso. Pero me inquieta ese gustito, ese agradable escalofrío que nos produce decir que esto es un desastre, que estamos hechos mierda, que el mío es aún peor que el tuyo, que nadie sufre más. Me inquieta la facilidad de esos relatos binarios, hechos de buenos y malos, donde se hace tan cómodo arrebujarse del lado de los buenos –que suelen ser las víctimas, porque para demostrar bondad no hay nada más útil que sufrir y perder.)

La víctima, es obvio, puede ser individual, una persona, pero también colectiva: una etnia, un género, una clase, un arroyito. La víctima es un ser que, por serlo, se vuelve angélico, modélico. Sobre la víctima hay acuerdo: todos coincidimos en que es malo hacerle daño a tal o a eso, nadie lo niega, no hay debate posible. Es, en ese sentido, como la corrupción: todos sabemos qué pensar.

La víctima no produce discusión sino al contrario, la clausura: nadie se atreve a cuestionar al que ha sufrido y sufre. Y produce la solidaridad acongojada pero satisfecha de sentirnos parte de una misma derrota, caballeros de la misma injusticia.

(Hay víctimas y víctimas pero –es horroroso y preferimos no decirlo, claro– nada le sirve más a un movimiento que «tener un muerto». La espera callada, inconfesable, aterrada, de que te maten a uno –y el dolor, por supuesto, de que muera un compañero. Pero nada certifica mejor lo acertado de tus intenciones que el hecho de que haya unos malos que te maten por ellas. Y unos buenos dispuestos a morir por ellas.

Es esa dinámica por la cual una muerte cambia todo: como si la muerte fuera la instancia que transforma unas salidas adolescentes juguetonas en un asunto serio: cuando la policía –digamos– mata a un manifestante todo toma otra dimensión, otro sentido. Y lo raro es que la policía lo hace con frecuencia. ¿Qué supone que gana? ¿Qué gana?)

La víctima mortal es la quintaesencia de la víctima.

«La víctima es el héroe de nuestro tiempo. Ser víctima otorga prestigio, exige escucha, promete y fomenta reconocimiento, activa un potente generador de identidad, de derecho, de autoestima. Inmuniza contra cualquier crítica, garantiza la inocencia más allá de toda duda razonable. ¿Cómo podría la víctima ser culpable, o responsable de algo? La víctima no ha hecho, le han hecho; no actúa, padece. En la víctima se articulan carencia y reivindicación, debilidad y pretensión, deseo de tener y deseo de ser. No somos lo que hacemos sino lo que hemos padecido, lo que podemos perder, lo que nos han quitado», escribió Daniele Giglioli.

Ser víctima legitima en tiempos en que no está muy claro qué otras certezas lo consiguen. Pero su peso viene de muy lejos: está en la base y el origen de nuestra cultura. Somos el producto de una religión que se presenta como el invento de una víctima: el hijo de su dios se constituyó en víctima de la peor infamia —de una tortura reservada a los esclavos— para salvarnos. ¿Cómo sorprenderse, entonces, de que esa sea la posición en que estamos más cómodos?

El sentimentalismo es al sentimiento
lo que el populismo al pueblo, digamos, por ejemplo,
el realismo a la realidad, a la moral
el moralismo:
un relato barato que intenta
aprovecharse.

El lugar de la víctima, entonces, con todo y sus sufrimientos, se vuelve para muchos una postura de confort: es simple —aunque doloroso— sentirse ofendidos y dañados por el mundo y ser capaces de dolerse y condolerse, unirse y reunirse en ese padecimiento que nos asestan los malos y que, por su acción, nos convierte en los buenos: los que pesamos tanto como para que ellos decidan asestarnos tal dolor, los que somos capaces de sentirnos dolidos con el dolor que ellos asestan, los que sabemos sufrir por nuestra causa. Definirse víctima es una de las formas más inmediatas, más eficaces de armarnos un nosotros.

—¿Quiénes somos nosotros?

—Nosotros somos las víctimas de ellos, por supuesto.

Y no es difícil: hay —siempre hay— de qué quejarse, buenas razones para sentirse víctimas de la maldad del mundo. Y ese calor barato que te da comentar las maldades entre pares que las detestan y condenan, ese alivio de gritarle al mundo lo mal que nos tratan, lo mucho que sufrimos, las desgracias que nos hacen acreedores a la solidaridad universal. Pero la postura de la víctima —y la del misionero— ya están medio gastadas; sería bueno ponerse a buscar otras.

Diferencias entre la queja y la protesta.
Y entre protesta y propuesta, por supuesto.

(Hay, por desgracia para la izquierda, una izquierda que no acepta que se pueda pensar desde la izquierda sin seguir los ritos y los refranes clásicos. Que necesita reconocerse en las palabras conocidas, en las historias conocidas, en los ultrajes conocidos y reconocidos. Sus relatos y encuentros y discusiones son rituales: la repetición de palabras y gestos que garantizan que estamos donde queríamos estar: entre nosotros. Y que hay un nosotros, todavía, que se basa en los rituales: la base de la víctima.)

Buscar posturas diferentes, digo, entonces.
El lugar del que no tiene lugar: ese que busca
y busca y busca
más.
(Temiendo, claro,
lo que puede pasar si alguna vez encuentra.)

*　　*　　*

Los movimientos defensivos no proponen: se acurrucan, tratan de aminorar los daños. Por supuesto que, al mismo tiempo, construyen algo —un poder, un conjunto, una conciencia. Pero no tienen una idea de totalidad: intentan limar las aristas más ásperas, no cambiar el diseño general. Eso los acerca a esos movimientos que ahora llamamos «identitarios» —y que reúnen a algunos de los grupos políticamente más activos de la región.

Durante décadas, movimientos de cambio propusieron la construcción de un «hombre nuevo» que debía serlo independientemente de su origen —racial, social, cultural—: lo importante no era de dónde venía sino hacia dónde iba, la construcción, el proyecto de futuro.
Ante el fracaso de esos proyectos, ahora algunos reivindican lo más viejo o más originario: la identidad. Ahora, entonces, llamamos «movi-

mientos identitarios» a esos que se identifican porque son la expresión de las reivindicaciones de un sector definido por factores intrínsecos, más o menos inmutables: el género, la religión, la etnia.

El ser reemplazando al estar, la esencia
a la dialéctica.

Los movimientos identitarios son −en sentido estricto− la imaginación de una época sin imaginación. O sea: movimientos sin necesidad de imaginar proyectos por los cuales pelear, porque su proyecto son sí mismos, es conseguir para los propios lo que ya tienen los ajenos. Los movimientos identitarios, en general, no pretenden reformular las estructuras de nuestras sociedades: no cuestionan la propiedad privada, la plusvalía, el reparto de las riquezas, las formas más amplias de poder. Defienden, contra los ataques de que son víctimas, a los que portan esa identidad.

El feminismo −digamos− no precisa imaginación: es la aplicación de la lógica natural al esquema social. No hay que inventar el cuerpo social que lo levanta: somos mujeres. No hay que crear estructuras de esperanza: tenemos que tener los mismos derechos que los hombres. No es imaginación, es pura lógica, justicia en construcción.

Y es necesario y es urgente y es indiscutible: todo eso le permite esta potencia en una época impotente. Los movimientos de mujeres −quizá los más dinámicos de la región en estos últimos años− también son tributarios de la idea derechohumanista: defensas de la vida contra las agresiones que la amenazan, tanto por la violencia machista como por los abortos mal hechos como por las discriminaciones laborales, morales, religiosas. Gracias a esos disparadores, las vidas de millones de mujeres van cambiando.

Los movimientos que más se mueven, hoy en Ñamérica, pelean por la inclusión: sectores que fueron discriminados durante tanto tiempo exigen recibir el mismo trato de todos los demás. Nada más −indiscutiblemente− justo. Incluir significa, en última instancia, eliminar variables: que el hecho de ser mujer o ser negro o ser indio o ser gay no sea un dato que condicione las opciones de cada. Que todos tengan las mismas posibilidades, que todos formen parte equivalente de nuestras sociedades.

Solo que, en nuestros países −en nuestro mundo− eso puede suponer incluirse en una sociedad represiva, enferma, desigual, plagada de injusticias.

Movimientos que no pretenden cambiar el mundo: quieren formar parte de él. Y producir, por supuesto, los cambios que se derivan de que ese mundo los acepte.

El matrimonio gay, decíamos, o un ejemplo vecino: Barack Obama llegó a presidente de Estados Unidos porque era negro, y que en Estados Unidos hubiera un presidente negro era un cambio radical. Pero su presidencia no produjo ningún cambio significativo en la sociedad americana —salvo la comprobación de que los negros también podían ser presidentes. Lo mismo pasa a menudo con cierto feminismo, con perdón: más mujeres en los consejos de las corporaciones, mujeres generales, mujeres patroncísimas. La Thatcher no es un éxito. El éxito no es que Margaret Thatcher fuese mujer, sino que no haya más Thatchers.

Gracias al movimiento las condiciones de vida de las mujeres en la región han mejorado mucho —y, por lo tanto, también mejoran y mejorarán las vidas de los hombres. Pero choca —a mí, a veces— que parte del feminismo actúe como si la división fundamental de nuestras sociedades fuera entre hombres y mujeres: como si no existieran —o casi— las divisiones de clase. Un movimiento político donde pueden unirse —en España, digamos, donde vivo— la dueña del mayor banco europeo y la señora que le limpia los baños tiene un problema.

Que se podría ejemplificar en clave perogrullo: que se haya instaurado una lógica en la que todos acordemos en que tiene que haber mitad de mujeres en todos los cargos pero no quede nadie para decir que si en esta sociedad hay un tercio de pobres, un tercio de los diputados deben ser personas que vivan con menos de tres dólares al día, por ejemplo, o que si hay diez por ciento de indios un médico sobre diez en cada hospital debe ser indio. Digo: que algo tan justo como la igualdad se vuelva injusto por lo desigual.

Debe ser —yo creo que debe ser— porque perdimos la ilusión de armar sociedades realmente distintas. Porque —ya queda dicho— no tenemos ni idea de cómo serían, porque no sabemos siquiera cómo empezar a imaginarlas.

No es fácil, y quizá menos en Ñamérica, donde el fracaso de la utopía anterior todavía no ha cicatrizado; donde algunas sobreviven como heridas abiertas todavía, sangrando, supurando, tapando con sus hedores viejos cualquier aroma nuevo.

Desalienta: claro que desalienta. Pero alcanza con mirar la historia y las historias para confirmar que ha pasado muchas veces y siempre se ha pasado: que ningún sistema dura eterno, que siempre, más tarde o más temprano, una nueva ilusión se va formando poco a poco, se conforma, se define, actúa.

Es temprano. Todavía, por no tener, esa nueva utopía no tiene siquiera un sujeto que pueda sostenerla. Era fácil pensar una revolución cuando tenía un sujeto claro. Ese fue el gran acierto del señor Marx: definió quién la haría, construyó un protagonista de la historia. Ahora no sabemos. Ni sabemos cómo se armará, ni en qué consistirá.

No sabemos, y eso
desalienta.

Mientras tanto, suena antiguo decir que, sin cambios radicales, Ñamérica seguirá siendo la tierra de la desigualdad, de la violencia, las migraciones, las materias primas, las drogas, el machismo, la pobreza de tantos.

Suena antiguo pero es difícil de negar.

MANAGUA

La ciudad sacudida

(En mayo de 2018 estuve en Managua cuando pareció, por unos días, que algo se volvería distinto: miles y miles de personas en las calles. Me intrigaba, una vez más, cómo y por qué empiezan esas cosas; cómo y por qué, de pronto, en un estanque, estalla la borrasca. Escribí, entonces, una larga crónica que titulé «El misterio de las revoluciones», tratando de entenderlo.)

«Esto hace un mes no se podía ni siquiera imaginar», dicen, repiten. Lo escuché tantas veces estos días, en Managua: que nadie —nadie es nadie— lo había imaginado, que fue una gran sorpresa, que dura todavía. Que quién sabe lo que va a pasar.

¿Cómo empieza una revolución?
¿Por qué empieza una revolución?
Nicaragua estaba hundida en un sopor de años. La gobernaba con mano de hierro y de banderas y de dólares una de las parejas más coloridas del continente verde loro: el comandante Daniel Ortega Saavedra, 72, y su esposa y vicepresidenta y poetisa Rosario Murillo Zambrana, 66. Ortega ya gobernó Nicaragua once años entre 1979 y 1990 y otros once desde 2007, y no quiere dejarlo. Como otros jefes latinoamericanos recientes, se entregó a la tentación de sí mismo; para cumplirla, armó una constitución que le garantizaba la reelección eterna. Y nadie parecía en condiciones de impedirlo.

Su base era sólida: le había dado a la iglesia católica un lugar de peso y las leyes más duras del mundo contra el aborto; les había dado a los empresarios más ricos las garantías y las facilidades y más y más negocios; le había dado satisfacción al Fondo Monetario. Durante una década su país había crecido al cuatro por ciento anual —hasta que la caída de Venezuela resquebrajó el espejo. Aun así el comandante mantenía el apoyo de un buen tercio de la población, la tolerancia de otro, la obediencia de los trabajadores del estado, el sostén activo del ejército, el control férreo de la policía y los parapoliciales, el hastío indolente de los jóvenes. La política de palo y zanahoria funcionaba, pero empezó a escasear la zanahoria. A mediados de marzo, apurado por problemas de caja, el comandante Ortega decidió anunciar un recorte de las jubilaciones y un aumento de las cotizaciones al Instituto Nacional de la Seguridad Social.

Sus aliados empresarios se sorprendieron: normalmente, el comandante consensuaba esas políticas con ellos, y esta vez no lo hizo. Era un tropiezo, nada grave. Tampoco lo serían las dos o tres pequeñas marchas con que unos pocos viejitos intentarían rezongar. Pero en la de León, la segunda ciudad del país, el 18 de abril, unos muchachos sandinistas atacaron a los viejos. Las imágenes inundaron las redes sociales. Esa tarde, estudiantes decidieron protestar. Eran tan pocos que se citaron casi clandestinos en un paseo de compras de la periferia de Managua, Camino de Oriente, con la esperanza de que allí no llegaría la turba.

Llegó. El gobierno de Daniel Ortega siempre se tomó en serio aquello de que el estado debe tener el monopolio de la violencia. Para eso cuenta, por supuesto, con una policía y un ejército, pero también con esos grupos de matones que los nicaragüenses llaman «la turba» o «los motorizados». Suelen llegar en moto, suelen estar empleados en alguna dependencia pública, suelen intervenir cuando hay que defender la causa popular con cachiporras o, si acaso, plomo. Esa tarde, en aquel mall, unos pocos empezaron a repartir palazos, a robar periodistas, a quebrar cabezas —bajo la atenta mirada de la policía. Era el remedio habitual para los pocos revoltosos: los ponías en su lugar y se calmaban. Pero esa noche miles los vieron por televisión, miles por las redes, y sintieron que ya era suficiente. Al otro día, miles y miles salieron a la calle.

* * *

#1. Darwin Urbina era un trabajador y era coqueto: tenía un corte de pelo complejo, una barbita, cierto cuidado con la ropa, su sonrisa confiada; le iba bien con las chicas, se gustaba. Esa tarde, 19 de abril, volvía de su trabajo en un supermercado cuando vio que unos muchachos de la Universidad Politécnica estaban armando barricadas porque la policía y los motorizados los corrían. Darwin reconoció a algunos —años antes había vendido tamales en los claustros— y decidió ayudarlos: hacía años que en Managua no pasaba nada semejante. Los muchachos estaban excitados: rompían tabúes, prohibiciones, abrían —quizás— algún camino. La policía se acercó, amenazadora; ellos cantaron el himno nacional. Se oyeron los disparos; Darwin cayó con el cuello partido. Cuando su hermana Grethel por fin lo encontró en la morgue judicial, el forense le dijo que su muerte había sido instantánea, que no había sufrido. Y un policía de civil le sugirió que dijera que la bala vino de los estudiantes, pero ella se negó porque sabía que no estaban armados. Así que las autoridades lo dijeron, y también dijeron que Darwin era un vago, un ladrón: en esas horas, todavía, era una muerte sola, aislada, y era más fácil decir cosas. El gobierno confiaba: siempre supieron que si algunos se pasaban de la raya había que amedrentarlos, y si los palos no bastaban alcanzaría con matarles un par para que se calmaran. Pero esta vez algo falló: lo que siempre había funcionado les falló. Esa noche hubo dos muertes más y al otro día en lugar de la calma fue el desmadre: la calle estaba llena de batallas. El débil ya no quería seguir siéndolo; el fuerte ya no supo qué hacer. Rosario Murillo, la esposa y vicepresidenta, salió a decir que los culpables «parecen vampiros reclamando sangre. (…) Son esos grupos minúsculos, esas almas pequeñas, tóxicas, llenas de odio. (…) Son esos seres mezquinos, seres mediocres, seres pequeños, esos seres llenos de odio que todavía tienen la desfachatez de inventarse muertos. Fabricar muertos, cometer fraudes jugando con la vida es un pecado». Si quería asustarlos no lo pudo hacer peor: sus injurias avivaron el fuego, terminaron de convencer a los dudosos. Con esas muertes, con esas palabras, Nicaragua empezaba a ser distinta.

* * *

Si alguien supiera cómo empiezan las revoluciones sabría casi todo. Una revolución es un cambio radical en la situación previa: llega cuando todo lo que dábamos por cierto deja de serlo de repente. Cuando los jóvenes indolentes se deciden a jugarse la vida, cuando los empresarios satisfechos se pelean con su jefe, cuando los curas dejan la sumisión y encuentran su misión, cuando el hombre fuerte se hace débil y ya nadie le teme.

—A ese ya lo aguantamos demasiado tiempo. No, yo tampoco sé por qué. No sé por qué lo aguantamos ni por qué dejamos de aguantarlo.

Me dice Suri, sus 25 años, estudiante, ocupante de la Universidad Politécnica de Nicaragua, Upoli. Estamos en un pasillo del tercer piso de un edificio moderno, sus vidrios, sus baldosas, sentados en el suelo; un gran cartel institucional dice que la Upoli «educa a sus estudiantes para servir de acuerdo al modelo de Jesucristo; para ser líderes con espíritu emprendedor, creativo, investigativo y altamente competitivos en el contexto mundial».

—Pero qué bueno que ahora hemos vuelto a ser nosotros, ¿no?

Nadie sabe por qué suceden esas cosas, por qué el vuelco. Solo podemos constatarlo después, cuando es un hecho. Es fácil, ahora, decir que fueron esas muertes: que los nicaragüenses no soportaron esas muertes. Es difícil saber por qué un gobierno que supo como ninguno mantenerlos tranquilos, satisfechos, temerosos, de pronto perdió pie, trastabilló.

—Yo decidí venir acá porque no soporté que nos siguieran matando a los nuestros, pensé que tenía que hacer algo.

Dice Suri; lo pensaron tantos. El 20 de abril ya se sabían diez muertes bajo las balas policiales y parapoliciales. Varias universidades estaban tomadas, el país perplejo, miles de hombres y mujeres en las calles de todas sus ciudades. Ya no solo protestaban contra el gobierno de Ortega; pedían, también, justicia por los muertos.

—Lo vamos a sacar. No sabemos cómo pero lo vamos a sacar, porque queremos ser libres, queremos a nuestra Nicaragua libre, que brille nuestra bandera azul y blanca.

Suri prefiere no decirme su nombre; sí me dice que ha trabajado en muchas cosas pero que ahora está desempleada y estudia mercadotecnia en el nocturno. Tiene un bebé de quince meses; sus padres la ayudan a criarlo. Ya lleva un mes de toma; solo puede ir a su casa algunas noches. Suri es flaquita, cara redonda, dulce, casi triste: el pelo negro que le cae en los ojos, la mirada de quien ha visto demasiado.

—Vos no sabés cuánto lo extraño.

Me dice: como en todas las zonas remotas del imperio, aquí también los españoles se trataban de vos. Suri tiene un cometido:

—Mi trabajo aquí es asegurar suministro alimenticio, me encargo de que esté preparada la comida para todos los que andan luchando, estamos hablando de más de 600 comidas tres veces al día.

Dos metros más allá hay un cartel pintado a mano: «Que tengan miedo ellos, porque nosotros ya no lo tenemos». No siempre es cierto; Suri tiene, pero igual está acá:

—No, yo no tengo la capacidad para andar en las trincheras, lanzando morteros. Primero que todo porque tengo un bebé. Yo los ayudo desde acá, pero ir afuera y que se venga la policía… creo que ahí nomás me desmayo. No todas somos iguales, hay algunas que sí son guerrilleras pero yo…

No todas son iguales; Dolly, después, me dirá que se fue de la Upoli porque no quería participar de «una toma de machos»:

—Quienes están al frente de las trincheras son los chavalos, y eso tiene que ver con nuestra cultura. Hubo un momento en que ellos, cuando empezaron a tener estos liderazgos bien machos, a mí me mandaron a la cocina, y entonces yo los mandé a comer mierda.

Dice, cuando le pregunto por qué será que todas las víctimas de la represión sandinista son hombres. La Upoli es la universidad más combativa: en su toma participan también muchachos de los barrios difíciles de los alrededores. Alrededor del edificio central hay un gran parque, una puerta muy bien custodiada, muchachos que se pasean con morteros; más allá las calles están cortadas con barricadas de adoquines —«las trincheras»—; los que las cuidan vienen aquí a comer, descansar, curarse si les toca. Aquí hay muchachos embozados con pañuelos que caminan como si el suelo fuera su enemigo; hay grupitos que charlan en susurros, hay miradas. Hay una sala donde fabrican las bombas para los morteros: las cuatro onzas, las media libra, que explotan y hacen más ruido que daño pero te sobresaltan. Y hay, en tres aulas de la planta baja, un hospital de campaña improvisado que atendió, en estas cinco semanas, a más de 120 heridos —y sufrió varios muertos. Lo montaron porque en los hospitales públicos no los atienden o los detienen.

—Aquí no solo habemos estudiantes, aquí está la población apoyándolos.

Me dice un hombre que no me va a decir su nombre, treinta y tantos años, el cuerpo ancho, un tatuaje de Guevara sobre un hombro, barba de varios días, una herida de bala en una pierna. Está tirado en un catre de fortuna, dos bancos que sostienen una colchoneta, su botella de suero, sus vendajes.

—Yo soy conductor de camiones pero también quise ayudar a la causa. Cuando hubo el primer fallecido fui a dejar víveres con un grupo de mi barrio, pero vimos lo que pasaba y decidimos quedarnos con ellos. Estoy desde el principio, manejo como a 35 muchachos, pero ya no puedo volver a mi casa porque me tienen fichado…

—¿Y cuándo vas a poder volver?

—No, yo ya no puedo. Si esto no se aclara, si el dictador no se va, yo ya no voy a poder volver.

—¿Y te parece que se va aclarar tan rápido?

—Bueno, todos tenemos la confianza de que no haya que llegar a una guerra civil. Pero si nos va a tocar...

Dice, recostado en el catre, la sonrisa ancha. Le pregunto por qué tiene a Guevara en el hombro.

—Porque es un revolucionario, una persona que anduvo en varios países ayudando las revoluciones.

—¿Y vos te considerás un revolucionario?

—Hacia mi patria, sí. Yo quiero una nación donde todos seamos iguales, que tengamos los mismos derechos, con libertad, que todos podamos hablar sin ser reprimidos. Esto es una dictadura y tenemos que liberarnos de ella.

Dice el hombre que yace. Suri, más tarde, me dirá que se desespera cuando ve llegar a los heridos, que ojalá se acabara; yo le pregunto cómo cree que se terminará.

—No sé, si nosotros queremos salir de aquí necesitamos protección. Si no la tenemos nos van a empezar a cazar y vamos a ir desapareciendo uno a uno... Y entonces esta lucha va a ser en vano, las muertes de los que murieron van a ser en vano y todo quedará como si nada.

—¿Y te parece que eso es lo que va a pasar?

—Yo espero que no, que podamos echarlo. No queremos a este señor en el poder, no puede seguir ahí, es un genocida. Ayer llegó un muchacho que una camioneta de la turba lo atropelló y lo destrozó, yo tuve que prepararlo. Y después vino el papá de ese muchacho y ver el rostro de ese señor me partió el alma, no hay palabras. Me imagino cómo se sentirá mi madre de verme en ese lugar...

Dice Suri, y me muestra las fotos de los muertos: muchas, brutas, pavorosas las fotos de los muertos.

* * *

#5. Álvaro Conrado quería ser bombero o policía. Quién sabe si lo hubiera sido: cuando uno tiene 15 años la vida es una incógnita llena de tentaciones. Pero esa mañana, viernes 20, decidió ir a ayudar a los estudiantes que, desde el día anterior, se peleaban con la policía. Álvaro tenía anteojos, un gran mechón de pelo negro, muy buenas notas en la escuela; tocaba la guitarra, hacía acrobacias con el roller, corría en el equipo de su colegio de jesuitas. Así que, cuando se presentó en la Universidad Nacional de Ingeniería, lo pusieron a correr entre las barricadas llevando agua y bicarbonato a los muchachos que las necesitaban para aguantar los lacrimógenos. Los estudiantes se defendían con piedras y morteros y bombas molotov, los policías los atacaban con gases y balas. Álvaro corría cuando sintió ese tiro en el cuello. Nadie supo de dónde venía; los estudiantes sospecharon que había francotiradores apostados en un estadio de béisbol vecino. Álvaro cayó; le salía mucha sangre pero estaba consciente: mientras lo cargaban en brazos entre varios —su jean manchado, su camiseta roja— gritaba me duele respirar, me duele mucho. Sus amigos lo metieron en un coche y lo llevaron a un hospital público —el Cruz Azul— donde no quisieron recibirlo; se dice que había órdenes del gobierno de no atender a los manifestantes. Se desangraba; cuando llegó a un hospital religioso donde sí lo aceptaron ya era tarde. Los medios, ahora, lo han bautizado «el niño mártir» y los manifestantes llevan su imagen en fotos y pancartas. Seguramente Álvaro será, por esos caprichos de la historia, la cara de estos días.

*   *   *

Dicen que existe un plan para poner nombres y números a las calles de Managua, y que la cooperación japonesa prometió sostenerlo, pero por ahora las direcciones en la ciudad son azarosas — «de la loma de Chico Pelón una cuadra al lago y tres arriba» o «del casino Faraoh dos abajo y una y media al sur»—, un reducto de resistencia a GoogleMaps. Managua no es misteriosa; solo incomprensible. Managua es ancha y chata, temerosa: hecha de casas bajas para que no se caigan cuando tiemble. Managua no tiene un centro claro, se desmembra; cada tanto hay algún centro comercial o un barrio de casonas o casitas, cada tanto un vacío: una ciudad sin terminar. Y, cada poco, los árboles famosos.

La iglesia católica siempre supo que el primer imperativo de una fe es ocupar su espacio —y llenó los suyos de iglesias y de cruces. Los estados lo saben —y lo colman de banderas y próceres. El gobierno de los Ortega, medio fe medio estado, lo atiborró con sus «árboles de la vida». Hay unos 140 repartidos por toda la ciudad, se basan en una pintura de Gustav Klimt, 1905, y están llenos de firuletes y sentidos ocultos y pistas esotéricas: la Cábala, la Biblia y otros libros de la tradición materialista dialéctica. Cada «árbol» es una estructura metálica de unos veinte metros de alto, 25.000 dólares de costo, tanto valor simbólico: deberían representar la paz y el amor y esas cosas pero significan, más que nada, el poder de Rosario Murillo.

Rosario Murillo es la esposa y vicepresidenta del comandante Ortega: tiene anillos en todos los dedos, un programa diario en tres canales oficialistas, casi todo el poder y el odio de varios millones de nicaragüenses —incluidos muchos sandinistas. En la economía política que suele ordenar las dictaduras, ella es la mala, la culpable, la que hace que su pobre marido haga cosas horribles: siempre ayuda un personaje así. Por eso no solo le dicen «la Chayo», el apodo de Rosario, sino también «la chamuca» —la bruja, la hechicera. Por eso a sus árboles no solo los llaman «arbolatas» sino, sobre todo, «chayopalos». Por eso la noche del 20 de abril, cuando unos manifestantes derribaron el primero, pareció que algo serio estaba sucediendo.

Sucedía que miles de jóvenes se habían decidido: que la calle, que el sandinismo controló durante tantos años, se volvía un lugar disputado. Y que el silencio que cubría el país se rompía en gritos.

Era una gran sorpresa. Cuatro años antes, cuando el gobierno de Daniel Ortega decidió poner wifi gratis en los parques y plazas, algunos denunciaron la maniobra: esas conexiones servirían para mantener a los jóvenes entretenidos con sus chats y fotitos y demás pavadas. No que lo necesitaran: todos sabían que eran los más apáticos y frívolos de la historia. No como sus padres, sus abuelos, que habían participado en guerras y revoluciones, que se la habían jugado, que siempre contaban sus batallas: que, de muy distintos modos, les reprochaban que no fueran como ellos. Ahora, de pronto, esas redes que debían mantenerlos en su babia se habían vuelto su arma, su instrumento: gracias a ellas se llamaban, se reunían, se pasaban consignas e instrucciones. Las imágenes venían de todas partes, grabadas por los participantes. Algunas eran tremendas: la crueldad de un ataque, la agonía de un herido, el dolor de una muerte. La televisión oficial seguía mintiendo calma pero el truco ya no funcionaba. Pronto intentaron mejorarlo: mandaban noticias falsas —imágenes antiguas o amañadas— por las redes sociales para después decir que eran inventos y desacreditar a las demás. «Te dijeron tal y cual y te mintieron», decía una minicampaña oficial de desprestigio de las redes. Y poco después cortaron el wifi de las plazas, pero ya ni modo: las grabaciones siguieron su camino.

—Esto es clave. Esto cambió la historia.

Me dice, ahora, el periodista de una radio independiente mostrándome su móvil. Ahora, la ciudad está tomada por los que se callaban: en cada rincón, en cada esquina puede haber un grupo de estudiantes, de vecinos, de hombres y mujeres con banderas azul y blancas que protestan, que exigen que se vaya.

#9. El sacrificio de su madre había dado resultado: a sus 30 años, Michael Humberto Cruz tenía un bebé de cinco meses, un carro, un buen pasar y cursaba un posgrado en su universidad, la Politécnica. Su madre, Rosa Amanda Cruz, había emigrado al norte 18 años antes, y consiguió trabajo en un restaurante mexicano en San Mateo, California. Nunca más vio a Michael, porque no tenía papeles y si salía de los Estados Unidos no podría volver, pero el muchacho, gracias a sus remesas, estudió, se fue haciendo una vida. Se hablaban todos los días: aquella mañana, el 21, Michael le dijo que iría a apoyar a esos compañeros de facultad que habían salido a defender a los ancianos; Rosa le pidió que no fuera, que era peligroso, y él le dijo que no podían permitir que el gobierno le sacara la plata a su abuelo y a todos los abuelos, y que no se preocupara, amita, que no le iba a pasar nada. Estaba en una barricada de la Upoli cuando dos balazos en el pecho lo mataron en el acto. Su madre llegó a Managua esa misma noche: sabe que ya no podrá volver a Estados Unidos pero le da lo mismo: «Yo estaba allá por él, para darle una educación, una vida. Ahora ya qué me importa».

(Mientras me lo contaba, en una manifestación de banderas azul y blancas, un hombre mal afeitado, camisa abierta, reloj naranja, nos miraba, nos fotografiaba. Su hermana me dijo que era habitual: que las siguen, las intimidan, intentan asustarlas.)

* * *

En la carretera que va de Managua a Masaya hay una rotonda que se llama Ticuantepe; allí, como en otras, había un chayopalo. Un día de abril cientos de protestantes –los llaman «protestantes»– lo tiraron abajo y lo reemplazaron con una virgen de Cuapa, una imagen de metro y medio bien pintada. Pero poco después vinieron los sandinistas encabezados por la alcaldesa, la sacaron y pusieron en su lugar una virgen de Cuapa, una imagen de metro y medio bien pintada. Al otro día los rebeldes volvieron y sacaron esa imagen de la virgen de Cuapa y volvieron a poner su imagen de la virgen de Cuapa –y así de seguido. Hasta que intervino el señor cura, llamó a la paz y la conciliación y terminaron acordando en poner a la virgen de Cuapa de los rebeldes en el centro y la virgen de

Cuapa de la alcaldesa en un rincón: fue, sin duda, una gran victoria de las fuerzas del cambio.

—Acá hay curas que nos han mostrado cómo es estar cerca del pueblo.

Me dice Chan Carmona un poco más allá, en Monimbó, y me cuenta que en uno de los momentos más brutos del enfrentamiento hubo una tregua cuando el cura párroco, César Augusto Gutiérrez, llegó hasta allí, los reunió, les dijo que la iglesia apoyaba los reclamos justos, les pidió que respetaran la vida y los hizo rezar un padrenuestro. Y se quedó en la calle y habló con la policía para que no tiraran a matar y pidió por los presos; más tarde se desmayó por el gas lacrimógeno.

—Hay curas que son casi más huevones que nosotros.

Monimbó es un barrio indígena con una larga tradición de resistencia, pero su historia no es original: en muchos rincones del país curas mediaron, se interpusieron, apoyaron reclamos, atendieron heridos, intentaron moderar la violencia. Y el obispo auxiliar de Managua, Silvio Báez, apoya las protestas y la conferencia episcopal convocó a la mesa de diálogo donde ahora se discute algo que no termina de estar claro, quizás el destino del país.

—Yo los respeto. Mucho no me gustan, pero estos días los respeto. Se lo ganaron en la calle.

Chan Carmona es un muchacho flaco, fibroso, alto, la barba negra y los ojos hundidos de días sin dormir. Chan es un líder de los rebeldes de Monombí y me muestra los rincones y las barricadas y me cuenta dónde se paraban y cómo rechazaron a la policía, y me explica que no se puede soportar más que esos del gobierno vivan así mientras ellos tienen que trabajar como perros para ganar cien córdobas. Que se tienen que ir, que son unos aprovechados y unos dictadores y unos genocidas. Y que lo están siguiendo, que lo tienen marcado. Yo le pregunto qué va a hacer.

—Nada, qué querés que haga; seguir en la pelea. Si me matan todos van a saber quién fue.

—¿Pero no tenés miedo?

—Miedo, miedo… Bueno, es mi vida. Me gusta, me gustaría seguir en esta joda. Porque ya muerto, pa' qué.

Dice, y se ríe. En el colegio salesiano de Masaya, justo al lado, cientos de vecinos reciben a la delegación de la Comisión Interamericana de Derechos Humanos, que viene a recibir denuncias. Un líder local discursea desde las escaleras del colegio:

—¡A nosotros no nos mueve ninguna ideología ni partido sino el amor por nuestro pueblo y nuestra patria!

Grita, robusto y atildado, y da vivas geográficas: a Nicaragua, a Masa-ya, a Monimbó. El rechazo a los partidos se oye en todas partes: casi todos dicen que no son políticos, que no hacen política, que repudian a los políticos y a la política y a todo lo que esté «politizado» –mientras toman la calle para voltear a un gobierno, pura política en acción. Magias de la palabra: por algunas se pelean, de otras huyen.

* * *

#14. En Estelí, a 150 kilómetros de Managua, a Franco Valdivia lo conocían por su nombre artístico, el rapero Renfán. Franco tenía 24 años, estudiaba tercero de abogacía y trabajaba de carpintero para pagar sus gastos y los de su hija de cuatro. Estelí es una ciudad mediana, tran-quila, templada, «un bastión sandinista» o «la ciudad mil veces heroica»; no es el lugar más apropiado para un rapero, pero Renfán seguía peleán-dola. Con un grupo de amigos solía grabar sus canciones y subirlas a youtube: estaban bien hechas y criticaban los abusos y la corrupción y conseguían visitas. El 18 de abril subió a su Facebook un poema en tono rapeado: «Hoy es un gran día para morir. / Por no elegir el camino que la corrupción / nos quiere hacer seguir. / Y aunque a mi vida días le reste / seguiré diciendo verdades cueste lo que cueste. / Sandino tenía un sueño y les / aseguro que no era este». En ese momento Nicaragua era una siesta y sus palabras parecían solo palabras; esa noche los estudiantes de Managua salieron a la calle, al otro día la agitación llegó a Estelí, se volvieron proféticas. Franco fue al parque central a sumarse a las protes-tas que tanto había cantado. Dos horas después, un disparo que pareció venir de la alcaldía le entró por el ojo izquierdo y lo mató. Otra de sus canciones se llamaba *Pilatos*: «No hay olvido sin sepultura / para quien lucha por lo que es. / Que la muerte me regrese / lo que la vida me ha quitado».

* * *

Estos días, en Nicaragua, la vida se ha vuelto diferente. La política –tan denostada– ocupa tanto espacio: las personas piensan en asuntos en los que no pensaban, se preguntan cosas, se imaginan. Una revolución es el momento en que cambian las preguntas, en que se puede no tener res-puestas. Estos días, en las ciudades nicas, la vida es diferente: en las calles puede pasar, a cada momento, cualquier cosa.

Estos últimos años Managua se jactaba de ser la capital más tranquila de la región; ahora es una ciudad sacudida por su historia: en cada rincón una bandera, personas que las agitan, gritan algo. Hay barricadas, cortes de ruta —«tranques»—, pequeñas manifestaciones —«plantones»—, grandes marchas. Hay, sobre todo, un estado de expresión permanente, de gente que se calló la boca mucho tiempo y ahora habla y disfruta de hablar y trata de olvidar esos silencios. Y, mientras, los negocios están medio vacíos y las calles están medio vacías y el miedo medio lleno, la incertidumbre extrema.

—¡El pueblo / unido / jamás será vencido!

Gritan ahora miles de personas con banderas rojas y negras y azules y blancas: marchan para apoyar al gobierno sandinista. Es sábado a la tarde, hace un calor estrepitoso, y a lo largo de la Avenida De Bolívar a Chávez —se llama así: De Bolívar a Chávez— hay pantallas gigantes que nos muestran lo muchos que somos y lo bien que revoleamos los colores. Aquí en la vida real, bajo este sol hiperreal, la realidad es más modesta —no parecemos tantos, y las docenas de micros que los trajeron, y la sospecha de que muchos son empleados públicos que castigan si no vienen.

—¡Viva la paz, viva el amor!

Grita una locutora y suena *Solo le pido a Dios* versión caja de ritmos, y después la locutora habla de Sandino. Augusto Sandino se definió, hace 90 años, como «el general de los hombres libres» —y así lo registró la historia. Pero la historia cambia más que nada y ahora la locutora lo presenta como «el general de los hombres y mujeres libres».

—Estamos encendiendo la llama del sagrado derecho de vivir en santa paz, iluminados por el espíritu de Sandino y guiados por el saber del comandante Daniel Ortega.

Dice la locutora y, por alguna razón que me escapa, nadie contesta amén. Allá arriba, una cara gigante de Chávez nos mira desde lo alto de su arbolata/chayopalo. Aquí abajo, sobre el asfalto medio derretido, se pasean muchachos con morteros, señoras con tacones, señores con anillos, señoras con chancletas, señores con las manos callosas arruinadas: hay mucho espacio sin llenar.

—Esos vándalos van a tener que entender que acá se necesita paz.

Me dice un muchachón fornido, su gorra para atrás, su cuello con tatuajes, su camiseta verde camuflaje. Para un país que estuvo en guerra tantos años la narrativa de la paz es decisiva. Entonces todos se reprochan mutuamente haberla roto, y el gobierno ha decidido hacerla su estandarte.

—Y lo van a entender por las buenas o por las malas, como quieran.

Dice el muchachote. El gobierno, que siempre dijo que la calle era suya, ahora la está peleando. Esa misma tarde, en León, decenas de miles de personas se juntan para exigirles que se vayan. Al día siguiente, domingo a la mañana, en una rotonda de Managua, unos cuantos revolean banderas azul y blancas. La pelea por los colores es tenaz: durante décadas, el rojo y negro fue la divisa sandinista; desde que los opositores sacaron la nacional, azul y blanca, los sandinistas empezaron a usarla también: no podían entregarle a sus enemigos el color de la patria.

—¡El pueblo / unido / jamás será vencido!

Gritan también los protestantes, insistiendo en la *fake news* más repetida de las últimas décadas. Los dos bandos se pelean por las mismas palabras, las mismas consignas, las mismas canciones: todo el refranero izquierdista de los setentas, que tantos tratan de olvidar, aquí es un botín que se disputa. Una señora pasa en silla de ruedas con un cartel escrito a mano: «El poder reside en el pueblo. Es el pueblo el que pone y quita gobiernos», dice, firmado por Daniel Ortega, 1979: la guerra por la palabra es usar la palabra como búmerang: a nadie se le aplica mejor lo que dijiste que a vos mismo. Y la señora reclama su legitimidad: forma parte de las Madres de Abril, la asociación de las madres de las víctimas.

—¿Sabés qué pasa? Que las canciones y las consignas volvieron al pueblo. Las tenía secuestradas esta dictadura, pero ahora son nuestras otra vez.

Me dice una chica de quince o dieciséis. En un altavoz suena el hit del mes, Mercedes Sosa con *Que vivan los estudiantes*, pero las vuvuzelas lo tapan inclementes. Un pequeño grupo de mujeres grita que no queremos pitos queremos consignas; nadie les hace caso. Los coches que pasan por la avenida ondean sus banderas: todo suena muy patrio. Casi todos son muy nacionalistas, muchos son muy católicos, todos muy democráticos, pero Dios Patria y Libertad no quedaría tan bien. Hay mezcla, mucha mezcla: desde un cartel bien clasista —«En un país gobernado por un ignorante, los profesionales son la amenaza»— hasta los que reclaman más igualdad y menos hambre. La explosión de palabras es puro gozo, felicidad en verbo:

«Hay décadas donde nada ocurre, y hay semanas donde ocurren décadas».

«Tanto valiente sin armas y tanto cobarde armado».

«Te permitimos todo, Daniel. Pero no hubieras matado a los chavalos».

Y también hay metamorfosis: de la vieja consigna sandinista que propone «Patria libre o morir», alguien pasó a «Patria libre o vivir» y alguien, más cuidadoso, a una opción razonable: «Patria libre para vivir». Y los gritos que dicen que no se confundan, que «No eran delincuentes, / eran estudiantes», y los que definen el argumento principal, que «Daniel, / Somoza, / son la misma cosa». Y, sobre todo, el viejo hit sandinista recuperado por los que quieren derrocarlos: «¡Que se rinda tu madre!».

* * *

#24. Cuando Ángel Gahona tenía cinco años, en 1981, su maestra de Bluefields, una ciudad pequeña del Caribe, hizo que todos los chicos repitieran que eran hijos de Sandino; el pequeño Ángel se negó. Después explicó que quizá los otros chicos fueran, pero que él sabía que su papá se llamaba Gahona. Pronto su familia tuvo que huir a Venezuela, corrida por la guerra; allí pasaron privaciones y Ángel empezó a trabajar antes de sus diez años. A su vuelta consiguió estudiar periodismo en una universidad de su región Caribe; durante años trabajó en lo que pudo –vendedor de comida o de chatarra o de comida chatarra, gerente de un cyber– hasta que, ya casado, pudo fundar con su mujer Migueliuth Sandoval un pequeño diario digital: *El Meridiano*. Lo hacían entre los dos y conseguían sobrevivir; Ángel recorría su ciudad en su moto saludando a todos, iba a las misas evangélicas, criaba a sus dos hijos, había empezado a estudiar para abogado. Ese domingo 21 las protestas llegaron a Bluefields; Ángel y Migue pensaron en salir a transmitirlas pero alguien tenía que quedarse con los chicos. Decidieron que ella; él se fue solo. En un Facebook Live, ya de noche, Ángel muestra a unos jóvenes que tiran piedras contra la alcaldía; después dice –su voz en off en el video– que «vamos a buscar dónde refugiarnos ya que la policía se dirige hacia acá». Los enfoca, muestra su llegada y la relata y, de golpe, la imagen se conmueve y funde al negro y solo se oyen gritos. Una bala le ha atravesado la cabeza; el video de un compañero lo muestra en el suelo, ensangrentado, muerto. Nadie sabe quién, nadie sabe por qué; se sospecha de un francotirador oficial u oficialista, pero la justicia prefirió acusar a dos muchachos que ni tenían armas ni estaban allí. El mejor truco para no resolver un caso como este es pretender que ya lo resolviste.

* * *

El miércoles 16 de mayo un muchacho conmovió al país. Esa mañana empezaba la primera sesión de la mesa para el diálogo que había convocado la iglesia católica en su Seminario Interdiocesano. Se encontraban las partes en conflicto: los estudiantes, las federaciones campesinas, las patronales, la «sociedad civil», el señor presidente y su señora vice. El protocolo preveía que Daniel Ortega hablara primero; estaba a punto de hacerlo cuando Lesther Alemán se paró, con su camisa negra por el luto y su pañoleta azul y blanca por la patria, y se lanzó:

—No estamos aquí para escuchar un discurso que por doce años ya hemos escuchado. Presidente, conocemos la historia; no la queremos repetir. Usted sabe lo que es el pueblo. ¿Dónde radica el poder? En el pueblo. Hemos aceptado estar en esta mesa para exigirle ahorita mismo que ordene el cese inmediato a los ataques que están cometiendo en nuestro país, represión y ataque de las fuerzas paramilitares, de sus tropas, de las turbas adeptas al gobierno. Usted sabe el dolor que hemos vivido estos 28 días. Ustedes pueden dormirse tranquilos; nosotros no hemos dormido tranquilos, estamos siendo perseguidos. Y ahora estoy hablando porque nosotros hemos puesto los muertos, nosotros hemos puesto los desaparecidos, los que están secuestrados nosotros los hemos puesto.

Dijo, con su voz de locutor antiguo, las gestos medidos, casi una sonrisa —y nadie se atrevía a interrumpirlo. Tres metros más allá, Daniel Ortega y Rosario Murillo lo escuchaban sin dar crédito: nadie en todos estos años había hecho nada así. Entonces Lesther —sus anteojos, su cuerpo apuesto flaco, su pelo bien cortado modernito— les lanzó la estocada:

—Esta no es una mesa de diálogo, es una mesa para negociar su salida. Y usted lo sabe muy bien, porque es lo que ha solicitado el pueblo. En un mes usted ha desbaratado al país; a Somoza lo costó muchos años, pero usted en menos de un mes ha hecho cosas que nunca nos imaginamos. Muchos están defraudados por esos ideales que no se han cumplido, esas cuatro letras, FSLN, que le juraron a esta patria ser libres y hoy seguimos esclavos, hoy seguimos sometidos, hoy seguimos marginados, hoy estamos siendo masacrados. Cuántas madres de familia están llorando a sus hijos, señor.

La atención era extrema, la tensión tremenda. Las máximas autoridades de un país, paralizadas ante un chico de 20 años que les decía lo que nunca nadie: sereno, sin levantar el tono, como si le explicara una obviedad a un tío un poco espeso. La escena era hipnótica y conmovedora, y no se terminaba:

—El pueblo está en las calles, nosotros estamos en esta mesa exigiéndole el cese de la represión. Sepa esto, ríndase ante todo este pueblo. Pueden reírse, pueden hacer las caras que quieran, pero le pedimos que ordene el cese al fuego ahorita mismo, y la liberación de nuestros presos políticos. No podemos dialogar con un asesino, porque lo que se ha cometido en este país es un genocidio.

A las 9.47 a.m. de ese miércoles, Lesther Alemán era una de las personas más conocidas, más odiadas, más amadas de Nicaragua. Después me dirá que fueron los demás participantes de la mesa los que decidieron que él hablara: que le dijeron que «por la voz, por la autoridad moral, por la rectitud y por el conocimiento».

—Sí, me acuerdo muchas cosas. Primero vi que las cámaras se volteaban, estaban apuntadas al presidente y se voltearon hacia mí. Y entonces lo vi a él, le vi la cara, los ojos, que se le dilataron sus pupilas viéndome, no sé si era lo sorprendido o que pensaba muchas cosas de mí. Y Rosario tragaba agua sin parar. Fue tan raro. Yo pensaba que no iba a poder hablar mucho, esperaba que él me interrumpiera. Pero que me permitiera todos esos minutos, en silencio, y que luego la gente tuviese la reacción que tuvo, los que me han dicho en estos días que estaba hablando por todo un pueblo... Yo me sentí un Rigoberto López Pérez.

Dice Lesther, y me cuenta esa historia. López Pérez fue un periodista de 25 años que, en plena dictadura del primer Somoza, Anastasio, el asesino de Sandino, se le acercó en un baile y lo mató de tres balazos. Corría septiembre del '56.

—Él solo decía va a llegar el fin de la dictadura. ¿Cómo?, le preguntaban. Va a llegar el fin de la dictadura, decía él, y se metió en aquel salón y lo mató. Después lo cosieron a balazos, como trescientos tiros. Dos días antes él le había escrito una carta a su mamá, una de las cartas más bellas que yo he leído. Y ahí le dice que va a liberar el país, nada más. Entonces, ese miércoles, yo pensé: en mí se reencarnó Rigoberto. Pensé: no fue con balazos, sí fue con la palabra.

—¿Las habías preparado?

—Sí, yo preparé las grandes líneas. Yo no me aprendo las cosas al tubo, de memoria, porque creo que la emoción te hace decir las palabras certeras. Pero sí la noche antes caminé por el pasillo del hotel, de lado a lado, muchas veces, y me decía qué yo voy a hacer, qué va a decir la gente, cuál va a ser la reacción del pueblo. Y me preguntaba cómo hacer para que no me callaran. Y fui escribiendo esas líneas, hice dos borradores que ahí están, puño y letra. Después pensé que no puedo botar esa hoja, se la voy a enseñar a mi hijo, mire m'hijo, esta fue la hoja...

Lesther todavía no tiene ningún hijo y es de noche. En los alrededores de Managua, en el centro universitario donde él y sus compañeros de la Coalición Universitaria se refugian, medio clandestinos, me cuenta, al

borde de una piscina y un gimnasio, que es hijo de una familia de trabajadores azucareros y que estaba cursando, con una beca, el cuarto año de
Comunicación en la Universidad Centroamericana –jesuita– de Managua. Y que todo empezó unas semanas antes, en la marcha para exigir
que el gobierno se ocupara del incendio de la reserva de Indio Maíz.
Aquella tarde, dice, había un micrófono y él, por primera vez, se atrevió
a usarlo.

—¿Y por qué se te ocurrió hablar?

—Era un micrófono abierto, la gente leía cosas, recitaban, y mis compañeros me dicen Lesther, es tu momento. Porque yo desde pequeño he
tenido el sueño de ser presidente de este país, y ellos lo saben. Entonces
me dijeron eso, burlándose, y yo ah, ok, lo voy a hacer, y hablé y la gente gritaba, yo me sentía que ya estaba en la candidatura…

Dice ahora y me mira muy serio, risueño pero serio, y que es verdad
y que siempre tuvo dos sueños: uno, entrar en el ejército, porque le encanta el orden y la seriedad y los uniformes camuflados; el otro, ser el
presidente. Tras todos estos días de no pasar por casa, de vivir a salto de
mata, Lesther sigue impecable: una camisa marrón ajustada, un pantalón
negro, unas botas complejas. El pantalón tiene manchitas blancas y se ve
que le molestan, las rasca sin éxito; en esa mano tiene un anillo de sello
y un reloj pequeño, casi de muñeca.

—Por eso el único seudónimo que les permito que me digan es «comandante». Mis mejores amigos ya de siempre me llamaban comandante.

—Me preocupa. La mezcla de tus dos sueños nos lleva derecho al golpe militar.

Lesther se ríe, un batallón de dientes blancos en orden de revista, y
dice que tiene que estudiar mucho, prepararse para ser presidente con
todos los conocimientos y los méritos, pero que eso podría pasar en un
país distinto, que en este la dictadura los desalienta, que muchos de sus
compañeros de la facultad de Comunicación, por ejemplo, no quieren
ser periodistas porque para qué, si el control y la censura son la norma.
Pero que él nunca se desalienta, que ha leído mucho sobre los ideales
sandinistas, que el fundador y prócer del Frente, Carlos Fonseca, muerto
poco antes del triunfo de su revolución, es su héroe.

—Lesther comenzó a construir sus ideales a partir de libros, de videos,
de canciones. Su himno es *Nicaragua Nicaragüita*, sus canciones favoritas
son las testimoniales.

Dice Lesther; después me explicará que muchas veces habla de sí en
tercera persona: Lesther piensa tal cosa, Lesther dice tal otra.

—Lesther nunca se imaginó llegar hasta aquí.

Dice, y me cuenta que querría ser periodista, que le gusta leer diarios de papel y escuchar radio en una radio de verdad, que como milenial es demasiado analógico, que sus amigos le dicen que es un viejo en el cuerpo de un muchacho de veinte. Y que nunca antes estuvo en un grupo político, que «la juventud sandinista no es sandinista sino pura bacanal», que le interesan muchos ideales del socialismo y del comunismo pero no sus maneras, que no cree en los políticos porque no lo representan, que nunca lo han representado, que tuvieron la oportunidad para hacerle frente a este dictador y no lo hicieron, que no tienen autoridad moral. Y que le gusta escribir y ahora está registrando la historia de estos días:

—Así luego, cuando esté jubilado, pueda estar sentado con alguien, un nieto, y decirle este fui yo, esto hizo Lesther cuando era un chavalo.

Por el momento no lo necesita: lo recuerdan todos. Un diario habló de la «lesthermanía»: hay muñequitos con sus rasgos y una capa azul y blanca de superhéroe, hay llaveros y afiches y pancartas, hay abrazos y besos y selfis cada vez que sale a la calle.

—¿Qué es ser un líder?

—Es una persona convencida de que no ordena sino que convence; el líder escucha, valora, analiza, critica, y después comunica. Pero ante todo es la persona que debe tener más humildad, sobriedad, paciencia. Yo carezco de paciencia…

—Bueno, de humildad también.

Le digo, y se ríe incómodo, pero trata de pensarlo: lo discutimos. Entonces me explica que una de sus formas de humildad es esto de hablar de sí mismo en tercera persona.

—Es para no sentirme limitado. Yo no considero que pueda decir yo soy así, yo digo esto, entonces mejor voy por la tangente: Lesther piensa esto. Siempre me he visto como que salgo yo a hablar por Lesther… Tengo esa idea de no dejar que Lesther hable por Lesther…

Dice, y me ve la cara de sorpresa y le salta la risa:

—¿No entiendes que es como una locura mía…?

Le digo que sí, que eso lo veo, nos reímos, sigue explicándome lo inexplicable, se pone casi nervioso: esos tímidos que la timidez hace más expansivos, más eléctricos. Es, al fin y al cabo, un chico de veinte años al que de pronto todos miran. Es, también, en estos días, la persona más popular de Nicaragua.

*   *   *

#56. Margarita Mendoza llevaba cuatro días aterrada: Javier Munguía, su hijo, 19 años, albañil desempleado, había sido detenido por la policía el 8 de mayo cerca de la Universidad Politécnica y no aparecía. Ya había preguntado en todos los hospitales y finalmente, el 12 de mayo, se decidió a ir a la morgue del Instituto de Medicina Legal; cuando le dijeron que allí no lo tenían su alivio fue infinito: Javier debía estar vivo todavía. Pero seguía perdido; al otro día, Margarita fue a tocar las puertas de la Dirección de Auxilio Judicial (aka) El Chipote, un centro de represión con 80 años de historia criminal: allí le dijeron que no lo conocían, pero ex detenidos le contaron que lo habían visto adentro y que lo estaban torturando. El viernes 18, Margarita fue uno de los cientos de parientes que se presentaron ante la delegación de la Comisión Interamericana de Derechos Humanos: quería denunciar la desaparición de su hijo. Su celular sonó mientras lo hacía. Margarita atendió: un funcionario de Medicina Legal le dijo que tenían el cadáver de Javier. Sus gritos se oyeron en todo el piso. Más tarde, en el Instituto, le dijeron que el chico había muerto «por causas naturales». Al otro día un forense independiente le contó la verdad: a Javier Munguía, la cara rota a golpes, lo habían estrangulado.

* * *

–Sí, claro que tengo miedo todavía. Pero uno empieza a perder el miedo en la calle. Como solemos decir, nos quitaron tanto que nos quitaron hasta el miedo. Sí, muchos de nosotros fuimos atacados por la policía, ya sabemos cómo es eso. Yo también estuve en la catedral cuando nos rodeó la policía y la turba orteguista, y estuvimos tan cerca de la muerte. De verdad creímos que hasta ahí llegábamos, unos se arrodillaron, se pusieron a rezar, otros lloraban…

Dice Melisa, y Erasmo la apuntala:

–Dicen que el valor no es la ausencia de miedo sino el miedo mismo junto a la voluntad de seguir. Entonces nosotros teníamos sobre todo esa rabia de ver que mataban a nuestros compañeros…

Melisa y Erasmo son estudiantes de la Universidad Nacional Autónoma de Nicaragua, la más grande del país, 40.000 estudiantes y 30 hectáreas de bosque sembrado de edificios: matorrales, árboles, cañadas y, ahora, algunas tiendas de campaña que cobijan estudiantes vigilantes. Cuando vino la primera ola de ocupaciones, la UNAN se salvó: el sindicato de estudiantes oficialistas, UNEN, consiguió evitarlo. La universidad estuvo cerrada dos semanas; el 7 de mayo, cuando volvieron a abrirla, sus estudiantes la ocuparon. Y ahora estamos en un edificio –la Escuela de Geología– que los rebeldes usan como hospital, cocina, dormitorio. Melisa y Erasmo tienen alrededor de veinte años, hijos de clase media. Los ocupantes, me dicen, son unos 500; les pregunto si no les parece cuestionable que el uno por ciento de los estudiantes se arrogue el derecho de tomar la universidad.

–Bueno, no vamos a negar que somos una pequeña parte. Pero es que hay muchos que no pueden estar. Por ejemplo, yo me quedé desde el lunes de la semana pasada, y sé que si voy a mi casa ya no puedo volver.

Erasmo es un muchachón alto, fornido, la piel oscura, la sonrisa brillante, y es uno de los jefes de la toma. Le pregunto por qué.

–Porque mi mamá no me deja. Y así hay muchos que no los dejan o tienen miedo de meterse o involucrar a la familia, que hay gente que ha ido a intimidar a nuestras casas…

Dice Erasmo, y Melisa lo corta. Melisa tiene muchas ganas de hablar y tiene la frente ancha, despejada bajo los rizos castaños, mirada inteligente:

–Sí, hay muchos universitarios que están de acuerdo con nosotros, aunque no estén acá. El problema es que nadie quiere morir. Nadie quiere ser mártir. Pero ya tenemos mártires, ya hay más de sesenta muchachos muertos. Y hay muchos que tienen miedo, pero eso no quiere decir que no estén de acuerdo…

La idea de que unos pocos hacen lo que muchos harían es una de las bases de la política del siglo xx: lo llamaron vanguardia. Aquí son pocos, y esos pocos jaquean a un gobierno. Tienen con ellos la legitimidad, la opinión pública, y eso a veces –solo a veces– vale más que la fuerza, que el número.

–Nosotros nunca pensamos que nos íbamos a pasar acá tanto tiempo, así que nos fuimos organizando poco a poco, dando cuenta de lo que esto significa, de la importancia que tiene, los peligros que tiene. Sabemos que en cualquier momento nos pueden atacar, tenemos que estar preparados todo el tiempo.

Dice Melisa. Aquí los pocos cientos también están organizados en grupos que se ocupan de la comida, la sanidad, las guardias, los choques. Hay una red compleja de muchachas y muchachos que ocupan todo el espacio de la universidad, con un sistema de delegados y poderes, reuniones, asambleas, discusiones.

–Ya desde antes teníamos inconformidad con este gobierno, solo que estábamos adormecidos, no nos habíamos puesto en marcha.

Ahora se pusieron y pusieron al país a preguntarse qué hacer, a pensarse de nuevo. En estos días la comisión por el diálogo se reúne dos veces por semana para encontrar alguna solución; muchos piden la salida de Ortega; Ortega, por supuesto, no discute siquiera esa alternativa.

—Nadie quiere un conflicto bélico. Nosotros no estamos armados, somos hijos de la posguerra. Nuestros padres sí son ex combatientes, algunos, vivieron la revolución, la contra, militaron, pero nosotros qué sabemos de esas cosas militares, logísticas… Ni queremos saber, pero Nicaragua aguanta poco, y tenemos miedo que se vuelva a armar una guerra. Así que estamos muy pendientes del diálogo, a ver si lo podemos evitar…

Entre 1970 y 1990, en veinte años de guerra, murieron cien mil nicaragüenses. Muchos, después, interpretaron esta generación diciendo que eran chicos que vieron que eso solo sirvió para que unos pocos mandaran y se enriquecieran y que por eso era lógico que solo les importaran los juegos en red y los juegos de Messi y ciertas músicas y ciertos bailoteos: que eran una generación de apáticos individualistas, pobrecitos, que nunca sabrían lo que es en realidad la vida. Pero también eran chicos que se pasaron la vida escuchando historias heroicas, revolucionarias de sus padres, sus abuelos, y reproches por ser vagos e indolentes, por no hacer esas cosas. Se ve que se cansaron.

—¿Cómo creen que va a terminar la toma?

—Para nosotros entregar la universidad las autoridades tienen que tomar en cuenta por lo menos algunas de nuestras exigencias: la recomposición del movimiento estudiantil, la autonomía de la universidad, y después la más difícil, una Nicaragua democrática. Puede parecer una utopía, pero si cayó Somoza, si cayó el Muro de Berlín, ¿por qué no va a caer este? Y también hay muchas luchas en que no tuvimos que levantar un arma para ganar. Ojalá esta vez sea como esas.

—Ya nadie quiere más muertos. Estamos cansados de los muertos. No queremos que nadie más se muera, apostamos a la vía pacífica, que se resuelva sin que haya que usar armas.

—¿Creen que se van a pasar varios días más acá?

—No sabemos. Nos vamos a quedar hasta que nos den respuesta.

—¿Y tu mamá que dice?

—Mi mama dice que si me agarra…

Dice Erasmo, se ríe; Melisa quiere aclarar el punto:

—Hay muchos que están sin permiso de sus padres. Mi papá me apoya, él estuvo en la revolución sandinista…

—Mis padres dicen que por ahora estamos más seguros acá que en nuestras casas.

—Claro, pero ¿y cuando tengan que volver a sus casas?

—Esa es la pregunta del millón. ¿Qué pasa?

Nadie sabe.

* * *

—Con Daniel uno siempre se equivoca. El error más común es subestimarlo, porque al final él siempre consigue sacar algo de cada situación. No sabemos qué pasará esta vez, lo tiene difícil, pero hay que estar atentos, muy atentos.

Dice Carlos Fernando Chamorro, periodista histórico, ahora director de *El Confidencial*. Y todo está en suspenso. Algunos suponen que los estudiantes, la «sociedad civil» y algunas asociaciones agrarias y empresariales pueden convocar un paro nacional que cerraría las carreteras, las calles, las actividades —y aceleraría la caída del gobierno. O podría cansar a muchos ciudadanos, que se hartarían de los problemas y dificultades, la penuria, las pérdidas, las incomodidades, y empezarían a extrañar los tiempos más tranquilos.

Algunos recuerdan el ejemplo de Venezuela: hace unos meses parecía que su gobierno estaba listo y ahora acaba de regalarse unas elecciones. Fabián Medina, periodista de *La Prensa*, dice que Ortega ahora es como un boxeador que acaba de recibir un golpe duro: debe agarrarse del contrario para impedir que le siga pegando, tomar aire, ganar tiempo y terminar el round. Es una carrera desesperada: él sabe —probablemente sabe— que si pasa estos días no sea fácil sacarlo; sus oponentes más entusiastas saben —probablemente saben— que si los pasa se va a vengar de ellos. Aunque más no sea para que todos sepan que no se puede desafiar al comandante gratis.

—¿Cómo termina todo esto?

Sergio Ramírez, el gran escritor nicaragüense, Premio Cervantes 2017, que fue vicepresidente de Ortega entre 1979 y 1990, lanza la carcajada:

—Eso quién lo sabe. Este diálogo es muy incierto. Hay dos universos totalmente distintos, el de Ortega, que no está pensando en irse, y el de la sociedad civil que piensa que sí. Este choque de realidades va a determinar todo. A menos que haya una presión mayor, si es que puede haber una presión sin sangre...

—¿Y puede?

Ramírez se calla, mira a ninguna parte.

—Es una pregunta terrorífica, esa. Bueno, tendría que haber una resistencia civil verdadera, tranques, paros, paro general... Y por otro lado la presión internacional. Pero Ortega no está pensando irse y sin su salida no hay cómo seguir, porque hay una indignación generalizada.

Dice Ramírez, y me explica que el problema es que la necesidad política del país es que Ortega tiene que desaparecer. Aunque, dice, eso no significa que desaparezca el Frente Sandinista, porque es una fuerza política importante, aún en medio de estos crímenes terribles sigue siendo el 30 por ciento de la población. O sea que hay que contar con ellos, dice, porque sin esa fuerza tampoco hay estabilidad en el país.

—La gran dificultad es que Daniel Ortega no tiene vida alternativa al poder, no es una persona a la que se le pueda decir bueno, coge tus millones y te vas a vivir a Estados Unidos. Estados Unidos no existe para él, ni tampoco los millones. Él no tiene la ambición de ser rico; su ambición es tener poder. No tiene otras opciones, no es una persona que se pueda retirar a una finca a cultivar café o a escribir sus memorias; para él solo existe el poder. Esa es la dificultad, el nudo gordiano. Además, incluso si lo dejaran tomar su dinero e irse con su familia, ¿adónde se va a ir? ¿A Cuba, a Venezuela? Sería ir de la llama a las brasas. ¿A Rusia? Y no estaría seguro en ningún otro lado, porque ahora que la Comisión dice que hay que investigar si no hubo ejecuciones extrajudiciales, y esos ya son crímenes de lesa humanidad...

La Comisión Interamericana ya documentó, entre el 18 de abril y el 23 de mayo, 77 muertos y 657 heridos: es, como dice Chamorro, «la mayor masacre de la historia de Nicaragua en tiempos de paz».

Y, tres años después, el gobierno de Ortega-Murillo todavía sobrevive.

¿Cómo terminan las revoluciones? ¿Cómo se deshacen en el aire, tan ligeras como habían empezado?

Y, otra vez: ¿cómo empiezan las revoluciones?

Personas que no se imaginaban en esa situación un día se encuentran, como de sopetón, con que están en la calle dispuestos a arriesgarlo todo para tratar de cambiar algo que, de pronto, no soportan más. Es el misterio por antonomasia: ¿por qué sucede cuando sucede, donde sucede, como sucede? ¿Por qué de pronto una cantidad suficiente de personas decide que ya no?

EL MUNDO PORVENIR

(Un panfletito)

Sin un modelo claro de recambio, sin una meta precisa que alcanzar, lo más común en Ñamérica estos años son los «estallidos». Son descargas, son imprevisibles, el rayo en ese cielo que parecía despejado, la moneda al aire que puede caer en cualquier cara —y que, a menudo, cae en la ceca del poder. Desde aquellos días en Managua hubo, en Ñamérica, varios procesos semejantes; sus finales, por suerte, variaron.

En Ecuador, las manifestaciones de octubre 2019, lideradas por organizaciones indígenas y sindicales, consiguieron frenar los despidos de trabajadores y aumentos de combustibles que intentó el gobierno de Lenin Moreno.

En Chile, ese mismo mes, los enfrentamientos, que empezaron por la subida del boleto del metro de Santiago, produjeron más de treinta muertos y el compromiso del gobierno de Sebastián Piñera de convocar a elecciones para reformar la Constitución. La votación se fue postergando por la peste pero al fin se celebró en mayo de 2021 y sus resultados sorprendieron a muchos: los partidos tradicionales de derecha y centroizquierda perdieron a manos de candidatos muy críticos de la política clásica —que serán los que, ahora, escribirán la nueva constitución.

En Bolivia, noviembre de 2019, manifestantes y fuerzas armadas destituyeron a Evo Morales; el gobierno provisorio de Jeanine Áñez terminó con elecciones generales un año después —que el partido de Morales, sin Morales, ganó nuevamente.

En Colombia, casi al mismo tiempo, grandes marchas obligaron al gobierno de Iván Duque a convocar a un «diálogo nacional» que se fue disolviendo con el tiempo.

Hubo también, en otros países, movilizaciones menos importantes. En 2020, por supuesto, el coronavirus fue el tema principal y la calle estuvo más vacía. Aun así, en noviembre y en Perú miles de manifestantes impidieron que el diputado Manuel Merino se quedara con la presidencia. Y en otros países se repitieron, con mayor o menor intensidad, los estallidos.

Sus metas suelen ser distintas pero las une la manera: salir a la calle, coparla, hacerse oír. Sentir que no hay mediaciones, que los viejos mecanismos no funcionan: que solo queda la opción de poner el cuerpo, de jugársela.

(Y Colombia volvió a estallar en estos días de mayo: es —parece— uno de esos momentos que parten las aguas, dividen una sociedad entre un antes y un después y un ellos y un nosotros. Allí, una cantidad todavía imprecisa de jóvenes murió en las calles oponiéndose a una reforma fiscal: uno de esos problemas que pueden parecer menores y de pronto sintetizan todos los problemas, una válvula que se abre, vapor que sale a chorros. Personas y más personas que empiezan por protestar contra un abuso político siguen protestando contra los abusos policiales —la violencia con que los estados reprimen estas manifestaciones no las sofocan, les dan fuerza— y terminan protestando contra ese abuso continuado en que se han convertido sus vidas. En Colombia, en estos días, el movimiento sigue, por sus reivindicaciones y por sus muertos; fue capaz de frenar medidas y desautorizar modelos pero, como los demás, no consigue todavía proponer un reemplazo preciso.

Ese es el próximo paso; quién sabe cuánto tardará.)

Estos estallidos son el resultado de la pérdida de confianza en la democracia de delegación, del divorcio entre los representantes y los representados. Son miles y miles que ya no creen que puedan expresar sus voluntades, sus necesidades, a través de sus supuestos delegados. Los perciben —con razón suficiente— como parte de esos mismos poderes que temen y deploran: saben que si quieren algo realmente deberán conseguirlo ellos mismos. Pero esos movimientos no parecen pedir cambios de sistema. De nuevo: no tienen otro sistema al que apuntar; quieren, sí, mejorar este, su situación en este. A veces son esas supuestas nuevas clases medias «empoderadas» que de pronto se lanzan porque quieren más de eso que les prometieron y empezaron a darles. Piden más salud, más consumo, más transportes, más acceso a los bienes y servicios que ahora sí pueden imaginar como parte de sus vidas. A veces son los más pobres que quieren recordar que siguen existiendo; a veces, ciudadanos que se sienten discriminados por un poder que ni siquiera simula escucharlos.

Casi todos son jóvenes. Muchos son estudiantes –muchos son los primeros de sus familias que consiguen serlo– y reclaman las promesas que les hicieron y no ven cumplirse. Otros trabajan, se buscan la vida. Están, todos ellos, lo bastante hartos. Y tienen algo en común: son la primera generación que no lleva en el cuerpo cicatrices de las dictaduras. Aquellas represiones espantosas están tan lejos que ya no parecen una amenaza cierta: batallitas que te cuenta el abuelo cuando se toma tres cervezas.

Por lo cual tampoco ven el presente como una mejora –que habría que cuidar– sobre un pasado que no conocieron. Lo ven como lo que es: una sociedad que no funciona. Llega, con ellos, ese momento en que la historia pasa a ser historia.

Lo que recuerdan es, sin duda, importante, pero más importante es lo que ya olvidaron. O, si acaso: lo que nunca supieron.

Y descubren, en esas tardes y noches agitadas, el placer del encuentro: formar parte, compartir metas, todo eso que ha hecho que tantos quisieran hacer política y que, últimamente, parecía tan perdido.

Son peleas diferentes, cada cual con sus particularidades. Algunas tienen metas más limitadas que otras pero todas cobran, de pronto, mucho más peso porque ya no parecen tan dispersas: se inscriben –aparentemente se inscriben– dentro de un movimiento mayor, que nadie termina de entender o explicar pero está allí, visible, inevitable, en las calles y plazas de Ñamérica.

Y son un producto de la explosión de las ciudades: también la política es distinta en una sociedad más campesina o más urbana. Incluso en los países más rurales –Guatemala, Nicaragua, Bolivia–, los choques se dan en las ciudades. La ciudad junta, en un espacio reducido, la masa crítica necesaria para que pueda suceder esa explosión; también concentra lo mejor de las fuerzas del estado, que puede reprimir con rapidez, con eficacia. La ciudad es el espacio del poder; es, también, el espacio de los contrapoderes.

Y las modas y tendencias se difunden más rápido, y los miedos y los rumores y las reacciones y las enfermedades. En la ciudad es más difícil asegurar una estabilidad –una inmovilidad–, siempre a punto de saltar por los aires. El campo favorece el movimiento de largo plazo, más lento, persistente. La ciudad puede ser el estallido: súbito y efímero.

O quizá no.

* * *

El problema sigue siendo ese futuro ausente. ¿Es cierto que en una región —en un mundo— en que las desigualdades son cada vez más brutas, renunciamos a la aspiración a la igualdad y nos conformamos con que, eventualmente, algún día, si tenemos suerte y el viento acompaña y los dioses se apiadan, todos coman?

No somos originales; lo mismo les pasa a casi todos. Pero urge empezar a pensar algún futuro que no sea solo supervivencia. No sé si Ñamérica tiene alguna razón o alguna base para intentar hacerlo. Solo, quizá, su tradición de tierra de utopías. ¿Por qué no imaginar, entonces, que aquí también se irá armando la próxima? Aunque, por ahora, el continente de la imaginación no consiga imaginarse nada —como el resto del mundo.

(Cada vez más, pensar que algo así sucederá en un solo lugar tiene poco sentido: el mundo se está «globalizando» —se está mezclando— tanto que las cosas ya no crecen o se arraigan en un solo lugar físico sino en esa suma de lugares virtuales que terminan creando un lugar nuevo.)

¿Cómo será, entonces, el continente próximo?
¿Cómo será el mundo que se viene?

De muchas maneras, en muchos momentos de su historia, Ñamérica fue un laboratorio donde pasaban cosas que después pasarían en otros sitios. O, por lo menos, esa siempre fue la ilusión, el mito.

Ahora, por ejemplo, queda dicho: si Ñamérica se transformó, si en las últimas décadas dejó de ser la región idílica virgílica deliciosa y miserablemente campesina que antes era en todos los relatos para convertirse en este conglomerado de ciudades crueles, fue porque la automatización de las tareas agrícolas —entre otras— expulsó a millones.

Decíamos: lo que imaginamos, ahora, cuando imaginamos el futuro suelen ser cambios técnicos, sus efectos posibles. Las tecnologías mutan a una velocidad extraordinaria y nos cambian las vidas —a unos mucho más que a otros.

Y pensamos poco que esos cambios técnicos están trayendo brutos cambios sociales y económicos. Se trata de tratar de entenderlos: en general, esas novedades nos llevan en el sentido del sistema que las creó. Aparecen para responder a necesidades que propone el capitalismo global —y lo refuerzan.

Y al mismo tiempo no. Las fábricas que armaron el capitalismo también armaron el movimiento obrero, el socialismo.

Los cambios técnicos actuales van dibujando el campo de batalla. En las próximas décadas las formas del trabajo cambiarán tanto que sus efectos reordenarán todas las relaciones sociales. La próxima gran pelea será por el reparto de las riquezas que produzca la nueva economía ¿post-humana?

Los patrones necesitan cada vez menos mano de obra; cada vez más personas se volverán «redundantes» —innecesarias para la producción— o, como dicen los colombianos, desechables.

En eso, Ñamérica es una especie de vanguardia triste. La ayudó para eso su tradición rural: era más fácil reemplazar diez campesinos por una cosechadora que tres bancarios por una computadora o un chofer por un coche sin chofer, y se fue haciendo antes. Dedicarnos a una actividad tan primaria como la producción de materias primas nos convierte en avanzada de la nueva situación global.

Por eso Ñamérica ya es, en estos días, un escenario de la derrota de los redundantes: ex campesinos que se hacinan en las barriadas pobres, ex obreros que se pierden en márgenes oscuros. Vivimos, ya, las escaramuzas de la nueva gran batalla que está empezando a suceder, con mucha más vaselina, en los países ricos de Occidente. Aquí el resultado, por ahora, es este continente de ciudades infladas y amenazadas por las barriadas que las rodean más y más. Es solo el principio.

El problema no es económico ni técnico; es político. Es el principio de la próxima gran pelea distributiva: quién se queda con los beneficios de la automatización creciente. Si se necesitan menos trabajadores los patrones gastan menos pero los ex empleados solo pierden; va a haber pelea para que ese excedente se reparta. De ahí, por ejemplo, la renta universal que se empieza a discutir en muchos lugares. Aunque huele a limosna, por ahora.

La solución no es, como plantean ciertos nostálgicos, recuperar las formas primitivas de trabajo. No debería ser una meta que las personas vuelvan a arar a mano, digamos, o con bueyes para conservar esos empleos, sino que los beneficios de que no haya que arar se repartan. ¿Terminarán de encontrar estos nuevos no-trabajadores el modo de unirse, organizarse, imponer sus posiciones, participar de esa riqueza nueva? Y, si lo hacen, ¿reclamarán el mínimo indispensable para sobrevivir —como ahora— o una porción que les asegure justicia y dignidad, participación en el poder? ¿Lo harán para poder consumir un poco más o de su pelea surgirán nuevas formas sociales?

No sabemos cómo será ese mundo.
Puede ser, piensan los mentecatos, tan parecido a este. Con el tiempo, todo termina por ser muy diferente.
Para eso, claro, hay que empezar a imaginarlo.

El problema, una vez más, —y la razón por la cual los más ricos siguen imponiéndose, la razón por la cual tantos soportan todo lo que soportan— es que no se ven alternativas. Para que muchas personas decidan arriesgarse para cambiar un régimen presente deben tener una idea convincente de cómo sería el régimen que construirían a cambio.
Está claro que mientras no se arme un nuevo paradigma de futuro no va a haber revoluciones —o como quiera que eso, entonces, se llame. Porque una revolución —un cambio significativo— es algo muy preciso: la apuesta a un futuro tan deseable que, por él, vale la pena jugarse lo que sea.
El problema es, sin duda, cómo se arma ese nuevo paradigma.

¿Quién inventa un futuro?
¿Cómo, dónde, cuándo?
¿Cómo es?

No estoy tratando de proponer ningún modelo —porque no lo tengo. No tengo una buena respuesta pero tengo una buena pregunta, y me niego al chantaje que supone que uno solo tiene que preguntarse aquello que puede responder. Eso es lo que hacen los curas, los políticos berretas, los maestros siruela.
Ya no hay verdades reveladas que garanticen nada. Queda, si acaso, la posibilidad de pensar qué es lo que uno quiere y buscar formas de buscarlo. Suena fácil, es complicadísimo. Por eso la solución más habitual consiste en tratar de mejorar un poco lo que hay. No digo que haya que

dejar de hacerlo; digo que me parece un error si el precio de hacerlo es dejar de buscar: si las mejoras posibilistas anulan la voluntad de búsqueda porque se presentan como lo único posible, lo que hay.

Cuando lo que podría haber –lo que me gustaría que hubiera– es el coraje de buscar. Son, por supuesto, búsquedas a largo plazo, sin garantía de resultados: sin ciencia ni religión ni grandes jefes ni gurús que vengan a asegurarte ningún éxito. Buscar con la única certeza de que uno se puede equivocar jodido, que puede perder años, esfuerzos, todo, porque solo sabe que quiere ciertas cosas que nada ni nadie le garantiza conseguir. Y que se pasará años y años de tanteos, de errores, de hallazgos parciales. Se trata, supongo, de aceptar que siempre podemos –¿nosotros?, ¿qué nosotros?– equivocarnos, incluso a la hora de pensar quiénes somos nosotros. Solo queda, creo, instalarse en la duda, en la desesperanza esperanzada: en la convicción de que todo siempre cambia aunque ahora no sepamos cómo.

(Y un secreto, pese a todo: tratar de imaginar un futuro deseable no es solo un modo de desear un futuro. Es, en gran medida, una manera de vivir el presente. Una forma de estar en el mundo: deseando algo cuya realización uno quizá no vea, pero el hecho de desearlo y de intentarlo ya es una realización, una forma de futuro en el presente. Es, también, un gesto de hedonismo o de egoísmo: se vive mejor promoviendo futuros mejores que dedicándose por entero a las banalidades del presente.)

Puede ser un esfuerzo de décadas, tantos miles pensando en sus lugares, con o sin ecos, hasta que al fin, por acumulación e interacción, se vayan ensamblando todas esas ideas desperdigadas –y de nuevo tengamos un futuro que desear. Una construcción así no es un producto de laboratorio. No son unos señores y señoras encerrados imaginando cosas: cuando Marx pensaba en la biblioteca del Museo Británico estaba tratando de sintetizar lo que había visto en las peleas en toda Europa entonces. Un proyecto es el momento en que todas esas peleas consiguen esa masa crítica que las convierte en una idea común, aparentemente realizable, ciertamente deseable, que guía a millones. Así, por lo menos, pasó tantas veces.

Y ya lo hacemos: inadvertida, voluntaria, laboriosamente tantos lo van armando con sus esfuerzos, sus ideas, sus módicas derrotas.

«Lo difícil no es conseguir algo que parece imposible; lo difícil es definir ese algo. Estoy a favor de lo impensable porque se ha realizado tantas veces. Solo se trata de pensar qué impensable uno querría, y apostarle del modo que uno pueda. Un nuevo paradigma es lo impensable. Es lo que constituye su dificultad y su atracción y su dificultad. Es lo que vale la pena de ser pensado», escribió un autor casi contemporáneo.

(Y quizá sirva tratar de imaginar qué será intolerable dentro de unos años: si alguna vez la propiedad privada de cosas les parecerá a nuestros nietos tan inhumana como ahora nos lo parece la propiedad privada de personas, o el poder de un estado tan insensato como ahora el poder absoluto de un rey, o la desigualdad entre seres humanos tan aberrante como ahora la desigualdad entre hombres y mujeres.)

Porque, en última instancia, la premisa podría ser muy simple: encontrar una forma política para esa forma moral de la economía que consiste en que nadie tenga mucho más que lo que necesita, que nadie tenga nada menos. Que todos coman lo que precisan, que todos tengan la posibilidad de hacer algo parecido a lo que les gustaría, que nadie se quede fuera por su origen o su situación, que todos participen en las decisiones importantes, que nadie se sienta obligado a nada por la fuerza de las armas, los dineros, la opinión común; que no haya personas escandalosamente ricas ni escandalosamente poderosas. Que tanto las riquezas como el poder se repartan todo lo posible. Que las personas se mueran con la —módica— paz de saber que no han vivido mucho peor que lo que merecían.

No debería ser tan complicado —y es lo más difícil.

Otra utopía:
nuevos sueños nuevos
para ser, otra vez,
ñamericanos esperando
—que esperar, la palabra
esperar
es la mejor confusión del castellano.

LA PESTE

Pero el futuro, ahora, está en suspenso, como todo lo demás. Entrego estas páginas en mayo de 2021, cuando el año más raro de nuestras vidas ya lleva catorce meses de insistencia, encierros y sorpresas: cuando seguimos inmersos en esto que la CEPAL define como «la mayor crisis sanitaria, humanitaria, económica y social que la región haya enfrentado en el último siglo».

Este libro, sin duda, no habría sido igual sin la pandemia. Tuve que postergar un par de reportajes y, al final, desecharlos: la dilación —y la resignación— se nos volvió la forma de los días. Pero, sobre todo, Ñamérica no sería igual. La peste tuvo muchos efectos, y la mayoría se irá viendo en los próximos años. Por ahora ha sido sobre todo un viento huracanado que corrió velos y desnudó vergüenzas: mostró cosas que muchos intentaban no mirar, agravó muchas de las cuestiones que este libro cuenta.

En estos meses aprendimos —recordamos— la importancia de sobrevivir. Hicimos lo que nos dijeran para sobrevivir, para salvarnos. Volvimos a ser lo que fuimos hace milenios, lo que somos en los momentos más extremos: unidades mínimas de supervivencia, individuos intentando persistir. Te ponen frente a la inmediatez de la muerte y perdés las formas. Vivís simulando que está lejos; de pronto no se pudo. La vida estaba en otra parte; la muerte, al lado.

Nos despertamos cada mañana con las cifras de los muertos, las historias de los muertos, los ecos de los muertos: la muerte en la cabeza. Hicimos todo lo que hicimos todos estos meses por el miedo a la muerte, por la muerte. Para una civilización que se dedica a ocultarla fue un fracaso extraordinario —y habrá que ver cómo nos cambia. Ahora la sabemos, de esa manera física en que se saben pocas cosas. No está claro que podamos deshacernos de ella, volver a ser empecinados ignorantes.

No sé si esto nos hizo o nos hará más receptivos al sufrimiento de los que apenas pueden. Sí sé que estos meses multiplicaron esos sufrimientos. Y que nos obligaron a mirar.

Fue –provisoriamente– un poco más difícil hacerse los boludos.

(Y nuestras sociedades, la persistencia de nuestras sociedades depende, en general, de que logremos hacernos los boludos.)

Con la peste, la famosa desigualdad ñamericana se hizo todavía más obscena. El corona empezó con una aureola de igualdad: nos atacaba –nos ataca– a todos. Pero rápidamente las diferencias empezaron a manifestarse con fuerza, con barbarie. Estaba, para empezar, la desigualdad fundamental entre los que podían darse el triste lujo de encerrarse –no trabajar o trabajar encerrados– y los que no, los que debían salir a la calle a buscarse la vida. Es decir: los que se aburrían e inquietaban y asustaban pero sabían que todo consistía en armarse de paciencia, y los que sabían que si esto seguía así ya no sabrían más nada –y en nuestra región, donde la mitad de la población vive de empleos informales, esas personas son la mayoría.

Y está la desigualdad básica de tener que confinarse cuatro o cinco en un piso de cincuenta metros o siete u ocho en un ranchito o una familia tipo en una casa con jardín. Y la desigualdad de poder comprar las mascarillas y alcoholes y remedios necesarios, o no poder comprarlos. Y la desigualdad de tener o no tener agua para lavarse, de tener o no tener jabón. Y la desigualdad de saber que si te enfermás tenés que ir a tentar la suerte a un hospital colmado y mal provisto o tenés «derecho» a una atención cuidada y moderna porque lo has pagado –lo que te ofrece incluso la opción de reclamar, porque el cliente, a diferencia del ciudadano, siempre tiene razón.

Y está la desigualdad entre los que deben trabajar en contacto con personas –sanitarios, cajeros de supermercado, policías, choferes– y los que no. Y los que pueden convertir su trabajo en teletrabajo y los que no, y los que pueden desplazarse seguros en sus propios coches y los que deben amontonarse en un transporte público, y los que pueden mantenerse informados y los que no, y los chicos y chicas que siguen aprendiendo por pantallas y los que no y no tenían escuelas. Y hay tantas más diferencias y desigualdades y cada una de ellas tiene dos facetas: la desigualdad social, entre personas de distinta clase en un mismo país, y la desigualdad nacional, en que todos los habitantes de un país tienen ventajas sobre los de otros. Y la desigualdad entre gobiernos con alguna legitimidad, que pueden imponer medidas sanitarias duras que los más aceptan, y gobiernos desprestigiados a los que muchos no hacen caso.

Y, por supuesto, la desigualdad más bruta, más primaria: tener o no tener comida.

Por todas esas desigualdades, Ñamérica tiene demasiados muertos de coronavirus. Con el cinco por ciento de los habitantes del mundo, reúne casi el 15 por ciento de los muertos. Su mortalidad es tres veces mayor que la del resto del planeta —aunque no terminamos de saber en serio qué está pasando en África.

La urbanización de la región, también en esto, nos puso a la cabeza: la acumulación de personas en las grandes ciudades hizo que el riesgo fuera todavía mayor: nueve de cada diez casos de coronavirus se registraron en las zonas urbanas.

Y en estos meses —dicen varias oenegés internacionales— el hambre en Ñamérica aumentó tanto que puede haberse triplicado. Nadie lo sabe con precisión, pero se ven en toda la zona los movimientos, los temores, los efectos, los que sufren, los que sacan banderas rojas a sus ventanas para decir que no consiguen comer lo suficiente o los que dicen que le tienen más miedo al hambre que al virus y, por eso, deben arriesgarse —y muchas veces caen.

Nos dicen que no hay plata, por no decir que no la tienen los que la necesitan y la siguen teniendo los que podrían necesitar bastante menos. Los cálculos son imprecisos y variados, pero todos acuerdan en que las pérdidas económicas son enormes. No es que sean mayores entre los más pobres; en montos son mayores entre los más ricos, pero no en proporción y en consecuencias. Los más pobres no pueden darse el lujo de perder nada: sus pequeñas pérdidas supusieron que millones volvieran a una miseria que creían haber dejado atrás. La CEPAL dice que serían unos 25 o 30 millones de personas: muchos millones de ñamericanos que vivían justo encima del límite ficcional de la pobreza, y ahora vuelven a estar debajo.

(La crisis económica, brutal en todo el mundo, en Ñamérica no tuvo paliativos. Cayeron, al mismo tiempo, todos los rubros importantes de entrada de dinero: las exportaciones de materias primas, por menor posibilidad de producirlas y compradores en problemas; el turismo y otros servicios, porque casi no hubo; las remesas, por la crisis en los países centrales donde trabajan o trabajaban los que las envían —o enviaban.)

Pero la pandemia no fue, como quieren presentarla algunos, un rayo en un cielo soleado. Después de un ciclo de mejora que duró desde principios de siglo, la pobreza había empezado a empeorar hacia el año 2012 o 2013, según los países, cuando empezaron a bajar los precios de las materias primas, y la tendencia era tristemente firme. Nadie lo negaba pero ahora, para grandes sectores de la derecha ñamericana, la pandemia es la excusa perfecta: si estamos peor es culpa de ella. Tratan de disimular que si en 2019 estábamos peor que en 2009 es culpa de ellos, que repartieron un poco mientras hubo más —por la suba de esos precios— pero no construyeron con ese dinero las estructuras y la infraestructura necesarias para garantizar la continuidad de esa mejora.

«Desgraciadamente la pandemia demostró que como estado hemos fallado», dijo, ya en abril, el presidente provisional del Perú, Francisco Sagasti. «El crecimiento económico sostenido que tuvimos durante varios años no se aprovechó para hacer una inversión adecuada en el sistema de salud pública...» La pandemia demostró —como si hiciera falta— que los estados ñamericanos no están a la altura de sus obligaciones.

Y la situación extrema mostró con extrema claridad lo que pasa siempre pero muchos consiguen no mirar: que la salvación individual tiene sus límites, y que esos límites siempre llegan. A veces son insurrecciones, a veces quiebras; a veces, como esta, una pandemia la que demuestra que si se abandona una parte importante de la población, los demás terminan por pagarlo. En este caso fue tan claro que casi parece hecho a propósito: por la ceguera del virus, la fragilidad de todos esos que no tienen medios para protegerse y para curarse produce la fragilidad de todos. Un país se paraliza si sus pobres están contagiados —y contagian a los demás. Un país se hunde si sus pobres están contagiados —y no pueden trabajar para pagarse la comida de mañana. Un país se quiebra si, por esas contingencias, sus gobiernos se ven obligados a cerrarlo —y no produce ni recauda. Un país se desarma si no se piensa como país, unidad de tantas diferencias.

Y ahora aparece, para llover sobre mojado, la desigualdad de las vacunas. La vacuna, además de protegernos, nos desnuda: hacía mucho que nada mostraba con tanta claridad cómo está organizado –dividido– el mundo en que vivimos. Las cifras son brutales. Este 1 de junio se habían aplicado en todo el planeta 2.000 millones de dosis: casi tres cuartos de ellas en Estados Unidos, Europa y China, donde vive un cuarto de la población del mundo –los más ricos.

En Ñamérica, mientras tanto, sus 420 millones de habitantes habían tenido que repartirse 90 millones de dosis; en muchos países casi nadie estaba vacunado. Gracias a lo cual apareció esa cúspide llamada «turismo de vacunación»: los más ricos se van a Miami a comprarse su liberación en la farmacia de algún mall. Hablemos de desigualdad.

(Que les sigue sirviendo a los que siempre les sirvió: hace unos días, por ejemplo, un periodista español le preguntó a un investigador español cómo haría para probar la vacuna que estaba produciendo en sociedades donde ya hay una buena cantidad de inmunizados.

–Tendremos que buscar en países de África, Latinoamérica o el sureste asiático, donde todavía circule el virus y haya muchas personas sin vacunar.

Dijo el señor, definiendo para qué sirven los pobres.)

Las vacunas también desnudaron la angurria pequeñita de las personas pequeñitas: tanto subsecretario, tanto intendente, tanta esposa de intendente, tanto primo de intendente, tanto famoso, tanto coronel, tanto cura párroco que aprovecharon sus posiciones de pequeño poder para vacunarse cuando no les tocaba.

Y desnudaron la inepcia absoluta, final de las izquierdas realmente existentes: cuando por fin se toparon con una necesidad tan indiscutible como la vacuna para todos, la base perfecta para poner en marcha a millones y millones, se tararon. Así, aunque era evidente que la liberación de ese bien haría tanto bien a todos y todas y todes y toditos y toditas y todites, y así de seguido y de seguida y de seguide, no supieron crear un movimiento global que, gracias a esa evidencia, repensara las reglas básicas del capitalismo; la liberación de la propiedad de las vacunas, en cambio, se quedó en propuesta más o menos cosmética del presidente de los Estados Unidos.

La angurria de las vacunas muestra cómo ciertos países las acaparan como suelen acaparar las riquezas –la comida, por ejemplo– que el mundo necesita: el mecanismo es exactamente el mismo, solo que aquí se ve tan claro. Canadá, digamos, que compite en todos los rankings de País Más Bueno que Lassie, había ordenado cinco vacunas por habitante, así se la aseguraban. Lo cual sería muy encomiable si no fuera porque eso significa que hay unos cuantos millones de keniatas, laosianos o paraguayos que no la tendrán.

Lo llaman, para atacar sin ofender, nacionalismo. En el «nacionalismo de la vacuna» la palabra que importa no es vacuna. Y la frase está prendiendo: la angurria fue condenada incluso por Tedros Adhanom, el director de la Organización Mundial de la Salud: «El nacionalismo de las vacunas no es solo moralmente indefendible. Es epidemiológicamente negativo y clínicamente contraproducente. Los mecanismos de mercado son insuficientes para conseguir la meta de detener la pandemia consiguiendo inmunidad de rebaño con vacunas», escribió, y nadie le hizo caso. Y, también, que «los gobiernos y las compañías deben unirse para superar esta escasez artificial. Hay muchos pasos que se pueden dar para aumentar la producción y distribución de vacunas, como compartir la tecnología de fabricación de las vacunas, su propiedad intelectual y know-how».

Pero, más allá de llamamientos y evidencias, la ideología triunfa: ni siquiera una emergencia mundial extraordinaria, el parón y los miedos y la muerte y la ruina, alcanza para que los estados y otros organismos se caguen por fin en la sacrosanta propiedad privada y obliguen a las grandes farmacéuticas —cuyas investigaciones ellos mismos subvencionaron— a compartir sus hallazgos y permitir que todos los que puedan los fabriquen para multiplicarlas, para que lleguen a más personas antes.

(Las vacunas también desnudaron la angurria pequeñita de las personas pequeñitas: tanto subsecretario, tanto intendente, tanta esposa de intendente, tanto primo de intendente, tanto famoso, tanto coronel, tanto cura párroco que aprovecharon sus posiciones de pequeño poder para vacunarse cuando no les tocaba.)

La pandemia produjo, entre tantos efectos, uno muy notorio: enormes cantidades de personas, muchas más que lo habitual, sintieron —supieron— que su cotidianeidad dependía del gobierno, del poder. Sintieron los efectos de las decisiones del poder en sus horas, sus costumbres, todos sus movimientos. Esperaron esas decisiones con la ansiedad de saber que los implicarían. Allí donde los gobiernos se ven como entes lejanos, que gobiernan para otros, cuyos debates son debates de otros, esta vez no.

La pandemia mostró, al mismo tiempo, que hay situaciones donde los estados son indispensables y demostró, al mismo tiempo, que la mayoría de los nuestros no están a la altura. Pero también aumentó la dependencia de millones de la beneficencia de esos estados: sin trabajo, sin entradas regulares, los subsidios, que siempre pesan, se convirtieron en el único ingreso de más personas todavía. (Aunque, aun así, los países de la región llevan gastado alrededor del cuatro por ciento de su PBI en ayudas y estímulos por la pandemia, mientras que muchos países europeos gastaron tres o cuatro veces más.)

La peste demostró la utilidad y la inutilidad de los estados, y quizá les dio demasiado poder. También demostró la imprevisibilidad, la fragilidad de un mundo que imaginábamos sólido como un muro sólido. Demostró que todo puede cambiar y eso, como casi todo, es bueno y es malo al mismo tiempo.

En muchos momentos, a lo largo de estos meses, me pregunté si también debía cambiar aspectos importantes de este libro. Me convencí —valga lo que valga, cueste lo que cueste— de que no: que la mayoría de las estructuras que intento contar y analizar se mantienen más allá de la peste.

Quedan, para ir chequeando, dos hipótesis contrapuestas: que los próximos años serán un camino cuesta arriba para volver a las condiciones prepandemia o que la pérdida de esas condiciones va a provocar cambios imprevisibles.

Todavía, por suerte, no sabemos nada.

Torrelodones, junio de 2021

GRACIAS

No es habitual que un libro se me ocurra; este, sin embargo, apareció de pronto en un foro organizado por *El Faro* en San Salvador, mayo de 2018. Allí, en medio de una rara reunión, de pronto entendí que quería hacerlo. Por eso, para empezar, quiero agradecer a mis amigos fareros: Carlos Dada, José Luis Sanz, Carlos y Oscar Martínez y los otros.

Después pude seguir trabajándolo porque, para mi fortuna, Montserrat Domínguez, entonces editora de *El País Semanal*, se entusiasmó con la idea de una serie de crónicas sobre las grandes ciudades sudacas, y allá fuimos. Fue tan enriquecedor. Y nada habría funcionado sin la participación del resto de la gente de la revista y, sobre todo, el aporte de los fotógrafos con los que trabajé en cada capital: Héctor Guerrero en México, Andrea Hernández en Caracas, Camilo Rozo en Bogotá, Almudena Toral en Miami, Yander Zamora en La Habana, Mariana Eliano en Buenos Aires.

Ya lanzado, pocas cosas me reconfortaron tanto como comprobar que muchas personas quisieron ayudarme en mi trabajo. No solo me lo hicieron más fácil —me lo hicieron posible— sino que, sobre todo, me lo hicieron gustoso. Pienso en Paula Canal en La Habana, Matías Mosse en Miami, Alexis Serrano en Guayaquil, Alexis Argüello en El Alto, Roberto Navia en Santa Cruz, Quique Naveda y Simone Dalmasso en Guatemala, Sergio Ramírez, Carlos Fernando Chamorro, Néstor Arce y Maynor Salazar en Managua, Alonso Cueto, Joseph Zárate y Pao Ugaz en Lima, Martin Hopenhayn y Patricio Fernández en Santiago, Catalina Lobo-Guerrero en Los Monos, Norma Londoño y Julio Uribe en Quibdó, Héctor Aguilar Camín, Jorge Castañeda, Jorge Castañeda, Guadalupe Nettel, Mir Rodríguez, Juan Villoro, Javier Lafuente, Luis Pablo Beauregard, Georgina Zerega, Ana Gabriela Rojas en México, Jorge Luis Plata en Oaxaca, Diego Fonseca en Corruptópolis.

Y en Buenos Aires, por supuesto, los de siempre: Laura Marino, Dani Yako, Jorge Lanata, Kiwi Stewart, Ernesto Tenembaum, Cristian Alarcón, María O'Donnell, Miguel Repiso, Martín Sivak, y alguno nuevo como Julián Mansisha —y, sobre todo, Juan Caparrós.

Ya escrito, fue decisiva la colaboración de mis editores, Miguel Aguilar, Pilar Reyes, Juan Boido, Albert Puigdueta, Lourdes González, y mis agentes, Mercedes Casanovas y María Lynch. Y, con creces, la lectura de mis queridos Erna von der Walde, Pere Ortín, Jordi Carrión, Marta Nebot: gracias por mejorarlo —dentro de lo (im)posible.

(Para el armado del libro también usé materiales que fui publicando, a lo largo del tiempo, en *Página/30*, *Viva*, *Veintitrés*, *New York Times* y *cháchara.org*. Algunos tienen apenas un año; otros, treinta. Parece mucho, no es tanto: más allá de algunos detalles que pueden haber variado, los grandes rasgos —por desgracia— se mantienen.)

ÍNDICE